Bauwelt Fundamente 26

Herausgegeben von Ulrich Conrads
unter Mitarbeit von
Gerd Albers, Adolf Arndt,
Lucius Burckhardt, Werner Kallmorgen,
Hermann Mattern, Julius Posener,
Hans Scharoun

Herbert J. Gans

Die Levittowner

Soziographie
einer ›Schlafstadt‹

Bertelsmann Fachverlag

Titel der amerikanischen Originalausgabe: THE LEVITTOWNERS – Ways of Life and Politics in a New Suburban Community.
1. Auflage 1967. Pantheon Books, Random House, Inc., New York.
Aus dem Amerikanischen von Ulrich Hinkmann.

Die deutsche Ausgabe ist geringfügig gekürzt. Ausgelassen wurden solche Passagen, die nur für den amerikanischen Leser von Interesse sind. Die Kürzung und die Abfassung der verbindenden Zwischentexte besorgte Dipl.-Arch. Siegfried Schuster.

© Bertelsmann Fachverlag Reinhard Mohn, Gütersloh/Berlin 1969 · 1
Umschlagentwurf von Helmut Lortz
Gesamtherstellung Mohndruck Reinhard Mohn OHG, Gütersloh
Alle Rechte vorbehalten
Printed in Germany · Bestell-Nr. 8626

Inhaltsverzeichnis

Geleitwort zur deutschen Ausgabe 7
Vorwort 11
Hintergrund, theoretische Grundlagen und Methode der Untersuchung 15

Teil I
Der Aufbau einer neuen Gemeinde

1 Die Planer von Levittown 31
2 Die Levittowner – Motivationen für ihren Zuzug 48
3 Die Anfänge des Gemeinschaftslebens 61
4 Die Gründung der Kirchengemeinden 76
5 Das neue Schulsystem 86
6 Der Beginn der Parteipolitik 101
7 Die Entstehung einer neuen Gemeinde 113

Teil II
Das Leben in der Vorstadt

8 Homogenität und Konformität in der Vorstadt 143
9 Vielfalt und Intensität des Gemeindelebens 171
10 Familiäre und individuelle Anpassungsprobleme 198
11 Die Auswirkungen der Gemeinde auf ihre Bewohner 220

Teil III
Kommunalpolitik in der demokratischen Gesellschaft

12 Die politische Meinungsbildung 265
13 Kommunalpolitische Entscheidungsprozesse 294
14 Kommunalpolitik und Planung 309
15 Levittown und die amerikanische Gesellschaft 345

Literaturnachweis 360

Verzeichnis der Tabellen

1 Hauptgrund für die Aufgabe des früheren Wohnsitzes, nach dem Typ der Gemeinde 51
2 Hauptgrund für den Kauf eines Hauses in Levittown, nach dem Typ der früheren Gemeinde 53
3 Die Haupterwartungen für das Leben in Levittown, nach Geschlechtern 57
4 Langeweile in Levittown 206
5 Einsamkeit in Levittown, nur Frauen 210
6 Veränderungen im Verhalten und in der Einstellung der Levittowner 222/23

Geleitwort zur deutschen Ausgabe

Von Lucius Burckhardt

Obwohl sich die beiden Werke nicht aufeinander beziehen, bedeuten für uns die Levittowner von Herbert Gans eine Antwort auf Jane Jacobs »Tod und Leben großer amerikanischer Städte«. Dabei haben wir die Unterschiede in der Methode nicht übersehen: während Jane Jacobs ihre Hypothesen argumentierend verteidigt und vorantreibt, schreibt Herbert Gans ein empirisch-soziologisches Buch. Aber beide Schriften haben das Lokalkolorit dessen, der in der von ihm beschriebenen Umgebung auch gelebt hat.

Levittown, die Stadt der kleinen Einfamilienhäuser mit dem grünen Rasen und dem großen Wagen davor, steht für das Leben in den neugeschaffenen Vororten industrialisierter, aber dünn besiedelter Zonen. Die Vor- und die Zwischenkriegszeit hatten die architektonischen und vorstellungsmäßigen Voraussetzungen für das städtische Leben auf dem Lande geschaffen. Das Jahrhundert begann mit der englischen Gartenstadt-Bewegung und dem wohl einflußreichsten Wohnbuch aller Zeiten: Carl Larssons »Haus in der Sonne«, gleichzeitig mit der technischen Voraussetzung dieser Wohnweise, der elektrischen Straßenbahn. Hermann Muthesius brachte den Gedanken der ländlichen Unterbringung der städtischen Massen von England nach Deutschland; noch vor dem ersten Kriege gründete der Werkbund die deutsche Gartenstadt Hellerau. Der Krieg zwang die herrschende Klasse zu kühnen Versprechungen: jedem heimkehrenden Krieger sollte eine eigene Heimstätte gebaut werden. Hindenburgs ungedeckter Scheck wurde in den Paragraphen 155 der Weimarer Verfassung aufgenommen: »Jedem Deutschen eine gesunde Wohnung und allen deutschen Familien, besonders den kinderreichen, eine ihren Bedürfnissen entsprechende Wohn- und Wirtschaftsheimstätte.« Durchführungsgesetze waren das Reichssiedlungsgesetz von 1919 und das Reichsheimstättengesetz von 1920; 1923 scheiterte die weitere Ausführung des deutschen Siedlungswerkes an der Inflation.

Die Ideologien der zwanziger Jahre und die Krise der dreißiger Jahre brachten der Gartenstadt neuen Auftrieb. Während die Avantgarde die Luft, das Licht, das Grün und die Nachbarschaft entdeckten, pries die Reaktion die Seßhaftigkeit, die Gesundheit und die Nachbarschaft als geeignete Überwachungsinstanz. Während der Werkbund die Wohnung für das Existenzminimum ausprobierte, proklamierte der Nationalsozialismus das leichte Gepäck des deutschen Arbeiters auf seiner Wanderung nach Osten. Während der Sozialismus an eine wenigstens teilweise Unabhängigkeit vermittels eines Gemüsegartens und der Kleintierzucht dachte, redete der Militarismus von der Verwurzelung auf der Scholle und dachte an Kriegs-

wirtschaft. Gewinner sind zum Schluß die Lieferanten von Gartenmöbeln, Sonnenschirmen, Liegestühlen und Garagentoren.
Die Lehre der Siedler und Werkbündler der dreißiger Jahre haben vor allem die Spekulanten kapiert. Luft und Licht ist nicht teuer, wo das Land billig ist; das Existenzminimum läßt sich mit Kühlschrank und Abwaschmaschine versüßen, denn bei Apparaten ist der Gewinn ohnehin höher als bei Backsteinen, und die Straßen zahlt der Staat. Hübsch sieht es aus, wenn die Kinder auf dem verbreiterten Fensterbord die Schularbeiten machen, sich dann unter dem Gartenschlauch duschen und schließlich das Kajütenbett erklettern – im Prospekt wenigstens. Was die Architekten anno 1930 zum Ideal erhoben hatten, das wurde – zu ihrem Ärger – der verwirklichte Wunsch des Konsumenten von 1950, 1960 und aller Voraussicht nach auch 1970. Insofern geht Herbert J. Gans' Buch mit dem Trend.
Aber für Planer und Architekten geht das Buch wohl vorerst gegen den Trend. Denn spätestens 1958 setzte – auf dem Papier natürlich – der Gegenstrom ein. Die amerikanische Populärsoziologie entdeckte die »Einsame Masse«, den »Organization Man«; die Zeitschrift »Fortune« publizierte ihre bahnbrechende Artikelserie »The Exploding Metropolis«. Im deutschen Sprachgebiet verhalf die »Industrielle Großstadt« von Hans-Paul Bahrdt diesen Gedanken zum Durchbruch. Seither verdichteten die Planer und bedichteten die Schriftsteller die Stadt; was in der grauen Innenstadt geschieht, dafür hat man die lebhaftesten Farben auf der Palette; für das Leben im Grünen ist grau gerade gut genug.
Schließlich brachte Jane Jacobs noch den entscheidenden Akzent ins Bild, indem sie von der Rasenfläche zwischen den vorörtlichen Miethäusern den Schrei der einsam zwischen den lieben Nachbarn vergewaltigten Heimkehrerin ins Ohr ihrer Leser dringen ließ.
Und nun kommt Herbert Gans und schildert uns die Realität des Lebens im Vorort – im schlimmsten aller Vororte, der nur noch Vor- und gar nicht mehr Ort ist, obwohl ein zugehöriger Ort gar nicht existiert, im sprichwörtlichen Levittown. Er enthüllt, was für den Soziologen eigentlich keine Neuigkeit sein sollte, daß nämlich überall, wo Menschen sind, auch soziale Strukturen gebildet werden, oder mit anderen Worten: daß es »Masse« nicht gibt oder nur in den Argumentationen von Kulturpessimisten. Diese Strukturen sind anders, als die Ideologen der dreißiger Jahre es sich gedacht haben. Unter ihnen gibt es auch die nachbarliche – sie ist nicht die wichtigste und auch nicht die unwichtigste; sie ist aber kreuz und quer überlagert von anderen Gliederungen, von formalisierten und lediglich effektiven, von Vereinen und bloßen Freundesgruppen, von Gruppen gleicher Einstellung, politischer Zugehörigkeit, Herkunft und Interessen, von Schulvereinen, Kirchgemeinden, Sportklubs, von Tanzabenden und Teekränzchen. Selbstverständlich auch von Gruppierungen, die die Wohnstadt übergreifen: es bleiben die alten Freundschaften, die Verwandtschaft und der Kreis der Arbeitskollegen. Herbert Gans führt

uns in die Gründungsversammlungen der ersten Vereine und läßt uns an den ersten Gesprächen zwischen den Nachbarn teilnehmen.

»Environments are invisible« – dieses Wort von Marshal McLuhan möchte man auch über Levittown setzen. Die Siedlung, deren Luftbild in jeder Redaktion unter den abschreckenden Beispielen eingeordnet ist, ist für den Bewohner als solche gar nicht sichtbar; sie manifestiert sich für ihn in Zuständen, Rechten und Pflichten, Beziehungen und Aspirationen. Nicht das eigene Haus, der Garten, das Nachbarhaus, die Straße, das Schulhaus liegen vor den Augen des Erwerbers, sondern seine Familie, die Nachbarsfamilie, die Denominationsgemeinde, der Arbeitsweg, das Schulsystem in Beziehung auf seine Kinder und seine Hoffnungen. Der Erwerber sieht nicht den falschen Colonial Style, den unerfreulichen Straßenanschluß, die vielen geparkten Wagen, er sieht sein finanzielles Auskommen, seinen Bankkredit, seine Raten; und er sieht die mögliche Alternative: andere Häuser zu unerschwinglichen Kauf- oder Mietpreisen in besserer oder schlechterer Lage zum Arbeitsort und zur Schule. Und so sieht er auch unter der für uns so wichtigen Formel »zurück zur Stadt« nicht belebte Einkaufsstraßen urbaner Dichte, sondern allenfalls einen kürzeren Arbeitsweg, bessere Schulen, die alten Freunde und neuere Filme. Und dieser Vergleich führt vorläufig noch zum Schluß: »Wir bleiben, schon um der Kinder willen.« – Dabei ist offen, ob und in welcher Weise sich dieses unsichtbare Environment im Laufe der Jahre und im Wechsel der Besitzergeneration verändert und schließlich konsumiert. Vor Prophezeiungen hütet sich Herbert Gans.

Levittown, New Jersey. Der Verkauf der Häuser nach Fertigstellung der Siedlung

Vorwort

Dieses Buch handelt von einem oft verleumdeten Bestandteil Amerikas, von Suburbia, der Vorstadt. Es berichtet von einer Untersuchung, die mit Hilfe einer ebenso oft verleumdeten Methode, nämlich der Soziologie, durchgeführt wurde. Die Vorstadtsiedlungen der Nachkriegszeit, zu deren Prototypen die Levittowns fraglos zählen, sind für viele wirklich vorhandene oder nur eingebildete nationale Probleme, von der Zersiedelung der Landschaft bis hin zur Unterordnung des Mannes in der modernen Familie, verantwortlich gemacht worden. Man wirft der Soziologie vor, durch Fachwörter oder statistische Zahlen das Selbstverständliche zu verfremden und doch unpopuläre Wahrheiten zu verbreiten, sich unpersönlich zu geben und trotzdem schriftstellerischen Anspruch zu erheben und vor allem, mit ihren Studien nichts anderes zu tun, als das längst Bekannte zu bestätigen.

Mein Buch ist keine Verteidigung der Suburbia, sondern die Untersuchung einer einzelnen neuen Vorstadt-Siedlung, von Levittown, New Jersey. Ich habe dort in den ersten beiden Jahren als Teilnehmender und Beobachtender gewohnt, um zu sehen, wie eine neue Gemeinde entsteht, wie sich die Menschen verändern, wenn sie aus der Stadt herausziehen, und wie sie dann in Suburbia leben und am öffentlichen Leben teilnehmen. Das Buch soll auch die Soziologie nicht verteidigen, sondern eher meine eigenen Vorstellungen von dieser Wissenschaft und ihren Methoden aufzeigen. Das Wesentliche an der Soziologie, so scheint es mir, liegt darin, ganz einfach zu beobachten, was die Leute wirklich sagen und was sie tun. Die Soziologie betrachtet die Welt aus ihrer Perspektive, ganz im Gegenteil zur schriftstellerischen Arbeit, die oft nur die menschliche Schwäche aus der Perspektive des Autors katalogisiert. Soziologie ist eine demokratische Methode der Befragung. Sie setzt voraus, daß die Menschen ein gewisses Recht haben, so zu sein, wie sie sind. Viele der boshaften Äußerungen über Suburbia und über die Soziologie kamen von Menschen, an die sich meine Arbeit richtet. Natürlich wendet sich das Buch in erster Linie an Kollegen, Studenten und an andere Sozialwissenschaftler, die sich für Gemeinde- und Klassenprobleme, für Politik und Sozialstruktur interessieren. Darüber hinaus soll es aber auch eine andere Gruppe von Kollegen ansprechen: Städtebauer, Sozialplaner, Lehrer und andere Dienstleistungsberufe im weiteren Sinne, die die Vielfalt der Gemeinschaftseinrichtungen in einer Stadt wie Levittown planen und betreuen.

Aber ich hoffe, daß es auch solche Menschen interessieren wird, die von den Verlegern als »informierte Laien« und von den Soziologen als Mitglieder des »gehobenen Mittelstandes« eingestuft werden. Obwohl die öffentliche Meinung in Amerika wohl vorwiegend von dieser Schicht geprägt wird, sind ihre Kenntnisse von der Gesellschaft zumeist mehr als unzureichend. Sie sieht in den einfachen Menschen aus den unteren Einkommensschichten, mit denen ich in Levittown zusammenlebte, die ungebildete, leichtgläubige und unbedeutende »Masse«. Diese Masse, so meint man, lehne Kultur grundsätzlich ab, jene Kultur, die erst ganze Menschen aus ihnen machen würde, jene »gute Regierung«, die eine bessere Gemeinde schaffen könnte, jene vernünftige Planung, die ihre lächerlichen, die Landschaft zerstörenden kleinen Siedlungshäuschen abschaffen würde. Das ist das Bild des gehobenen Mittelstandes, aber da die Angehörigen dieser sozialen Schicht als Lehrer, Beamte, Freiberufliche und Gutachter Entscheidungen treffen, die das Leben von Leuten wie die Levittowner unmittelbar beeinflussen, sollten sie über diese Menschen mehr wissen. Ich denke hier nicht an eine illusionäre Harmonie der Klassen. Ich meine nur, daß sich die Klassenunterschiede weit fruchtbarer auswirken könnten, wenn die einzelnen Schichten besser übereinander Bescheid wüßten.

Wir wissen so wenig über unsere Gesellschaft und forschen so wenig auf diesem Gebiet, daß jede Untersuchung über einen Teil der Gesellschaft gleich verallgemeinert wird. Dieses Buch beschreibt nicht Amerika, und es zeigt nur, wie die Menschen in einem Vorort *wohnen*, nicht aber warum und wo sie *arbeiten*. Obwohl ich mich bemüht habe, Erkenntnisse zu sammeln, die auch auf viele andere Gemeinden und auf viele Menschen unter ähnlichen Lebensbedingungen zutreffen, gibt das Buch keinen Querschnitt, sondern beschreibt nur eine bestimmte Gruppe von Amerikanern.

Die Levittowner sind junge Leute (in einer Gesellschaft, die Jugend hoch einschätzt), die in solchen neuen technischen und Dienstleistungsberufen tätig sind, die unsere Wirtschaft verändern. Sie sind vorwiegend Arbeiter oder Angehörige der unteren Einkommensschichten (und somit weder reich noch arm); sie geben die Bindungen ihrer Herkunft auf und begegnen sich im großen Schmelztiegel der drei Religionen. Sie sind Katholiken, Protestanten oder Juden, deren Vorstellungen von Gott einander immer ähnlicher werden, die in zunehmendem Maß die gleichen jüdisch-christlichen Wertvorstellungen teilen und die ihre auch in der Form sich angleichenden Gottesdienste immer seltener besuchen.

Wenn die Levittowner überhaupt typisch sind für Amerika, dann deswegen, weil Menschen wie sie die wichtigsten Abnehmer sind für die Konsumgüter der großen Konzerne sowie für das Unterhaltungs-und Informationsangebot der Massenmedien und die politischen Sendungen aus Washington. Sie sind die Kunden, für die die Waren und Nachrichten produziert werden, und sie sind es auch, die man in den Werbesendungen über Aspirin und Seife sprechen hört. Kirchenvereine und Organisationen werben um sie ebenso wie die beiden politischen Parteien, die sich um diese nicht festgelegten Wählerschichten besonders bemühen. Kurzum, sie sind es, die von den Managern amerikanischer Produkte, Dienste oder Ideen als besonders wichtig und besonders typisch angesehen werden – und das ist ein anderer Grund,

weshalb ich hoffe, daß dieses Buch den davon betroffenen, informierten Laien erreichen wird.
Es braucht nicht besonders betont zu werden, daß Levittown auch keine typisch amerikanische Gemeinde ist. Es ist eine Vorstadt außerhalb der Gemeindegrenzen von Camden und Philadelphia, und es ist eine Schlafstadt, denn fast alle Einwohner arbeiten außerhalb des Ortes. Im Gegensatz zu vielen anderen Vororten wurde Levittown von einer einzigen Firma erbaut. Die Levittowner stellen außerdem etwa 98 % der Bevölkerung in der Stadtgemeinde, in der sich die Siedlung befindet. Der übliche Konflikt zwischen Alteingesessenen und Zugezogenen war somit ziemlich einseitig. Vor allem ist wichtig, daß Levittown eine junge und immer noch wachsende Siedlung ist. Noch jetzt treffen täglich neue Bewohner ein. Die Siedlung wird kaum vor dem Ende der 60er Jahre vollendet sein. Ich erwarte darum nicht, daß meine Untersuchungsergebnisse auf alle Vororte oder gar auf alle bereits bestehenden Gemeinden passen. Wieweit viele meiner Beobachtungen auch in anderen Siedlungen zutreffen, bleibt abzuwarten.

Wenn es auch unter Soziologen üblich ist, die untersuchte Siedlung hinter einem Pseudonym zu verbergen, so ist es doch hier wegen der leichten Erkennbarkeit des Ortes unmöglich und wegen der angewandten Methode auch nicht notwendig. Da ich mich vorwiegend mit dem Verhalten der Gruppe und ihrem Einfluß auf das individuelle Verhalten beschäftige, werden keine Namen erwähnt. Die meisten der wiedergegebenen Ereignisse, die in die Jahre zwischen 1958 und 1962 fallen, gehören ohnehin inzwischen zur Geschichte. Davon abgesehen, gibt es Levittown, New Jersey, nicht mehr: Als ich meine Untersuchung beendet hatte, wurde beschlossen, die Siedlung nach dem ursprünglichen Namen der Gemeinde Willingboro umzubenennen.

Ich nenne den Ort trotzdem Levittown, denn meine Untersuchung konzentriert sich auf die von Levitt erbaute Siedlung, die ja ohnehin fast die gesamte Bevölkerung der Gemeinde umfaßt.

Dank sage ich vor allem dem Institut für Stadtforschung der Universität von Pennsylvania, unter dessen Anleitung Forschung und Ausarbeitung durchgeführt wurden und das mich finanzierte, als die Forschungsmittel ausblieben. Besonders dankbar bin ich William L. C. Wheaton, jetzt an der Universität von California, der als Direktor des Instituts mich lange Jahre hindurch moralisch und finanziell unterstützte, und Robert B. Mitchell, der mich bei meiner Lehrtätigkeit entlastete. Ein erster Entwurf des Buches wurde während meiner Tätigkeit am Institut für Stadtforschung am Lehrerseminar der Columbia University fertiggestellt. Die endgültige Fassung entstand am Center of Urban Education. Ich danke Herrn Robert A. Dentler, dem Direktor beider Institute, daß er mich für diese Arbeit beurlaubte.

Die Untersuchung wurde teilweise durch Stipendien und Zuschüsse ermöglicht.

Die Fragebogentests wurden durch kleinere Beihilfen des staatlichen Instituts für Geisteskrankheiten und vom Forschungsrat für Sozialwissenschaften unterstützt. Ein Teil der Interviews wurde von der amerikanischen Philosophie-Gesellschaft finanziert, und die Datenauswertung und Schreibarbeiten eines Arbeitsjahres wurden von Penjerdel (Pennsylvania-New Jersey-Delaware Metropolitan Project, Inc.) unterstützt. Das Rechenzentrum der Wharton School an der Universität von Pennsylvania lochte und ordnete kostenlos die Daten aus dem Fragebogen. Ich bin Nancy Schnerr und Ronald Cohen für diese Hilfe sehr dankbar.

Die meisten Forschungsarbeiten habe ich selbst durchgeführt und bin darum für alle Mängel selbst verantwortlich. Meine damalige Frau, Iris Lezak MacLow, half mir bei den Arbeiten im Untersuchungsfeld; Ruth Blumenfeld führte viele der Befragungen durch; und Phoebe Cottingham besorgte Entschlüsselung und statistische Auswertung der Daten aus den schriftlichen Befragungen. William Michelson leitete unter meiner Aufsicht eine besondere Untersuchung der Vereine und Verbände, und Alice Pierson wiederholte einige meiner Interviews in einer anderen Levittown.

Verschiedene ehemalige und derzeitige Mitarbeiter von Levitt and Sons unterrichteten mich über die Pläne der Firma und ermöglichten die Versendung der Brieffragebogen an die Hauskäufer. Eine Reihe von Kollegen, unter ihnen Martin Meyerson, Peter Marris, H. Laurence Ross, William Michelson, Peter Willmott und besonders Margaret Latimer halfen mit wertvollen Anregungen bei den ersten Entwürfen des Buches.

Besonders dankbar bin ich Judy Engelhardt von Pantheon Books, deren sorgfältige und inhaltsgetreue Überarbeitung die überlange erste Fassung ohne Substanzverlust verkürzte. Auch Martha Crossen Gillmor danke ich, von der die endgültige Fassung noch einmal gründlich überarbeitet wurde. Den größten Anteil an der Niederschrift des Manuskripts hatten Leona Cohen, Mary Ellison, Jacqueline Ferguson, Marcia Hyman, Thelma Johnson, Mae Kanazawa und die verstorbene Theresa Barmack.

Aber die wichtigsten Mitarbeiter waren wohl die Levittowner selbst, mit denen ich zwei Jahre lang zusammen wohnte. Sie versorgten mich mit Informationen während meiner endlosen Gänge, und sie gaben Auskunft in Interviews und über Fragebogen. Ich hoffe, sie finden meinen Bericht über ihre Siedlung brauchbar.

New York City, im August 1966   H. J. G.

Hintergrund, theoretische Grundlagen und Methode der Untersuchung

Die Anfänge dieser Arbeit liegen 16 Jahre zurück. Damals beendete ich gerade eine Untersuchung der neuen Stadt Park Forest in Illinois bei Chicago. Nach Park Forest war ich gekommen, als es gerade 14 Monate alt und schon eine Gemeinde war; ich beschloß, daß ich irgendwann einmal eine neue Stadt vom Beginn ihres Bestehens an untersuchen würde. Bald nachdem ich Park Forest verlassen hatte, gewann diese Siedlung, wie überhaupt die Entwicklung der anderen Nachkriegsvorstädte, allgemeines Interesse. Journalisten und Kritiker schrieben in ihren Artikeln, wie grundverschieden das Leben in diesen neuen Vorstädten von dem in den älteren Großstädten und Städten sei, und sie meinten, daß man diese Unterschiede sowohl auf grundlegende Wandlungen der amerikanischen Wertvorstellungen als auch auf die Einwirkungen des Vorstadtlebens zurückführen könne. In den ersten und scharfsinnigsten dieser Berichte, in den Artikeln Whytes über Park Forest, beschreibt der Verfasser ein bemerkenswertes Ansteigen sozialer Aktivitäten, wie Hausbesuche und Vereinsabende, Veränderungen in den Parteizugehörigkeiten und in den Gewohnheiten des Kirchgangs, eine zunehmend gleichförmige Haltung, sei es in den Konsumgewohnheiten oder im Streit um die gesellschaftliche Stellung. Er deutet sie als Zeichen für den Rückgang des Individualismus und das Aufkommen einer neuen Sozialethik, und er sieht sie am augenfälligsten in und zum Teil hervorgerufen durch die neuen Vorstädte[1].
Berichte von weniger gründlichen und verantwortungsbewußten Verfassern[2] und eine Flut volkstümlicher Schriften[3] folgten. Sie schufen schließlich das, was

---

[1] Die Artikel erschienen zuerst 1953 in der Zeitschrift Fortune, dann 1956 bei Whyte, Teil III. Der volle Titel der hier nur mit dem Verfassernamen erwähnten Werke findet sich im Literaturverzeichnis, Seite 366. Wo verschiedene Arbeiten des gleichen Autors zitiert werden, ist das Erscheinungsjahr mit angegeben.

[2] Unter den Hauptverantwortlichen, die die volkstümliche Legende von Suburbia mitgestalten halfen, befand sich Charles Mergendahl mit seinem Roman »It's Only Temporary« (wahrscheinlich das erste Buch in einer Flut von Romanen und Sachbüchern über Suburbia). Es folgten Henderson, Allen, Burton, Spectorsky, Keats und in jüngster Zeit Wyden. Eine Sonntagsbeilage »Suburbia Today« enthielt eine Reihe von Artikeln, die Suburbia teils positiv, teils negativ beurteilten.

[3] Es gab spannende Romane, deren Schauplatz meist die Vororte der gehobenen Schichten waren, wie Otis Carney's »How The Bough Breaks«, melodramatische Werke wie John McPartland's »No Down Payment«, das später auch verfilmt wurde, oder humorvolle Bücher wie das von Mergendahl. Auch Schauspiele, wie zum Beispiel »Man in the Dog Suit«, und selbst Opern wie Leonard Bernsteins »Trouble in Tahiti« spielen in Suburbia. Levittown war oft der Schauplatz, bei Mergendahl nur andeutungsweise, in einer halbstündigen Fernsehreihe (die nie gesendet wurde) mit dem Titel »The Man Who Came to

Bennett Berger den Mythos der Vorstadt[4] nannte. Das Hauptthema knüpft da an, wo Whyte aufgehört hatte: Die Vorstädte hätten einen neuen Typ von Amerikanern geprägt, die ebenso genormt seien wie die vorfabrizierten Häuser, in denen sie lebten. Ihr Leben sei durch eine nicht endende Kette sozialer Aktivitäten und durch strikte Konformität geprägt. Die Vorstadtbewohner seien zu keiner echten Freundschaft fähig; sie langweilten sich und seien einsam, der Gesellschaft entfremdet, ohne Persönlichkeit. Diese Legende wurde um andere, beunruhigende Elemente erweitert: das Auftreten von matriarchalisch geordneten Familien mit ständig abwesenden Ehemännern und verzogenen Kindern, und die wachsenden ehelichen Spannungen führten häufiger zu Ehebruch, Scheidung, Trunksucht und Geisteskrankheit[5]. Man war sich darüber einig, daß es mit dem Individualismus zu Ende gehe, die Vorstädter unglücklich seien und der Grund des Übels in der Eintönigkeit der Vorstadtlandschaft und ihrer Bevölkerung zu suchen sei. John Keats, vielleicht der größte Hysteriker unter den Begründern des Vorstadtmythos, begann sein Buch wie folgt: »Buchstäblich ohne Anzahlung ... können auch Sie ihr eigenes Häuschen finden in diesen Frischluft-Slums, die wir rund um die amerikanischen Städte bauen ... Sie wohnen dort unter Leuten gleichen Alters, gleichen Einkommens und gleicher Kinderzahl. Deren Probleme, Gewohnheiten, Unterhaltungen, deren Kleidung, deren Besitz und vielleicht sogar die Blutgruppe gleicht der Ihren. Diese Siedlungen sind Fehlplanungen, von Profitgier errichtet, und sie zerstören alles, was mit ihnen in Berührung kommt. Sie machen eine Unzahl von Hausfrauen verrückt, die dort eingesperrt sind[6].«

Literatur- und Sozialkritiker stimmten mit ein. Obwohl sie wenig über die Vorstadt an sich schrieben, so wiederholten sie doch in Artikeln und Abhandlungen

---

Levittown« ganz offen. Obwohl sich die Situationskomik im heutigen Fernsehen häufig vor dem Hintergrund der Vorstädte abspielt, wird das nicht besonders betont, und die als »vorstädtisch« beschriebenen Probleme werden nicht näher behandelt.

[4] Berger (1960), Kap. 1. Andere Untersuchungen über das volkstümliche Vorstellungsbild der Vorstadt-Siedlung finden sich in Strauss, Kap. 10 und 11, Dobriner (1963), Kap. 1, Riesman (1964) und Berger (1966).

[5] Über Geisteskrankheiten schreiben James sowie Gordon, Gordon und Gunther in einer ausgedehnten Studie, die ein Bestseller wurde. Die Märchen über den Ehebruch in Suburbia, die auf jahrhundertealte Vorurteile von der Treulosigkeit in den oberen Gesellschaftsschichten zurückgehen, haben eine wahre Flut von derb erotischen Groschenromanen hervorgebracht, die noch lange nicht abgeflaut ist, obwohl die Menge der sonstigen Literatur über Suburbia zurückgeht. Als Beispiele seien angeführt John Conway's »Love in Suburbia« mit dem Untertitel »Sie würzten ihr Leben mit den Frauen anderer Männer« oder Dean McCoy's »The Development«, für den mit folgendem Untertitel geworben wurde: »Eine beißende Satire, die die brüchige Fassade der Wohlanständigkeit und die sich dahinter verbergenden ungezügelten sinnlichen Begierden in Amerikas wuchernden Vorstädten schonungslos enthüllt.«

[6] Keats (1957), Seite 7.

über andere Themen, was sie von den Massenmedien erfahren hatten, nämlich daß die Vorstadt eine Gefahr für den intellektuellen Menschen und für das kulturelle und politische Leben sei, weil sie farblose Massenmenschen hervorbringe, die keinen Respekt vor der Kunst und der Demokratie[7] hätten. Ihnen schlossen sich Architekten und Städteplaner an, die die Vorstädte und ihre Erbauer beschuldigten, das Landschaftsbild zu zerstören, die Großstädte zu ersticken und Amerika gegen Ende des Jahrhunderts[8] in ein einziges riesiges Los Angeles zu verwandeln.
Ich verfolgte das Entstehen dieser Legende mit Besorgnis. Meine Beobachtungen in verschiedenen neuen Vorstädten überzeugten mich davon, daß weder eine große Veränderung in den Menschen vorging, wenn sie in die Vorstädte umzogen, noch ich die zu beobachtenden Veränderungen auf die neue Umgebung zurückführen konnte. Und wenn das Vorstadtleben so unerwünscht und ungesund war, wie die Kritiker es darstellten, dann waren sich die Vorstädter erfreulicherweise dessen nicht bewußt. Sie waren glücklich in ihren neuen Heimen und Gemeinden, viel glücklicher als in der Großstadt. Einige der Beobachtungen über die Vorortsiedlungen waren allerdings zutreffend, und die Kritiker vertraten ein so weites Feld politischer und kultureller Interessen, daß es vielleicht unbillig wäre, sie alle über einen Kamm zu scheren. Trotzdem werde ich in den folgenden Kapiteln vereinfachend so vorgehen. Immerhin schien es mir, als würde ein grundlegender Fehler von all denen begangen, die für die amerikanische Gesellschaft ein solches Bild ihrer selbst entwerfen. Als ich merkte, daß Städteplaner ebenfalls begannen, der Vorstadtlegende Glauben zu schenken und ihre beruflichen Empfehlungen entsprechend änderten, fand ich es an der Zeit, eine fundierte Arbeit über die Vorstädte zu schreiben. Da mir die Mittel für eine große vergleichende Untersuchung verschiedener Gemeinden – die nach wie vor nötig ist – fehlten, und da ich aufgrund meiner Ausbildung einer teilnehmenden Beobachtung zuneige, hielt ich es für die beste Art der Untersuchung, selbst in einer solchen Gemeinde zu leben. Diese Stadtgemeinde sollte Levittown in New Jersey sein.

---

[7] Obwohl die meisten Soziologen dieser Legende mißtrauten, machten andere sie sich teilweise zu eigen, z.B. Gruenberg, Duhl, Riesman (1957) und Stein, in Kap. 9 und 12. Bezeichnenderweise haben ernstzunehmende Schriftsteller über Suburbia nichts geschrieben. George Elliott's »Parktilden Village« und Bruce Jay Friedman's »Stern« handeln in Vorstadtsiedlungen und spiegeln alle Geschichten darüber wider. Aber sie zeigen einen Vorstadtmenschen, der noch weniger typisch oder erkennbar ist als in den billigen Groschenromanen.
[8] Zum Beispiel Mumford in Kap. 16, Blake und Gruen in Kap. 5.

Der Hintergrund

Als ich zum ersten Mal an eine solche Untersuchung dachte, erfuhr ich, daß Levitt and Sons, Inc., die damals Levittown in Pennsylvania bauten, eine zweite Gemeinde in der Umgebung von Philadelphia planten. Die Firma war, und ist auch heute noch, die größte Baufirma in den östlichen Bundesstaaten, und Levittown war damals schon der Prototyp der Nachkriegsvorstadt[9]. Haarsträubende Geschichten über die Ähnlichkeit der Menschen und die Gleichförmigkeit ihres Lebens in den ersten beiden Levittowns machten klar, daß, wenn auch nur eines der von den Kritikern beschworenen Übel wirklich vorhanden war, man es in Levittown finden konnte. Darüber hinaus baute Levitt ganze Gemeinden und nicht nur Wohnsiedlungen, was bedeutete, daß eine Reihe örtlicher Einrichtungen und Institutionen, die unbedingt zu einer Gemeinde gehören, neu errichtet würden. Die Firma bot verhältnismäßig billige Wohnungen an, so daß die Gemeinde sowohl den Mittelstand als auch Arbeiter anziehen würde[10].

1955 verkündete Levitt, daß er fast alle Grundstücke der Stadtgemeinde Willingboro, New Jersey, einer dünnbesiedelten ländlichen Gegend, 17 Meilen von Philadelphia entfernt, gekauft habe. Mit dem Bau werde begonnen, sobald Levittown, Pennsylvania, fertiggestellt sei. Die neueste Levitt-Stadt sollte eine aufs beste ausgestattete Gemeinde werden mit mindestens 12000 Häusern. Weil Levitt fast das gesamte Gemeindegebiet aufgekauft hatte, sollte es auch eine eigene Gemeindeverwaltung geben. Drei Typen von Häusern zu 11500 bis 14500 Dollar sollten an jeder Straße gebaut werden. Das Siedlungsgebiet sollte in Nachbarschaften mit je etwa 1200 Wohnungen, einer eigenen Volksschule, Spielplatz und Schwimmbad eingeteilt werden. Der Gesamtkomplex von 10 oder 12 Nachbarschaften sollte noch vervollständigt werden durch eine Reihe von Gemeinschaftseinrichtungen, durch ein großes und einige kleinere Einkaufszentren, natürlich durch Oberschulen, eine

---

[9] In Wirklichkeit war die Bautätigkeit in den Vorstädten meist am Rande bereits bestehender Gemeinden und seltener in Form neuer Gemeinden erfolgt. Levittown war so in vieler Hinsicht atypisch. Es wurde nur darum zum Prototyp, weil es von vielen am Thema interessierten Kritikern, Journalisten, Schriftstellern und Drehbuchautoren zum Symbol der Vorstadt erkoren wurde.

[10] Meine Untersuchung begann mit dem Entstehen der Wohlstandsgesellschaft in den fünfziger Jahren, und ich war besonders an der Kultivierung der Arbeiterklasse in Richtung auf den Lebensstil der mittleren Schichten interessiert. Wenn der Umzug von der Stadt in den Vorort größere Änderungen im Lebensstil hervorrief, dann mußten sie am deutlichsten werden bei Angehörigen der Arbeiterklasse, die in einen Vorort der mittleren Einkommensschichten einzogen. Voraussetzung war natürlich, daß man zwischen den umzugsbedingten und den aufstiegsbedingten Veränderungen unterscheiden konnte. In Levittown gab es nicht genug Arbeiter, um meine Untersuchung allein auf sie zu beschränken. Aber einige Jahre später untersuchte Berger (1960) eine Arbeitervorstadt und behandelte viele der Themen, die mich interessierten.

Bibliothek und Parkanlagen. Einige dieser Einrichtungen sollten vom Unternehmer selbst finanziert und gebaut werden.

An einem sonnigen Samstag im Juni 1958 wurde Levittown den zahlungskräftigen Käufern geöffnet, und an diesem Tag befanden sich meine Frau und ich unter Hunderten von Leuten, die die Musterhäuser besichtigten. Da ich unter den ersten Bewohnern sein wollte, entschieden wir uns gleich für das Modell, das uns am besten gefiel, ein Haus vom Typ »Cape Cod« mit 4 Schlafzimmern. Wir leisteten die erforderliche Anzahlung von 100 Dollar. Einige Wochen später bat man die Gruppe der ersten 100 Käufer, nach Levittown zu kommen und ein Grundstück auszusuchen. Wir wählten einen Bauplatz in der Mitte eines kleinen Häuserblocks, um sicherzugehen, daß wir auch wirklich mitten im Geschehen sein würden. Innerhalb der zweiten Oktoberwoche waren wir unter den ersten 25 Familien, die in die neue Gemeinde einzogen, von denen keine – wie ich zufrieden feststellte – studienhalber hergekommen war[11].

Die theoretischen Grundlagen der Studie

Die Untersuchung sollte sich auf drei miteinander verbundene Hauptfragen konzentrieren: das Entstehen einer neuen Gemeinde, den Charakter des Lebens in der Vorstadtsiedlung, die Einwirkungen dieser Siedlungsform auf die Bewohner. Später nahm ich noch eine vierte Frage über das gesellschaftliche und politische Verhalten hinzu.

Meine erste Aufgabe war es, die Vorgänge festzuhalten, die aus einer Gruppe von Fremden eine Gemeinschaft machen. Daraus wollte ich die wesentlichsten Vorbedingungen für die Entstehung einer »Gemeinde« ableiten. Ich beabsichtigte, auch jene Behauptung der Kritiker zu prüfen, die besagt, daß die Levittown-Siedlungen den Käufern, die kaum eine andere Wahl hätten, von profitgierigen Baugesellschaften aufgedrängt würden, denen nichts daran läge, den Verbraucher mit guten Wohnungen und Gemeinschaftseinrichtungen zu versorgen. So wollte ich denn genau untersuchen, wie die Gemeinde geplant wurde: in welchem Maße die Pläne nach den Zielvorstellungen Levitts und inwieweit sie nach den Wünschen der zu erwartenden Käufer gestaltet waren. Zu diesem Zweck mußte ich also auch die Käufer befragen. Ich mußte herausfinden, warum sie nach Levittown gezogen waren und welche Hoffnungen sie in das Leben in der neuen Gemeinde gesetzt

---

[11] Später hätte ich mich darüber gefreut, meine Arbeit mit einem anderen Wissenschaftler zu teilen. Aber damals wußte ich noch nicht, wie die Leute einen Beobachter aufnehmen würden und dachte, zwei Soziologen würden in der Gemeinde zu stark auffallen. Dies war ein Irrtum, die Siedlung war groß genug und die Nachbarschaften weit genug voneinander getrennt. Es stellte sich außerdem heraus, daß der Forscher bald Bestandteil des täglichen Lebens und somit unauffällig wurde.

hatten. Wenn sie erst einmal eingezogen waren, wollte ich auch den Entstehungsprozeß der Gemeinde unter den gleichen Gesichtspunkten betrachten: Wie weit wurden besondere Gruppen durch ihre Gründer geformt, wie weit durch die Mitglieder selbst, wie weit durch die Funktion der besonderen Gruppen im Rahmen der größeren Gemeinde. Nach einigen Jahren hoffte ich dann zu wissen, in welchem Maße die entstandene Gemeinde den Zielvorstellungen des Erbauers, denen der Gemeinschaftsgründer und der Bewohner mit leitenden Positionen in der Gemeinde, und inwieweit sie den Hoffnungen entsprach, um deretwegen die Leute nach Levittown gezogen waren.

Diese Fragen waren mit einer Reihe theoretischer Probleme von sozialwissenschaftlicher und gemeindepolitischer Bedeutung verknüpft. Soziologen fragen sich seit langem, wer und was eigentlich soziale Veränderungen hervorrufe und welche Rolle die Führungsschicht und die Fachleute einerseits und die einfachen Bürger andererseits in diesem Prozeß spielten. Die gleiche Frage ist oft im Zusammenhang mit dem Begriff der Massengesellschaft aufgeworfen worden. Diesem Konzept liegt die Vorstellung zugrunde, daß viele Dinge – ob es sich nun um Fernsehprogramme, Levittowns oder um die Politik des Pentagons handelt – der amerikanischen Gesellschaft aufgedrängt werden, daß gewissermaßen eine geplante oder ungeplante Verschwörung von Wirtschaft und Regierung den passiven oder resignierenden Amerikaner zu etwas zwinge, was er gar nicht wolle.

Dieses Problem ist für den handelnden Gemeindeplaner, gleichgültig ob Politiker oder Stadtplaner, mehr als eine akademische Frage. Der Stadtplaner hat eine bestimmte Vorstellung von einer idealen Gemeinde und guten Lebensbedingungen. Er versucht, diese Vorstellung in seiner beruflichen Tätigkeit zu verwirklichen. Wenn eine kleine Führungsgruppe das Gemeindeleben bestimmt, dann braucht er sie nur für sich zu gewinnen, um seine Pläne durchzusetzen. Wenn aber die Bewohner selbst auf ihre Gemeinde Einfluß nehmen wollen, ist die Aufgabe schon wesentlich schwerer: Er muß sie entweder von den Vorzügen seiner Pläne überzeugen oder versuchen, ihr Verhalten diesen Plänen anzupassen. Die nächste Frage ist noch schwieriger zu beantworten: Wessen Wertvorstellungen soll die neue Gemeinde prägen, die der Bewohner oder die des Planers?[12]

Die zweite Frage sollte feststellen, ob die Kritik an der Vorstadt berechtigt war, ob

---

[12] Mit einer ähnlichen Frage hatte ich mich gerade im Rahmen einer anderen Untersuchung beschäftigt: Sollten die öffentlichen Dienstleistungen nach den Vorstellungen derer, die sie anboten (Schulamt, Gesundheits- und Fürsorgeamt usw.), oder derer, die sie in Anspruch nahmen, d. h. den Wünschen ihrer »Kunden« entsprechend, ausgestaltet werden. In meinem eigenen Beitrag, der sich mit den Erholungseinrichtungen beschäftigte, trat ich dafür ein, Parks und Spielplätze in erster Linie für den Benutzer zu planen. Diese Meinung bestimmte mich auch von vornherein bei der Untersuchung der größeren Probleme in Levittown.

das Leben in diesen Siedlungen wirklich so viele Nachteile hatte, wie behauptet wurde. Sind alle Bewohner prestigebedürftig, führen sie wirklich ein hyperaktives gesellschaftliches Leben, das ihnen eigentlich gar keinen Spaß macht, beugen sie sich nur widerwillig den Wünschen ihrer Nachbarn, ist die Gemeinde eine fade Miniaturausgabe unserer Massengesellschaft? Sind die Frauen dort wirklich so gelangweilt, einsam und herrschsüchtig, und erzeugt das Vorstadtleben jenes von den Kritikern vorausgesagte Unbehagen und die befürchtete seelische Zerrüttung? Und wenn nicht, welches sind die wirklichen Mißstände und Probleme?

Die dritte Frage schloß sich logisch an: Waren die unerwünschten oder erwünschten Veränderungen eine Folge des Umzugs von der Stadt in die Vorstadt oder hatten sie weder mit dem Umzug noch mit der neuen Umwelt etwas zu tun? Nach meinen vorangegangenen Erfahrungen nahm ich eher an, daß diese Veränderungen weniger durch das Leben in der Vorstadt bedingt waren als durch die Suche nach einem individuellen oder familiären Lebensstil, die die Leute überhaupt nach Suburbia geführt hatte. Aus diesem Grund wollte ich also feststellen, ob die von den Leuten nach ihrer Ansicht berichteten Veränderungen beabsichtigt, bereits vor dem Umzug geplant oder eben nicht beabsichtigt, durch die neue Umwelt erzeugt und ihnen aufgezwungen worden waren. Wenn die nicht beabsichtigten Veränderungen überwogen, dann hatte die neue Wohngemeinde sichtbare Einflüsse ausgeübt. Und wenn es so war, welches waren die Quellen und Ursachen? War es die physische Umwelt, war es die Distanz von den innerstädtischen Einrichtungen, war es die soziale Struktur der Bewohner oder war es der Erbauer beziehungsweise der Organisator und Gründer der Siedlung?

Über den Einfluß der Siedlung auf den Bewohner ist innerhalb der Soziologie seit langem theoretisiert worden. Die Ökologen behaupten, daß örtliche Wirtschaftsverhältnisse und geographische Situation das Verhalten der Bewohner prägen. Die Soziologen dagegen meinen, daß das Gemeinwesen sowie das Verhalten seiner Bewohner weitgehend von der regionalen und nationalen Gesellschaftsstruktur bestimmt seien[13]. Die politische ist mit der gesellschaftlichen Frage verknüpft. Wenn sich das Verhalten der Menschen nach dem Umzug in die Vorortsiedlung nicht ändert, dann werden öffentliche Maßnahmen, wie Stadtplanung, wenig ausrichten können. Dasselbe gilt, wenn die Bürger ihre Verhaltensweisen bewußt änderten. Wenn das aber unbeabsichtigt geschah, wenn also die Gemeinde das Leben ihrer Bewohner in eine bestimmte Richtung gedrängt hat, dann müssen sich die Zielvorstellungen der Kommunalpolitik auch auf den einzelnen Bürger auswirken. Und wenn die physischen Umweltbedingungen als Ursache nachgewiesen werden können, dann ist die Arbeit des Städtebauers gerechtfertigt. Sind es eher soziale Umwelteinflüsse, dann wäre eine Sozialplanung geeigneter. Aber

---

[13] Siehe auch bei Duncan und Schnore.

wenn die beabsichtigten Verhaltensänderungen überwogen, dann war es Aufgabe der öffentlichen Verwaltung, auf die Hoffnungen, mit denen die Leute kamen, und deren tiefere Gründe einzuwirken. Dies alles setzt voraus, daß Verbesserungen überhaupt notwendig sind und daß zunächst einmal Klarheit geschaffen wird, was am Vorstadtleben nachteilig oder verbesserungswürdig ist.

In meiner Untersuchung über die Lebensweise wollte ich auch das politische Leben erkunden und herausfinden, wieweit die gewählten Repräsentanten die Meinung ihrer Wähler beachteten. Wurde die Gemeindepolitik von den Kommunalpolitikern allein oder in Übereinstimmung mit den Bewohnern gemacht? Im Verlauf der Untersuchung wurde mir etwas klar, was längst hätte deutlich sein müssen: daß nämlich die Gemeinde auch durch die Entscheidungen ihrer Verwaltung geprägt wird. Ich mußte untersuchen, wer diese Entscheidungen traf und wie sie getroffen wurden und welche Rolle dabei dem Stadtplaner und sonstigen Fachleuten zufiel. Insbesondere wollte ich wissen, welche Rückschläge die verantwortlichen Politiker bei unpopulären, besonders den »im öffentlichen Interesse« vorgeschlagenen Maßnahmen hinnehmen mußten. Diese empirische Frage beinhaltet eine grundsätzliche: Wann soll sich eine Regierung entgegenkommend und demokratisch verhalten, und wann soll sie eine unpopuläre Entscheidung im öffentlichen oder auch im Interesse einer schwachen Minderheit fällen?

Alle vier angeschnittenen Fragen lassen sich schließlich auf die einzige Frage nach dem Veränderungsprozeß und nach den Möglichkeiten der Erneuerung innerhalb eines sozialen Systems zurückführen: Wie kann man Einfluß nehmen? Sind die Hauptinitiatoren die Führer oder die Geführten, und welche Rolle kann der Planer oder irgendein anderer Verantwortlicher überhaupt spielen? Und im normativen Sinne: Welche Maßnahmen sind wünschenswert, besonders wenn dabei Konflikte auftreten mit den Wünschen und Absichten der Mehrheit der Bewohner? Diese Fragen treten natürlich bei einer jeden Gemeinde auf, aber sie stellen sich leichter bei einer neuen Siedlung, wo alle sozialen und politischen Vorgänge bis zu ihrem Ursprung verfolgt werden können.

Ich muß erwähnen, daß ich diese Fragen zu Beginn der Untersuchung noch nicht so klar und bündig formuliert hatte. Ich hatte nicht die Absicht, mich auf sie zu beschränken. Eine der angenehmsten und aufschlußreichsten Seiten teilnehmenden Beobachtens ist die Entdeckung neuer und unerwarteter Untersuchungsthemen. Sie finden ihren Niederschlag in gelegentlichen Randbemerkungen, die innerhalb des Buches immer wieder auftauchen.

Die Methoden der Untersuchung

Die wesentliche Datenquelle sollte eine teilnehmende Beobachtung sein. Indem ich während der ersten beiden Jahre in der Gemeinde lebte, wollte ich die Entwicklung der Nachbarschaftsbeziehungen und des sozialen Lebens verfolgen. Ich wollte dabeisein, wenn Organisationen und öffentliche Einrichtungen gegründet wurden. Neben der Teilnahme an öffentlichen Versammlungen würde ich auch in der Lage sein, Initiatoren und Mitglieder der einzelnen Gruppen zu befragen, und wenn ich sie einmal kannte, konnte ich sie durch die schwierige Anfangszeit hindurch begleiten und beobachten. In der Zwischenzeit würde ich mich in der gleichen Weise mit den Kirchen, mit öffentlichen Institutionen und politischen Parteien beschäftigen. Ich würde mit den Ärzten und Rechtsanwälten, mit den Lokalreportern ebenso wie mit den Angestellten von Levitt selbst sprechen. Schließlich würde ich alle wichtigen Leute und eine beträchtliche Anzahl anderer Bewohner kennenlernen und sie von Zeit zu Zeit, während sich das Gemeinwesen entwickelte, befragen. In meiner nächsten Umgebung wollte ich dann das tägliche Leben erforschen, meine Nachbarn und mich selbst in der Rolle der Eigenheimbesitzer und Anlieger beobachten. Diese Pläne reiften. Ich verbrachte meine Tage beinahe wie ein Reporter und war ständig unterwegs, um herauszufinden, was Neues geschah. Ein ganzes Jahr lang ging ich jeden Abend mindestens zu zwei Versammlungen oder Vereinsabenden.

Wenn auch meine eigenen Beobachtungen einiges über die Beeinflussung der Bewohner durch die Gemeinde und über ihre Gefühle gegenüber der Gemeinde und deren Probleme aussagten, so würden sie mir doch kaum erlauben, einen genügend großen und repräsentativen Ausschnitt darzustellen. Deshalb plante ich, eine Gruppe kurz vor dem Einzug zu befragen, um herauszufinden, welche Hoffnungen die Leute nach Levittown mitbrachten. Zwei Jahre später wollte ich das Interview wiederholen, um zu sehen, welche beabsichtigten und unbeabsichtigten Veränderungen in ihrem Leben stattgefunden hatten. Wegen der mangelnden Mittel wurde die Auswahl kleiner, als ich es gewünscht hatte. Immerhin wurden 45 Personen zweimal befragt, und zwar meistens durch Studenten von der University of Pennsylvania. Für eine auch nur begrenzt gültige statistische Analyse erfaßte die Auswahl viel zuwenig frühere Stadtbewohner. Darum wurden zusätzlich 55 ehemalige Einwohner von Philadelphia befragt. Da ich die Baugesellschaft nicht überreden konnte, mir die Namen der Käufer vor dem Einzug zu geben, mußte das einführende Interview mit der ersten Gruppe kurz nach deren Ankunft angesetzt werden[14]. Der Unternehmer erklärte sich aber einverstanden, einen Brieffrage-

---

[14] Die Namen der Käufer konnte ich nur von der Baugesellschaft bekommen. Man gab mir aber die Adressen nicht, weil man verhindern wollte, daß die Leute noch vor dem Einzug von Milchhändlern und anderen Kaufleuten belästigt wurden. Die Firma hatte überhaupt wenig Interesse an der wissenschaftlichen Arbeit, und einige der Manager fürchteten, daß meine Interviews bei den Käufern einen negativen Meinungsumschwung hervorrufen könnten. So mußte ich die Befragten bitten, sich noch einmal daran zu erinnern, mit welchen Erwartungen sie nach Levittown gekommen waren. Es wurden dabei aber die

bogen an die zukünftigen Bewohner zu versenden. Dieser erreichte schließlich 3100 Käufer. Es war ein Rekord, daß $^2/_3$ der Fragebogen ausgefüllt wurden. Sie lieferten viele Daten über die Levittowner, über ihre Umzugsgründe und über ihre Hoffnungen, wie sie im 2. Kapitel näher beschrieben werden[15]. Alle Daten über das Verhalten der Bewohner sind dem Brieffragebogen entnommen (besonders die im 2. Kapitel) oder stammen aus den Interviews (besonders die im zweiten Teil). Weitere Einzelheiten über die Fragen selbst, über die Grenzen der verschiedenen Methoden (Brieffragebogen, Interview und teilnehmende Beobachtung) finden sich an den entsprechenden Stellen im Text bzw. im Anhang.

Meine vorausgehenden Erfahrungen mit der Methode teilnehmenden Beobachtens hatten mich davon überzeugt, daß ich in Levittown mehr Beobachter als Teilnehmer sein würde. Unmittelbare Teilnahme ist fraglos der beste Weg, um herauszubekommen, was wirklich geschieht. Sie hat aber den Nachteil, daß die Zugehörigkeit zu einer bestimmten Gruppe den Teilnehmer automatisch von den konkurrierenden oder opponierenden Gruppen ausschließt. Daher entschied ich mich, nur am Leben meiner Nachbarschaft teilzunehmen und als Bürger auf Versammlungen aufzutreten. Sonst sollte meine Rolle die eines außenstehenden Beobachters und Interviewers sein.

Bald nachdem ich eingezogen war, erzählte ich den Leuten, daß ich dem Lehrkörper der Universität von Pennsylvania angehöre und daß ich eine Untersuchung über das Entstehen der Gemeinde Levittown machen wolle. Nachdem ich aus früherer Erfahrung wußte, wie schwierig es ist, den Leuten ein klares Bild von der Arbeit des Soziologen zu geben, beschrieb ich meine Arbeit als historische Studie. Nähere Auskünfte gab ich nicht – ich wurde selten danach gefragt – und ich erzählte auch nicht, daß ich über das Tun und Lassen meiner Nachbarn (und über mein eigenes) Buch führte. Es hätte unser nachbarschaftliches Verhältnis gestört. Meine Urheberschaft bei den schriftlichen Befragungen verleugnete ich, weil ich – wahrscheinlich unnötigerweise – fürchtete, meine Rolle als teilnehmender Beobachter dadurch zu gefährden. Schließlich hielt ich es auch geheim, daß ich meiner Untersuchung wegen nach Levittown gezogen war. Die Leute hätten es wahrscheinlich auch nicht begriffen, daß ich nicht einfach wegen der guten und billigen Wohnungen und der Vorteile des Vorstadtlebens hier war.

Abgesehen von diesen notwendigen Täuschungen machte die Teilnahme als Beobachter immer Spaß und war oft geradezu aufregend. Ich mochte die meisten

gleichen Dinge genannt wie in dem postalischen Fragebogen, der vor der Ankunft ausgefüllt worden war.

[15] Der Fragebogen wurde auf dem Briefpapier der University of Pennsylvania gedruckt und nach der Beantwortung dorthin zurückgeschickt. Auf diese Weise wurde jeder Verdacht, daß es sich um ein von Levitt durchgeführtes Forschungsvorhaben handeln könnte, ausgeschlossen.

Leute recht gern und hatte wenig Schwierigkeiten, meine Informationen von ihnen zu erhalten. Die Tatsache, daß ich mich als Soziologe zu erkennen gab, störte wenig. Allerdings stellte ich auch wenig persönliche Fragen; meist verfolgten die Leute die Entwicklung der neuen Gemeinde ebenso neugierig wie ich und ließen mich gern an ihren Treffen teilnehmen oder Fragen stellen. Nach einer Weile gehörte ich dazu. Die Leute vergaßen, von meiner Anwesenheit Notiz zu nehmen und beschäftigten sich mit ihren Problemen, sogar bei privaten politischen Gesprächen. Bei öffentlichen Versammlungen war ich stets willkommen, besonders dann, wenn die Beteiligung sehr niedrig war. In ihrem Bedürfnis nach Zuhörern vergaßen die Vortragenden gern, daß ich im Interesse meiner Untersuchung gekommen war. Einmal wurde ich wegen meiner eifrigen Teilnahme sogar öffentlich gelobt.

Die meisten Leute haben es gern, wenn man sich mit ihnen beschäftigt; sie fühlen sich wichtig, und es schmeichelt ihnen. Da ich aber immer Informationen sammelte und nie etwas veröffentlichte, konnte man meine Arbeit nicht wie bei einem Reporter überprüfen. Einige der Politiker begannen sich zu fragen, was ich wohl am Ende über sie schreiben würde. So etwas wie »Peyton Place«?, fragten mich einige von ihnen halb scherzend. Ich gab zurück, daß ich gern eine ähnliche Geschichte über lokale Inzucht bringen würde, wenn sie mir das Material dazu lieferten. Aber dann merkte ich, daß sie doch fürchteten, meine Veröffentlichung würde politische Intrigen bloßstellen. Ich versicherte ihnen, daß in meinem Buch keine Namen genannt würden.

Während der vielen tausend, meist in Gesprächsform geführten Interviews versuchte ich den Charakter einer formellen Befragung zu vermeiden und machte kaum Notizen. Statt dessen versuchte ich die Antworten im Gedächtnis zu behalten und notierte kurz nach dem Gespräch das Wichtigste. Später trug ich das ganze Interview in mein Tagebuch ein. (Ein bekannter Schriftsteller hat kürzlich viel Aufsehen erregt, weil er seine Interviews im Gedächtnis behielt. Unter Soziologen ist das seit langem üblich.) Geselligkeiten oder Feiern waren immer eine Quelle vielfältiger Informationen über das Gemeinschaftsverhalten. Aber ich hütete mich, zuviel zu fragen oder Fragen zu stellen, die mir als Nachbar nicht anstanden. Dabei erinnere ich mich noch einer Party, bei der ich gewisse Fragen vorsichtig zurückhielt, nur um kurz darauf festzustellen, daß eine Nachbarin gerade diese Fragen stellte. Die offensichtliche Verwandtschaft zwischen Soziologie und Klatsch überraschte mich; aber schließlich war sie die neugierigste Frau in unserem Block. Eigentlich benahm ich mich im täglichen Leben mit unseren Nachbarn ganz ungezwungen. Erst wenn ich heimkam, wurde ich wieder zum Wissenschaftler, der seine und seiner Nachbarn Gespräche und Erlebnisse niederschrieb.

Die größte Schwierigkeit des teilnehmenden Beobachtens liegt nicht darin, die Leute zum Reden zu bringen, sondern seine Rolle Tag für Tag neu zu spielen. Als Forscher konnte ich es mir nicht leisten, irgendeine vorhandene oder potentielle

Informationsquelle zu verärgern oder mit irgendeiner Clique oder Gruppe der Gemeinde identifiziert zu werden. Ich mußte neutral sein und durfte – so gern ich es manchmal getan hätte – keine aus dem allgemeinen Rahmen fallenden Äußerungen über lokale oder nationale Angelegenheiten machen. Auch in rein geselligen Beziehungen mußte ich vorsichtig sein und jede gesellschaftliche Exklusivität vermeiden. Parties sind für teilnehmendes Beobachten wenig geeignet, aber da ich ohnehin etwas schüchtern bin, brauchte ich mich nicht zu verstellen. Ich mußte auch der Versuchung widerstehen, den mir unsympathischen Leuten aus dem Weg zu gehen, denn das hätte natürlich meine Auswahl einseitig beeinflußt und alle Folgerungen verfälscht. Der teilnehmende Beobachter muß einen einigermaßen repräsentativen Querschnitt der Bevölkerung ansprechen. Ich mußte mich auch hüten, wie ein Professor aufzutreten, um nicht den Zugang zu solchen Leuten zu verlieren, die entweder Angst vor akademischen Titeln oder aber vor dem Mangel an eigener Bildung haben. Das war nicht sehr schwierig, da ich mich in einer professoralen Haltung ohnehin nicht ganz wohl fühle. Mein natürliches Interesse an männlichen Gesprächsthemen wie Sport, Sex, Autos, Wetter genügte, um bei den regelmäßigen Gesprächsrunden (»Stierkämpfen«), die am Abend oder am Samstag morgen auf dem Rasen vor den Häusern stattfanden, mitzuhalten. Eine gelöste Unterhaltung mit den Frauen war schwieriger, es sei denn, es war ein Gespräch unter Ehepaaren. Die Teilnahme an den Versammlungen der Frauenklubs war natürlich indiskutabel. Sie hätten mich vielleicht hineingelassen, aber niemand hätte sich dabei wohl gefühlt. Dafür hatten es die Frauen gern, wenn sie interviewt wurden – sie begrüßten die Unterbrechung der Hausarbeit –, und so konnte ich immer jemanden finden, der mir erzählte, was bei den Versammlungen der Frauenklubs besprochen worden war.

In vieler Hinsicht ähnelt der teilnehmende Beobachter einem Politiker. Er muß ständig seine Worte und sein Verhalten kontrollieren, über die nächste Frage nachdenken, die Untersuchung eines kommenden Ereignisses strategisch vorausplanen. Ich wußte manchmal nicht so recht, was untersucht und was nicht untersucht werden müßte und fürchtete etwas Wichtiges zu versäumen, was im schnellen Fluß der Ereignisse nicht wieder nachgeholt werden könnte. Manchmal waren mir auch die Unaufrichtigkeiten und kleinen Täuschungen, die mit einer solchen Untersuchung verbunden sind, zuwider, doch ich hatte deshalb ein ruhiges Gewissen, weil die gesammelten Informationen niemals irgend jemandem schaden würden. Die Anstrengungen einer Rolle, die die eigene Persönlichkeit einengt, wurde indes durch die spannende Forschungstätigkeit, durch die Gelegenheit, eine Gesellschaft und die aus den Lehrbüchern bekannten gesellschaftlichen Prozesse aus unmittelbarer Nähe zu betrachten und dabei immer neue Ideen über soziale Theorien zu gewinnen, mehr als aufgewogen. Es hat Freude gemacht, viele Hunderte von Menschen kennenzulernen und vor allem immer dabei zu sein. Oft meinte ich Dutzende von kleinen Dramen gleichzeitig zu sehen: in einigen standen sich Held und Schurke gegenüber, andere endeten vorübergehend in einer aussichtslosen Situation, aber bei allen erwartete ich mit gespanntem Interesse den Ausgang des Kampfes. Und bevor er entschieden war, hatten schon wieder mehrere andere Auseinandersetzungen begonnen. So ist es zu verstehen, daß ich niemals richtig antworten konnte, wenn mich die Leute fragten, ob es mir denn in Levittown wirklich gefalle. Es hat mir gefallen, aber so, wie ein Wissenschaftler in sein Forschungsobjekt vernarrt ist. Ich war eben kein normaler Bewohner. Sonst hätte ich mich sicher für die vielen Gelegenheiten zur gemeindlichen Arbeit interessiert, die – zum Teil aufgrund meiner Ausbildung als Stadtplaner – an mich herangetragen wurden und die ich als Forscher ablehnen mußte. Vom persönlichen Standpunkt aus fand ich die Siedlung manchmal unbefriedigend, weil es nicht genug Leute oder Einrichtungen gab, die meinen intellektuellen und kulturellen Interessen entsprochen hätten. Dennoch würde ich Levittown oder irgendeine Gemeinde niemals negativ beurteilen, nur weil ich meine eigenen Bedürfnisse nicht voll befriedigen konnte.

Eine Untersuchung von Lebensbedingungen fordert Bewertungen und damit persönliche Wertvorstellungen. Ich ließ mich von mindestens drei verschiedenen leiten. Zuallererst zeigt meine Auswertung den Bewertungsmaßstab der Bewohner selbst, die, wie ich meine, in den meisten Fällen am ehesten geeignet sind, die Qualität ihrer Lebensbedingungen zu beurteilen. In einer pluralistischen Gesellschaft gibt es mehr als nur einen verbindlichen Maßstab für gute Lebensbedingungen, und in einer demokratischen Gesellschaft kommt es dem Volk zu, diesen Maßstab zu setzen. Wenn also die Leute von Levittown, wie sie es tun, berichten, daß ihnen diese Siedlung so gefällt, dann sollte diese Ansicht respektiert werden. Wenn auch die Vorstadtkritiker behaupten, diese Zufriedenheit sei unecht und selbstbetrügerisch, so bieten sie doch keine gültigen Beweise dafür. Ihr Vorwurf zeigt nur, daß sie andere Vorstellungen von angenehmen Lebensbedingungen haben. Wenn natürlich in den Urteilen der Levittowner Andeutungen einer latenten Unzufriedenheit sichtbar werden, dann liegt sicher etwas im argen.

Eingeschlossen in dieses Werturteil ist ein zweites, das noch über die Forderungen von Pluralismus und Demokratie hinausführt. Ich persönlich glaube, daß es unendlich viele Möglichkeiten gibt, gut zu leben und mit den Problemen fertig zu werden. Sie sind alle brauchbar, solange dabei niemand Schaden nimmt. An unserer Gesellschaft entzündet sich aber viel zuviel Sozialkritik, die im wesentlichen beklagt, daß die Menschen sich nicht so wie die Kritiker oder nicht so, wie es die Kritiker gern sähen, verhalten. Ohne den Nachweis, daß gewisse Verhaltensweisen Schäden für den einzelnen oder die Gemeinschaft nach sich ziehen, kann diese Kritik als das zurückgewiesen werden, was sie ist, nämlich als eine Ablehnung von Vielfalt und Pluralismus.

Aber es wäre auch leichtsinnig, eine Bewertung nur auf die Volksmeinung zu stützen. Denn wenn die Soziologie eine wichtige Erkenntnis gewonnen hat, dann die, daß die Menschen oft nicht genau wissen, was sie tun und was mit ihnen geschieht. Der Beobachter – das ist sein Beruf – sieht immer mehr als die anderen. Aber wenn er bewertet, was nur er sieht, so muß er es doch mit dem Wertmaßstab der Menschen tun, die er beobachtet. Gewiß, hier und da urteile ich subjektiv (damit der soeben gepredigten Forderung zuwider handelnd) und lehne diesen oder jenen Wertmaßstab Levittowns ab. Auf der bewußten Ebene habe ich mich demokratischerweise auf solche Beurteilungen beschränkt, die ich für gewichtiger halte als die Maßstäbe der Levittowner, aber unbewußte Bewertungen schleichen sich sicher manchmal mit ein. Man kann sie nicht vermeiden, wenn man jahrelang die engsten Beziehungen zu einer Gemeinde hat und ich bedaure es nur, daß ich diejenigen nicht erkennen kann, die die Untersuchung verzerren könnten.

In den letzten Kapiteln mache ich eine Reihe von Vorschlägen. Die meisten sind nicht aufsehenerregend. Obwohl ich ebenso radikal sein könnte wie viele andere, halte ich doch Vorschläge, die den Vorstellungen der Menschen, die danach leben sollen, völlig widersprechen und die in der voraussehbaren Zukunft keine Aussicht auf Verwirklichung haben, für utopisch im negativen Sinn. Eine radikale Gesinnung ist für viele oft nur eine konformistische Maske, um ihre soziale Stellung und ihr Image in radikalen Kreisen zu bewahren. Die meisten Vorschläge beziehen sich auf das Levittown, wie es während der Zeit der Untersuchung bestand. Sie können nicht als Empfehlungen für die heutige Gemeinde angesehen werden, es sei denn, eine neue Untersuchung würde zeigen (wahrscheinlich wäre es so), daß sich der Ort seit dem Beginn des Jahrzehnts kaum geändert hat. Schließlich habe ich mich bemüht, Analyse und Bewertung voneinander zu trennen. Ich glaube, daß letztere mehr darstellt als eine vernunftgemäße Erklärung oder sorgfältige Untermauerung meiner eigenen Werturteile. Zu den meisten meiner Ergebnisse wäre ein anderer Sozialwissenschaftler mit anderen Wertvorstellungen ebenso gelangt. Offensichtlich ist die Analyse nur in bezug auf die von mir benutzten Methoden und Vorstellungen und in bezug auf die sie bestimmende Beurteilung objektiv, aber in diesem Sinne glaube ich, daß sie es ist.

Das Buch berichtet also über meine Erfahrungen in den ersten beiden Jahren, die ich in Levittown verbrachte (Oktober 1958–September 1960), über das, was ich in einem weiteren Jahr der Untersuchung, als ich dort nicht wohnte (September 1960– Juni 1961), und in den Jahren 1960 bis 1962 mit Hilfe von Interviews erfuhr. Überall, wo es möglich war, habe ich darüber hinaus Zeitungsberichte und Informationen aus Levittown benutzt, um auch wichtige Ereignisse aus der Zeit nach 1962 in den Bericht mit aufzunehmen.

TEIL I

DER AUFBAU EINER NEUEN GEMEINDE

1 Die Planer von Levittown

Um die Anfänge Levittowns zu beschreiben, muß man mit seinen Erbauern beginnen. Welche Ziele verfolgten sie, an welche Bewohner und Bedürfnisse haben sie gedacht, als sie das endgültige Planungskonzept für die neue Gemeinde festlegten? Die wichtigste Rolle spielte dabei selbstverständlich das Bauunternehmen Levitt and Sons. Die Firma wurde während der Weltwirtschaftskrise von dem verstorbenen Abraham Levitt gegründet, einem Selfmademan, Sohn russischjüdischer Einwanderer, der 25 Jahre lang als Anwalt für Grundstücksangelegenheiten tätig war, bevor er mit eigenen Bauten begann. Mitgründer waren seine beiden Söhne, William und der verstorbene Alfred. Bis zum Beginn des Zweiten Weltkriegs baute die Firma eine Anzahl von kleinen Vorstadtsiedlungen auf Long Island, deren Preislage für die obere Mittelschicht bestimmt war, die sich damals auf der Insel ansiedelte. Nach dem Zweiten Weltkrieg, mit den Erfahrungen, die sie beim Bau von Häusern für Angehörige der Kriegsmarine gesammelt hatten, entwickelten die Levitts ein Verfahren für die Serienfertigung, um billige Häuser für die Scharen von ehemaligen Kriegsteilnehmern und deren Familien zu produzieren[1].
Die meisten Ideen, die die Planung von Levittown, New Jersey, bestimmten, waren aus den Erfahrungen der beiden früheren Levittowns in New York und Pennsylvania entwickelt worden. Levittown, Long Island, wurde 1947 begonnen, wobei man die damals übliche Methode des schrittweisen Ankaufs anwandte. Die Gesellschaft kaufte ein Areal, das viel größer war als ein normales Baugrundstück, und erwarb erst, wenn sich herausstellte, daß sich das Land gut verkaufte, weitere Grundstücke dazu. Die Häuser in Levittown waren kleinere Ausgaben der teueren Vorstadthäuser, die das Levitt-Unternehmen erst kurz zuvor gebaut hatte, waren aber gut ausgestattet. Sie umschlossen eine öffentliche Grünanlage, in die kleinere Läden, ein Kinderspielplatz und ein Swimmingpool eingebettet waren[2]. Vielleicht wurden diese zusätzlichen Einrichtungen nur deshalb geplant, weil der Bauherr unsicher war, ob sich seine Häuser auch ohne sie verkaufen ließen. Schließlich war Levittown ein Experiment, das in einer Zeit begonnen wurde, als die Bauwirtschaft insgesamt nur wenig Nachfrage aufwies und die Erfahrungen der Nachkriegsdepression noch überall wach waren. Aber die Firma hatte noch ein weiteres Ziel: sie wollte eine Gemeinde schaffen. Dies kam deutlich zum Ausdruck, als Alfred Levitt, der Architektur studiert hatte, seinen Vorschlag für Landia, eine Siedlung

---

[1] Zur früheren Geschichte des Levitt-Unternehmens siehe Larrabee.
[2] Larrabee. Für eine ins einzelne gehende Beschreibung von Levittown in New York siehe Liell (1952), Wattel und Dobriner (1963), Kap. 4.

von ungefähr 275 Hektar in einem anderen Teil in Long Island[3], erläuterte. Hier war geplant, in sich geschlossene Wohngebiete zu bauen, ohne Durchgangsstraßen, mit einem Stadtzentrum und allen öffentlichen Einrichtungen, einschließlich der Parks.
Landia wurde nie gebaut, wohl wegen des Baustopps für Wohnhäuser bei Beginn des Korea-Krieges. Aber einige dieser Ideen wurden 1951 beim Bau des zweiten Levittowns, in Bucks County, Pennsylvania, verwirklicht. Obwohl die Firma zu dieser Zeit finanziell so weit gesichert war, daß man von Anfang an mehr Land hätte kaufen können, wurde die Siedlung nicht vollständig vorausgeplant und die einzelnen Siedlungsteile erst kurz vor Baubeginn abgesteckt. Der Plan für das zweite Levittown sah 17000 Häuser vor, mit Nachbarschaften, die frei vom Durchgangsverkehr waren, und Volksschulen, Spielplätzen und Swimmingpools im Zentrum. Die zunächst geplanten kleinen Einkaufszentren wurden fast gänzlich gestrichen, nachdem die Firma zu ihrem Mißbehagen erfuhr, daß ein großer Supermarkt in Levittown, Long Island, der nicht von Levitt gebaut worden war, die meisten Käufer von den Geschäften in Villagegreen abzog. Statt dessen bauten die Levitts ein riesiges »regionales« Einkaufszentrum am Rande ihres neuen Levittowns, wobei sie hofften, nicht nur Käufer eigener Häuser anzuziehen, sondern auch Leute aus anderen Stadtteilen. Die Firma stellte auch den einzelnen Kirchengemeinden Land zur Verfügung, wobei sie einen Brauch beibehielt, der sich schon beim Bau des ersten Levittown gut bewährt hatte, als man an eine Kirchengemeinde auf ihre Bitte hin Bauland gratis abgab.
Aber Levittown in Pennsylvania ebenso wie Levittown auf Long Island hatten einen großen Nachteil. Durch die Art des Landerwerbs hatte sich die fertige Siedlung über vier verschiedene Stadtgemeinden und verschiedene andere Verwaltungsgrenzen ausgebreitet. Bei der Erschließung des Landes hatte sich der Bauunternehmer mit jeder einzelnen Parzelle zu befassen. Dies erfordert nicht nur beträchtliche Zeit und Energie, sondern macht auch Änderungen am ursprünglichen Plan nötig, besonders bei der Planung der Wohngebiete und Schulen. Ferner sah sich die Firma gezwungen, auch Erholungseinrichtungen so zu verwalten, daß ihre Benutzung nur den Käufern der Levitt-Häuser gestattet war. Dabei stellte sich heraus, daß die Geschäftsführer öfters von ihrer eigentlichen Arbeit abgehalten und in örtliche Streitereien verwickelt wurden.
Kurz nachdem sich die Erschließung von Bucks County gut angelassen hatte, erwog man schon, ein drittes Levittown zu bauen. Diesmal sollten durch den Grundstückserwerb innerhalb einer einzelnen Stadtgemeinde die Schwierigkeiten vermieden werden, die vorher aufgetreten waren. Die Wahl fiel auf Willingboro in New Jersey. In der Stadtgemeinde Willingboro gab es kleine bäuerliche Betriebe,

---

[3] Siehe Alfred S. Levitt.

die Pfirsiche, Pflaumen und Tomaten auf den Sandböden dieser Gegend anbauten. Außerhalb des Rings von Vorstädten gelegen, die nach dem Krieg um Philadelphia herum entstanden waren, und nur ungefähr 10 Meilen von Levittown in Pennsylvania entfernt, war Willingboro für eine Erschließung als Wohngebiet besonders geeignet. Für Levitt and Sons bot es sich besonders an, weil es dort nur einzelne Farmer, einige Eigentümer von Wochenendhäusern und das Dorf Rancocas gab, eine Quäkersiedlung aus dem 19. Jahrhundert mit weniger als 500 Einwohnern. Bald nach dem Erwerb des Geländes ließ die Firma die Ortsgrenzen so ändern, daß Rancocas der benachbarten Stadt Westampton angegliedert wurde. So hatte sie ein großes Stück Land erworben, das ganz in einer einzigen Stadtgemeinde lag und den größten Teil davon einnahm.

Nachdem Rancocas ausgegliedert war, blieben nur etwa 600 Einwohner innerhalb der Stadtgemeinde. Diese Leute, so glaubte das Bauunternehmen, würden ihm bei der Bauplanung freie Hand lassen. Willingboro würde die besten Voraussetzungen bieten, um die Pläne und Ziele von William Levitt zu verwirklichen.

Der Planungsprozeß

Zu der Zeit, als die Firma mit der Planung von Levittown, New Jersey, begann, lag die Leitung vollständig in den Händen von William Levitt. Abraham Levitt hatte sich aus Altersgründen zurückgezogen, und Alfred war aus der Firma ausgeschieden, nachdem er seinen Anteil an seinen Bruder verkauft hatte. Der Grund war wohl, daß die Brüder keine Möglichkeit sahen, gemeinsam Beschlüsse zu fassen. Zusammen mit William Levitt arbeitete ein halbes Dutzend Geschäftsführer, von denen viele schon seit den 40er Jahren bei der Firma waren; die endgültige Entscheidung lag ausschließlich bei William Levitt[4]. Wie sein Bruder war er aufgeschlossen gegenüber Ratschlägen. Er galt jedoch als ein Mann, der einmal gefaßte Beschlüsse nur selten änderte[5]. Es war William Levitts Ziel, noch mehr gewinnbringendes Land zu erschließen und eine noch bessere Gemeinde aufzubauen, die im voraus umfassend geplant und vollständig mit öffentlichen Einrichtungen versehen werden sollte. Er versuchte auch, die Angriffe von Planern, Architekten und Sozialkritikern gegen seine Firma und die gebauten Levittowns abzuwehren.

[4] Auf den folgenden Seiten werde ich aus diesem Grunde die Bezeichnung Levitt (wobei William Levitt gemeint ist) als ein Synonym für die Firma gebrauchen, obwohl er nicht alle Beschlüsse persönlich faßte, die ihm zugeschrieben werden.
[5] Der Stoff des folgenden Abschnitts basiert auf Umfragen unter einigen Geschäftsführern von Levitt. Leider wurde mir nie ein Interview mit William oder Alfred Levitt persönlich gewährt.

Bekannt für seine Geringschätzung stadtplanerischer Berufe und frei von Alfreds Interesse an deren Vorstellungen und Plänen, beabsichtigte er nicht, die Siedlung nach den Wünschen der Planer zu bauen. Außerdem dachte er wenig daran, die Käufer zufriedenzustellen und deren Wunschträume zu erfüllen. Als der erfolgreichste Wohnungsbauunternehmer im Osten der Vereinigten Staaten, als ein Mann, der seit Jahrzehnten in dem Ruf stand, »das beste Haus fürs Geld« zu liefern, glaubte er zu wissen, was gefiel. Anders als sein Vater wollte er die Firma nicht in das Leben seiner Stadtgemeinden hineinziehen und das kulturelle Niveau und den Bürgersinn seiner Käufer anheben. Er wollte nur etwas bauen, was er für ein besseres Levittown hielt, was er auch oft als »große Schau« bezeichnete.

Nach dem Erfolg der Gemeinde in Bucks County fühlte sich Levitt stark genug, um 80% des für die gesamte Siedlung benötigten Landes zu kaufen und sich Vorkaufsrechte für den verbleibenden Teil einräumen zu lassen. Ein ziemlich vollständiger Plan der Siedlung wurde entwickelt mit einem umfassenden Straßensystem, einem sich über die ganze Siedlung erstreckenden Kanalisationsnetz, das vor Einzug der Bewohner fertig sein sollte, mit einem allgemeinen Plan für das Einkaufen, der einen regionalen Verbrauchermarkt und eine Reihe von Einzelhandelsgeschäften vorsah. Schließlich wurden auch Standorte für Schulen und Kirchen eingeplant. Diese vorläufigen Standorte wurden in die Firmenpläne einvetragen, die endgültige Lage und der Entwurf dieser Anlagen wurden erst bei gaubeginn festgelegt. Da Levitt sich nun nicht mehr nach den Bauvorschriften Berschiedener Stadtteile richten mußte, konnte er als Bauträger die Siedlung als eine Gruppe einzelner »Parks« planen, mit Schule, Spielplatz und Swimmingpool in der Mitte, ganz im Sinne traditioneller Nachbarschaftsplanung.

Es gab noch andere Neuerungen bei der Planung des dritten Levittown. Die Volksschulen wurden von der Baufirma erstellt und die Kosten in den Hauspreis mit einkalkuliert. Sie sollten der Gemeinde gestiftet werden, um so die Steuern zu senken, und beim Einzug der Bewohner fertig sein. Das frühere Schema mit nur einem Haustyp wurde fallengelassen. Ab jetzt sollten die drei verschiedenen Haustypen in jeder Straße abwechseln: ein Wohnhaus mit vier Schlafzimmern vom Typ »Cape Cod«, das ursprünglich 11 500 $ kosten sollte; ein einstöckiger Bungalow mit drei Schlafzimmern, Typ »Rancher« für 13 000 $; und ein zweistöckiges Haus »Colonial« mit drei oder vier Schlafzimmern, zu Preisen von 14 000 bzw. 14 500 $. Für jeden Haustyp wurden – bei gleicher Raumaufteilung – zwei Fassaden verwendet, und durch wechselnden Außenanstrich wurde die Unterschiedlichkeit noch mehr betont. Während die Häuser in Levittown, Pennsylvania, in einem eher strengen modernen Stil gehalten waren, wurden jene in New Jersey im Pseudo-Kolonialstil gebaut, wie er überall an der Ostküste zu finden ist. Das Einkaufszentrum befand sich am Rand der Siedlung. Es wurde von einem im ganzen Land bekannten Architekten entworfen, der im Mittleren Westen ein preisgekröntes

Zentrum gebaut hatte, und war so weitaus attraktiver als das in Levittown, Pennsylvania.

In der ersten Planungsphase ließ Levitt von einem Ingenieur mit stadtplanerischen Erfahrungen den Gesamtplan ausarbeiten. Er zog auch eine Reihe von anerkannten Fachleuten hinzu, die Detailpläne für Schulen und Erholungseinrichtungen entwickeln sollten; es wurden jedoch keine Stadtplaner als Berater hinzugezogen. Levitt arbeitete mit dem bei der Stadt Willingboro angestellten Planer, und erst als die Firma 1964 Gebiete unterschiedlicher Größe in mehreren über die ganze Welt verstreuten Orten erschloß, stellte sie einen Stadtplaner an, der bei der Auswahl von Grundstücken helfen und Entwicklungspläne entwerfen sollte.

Die Gruppe der Direktoren war in zwei ziemlich festgefügte Parteien gespalten: auf der einen Seite die – sich selbst so nennenden – »Idealisten«, die das bauen wollten, was sie als die bestmögliche Stadtgemeinde ansahen; auf der anderen Seite die »Realisten«, die hauptsächlich in der kaufmännischen Leitung vertreten waren. Sie hatten die Wirtschaftlichkeit im Auge und verwarfen manchmal Neuerungen, wenn diese die Kosten erhöhen und die Verkaufschancen beeinträchtigen konnten. Levitt selbst scheint zwischen den beiden Gruppen vermittelt zu haben. In den ersten Phasen der Planung stand er auf der Seite der Idealisten; später, als die Pläne nahezu fertiggestellt waren, zählten Kosten und Marktgegebenheiten mehr, und er unterstützte öfter die Realisten. Ganz allgemein: die von den Idealisten und ihren Beratern befürworteten Pläne wurden angenommen, falls sie zur Entwicklung der besten Siedlung zu niedrigsten Kosten beitrugen; sie wurden abgelehnt, wenn sie zu teuer wurden oder Spielereien enthielten, die den Verkauf nicht unmittelbar begünstigten.

Obwohl Levitt Außenseitern gegenüber skeptisch war, griff er viele Vorschläge der Berater auf, oft, weil diese mit seinen eigenen Plänen übereinstimmten. Die Berater wurden anfangs nach ihrem Ruf ausgesucht. Ihr Vertrag mit Levitt kam oft mehr oder weniger zufällig zustande. Zum Beispiel war der Gedanke, die Schule im Mittelpunkt der Siedlung zu errichten, eigentlich von Alfred Levitt. Er war aber auch Bestandteil der traditionellen Planungsvorstellungen und wurde von Schulexperten gefördert. Genauso war es, als die Firma sich von der Kontrolle über die Erholungseinrichtungen lösen wollte und ein Zentrum mit Schulen, Spielplatz und Schwimmbädern vorschlug, weil sie glaubte, daß Schule und Spielplatz, die von den gleichen Leuten benutzt würden, auch gemeinsam verwaltet werden sollten. Als die Firma die National Recreation Association um technische Hilfe bat, wußte sie nicht, daß man dort seit fast 40 Jahren diese Ansicht vertrat.

Aber einige Pläne wurden verworfen. Ein Angestellter von Levitt hatte vor, ein neues und umfassender geplantes Erziehungssystem mit Hilfe der Fordstiftung zu erarbeiten. Als aber die Stiftung dafür nicht gewonnen werden konnte, wurde statt dessen eines der üblichen Schulsysteme entwickelt, das der bisherigen Praxis des

Bezirks- und Stadtgebietes entsprach. Das anspruchsvolle Konzept eines anderen Mitgliedes, das einen großen Park und eine Reihe von Spielplätzen um die Schule herum und mehr als nur ein Schwimmbad für jedes Siedlungsgebiet vorsah, wurde gleichfalls beschnitten, um mehr Land für die Bebauung verfügbar zu haben. Als der Zeitpunkt des Baubeginns näher rückte, konnten diese beiden Mitglieder der Firma, die sich für ein Maximum an Investitionen für Gemeinschaftsanlagen ausgesprochen hatten, nicht mehr damit übereinstimmen, daß die Bebauungsdichte als primäres Ziel galt. Sie wurden schließlich entlassen, wenn auch nicht allein aus diesem Grund.

Vielleicht lag das eigentlich Neue bei diesem Levittown in der Mischung der Haustypen. Der Gedanke, zuerst von Frau Levitt vorgeschlagen, wurde in der Firma mehrere Monate lang diskutiert und schließlich von Levitt trotz des Widerstandes aller seiner Geschäftsführer verwirklicht. Eigentlich war er eine Antwort auf die Kritik der Stadtplaner, besonders von Lewis Mumford. Während der 50er Jahre, als die nach dem Krieg entstandenen Vorstadtviertel wegen ihrer Eintönigkeit in der äußeren Erscheinung und in der demographischen Zusammensetzung heftig angegriffen wurden, wurde Levittown oft als Prototyp angeführt. Zuerst wies die Firma diese Kritik zurück. Als sie aber lauter wurde und die Massenmedien sie aufgriffen, fürchtete Levitt für den Ruf von Levittown und eine damit verbundene Minderung des Absatzes, vor allem am Ende der 50er Jahre, als der Verkäufermarkt zu einem Käufermarkt wurde. Bei Beginn des dritten Levittown wollte Levitt vor allem den Ruf erwerben, die bestmöglichen Siedlungen zu bauen. Außerdem begann nun die Firma das Image der Käufer, die sie ansprechen wollte, aufzuwerten. Auf Long Island hatte Levitt für Kriegsversehrte gebaut und vornehmlich Käufer der unteren Mittelschicht angezogen. In Pennsylvania hatte Levitt auch Käufer aus der Arbeiterschicht angesprochen und Leute, die er seufzend die »Marginal-Käufer« nannte. Solche Leute konnten sich eigentlich kein eigenes Haus leisten, doch hier wurde es ihnen möglich, weil keine Anzahlung nötig war; auch für sie galten die Bestimmungen, nach denen der Staat, wie bei ehemaligen Kriegsteilnehmern, die Hypothekenbürgschaft übernahm. In dem neuen Levittown wollte die Firma keine solchen Käufer. Statt dessen sollten etwas teurere Häuser gebaut werden, um die Gewinnspannen zu vergrößern. Wenn es gelang, Käufer aus der mittleren und oberen Mittelschicht anzusprechen, glaubte Levitt den kritischen Artikeln in Zeitschriften begegnen zu können. Als die Idee der gemischten Häusertypen allgemein akzeptiert war, hob einer der Levitt-Geschäftsführer hervor, daß »uns nun kein Lewis Mumford mehr kritisieren kann«.

Später wurde mit dieser Neuerung Reklame gemacht. In den Presseberichten, die die Eröffnung des neuen Levittown ankündigten, sagte Levitt: »Wir beenden für heute und alle Zeit den alten, schlechten Stil der Einförmigkeit...

In dem neuen Levittown bauen wir ganz verschiedene Häuser, eines neben dem anderen, innerhalb der gleichen Siedlung.«
Der Kampf gegen die Kritik beeinflußte auch andere Teile des Plans. Trotz einer starken persönlichen Bindung der Levitts an ihre Siedlungen, denen sie ihren Familiennamen gaben, war sich William Levitt darüber im klaren, daß für einige Leute Levittown ein Beispiel allerschlechtester Vorstadtplanung war, selbst wenn es bei anderen als ein Markenzeichen für gute und billige Häuser galt[6]. Mehrere führende Mitglieder des Unternehmens drangen darauf, den Namen fallenzulassen, aber Levitt verwarf diese Idee.
Als Kompromiß wurde beim Verkauf der Name des jeweiligen Siedlungsteils, in dem der Kunde sich einkaufen wollte, unterstrichen. Ein Mitglied der Firma hob hervor: »Einer der Hauptgründe für die Betonung der einzelnen Siedlungsgebiete lag darin, daß man auf jene Kritiken an Levittown antworten wollte, die behaupten, es handele sich um eine riesige Masse von eintönigen, am Fließband gefertigten Gebäuden, alle vorgeplant in Standardgrößen und Massenproduktion.«
Kurz bevor Levittown, New Jersey, bezugsfertig wurde, erschien in einem Haushaltsmagazin[7] ein Artikel von William Levitt unter dem Titel »Wie lebt man in Levittown?« Darin argumentierte der Bauherr, und dies mit Recht, daß massenproduzierte Wohnungen nicht zur Gleichförmigkeit der Bevölkerung führen müßten. Nachdem Levittown eröffnet ward, erschienen viele verkappte Werbeanzeigen in den Zeitungen von Philadelphia, die den Eindruck erwecken sollten, daß die Bewohner von Levittown der höheren, nicht zu anspruchsvollen Mittelschicht zuzurechnen seien. Eine Anzeige hatte die Überschrift »Gesucht: Zoologe als Nachbar«. Es sollte darauf hingewiesen werden, daß in Levittown alle Berufe vertreten waren, vor allem aber auch höhere. Eine andere Anzeige mit dem Titel »Hi and Middle Fi« deutete an, daß das Levitt-Haus zur Not auch für »Hi-Fi«-Begeisterte ausgerüstet werden könnte, machte sich aber über so einen verwöhnten Geschmack lustig und schloß: »Sie werden alle Arten von Musikliebhabern in Levittown finden, aber wir haben entdeckt, daß die meisten von ihnen mittelfi sind wie wir selbst[8].«
Als man jedoch die einzelnen Haustypen entwarf, wurde auf Standesfragen weniger geachtet als auf Wohnlichkeit und Raumausnutzung. Die Häuser in dem dritten Levittown waren um vieles verbesserte Versionen der Entwürfe, nach denen

---

[6] Als Levittown, Long Island, gebaut wurde, versuchte eine Gruppe von Leuten aus Levittown, ihre Anschrift nach Hicksville umschreiben zu lassen. Später, in Levittown, Pennsylvania, wollten sich jene Leute, die teurere Häuser gekauft hatten, von Levittown absondern und versuchten schließlich, das nahe gelegene Schwimmbad zu ihrer eigenen ausschließlichen Benutzung zu kaufen.
[7] William J. Levitt.
[8] Philadelphia Evening Bulletin vom 1. 3. 1959 und 26. 2. 1959.

die früheren Häuser gebaut worden waren. Man hatte diese Typen oft abgeändert, manchmal sogar jährlich entsprechend den Nachfrageanalysen. Teilweise wurde damit dem Marktverhalten entsprochen, teilweise dem technischen Fortschritt und der Suche nach Möglichkeiten, die Kosten zu senken. Auch der Wunsch nach Änderungen innerhalb der Firma Levitt spielte eine Rolle. Die Konstruktionsprinzipien und deren praktische Anwendung blieben aber weitgehend die gleichen. Das Levitt-Haus wird aus vorfabrizierten Betonplatten gebaut und fließbandartig zusammengesetzt[9]. Der Entwurf sieht ein verhältnismäßig weiträumiges Haus vor mit möglichst großen Zimmern und Abstellräumen und wenig Verkehrsfläche und anderem nicht direkt nutzbaren Raum, wie zum Beispiel der Diele.

Zuerst hatte Levitt erwogen, die Haustypen von Grund auf zu ändern, und bat zwei weltbekannte Architekten, Entwürfe einzureichen. Als sich herausstellte, daß deren Häuser etwa 50 000 Dollar kosten würden, mußte man diesen Plan fallenlassen. Der kleinen Entwurfsabteilung der Firma blieb in Zusammenarbeit mit den ausführenden Abteilungen die Aufgabe, das in Levittown, Pennsylvania, angewandte Modell umzugestalten. Die gebauten Musterhäuser überprüfte Levitt selbst und schlug Änderungen vor. Als sie der Öffentlichkeit zugängig gemacht wurden, meldete man jede Kritik und jeden Änderungsvorschlag der Verkaufsabteilung. Wenn sich ein Typ nicht gut absetzen ließ, wurde er sofort geändert. Gewöhnlich wurden die Modelle erst abgewandelt, wenn die jährlichen Modellwechsel kamen oder der Absatz so weit zurückging, daß eine Umgestaltung unumgänglich wurde[10].

Die Verbesserungen haben mit der Zeit die Geräumigkeit und Zweckmäßigkeit der Häuser erhöht, ohne viel auf modische Einzelheiten einzugehen, abgesehen von einigen preislich nicht ins Gewicht fallenden Änderungen, die nur das Äußere betrafen. Trotz der Beliebtheit von Haustypen mit ausgebauten Kellergeschossen oder versetzten Stockwerken berücksichtigte Levitt diese Typen nicht. Erst 1955 baute er im Rahmen des Long-Island-Projekts einige Häuser mit Kellergeschossen. Ebenso wählten seine Leute den Pseudokolonialstil für New Jersey nicht wegen seiner allgemeinen Popularität, sondern in der Hoffnung, daß er Käufer aus

---

[9] Die Baumethoden der Firma werden in »Levitt and Sons« und in »Practical Builder« beschrieben.
[10] Häufig wird die Ersparnis an den Käufer weitergegeben, denn die Kosten der Häuser pro Quadratmeter Wohnfläche sind seit dem ersten Levittown nicht gestiegen. Die Häuser selbst sind geräumiger und größer geworden. Die Häuser in Levittown, Long Island, hatten nur zwei Schlafzimmer und ein nicht ausgebautes Dachgeschoß. In Levittown, New Jersey, hatten sie ursprünglich drei oder vier Schlafzimmer und eine Mindestwohnfläche von über 110 Quadratmetern, selbst bei dem kleinsten Typ. 1963 begann die Firma mit den Versuchen zu Häusern mit fünf Schlafzimmern und baute diese dann endgültig seit 1964.

höheren Einkommensschichten stärker ansprechen würde. Zudem mochten sie selbst jene betont modernen Entwürfe nicht, die sie anfangs in Levittown, Pennsylvania, gebaut hatten. Die Entwürfe für die Häuser von Levittown wurden auf einer ad-hoc-Basis laufend verbessert, entsprechend den Vorstellungen der Firma und dem Veto des Marktes. Darüber hinaus ging man nicht weiter auf die Kunden ein.

Aus diesem Grund wurde auch keinerlei Marktforschung für die Planung von Levittown, New Jersey, betrieben. Zwar hatten einige der weniger optimistischen Levitt-Leute unmittelbar vor der Einweihung der Siedlung einen bekannten Sachverständigen mit der Schätzung der Verkaufschancen beauftragt. Sein Bericht war äußerst pessimistisch; er konstatierte, daß der Bedarf an billigen Einfamilienhäusern im Innenstadtbereich fast gedeckt sei und das neue Levittown nicht mehr im vorstädtischen Einzugsbereich von Philadelphia liege. Es stellte sich heraus, daß die Voraussagen des Sachverständigen zutrafen. Im Jahre 1960 ging der Absatz entsprechend seiner Voraussage zurück. Damit verbunden war ein Rückgang der Bautätigkeit. Die Firma hatte erwartet, bis 1965 12000 Häuser errichten zu können, sie konnte bis zu diesem Zeitpunkt jedoch nur etwa 6000 bauen, obwohl sie inzwischen eine Marktforschungsabteilung eingerichtet hatte.

Bei der Planung des neuen Levittown hatte Levitt keine Ahnung, was ihm bevorstand. Seine Massenproduktionsverfahren hatten kurz zuvor die Firma in die Lage versetzt, Konkurrenten auf diesem Gebiet zu unterbieten. Auf einem Verkäufermarkt mußte man sich nicht um die Käufer, sondern nur um die anderen Anbieter kümmern. Die Fähigkeit der Levitt-Leute, ohne Käuferumfragen richtig zu entscheiden, lag vor allem in ihrer Ähnlichkeit mit den Kunden. Die meisten der führenden Mitarbeiter von Levitt waren in Vorstädten geboren und aufgewachsen. Für sie war die Innenstadt nur ein Platz für gelegentliche Besuche oder eine Möglichkeit zum Einkaufsbummel. Sie bevorzugten die Einfamilienhäuser und konnten nicht verstehen, warum man in einer Wohnung oder in einem Reihenhaus, dem bevorzugten Bautyp Philadelphias, leben sollte. Sie gingen davon aus, daß ein Haus vor allem das Familienleben fördern sollte. Der Stil war weniger wichtig. Ihr Geschmack ähnelte also dem der Kunden. Beiden widerstrebte die strenge, puristische Bauweise, die in Fachzeitschriften für Architektur in den späten 50er Jahren überwog. Falls überhaupt von einem bestimmten Stil die Rede sein konnte, so war er am ehesten eine übersteigerte Version der geschmacklichen Erwartungen der Kunden, ähnlich wie Filmstars meist jene Eigenschaften besonders ausgeprägt besitzen, die ihre Fans sich wünschen. Tatsächlich hatte zehn Jahre früher Eric Larrabee den Stil des ersten Geschäftsgebäudes von Levitt als »Selznich Colonial« bezeichnet[11]. Das neue Hauptverwaltungsgebäude, das die Firma in

---

[11] Larrabee, Seite 81.

Levittown, New Jersey, aufbaute, wurde in einem Stil eingerichtet, den man dionysisch-modern nennen könnte: einige lebendige und grelle Mixturen leuchtender Farben, starke Muster und dazu antiker und moderner Schnickschnack. Das Büro von Levitt selbst war mit weißem Teppich ausgelegt und hatte goldplattierte Armaturen im Badezimmer, und die Modellhäuser, die den Käufern vorgeführt werden sollten, zeigten ähnliche, wenn auch weniger kostspielige »dionysische« Motive.

Über die Wünsche der Kunden in bezug auf das Leben in Levittown dachte die Firma nur selten nach. Einige schauten auf sie herab wie auf eine niedrigere Klasse, andere sahen in ihnen kluge, bewegliche junge Leute, die gern in besseren Vorstadtvierteln leben wollten, sich dies aber nicht leisten konnten. Im allgemeinen sahen sie sie als Leute, die ein neues Haus brauchten und Levittown wählten, weil es ihnen die besten Häuser für ihr Geld bot. Außerdem sahen sie, daß die meisten Käufer vor allem des Hauses wegen nach Levittown zogen und die weitere Umgebung ihnen weniger wichtig war. Das Ergebnis war, daß, wann immer die Bewohner an ihrer Umgebung etwas aussetzten, die Firma, ob schuldig oder nicht, immer schnell bei der Hand war mit Argumenten: daß es sich nur um eine Minderheit von Leuten handele mit politischem Ehrgeiz oder von Leuten mit krankhaften Symptomen, die aus psychologischen Gründen eine Show machen wollten. Skepsis gegenüber der Beteiligung an der Gemeinde gab es schon immer bei den Levitt-Leuten, obwohl es in den letzten Levittowns viel weniger Konflikte zwischen Bauherrn und Käufern gab als bei den meisten anderen neuen Siedlungen[12].

Der Verkauf der Häuser

Die einzige genaue Planung, die sich mit dem Käufer befaßte, gab es in der Absatzphase. Wie schon beim Bau des ersten Levittown, galt es, die junge Familie anzusprechen, die ihr erstes Haus kauft. Der Entwurf für die Häuser berücksichtigte die Kinder, indem er Schlafzimmer vorsah, die gerade groß genug waren, um ebensogut als Spielzimmer dienen zu können. Es gab ein Kinder-Badezimmer und eine Küche, von der aus die Mütter ihren Kindern draußen beim Spielen zusehen konnten[13]. Levitt sorgte für alle notwendigen Kücheneinrichtungen, zusätzliche Anschaffungskosten für die Käufer wurden dadurch vermieden. Levitt kalkulierte die Anliegerkosten mit in den Preis ein und vereinfachte den Verkaufsvorgang so

---

[12] Für frühere Darstellungen dieser Annahme siehe Larrabee, Seite 84, und Liell (1952).
[13] Umgekehrt war das Haus für Familien mit heranwachsenden Kindern weniger geeignet, denn die Schlafzimmer waren zu klein, um ihren Anforderungen zu genügen. Die Enge des Hauses sowie das Fehlen schalldämmender Materialien machte es für Teenager und Erwachsene schwierig, ihre Privatsphäre gegeneinander abzuschirmen.

sehr, daß man ein Haus ebenso leicht wie eine Waschmaschine erstehen konnte. Seine Werbung betonte, daß es keine versteckten Sonderkosten geben werde.»Der Preis, den Sie zahlen, ist der Preis, den wir Ihnen nennen.« Im Gegensatz zu den Erbauern teurerer Häuser wies er betont auf die Höhe der Anzahlung – die dank der Hilfe der staatlichen Bundeswohnungsbaubehörde niedrig war – und der monatlichen Belastung hin. So konnten sich interessierte Käufer leicht ausrechnen, welchen Teil ihres Monatsgehalts sie in Zukunft für das Haus aufwenden mußten. Die Firma bemühte sich sehr, die Monatsraten so niedrig wie möglich zu halten. Wie bereits erwähnt, stiftete der Unternehmer die Schulen für die Gemeinde. Während der ersten Jahre steuerte er auch zu den Unterhaltskosten bei und hielt die Steuern, die auf die Monatsraten aufgeschlagen wurden, so niedrig wie möglich, um Familien mit nur 6000 oder 7000 $ Jahreseinkommen nicht abzuschrecken. Durch die Größe des Unternehmens konnten die Kosten für die Schulen sowie für das Versorgungs- und Straßensystem im Hauspreis mitverrechnet werden, ohne daß Levitt dadurch teurer geworden wäre als andere Unternehmer im gleichen Gebiet.

Zwar wurden Schulen, Kirchen und Schwimmbäder in den Werbeanzeigen erwähnt, das Hauptgewicht jedoch lag auf der Größe und dem Wert der Häuser. Der Ton war vertraulich gehalten, so, als ob man Skeptiker auffordern wollte, sich selbst ein Bild davon zu machen, ob Levittown das hält, was es verspricht. Viele Werbeanzeigen wurden von William Levitt selbst aufgesetzt. Sobald ein möglicher Käufer auf der Bildfläche erschien, wurde möglichst viel vom Haus und möglichst wenig vom Verkauf gesprochen.

Die Verkäufer waren sorgsam ausgewählt und gut geschult, um das Image des unseriösen schwatzhaften Verkäufertyps zu widerlegen, das den Grundstücks- und Hausmaklern anhaftete.»Höfliche Vertreter stehen Ihnen zur Beantwortung aller Ihrer Fragen zur Verfügung«, las man in den Werbeanzeigen. Sie trugen konservative, dunkle Anzüge, »um wie Bankleute auszusehen«. – Sie wurden von einem geschulten Rhetoriker ausgebildet und angehalten, in einer gelassenen, aber freundlichen Art zu reden.

Obwohl grundsätzlich jedermann willkommen war, sich in Levittown einzukaufen, versuchte die Firma zwei Typen von Leuten auszusieben: die an der unteren Einkommensgrenze liegenden und die sozial unerwünschten oder psychisch gestörten Käufer. Zum Teil auch wegen der Richtlinien der Wohnungsbaubehörde (Federal Housing Act) forderte die Firma von ihren Käufern ein Mindesteinkommen: Leute, die sich einkaufen wollten, mußten einen wöchentlichen Verdienst nachweisen, der 10 % über der monatlichen Abzahlungsrate lag, mehr, wenn sie viele Kinder oder hohe Schulden hatten. Wer diese Bedingung nicht erfüllen konnte, wurde um eine höhere Anzahlung ersucht oder man riet ihm vom Kauf ab; andere schloß man nach einer anschließenden Prüfung ihrer Kreditfähigkeit vom Käuferkreis aus. Die Verkäufer durften nicht an zweifelhafte oder unzuverlässige Leute verkaufen. Bei der Prüfung der Kreditfähigkeit wurden diejenigen ausgeschieden, deren Arbeitszeugnisse erkennen ließen, daß sie ihre Stellung häufig wechselten oder straffällig geworden waren[14]. Der soziale Filter war jedoch weniger wichtig als die Einkommenskontrolle. So gab es immer noch Leute mit ernsten, aber nicht sichtbaren Mängeln, denen es gelang, sich in die Gemeinde einzukaufen.

Bis zum Erlaß eines gesetzlichen Diskriminierungsverbots wurde Negern der Hauskauf verweigert, und Weißen, die Wert darauf legten, versicherte man, daß die Gemeinde wie alle anderen Levittowns »lilienweiß« bleiben würde. Nachdem das Verbot in Kraft war, entschuldigten sich die Verkäufer mit diesem Gesetz und versprachen, die Leute, die nicht in der Nähe von Negern wohnen wollten, abseits davon einzuweisen. Leuten, die gegen Schwarze sehr stark voreingenommen waren, rieten sie vom Kauf in Levittown ab. (Die Geschichte der Integration in Levittown wird im Kapitel »Politik und Planung« berichtet.)

Levitt und die Stadt Willingboro

Natürlich fanden die Planungen Levitts nicht im luftleeren Raum statt. Den stärksten Einfluß von außen übte wahrscheinlich die Bundesregierung aus. Sie war es ja, die über die Bundesstelle für Wohnungsbau für die Hypotheken der Käufer bürgte. Außerdem nahmen die Banken, die die Hypotheken bereitstellten, großen Einfluß. Ohne die staatliche Wohnungsbaubehörde hätte Levittown gar nicht gebaut werden können. Die Banken hätten sich nie mit den unsicheren Hypotheken junger Hauskäufer mit mittleren Einkommen abgegeben, deren finanzielle Lage auf die Dauer gesehen zumindest unsicher war. Levitt mußte die Bauvorschriften der Bundesbehörde für Wohnungsbau beachten, sowohl beim Entwurf des einzelnen Hauses wie auch bei der Planung der ganzen Siedlung. Darüber hinaus mußte er die Erwartungen der Bankiers und der einzelnen Spar- und Darlehenskassen in Rechnung stellen. Nachdem aber die früheren Levittowns den Erfordernissen der Wohnungsbaubehörde genügten, war dies kein Problem mehr. Und in der Tat war Levitt dank seiner bisherigen Erfolge imstande, die Befürchtungen der Bankiers zu zerstreuen, die meinten, daß eine Vielzahl von Haustypen in einer Straße den Absatz hemmen würde.
Die zweite Gruppe, die im Anfangsstadium von Levittown eine Rolle, wenn auch

---

[14] Ein Levittowner testete dies, indem er in schäbigen Kleidern und unrasiert kam, um ein Haus zu kaufen. Er wurde natürlich abgewiesen. In der Woche darauf kam er sauber und frisch rasiert zurück und konnte das Haus kaufen.

keine so bedeutende, spielte, waren Stadtverwaltung und Alteingesessene von Willingboro.

Willingboro lag in einem verschlafenen ländlichen Gebiet. Die Geschichte der Gemeinde, in der es nichts Besonderes zu vermerken gibt, konnte bis zum Tag der Ankunft von William Penn im Gebiet von Philadelphia im Jahr 1681 zurückverfolgt werden. Das politische und gesellschaftliche Leben wurde von wenigen Familien bestimmt, von denen einige schon mindestens 125 Jahre lang »an der Macht« waren. Obwohl eine oder zwei dieser Familien wohlhabend waren, waren die meisten von ihnen freundliche und unkomplizierte Leute aus der unteren Mittelschicht, die ohne Umschweife erklärten, daß sie die gemeindlichen Angelegenheiten ordneten, weil sich sonst niemand darum kümmere, und einer müsse es ja tun. Neuankömmlingen jedoch, besonders jenen mit abweichenden Ansichten, wurde oft der Zugang zur politischen und gesellschaftlichen Elite verwehrt.

1952 hatte die Gemeinde einen Planungsrat berufen, weil, mit den Worten eines seiner Initiatoren, »wir bis dahin nur mit dem Strom schwammen und das taten, was jeder tat«. Außerdem befürchtete man, daß Bauunternehmen in dem Gebiet Fuß fassen und es zergliedern könnten. Die Stadtgemeinde sollte sich rechtzeitig dagegen wappnen.

Ein Flächennutzungsplan wurde aufgestellt, der das Land als landwirtschaftlich nutzbar auswies. Darüber hinaus geschah nichts bis 1955, als es sich herumsprach, daß unbekannte Käufer Land aufkauften. Da entschloß sich der Vorsitzende des Planungsgremiums, einen Sachverständigen hinzuzuziehen. Es war ein Fachmann, der schon in anderen Teilen des Distrikts von Burlington mehrere Jahre lang tätig gewesen war. Er sah seine Aufgabe darin, dem vorwiegend ländlichen Gebiet die Vorteile einer fachlich qualifizierten Planung zugute kommen zu lassen. Seine Ideen spiegelten die üblichen Planvorstellungen wider: eine geordnete und ertragreiche Nutzung des Landes, die Brachflächen innerhalb erschlossener Zonen vermeiden sollte, weil diese Zersiedelungen zur Folge haben können, und eine ästhetisch befriedigende Landschaft. Er legte besonderen Wert auf die Vermeidung von Ladenreihen, in der Überzeugung, daß Läden, die entlang der Haupt- und Überlandstraßen lagen, ein kommerzielles Krebsgeschwür seien, durch das umliegende Wohnbezirke gestört würden. Eingeschworen auf dieses Thema, achtete er besonders darauf, wichtige, aber unansehnliche Betriebe wie Eisdielen, Würstchenbuden und gewerbliche Garagenbauten auszuschließen.

Einmal von der Gemeinde bestellt, überredete sie der Sachverständige, ihn mit der Ausarbeitung eines Bebauungsplanes zu beauftragen, den man, wie er hoffte, realisieren würde. Anfangs stand ihm Levitt ablehnend gegenüber. Er wollte freie Hand behalten und mißtraute jeder Einmischung von außen, besonders durch einen Stadtplaner. So beschwor er den Planungsrat, den Sachverständigen zu entlassen, ließ sich jedoch überreden, daß dies ein schlechter Start für sein Ver-

43

hältnis zur Gemeinde Willingboro sei. Da die Firma auf Kritik am Fehlen von Planungen bei den früheren Levittowns empfindlich reagierte, gelang es dem Sachverständigen schließlich, das Unternehmen von den Vorteilen eines Bebauungsplans zu überzeugen. Auf der anderen Seite erkannte der Planer, daß sein Plan weitgehend von Levitts Bauprogramm abhängig war. Bald kam er zu dem Schluß, daß dem Zweck der Planung und seinen eigenen Bemühungen am besten gedient sei, wenn er sich auf die Seite des Bauunternehmers schlüge, den er für fortschrittlich hielt, anstatt die Alteingesessenen weiterhin zu unterstützen, von denen einige ohnehin gegen die neue Gemeinde opponieren würden. Der Planungsrat der Gemeinde verstand wenig von Stadtplanung, aber seine Mitglieder waren aufrichtig und vernünftig genug, einzusehen, daß Planung ihr Gutes hatte.

Zunächst empfahl der Sachverständige, den Flächennutzungsplan so zu ändern, daß die Gemeinde oder der Berater in der Lage wären, an den Straßen, die an Levittown vorbeiführten, den Bau der besagten Ladenreihen zu verhindern. Natürlich waren die Eigentümer dieser Grundstücke entgegengesetzter Meinung. Der geänderte Plan spaltete die Gemeinde in Pro- und Anti-Levitt-Parteien. In der Regel waren die Leute, denen Levitt Land abgekauft hatte, wenn nicht auf seiner Seite, so doch wenigstens wohlwollend eingestellt. Es waren meist größere Grundbesitzer, denn Levitt war nur an größeren zusammenhängenden Flächen interessiert. Dagegen setzte sich die Anti-Levitt-Gruppe aus jenen zusammen, die Levitt nicht wegen der Grundstückskäufe angesprochen hatte – sie besaßen oft nicht mehr als zwei oder drei Hektar Land – oder aus Leuten, die an Levitt nicht hatten verkaufen wollen. Von da an bis zum Auftauchen der neuen Bewohner in Levittown gab es die friedliche Gemeindepolitik früherer Zeiten nicht mehr. Alte Freundschaften und Verbindungen zerbrachen, seitdem sich die einen für, die anderen gegen Levitt aussprachen. Der verhaßte Flächennutzungsplan wurde außer Kraft gesetzt, nachdem die Anlieger der Hauptstraße die Sache vor Gericht getragen hatten. Dies und auch die ablehnende Haltung einiger Gemeinderäte gegenüber Levitt trug dazu bei, den Sachverständigen ganz auf die Seite Levitts zu bringen. Er schloß, daß die Einheimischen nur daran interessiert waren, an Levitt soviel Geld wie möglich zu verdienen, an einer guten Planung läge ihnen nichts. Von da an arbeitete der Sachverständige so eng mit dem Bauunternehmer zusammen, daß es schwierig für ihn wurde, sich das Vertrauen der Gemeinde zu erhalten. Wegen dieser engen Bindung kannte der Planer die noch geheimen Baupläne der Firma und sprach daher nur ungern mit den Bürgern, was natürlich seine Beziehung zur Gemeinde noch mehr belastete.

So wurde ich abgewiesen, als ich ihn um ein Interview bat, um mich über den Bebauungsplan zu informieren. Kurz darauf erhielt ich einen Anruf von einem Vorstandsmitglied des Levitt-Unternehmens, das mich nach dem Grund des

Interviews fragte. Nachdem ich den Zweck meiner Studie dargelegt hatte, machte es keine weiteren Schwierigkeiten mehr, ein Interview mit dem Sachverständigen zu erhalten. Levitt hatte das Verbot der Ladenreihen nie so stark befürwortet wie der Sachverständige. Nachdem es aufgehoben war, hatte seine Firma kaum noch Schwierigkeiten, die Gemeindeväter von den Bauplänen zu überzeugen. Dafür gab es mehrere Gründe: Erstens beabsichtigten einige Leute aus der Pro-Levitt-Gruppe, auch nach dem Bau von Levittown in der Gemeinde Willingboro wohnen zu bleiben. Sie glaubten, daß den Interessen der Gemeinde am besten gedient sei, wenn man Levitt und sein Vorhaben nach Kräften fördere. Sie wollten in einer ansehnlichen und gut geplanten Gemeinde leben. Zudem waren sie sicher, daß die Anti-Levitt-Gruppe ihr Land an Spekulanten verkaufen würde, die Würstchenbuden, kleine Fabriken und andere wenig reizvolle Baulichkeiten errichten würden, gegen die der Sachverständige zu Felde gezogen war. Andere hatten handfestere Absichten: Sie hofften, in der neuen Stadt eine Tätigkeit zu finden, entweder in der Gemeindeverwaltung oder in Geschäften, die sie eröffnen wollten, um die neuen Bewohner zu beliefern.

Zudem nahm die Absicht der Firma, die meisten gemeindlichen Einrichtungen zu bauen und auch zu bezahlen, den Gemeindevertretern die Sorge um diese Probleme. Anders als die kleinen Bauunternehmer sonst in diesem Gebiet, sorgte Levitt selbst für Schulen, Straßen, Wasserversorgungs- und Abwässeranlagen sowie andere gemeindliche Einrichtungen. Weil er dies tat und weil die Bezahlung den zuziehenden Bürgern von Levittown auferlegt wurde, meinten die Einheimischen, er dürfe dafür auch den Charakter dieser Einrichtungen bestimmen. Sie sahen wohl ein, daß alles, was er vorsah, dem Vorhandenen weit überlegen war, und möglicherweise sogar besser würde als das, was mit öffentlichen Mitteln gebaut würde. Als landwirtschaftlich genutztes Gebiet war die Gemeinde Willingboro – und der ganze Bezirk Burlington – in der Vergangenheit geradezu bekannt für seine mangelnden öffentlichen Einrichtungen. Die Gemeindevertreter, von denen Levitts Baupläne gebilligt werden mußten, hätten natürlich bessere oder teurere Einrichtungen verlangen können. In einigen Fällen hatten sie keine rechtliche Grundlage für ein solches Ansinnen, da es in der Gemeinde und im Landkreis weder moderne Baurichtlinien noch andere Verordnungen gab. Aber auch dort, wo sie ein begründetes Einspruchsrecht gegen die Pläne Levitts hatten, dachten sie kaum daran, dies auszuüben. Sie spürten, daß Levitt gute Dienste leisten und aus dieser Gemeinde die beste im ganzen Landkreis machen wollte. Zusammenarbeit mit dem Bauunternehmer sei bei weitem angenehmer als Konflikte, meinten sie, vor allem, weil er ohnehin am längeren Hebel sitze. Die meisten Einheimischen waren Bauern, denen es an Wissen und Fähigkeit fehlte, sich gegen den Bauunternehmer zu wehren. Zum Beispiel war das fähigste Mitglied des Planungsrats der Ansicht, daß die Siedlung besser aussehen würde, wenn man Levitt auferlege, nicht, wie geplant, mit 18 Meter, sondern mit 22,5 Meter Grundstücksbreite zu bauen. Der Mann setzte sich mit seiner Ansicht jedoch nicht durch und gab schließlich nach, als Levitt versprochen hatte, eine Grundstücksbreite von mindestens 20 Meter einzuhalten. Die Firma Levitt selbst sah ihren Gegnern nicht tatenlos zu. Ihre leitenden Angestellten hatten zwei Jahrzehnte lang Erfahrungen im Umgang mit der örtlichen Opposition gesammelt. Sie standen im Ruf, glänzend zu taktieren und die Kampfmittel am rechten Ort und zur rechten Zeit einzusetzen. Als Levitt sich für das Projekt zu interessieren begann, erwarb die Firma zunächst durch einige bekannte Leute aus dem Landkreis, die als Strohmänner tätig wurden, Bauland. Noch bevor die Planung beendet war, hatte man auf diesem und jenem Weg die meisten politisch einflußreichen Juristen des Gebietes oder Leute mit Einfluß im Landesparlament engagiert, vor allem in der Absicht, die Änderung der Gemeindegrenzen vorzubereiten. Obgleich die Firma sich offiziell niemals in Kreis- oder Gemeindeangelegenheiten einmischte und in der Regel die Wahlkampagne mit Zuschüssen an beide Parteien unterstützte, ließ sie sich doch den Kampf gegen Kandidaten, von denen sie Schwierigkeiten befürchten mußte, etwas kosten. In jeder neuen Gemeinde kamen Gerüchte auf, einige Gemeindevertreter erhielten von dem Bauunternehmer Gelder, und Levittown war keine Ausnahme, doch einer der Geschäftsführer von Levitt deutete an, daß die Gemeindevertreter so bereitwillig auf die Wünsche der Firma eingingen, daß sich üble Praktiken erübrigten.

Selbst wenn Gemeindepolitiker Levitt bekämpfen wollten, war dies politisch ziemlich aussichtslos. Die alten Gemeinderäte kümmerten sich im Grunde wenig um Angelegenheiten der neuen Siedlung, und die neuen Gemeinderatsmitglieder waren noch nicht auf der Bühne erschienen. Selbst wenn der Gemeinderat einstimmig gegen Levitt Stellung nahm, was nur selten vorkam, bestand immer noch die Möglichkeit, daß der Unternehmer auf einer höheren politischen Ebene, zum Beispiel des Bezirks oder des Bundesstaates, Einspruch erheben würde. Aber wenn die Mitglieder des Gemeinderats Vorschläge von Levitt in Frage stellten, betraf es meist nur Einzelheiten. Über die grundsätzliche Stellungnahme waren sie sich einig, denn sie teilten einige grundlegende Wertbegriffe mit der Firma. Außerdem hatten sie einen gemeinsamen Feind. Beide Seiten waren antistädtisch eingestellt, und beiden widerstrebte die kosmopolitisch orientierte obere Mittelschicht. Sie lehnten jene intellektuell geprägte Lebensweise ab, die sie mit der Großstadt in Verbindung brachten, und glaubten, daß Planung die ortsgebundenen Werte der unteren Mittelklassegemeinden erhalten müsse[15]. Diese Übereinstimmung zeigte sich bei der Planung des neuen Schulsystems ganz deutlich.

Die Fordstiftung hatte ein umfassendes Programm für die Levittschulen vorge-

---

[5] Über die Begriffe kosmopolitisch (cosmopolitan) und ortsgebunden (local) siehe Merton.

schlagen und darin dringend angeregt, einen Schulrat von Rang aus einem der vorstädtischen Schulkreise New Jerseys zu berufen. Dieser sollte ein Erziehungsprogramm entwerfen, dessen Absolventen alle Colleges des Landes offenstehen sollten. Als die Mittel für diesen Plan nicht aufgebracht werden konnten, gab Levitt den Auftrag für den Entwurf der Schulen an eine überstaatliche Gruppe von Schulfachleuten weiter und bat den Kreisschulrat, einen Lehrplan aufzustellen und geeignete Lehrkräfte zu engagieren. Beide, die Berater und der Schulrat, vertraten die herkömmlichen Schulvorstellungen. Die Sachverständigen verurteilten große städtische Schulen nicht und waren Neuerungen im Erziehungssystem gegenüber konservativ eingestellt.»Wenn Sie etwas Neues versuchen wollen«, hob der führende Berater hervor, »brauchen Sie jemand, mit dem Sie Ihre Ideen besprechen.« Aber die neuen Bewohner von Levittown waren noch nicht eingezogen, und der Schulausschuß der Gemeinde wagte nicht, in ihrem Namen zu sprechen. Das Ergebnis war ein ganz übliches Schulbauprogramm. Der Schulrat hatte den größten Teil seines Berufslebens im Bezirk Burlington zugebracht und mochte die Lehrer aus großen Städten oder aus vornehmen Vorstadtvierteln nicht so sehr, weil sie die Wertbegriffe des ländlichen Mittelstands untergraben könnten. Ich weiß nicht, wie das Levitt-Unternehmen über das fortschrittliche Erziehungsprogramm der Fordstiftung dachte. Aber es verfolgte keine eigenen schulpolitischen Ziele. Den Intellektuellen, die damals die Vorstädte kritisierten, stand es ohnehin mit innerer Skepsis gegenüber. Kein Wunder, daß ihm der Wechsel in der Schulplanung keinen Kummer machte. Auf jeden Fall unterstützte die Firma die Gutachter und den Kreisschulrat, und der gemeindliche Schulausschuß konnte sich darauf verlassen, daß die wesentlichen ländlichen Erziehungswerte auch in dem neuen Levittown Geltung behalten würden. Demzufolge wurden dem Kreisschulrat auch die Schulen in Levittown unterstellt. Als in den kommenden Jahren der Konflikt zwischen den kosmopolitischen Erziehungsmethoden der oberen Mittelschicht und den kleinbürgerlichen Erziehungsformen der unteren Mittelschicht bei den Levittownern offen zutage trat, fand man den Unternehmer gewöhnlich auf seiten der letzteren.

Im ganzen gesehen wichen die Ziele des Levitt-Unternehmens und der Gemeinden niemals sehr weit voneinander ab. Selbst wenn Levitt manche Kritik an seiner Vorstadtplanung zu berücksichtigen suchte, war er nicht bereit, jene Art von städtischer Siedlung zu bauen, die den Intellektuellen vorschwebte. In ihren geschäftlichen Anschauungen sowohl wie in ihren persönlichen Neigungen waren die Levitt-Leute auf seiten der jungen Käufer aus der Mittelschicht zu finden, für die sie bereits in der Vergangenheit geplant hatten und die, so glaubten sie sicher, die Neuerungen begrüßen würden, die in der Absicht eingeführt worden waren, mit dem neuesten Levittown etwas wirklich Vorbildliches, aber zugleich Rentables zu schaffen.

2 Die Levittowner — Motivationen für ihren Zuzug

Im Jahre 1958, bevor Levittown, New Jersey, bezogen wurde, gab es in der Gemeinde etwa 300 Haushalte. Bis 1960 ist deren Anzahl auf 2978 (insgesamt hatte die Gemeinde damals 11861 Einwohner) und bis 1964 auf etwa 6200 Haushalte (mit etwa 25 000 Einwohnern) angewachsen. Die Leute, von denen dieses Kapitel erzählen soll, gehören zu den ersten 3000 Familien, die zwischen Oktober 1958 und Juni 1960 nach Levittown kamen[1].

Die Levittowner waren wie viele andere Vorstadtbewohner hauptsächlich Mitglieder junger Familien, die in diese Siedlung zogen, um ihre Kinder dort aufzuziehen[2]. Zur Zeit des Zuzugs zwischen 1958 und 1960 waren etwa vier Fünftel der Männer jünger als 40. 44% waren zwischen 30 und 40 Jahre alt[3]; 10% der Familien waren damals noch kinderlos; weitere 6%, in denen die Frauen älter als 35 waren, blieben wahrscheinlich für immer kinderlos. Die durchschnittliche Familiengröße, gemäß der Schätzung von 1960, betrug zum Zeitpunkt des Zuzugs 3,90. Jedoch hatte während der Jahre 1958 bis 1960 fast ein Fünftel der Familien drei Kinder und weitere 11% vier oder mehr. Ein Drittel der Familien hatte nur Kinder, die noch nicht schulpflichtig waren. 5% schickten die Mehrzahl ihrer Kinder auf die Oberschule.

Beim Zuzug lag das mittlere Familieneinkommen der Bevölkerung bei 7125 $ im Jahr. 11% verdienten mehr als 10500 $, und etwa 20% verdienten weniger als die 5500 $, die für die Käufer als Mindesteinkommen gefordert wurden[4]. 18% der Männer hatten akademische Berufe, 56% waren Angestellte und 26% Arbeiter.

---

[1] Wenn nichts Weiteres vermerkt, stammen die Angaben aus den Brieffragebögen, die von zwei Dritteln der fast 3000 Hauskäufer zurückgeschickt wurden. Im großen und ganzen zögerten ältere, ärmere und weniger gut ausgebildete Käufer mit der Antwort. Obgleich dies bei der Auswertung beachtet wurde, blieb dieser Teil der Bevölkerung noch immer zuwenig berücksichtigt.

[2] Sie waren den Bewohnern der älteren Levittowns ziemlich ähnlich. Bezüglich der Bevölkerungsmerkmale von Levittown, New Jersey, kurz nach Ankunft der Käufer, siehe Liell (1952); für die heutige vgl. Dobriner (1963), Kap. 4. Eine frühere demographische Analyse von Levittown, Pennsylvania, liegt im »Institut für Städteforschung«, Band 1, Tabelle 54, vor.

[3] Die Schätzung von 1960 zeigt, daß 71% der Männer jünger als 40 waren, 43% zwischen 30 und 39 Jahre alt und nur 6% älter als 55.

[4] Entsprechend der offiziellen Schätzung lag im Jahre 1960 das durchschnittliche Familieneinkommen bei 7654 $. 1962 belief es sich laut einer nicht veröffentlichten Studie auf 8500 $, wobei 13% der Familien noch weniger als 6000 $ jährlich verdienten. Wie ich früher gezeigt habe, mußten die Leute, die weniger als 5500 $ verdienten, höhere Anzahlungen leisten.

Unter den Angestellten waren 13% in gehobener Stellung, 18% waren Techniker oder in anderer mittlerer Stellung. Die restlichen 25% waren in Verwaltung und Handel beschäftigt. Die Arbeiter waren zu 7% Vorarbeiter, zu 10% gelernte Arbeiter, zu 9% angelernte oder ungelernte Arbeiter. Die Mehrzahl der Levittowner arbeitete in Büros, Geschäften, Elektro- oder anderen Betrieben und in den Forschungsanlagen von Philadelphia und Camden. Über 12% waren beim Militär, hauptsächlich als Piloten. Für ihr Alter war ihr Ausbildungsstand ziemlich hoch. Nach der Schätzung von 1960 hatten 43% ein College besucht, 27% eine abgeschlossene College-Ausbildung, und nur 28% hatten kein Abgangszeugnis einer Oberschule.

Obwohl diese Statistiken angeben, daß die meisten Leute aus Levittown zum unteren Mittelstand gehören, überbewerten sie immer noch die Bevölkerungsteile der oberen Mittelklasse und der Arbeiterklasse. Die meisten der Akademiker waren Lehrer und Sozialangestellte; nur 10% von ihnen waren Ärzte oder Rechtsanwälte. Auch war die Mehrzahl jener Leute, die ein College besucht hatten, in Mittelschulen und gemeindlichen Colleges, kleinen Privatschulen und Landesuniversitäten gewesen. Wahrscheinlich hatten weniger als 10% die berühmten Universitäten von hohem erzieherischem und gesellschaftlichem Niveau besucht. Ich nehme an, daß kaum mehr als 5–10% der Levittowner dem oberen Mittelstand zugerechnet werden können.

Umgekehrt waren die meisten der Arbeiter von Levittown in bevorzugten Stellungen, die eine besondere Vorbildung voraussetzten, wie Werkmeister, Drucker, Elektriker und Installateure. 10% von ihnen hatten eine Oberschule besucht. Viele von ihnen waren bemüht, ihre Kinder für mittlere Berufe ausbilden zu lassen, und ich vermute, daß der Teil der Familien, die unter dem Gesichtspunkt ihres gesellschaftlichen Standes zur Arbeiterklasse gehörten, kleiner war als der Teil, der tatsächlich zu den Arbeitern zu rechnen wäre, vielleicht nur 20% der gesamten Bevölkerung. So können etwa 75% aller Levittowner ihrem kulturellen Niveau entsprechend zum unteren Mittelstand gezählt werden.

37% der Familien waren römisch-katholisch, 47% waren Protestanten, davon in der Mehrzahl Methodisten, Lutheraner, Presbyterianer und Baptisten. 14% waren Juden, die Mehrheit von ihnen orthodox. Diese Verteilung ist ähnlich wie die in Levittown, Pennsylvania, und die im Stadtbereich von Philadelphia allgemein. Der überwiegende Teil, 66%, bestand aus Amerikanern in der dritten oder vierten Generation; 28% waren in Amerika geboren, aber Kinder ausländischer Eltern; 37% gaben an, aus Nordeuropa zu stammen (Engländer, Deutsche, oder Skandinavier). 17% waren aus Osteuropa (meist russische Juden und vereinzelt Polen); 10% waren aus Irland. 9% kamen aus Südeuropa (hauptsächlich Italien). Der Rest war eine Mischung aller dieser Herkunftsländer. Die Mehrzahl stammte aus kultivierten Familien, jedoch die wenigsten haben hier ihre Traditionen bewahrt, abgesehen von den Juden und ein paar Griechen, Chinesen und Japanern. 1964 war weniger als 1% der Bevölkerung Neger, deren Familien zum größten Teil erst nach Abschluß meiner Untersuchung zugezogen sind.

Im folgenden Abschnitt* charakterisiert der Autor die Bevölkerung Levittowns. Er unterteilt in drei »Subkulturen«: die Arbeiterschicht, die untere Mittelschicht, die obere Mittelschicht.
Bei den Angehörigen der Arbeiterschicht übernehmen Mann und Frau getrennte Rollen innerhalb der Familie. Der Mann ernährt die Familie und achtet auf die Disziplin der Kinder; die Frau versieht den Haushalt und erzieht die Kinder. Die Eltern-Kind-Beziehungen sind erwachsenenorientiert. Hauptzweck der Erziehung ist es, das Kind aus Unannehmlichkeiten (z.B. mit der Schule oder der Polizei) herauszuhalten. Die Kinder erhalten nicht mehr Ausbildung, als es die Erlangung eines sicheren Jobs erforderlich macht. Angehörige der Arbeiterklasse bringen wenig Voraussetzungen für die Betätigung in Organisationen mit. Sie messen politische und andere Organisationen mit den im Familienbereich gültigen Moralmaßstäben und fühlen sich von diesen Organisationen ausgebeutet.
Bei den Angehörigen der Unteren Mittelschicht sind sich Mann und Frau viel eher Lebensgefährten. Sie teilen mehr gemeinsame Interessen und sind fähig, sich in die Welt des anderen hineinzudenken. Die Eltern-Kind-Beziehungen sind kindorientiert. Schule und Kirche werden als Unterstützung des Elternhauses angesehen. Eine gehobene Ausbildung gilt als Voraussetzung für eine angesehene und gut bezahlte Stellung und für eine glückliche Heirat. Die Tätigkeit in Organisationen erstreckt sich hauptsächlich auf die Kirche und auf die nach dem Freiwilligkeitsprinzip organisierten Vereine. Der Politiker gilt auch hier als unehrlich und opportunistisch. Deshalb wird die Mitarbeit in politischen Organisationen abgelehnt.
Bei den Angehörigen der oberen Mittelschicht reicht der Gesichtskreis über Heim und Familie hinaus. Neben ihrer Rolle als Hausfrau und Mutter übernimmt die Ehefrau zusätzliche Funktionen im Berufs- oder Vereinsleben. Das Kind wird als eigenständig handelndes Individuum betrachtet. Auf den Besuch einer guten Schule und auf gute schulische Leistungen wird größter Wert gelegt. Angehörige der oberen Mittelschicht pflegen ein reges, gesellschaftliches Leben. Sie nehmen an Institutionen der gesamten Gemeinde teil und bedienen sich bei Entscheidungen über Gemeindeangelegenheiten eher nationaler als lokaler Wertmaßstäbe. Auch sie mißtrauen der Politik, verfügen aber über so viel Ausbildung und sozialen Status, daß sie in der Politik aktiv mitwirken können.

* Originalausgabe S. 24–31

Der Umzug nach Levittown

Die meisten Levittowner in New Jersey, die sich während der ersten zwei Jahre einkauften, insgesamt 77%, kamen aus der Innenstadt von Philadelphia, aus nahe gelegenen Bezirken im Staat New Jersey und aus den an New Jersey angrenzenden Bundesstaaten. Fast die Hälfte (46%) hatte vorher in, wie sie es nannten, vorstädtischen Wohnvierteln gewohnt (einschließlich der 8% aus Levittown, Pennsylvania). Ein Drittel kam aus Großstädten (19% aus Philadelphia); 19% stammten aus Kleinstädten. Der Rest kam von Farmen oder Garnisonsplätzen von überallher. Obwohl 60% vorher Mieter waren, zogen nur 39% von Appartementbewohnern nach Levittown. Für 53% der Levittowner war dies der erste Haus-

Tabelle 1
Hauptgrund für die Aufgabe des früheren Wohnsitzes, nach dem Typ der Gemeinde

Hauptmotive	in % der Käufer frühere Gemeinde		
	städtisch	vorstädtisch	Insgesamt[1]
Wohnungsbezogene Gründe:	*60*	*58*	*58*
Mehr Raumbedarf	24	27	26
Wunsch nach Hauseigentum und freistehendem Haus	17	21	18
Hausarbeit zu mühsam, Wunsch nach neuem und modernem Haus	9	4	7
Auszug aus dem Haus der Eltern	4	2	4
exmittiert, weniger Raumbedarf usw.	6	4	3
Gemeindebezogene Gründe:	*19*	*6*	*9*
nicht ausreichende Schulen, Fehlen anderer Einrichtungen für Kinder	2	1	1
Schmutz, Lärm und andere Belästigungen	2	1	1
Wechsel in der rassischen Zusammensetzung des Wohnviertels	4	0	1
andere Mängel der sozialen Struktur des Wohnviertels oder der Gemeinde	1	1	1
allgemeine Unzufriedenheit mit Nachbarn oder Gemeinde	10	3	5
Arbeitsplatzbezogene Gründe:	*19*	*34*	*29*
Versetzung durch die Firma	11	17	15
Arbeitsplatzwechsel	7	11	9
Wunsch nach kürzerer Fahrzeit zum Arbeitsplatz	1	6	5
Sonstiges	2	2	4
N	(170)	(238)	(520)

[1] Enthält auch Personen aus kleinen Städten, von Farmen und Kasernen.

erwerb, und für weitere 32% war es der zweite[5]. Viele Käufer zogen oft um, im Durchschnitt etwa alle 2½ Jahre; 17% sogar einmal im Jahr. Einige waren seßhaft; 13% sind weniger als einmal in 5 Jahren Ehe umgezogen[6].
Die Gründe für den Umzug nach Levittown waren vor allem der Bedarf an einem größeren Haus und der Wunsch, ein Eigenheim zu besitzen, »to own our own home«,

[5] Der hohe Anteil der Mieter, die in Häusern gelebt hatten, in Höhe von 40% ist eine Besonderheit des Gebiets von Philadelphia, das hauptsächlich mit Reihenhäusern bebaut ist, so daß Appartements sehr knapp sind.
[6] Diese Zahlen unterbewerten die Mobilität. Sie berücksichtigen nur Ehepaare, die länger als vier Jahre verheiratet waren.

sagten viele⁷. Tabelle 1 zeigt, daß diese Gründe und die Übersiedlung von Arbeitgebern der Käufer in das Gebiet von Philadelphia häufig als die wichtigsten Motive für den Wegzug aus der früheren Wohnung genannt wurden⁸. Wichtiger noch: Die überwiegende Mehrzahl zog wegen der schlechten Wohnbedingungen um. Nur 9%, meist Stadtbewohner, gaben die Nachteile der näheren Umgebung oder der Gemeinde als wichtigsten Grund für den Umzug an.

Die Käufer könnten also nach Levittown gezogen sein, weil sie entweder ihre vorherige Wohnung verlassen mußten oder weil ihnen die Vorstadtsiedlungen und Levittown im besonderen gefielen. Sie wurden also dort »hingestoßen« oder von dort »angezogen«⁹. Eine Befragung über die Gründe für die Aufgabe der letzten Wohnung ergab, daß mehr unfreiwillig kamen; das Verhältnis war 55% zu 34%. Von den Leuten mit dem größten Bedarf an Wohnraum, große Familien und Arbeiter, kamen die meisten unfreiwillig. Nur bei den kinderlosen Ehepaaren überwog die Zahl derer, die freiwillig gekommen waren. Sogar Bewohner von Appartements und Mietwohnungen, von denen man annehmen konnte, daß sie gern ein eigenes Haus besitzen wollten, kamen öfter aus Notwendigkeit als freiwillig. Das wiederum zeigt, daß der Bedarf an mehr Wohnraum bei der Wahl von Levittown stärker ins Gewicht fiel als alle anderen möglichen Vorzüge dieser Vorstadtsiedlung.

Der Hauptgrund zur Entscheidung für Levittown, so sagten die Leute, lag darin, daß es »das beste Haus fürs Geld« bot, nämlich ein Einfamilienhaus, das den höchsten Wert in seiner Preisklasse hatte¹⁰. Viele hatten sich erst einmal umgesehen. 52% hatten sich 10 oder mehr andere Projekte angesehen, und 38% hatten sich innerhalb eines Zeitraums von 1 bis 5 Jahren umgeschaut, bevor sie sich in Levittown einkauften. Tabelle 2 beschreibt ihre Gründe für die Wahl von Levittown noch detail-

---

⁷ Die meisten Leute wollten beides: ein eigenes und zugleich ein freistehendes Haus. Aber der Wunsch nach Eigentum wurde häufiger angegeben als der Wunsch nach einem Einfamilienhaus. Sogar auf diejenigen, die schon in Mietwohnungen gewohnt hatten, traf dies zu. Natürlich wurden am Ende der 50er Jahre von den Vorstadt-Bauunternehmern noch keine »Stadthäuser« angeboten. Ich fragte keinen Levittowner, wieviel ihm das Einfamilienhaus bedeutet. Jedoch gaben 43% an, daß sie mehr Privatsphäre wünschten und daß sie darin einen Hauptgrund für den Wohnungswechsel sähen. Sie dachten dabei wohl an ein freistehendes Haus.
⁸ Dies wurde auch am häufigsten als zweit- und drittwichtigster Grund erwähnt.
⁹ Die Einteilung der Motive für den Umzug in »push and pull factors« (Gründe, weshalb die Käufer aus ihrer alten Gegend vertrieben, und Gründe, weshalb Käufer von einer neuen Gegend angezogen werden) stammt von Rossi. Seine Untersuchungen wie auch die folgenden über die Häufigkeit des Wohnungswechsels zeigten auch, daß der Wohnraumbedarf bei den Gründen für einen Umzug die wichtigste Rolle spielt.
¹⁰ Eine Untersuchung über Levittown, Long Island, ermittelte, daß 41% ihren wichtigsten Umzugsgrund darin sahen, »das beste Haus fürs Geld« geliefert zu bekommen. Vergleiche »Citizens Committee for a better Levittown«.

Tabelle 2
Hauptgrund für den Kauf eines Hauses in Levittown, nach dem Typ der früheren Gemeinde

Hauptgrund	in % der Käufer vorherige Wohngemeinde		
	städtisch	vorstädtisch	Insgesamt[1]
Wohnungsbezogene Gründe:	*85*	*84*	*84*
Wert: Das beste Haus fürs Geld	48	48	48
Niedriger Preis	16	21	16
Geringe Anzahlung	6	7	7
Wohnfläche	2	1	2
Moderne Ausstattung und andere Vorzüge des Hauses	13	7	11
Gemeindebezogene Gründe:	*5*	*2*	*3*
Schaffung von Schulen	*	*	*
Spielplätze, Schwimmbecken und andere Einrichtungen für Kinder	2	0	1
Läden und andere Einrichtungen für Erwachsene	2	1	1
Nachbarn und andere soziale Gegebenheiten der Gemeinde	1	1	1
Arbeitsbezogene Gründe:	*5*	*8*	*8*
Fahrt zum Arbeitsplatz	4	6	6
Geschäftliche und berufliche Möglichkeiten in Levittown	1	2	2
Andere Gründe:	*5*	*6*	*5*
N	(159)	(222)	(484)

* weniger als 0,5%
[1] Hierin sind auch Personen aus kleinen Städten, von Farmen und Kasernen enthalten.

lierter. 84% kamen in erster Linie wegen der Vorzüge der Häuser. Nur wenige gaben die Gemeinschaftseinrichtungen und die gesellschaftliche Struktur der Gemeinde als Hauptgrund für ihr Kommen an. Keiner nannte von sich aus als Hauptmotiv die Mischung der einzelnen Haustypen, und sogar das Vorhandensein von Schulen zur Zeit des Einzugs wurde von weniger als 0,5% erwähnt. Als man jedoch die Leute bat, eine Liste zu prüfen, auf der andere mögliche Gründe für den Umzug aufgeführt waren, kreuzten 84% das Vorhandensein von Schulen an, 81% die Schwimmbäder, 87% die Einkaufsmöglichkeiten. 72% billigten die Mischung einzelner Haustypen, aber nur 44% kreuzten die 650 m² großen Grundstücksflächen als Grund für den Kauf an. Nur 40% sahen in den Nachbarn, mit denen sie in Levittown rechnen konnten, einen Grund, sich dort einzukaufen. Es liegt auf der Hand: einige Merkmale der neuen Gemeinde waren nicht unwichtig, aber keiner war ausschlaggebend für den Erwerb eines Hauses in Levittown.

Obgleich Männer wie Ehefrauen im allgemeinen über die Notwendigkeit des Wohnungswechsels einer Meinung waren, entschieden sich die Männer häufig aus rein wirtschaftlichen Gründen für Levittown, während die Frauen anscheinend eine teurere Gemeinde bevorzugt hätten[11]. Trotzdem bedeutete der Umzug für schätzungsweise 80% der Käufer eine Erhöhung der Wohnungsausgaben. Grob gerechnet belief sich die Abzahlungsrate für ein Haus in Levittown während der ersten Jahre auf monatlich 125–150 $. Als später die Steuern erhöht wurden, stieg dieser Betrag auf 140–165 $[12]. Durchschnittlich bezahlten die Levittowner etwa 33–50% mehr für ihre Wohnungen als zuvor. Das war noch immer nicht sehr viel. Der Levittowner brachte im Durchschnitt vor dem Umzug etwa 15% seines Einkommens für Wohnungsausgaben auf. Später waren es etwa 21%. Der Bereich zwischen 20 und 25% wird von Fachleuten allgemein für vertretbar gehalten. Immerhin mußten von den 21%, die weniger als 5500 $ verdienten, diejenigen, die keine weitere Einnahmequellen hatten, zuletzt 28% ihres Einkommens für das neue Haus bezahlen. Als die Lebenshaltungskosten und die Steuern stiegen, brachte dies für jene Leute große finanzielle Schwierigkeiten mit sich.

Viele Käufer waren nach Levittown gekommen, um hier zu bleiben. Zum Zeitpunkt ihres Zuzugs wollten sich 44% für immer niederlassen. 20% wußten bereits, daß sie von ihren Arbeitgebern wieder versetzt würden. 12% dachten schon an einen neuen Wechsel, wahrscheinlich in der Hoffnung auf ein besseres Haus. 24% waren noch unentschlossen[13]. Jene, die schon zu dieser Zeit genaue Pläne hatten, konnte man untergliedern in fest Ansässige (57%), vorübergehend Ansässige (27%) und in solche, die bald wieder wegziehen wollten (16%). Die fest Ansässigen lagen in ihrem Alter etwas über dem Durchschnitt. Sie hatten mehr Kinder, niedrigere Einkünfte und schlechtere Ausbildung. Nur 13% waren auf das College gegangen, verglichen mit 80% bei den »Mobilen«; 40% waren Arbeiter, bei den ständig Wechselnden jedoch nur 12%. 13% der fest Ansässigen hatten eine akademische Ausbildung genossen, dagegen 31% der »Mobilen« und 21% der vorübergehend Ansässigen. 42% der fest Ansässigen waren Katholiken, während 65% der vorübergehend Ansässigen Protestanten waren, was zeigt, daß die Militärbehörden und die

---

[11] 18% der Frauen gaben an, sie seien mehr als ihre Männer für den Umzug nach Levittown gewesen. 42% der Männer sagten, daß sie diejenigen waren, die mehr für Levittown stimmten. Bei 40% stimmten beide Partner überein.
[12] Die Zahlen ändern sich. Sie hängen von dem jeweils erworbenen Haustyp ab und schließen die Heizungskosten, die sich auf über 300 $ pro Jahr belaufen, aber keine weiteren Versorgungsleistungen mit ein.
[13] Nach etwa dreijährigem Aufenthalt in Levittown, Long Island, betrachteten 50% der Hauseigentümer sich als fest, 17% als vorübergehend ansässig und ein Drittel war unschlüssig. Siehe Liell (1952), S. 267. In einer neuen Arbeitervorstadt verstanden sich 84% der angelernten und etwa 1/3 der Vorarbeiter als fest ansässig, Berger (1960), S. 20.

großen nationalen Körperschaften ihre Leute immer noch aus der zuletzt genannten religiösen Gruppe holen. Die fest Ansässigen trugen ihren Namen zu Recht. Nur die Hälfte von ihnen war während der Ehe alle drei Jahre einmal umgezogen, im Gegensatz zu 83% bei den ständig Wechselnden und gut 91% bei den nur vorübergehend Ansässigen. In der Tat sind 78% dieser letzten Gruppe alle zwei Ehejahre mindestens einmal umgezogen.

Diese Zahlen lassen vermuten, daß auf lange Sicht, wenn die vorübergehend Ansässigen und die »Mobilen« einmal aus Levittown verschwinden und nicht durch Leute gleicher Sorte ersetzt werden, Levittown eine Arbeitergemeinde werden könnte. Dies hätte in dem ersten Levittown ebenso geschehen können, aber es ist jetzt, nach erst 20 Jahren, noch zu früh, sichere Schlüsse zu ziehen. Was in Levittown, New Jersey, geschehen wird, ist noch ungewiß, besonders da nach der Erhöhung der Kaufpreise in den 60er Jahren Leute mit höherem Einkommen einzogen[14].

Der Umzug aus der Stadt in die Vorstadt

Das Drittel der Levittowner, die aus Großstädten oder aus Gebieten kamen, die sie als »städtische Nachbarschaften« bezeichneten, war etwas älter als frühere Vorstadtbewohner, öfter in Appartementhäusern eingemietet, meist katholisch, weniger beweglich und eher geneigt, sich auf längere Zeit niederzulassen. Sie verließen die Großstädte hauptsächlich, weil sie mehr Wohnraum oder ein eigenes Haus haben wollten, und besonders die, welche aus Reihenhäusern oder Altbauwohnungen kamen, legten Wert auf ein ganz neues Haus und einen Hof für die Kinder.

Wie Tabelle 1 zeigt, bewerteten sie die Umgebung etwas höher als die Vorstädter. 19% gaben dies sogar als Hauptmotiv für den Umzug an. In beiden, in den von sich aus gegebenen und den im Fragebogen angekreuzten Gründen, war ihr Hauptvorwurf allgemein gehalten. 49% kreuzten an: »Wir wollten nur aus der Stadt herauskommen«; 34%: »Die Gegend schadet den Kindern.« Eine gleich große Anzahl erwähnte das Fehlen von Spielplätzen und »Schmutz, Lärm und Verkehr der Stadt«.

Die Gründe, die sonst immer für die sogenannte Flucht in die Vorstädte angeführt werden, waren für die Stadtbewohner, die dann nach Levittown kamen, meist ohne große Bedeutung. Sie beklagten sich weniger als jene, die schon in Vorstädten gewohnt hatten, über lange Anfahrtszeiten zum Arbeitsplatz. Lediglich 4% gaben, ohne danach gefragt zu sein, rassische Veränderungen in ihrer Nachbarschaft als den wichtigsten Umzugsgrund an. 20% sahen hier nur einen von vielen Gründen,

[14] Dobriner (1963), S. 98–102.

viele werden es aber nicht offen zugegeben haben. Rassische Veränderungen galten auch als Grund, die Wohngegend mit Rücksicht auf die Kinder zu verlassen. Weniger als 2% gaben schlechte Schulen als wesentlichen Grund für das Verlassen der Stadt an; 20% sahen darin wieder nur einen unter vielen anderen Gründen; 34% dagegen hatten das Fehlen von Spielplätzen angekreuzt. Andererseits verließen sie die Stadt nicht nur, um ihren Kindern damit einen Gefallen zu tun[15]. Als ich die Käufer fragte, ob sie »es ohne die Kinder vorziehen würden, in einer Stadt zu leben«, antworteten 87% mit Nein (86% der Städter und 90% der Leute aus den Vorstädten). Die Leute mit Collegebildung stimmten nur mit wenigen Prozenten mehr für ein Leben in der Großstadt als die Leute mit abgeschlossener Schulausbildung. Das Geschlecht spielte überhaupt keine Rolle, religiöse Bindungen waren jedoch entscheidend. Von den Juden stimmten die meisten für die Großstadt, von den Protestanten die wenigsten: 24% der jüdischen Frauen, 19% der Männer, 14% aller Katholiken und nur 8% der Protestanten zogen die City vor.
Natürlich wurden dabei Leute gefragt, die gerade ein Haus in der Vorstadt gekauft hatten. Noch bedauerten sie nicht, daß sie die Stadt verlassen hatten, sie flohen auch nicht vor ihr. Und sie zogen bestimmt nicht in die Vorstadt, um jene Eigenschaften des sozialen und geistigen Lebens zu finden, die verschiedene Schriftsteller der Vorstadt angedichtet haben. Sie suchten weder nach einer Heimat noch nach einem ländlichen Idyll, ebensowenig wie nach einem sehr sozial bezogenen oder konsumbetonten Leben. Sie wollten sich auch nicht stärker am öffentlichen Leben beteiligen. Sie wollten ein gutes und bequemes Leben für sich und ihre Familien, in Ruhe und im Grünen. Sie wollten ein »eigenes Haus« und nicht eine gesellschaftliche Stellung[16].

Erwartungen vom Leben in Levittown

Obwohl nur etwa ein Drittel derjenigen, die die Brieffragebogen ausgefüllt hatten, angab, daß sie »sehr oft darüber nachgedacht hätten, wie eigentlich dieses Leben in Levittown ihren Vorstellungen nach sein sollte«, gaben 90% aller Befragten das, was sie im einzelnen am Leben in Levittown freuen würde, genau an, und die Vorstellungen waren bei allen die gleichen, ob sie nun ernsthaft über ihre Zukunft nachgedacht hatten oder nicht[17]. Sie wollten eine angenehmere und modernere

---

[15] Bezüglich ähnlicher Ergebnisse in Levittown, New Jersey, siehe Dobriner 1963, S. 64–66.
[16] Clark, S. 110, Kap. 3 und 4, der über auffallend ähnliche Ergebnisse bei Untersuchungen der Umzügler und der Umzugsmotive im Gebiet von Toronto berichtet.
[17] Es ist interessant, daß diejenigen mit der geringsten Ausbildung und die Arbeiter mehr über ihre Zukunft nachgedacht haben als die besser Ausgebildeten und die Akademiker, obwohl andere Untersuchungen sie gewöhnlich als weniger fähig und willens beschreiben, über ihre Zukunft nachzudenken. Wahrscheinlich liegt der Grund darin, daß erstere,

Tabelle 3
Die Haupterwartungen für das Leben in Levittown, nach Geschlechtern

Haupterwartung	in Prozent Frauen	Männer
Komfort und Geräumigkeit für die Familie im neuen Haus	25	15
Zurückgezogenheit und Freiheit der Betätigung im eigenen Heim	15	18
Möglichkeit, das Haus nach eigenen Vorstellungen auszustatten	4	1
Möglichkeit, in Haus, Garten und Garage zu arbeiten und zu basteln	1	10
Die Möglichkeit, normale Familienfunktionen auszufüllen: sich als Hausvater betätigen (Männer); ein besserer Platz, um Kinder zu erziehen (Frauen)	8	7
Besseres Familienleben: mehr Zeit zu gemeinsamen Unternehmungen	5	6
Besseres gesellschaftliches Leben: neue Freunde, gute und angenehme Nachbarn	10	5
Entspanntes und geruhsames Leben im Freien	4	7
Die Annehmlichkeiten der Erholungseinrichtungen und der Einkaufsmöglichkeiten	4	1
Ein neuer Start und ein besseres Leben; Teilnahme am Leben der neuen Gemeinde	2	1
Eingliederung in ein Gemeinwesen	1	1
Aktive Beteiligung am religiösen und am Vereinsleben	*	1
Aktive Beteiligung an gemeindlichen Angelegenheiten, Möglichkeiten der Einflußnahme	1	2
Kürzerer Weg zur Arbeitsstätte	*	5
Anderes	7	5
Keine Gründe	12	15
N	(924)	(864)

* weniger als 0,5 Prozent

Umgebung, ohne ihre alte gewohnte Lebensweise aufzugeben. Über die Hälfte zog nach Levittown, weil es eine neue Siedlung war. Sie wollten vor allen Dingen ein neues Haus, und die Veränderungen, die sich 40% von ihnen wünschten, bezogen sich hauptsächlich auf das Haus.
Tabelle 3 zeigt die Angaben noch einmal im Detail. Die meisten Käufer hofften, daß ihnen ein neues Haus mehr und bequemeren Wohnraum bieten würde und

> wenn sie eine Siedlung bezogen, von der sie annehmen konnten, daß es sich um ein Wohngebiet der Mittelklasse handele, sich stärker umstellen mußten als andere Käufer oder als die ersten Siedler oder solche, die sehr danach strebten, aus der Stadt herauszukommen. Diese waren ebenfalls sehr »zukunfts-orientiert«.

daß sie als Eigentümer eines Heimes über eine größere Privatsphäre verfügen könnten, um mehr Handlungsfreiheit und Möglichkeit zur persönlichen Entfaltung zu gewinnen. »Ich wollte einen leichten, unverkrampften Lebensstil. In unserem Haus kann man tun und lassen, was man will«, schrieb einer der Befragten. Einige hofften, daß in dem neuen Haus Eltern und Kinder mehr Zeit füreinander und für gemeinsame Unternehmungen finden würden, andere wollten den gewohnten Rhythmus im neuen Haus wieder aufnehmen. Der Wunsch nach Neuerungen und Änderungen blieb darauf beschränkt, andere Menschen zu treffen und neue Freunde zu gewinnen.
Die wichtigsten Unterschiede in den Vorstellungen gab es bei den verschiedenen Geschlechtern. Die Männer freuten sich »auf Frieden und Ruhe nach der täglichen Arbeit«, was einige »das Leben im Freien« nannten, und auf die Gelegenheit, sich in Haus und Hof zu betätigen. Die Frauen legten größeren Wert auf neue Freunde und »nette Nachbarn«. In der Bewertung der verschiedenen Formen der gesellschaftlichen Beziehungen gaben 80% der Befragten an, daß sie die Erwartung hegten, neue Leute zu treffen, 71% wollten »Nachbarn ähnlichen Alters und Interesses« haben, 55% suchten Leute mit »anderen Interessen, anderem Bildungsstand«, 54% wünschten »angenehme Nachbarn«. Bei all diesen Vorstellungen waren die Juden und die »Mobilen« am stärksten vertreten. Bei den Frauen suchten die meisten gleichgesinnte Bekannte, bei den Gebildeten wurde die Vielfalt am höchsten bewertet, während diejenigen mit der geringsten Bildung, die Arbeiter, sich auf die Angabe beschränkten, daß sie »sympathische Nachbarn« haben wollten. Die Stadtbewohner freuten sich auch mehr auf den Besitz eines Hauses und die Folgen für das Familienleben, während jene, die bereits in den Vorstädten gelebt hatten und all dies kannten, Komfort und Modernität in dem neuen Haus erwarteten.
Insgesamt erhofften etwa 95% der Befragten ein besseres individuelles, familiäres und gesellschaftliches Leben. Nur weniger als 5% wollten sich aktiv in einer größeren Gemeinschaft betätigen. Eine Frage des Tests, die zwischen den verschiedenen Formen der Teilnahme am gesellschaftlichen Leben unterschied, zeigte jedoch, daß 55% erwarteten, »ein Wort in den Gemeindeangelegenheiten mitreden« zu können, und 44% wollten aktiv am Gemeinschaftsleben der Bürger von Levittown teilnehmen. Nur 28% waren bereit, in Vereine einzutreten. Das Interesse einer politischen oder anderen Teilnahme am Gemeindeleben war am größten unter Mitgliedern höherer Schichten und bei den Leuten mit besserer Ausbildung. Aber auch die fest Ansässigen und jene, die Angst hatten, in der Minderheit zu sein – die Kinderlosen, die Juden und andere rassische Gruppen – waren sehr rege. Jene, die in Levittown vor allem eine neuentstandene Gemeinschaft sahen und jene, die zum erstenmal in ein Viertel mit nachbarlichem Leben einzogen, waren am Gesellschaftsleben stärker interessiert als jene, die das zweite und dritte Mal die Wohnung

wechselten, die vor allem an öffentlichen Angelegenheiten beteiligt sein wollten. Vielleicht fürchteten sie, daß die Alteingesessenen sonst die Führung der Gemeinde übernehmen würden. Die Beteiligung an Clubs wurde vor allem von Befragten mit geringem Status erwähnt[18].
Daß individuelle und familiäre Beweggründe wichtiger waren als die gemeinschaftsbezogenen, ist nicht neu und ist aus keinerlei moralischen Gründen abzulehnen. Jede andere Gruppe würde wahrscheinlich ähnliche Ergebnisse gebracht haben, selbst bei denjenigen, die sonst das Fehlen von gemeinschaftsbezogenen Interessen bei modernen Menschen beklagen. Teilweise sind die Ergebnisse natürlich auf die Methode der Umfrage zurückzuführen. In den Fragebogen war nur nach den »wichtigsten« Beweggründen gefragt. Angenommen, man hätte nach allen ihren Beweggründen gefragt, so wären die gemeinschaftsbezogenen Gründe wohl öfter erwähnt worden[19]. Über solche Gründe ist man sich vor dem Umzug kaum im klaren, insbesondere, wenn es um eine Gemeinde geht, die bislang noch kein organisiertes Gesellschaftsleben entwickelt hat. Hätte man die gleiche Frage nach einem einjährigen Aufenthalt in Levittown gestellt, wäre das Ergebnis ein anderes gewesen.
Die Gründe für den Umzug und die verschiedenen Erwartungen, die man hegte, zeigen deutlich, daß die Leute vor allem wegen eines neuen Hauses in die Siedlung zogen. Die Hälfte aller Erwartungen, zwei Drittel aller Umzugsgründe und vier Fünftel aller Gründe, sich in Levittown anzusiedeln, bezogen sich auf das Haus. Mit anderen Worten: 80% der Käufer kamen wegen des Hauses. Dies würde Levitts Reklame, »das beste Haus fürs Geld«, rechtfertigen. Jedenfalls zwang die Marktlage die Firma weder zu einer großzügigen Planung noch zum Bau öffentlicher Einrichtungen, wenigstens nicht, um die ersten Käufer zu werben. Das bedeutet aber nicht, daß die neuen Schulen den zuziehenden Leuten gleichgültig gewesen wären. Sie waren nur an der Qualität der Erziehung ihrer Kinder nicht sonderlich interessiert.
Vielleicht spielte bei den Levittownern das Haus eine so große Rolle, weil dieses Haus als sehr preisgünstig galt. Trotzdem kann man aus den Antworten schließen,

---

[18] Unter Leuten mit geringem Status verstehe ich solche, die sowohl in ihrer Erziehung als auch in ihrer Beschäftigung auf niedrigstem Niveau stehen, d. h. Arbeiter und Leute ohne Abschlußzeugnisse von höheren Schulen. Ich werde die Bezeichnung »geringer« oder »unterer« Status hier immer dann verwenden, wenn statistische Ergebnisse ähnliches aussagen über Arbeiter und Leute, die von den höheren Schulen verwiesen wurden. Es ist jedoch zu beachten, daß ich damit keine einzelnen Klassenmerkmale erarbeiten will. Dieser Begriff bezeichnet nicht Arbeiter ohne Zeugnisse von höheren Schulen, sondern Arbeiter und solche, die kein Abschlußzeugnis haben. Sie werden gesondert untersucht.

[19] Obgleich die Befragten dies von sich aus als zweitwichtigsten Beweggrund nannten, tauchten Haus, Heim, Familie und Freunde ebenso oft wie bei den ersteren auf.

daß ein Siedlungsvorhaben, dessen Häuser nicht mindestens ebenso gut sind wie die der umliegenden Siedlungen, auf Schwierigkeiten stoßen muß; besonders, wenn bisher ungewohnte stadtplanerische Ideen in der Siedlung erprobt werden sollen. Laut der letzten Umfrage verbringen die meisten Leute den größten Teil ihrer Zeit im Haus, und die Umgebung ist von zweitrangiger Bedeutung.

Die Umfrage ergab auch, daß die Entwicklung einer neuen Gemeinde nicht unbedingt von den Erwartungen beeinflußt wird, die die Leute beim Einzug mitbringen. Da sie doch meist mit ihren eigenen und familiären Angelegenheiten beschäftigt sind, überlassen sie die Entwicklung der gesamten Gemeinschaft den anderen und behalten sich selbst nur ein Einspruchsrecht vor. Was tatsächlich geschah, als die Käufer ihre Wohnungen bezogen, wird in den nächsten fünf Kapiteln erzählt.

3 Die Anfänge des Gemeinschaftslebens

Die ersten Levittowner bezogen ihr Haus in der zweiten Oktoberwoche 1958. Sie wurden von einer Gemeindeverwaltung in Empfang genommen, deren Aufgaben sich in der Vergangenheit auf die Unterhaltung eines Straßen- und Schulsystems beschränkt hatten. In der Schule waren in dem voraufgegangenen Jahr 85 Schüler von der 1. bis zur 9. Klasse unterrichtet worden. Die Gemeinde war stolz auf ihre Methodistenkirche mit angeschlossenen Sozialorganisationen, einen CVJM mit eigenem, wenn auch abbruchreifen Gebäude, eine Schulpflegschaft für die Gemeindeschule, ein Bürgerkomitee, das im Jahr zuvor gegründet wurde, um sich um die Neuankömmlinge zu kümmern und ihnen das Einleben in die neue Gemeinde zu erleichtern. Die Gemeinde- und Kreisbewohner, zumeist Protestanten, betrachteten die neue Siedlung mit gewissem Vorbehalt, denn es gingen Gerüchte um, daß viele der Neuankömmlinge Katholiken seien, die der Neger wegen aus den Slums von Philadelphia weggezogen seien. Einige seien Italiener, bei denen das Messer locker sitze. Die gewählten Gemeindevertreter waren ebenfalls skeptisch. Denn Gemeinde und Bezirk waren vorher immer eine Hochburg der Republikaner gewesen, während man bei den Levittownern vermutete, daß sie die demokratische Partei wählen würden. Trotzdem warteten alle darauf, die 25 Familien, die in jener Oktoberwoche einzogen, und die 3000 anderen, die während der Arbeit an diesem Buch folgten, willkommen zu heißen und sie soweit als möglich einzubeziehen.

Unter den Levittownern selbst waren die ersten Zeichen eines Gemeinschaftslebens schon vor dem Einzug zu sehen. Bei der Besichtigung der Musterhäuser achteten viele auch auf die anderen Leute, die zusammen mit ihnen die neuen Häuser anschauten. Jene, die sich zum Kauf entschlossen hatten, wurden wenige Wochen später nach Levittown gebeten, um ihre Grundstücke auszuwählen. Dabei lernten einige ihre zukünftigen Nachbarn kennen. Die meisten hatten dazu keine Gelegenheit, aber auch sie gingen davon aus, daß die zukünftigen Nachbarn angenehme Leute seien, vielleicht sogar gute Freunde werden würden. Später erinnerten sich nur 9 %, daß sie sehr besorgt gewesen seien, weil sie die zukünftigen Nachbarn vorher nicht kennengelernt hatten. Bestärkt durch jene, die sie in den Musterhäusern gesehen hatten, zudem beruhigt durch die Prüfung der Kreditwürdigkeit, die das Unternehmen durchführte, glaubten sie, wie es einer ausdrückte, »daß die Leute, die sich diesen Haustyp leisten könnten, anständige Leute sein müßten«. Außerdem freute sich jeder darauf, sein neues Haus zu beziehen. Dies schuf eine im großen und ganzen optimistische Atmosphäre, und man hoffte, daß dieser Optimismus sich den anderen Käufern mitteilen würde. Schließlich

würde Levittown ja eine neue Gemeinde sein, und das Neue wird in der amerikanischen Gesellschaft oft gleichgesetzt mit Perfektion.
Vor dem Einzug freuten sich nur wenige Leute darauf, ihre Nachbarn zu treffen. Dies besagten jedenfalls die Ergebnisse der Brieffragebögen. Nachdem sie aber eingezogen waren und sich eingerichtet hatten, begannen sie, sich bei den Nachbarn nach Spielgefährten für ihre Kinder und nach eigenen Bekannten umzusehen. Während der ersten beiden Wochen waren sie hauptsächlich damit beschäftigt, das Haus in Ordnung zu bringen, und beschränkten sich darauf, die Nachbarn freundlich über die Straße oder den Hof zu grüßen. Nachdem allerdings die anfängliche Periode des Einnistens beendet war, waren die Leute bereit, Kontakte anzubahnen. Bei dieser Gelegenheit wurde ihnen von unerwarteter Stelle Hilfe zuteil, nämlich von den Händlern. Am Einzugstag wurden die neuen Hauseigentümer nicht von ihren Nachbarn, sondern von einer ganzen Reihe von Milchmännern, Brotverkäufern und anderen Kaufleuten in Empfang genommen. Diese hofften, neue Kunden für Lieferungen frei Haus zu gewinnen, solange das Einkaufszentrum noch nicht fertiggestellt war. Zuerst waren die ständigen Besucher eine Plage. Aber nach dem Einzug wurden die Händler zu Verbindungsleuten, die ihren Kunden über die Nachbarn erzählten, wobei sie vor allem auf diejenigen hinwiesen, deren gesellschaftlicher Hintergrund und deren Interessen ähnlich waren. Die Kinder wirkten ebenfalls als ein verbindendes Moment. Sie wurden von Anfang an aus dem Haus gelassen, damit sich ihre Mütter darin einrichten konnten, und fanden sofort eine Menge von Altersgenossen im gleichen Wohnblock. Hierdurch lernten sich auch die Eltern der gleichen Altersgruppen kennen. Wo die Kinder jedoch keine Spielgefährten fanden oder wo sie noch zu klein waren, nahmen ihre Mütter sie bei der Hand und klopften bei einigen Nachbarn an der Tür, um zu sehen, ob es vielleicht doch gleichaltrige Kinder in der Nähe gab. Dies lieferte den Frauen einen Vorwand, sich mit den Nachbarn bekannt zu machen.
Daß die Leute sich so schnell kennenlernten, lag zum Teil an der Jahreszeit. Wer im Winter eingezogen war, konnte nicht so oft aus dem Haus, und gelegentlich mußte damit bis zum Frühling gewartet werden. Die Zwischenzeit war daher sehr einsam. Aber der erste Teil Levittowns wurde bezogen, als das Wetter noch warm und gut war. Die ersten Levittowner lernten sich deshalb schneller kennen. Schlechtes Wetter verhindert nicht, daß sich die Leute treffen. Die meisten Leute brauchen eher einen Vorwand, um sich kennenzulernen. Die wenigen mutigen und aufgeschlossenen Leute können einfach hinausgehen und sich den anderen bekannt machen. Aber den meisten ist ein solches direktes Vorgehen deshalb unmöglich, weil man damit im Grunde seine Einsamkeit zugibt. Zudem muß man auch befürchten, abgewiesen zu werden. Bei dem guten Wetter jedoch gab es genügend günstige Gelegenheiten und Vorwände. Man konnte die Kinder mit hinausnehmen und einige Zeit mit ihnen verbringen, bis man einen Nachbarn

traf. Oder man konnte zu demselben Zweck auch den Rasen pflegen. Wenn diese Methoden nicht zum Ziele führten, konnten die Leute – und sie taten es – die Straßen auf und ab spazieren und dabei den Kinderwagen schieben oder Kinder mitnehmen, die auf dem Dreirad fuhren. Auf diese Weise wurde der flüchtige Austausch von Grüßen gelegentlich zu einem Gespräch ausgedehnt. Da jeder vor Neugierde fast verging, wurden solche Vorwände zu einer akzeptablen Form des Überwindens der Isolierung.

Die bloße Hoffnung auf Freundlichkeit der Nachbarn allein reichte jedoch nicht aus. Es bedurfte zusätzlich konkreter Beweise dafür, daß man nicht abgelehnt wurde. Die Frauen fragten z. B.: »Na, haben Sie sich schon häuslich niedergelassen?« Fiel die Antwort positiv aus, dann konnte man sich gegenseitig einladen, um einander die Häuser zu zeigen. Sich häuslich niedergelassen zu haben bedeutete, daß die Häuser jetzt so weit eingerichtet waren, daß sie den Eindruck vermittelten, den die Frauen bei ihren Nachbarn schaffen wollten. Die Männer konnten in dem Bewußtsein, daß sie in viel geringerem Maße in gesellschaftlicher Hinsicht auf ihre Nachbarn angewiesen waren, alles mehr dem Zufall überlassen. Trotzdem halfen sie ihren Frauen, den Rasen vor dem Hause zu pflegen, um sicher zu sein, daß dem guten Eindruck von der Wohnung auch das äußere Bild des Hauses entsprach.

Sobald für das Image gesorgt und das erste Kennenlernen nicht auf Ablehnung gestoßen war, tauschten die Leute Informationen aus und suchten nach gemeinsamen, verbindenden Interessen. Sie berichteten, woher sie gekommen waren, über den eigenen Beruf oder über den ihrer Männer und kamen auf die Methoden der Kindererziehung und auf ihre Pläne zu sprechen, soweit sie z. B. die Einrichtung des Hauses, den Rasen, das Auto oder den Beruf betrafen. Jedes Thema diente dazu, sich entweder einander näherzubringen oder Distanz zu halten, indem es zeigte, wo die Unterschiede lagen und was Tabu war. So war z. B. einer meiner Nachbarn Pilot bei der Luftwaffe. Wir trafen uns zum ersten Mal, als wir beide unseren Rasen sprengten. Dabei sprachen wir über den Beruf. Nachdem ich erwähnte, daß ich Professor sei, machte er eine Bemerkung über einen anderen Nachbarn, einen Arbeiter. Damit wollte er andeuten, daß er wie ich ein Angestellter sei, obwohl er von sich selbst als von einem »besseren Lastwagenfahrer« sprach. Er fuhr fort, indem er über einen Verwandten sprach, der an seiner Doktorarbeit sitze. Aber obwohl er wußte, daß die meisten Professoren Liberale und Agnostiker waren, gab er mir zu verstehen, daß er in seiner Einstellung zum Rassenproblem mit der der Südstaaten übereinstimmte und daß er ein überzeugter Baptist war. So viel wurde klar, daß wir bei Gesprächen über Rasse und Religion unterschiedlicher Meinung sein würden.

Wenn wir gute Nachbarn bleiben wollten, durften solche Themen nicht besprochen werden.

Nachdem die ersten Einzelheiten über persönliche und familiäre Dinge ausgetauscht waren, luden die nächsten Nachbarn sich gegenseitig zum Kaffee ein. Wenn jemand, der sehr gerne Einladungen gab, in einen Block gezogen war, konnte es sogar zu Parties kommen, zu denen die Bewohner des ganzen Blocks eingeladen wurden. Aber in der Regel bedurfte es bei größeren Einladungen anderer Überlegungen, um zu gewährleisten, daß genügend soziale Distanz zwischen denen erhalten blieb, die nicht zueinander paßten. Eine solche Möglichkeit war z. B. ein Abend zum Kartenspielen. In einem anderen Fall führte ein großer Hersteller von Plastikwaren und kleineren Haushaltsgeräten einer Gruppe von Hausfrauen seine Produkte vor, um an sie zu verkaufen. Obwohl die Gastgeberin einer solchen Party in den Ruf hätte kommen können, daß sie gesellschaftliche Kontakte für materiellen Gewinn ausnutzen wollte – sie erhielt einzelne Stücke gratis, wenn sie eine solche Party gab –, wurde dies nie so gedeutet. »Es gibt mir Gelegenheit, diejenigen Leute zu treffen, die ich treffen wollte«, erklärte eine der Gastgeberinnen. »Es geht einfach nicht an, zu jemandem zu gehen und ihm zu erklären, daß man ihn kennenlernen möchte. So etwas tut man nur beim allernächsten Nachbarn. Es geht mir nicht darum, Geld zu machen. Es ist nur ein Vorwand für die Party.« In den Blocks, die später bezogen wurden, lernten sich die Leute kennen, nachdem sie größere Veranstaltungen der Gemeinde besucht hatten oder sich gegenseitig bei Wohltätigkeitssammlungen vorgestellt wurden. Diese wurden normalerweise von Frauen durchgeführt, die im Gemeindeleben schon Erfahrungen gesammelt hatten, oder durch jene, die sich nicht scheuten, an die Türen zu klopfen. Auch den weniger Mutigen, die sich für eine Sammlung für Herz- oder Krebskranke zur Verfügung stellten, bot dies eine Eintrittsmöglichkeit und natürlich eine Gelegenheit, die Nachbarn zu treffen. Schließlich sind Feiertage, wie der 4. Juli, Allerheiligen und Weihnachten, für Nachbarn, die erst kurz zuvor eingezogen waren, ein Anlaß für eine Party, ohne deshalb aufdringlich zu erscheinen.

Alle diese Gelegenheiten dienten dazu, sich so erfolgreich wie nur möglich einzuführen. Anfängliche Ablehnung war natürlich selten, denn niemand konnte es sich leisten, einem Nachbarn gegenüber kurz angebunden zu sein, der mehrere Jahre im gleichen Block wohnen würde. Gesellschaftliche Aufdringlichkeit kam jedoch nicht in Frage, denn die meisten Levittowner mochten die allzusehr vorpreschenden Leute nicht.

Die ersten Begegnungen fanden überall in der Zeit zwischen zwei Wochen bis zu zwei Monaten nach dem Einzug statt. Ihnen folgte eine Periode von intensiven informellen Besuchen und Kontakten, die etwa zwei bis sechs Monate dauerte. Durch solche Besuche kam es bereits während der ersten Zeit des Wohnens in einer neuen Gemeinde zu Kameradschaft und gegenseitiger Unterstützung. Ein neues Haus in einer fast noch ländlichen Gegend verursachte nicht nur Einsam-

keit, sondern auch zahlreiche Probleme, die dadurch gelöst wurden, daß man zusammenkam und Ansichten austauschte.
Jeder nachbarliche Verkehr konnte die Leute freundschaftlichen Beziehungen näherbringen. Er konnte aber auch Differenzen zutage treten lassen, die deutlich machten, daß eine Freundschaft nicht möglich war. Beide Alternativen bildeten sich bald heraus. In einem Wohnblock hatte eine Gruppe von Frauen einen Monat nach dem Einzug einen Bridge-Club gebildet. In einem anderen Block hatten vier Frauen nach etwa 2 Monaten ihren täglichen Kaffeeklatsch. In meinem Block ging das alles so schnell, daß ein Nachbar schon Mitte Dezember sagen konnte: »Es kommt mir so vor, als ob ich schon jahrelang in Levittown lebte. So fertig ist alles hier.«
Auf das gute Aussehen der Wohnblocks wurde schon bald geachtet. Die Leute einigten sich auf gewisse Richtlinien für die Rasenpflege, sobald die Rasen soweit waren, daß sie gepflegt werden mußten, und wie durch ein ungeschriebenes Gesetz war man sich darin einig, daß der Rasen vor dem Hause sehr gründlich gepflegt werden mußte. Hinter dem Hause war der Rasen weniger wichtig. Wer sich nicht daran hielt, indem er seinen Rasen entweder vernachlässigte oder allzu emsig daran herumarbeitete, wurde durch spitze Bemerkungen wieder in eine Linie mit den anderen gebracht. Als ich in einem Anfall von Arbeitswut anfangs sehr hart an meinem Rasen arbeitete, lachte einer meiner Nachbarn und sagte, er würde ausziehen müssen, wenn ich einen so extravaganten Rasen hätte. Da mir nichts an einem extravaganten Rasen lag, nahm ich mir den Hinweis zu Herzen. Jene, die unbedingt einen vollkommenen Rasen haben wollten, hielten sich einfach von den Redereien fern, die gewöhnlich an Abenden oder an Samstagen morgens aufkamen. Dann arbeiteten die Männer ostentativ an ihrem Rasen, damit man sich nicht über sie lustig machte.
Vielleicht das beste Beispiel für das schnelle Aufstellen von Normen, die für den ganzen Block verpflichtend waren, war eine Party in der Weihnachtszeit. Ein früherer Bewohner einer Vorstadt von New York lud zu einer Stehparty ein. Binnen einer Stunde wurde daraus eine Gesellschaft, deren Stimmung in leicht beschwingtem Singen ihren Höhepunkt fand. Der fast unmittelbare Wechsel von einer Party des oberen Mittelstandes zu einem Beisammensein von Leuten der unteren Mittelklasse kam aus mehreren Gründen zustande. Die Mehrheit der Gäste war mit Cocktailparties nicht vertraut und wollte nicht in der vorgeschriebenen Weise herumstehen. Die Gastgeberin trug helle Jeans, aber eine Nachbarin, die aus der Arbeiterschicht stammte, hatte solche Hosen noch nie gesehen und vermutete, daß es sich um Schlafanzughosen handelte. Daraus wiederum schloß sie, daß die Party abgesagt worden sei. Als aber die Gäste nach und nach ankamen, sah sie den Irrtum ein. Später lachte jeder, auch sie selbst, darüber. Der Ehemann der Gastgeberin hatte von Anfang an etwas gegen eine Party der oberen Zehn-

tausend. Die Gastgeberin trug das Ihre zur Auflockerung bei. Sie hatte sich nichts anmerken lassen, aber sie hatte geglaubt, es mit Nachbarn wie in New York zu tun zu haben. Von da an folgte das Leben dieses Blocks den Formen normaler gesellschaftlicher Unterhaltung des Mittelstandes.

Informelles Gruppenleben

Nachdem man wußte, was man von seinen näheren Nachbarn zu halten hatte, begann ein Prozeß, in dem sich die einen füreinander entschieden, während sich die anderen voneinander distanzierten. Jene, die Freunde wurden, taten sich innerhalb des Blocks zusammen, andere bildeten Gruppen mit Leuten aus mehreren Blocks, und wieder andere sahen sich sonstwie nach Freunden um, besonders für abendliche Besuche. Zuerst isolierten sich Angehörige sozialer und kultureller Minderheiten, besonders Arbeiter und Mitglieder der oberen Mittelschicht, ältere Leute und Juden und alle die übrigen, die sich bei ihren Nachbarn fehl am Platze fühlten und andere gesellschaftliche Kontakte brauchten und wollten. Mit dieser Auslese begann der eigentliche Schichtungsprozeß in der neuen Siedlung[1].

Es folgen einige Beispiele für den eingangs erwähnten Auswahl- und Schichtungsprozeß*:
Eine vom Kontaktbedürfnis mit ihresgleichen getriebene jüdische Minderheit benützt eine bereits vorhandene Adressenliste jüdischer Gläubiger zur Gründung eines jüdischen Frauenclubs.
Als Abwehrreaktion gegen das sich entwickelnde Mittelstandsethos der Nachbarschaft bilden vier Arbeiterfrauen eines der auch anderweitig so beliebten Kaffeekränzchen; einige dieser Kränzchen weiten sich zu Quartiervereinen aus.
Das Gefühl des Isoliertseins und die Suche nach ihresgleichen veranlassen vor allem Frauen mit Universitätsbildung zur Gründung von Vereinen.

* Originalausgabe S. 49–51

Die Entwicklung des gesellschaftlichen Lebens

Die Entwicklung sozialer Kontakte führte sehr bald zu einem Ausgleich. 75 % derjenigen, die die Interviewfragen beantwortet hatten, berichteten, daß sie sich im eigenen Hause und auch in der Gemeinde innerhalb von sechs Monaten wohl fühlten. Gut die Hälfte gab an, daß dies nicht einmal so lange gedauert habe. Nach zwei Jahren in Levittown berichteten 47 %, daß sie ihre Nachbarn ebensooft besuchten, wie das bereits nach 6 Monaten der Fall gewesen war. 30 % gaben an, daß sie häufiger Besuche machten. Abendbesuche bei anderen Ehepaaren nahmen

---

[1] Über ähnliche Vorgänge in anderen neuen Siedlungen schrieben Dahnhof, Infield, Form (1945 und besonders 1951); Rosenfeld, Whyte (1956) in dem 25. und 26. Kapitel sowie Gutman.

zu, 43 % der Befragten berichteten von mehr, 34 % von etwa der gleichen Zahl und der Rest von weniger Besuchen. Etwa ein Drittel gab an, daß die Ehepaare, mit denen sie die meiste Zeit verbrachten, ihre Nachbarn waren, 24 % erwähnten, daß sie Leute in den Organisationen der Gemeinde kennengelernt hatten, während 13 % ihre Freunde durch die Kirche getroffen hatten. Nur 20 % gaben an, daß keiner ihrer Freunde ein Nachbar war. Die Leute, die sich häufiger als nach dem Einzug mit anderen Ehepaaren trafen, sagten auch, daß sie ihre Nachbarn öfter besuchten und umgekehrt. Etwa ein Viertel der Antwortenden berichtete jedoch über weniger Begegnungen mit anderen Ehepaaren und Nachbarn als zuvor. Diese Befragten gehörten vorwiegend den unteren Schichten an, hatten keinen Abschluß in der Mittelschule und waren Arbeiter.

Mit der Zeit hatte sich das soziale System in den Blocks ebenfalls stabilisiert und reichte von enger Freundschaft bei einigen bis zu offener Feindseligkeit bei wenigen anderen. Meistens jedoch empfahlen sich auch gelegentliche Besuche derjenigen, die nicht gerade befreundet waren. Parties während der Feiertage stärkten den Zusammenhalt vorübergehend. Wenn ein Nachbar von einem Unfall oder einer Krankheit betroffen wurde, kam jeder gelaufen, um nach Kräften zu helfen, ungeachtet des Ansehens der Familie.

Das vorherrschende Gleichgewicht wurde am häufigsten durch zwei Arten von Ereignissen gestört: durch den Wechsel der Bewohner und durch Streitereien unter Nachbarn. Letztere waren nicht häufig, aber wenn es sie gab, konnten sie zu lang andauernden Fehden führen. Die meisten Streitigkeiten entstanden wegen der Kinder. Wenn Kinder sich zanken, was häufig geschieht, ergreifen die Eltern natürlich die Partei ihrer eigenen Kinder. Wenn die Eltern eines Kindes meinen, daß das andere Kind im Unrecht ist und nicht ausreichend bestraft worden ist oder daß seine Unartigkeiten ein Ergebnis mangelnder elterlicher Aufsicht sind, wird der Streit zwischen den Kindern leicht zu einem Konflikt zwischen den Eltern. Dieser kann noch lange über die Kinderstreitereien hinaus andauern. Natürlich sind diese elterlichen Reibereien Ausdruck tieferer unterschiedlicher Auffassungen zwischen Nachbarn. Freunde streiten nicht wegen der Rangelei ihrer Kinder. Manchmal schloß man am Ende Frieden, aber oft sprachen die Leute nicht mehr miteinander.

Zur Zeit der Befragung wechselten nur wenige Häuser ihre Besitzer. Wenn dies jedoch geschah, war es in der Regel auf Verlegung des Beschäftigungsortes durch den Arbeitgeber zurückzuführen. Hatte zwischen den Nachbarn ein sehr herzliches Verhältnis bestanden, so wurde die Familie, die das Haus übernahm, nicht aufgefordert, sich der Gruppe anzuschließen. Wenn die Beziehungen nur weniger eng waren und der Neuankömmling liebenswürdig und gleichen Alters und Bildungsstandes, wurde er gewöhnlich willkommen geheißen. Eine Frau sagte: »Ich mußte den ersten Schritt tun, um mit den Leuten ins Gespräch zu kommen.

Jetzt ist das kein Problem mehr. Hier gibt es nicht oft einen Kaffeeklatsch. Wir sind alle zu sehr mit dem Saubermachen beschäftigt. Aber ich erwarte ein Kind, und das Mädchen von nebenan hat auch ein Baby. So haben wir gemeinsame Interessen.«
Die Ankunft eines Babys in Levittown war, obwohl eine alltägliche Begebenheit, jedesmal ein Ereignis. In den meisten Fällen gab es eine Einladung, auf der das Kind vorgestellt wurde und bei der das Interesse der Nachbarn an der Mutter sich erneuerte.
Die erste Schwangerschaft gab auch Alteingesessenen Gelegenheit, Kontakt mit den neuen Bewohnern der Blocks herzustellen. Eine meiner Nachbarinnen hatte vor ihrer Schwangerschaft gearbeitet und konnte nicht an den alltäglichen Kaffeebesuchen teilnehmen. Als das Baby ankam, wurde sie sofort von einer ebenfalls schwangeren Nachbarin besucht. Erst jetzt fand sie Zugang zum gesellschaftlichen Verkehr der Blockbewohner, obwohl sie schon seit zwei Jahren in dem Block wohnte.

Freiwillige Gruppenbildungen

In einer neuen Gemeinde können Gruppenbildungen auf die Initiative von Ortsfremden oder Ortsansässigen, d. h. auf externe oder interne Initiative zurückgehen. Die Bewohner können absichtlich handeln, um Erwartungen an die neue Gemeinde, die schon vor dem Umzug bestanden, zu erfüllen. Sie können auch unabsichtlich handeln, indem sie auf Bedingungen reagieren, die sie zu einer bestimmten Zeit in der Gemeinde vorfinden. Hieraus lassen sich drei Typen für Organisationsbildungen ableiten: externe, interne geplante und interne ungeplante[2]. Der Einfachheit halber sollen die ersten die externen, die zweiten die internen und die dritten die ungeplanten genannt werden.

Nahezu ein Drittel aller Organisationen*, die in den ersten zwei Jahren in Levittown gegründet wurden, sind von gemeindeexternen Vereinigungen geplant worden als Ortsgruppen nationaler Verbände. Einige dieser Verbände setzten dafür Organisatoren ein, deren berufliche Aufgabe in der Gründung neuer Zweigniederlassungen besteht und deren Erfolg sich in ihrer politischen Stellung innerhalb des nationalen Verbandes ausweist.
Bei einer zweiten Gruppe von Vereinen ging die Gründungsinitiative von Levittownern aus, die an ihrem früheren Wohnort Aktivmitglieder in einem Verein waren und mit dem festen Vorsatz einer Vereinsgründung nach Levittown zogen.

[2] Eine nicht beabsichtigte Vereinigung konnte natürlich auch von außen her und von Leuten ins Leben gerufen werden, die ihre Interessen hier in der neuen Gemeinde wahren wollten. Aber nur die Gründung der Bürgervereinigung Levittown kann so erklärt werden.

Die meisten lokalen Vereinsgründungen waren ungeplant und stellten Reaktionen auf Bedürfnisse der Gemeinde oder einzelner dar. Die Gründungsmotive waren kulturelle Bedürfnisse, Unzufriedenheit mit der Handlungsweise von Behörden sowie Opposition gegenüber bereits bestehenden Vereinen.

* Originalausgabe S. 53–56

Das Stadium des organisatorischen Aufbaus

Jedermann kann eine Organisation ins Leben rufen, aber sie kann nur weiterbestehen, wenn sie Mitglieder gewinnt. Daher waren die Gründungsvorgänge einander sehr ähnlich. Der erste Schritt war natürlich, mit potentiellen Mitgliedern in Kontakt zu kommen. Große Organisationen benutzten Anschriftenlisten, um Mitglieder zu werben, die gerade nach Levittown gezogen waren. Sie ließen auch durch Schulkinder Einladungen nach Hause bringen. Es gab Anzeigen und Artikel in den Zeitungen und Ankündigungen bei den Zusammenkünften der verschiedenen Organisationen. Aber am erfolgreichsten war es vielleicht, Freunde und Nachbarn anzuwerben. Leute, die eine Organisation gründen wollten, wandten sich oft an ihre Nachbarn um Hilfe und nutzten so den Zusammenhalt aus, der sich in nächster Nachbarschaft gebildet hatte. Leute, die aus Neugierde zu einem ersten Treffen kamen, brachten zur Gesellschaft oder aus Gründen der Sicherheit vielleicht einen Nachbarn mit. Spätere Befragungen zeigten, daß von den Leuten, die ursprünglich nicht vorhatten, Vereinen beizutreten, sogar 36 % von Nachbarn mitgebracht worden waren[3]. Dieser Zusammenhalt beeinflußte den Entstehungsprozeß in zweierlei Hinsicht: Die Initiatoren, die sich an Freunde um Hilfe wandten, bildeten bald Führungscliquen. Dies beschleunigte oft den Entstehungsvorgang der Organisation, führte aber in manchen Fällen zu Protesten gegen die Cliquenwirtschaft in der Vereinsführung. Es entstanden dann rivalisierende Führungsgruppen. Aus manchen Vereinen wurden sogar richtige Nachbarschaftsclubs, die Beitrittswillige aus anderen Nachbarschaften verprellten. Daher entstanden mit neuen Wohngegenden auch neue Clubs mit denselben Zielen, wie z. B. soziale Dienstleistungen, weil die vorher gegründeten Clubs sich als exklusiv erwiesen. Diese Folgen waren unbeabsichtigt, denn die Clubs standen allen, die Mitglieder werden wollten, grundsätzlich offen. Selbst solche Vereine, deren Mitgliedschaft an bestimmte Voraussetzungen geknüpft war, wie etwa gewisse Vereinigungen mit gemeinnützigen Zwecken, die z. B. in einzelnen Städten nur Einzelhändler aufnehmen, hatten keine Mitgliedschaftsbeschränkungen. Die Möglichkeit, Gründungsmitglied zu werden oder ein Amt zu übernehmen, wurde öffentlich bekanntgemacht, um Leute für die Organisation zu werben und ihr so schnell wie

---

[3] Eine Untersuchung auf Bundesebene zeigte, daß bei einer Spendenaktion die meisten freiwilligen Helfer (52 %) von ihren Freunden geworben worden waren. Sills, S. 102–103.

möglich ein solides Fundament zu geben. Der nächste Schritt war die Wahl der Vorstände und die Aufstellung eines Programms. Beides geschah in großer Eile, um die Existenz der Organisation möglichst schnell zu sichern. Sobald sich der Verein eine Satzung gegeben hatte, konnte das Programm dazu dienen, weitere Mitglieder anzulocken. Mit mehr Mitgliedern und Geldmitteln konnten dann wieder andere geworben werden, die die Organisation erweiterten und ihr Fortbestehen sicherten. Vorstandsmitglieder wurden zumeist bei der ersten oder zweiten Zusammenkunft des Vereins gewählt, häufig noch ehe man die Gelegenheit hatte, sich kennenzulernen. Ehrgeizige Führungspersönlichkeiten schafften es im allgemeinen, gewählt zu werden, und brachten auch ihre Freunde in den Vorstand hinein. Manchmal waren die Versammlungen allerdings so schwach besucht, daß jeder Anwesende nolens volens ein Amt übernahm. Meistens legte der Wunsch, die Gruppe sofort zu organisieren und ihr eine Satzung zu geben, die Wahl geeigneter Mitglieder für die offiziellen Positionen nahe. So hatte man z. B. in einem Fall eine Zeitung überredet, ein Bild der gewählten Vorstandsmitglieder zu veröffentlichen. Die Wahl mußte in großer Eile stattfinden, damit der Vorstand gewählt war, bevor der Fotograf der Zeitung erschien.

In einer anderen Versammlung kam es zu Tumulten, als ein Levittowner forderte, den demokratischen Grundsätzen entsprechend die Wahl so lange zu vertagen, bis die Leute untereinander und mit den Kandidaten bekannt wären. Aber die Anwesenden wollten, daß die Organisation, ein Elternbeirat, noch am selben Abend gegründet wurde. Sie stimmten für die Wahl einer Kandidatenliste, die von der Gründerin und ihren Freunden aufgestellt war.

Der Kampf um die Zweckbestimmung der Vereinigungen

Die überstürzte Gründungsphase sorgte in vielen Organisationen für beträchtlichen Zündstoff. Diese Konflikte wurden gewöhnlich Personen zugeschrieben, womit jedoch eher die Unfähigkeit deutlich wurde, miteinander auszukommen. Sicher lag es auch daran, daß die Gemeinde noch so jung war. Ein führendes Mitglied eines Clubs drückte das so aus: »Wenn man sich nicht kennt, ist es schwer, die Leute, die wirklich etwas tun, von denen zu unterscheiden, die nur reden[4].« Viel häufiger ging es jedoch bei den persönlichen Auseinandersetzungen eigentlich um Probleme der Zielsetzungen, wobei man über den Zweck, über die Zusammensetzung und das Programm der Gruppe diskutierte, zumal bei solchen Organisationen, deren Aktivitäten nicht dadurch vorgeschrieben waren, daß sie auf

---

[4] Andererseits meinte eine Frau, die sich an einer Telefonkampagne beteiligte, um Mütter für die Elternpflegschaft zu werben, sie könne schon aus der Stimme oder dem Gesprächsablauf schließen, ob sich die betreffende Frau für einen Führungsposten eignete.

nationaler Ebene existierten. Die vielleicht wichtigste Ursache für Meinungsverschiedenheiten waren die schichtenspezifischen Unterschiede.

Als Beispiel* zitiert der Autor den Veteranenclub, der anfänglich seine Mitglieder sowohl aus der Arbeiterschicht als auch aus dem Mittelstand rekrutierte. Differenzen über den Zweck des Vereins endeten mit dem Ausscheiden der Mitglieder des Mittelstandes. Desgleichen führten Differenzen über das Maß von Neuerungen in Anbetracht der Tradition eines Frauenvereins zu einem Generationen- und Klassenkonflikt; Anlaß der Auseinandersetzung, die ebenfalls mit dem Ausscheiden einer Partei endete, waren die Aufnahmebedingungen und das Programm des Clubs.

* Originalausgabe S. 57–58

Ständig wurde auch darüber debattiert, wie rasch sich eine Vereinigung konstituieren sollte. Es gab die »bedächtigen« Fraktionen, die wollten, daß die Vereinigung auf festen Beinen stand, ehe sie zu viele Aktivitäten entfaltete. Andere forderten – meist mit Erfolg –, daß man schneller voranging, um für die Vereinigung werben und dadurch neue Mitglieder gewinnen zu können. Ähnliche Konflikte gab es bei den Kämpfen um die Führung. Die Initiatoren von Clubs waren oft dynamische, ja sogar charismatische Persönlichkeiten. Sie wirkten auf die Öffentlichkeit und zogen viele Leute an. Aber dann neigten sie dazu, die tatkräftigeren Mitglieder herumzukommandieren und sie dem Verein zu entfremden. Gleichgültig, ob als tatkräftig gelobt oder als übereifrig kritisiert, diese Leute wurden schließlich durch diplomatischer vorgehende Mitglieder ersetzt, die in der Lage waren, die Mitglieder zur Zusammenarbeit zu veranlassen. Von zwölf Vorstandsmitgliedern, die die Positionen von Vereinsgründern übernommen hatten, gaben elf an, daß sie nur in einer Hinsicht anders handelten, nämlich, »den Verein zusammenzuhalten« oder »in viel größerem Umfang Autorität zu delegieren«[5]. In manchen Gruppen, die aus Arbeitern bestanden, fehlte es dem Gründer an organisatorischem Geschick. Er überließ sein Amt daher später einem anderen Mitglied aus der unteren Mittelschicht, das über eine bessere Schulbildung verfügte und eher in der Lage war, Versammlungen zu leiten und die Beziehungen zu anderen Vereinen zu pflegen.

Die meisten Kämpfe um die Zielsetzung der Vereinigung endeten damit, daß sich die Verlierer fügten und nach und nach aus dem Club ausschieden. Viele Vereinigungen erzielten schließlich eine innere Festigkeit, sowohl in der Zahl ihrer Mitglieder als auch in der Zielsetzung. Eine gelegentliche Erweiterung des Tätigkeitsbereiches wurde dadurch nicht ausgeschlossen. Vor allem wurde die gemeinnützige Arbeit innerhalb der Gemeinde verstärkt, um so wiederum für die Organisation zu werben. Ging die Mitgliederzahl zurück, so gab es meistens Perioden organisatorischer Wiederbelebung, die dadurch gekrönt waren, daß eine Führer-

[5] Michelson, S. 91.

persönlichkeit erschien, deren dynamisches Auftreten und Arbeitseifer sehr schnell den Aufstieg in die führende Gruppe ermöglichte. Diese Neulinge waren gewöhnlich Leute, die zuvor schon an einem anderen Ort zu der Vereinigung gehört hatten. Jedoch nicht in allen Gruppen gab es solche Konflikte um die Ziele. Viele leitende Mitglieder von anderen Clubs, die über das ganze Land verbreitet sind, waren schon in anderen Vorstädten und anderen neugegründeten Verbänden tätig gewesen und daher mit fertigen Antworten für die unvermeidliche Frage: »Wie sollen wir es anfangen?« schnell zur Hand. In der Tat versuchten die meisten Vereinigungen Mitglieder zu finden, die schon alten oder neuen Organisationen angehört und darin Erfahrungen gesammelt hatten. Man hoffte, ihre Ideen würden sich auch in Levittown bewähren. So griffen die neuen Vereinigungen oft auf traditionelle Lösungen zurück, obwohl andererseits die Stimmen der Erfahrenen nicht gehört wurden, wenn Kämpfe um die Zweckbestimmung des Vereins ausbrachen.

Wie eilig man es hatte, die Organisationen ins Leben zu rufen, zeigt die chronologische Reihenfolge der Gründungen. In den ersten neun Monaten, als die Bevölkerung von Levittown noch zahlenmäßig klein war und die meisten noch damit zu tun hatten, ihr Haus einzurichten und mit ihren nächsten Nachbarn bekannt zu werden, entstanden 14 Vereinigungen, die Kirchen und ihnen nahestehende Gruppen nicht mitgezählt.

Zwischen September 1959 und Juni 1960, als die Bevölkerung angewachsen war und mehr Leute in der Lage waren, auch am Gemeinschaftsleben außerhalb des Wohnblocks teilzunehmen, wurden 36 Vereinigungen gegründet. Damit wurde der Höhepunkt der Entwicklung jedoch schon erreicht. Nur 14 weitere Gruppen entstanden im Laufe der Jahre 1960/1961, nur 13 in den darauffolgenden vier Jahren. Insgesamt handelte es sich also um 77 Vereinigungen[6]. Nur wenige davon gingen bald wieder ein, obwohl einige mit nur sehr geringer Mitgliederzahl fortbestehen. Bei einer Umfrage nach zwei weiteren Jahren erklärten ungefähr 70 % der Befragten, daß sie zumindest einer dieser Organisationen angehörten.

Vereinigungen, die von außen her gegründet wurden, und örtliche Niederlassungen großer Verbände mit bundesweiter Mitgliedschaft konnten freilich schneller aufgebaut werden. Unabhängig von der Art und Weise, wie sie gegründet wurden, waren selbstverständlich auch diejenigen Gruppen, die sich mit ihren Zielsetzungen an Rassen- oder Schichtenminoritäten wandten, schneller aufgebaut als solche, die die vorherrschende Bevölkerung aus der unteren Mittelschicht ansprachen.

---

[6] Wenn man die Schulpflegschaften auf Nachbarschaftsebene und die verschiedenen Männer-, Frauen- und Jugendgruppen der Kirche hinzuzählt, wächst die Zahl leicht auf 100.

Es folgt eine Aufzählung der Reihenfolge, in der die einzelnen Vereine gegründet wurden*. Generell kann man sagen, daß Vereine, die in erster Linie sozial niedriger stehende Gruppen anzogen, früher gegründet wurden als Vereine mit sozial höher stehenden Mitgliedern.

* Originalausgabe S. 59–60

Organisationsgründungen und die Erwartungen der Bewohner

Wenn die Erwartungen, die die Levittowner vor ihrem Einzug gehegt hatten, bei der Gründung der Vereine ausschlaggebend gewesen wären, dann wären die Vereinigungen *intern* von solchen gegründet worden, denen sie wichtig waren. Die Anzahl der Bürgervereinigungen hätte die der geselligen Clubs überflügelt, und beide wären noch von Gruppierungen, die sich auf haus- und familienbezogene Probleme konzentrierten, wie den Schulpflegschaften, den Pfadfindern und den Gartenclubs, übertroffen worden.

Es stellte sich jedoch heraus, daß nur 24 % der Gründungen in den ersten zwei Jahren *intern* waren. 31 % waren externe Gründungen und die restlichen 45 % waren ungeplant. Gesellschaftliche Zielsetzungen übertrafen kommunalpolitische, 28 % der Clubs dienten ausschließlich geselligen Zwecken. Weitere 28 % hatten sowohl gesellige als auch gemeinnützige Ziele, während 16 % ausschließlich gemeinnützige Zwecke verfolgten. Nur 14 % waren auf die Familie konzentriert – ein Prozentsatz, der sich aber bei Einbeziehung der kirchlichen Organisationen verdreifachen würde. Der Rest bestand aus beruflichen Vereinigungen, wie dem Ärzteverband, einem Club der Geldanleger und natürlich auch einem Gartenclub.

An dieser Stelle lohnt es sich zu fragen, warum die Gruppen, die sich bildeten, nicht denen entsprachen, die die Leute vor ihrem Einzug haben wollten, warum fast ein Drittel von Außenstehenden gegründet wurde, die über die neue Gemeinde völlig uninformiert waren, und ob die große Anzahl ungeplanter Gruppenbildungen, die sich aus Augenblickssituationen ergaben, den Einfluß der Bedingungen innerhalb der Gemeinde auf den Prozeß der Gründung solcher Clubs darstellt.

Für diese drei Fragen trifft eine einzige Antwort zu: Im Grunde genommen ist der Entstehungsprozeß einer Organisation weniger wichtig als die Art und Weise, wie sich eine solche Vereinigung nach der Gründung entfaltet. Keine Organisation – gleichgültig, wie sie ins Leben gerufen wurde – kann über die Gründungsphase hinaus existieren, ohne irgendwelchen Bedürfnissen ihrer Mitglieder entgegenzukommen. Diese Bedürfnisse sind nicht nur wichtiger als die vorgefaßten Ziele der Initiatoren, sondern sie entwickelten sich erst eigentlich, nachdem die Leute eine Zeitlang in Levittown gelebt hatten. Ob sie von Ortsfremden oder von Ortsansässigen, ob sie absichtlich oder spontan gegründet wurden, alle Vereinigungen richteten sich nach diesen Bedürfnissen. Dabei stellte sich heraus, daß Geselligkeit mehr gefragt war als gemeinnützige oder familienbezogene Zielsetzung. Mit anderen

Worten: Öffentliche und familiäre Belange wurden von öffentlichen Dienststellen und den politischen Gruppen wahrgenommen, so daß die geselligen Bedürfnisse für die freien Zusammenschlüsse blieben.

Außer den wenigen Gruppen mit gemeinnützigen Zielen, die versuchten, auf die Gemeindeverwaltung Einfluß zu nehmen, und außer den öffentlichkeitsbezogenen Vereinigungen der Männer, die Rechtsanwälten, Politikern, Maklern und Geschäftsleuten, die am Ort für sich werben mußten, die Möglichkeit boten, etwas für die Gemeinde zu tun, dienten die Vereinigungen in erster Linie dazu, die Leute einzuteilen, d. h., sie stuften sie je nach ihren Interessen und letzten Endes nach ihren sozio-ökonomischen, bildungsmäßigen und religiösen Unterschieden ein. In der nächsten Nachbarschaft, d. h. innerhalb eines Blocks, konnten diejenigen, die nahe zusammen lebten, ihre Unterschiede nicht wirklich zum Ausdruck bringen. Um dies dennoch zu gewährleisten, kam es zu diesen Gruppierungen, die die Gemeinde sozial differenzierten.

Während die Männer durch ihre Arbeit genügend Gelegenheit zur Unterscheidung und Absonderung hatten, waren die Frauen auf die Gemeinde angewiesen*. Die sehr zahlreichen Frauenclubs ermöglichten eine äußerst differenzierte Auslese und Schichtung hinsichtlich Bildung, Klasse, Religion usw. Diese Verschiedenheiten drückten sich in den Programmen der Organisationen aus. Da die Möglichkeiten zur Anknüpfung von Bekanntschaften in Levittown unbekannt waren, war es auch unklar, welchen Vereinen man beitreten würde. Ebenso waren den Vereinen die Forderungen und Bedürfnisse ihrer zukünftigen Mitglieder unbekannt, aber nachdem diese bekanntgeworden waren, paßten die Vereine sich ihnen an. Im übrigen unterschied sich die Zusammensetzung der Vereine kaum von der anderer Gemeinden mit ähnlicher Alters- und Bevölkerungsstruktur.

* Originalausgabe S. 61–63

Die Struktur der Vereinigungen

Wie gewöhnlich bestanden die meisten Organisationen aus einer kleinen Gruppe aktiver Mitglieder und einer großen Anzahl von Leuten, die kaum mehr taten, als zu den Zusammenkünften zu kommen. Fähige Organisatoren, die sich um zeitraubende Aufgaben kümmerten, waren selten. Selbst so scheinbar einfache Angelegenheiten wie die Veranstaltung eines Basars oder eines Küchenmarktes erforderten eine Menge Arbeit und Hunderte von Telefongesprächen.

Der Mangel an guten Organisatoren brachte es mit sich, daß eine Vielzahl von Vereinsposten in die Hände weniger fähiger Leute gelegt wurde*. Unter Vereinen mit gleicher Interessenlage und Mitgliedercharakteristik wurde dadurch die Bildung regelrechter Führercliquen begünstigt. Die Cliquen erklärten oft geschlossen ihren Rücktritt und wechselten zu anderen Vereinen über.

* Originalausgabe S. 63–64

Diese verschiedensten Zusammenschlüsse wurden durch die relative innere Geschlossenheit der einzelnen Gruppen erleichtert. Da es sich entweder um Gruppen mit homogener Mitgliedschaft oder um Vereinigungen handelte, die an überregionale Organisationen angeschlossen waren, zogen viele dieser Gruppen in Levittown Mitglieder ähnlicher Herkunft an. Die führenden Mitglieder waren so in der Lage, Koalitionen zustande zu bringen, ohne daß es zu Meinungsverschiedenheiten kam. So bestand der Vereinigte Frauenclub zum großen Teil aus protestantischen Frauen der unteren Mittelschicht, die etwas älter als der Durchschnitt der Frauen waren und ein besonderes Interesse an den gemeinschaftlichen Einrichtungen der Gemeinde hatten. Dies entwickelte sich ganz unbeabsichtigt, aber da es sich um eine Organisation auf Bundesebene mit einem gefestigten und bekannten Ruf handelte, blieben Juden und Katholiken fern. Das galt auch für Frauen, die nicht das Geschick in der Sozialarbeit hatten, von dem sie meinten, daß es nötig sei, und für solche, die sich mehr für politische oder kulturelle Fragen interessierten. Vereinigungen, die sich an den Bedürfnissen der Kinder ausrichteten, wie die Schulpflegschaften und die Pfadfinder, waren weniger nach gesellschaftlichen und religiösen Unterschieden geschichtet, obwohl sie natürlich mehr Mitglieder aus der Mittelschicht als aus der Arbeiterklasse hatten.

Der Zusammenschluß aller Vereine in einer übergeordneten Dachorganisation scheiterte an der mangelnden Bereitschaft zur Kooperation*. Ziel jedes Vereins war einzig und allein die Maximierung seiner eigenen Mitgliederzahl. Einige Vereine unterhielten Verbindungen zur Politik. Führende Politiker benutzten die Vereine als Horchposten und zur Demonstration ihrer Gemeindeverbundenheit. Andere Vereine arbeiteten heimlich für eine Partei, die dann als Gegenleistung die Projekte des Vereins förderte.

* Originalausgabe S. 65–66

4 Die Gründung der Kirchengemeinden

Mit Ausnahme der katholischen Kirche sind die amerikanischen Kirchen Zusammenschlüsse, in die die Leute nach eigenem Gutdünken eintreten können. Jeder kann seine religiöse Gruppe selbst auswählen. Folglich unterschied sich die Gründung der Kirchen von derjenigen der weltlichen Organisationen nur in einem Punkt: die meisten wurden extern gegründet. 19 Kirchengemeinden und Synagogen waren bis zum Jahre 1964 gegründet, 13 davon während der ersten beiden Jahre, und von diesen waren zehn externe Gründungen. Die meisten Kirchen wurden von Levitt unterstützt. Er stellte ihnen kostenlos Grundstücke zur Verfügung, um die Errichtung der Gebäude zu beschleunigen und um den Ort so für mögliche Käufer attraktiv zu machen. Levitt stellte die Bedingung, daß die Kirchen, wenn sie das Grundstück nicht verlieren wollten, spätestens ein Jahr nach der Gründung bauen mußten. Obwohl später doch noch die Möglichkeit bestand, ein neues Grundstück zu erhalten, förderte dieser Umstand ein rasches Handeln der auswärtigen Organisatoren. Sie beschleunigten die Gründung der kirchlichen Gemeinde, obwohl dies ebenso schnell in anderen Vororten geschah, wo kein kostenloser Baugrund zur Verfügung gestellt wurde. Überdies entstanden in Levittown auch Gemeinden der dogmatischen protestantischen Sekten, denen kein kostenloses Bauland zur Verfügung gestellt wurde, aufgrund von auswärtiger Initiative. Die jüdischen Gemeinden hingegen, denen Bauland gegeben worden war, gründeten ihre Synagoge trotzdem ganz spontan. Es muß daher noch nach weiteren Erklärungen für die Tatsache, daß die meisten Kirchen von außen her gegründet wurden, gesucht werden.

Der Hauptgrund ist vielleicht der, daß die Kirchen, wie freie Vereinigungen mit bundesweiter Mitgliedschaft, neue Mitglieder suchen, und Levittown gab dazu eine Gelegenheit. Das traf vor allem auf die Gruppe der kleineren protestantischen Sekten zu, für die holländisch reformierte Gruppe, die Vereinigte Evangelische Brüdergemeinde und die Kirche Christi, die oft zugunsten der großen protestantischen Kirchen (Methodisten, Baptisten, Lutheraner, Episkopalkirche und Presbyterianer) Mitglieder verloren hatten. Die kleineren Kirchen hofften, in einer großen, noch neuen Siedlung neue Mitglieder zu finden, und das vor allem, wenn sie früh genug da waren, um Leute zu gewinnen, die keiner Kirche angehörten oder die zu einer anderen Sekte überwechseln wollten. Levitt wollte, daß die kleineren protestantischen Kirchen in Levittown vertreten waren, denn er wußte aus früheren Erfahrungen, daß sie sich besonders um kommunale Fragen kümmern würden, um Mitglieder zu bekommen. Was die Leute, die Häuser in Levittown kauften, erwarteten, ist schwer zu sagen. Keine der Erwartungen, die vor dem Einzug geäußert wurden, bezog sich auf das kirchliche Leben. Trotzdem zeigten spätere Befragungen, daß 71 % derjenigen, die zu diesem Zeitpunkt einer Kirche angehört hatten, schon vor dem Einzug vorhatten, in Levittown einer religiösen Gemeinde beizutreten. Die meisten Protestanten wählten dieselbe Kirche, der sie früher angehört hatten, während nur 13 % wechselten. Vielleicht erklärt die Tatsache, daß ein so hoher Prozentsatz der Leute an eine bestimmte Kirche gebunden war, warum so viele Kirchen von außen her gegründet wurden. Die kleinere, aber doch noch beträchtliche Zahl von Leuten, die keiner Kirche angehört hatten oder die die Kirche wechseln wollten, ermöglichte es immerhin, daß die drei kleineren Sekten Gemeinden gründen konnten, obwohl nur wenige Levittowner schon früher Mitglieder dieser Kirchen waren.

Die Entwicklung der katholischen und protestantischen Gemeinden

Trotz organisatorischer und dogmatischer Unterschiede zwischen den Konfessionsgruppen erfolgte die Gründung der neuen Gemeinde in auffallender Weise fast immer nach dem gleichen Schema. Schon ehe Levittown bewohnt war, begann in den Kirchenämtern auf Landes- oder Staatsebene die Planung. Die meisten protestantischen Zweigkirchen haben Forschungsabteilungen, die Statistiken von anderen Levittowns und von ähnlichen neuen Vororten benutzten, um den zukünftigen Mitgliederstand ungefähr vorauszusehen. In einigen Fällen wurde sogar berechnet, wieviel Spenden zu erwarten seien und wann man in der Lage sein würde, einen Kirchenbau zu finanzieren. Unterdessen wählte die konfessionelle Dachorganisation einen Geistlichen aus, oftmals der »Starter« genannt, der den Aufbau der neuen Gemeinde in die Hand nehmen sollte. In den meisten Fällen kam er gleich zu Anfang in die Gemeinde und hielt, bis der Kirchenbau vollendet war, entweder zu Hause oder in einer Schule Gottesdienst ab. Gleichzeitig betrieben die konfessionellen Dachorganisationen die Planung weiter. Sobald die Pläne fertig waren, wurde der Geistliche aufgefordert, die Gemeinde formell zu gründen, Gemeindeälteste auszuwählen und von ihnen die Baupläne überprüfen zu lassen. Nachdem die Pläne fertig waren, gab die kirchliche Dachorganisation der Gemeinde in Levittown einen Zuschuß oder ein Darlehen, damit die Kirche innerhalb des vom Unternehmer festgesetzten Zeitraums gebaut werden konnte.
Obwohl die Kirchen auf diese Art im wesentlichen vorausgeplant waren, mußten dabei die Wünsche der zukünftigen Gemeindemitglieder berücksichtigt werden. So benutzte der Rat der amerikanischen lutherischen Kirche ein Umfrageergebnis über die religiösen Auffassungen der jungen lutherischen Vorstadtbewohner. Daraufhin ließ er die Pfarrstelle durch einen liberalen Zweig der Kirche, der seinen ursprünglich deutschen Charakter verloren hatte, besetzen, und nicht

durch die weniger amerikanisierte Augustana-Synode oder durch die dogmatisch-konservative Synode von Missouri. Die Pläne wurden nicht durchgeführt, ehe sie nicht von den inzwischen flügge gewordenen Gemeindemitgliedern oder den Kirchenältesten überprüft worden waren. Die Kirchenältesten waren oft Levittowner mit Erfahrungen beim Aufbau einer anderen Kirchengemeinde. Die Pläne der Kirchenleitung wurden im allgemeinen gebilligt, wenn auch einige Gemeinden den Entwurf des Kirchengebäudes beanstandeten. Viele Laien und manche Geistliche wollten eine Kirche im Kolonialstil, ein weißes Gebäude aus Holz und mit einem spitzen Kirchturm. Sie meinten, daß eine Kirche so aussehen müsse. Da die Kosten für ein solches Gebäude aber hoch waren, entschlossen sich schließlich mit einer Ausnahme alle Gemeinden für moderne Bauten, wie sie von den Architekten des Kirchenbauamtes vorgeschlagen worden waren. Häufig bauten sie dann allerdings noch einen kleinen Kirchturm an.

Der bei weitem wichtigste Schritt bei der Planung der neuen Gemeinde war die Wahl des Geistlichen. Obwohl der Grundsatz verbreitet ist, daß die Gemeindemitglieder durch Theologie und Liturgie angezogen werden sollen, hing die Zukunft einer Gemeinde in hohem Maße von der Persönlichkeit der ersten Geistlichen ab. Sie mußten nicht nur Mitglieder gewinnen und schnell zu einer Gemeinde zusammenfügen, sondern die Mitglieder mußten auch dahin gebracht werden, Zeit und Geld für die Gemeinde zur Verfügung zu stellen, wobei die Geistlichen oft in einen Wettbewerb mit ihren Kollegen anderer Kongregationen traten. Weil die Bindung junger Protestanten an ihre Kirche sehr locker ist, liefen alle protestantischen Geistlichen, mit Ausnahme der Lutheraner der Episkopalkirche, Gefahr, mögliche Gemeindemitglieder an andere Sekten zu verlieren. Da dies alles bekannt war, wählten die kirchlichen Behörden junge Männer als Geistliche aus, die die Probleme junger Familien kannten und nach Levittown kommen wollten, weil eine neue Gemeinde und ein höheres Gehalt für sie einen Anreiz bedeuteten. Die Kirchen trafen eine gute Wahl, weil von den acht protestantischen Geistlichen nur zwei nicht in ihren Ämtern bestätigt wurden. Diese beiden paßten zu wenig zu ihren Gemeindemitgliedern, als daß sie diese zur Beteiligung am gemeindlichen Leben hätten veranlassen können.

Die Lutheraner und die Episkopalkirche gründeten ihre Gemeinde, nachdem die Levittowner sich an die überregionale Behörde gewendet und gebeten hatten, schon vor dem ursprünglich festgesetzten Termin mit der Planung zu beginnen. Alle anderen Kongregationen begannen mit dem Aufbau, noch ehe sich' irgend jemand an sie gewendet hatte. Sobald die Geistlichen eingetroffen waren, gingen sie von Tür zu Tür, um Mitglieder zu werben. Für die Geistlichen der größeren Kirche stellten sich beträchtliche Schwierigkeiten. Sie mußten eine bestimmte Mitgliederzahl nachweisen, um eine Gemeinde gründen zu können. Dafür konnten zwar die Konfessionslosen angeworben werden, nicht aber Leute, die schon anderen Sekten angehörten. Die Geistlichen der kleinen Sekten dagegen, die nur wenige Mitglieder ihrer eigenen Kongregation trafen, konnten jedermann auffordern. Folglich beschuldigten die ersteren die letzteren des »Diebstahls« von Gemeindemitgliedern.

Ungeplante Kirchen: die Juden*

Bereits drei Wochen nach der Ankunft der ersten Käufer in Levittown trafen sich 26 jüdische Familien mit der Absicht, eine Synagoge zu gründen, die von der orthodoxen, konservativen und reformierten jüdischen Bewegung gemeinsam errichtet werden sollte. Die Teilnehmer an diesem Treffen formierten sich zu einer formellen Organisation, die sie »Jüdisches Gemeindezentrum« nannten.

Während sich jedermann im klaren war, daß die Mitgliederzahl die Errichtung nur eines Baus zuließ, konnte man sich nicht einigen, ob die neue Synagoge der konservativen oder der reformierten Bewegung der jüdischen Kirche angehören sollte. Der Streit konzentrierte sich hauptsächlich auf die Ausübung religiöser Bräuche und Traditionen innerhalb der Synagoge. Auf der Suche nach einer Formel zur Verhinderung eines Bruches zog man Rabbis jeder Glaubensrichtung hinzu, ehe man sich endgültig entscheiden wollte. Das Treffen endete mit einem Angriff des reformierten Vertreters auf seinen konservativen Partner und mit der Spaltung in zwei getrennte Gemeinden.

Nach der Etablierung der Gemeinden ließ der Enthusiasmus für religiöse Betätigung merklich nach. Es erwies sich, daß die Erwachsenen in erster Linie an Geselligkeit und an Kontakt mit anderen Juden interessiert waren. Ihr Hauptanliegen war die Konfrontation ihrer Kinder mit der jüdischen Kultur und die Verhinderung von Mischehen. Dieses Geselligkeitsbedürfnis führte zur Gründung zweier Schwesternschaften und einer Loge, die bald mehr Mitglieder als die eigentlichen Gemeinden aufwiesen.

Die Wahl eines neuen Präsidenten führte das lang erhoffte Wachstum in der konservativen Bewegung herbei. Ihm gelang es, einen zugkräftigen Rabbi nach Levittown zu ziehen, und dank einiger gut geleiteter Sammelaktionen waren die finanziellen Mittel zum Bau einer Synagoge schnell beisammen. Von diesem Zeitpunkt an überließen die Laienmitglieder dem Rabbi hinsichtlich der Synagoge freie Hand und verlagerten den Schwerpunkt ihrer Betätigung auf die gesellschaftlichen Bereiche der Gemeinde. Die reformierte Gemeinde machte nahezu dieselbe Entwicklung und Wandlung durch.

* Originalausgabe S. 71–80

Geplante und ungeplante Entwicklung religiöser Gemeinschaften

Die Bildung der jüdischen Gemeinde macht das Dilemma deutlich, das sich bei geplanten und ungeplanten Gründungen und auch bei internen und externen Initiativen einstellt. Die von auswärtigen Behörden geplanten Gemeinden formierten sich rasch und entwickelten sich ungefähr so wie beabsichtigt. Die Entwicklung der spontan entstandenen jüdischen Gemeinden verlief langsam und ungleichmäßig, da sie von den unterschiedlichen Stimmungen und Bedürfnissen der Mitglieder abhingen. Obwohl die jüdischen Gemeinden ebenso schnell wachsen wollten wie die christlichen, konnte man sich nicht ohne Schwierigkeiten auf eine einheitliche Strategie einigen, die dieses Wachstum zuwege bringen sollte. Vor allem fehlten wissenschaftliche Untersuchungen und das Interesse an solchen Arbeiten, um festzustellen, ob ein tatkräftiger Rabbiner oder ein Gebetshaus wirklich mehr Mitglieder anziehen würden, oder ob dies erst mit einer Erhöhung der Einwohnerzahl eintreten würde. Weil es hierüber keine Informationen gab, vertrat jede Gruppe die Ansicht, die ihr am günstigsten schien. Die Kaufleute und die anderen Geschäftsleute wollten einen geschäftstüchtigen Rabbiner, die Akademiker einen Gelehrten, mit dem sie Kontakt pflegen konnten, und die weniger wohlhabenden Juden bevorzugten die billigste Lösung. Schließlich bekam die Gemeinde einen tatkräftigen Rabbiner und ein Gebetshaus. Die Mitgliederzahl wuchs, aber die Debatten über die anzuwendende Strategie hatten sowohl die Ankunft des Rabbiners als auch den Bau der Synagoge hinausgezögert, bis die jüdische Bevölkerung zugenommen hatte.

Die Auseinandersetzungen um die Zweckbestimmung hatten aber nicht nur Unentschlossenheit bei den Mitgliedern zur Folge. Die Diskussionen, die zu einem Bruch führten, waren von Leuten angestrengt worden, die ihre eigenen Ansichten über das Judentum sehr ernst nahmen und die dadurch zu führenden Persönlichkeiten innerhalb der Gemeinde wurden. Aber durch diesen Eifer wurden die religiösen Meinungsverschiedenheiten, die die Mehrheit weniger wichtig nahm, bedeutungsvoller und verhinderten es, daß Leute mit gemäßigten Anschauungen, die vielleicht einen Kompromiß zustande gebracht hätten, die Führung übernahmen. Noch wichtiger war es, daß vor und nach dem Bruch Meinungsverschiedenheiten oft persönlich übelgenommen wurden. Daraus entstanden Animositäten, die schwer auszuräumen waren. Nach jeder Diskussion oder Wahl verließen einige Mitglieder die Gemeinde oder wechselten zu der anderen Synagoge über. Andere weigerten sich, mit den Leuten, mit denen sie gestritten hatten, weiter zusammenzuarbeiten. Hätten nicht neue Persönlichkeiten zur Verfügung gestanden, die nicht in die vergangenen Streitigkeiten verwickelt waren, weil sie erst später nach Levittown gezogen waren, so wären die Synagogen wahrscheinlich noch viel später gebaut worden.

Trotzdem entstanden die heftigen Streitigkeiten durch ökonomische und nicht durch Persönlichkeitsprobleme. Die Entscheidungen der Konservativen wirkten sich unmittelbar auf deren Brieftasche aus und setzten so den Ausgaben enge Grenzen, während die Reformgruppe nicht nur in finanzieller Hinsicht von ihren Unterstützungen profitierte. Sie konnte nicht nur zum gleichen Zeitpunkt eine Synagoge bauen und einen hauptamtlichen Rabbiner anstellen wie die Konservativen, obwohl sie viel weniger Mitglieder hatte. Die größere finanzielle Unabhängigkeit verkürzte und entschärfte vor allem die inneren Auseinandersetzungen.

Wenn Schnelligkeit und Effektivität der Entwicklung einer Gemeinde Höchstwerte darstellen, dann ist die von außen her eingeleitete und genau geplante Gründung natürlich sehr erstrebenswert. Wenn man aber Demokratie und Kontrolle durch die Laien für das Wichtigste hält, dann ist diese Art der Gründung unangebracht. Es ist vielleicht nicht ganz korrekt, den Gründungsprozeß der protestantischen und denjenigen der jüdischen miteinander zu vergleichen, weil die protestantische Kirche im Leben ihrer Gläubigen eine viel weniger wichtige Rolle spielt als die Synagoge. Die Kirche übernimmt nur den Gottesdienst und ist eine der vielen Möglichkeiten, Freunde kennenzulernen. Die Synagoge dagegen muß eine ganze Anzahl von ethnischen, emotionalen und sozialen Bedürfnissen für eine Minorität befriedigen. Außerdem stehen nur drei religiöse Richtungen im Judentum – zwei davon in Levittown – zur Verfügung, um Leuten unterschiedlicher Alters- und Schichtenzugehörigkeit und verschiedener kultureller Anpassung eine sinnvolle Eingliederung zu ermöglichen.

Dadurch kommt es zu sehr heterogenen Gemeinden. Die Protestanten dagegen mit ihren vielen Sekten können viel homogenere Gemeinden bilden. Daher ist es für die externe Planung viel leichter, ihre Bedürfnisse vorauszusehen und den Gründungsprozeß einer Gemeinde zu systematisieren. Die Geschichte der methodistischen Kirche zeigt, daß eine Planung von außen her den Wünschen der Mitglieder entgegenkommen muß, wenn man Richtungskämpfe innerhalb der Gemeinde auf ein Minimum beschränken will. Aber dann waren die Bedürfnisse bei den Protestanten viel einfacher und leichter zu überschauen als bei den Juden.

Es braucht nicht besonders darauf hingewiesen zu werden, daß die Laien in Levittown eigentlich kaum wählen konnten, ob die Kirchen von außen her oder aus ihren eigenen Reihen aufgebaut werden sollten. Die Protestanten hätten natürlich gegen die Vorschriften der kirchlichen Behörden und der Geistlichen opponieren können, aber Geistliche werden sowohl als moralische Vorbilder wie auch als Experten angesehen, deren Vorschläge man nicht ohne weiteres in Frage stellt. Zudem hatten die meisten Protestanten gar keine Lust an kritischer Auseinandersetzung. Weder die Struktur noch die Funktionen der Kirche hatten für sie eine so entscheidende Bedeutung. Die Juden hatten in dieser Hinsicht überhaupt keine Wahl, denn sobald sie zusammenkamen, standen viel grundsätzlichere Probleme zur Diskussion, wie die Einstellung zur Tradition gegenüber der kulturellen Anpassung und zur ethnischen gegenüber der religiösen Identität. Wenige Juden hatten über diese Fragen überhaupt nachgedacht, ehe sie nach Levittown gekommen waren. Obwohl einige Leute, die an der sechswöchigen Diskussion beteiligt waren, zugaben, daß es für sie eine wichtige und lehrreiche Erfahrung war, hatten die meisten von ihnen Schwierigkeiten, mit diesem Konflikt fertig zu werden. Man war froh, als es zum Bruch kam, als letztlich zwei Gemeinden entstanden und die Streitereien damit ein Ende fanden[1]. Vor die Wahl gestellt, hätten sich die meisten Juden wohl für eine Gründung von außen wie bei den protestantischen und katholischen Gemeinden entschieden.

Kirchliches und kommunales Gemeindeleben

Im Jahre 1961 existierten die Kirchen als Gründungszellen und hatten bereits die Stabilität lang bestehender Gemeinden erreicht. Die meisten protestantischen Denominationen waren entweder schon in ihre Kirche eingezogen, oder das Gebäude war gerade im Bau. Die Katholiken, die schon eine Schule betrieben, waren dabei, eine zweite Gemeinde zu gründen. Wenn man von den Mitgliederlisten des Jahres 1960 ausgeht, waren 35 % der nicht dogmatischen protestantischen Familien einer Kirchengemeinde beigetreten, von denen wiederum 40 % regelmäßig zum Gottesdienst kamen, d. h. dreimal im Monat. Zweifellos war der Prozentsatz bei den Katholiken höher, während bei den Juden im Jahre 1960 30 % einer Synagoge beigetreten waren, von denen nur 8 % die Gottesdienste regelmäßig besuchten. Alle Kirchen hatten Sonntagsschulen eingerichtet, und es machte den Eindruck, als wären selbst bei den Protestanten viele Eltern den Gemeinden beigetreten, um ihre Kinder zu veranlassen, sich mit der religiösen und ethischen Tradition zu beschäftigen. »Ich glaube nicht ganz an diese Lehre«, sagte ein Levittowner, der zum ersten Mal in seinem Leben aktiv in einer Kirche mitarbeitete. »Aber schließlich ist es ganz gut für die Kinder, wenn sie über diese Dinge Bescheid wissen. Außerdem habe ich ein Haus gekauft, und so werde ich leichter ein Mitglied der Gemeinde.« Das Verhältnis von Mitgliedschaft und tatsächlicher Teilnahme an den protestantischen Sonntagsschulen war um 50 % höher als in der Kirche selbst, bei den Juden sogar um 83 %, denn drei Viertel der angemeldeten Kinder kamen regelmäßig zur Sonntagsschule.

Bei den Katholiken hatten Kirche und Schule eine andere Aufgabe. Es kam vor allem darauf an, den Kindern Disziplin und Verzicht beizubringen. Katholiken aus der Arbeiterschicht und eine Gruppe irischer Abstammung aus der Mittelschicht hielten dies für eines der Hauptanliegen der Kirche. So ist es vielleicht auch zu erklären, warum die katholischen Familien bei der Sammlung für den Schulbau die vorgeschlagene Summe überzeichneten. Einige Familien der Mittelschicht opponierten gegen die Engstirnigkeit des Lehrplans der konfessionellen Schule.

---

[1] Der Verfasser hatte dabei eine andere Auswahl. Ich nahm an allen Versammlungen während der historischen sechs Wochen teil und fand sie sehr anregend und nie langweilig. In der jüdischen Gemeinde war die Teilnahme der Laien immer viel reger als bei den christlichen Kirchen und den weltlichen Vereinen, wo die Entscheidungen der Führung gewöhnlich ohne Widerspruch routinemäßig akzeptiert wurden.

Sie wollten nicht so viel mechanisches Auswendiglernen, dafür mehr individuelle Betreuung und eine stärkere Betonung der Kunsterziehung. Aber die Nonnen entschieden über Inhalt und Methoden des Unterrichts. Folglich schickten diese Eltern ihre Kinder in eine öffentliche Schule.

Die Kirchen spielten auch eine Rolle bei der Entwicklung des gesellschaftlichen Lebens und bei der Zuordnung der Einwohner in bestimmte Gruppen. Ungefähr 13 % der Befragten, die das Interview beantwortet hatten, erklärten, sie hätten ihre besten Freunde in der Kirche oder in kirchlichen Vereinen getroffen. Dies geschah, obwohl die Kirchen ein Vereinsleben nicht sonderlich betonten. Dadurch wurden ihnen neue Mitglieder entzogen. Eine gewisse Auslese der Gemeindemitglieder wurde auch dadurch erreicht, daß verschiedene streng orthodoxe oder weniger streng orthodoxe Gottesdienste eingerichtet wurden, so daß Gläubige mit ähnlich starker religiöser Bindung in der Kirche zusammenkamen und niemand sich ausgeschlossen fühlte. Die Episkopalkirche hielt sonntags früh einen Gottesdienst in den liturgischen Formen der Hochkirche ab. Etwas später fand dann ein Gottesdienst nach dem niederkirchlichen Ritus statt. Auf diese Weise wurde die Entscheidung umgangen, welchem Ritus die Gemeinde sich anschließen sollte. Die konservative Synagoge hielt am Freitagabend Gottesdienste mit möglichst wenig Hebräisch ab. Am Samstag früh wurde mehr Hebräisch gesprochen, während die orthodoxen Juden täglich Gelegenheit zum Gebet hatten. Die streng bibelgläubig protestantischen Kirchen hielten am Sonntag- und Mittwochabend Gebetsgottesdienste nur für die Vollmitglieder.

Trotz normaler Schichtenunterschiede zwischen den einzelnen Kirchen gab es keine Schichtenhierarchie bei den Kirchen, mindestens nicht im Jahre 1961. Die presbyterianische und die Episkopalkirche, in Amerika oft Kirchen mit hohem Ansehen, hatten diesen Status in Levittown nicht. Aber in diesem frühen Entwicklungsstadium des Ortes konnte man noch nicht beurteilen, welchen gesellschaftlichen Status die Kirchen hatten, denn sie spielten noch keine bedeutende Rolle im öffentlichen Leben, und keine von ihnen hatte ein Monopol oder konnte auch nur eine größere Anzahl von Persönlichkeiten des öffentlichen Lebens zu ihren Mitgliedern zählen. Wenn eine Kirche wirklich Prestige hatte, so deshalb, weil sie eine große Gemeinde oder ein schönes Kirchengebäude hatte oder der Pfarrer in Levittown bekannt und einflußreich war. Wenn man diese Kriterien anwandte, dann fiel die Episkopalkirche gegenüber einigen anderen Kirchen etwas ab, und sei es auch nur deswegen, weil der Geistliche älter war und sich weniger um die Angelegenheiten von Levittown kümmerte als seine Amtsbrüder. Die methodistische Gemeinde stand vielleicht auf der untersten Stufe in dieser Statushierarchie, denn ihr Kirchengebäude fanden die meisten Leute häßlich. Überdies hatte die Gemeinde es Levitt gestattet, neben der Kirche eine Tankstelle zu errichten. Es war auch bekannt, daß in der Gemeinde häufig Streitigkeiten aufgetreten waren und daß der erste Geistliche ganz offen antikatholisch eingestellt war[2].

Formell bestand zwischen den Kirchengemeinden und anderen Gemeinschaftsaktivitäten eine Trennung, obwohl die Geistlichen weltliche Veranstaltungen segneten und aus solchen Anlässen Ansprachen hielten[3]. Leute, die aktiv am geistlichen Leben teilnahmen, waren oft auch in weltlichen Gruppen tätig und umgekehrt. Denn jemand, der im Rufe stand, sich um soziale Fragen zu kümmern, konnte kaum der Aufforderung seines Pfarrers entgehen, auch im kirchlichen Leben eine führende Position einzunehmen. Dadurch entstanden zwischen den Kirchen und den weltlichen Gruppen Verbindungen, die auch die Kirchen bis zu einem gewissen Grad in die Gemeindepolitik einbezogen, etwa, wenn es um die Frage ging, ob im Ort Alkohol ausgeschenkt werden sollte oder ob Glücksspiele zugelassen werden sollten. Die Katholiken wurden bei den Haushaltsfragen im öffentlichen Schulwesen gehört.

Die Zusammenarbeit zwischen den einzelnen Kirchengemeinden hielt sich in Grenzen, war aber zumeist gut. Als der anfängliche Wettlauf um die Mitglieder vorbei war, bildeten die protestantischen Geistlichen ein gemeinsames Kollegium und arbeiteten in einigen Angelegenheiten zusammen. Sie tauschten Geistliche untereinander aus und begingen das Reformationsfest gemeinsam. Dieses Kollegium spielte auch bei den Bemühungen um die Rassenintegration in der Gemeinde eine bedeutende Rolle. Die streng dogmatischen Protestanten blieben jedoch dem Kollegium fern, und das Verhältnis zwischen den Geistlichen der größeren und der kleineren Kirchen blieb als Folge der anfänglichen Auseinandersetzungen um die Mitgliederwerbung etwas kühl. Nur bei den Juden, wo eine Neuerung in der einen Gemeinde sofort von der anderen nachgeahmt wurde, bestand der Wettbewerb zwischen den beiden Synagogen immer noch fort. Die Pfarrer und die Rabbiner versuchten, die Unterschiede zwischen den Religionen so gering wie möglich zu halten und bemühten sich, religiöse Konflikte im Ort, wie z. B. den Vorwurf des Antikatholizismus und Antisemitismus, der ein- oder zweimal bei politischen Kampagnen erhoben wurde, sofort zu ersticken. Sie brauchten sich jedoch nicht besonders anzustrengen, denn die meisten Bewohner wünschten

---

[2] Obwohl niemand besonders darauf achtete, blieben herkunftsmäßige Unterschiede in den Kirchen erhalten. So gab es in den lutherischen Kirchen viele deutsche Namen, in der katholischen natürlich viele irische. Die Italiener waren gute Kirchgänger, behielten aber ihre gleichgültige Haltung gegenüber kirchlichen Angelegenheiten bei. Das änderte sich höchstens, wenn ein Ehepartner nicht italienischer Herkunft war.

[3] Der Dreiteilung der amerikanischen Bekenntnisse wurde in Levittown unbewußt Rechnung getragen. Man bemühte sich bei allen öffentlichen Veranstaltungen um die Segenssprüche von Pfarrer, Priester und Rabbiner. Bei dem Segen für den Stadtrat zog man in protestantischen Gottesdiensten sogar die Pfarrer aller anderen protestantischen Gemeinden hinzu.

Harmonie im religiösen Leben. Viele stimmten einem Levittowner zu, der sagte: »Religiöse Unterschiede sind nicht wichtig, solange sich jeder an die Lehren seines Glaubens hält.« Die öffentlichen Einrichtungen verhielten sich ähnlich. So hatten die öffentlichen Schulen eine Chanukah-Feier (Chanukah ist das jüdische Lichterfest, das im Dezember gefeiert wird) vorbereitet, noch ehe die jüdische Gemeinde darum gebeten hatte.

5 Das neue Schulsystem

Als die ersten Levittowner einzogen, wußten sie zwar, daß die Schule fertig war, aber sie wußten weder, was ihre Kinder lernen, noch wer ihre Lehrer sein würden. Aus den Interviewdaten, die vor dem Einzug erhoben wurden, ergab sich, daß sie sich darum auch nicht gekümmert hatten. Sie vertrauten darauf, daß sie mit den neuen Schulen genauso zufrieden sein würden wie mit den neuen Nachbarn. Wie schon im Kapitel 1 ausgeführt wurde, hatte Levitt eine große Beratungsfirma engagiert, die die Bauplanung für das neue Schulsystem übernahm. Da diese Firma weder Schüler noch eine Elternschaft vorfand, für die sie planen konnte, entwickelte sie ein architektonisches Standardprogramm, das auf jeden Lehrplan anwendbar war. Die endgültige Entscheidung über den Lehrplan sollte dem örtlichen Schulausschuß überlassen bleiben. Der Ausschuß, eine Gruppe gewählter ehrenamtlicher Bürger, dem zu diesem Zeitpunkt nur die Schule von Willingboro unterstand, war natürlich auch insofern behindert, als die Leute, für die man plante, noch gar nicht da waren. Eines der Mitglieder sagte später: »Weil die Levittowner noch nicht da waren, versuchten wir für sie das beste Schulsystem im ganzen Bezirk zu planen.« Sie fanden, daß es am besten wäre, die Verantwortung für Lehrprogramm, Unterrichtsmethoden und Personal dem Bezirksschulrat zu übertragen.
Da dieser Beamte aufgrund der Gesetzgebung des Staates auch der Leiter der örtlichen Schule war, kannte der Ausschuß seine Auffassungen und Methoden und vertraute ihm die Planung eines angemessenen Schulsystems an. Die Ausschußmitglieder waren auch einigermaßen erleichtert, als Levitt nicht mehr darauf bestand, daß ein Außenseiter mit dieser Frage beschäftigt werden sollte. Inzwischen hatte sich nämlich herausgestellt, daß ein Plan der Ford-Stiftung nicht finanziert werden konnte. Noch zufriedener war man, als sich der Bezirksschulrat für den Aufbau des neuen Schulsystems einsetzte. Kurz nachdem Levittown eröffnet worden war, wurde dieser Mann der erste Schulrat des Ortes. Obwohl ein großer Teil des Schulplans durch Gesetze des Staates und des Bezirks und durch Verwaltungsvorschriften festgelegt war, hatte der Schulrat bei Entscheidungen über den Unterrichtsstoff einigen Spielraum und konnte auch das Lehrpersonal nach eigenem Belieben einstellen. Am wichtigsten war jedoch, daß er über die Art der Förderung der intelligenten, der durchschnittlich begabten und der weniger begabten Schüler entscheiden konnte. So wurde die Schule von Anfang an den Vorstellungen des Schulrats entsprechend aufgebaut.

Das in Levittown entwickelte Schulsystem spiegelte in erster Linie die Herkunft des Schulvorstehers aus dem unteren irisch-katholischen Mittelstand und die während dessen Studienzeit gemachten Erfahrungen wider[*]. *Das Hauptziel des Vorstehers war die Befreiung der heranwachsenden Generation von den seiner Generation auferlegten Fesseln des stuen Auswendiglernens und des Kadavergehorsams. Seine gleichzeitige Ablehnung moderner Erziehung führte zu einer Kompromißlösung: der Vermittlung traditionellen Wissensstoffes, kombiniert mit der Erziehung der Kinder zu Individuen. Die von seiner Tätigkeit in ländlichen Gemeinden herrührende Rücksichtnahme auf die eher schlechteren und zurückgebliebenen Schüler bewirkte, daß diese Schüler das Niveau des Schulsystems in Levittown bestimmten.*

[*] Originalausgabe S. 87–88

Natürlich wählte der Schulrat Mitarbeiter aus, die seinen Grundauffassungen zustimmten. Die Grundschulen wurden einem alten Pädagogen anvertraut, der die Vorliebe des Schulrates für Disziplin teilte. Er war als tatkräftiger und energischer Mann bekannt, der bei der verzehrenden Arbeit des Aufbaus neuer Schulen geradezu über sich selbst hinauswuchs. Er erklärte mehr als einmal in aller Öffentlichkeit: »Ich werde mich nicht für eine Erziehung wie in Brookline einsetzen.« Brookline ist ein Vorort von Boston mit wohlhabender Bevölkerung und einem außergewöhnlichen fortschrittlichen Schulsystem. Er unterstrich damit seine Ablehnung von Intelligenztests. Das Schwergewicht sollte auf der Erziehung des Durchschnitts liegen. Akademische Wettbewerbe aller Art, sei es auf seiten der Schüler oder auf seiten der Eltern, waren unerwünscht. Dadurch, daß das Schulpersonal die Initiative bei der Entwicklung des Schulsystems übernahm, glaubte er Maßstäbe setzen zu können, die von Eltern und Schülern gleichermaßen anerkannt würden. Am ersten Schultag begrüßte er seine Schützlinge am Eingangstor und machte sie mit seinen Vorschriften bekannt. Er kümmerte sich auch persönlich um die Gründung des Elternbeirates, weil in dessen Satzungen eine Unterstützung der Schulpolitik gefordert wurde. Damit verhinderte er die Bildung informeller Gruppen zwischen Elternhäusern und Schulen, die sich mit den Schulangelegenheiten hätten beschäftigen und sie in Frage stellen können. Als Gründer der Elternpflegschaft wählte er Leute, die er bereits kannte und denen er vertraute. Fremde nahm er nur, nachdem er sich bei ihren früheren Wohngemeinden versichert hatte, daß sie sich den Lehrern und der Schule gegenüber loyal verhielten. Er verlangte auch von den Lehrern Unterordnung. Die Lehrer erhielten die Weisung, die Eltern genau im Auge zu behalten, denn unzufriedene Eltern würden Oppositionsgruppen bilden, die er als »Krebsgeschwülste« bezeichnete. Seine selbstgerechte autoritäre Haltung wurde mit einem überschwenglichen Idealismus überzogen. Er glaubte, jedermann könnte tun, was er für richtig hielt, wenn er sich nur mit Überzeugung für sein Ziel einsetzte. Dieser Standpunkt diente nicht nur der Durchsetzung seiner Methoden, sondern machte ihn auch blind für die Schwierigkeiten seiner Aufgabe. Dadurch wurde er allerdings ein wirksamer Initiator für eine einheitliche »Schulkultur«.

Im ersten Jahr wurden die Schüler der Mittel- und Oberschulen in andere Orte geschickt. Im Jahre 1959, als es Zeit wurde, eine örtliche höhere Schule zu gründen, wählte der Schulrat einen Direktor aus, der seine Vorstellungen von Ausgleich zwischen Disziplin und Freiheit im großen und ganzen teilte. Obwohl dieser Mann von einer Schule kam, wo 80 % der Schulabgänger das College besuchten, sah er seiner Tätigkeit in Levittown mit Interesse entgegen, wobei ihn vorläufige Schätzungen, daß nicht mehr als die Hälfte der Schüler nach dem Abschluß der höheren Schule weiterstudieren würde, nicht abschreckten. Er war auch der Ansicht, daß ein Lehrplan, der zu stark an der Vorbereitung des Universitätsstudiums ausgerichtet sei, für die durchschnittlichen Schüler zu anstrengend werde. So ging er auf die Forderungen derjenigen Schüler, die sich auf die Universität vorbereiten wollten, nicht ein. Er wollte die Rangordnung, die außerhalb der großen Städte zwischen der akademischen, der kaufmännischen und der allgemeinen Abteilung – letztere mehr ein Euphemismus für Berufsfachschule – in den Oberschulen besteht, abschwächen, indem er den Schülern erlaubte, Fächer aus allen drei Abteilungen zu wählen. Auf diese Weise sollten die Schüler, die sich auf die Universität vorbereiteten, mit der kaufmännischen und der allgemeinen Abteilung häufiger in Berührung kommen. Er interessierte sich vor allem für die Schüler der allgemeinen Abteilung, denn er hatte den Eindruck, sie würden wegen fehlenden oder unzureichenden Unterrichts in den berufsvorbereitenden Fächern vernachlässigt und von den anderen Schülern nur gering geschätzt. Es stellte sich jedoch heraus, daß nicht alle Levittowner die Auffassungen des Direktors und des Schulrates über die starke Betonung der Förderung wenig Begabter teilten.

Die Auseinandersetzungen über Ausbildungsziele

Freiwillige Vereinigungen und Kirchen konnten wegen des privaten Charakters ihrer Struktur und ihrer Mitgliedschaft die inneren Auseinandersetzungen um ihre Zweckbestimmung dadurch beenden, daß Leute mit abweichenden Auffassungen hinausgedrängt wurden. Eine Schule aber dient wie alle öffentlichen Einrichtungen der ganzen Gemeinde. Sie muß vielfältige Bedürfnisse durch eine einzige Einrichtung befriedigen. Folglich gab es bald harte Auseinandersetzungen um die Ziele, mit denen eine Änderung der ursprünglichen Auffassungen des Schulrats angestrebt wurde.
Als die Levittowner einzogen, waren sie begeistert, daß die Grundschule planmäßig eröffnet werden konnte. Das moderne Gebäude und die jungen energischen Lehrer gefielen ihnen. Sie schienen auch zufrieden mit den Leistungen ihrer Kinder, traten der Elternpflegschaft bei, deren Veranstaltungen immer überfüllt waren, und

unterstützten die Schule bei Spendenaktionen und bei anderen Vorhaben. Einige Katholiken meinten, daß der Unterricht in der öffentlichen Schule zu nachlässig sei, daß zuviel gespielt und zuwenig gelernt würde. Diese Eltern meldeten wie die meisten Katholiken ihre Kinder in der Schule der katholischen Gemeinde an, die bald eröffnet wurde. Andere Eltern mögen zwar mit dem einen oder anderen Teil des Lehrplans nicht zufrieden gewesen sein, aber sie wollten abwarten und meinten, es sei noch zu früh, ein Urteil über das neue System zu fällen. Folglich wurden die Verwaltung und die Lehrer in den ersten zwei Jahren sehr selten kritisiert. Allerdings gab es aus diesem Grunde auch kaum irgendwelche anderen Reaktionen. Obwohl die Direktoren der Schule eine Politik der offenen Tür verfolgten, brachten die Eltern selten Klagen vor. Ein Lehrer, der zwei Grundschulen in Levittown geleitet hatte, berichtete, daß die einzige Klage über den Lehrplan von einer gebildeten Mutter kam, die mehr Aufgaben für ihre begabte Tochter wünschte. Die meisten Beschwerden betrafen die Essenszeit oder die allzu strenge Disziplin. Ein Lehrer hatte während des Unterrichts nahezu einen Nervenzusammenbruch erlitten und dadurch viele Kinder so verwirrt, daß sie zu weinen begannen. Dies war ein Anlaß für Eltern, auf einer Versammlung des Schulausschusses am selben Abend einmütig zu protestieren. Darüber hinaus aber waren die meisten Eltern zufrieden und überließen die Erziehung der Schule, da sie annahmen, die Lehrer wüßten am besten, was für ihre Kinder gut sei.

Einige der Pläne des Schulrats und seiner Mitarbeiter mußten geändert werden, um unvorhergesehenen Bedingungen zu entsprechen. Insgesamt verlief die Arbeit der Grundschulen ungefähr so, wie ihr Begründer es beabsichtigt hatte. Aber die Schüler waren noch zu unselbständig und zu jung, um sich selbst ein Urteil zu bilden oder gegen die Anforderungen der Erwachsenen Einspruch zu erheben. Zuerst waren die Eltern auch mit dem Direktor der Grundschule einverstanden, weil er sich mit ihnen oft und voller Idealismus unterhielt. Dabei vergaß er nie, die Kinder zu loben. Nach einiger Zeit begannen seine blumenreichen Reden jedoch abgedroschen und routiniert zu wirken. Vor allem jene Eltern und Lehrer bemerkten dies, denen seine autoritären Methoden mißfielen. Man fand, daß er rhetorische Phrasen benutzte, um offene Auseinandersetzungen zu vermeiden. Der Direktor trat zurück, noch ehe die Opposition offensichtlich wurde und sich ausdehnen konnte.

Als die höhere Schule eingerichtet wurde, mußten die ursprünglichen Pläne geändert werden, um sie an die Vielfalt und die Entscheidungsfähigkeit der Schüler anzupassen. Wollte man die Grenzen zwischen den drei Abteilungen aufheben, dann mußten die Wahlmöglichkeiten in jeder Abteilung ungefähr gleich groß sein. Dennoch wählten 50 % der Schüler den akademischen Zweig, während die Schüler in der allgemeinen Abteilung eine kleine Minderheit blieben. Folglich mußte das Schwergewicht doch auf die Vorbereitung für das College gelegt werden. Es wurde sogar ein besonderes Wettbewerbs- und Begabtenprogramm eingerichtet. Ein Ausbildungsprogramm für die Berufsschüler wurde dagegen nicht zustande gebracht. Um zu verhindern, daß sich die Schüler der allgemeinen Abteilung zurückgesetzt fühlten und Schwierigkeiten machten, versuchte der Direktor, ihnen durch außerplanmäßige Veranstaltungen das Gefühl der Zugehörigkeit zur Schule zu geben. Er bemühte sich, wenn auch ohne Erfolg, einen dieser Schüler in die Schülermitverwaltung wählen zu lassen. Trotzdem konnte einer gewissen Feindseligkeit bei diesen Schülern nicht entgegengewirkt werden. Die Schulabbrecher- und die Kriminalitätsrate war bei ihnen später ziemlich hoch.

Der Gedanke, allen Schülern mehr Freiheit in der Auswahl der Fächer und bei der Anwesenheit im Unterricht zu geben, wurde durch die schlechten Noten einiger Schüler enttäuscht, die sie beim Besuch benachbarter Schulen im Jahr zuvor erhalten hatten. Offensichtlich waren sie dort als unwillkommene Außenseiter behandelt worden. Ein Drittel mußte deshalb während der Sommerferien nachlernen. Ihre schlechten Zeugnisse und die erste Erregung durch Jugendkriminalität kurz vor der Eröffnung der Oberschule wurden vom Schulausschuß mit Bestürzung aufgenommen. Bandenwesen und Kriminalität bei Jugendlichen waren vorher im Ort unbekannt gewesen, vor allem, weil die wenigen Heranwachsenden ihre Freizeit außerhalb des Ortes verbringen mußten. Da man nicht wußte, was man von den Jugendlichen in Levittown zu erwarten hatte, zögerten Schulausschuß und Schulverwaltung, den Jugendlichen zu trauen. Außerdem hatte man mit den Eltern der höheren Mittelschicht aus anderen Gründen gerade Auseinandersetzungen und war deshalb nicht geneigt, Freiheiten zu gewähren, die sehr wohl Proteste strenger Eltern hätten hervorrufen können. Statt dessen versuchte der Direktor der höheren Schule, den »Schulgeist« zu stärken, indem er die sofortige Gründung einer Fußballmannschaft befürwortete. Obwohl er das an und für sich für verfrüht hielt, gab er den Forderungen einiger Eltern und den Wünschen des Schulrates nach, weil er hoffte, auf diese Weise eine friedliche Zusammenarbeit und ein gutes Verhältnis zu der Schülerschaft zu erreichen. Es braucht nicht betont zu werden, daß er sich damit zuviel von der Fußballmannschaft versprach. Die Ordnung wurde zwar – abgesehen von einer Periode, wo im Frühling bei den Schülern Knallfrösche Mode waren – erhalten, aber das angestrebte Klima von Vertrauen und guter Zusammenarbeit wurde in den ersten Jahren nicht erreicht.

Der Aufstand der oberen Mittelschicht

Die gebildeten Levittowner mit begabten Kindern erkannten rasch, daß die Schule ihren Kindern keine besondere Aufmerksamkeit zukommen ließ. Es gab nicht viele solcher Eltern, und diejenigen, die es sich leisten konnten, schickten ihre Kinder in die Privatschulen der Umgebung. Aber dort gab es keine Vorschulklassen.

Genau wie der Schulrat es vorausgesehen hatte, begannen diese Eltern, kaum daß sie nach Levittown gekommen waren, Schwierigkeiten zu machen. Im Frühjahr 1959 kündigte der örtliche Schulausschuß an, daß in Übereinstimmung mit den staatlichen Ausbildungsrichtlinien nur Kinder, die am 1. Oktober das fünfte Lebensjahr erreicht hatten, in die Vorschulklasse aufgenommen werden sollten. Diese Vorschrift wurde sofort von einem Elternpaar aus der unteren Mittelklasse, dessen Kinder nur wenige Tage nach dem Stichtag geboren waren, angezweifelt. Den Beamten gelang es, sie dennoch von der Zweckmäßigkeit dieser Vorschrift zu überzeugen. Bei der nächsten Versammlung des Schulausschusses jedoch wurde das Thema wieder von zwei Akademikern aus der oberen Mittelschicht angeschnitten. Bald darauf wurde dem Ausschuß eine Bittschrift vorgelegt, die von 170 Eltern unterschrieben war, worin diese forderten, daß der Stichtag auf den 31. Dezember verlegt würde. Als die Bittschrift verworfen wurde, sammelten die beiden nochmals 200 Unterschriften, und eine kleine, aber lautstarke Gruppe sorgte dafür, daß dieses Thema einige Monate lang auf dem Tisch blieb.
Die Mitglieder des Ausschusses waren nie zuvor mit einer Bittschrift konfrontiert worden und reagierten empfindlich und ängstlich. »Wenn wir auf alle Wünsche eingehen würden«, sagte ein Mitglied, »würde alles durch Bittschriften bestimmt, und das kann nicht gutgehen.« Proteste würden die Arbeit erschweren und den Zeitaufwand vergrößern. Beides wollten sie nicht, zumal sie wußten, daß sie ihre Positionen an andere Levittowner verlieren würden, sobald diese die vorgeschriebene zweijährige Einwohnerschaft nachweisen konnten. Eine Verschiebung des Stichtags würde noch mehr Kinder in die bereits überfüllten Schulen bringen, die staatlichen Vorschriften und die Wünsche des Schulrates verletzen und außerdem den Ausschuß zu einer Politik zwingen, die er selbst nicht gutheißen konnte. Die Probleme, die hier aufgeworfen worden waren – Eingehen auf die Wünsche der Bevölkerung, örtliche Neuerungen innerhalb bestehender Traditionen des Bezirks und die Rolle der Schule in der Gemeinde – sollten in den folgenden Jahren immer wieder auftauchen.
Fast alle, die eine Änderung des umstrittenen Datums vorschlugen, gehörten der oberen Mittelschicht an. Es handelte sich um Leute, denen es darum ging, ihre Kinder so früh wie möglich in die Schule zu schicken, um sie für den Wettbewerb um die Studienplätze am College zu qualifizieren. Die Mitglieder des Schulausschusses und die Lehrer glaubten jedoch, daß man von Kindern nicht verlangen könne, ihre Kindheit zu opfern oder den Prozeß einer »natürlichen« sozialen Anpassung zu gefährden. Einige meinten sogar, ein Kind solle nicht in die erste Klasse kommen, bevor es sieben Jahre alt sei. (In den Vereinigten Staaten ist die 1. Klasse der Grundschule einer Vorschule zugeordnet, in der die Kinder spielen und ein wenig rechnen und lesen lernen. Der wirkliche Unterricht beginnt erst in der Grundschule.) Je älter ein Kind beim Verlassen der Schule sei, um so reifer sei

es und um so besser seien die Möglichkeiten, einen guten Arbeitsplatz zu bekommen. In der überwiegenden Mehrheit waren es die Angehörigen der unteren Mittelschicht, die so dachten. Für sie war es allein wichtig, daß ihre Kinder, sobald sie die Schule beendet hatten, eine gute Tätigkeit in einem Büro erhielten. Das Familienleben bedeutete ihnen mehr als die Schule. Sie warfen den Verfechtern des frühen Einschulungstermins vor, daß sie die Kinder nur aus dem Haus haben wollten und daß sie die Schule als eine Art Kinderverwahranstalt auffaßten. Sie konnten es nicht verstehen, daß die Befürworter einer frühen Einschulung ihre Kinder schon auf eine akademische Karriere vorbereiteten.

Die Eltern, die für einen früheren Einschulungstermin eintraten, dachten in überlokalen Kategorien. Entsprechend sahen sie den Wettbewerb um die Aufnahme in namhafte Universitäten als ein Bemühen auf der Ebene des ganzen Landes. Die Mitglieder des Ausschusses dagegen hatten ihr ganzes Leben in New Jersey verbracht und waren ihrer Gemeinde, ihrem Bezirk und den Colleges der Umgebung treu. Ihre Widersacher traten mit großem Eifer für Neuerungen ein, weil sie dachten, daß in einem neuen Ort, solange die Bedingungen noch günstig waren, ein neuer Anfang gemacht werden sollte, und zwar am Anfang mit der gebotenen Eile und auf der Basis von Expertenberatung. Die Ausschußmitglieder gaben zurück, daß sie keine Zeit für Neuerungen hätten, da sie mit den täglichen Aufgaben genug zu tun hätten. Ein Mitglied des Ausschusses sagte dazu: »Eine Gemeinde ist kein Cadillac, bei dem alles fertig ist, bevor er die Fabrik verläßt. Sie muß sich entwickeln, und die Leute sollten diese Arbeit an ihrer Gemeinde selbst vollenden.«

Als Antwort auf die Aufforderung des Ausschusses, mehr Tatsachenmaterial beizubringen, zogen jene Leute, die den frühen Einschulungstermin befürworteten, Erziehungspsychologen von der ganzen Ostküste und Schulräte, in deren Schulen die Stichtage spät gelegen waren, hinzu. Da man darin übereinstimmte, daß das Alter kein brauchbares Kriterium für die Einschulung sei, wurde ein Testprogramm entworfen. Danach sollten Kinder, die nach dem 31. Dezember fünf Jahre alt wurden, in die Vorschule aufgenommen werden, sofern sie diesen Test erfolgreich bestanden hätten. Doch zu ihrem größten Erstaunen verwarf der Ausschuß diesen Vorschlag. Er verwies auf die Meinungen von Sachverständigen, die für die staatlichen Richtlinien ausschlaggebend waren, und fand Untersuchungen, die darauf hindeuteten, daß die Augen der Kinder dauernden Schaden nehmen würden, wenn sie vor sechs oder sogar acht Jahren anfangen würden zu lesen. Deshalb verwarf er die Schulerfahrungen, die in vermögenden Gemeinden gemacht worden waren. »Wir sind nicht Brookline«, sagte ein Schulbeamter, »und Brookline ist für uns nicht maßgebend.« Die Tests wurden ebenfalls abgelehnt, nicht nur, weil sie die Kinder zwangen, gegeneinander zu konkurrieren, sondern auch wegen der politischen Konsequenzen. Der Unwille der Eltern, deren Kinder im Test nur knapp unterlegen waren, würde größer sein als derjenigen Eltern, deren Kinder um ein paar Tage zu jung waren. Aber selbst als der Ausschuß versuchte, Fakten mit anderen Fakten zu begegnen und die Auseinandersetzung auf jene Ansichten zurückzubringen, die nicht so leicht aus der Welt geredet werden konnten, erkannte man, daß es sich hier wirklich um einen Protest der ganzen Gemeinde handelte. Die Gemeindeverwaltung hatte kürzlich in zwei Angelegenheiten Bittschriften der neu zugezogenen Familien zurückgewiesen und damit den Zorn vieler Levittowner heraufbeschworen. Obwohl sie nicht auf parteipolitischer Basis gewählt worden waren, standen die Ausschußmitglieder den Republikanern nahe. Eine weitere Niederlage konnte für die demokratische Partei nur vorteilhaft sein. Umgekehrt konnte sich der Ausschuß nicht dazu durchringen, Verwaltung aufgrund von Bittschriften zuzulassen oder die Lehrerschaft zu verärgern. Das Lehrpersonal meinte denn auch, die Antragsteller seien Laien und wüßten gar nicht, worum es wirklich gehe. Aber dieses Argument konnte vielleicht die meisten Levittowner einschüchtern, nicht aber die Befürworter des frühen Einschulungstermins, von denen einige eine bessere Ausbildung erhalten hatten und ein höheres berufliches Ansehen genossen als die Schulverwaltung.

Die Mitglieder des Ausschusses fanden sich zwischen zwei Meinungen gefangen und warteten ab in der Hoffnung, daß die Kontroverse im Sommer von selbst einschlafen würde. Obwohl dies nicht eintrat, machte sich das Abwarten bezahlt, denn als neue Einwohner nach Levittown kamen, wurde Raummangel für zusätzliche Vorschulen vorgeschützt, um den Antrag negativ zu bescheiden, ohne sich dabei mit der Frage nach der Berechtigung der Forderungen auseinandersetzen zu müssen. Selbst dann noch hätte erneuter Druck eine Änderung bewirken können, vor allem, als der Ausschuß sich an die Beauftragten von Levitt wandte und sie um Rat fragte und dabei erfuhr, daß von dieser Seite kein Einwand gegen eine solche Neuerung bestand. Zudem hatte der Ausschuß vermutet, daß alle Levittowner die Auffassung der Antragsteller teilten und die Bittschrift in großer Zahl unterschreiben würden. Jetzt entschloß sich ein Mitglied des Schulausschusses, das aktiv in der Gemeinde mitarbeitete und auch in anderen Ausschüssen saß, die Meinung der Levittowner zu erforschen. Zu seiner Überraschung fand er heraus, daß viele Levittowner seine eigene Auffassung teilten und glaubten, die Kinder sollten so lange wie möglich zu Hause bleiben, und daß die Antragsteller eine kleine Minderheit bildeten. Sobald er dies dem Ausschuß mitgeteilt hatte, fühlte man sich stark genug, weiterem Druck zu widerstehen.

Der lange Kampf hatte die protestierenden Eltern vereinigt, und eine Woche nach ihrer Niederlage gründeten sie ein Bürgerkomitee für bessere Schulen, das später »Bürgervereinigung für öffentliche Schulen« genannt wurde, weil einige Mitglieder fürchteten, die Forderung nach »besseren Schulen« würde einer Verleumdung des Levittowner Systems gleichkommen und auf Kosten einer Unterstützung innerhalb der Gemeinde gehen. Kaum war die Vereinigung gegründet, bot sich ein neues Thema, das die Opposition gegen den Schulausschuß nährte: die Überfüllung und die Größe der Schulklassen. Die Schulen waren aufgrund der Daten über die Bevölkerung des Ortes Levittown in Pennsylvania geplant. Danach sollte die Klassenstärke bei 25–30 Schülern liegen. Aber der neue Ort Levittown hatte mehr und größere Familien mit schulpflichtigen Kindern angezogen. Die konfessionelle Schule konnte nicht so viele katholische Kinder aufnehmen, wie ursprünglich erwartet worden war. Folglich wuchsen die Klassen der zweiten Grundschule auf 35 oder mehr Schüler an. Levitt änderte seine Baupläne in den neuen Wohnparks und baute mehr Häuser mit vier und weniger mit drei Schlafzimmern. Aber er wollte in der Annahme, die Überfüllung sei nur vorübergehend, nicht mehr Klassenzimmer für die Schulen in dieser Gegend planen. Außerdem meinte er, die Leute würden ihre Einwände gegen größere Klassen in der Zwischenzeit aufgeben. Die Bürgervereinigung, unterstützt von der Elternpflegschaft dieser Gegend, verlangte aber dadurch eine Wiederherstellung der ursprünglichen Klassenstärke, daß ein Teil der Kinder mit Bussen in die erste Grundschule gebracht werden sollte, die einer geringeren Einwohnerzahl zur Verfügung stand. Der Schulrat hatte jedoch den Verdacht, daß die beiden Organisationen nicht die Meinung der Mehrheit wiedergaben. Er ließ eine Meinungsumfrage durchführen, in der festgestellt werden sollte, ob die Eltern größere Klassen oder einen Bustransport vorzögen[1]. Drei Viertel der Eltern antworteten, ihnen seien größere Klassen lieber. Damit wurden die Vorschläge der Bürgervereinigung zurückgewiesen[2].

Der Angriff auf den Schulhaushalt

Nach dieser Niederlage begann die Bürgervereinigung für öffentliche Schulen in der Erwartung, sich auf die Dauer mit dem Schulsystem in den Haaren zu liegen, einen besseren Lehrplan zu entwickeln. Der Schulrat versuchte jedoch, diese Gegnerschaft abzuschwächen und forderte mehrere Mitglieder dieser Vereinigung auf, ihm bei der Arbeit im Schulausschuß zu helfen. Er tat dies, teils um sie zur

[1] Obwohl der Direktor die zukünftigen Mitglieder der Elternpflegschaft sorgfältig ausgewählt hatte, konnte er eine Kritik an seinem Schulsystem nicht ganz vermeiden. Einmal wurde sogar eine Trennung von dem nationalen Elternbeirat vorgeschlagen, um in der Auseinandersetzung mit der Schule freier zu sein. Aber der Vorschlag wurde von der überregionalen Leitung des Elternbeirates abgelehnt und fand auch nicht genügend Unterstützung in den einzelnen Nachbarschaften.
[2] Eine erneute Untersuchung zeigte, daß Eltern, die die Lehrer ihrer Kinder gern mochten, gegen die Einführung des Schulbaus waren. Wo die Lehrer unbeliebt waren, hatte man gegen die Veränderung nichts einzuwenden. Die Klassengröße spielte bei diesen Überlegungen eine untergeordnete Rolle.

Zusammenarbeit heranzuziehen, teils um von ihren Forschungsergebnissen und ihrem organisatorischen Geschick zu profitieren, das seinem kleinen eigenen Personal fehlte. Bei der Zusammenarbeit entdeckten die Gegner einige gemeinsame Ziele. Es stellte sich heraus, daß der Schulrat mit der Forderung der Bürgervereinigung nach kleineren Klassen übereinstimmte. Nach einem Jahr setzte er den Plan eines Schulbusses durch, und zwar auf der Grundlage der ursprünglichen Vorschläge der Bürgervereinigung. Er führte auch Tests ein, die es Kindern unter fünf Jahren ermöglichten, die Vorschulklasse zu besuchen, wenn ihre Eltern es wünschten.

Diese plötzliche Versöhnlichkeit war vor allem die Antwort auf das Aufkommen einer neuen und viel stärkeren Gegnerschaft gegenüber dem Schulsystem, nämlich jenen Levittownern, die billigere Schulen verlangten. Sie wollten einen Unterricht, der nur das Allernötigste vermittelte. Sie suchten die Einrichtung zusätzlicher Bildungsmöglichkeiten, die sowohl von der Schulverwaltung als auch von der Bürgervereinigung als absolut notwendig betrachtet wurden, zu verhindern. Im Jahre 1960 erforderte die steigende Schülerzahl die zusätzliche Einstellung von Hilfspersonal, z. B. eines Trainers für den Sportunterricht und eines Schulpsychologen. Dies verursachte eine bedeutende Steigerung des Schulhaushalts. In Levittown mußte, wie in den meisten anderen kleineren Orten in New Jersey, dieser Haushalt von den Wählern gebilligt werden. Als im Februar 1960 die erste Abstimmung stattfand, wurde der Schulhaushalt mit großer Mehrheit abgelehnt. Obwohl der Haushalt daraufhin etwas gekürzt wurde und obwohl Levitt zu diesem Zeitpunkt für 40 % aller Kosten aufkam, mit denen Einrichtungen der Gemeinde in Gang gehalten wurden, stieg die Steuer um 15 % oder ungefähr um 25 Dollar pro Jahr.

Als im Sommer des Jahres 1960 die Steuerbescheide verschickt wurden, setzte über die Schulausgaben, die vielen Erweiterungen und Neuerungen und die hohen Gehälter der Schulverwaltung ein allgemeines Murren ein. Öl wurde in das Feuer gegossen, als ein vom Gemeinderat beauftragter Sachverständiger, der bei der Reorganisation der Gemeindeverwaltung helfen sollte, voraussagte, daß die Steuern in Levittown wahrscheinlich von ungefähr 275 Dollar auf 645 Dollar pro Haus steigen würden. Gegner der Erhöhung der Schulsteuern, die ungefähr drei Viertel der Gesamtsteuern ausmachten, waren natürlich besonders Familien ohne Kinder im schulpflichtigen Alter und jene weniger vermögenden Levittowner, die die Kosten des Hausbesitzes höher fanden, als sie erwartet hatten. Die heftigsten Angriffe kamen aber von den Katholiken, die nicht nur weniger Einkommen und mehr Kinder hatten als die protestantischen oder jüdischen Familien, sondern die auch gleichzeitig aufgefordert wurden, für den Bau einer konfessionellen Schule zu spenden.

Im Herbst des Jahres 1960 konnten die ersten Levittowner in den Schulausschuß gewählt werden. Einige führende Katholiken der demokratischen Partei, deren Einfluß vor allem auf den Stimmen der katholischen Bevölkerung beruhte, begannen damit, sich nach Kandidaten für die Wahl des Schulausschusses im Jahre 1961 umzusehen, die sich für niedrigere Ausgaben auf dem Schulsektor einsetzen würden. Daraufhin verbündete sich die Bürgervereinigung mit dem Schulausschuß und dem Schulrat und war dadurch Anfang 1961 zum besten Bundesgenossen der Schulbehörden innerhalb der Gemeinde geworden. Der vorgeschlagene Haushaltsplan für das Schuljahr 1961/1962 war wieder höher als der vorangegangene, und weil Levitt es sich außer in Gegenden, für die noch keine Steuerlisten aufgestellt worden waren, nicht mehr leisten konnte, die Schulen zu unterstützen, drohten neue Steuererhöhungen. Schließlich kam es zu einer Steuererhöhung um etwa 100 Dollar pro Haus. Das entsprach einer 33prozentigen Erhöhung gegenüber dem Vorjahr.

Der Tradition in den Bezirken entsprechend, waren die Wahlen zum Schulausschuß nicht parteilich. Die meisten Levittowner stimmten damit überein, und so mußten die Demokraten von der Aufstellung einer eigenen Wahlliste absehen. Kurz vor der vorgeschriebenen öffentlichen Haushaltsdebatte und der Wahl wurden jedoch drei Kandidaten aufgestellt, die für niedrigere Steuern eintraten. Viele Levittowner sprachen von der »katholischen Wahlliste«, weil zwei dieser Kandidaten der Namen-Jesu-Gesellschaft angehörten. Im Jahr zuvor waren nur wenige Leute zur öffentlichen Diskussion gekommen. Aber im Februar 1961 drängten sich 600 Personen in dem Saal, bei weitem die größte Versammlung, zu der jemals die Levittowner zusammengekommen waren, um in einer gereizten Stimmung gegen den vorgeschlagenen Haushalt zu protestieren. Die Beschwerden vom vergangenen Jahr wurden erneut vorgetragen. Das Gehalt des Schulrates, das 18 000 Dollar jährlich betrug, und eine neue Planstelle für die Lehrplangestaltung wurden heftig kritisiert. Eine Gruppe von Ingenieuren, die ein Komitee für leistungsfähige Schulen gebildet hatten, meinte, die Schule brauche in Wirklichkeit nur Lehrer, während ehrenamtliche Helfer aus der Gemeinde die gesamte Verwaltungs- und Planungsarbeit leisten könnten. Andere brachten die Konzeption der Klassengröße zur Sprache und wiesen darauf hin, daß die Kinder in der katholischen Schule bei einer Klassenstärke bis zu 60 Schülern eine angemessene Erziehung erhielten. Einige wenige hatten sogar Einwände gegen die Gehälter der Lehrer, von denen die höchsten bei 10jähriger Berufserfahrung zu der Zeit 7500 Dollar pro Jahr und damit das Durchschnittseinkommen in der Gemeinde erreichten. Diese Einwände kamen vor allem von einigen Arbeitern, die nie zuvor gewußt hatten, daß die Lehrer mehr als sie selbst verdienten. Die meisten Levittowner hüteten sich, etwas gegen die Bezahlung der Lehrer zu sagen, und hoben ihre Beschwerden für die Verwaltung auf.

In der Versammlung herrschte ein äußerst scharfer Ton. Die Leute waren aufgebracht und scheuten auch vor überspitzten Forderungen nicht zurück. Die Auseinandersetzungen erwiesen sich ganz eindeutig als ein Konflikt zwischen Besitzenden und Besitzlosen, denn wenn einer der wenigen Befürworter des Haushaltsplans seine Rede beendete, fragte man ihn nach der Höhe seines Einkommens. Wie in den freiwilligen Organisationen wurde auch hier der Konflikt zwischen den wenigen Befürwortern eines raschen Aufbaus, die sofort ein voll ausgestattetes Schulsystem wollten, und den vielen Verteidigern einer langsamen Entwicklung ausgetragen, wobei die letzteren damit nur ihre Forderung nach einer Herabsetzung der Steuern vertuschen wollten.

Die protestierenden Levittowner waren vor allem über die »Besteuerung ohne Mitspracherecht«, wie sie es nannten, verärgert. Trotz der Vorschläge der Bürgervereinigung, die vom Schulausschuß eine besondere Öffentlichkeitsarbeit verlangte, wurde der Haushaltsplan nur, wie es im Gesetz vorgeschrieben war, im Anzeigenteil von zwei lokalen Zeitungen abgedruckt. Dementsprechend wurde er von nur wenigen gelesen. Da die Sitzungen des Ausschusses schwach besucht waren und der Schulausschuß bei den Levittownern noch nicht recht bekannt geworden war, wußte man nicht, wie man mit der neuen Bevölkerung Kontakt aufnehmen und wie man ihre Interessen vertreten sollte. Bei der öffentlichen Versammlung brachte der Ausschuß erneut seine Abneigung zum Ausdruck, Verwaltungsangelegenheiten durch Proteste und Bittschriften zu erledigen. Dies verstärkte den ohnehin bestehenden Eindruck bei den Levittownern, daß sie keinen Einfluß auf ihre eigenen gewählten Vertreter hatten. Folglich wurde der Haushaltsplan bei der Abstimmung mit überwältigender Stimmenmehrheit abgelehnt. Die Leute der sogenannten katholischen Wahlliste ersetzten drei der alten Mitglieder des aus neun Personen bestehenden Schulausschusses. Nachträgliche Umfragen zeigten, daß die Arbeiter und Leute mit sehr niedrigem Einkommen zum größten Teil gegen den Haushaltsplan waren. Unerwarteterweise zeigten sich Eltern mit der geringsten Schulbildung dem Haushaltsplan gewogener als solche mit einem Abschluß von der höheren Schule oder dem College. Auch die Mütter schulpflichtiger Kinder waren im allgemeinen positiver eingestellt als die Väter. Von den Katholiken stimmten 90 % gegen den Haushaltsplan, im Vergleich zu 67 % bei den Juden.

Bald nachdem die Levittowner, wenn auch nur mit einer Minderheit, im Schulausschuß vertreten waren, wurde es in der Gemeinde wieder ruhiger. Im Jahre 1962 wurde der Schulhaushalt wieder erhöht. Die Wähler stimmten abermals dagegen, aber sie fanden sich schließlich damit ab, daß der Ausschuß keine Kürzungen vornahm und die Steuern damit um weitere 15 % stiegen. Darüber hinaus wurden zwei Mitglieder der Bürgervereinigung in den Schulausschuß gewählt, die sich eindeutig für das Budget eingesetzt hatten. Sie hatten in den ersten bestehenden Nachbarschaften wenig Erfolg, gewannen dann aber viele Stimmen in den erst kürzlich erbauten Ortsteilen. Da die Preise für die Häuser gestiegen waren, gab es dort etwas wohlhabendere Leute. Das rasche Ansteigen der monatlichen Lasten war ihnen auch nicht aufgefallen, weil sie erst nach den anfänglichen Steuererhöhungen zugezogen waren.

Nachdem das öffentliche Interesse am Budget zurückgegangen war, löste sich das Bündnis zwischen der Bürgervereinigung und der Schulverwaltung auf. Der hauptsächliche Streitpunkt lag jetzt in der mangelnden Bereitschaft des Schulrats, für die Zukunft zu planen und die Probleme des Wachstums anzugehen. Auch die jährlich sich wiederholende Ablehnung des Schulhaushalts durch die Wähler bereitete Kopfzerbrechen. Überdies arbeitete der Schulrat selbst nach Meinung der alten Ausschußmitglieder, die ihn ursprünglich eingesetzt hatten, zu langsam. Im Herbst des Jahres 1962 verbündeten sie sich mit den zwei Mitgliedern, die aus der Bürgervereinigung kamen, um den Schulrat zum Rücktritt zu bewegen. Die alten Meinungsverschiedenheiten über das geeignetste Schulsystem und über das Problem, daß man sowohl den intelligenten als auch den mittelmäßigen und den langsamen Schülern besondere Aufmerksamkeit zuwenden müsse, tauchten wieder auf und trugen ebenso zum Sturz des Schulrats bei wie seine Weigerung, die Beziehungen zur Öffentlichkeit zu verbessern. Dennoch waren Auseinandersetzungen wie diese nur Symptome eines viel grundsätzlicheren Problems, nämlich seiner Unfähigkeit, die Erfahrungen, die er auf dem Lande gesammelt hatte, den Wünschen der Vorstadtbewohner anzupassen. Vielleicht konnte er es nicht vermeiden, die Minderheit, die ein Schulsystem für die höheren Mittelschichten haben wollte, oder die weniger vermögenden Levittowner, die um jeden Preis auf Wirtschaftlichkeit bedacht waren und daher von ihm eine Schulausbildung verlangten, die er selbst als unzureichend bezeichnete, vor den Kopf zu stoßen. Aber er verstand es nicht einmal, auf die Wünsche der Mehrheit der Einwohner einzugehen. In einer Rede vor der Nationalen Erziehungsgesellschaft bezeichnete er die Levittowner fälschlicherweise als »Leute, deren Vorfahren vor zwei oder drei Generationen eingewandert waren und die ihre nationalen Sitten und Gebräuche nur sehr langsam ablegten«. Er verglich die Levittowner dabei mit seinen Leuten in seinen früheren ländlichen Tätigkeitsbereichen, die er als »Nachfahren der früheren Siedler oder als gesunde, traditionsbewußte Nachkommen europäischer Bauern« pries.

»Nachdem unsere Dörfer sich zu Vorstädten entwickelt haben, müssen wir jetzt für eine amerikanische, nicht für eine fremdländische Erziehung sorgen.« Er schien tatsächlich zu glauben, daß es seine Aufgabe sei, die Levittowner zu amerikanisieren.

Seltsamerweise unterschied er sich trotz dieser ethnischen Fehldeutung kaum von der Durchschnittsbevölkerung, die der unteren Mittelschicht angehörte und die in ihren Auffassungen von Erziehung weitgehend mit ihm übereinstimmte. Erst dieses grundsätzliche Einverständnis darüber, welche schichtspezifischen Werthaltungen die Schule zu vermitteln habe, hatte es ihm möglich gemacht, seine pädagogischen Vorstellungen ohne wesentlichen Widerstand durchzusetzen. Wäre dagegen die Konzeption der Ford-Stiftung mit einem Schulsystem, das sich an den Normen der höheren Mittelschicht orientierte, durchgesetzt worden, so hätte die Schule als Ergebnis Anforderungen gestellt, die die Schüler aus der unteren Mittelschicht als übermäßige Lernerwartungen bezeichnet hätten. Vermutlich hätten sie ihren Eltern gegenüber protestiert, die dann ihrerseits den Schulausschuß gezwungen hätten, das Erziehungssystem in eine Schule der unteren Mittelschichten zu überführen.

Der Rücktritt des Schulrats und das Geschick der beiden Ausschußmitglieder aus der Bürgervereinigung, eine Koalition zu bilden, die die Befürworter einer sparsamen Schulpolitik in die Ecke drängte, bestärkte die beiden Vertreter der Bürgervereinigung in dem Glauben, das Schulsystem mehr entsprechend ihren Vorstellungen reorganisieren zu können.

Doch diese Hoffnung erwies sich als sehr kurzlebig. Der Sieg der Bürgervereinigung schien schon sicher zu sein, als der Posten des Schulrates durch einen liberalen Pädagogen aus Pennsylvanien neu besetzt wurde, der viele ihrer Auffassungen teilte. Kurz vor seinem Amtsantritt warnten ihn die demokratischen Vertreter im Stadtrat vor allen Maßnahmen, die Steuererhöhungen zur Folge hätten. Dies überzeugte ihn, daß es sinnlos sein würde, nach Levittown zu kommen, um dort ständigen politischen Spannungen ausgesetzt zu sein. Deswegen trat er zurück. Die Suche nach einem neuen Mann dauerte mehrere Monate. Aber schließlich wurde ein Schulrat aus New Jersey eingestellt, der eher zu Kompromissen bereit war. In der Zwischenzeit waren die Demokraten, die damals die Mehrheit im Stadtrat hatten, zu der Auffassung gelangt, daß das überkommene Tabu gegenüber parteipolitischen Erwägungen in Schulangelegenheiten von den Einwohnern weniger ernst genommen wurde als das Interesse an niedrigeren Steuern. Sie setzten daher den Schulrat wegen zu hoher Kosten unter Druck. Unter diesen Umständen ging der kurzlebige Einfluß der Bürgervereinigung bei den nächsten Wahlen seinem Ende entgegen. Eines der Mitglieder der Bürgervereinigung im Schulausschuß verließ Levittown, da ihm eine bessere Stellung in einem anderen Staat angeboten worden war. Das verbliebene Mitglied wurde nun die Zielscheibe aller Angriffe auf die besseren Schulen und die höheren Steuern. Trotz gelegentlicher Unterstützung von seiten der Bewohner der neu erbauten Nachbarschaften bestand gegenüber den anderen Kandidaten keine Möglichkeit mehr, irgend etwas auszurichten. Damit war die kurze Zeit, in der aufgeschlossene Einwohner versucht hatten, Einfluß auf die Schulpolitik zu nehmen, vorüber.

Die Entwicklung des Schulsystems*

Trotz wiederholter Streitigkeiten über Höhe und Verteilung des Schulbudgets entwickelte sich ein gut funktionierendes Schulsystem. Die Schulen glichen ihr Niveau den Anforderungen des unteren Mittelstandes an und hielten sich in der Auswahl des angebotenen Wissensstoffes eher an die Tradition. Eine notwendige Schulerweiterung wurde zugunsten niedrigerer Steuern abgelehnt. Überfüllte Klassenzimmer waren die Konsequenz.

* Originalausgabe S. 100–102

6 Der Beginn der Parteipolitik

Obwohl der Aufbau der Schulen dadurch gekennzeichnet war, daß ständig Konflikte ausgetragen wurden, standen die Schüler letzten Endes diesen Auseinandersetzungen wehrlos gegenüber. Dies schränkte die Reichweite der Kämpfe um die Zweckbestimmung der Schulen ein. Die Gemeindeverwaltung vertrat alle Levittowner und mußte mit all ihren vielfältigen Bedürfnissen fertig werden. Nirgends war der Entstehungsprozeß jedoch ungeordneter als bei den politischen Parteien.
Als Levitt zu Anfang das Baugelände kaufte, wurde Willingboro von einem dreiköpfigen Gemeinderat, dessen Mitglieder auf drei Jahre gewählt wurden, und durch einen von der Gemeinde beauftragten Anwalt regiert. Diesem oblag die Formulierung der Verordnungen, die er allerdings auch oft von sich aus vorschlug, und die Überwachung der wenigen administrativen und ausübenden Funktionen des Gemeinderats. Das Unternehmen Levitts änderte daran zunächst nichts. Levitt baute Straßen und andere öffentliche Einrichtungen, während die Hauptaufgabe des Gemeinderats war, die Pläne der Firma zu überwachen.
Bis zum Einzug der Levittowner gab es in dem Ort, der seit seiner Gründung republikanisch war, nur diese eine Partei. Da jeder jeden kannte, gab es keinen Anlaß für Wahlkämpfe, ja, man brauchte nicht einmal eine aktive örtliche Parteigruppe. Später spalteten sich die Gemeinde und die Partei in Anhänger und Gegner Levitts. Die ersteren wurden von der alten Elite angeführt, die letzteren von einem konservativen früheren Bewohner New Yorks, der innerhalb der Parteigruppe des Bezirks zur Opposition gehörte. Von katholischer Herkunft, jetzt aber Mitglied der Episkopalkirche, war er durch seinen Beruf ein Mann der Öffentlichkeit. In fast allen Dingen war er anderer Auffassung als die Farmer, die meist Presbyterianer und Methodisten waren. Vor allem in der Einstellung zum Alkohol zeigten sich Meinungsverschiedenheiten. Er war dafür, in der neuen Gemeinde den Verkauf alkoholischer Getränke freizugeben, die Farmer waren dagegen. Er unterstützte Levitt bald nach seinem Einzug, aber seine anderen Meinungsverschiedenheiten mit der alten Elite blieben bestehen. Sie beeinflußten die Lokalpolitik für die nächsten zwei Jahre, vor allem als er zum Bürgermeister gewählt worden war.
Als die Levittowner zuzogen, wußte jeder, daß ein Wechsel in der Gemeindepolitik bald zu erwarten war, weil die meisten der neuen Bewohner für die Vorwahlen im April 1959 das Wahlrecht erwerben sollten. Für das Jahr 1960 war zu erwarten, daß sie zahlenmäßig stärker sein würden als die Alteingesessenen. Vielleicht würden die Levittowner sogar als größte Gemeinde im Bezirk auch dessen Politik bestimmen. Niemand sah dies klarer als vier karrierebewußte junge

Mitglieder der Demokratischen Partei, die alle schon früher auf Bezirksebene politisch aktiv gewesen waren, zwei von ihnen in der Republikanischen Partei. Diese Leute gehörten zu den ersten, die sich in Levittown ansiedelten. Sie kannten einander schon von früher her, taten sich deshalb schnell zusammen, um eine Parteiorganisation zu bilden, und konstituierten sich als Führungskomitee. Im Dezember riefen sie den ersten demokratischen Ortsverband ins Leben. Kurz danach begannen sie, von Haus zu Haus zu gehen und sich nach demokratischen Wählern und Mitarbeitern umzusehen[1].
Im März begruben die Republikaner auf Drängen eines einzigen Levittowners ihre inneren Streitigkeiten wenigstens so weit, daß ein republikanischer Ortsverband gegründet werden konnte. Beide Seiten hielten sofort Ausschau nach Kandidaten für die Gemeindewahl im November. Aber keine Partei wußte, welche Kandidaten bei den Wählern ankommen würden. Die Demokraten stützten sich auf die Ergebnisse ihrer Hausbesuche, und aufgrund der sehr positiven Reaktion auf diese Besuche bei den Bewohnern aus den Arbeiterschichten kamen sie zu dem Ergebnis, ihr Kandidat müsse ein Arbeiter sein. Die Angehörigen der Mittelschicht bezeichneten sich lieber als Unabhängige. Die Republikaner kannten die neue Bevölkerung kaum. Aber weil die Parteigänger des Bürgermeisters sie auch den unteren Schichten zurechneten, stimmten sie für einen katholischen Geschäftsmann. Die alte Elite glaubte demgegenüber, der soziale Status der Bevölkerung sei höher, und entschied sich für einen protestantischen Juristen, der in Harvard studiert hatte. Diese beiden Bewerber traten schließlich zurück, um eine Kampfabstimmung zu vermeiden, und die Nominierung fiel auf einen katholischen Versicherungsvertreter, der aus der unteren Mittelschicht kam.
Während die beiden Parteien ihre Kandidaten für die Wahl im November aufbauten, arbeitete der Gemeinderat fast in völliger Anonymität. Einige unumstrittene Verordnungen wurden erlassen, teils im Interesse der neu zugezogenen, teils um die alten Einwohner vor dem Zuzug »unerwünschter Levittowner« zu schützen. Beispielsweise wurde kurz vor Ankunft der ersten Levittowner ein Polizeirevier eingerichtet, und ein Jahr später wurde eine Verordnung erlassen, die verlangte, daß die Neuzugezogenen, die Gefängnisstrafen verbüßt hatten, registriert wurden. Kurz danach wurde von einigen Leuten auf Bezirksebene der Bau einer Nervenheilanstalt, vor allem im Hinblick auf die Neuzugezogenen, erwogen. Nur wenige Levittowner wohnten den Sitzungen des Gemeinderats bei, aber einige hatten in dem Fragebogen, der ihnen vor Einzug zugestellt worden war, politischen Ehrgeiz und staatsbürgerliches Interesse gezeigt. Mehrere hatten im Fragebogen

---

[1] Dies war der Teil einer Untersuchung im Bezirk bzw. Staat New Jersey, die von einem Kongreßabgeordneten des Staates, der für die Kennedy-Kampagne arbeitete, als Test für die Präsidentschaftswahlen im Jahre 1960 durchgeführt wurde.

dem Wunsch, in gemeindlichen Angelegenheiten ein Wort mitreden zu können, Ausdruck verliehen. Die Gelegenheit hierzu sollte sich bald bieten.

Zwei Streitfälle rückten den Stadtrat ins Rampenlicht des öffentlichen Interesses*. Eine von Levitt geforderte Änderung der Zonenordnung, die die Praxisausübung auswärtiger Ärzte in Wohnzonen zuließ, stieß auf die Opposition der ortsansässigen Ärzte sowie der um Wahrung des Zonencharakters besorgten Bevölkerung. Aus Furcht vor einer Konfrontation mit den Neuankömmlingen kam der Stadtrat zu keinem Beschluß, sondern überwies die Sache an das Planungsamt. Dort wurde die Angelegenheit bis zur endgültigen Genehmigung des Zonenplanes zurückgestellt. Die verärgerte Bevölkerung bestand jedoch auf einem Sofortentscheid. Der fiel zuungunsten der auswärtigen Ärzte aus. Auf den massiven Protest der Verlierer hin wurde der Streit mit einer Kompromißlösung beigelegt. Aus Unwissenheit über die Reaktion der Levittowner bezog keine der beiden politischen Parteien einen klaren Standpunkt.

Auch in der zweiten Auseinandersetzung über den Alkoholausschank in Levittown verhielten sich die Parteien nach außen hin neutral, konnten aber eine interne Aufspaltung in zwei Lager nicht verhindern.

Die Zurückhaltung des Stadtrates gegenüber den Interessen der Levittowner verhalf bei den darauffolgenden Wahlen der Opposition zum Sieg.

* Originalausgabe S. 107–108

Die Reform der Gemeindeverwaltung

Nachdem die Wähler ihr Mißfallen an den alten Zuständen geäußert und einen Levittowner in den Gemeinderat gewählt hatten, verloren sie das unmittelbare Interesse an der Gemeindeverwaltung. Während der nächsten zwei Jahre war der Gemeinderat durch den Aufbau der Gemeindeverwaltung mit seinen eigenen inneren Problemen vollauf beschäftigt. Man kümmerte sich um Bestimmungen zur Verkehrssicherheit, um Müllabladeplätze und ähnliches. Auch Levitts Pläne für die weitere Entwicklung wurden gebilligt. Alle diese Angelegenheiten waren für die Einwohner selbstverständlich, oder sie betrafen nur wenige Einwohner bzw. nur die zukünftigen Käufer. Von den 65 Verordnungen, die zwischen Oktober 1958 und Mai 1960 erlassen wurden, erfolgte dies nur bei 9 Prozent auf direkten Antrag der Bürger. Hierbei handelte es sich vor allem um die Kirchen und sonstige Vereinigungen, die gemeindlicher Regelung unterlagen, sowie um die Änderung des Bebauungsplanes, um Häuser mit Innenhöfen bauen zu können[2]. Nur weniges war umstritten, und die Verordnungen, die nicht einstimmig verabschiedet werden konnten, wurden entweder zurückgestellt oder neu gefaßt, bis Einstimmigkeit erreicht werden konnte.

[2] 30 % betrafen interne Verwaltungsangelegenheiten, 45 % den Schutz der Bürger, 16 % befaßten sich mit der Rechtmäßigkeit von Bauplänen, sowohl der Pläne Levitts als auch anderer Baufirmen, die kleine Supermärkte und einzelne Läden auf Baugrund errichteten, der nicht Levitt gehörte.

Die einzige wichtige Neuerung war die Reform des Gemeinderates. Seitdem die Levittowner eingezogen waren, gaben Gemeinderatsmitglieder und andere einflußreiche Leute zu verstehen, daß der Gemeinderat erweitert werden müsse, sonst werde die Arbeitslast für die einzelnen Mitglieder zu groß, und es werde schwierig, Kandidaten für dieses Amt zu gewinnen. In einem Punkt jedoch war man sich uneins, nämlich darin, wer die täglichen Angelegenheiten leiten sollte. Beide Parteien sprachen sich dafür aus, dem Bürgermeister möglichst viel Macht zu geben, denn der neue Ort bedürfe einer starken Hand, und die Parteien brauchten symbolische und wirkliche Führerpersönlichkeiten. Ein mit großer Macht ausgestatteter Bürgermeister, so glaubte man, werde eine Amtsautorität hervorbringen. Inzwischen hatte sich herausgestellt, daß keine der beiden Parteien für ihre Wahlkampagne genügend freiwillige Mitarbeiter verpflichten konnte. Beide hofften auf einen Bürgermeister, der imstande sein würde, ihnen loyale Mitarbeiter zur Verfügung zu stellen. Aber die Politiker konnten sich nicht auf einen mit starken Machtbefugnissen ausgestatteten Bürgermeister einigen. Selbst vor der ersten Wahl war bereits bei den Alteingesessenen ein Verwaltungsdirektor im Gespräch. Er sollte vor allem die Machtübernahme durch die Demokraten verhindern[3].
Als die Demokraten im Rahmen ihres Wahlkampfes im Jahr 1959 versprachen, einen Untersuchungsausschuß zur Reform der Verwaltung einzusetzen, waren schon viele Leute für einen erfahrenen Verwaltungschef. Man erwartete von einem solchen Mann, daß er aufgrund seiner beruflichen Fähigkeiten für eine rentable und billige Verwaltung sorgen könne. So gab ein Mann, der selbst den Ehrgeiz hatte, Bürgermeister zu werden, zu, »daß ein Stadtdirektor viele Vorteile mit sich bringt. Wir brauchen hier jemanden, der studiert hat und Spezialist ist für diese Aufgabe. Wir müssen jemanden von außerhalb holen.«
Es war allerdings die Aufgabe des Stadtrats, die Mitglieder des Untersuchungsgremiums auszuwählen. Er hatte die Möglichkeit, das Gremium durch Befürworter einer starken Stellung des Bürgermeisters zu majorisieren. Im Frühjahr 1960 jedoch waren beide Parteien so schlecht organisiert, daß keiner der Gewählten parteilich festgelegt gewesen wäre. Auch verpflichtete die Bezeichnung »Untersuchungsausschuß« dazu, Leute mit guter Ausbildung zu ernennen. Keine Partei konnte es sich leisten, Berufspolitiker vorzuschlagen. Die Republikaner wählten zwei Geschäftsleute sowie einen Bankbeamten und einen Buchhalter. Die Demokraten ernannten einen Juristen, der gerade Richter geworden war, und einen Sozialarbeiter. Vier dieser sechs Mitglieder waren schon vorher bereit, einen Stadtdirektor zu befürworten. Jeder hatte diesen Entschluß unabhängig von den ande-

---

[3] Die Republikaner bevorzugten traditionsgemäß den Stadtdirektor, weil man ihn als jemand betrachtet, der die Verwaltung nach Methoden aus der Praxis des Geschäftslebens führt. Banfield und Wilson, Kap. 13.

ren noch vor der ersten Sitzung des Untersuchungsausschusses gefaßt. Trotzdem wurden alle möglichen Alternativen sorgfältig geprüft, ehe man sich einstimmig für eine Verwaltung mit einem Stadtdirektor an der Spitze entschied. Die Gruppe empfahl auch einen fünfköpfigen Gemeinderat, der auf parteilicher Basis gewählt werden sollte. Die meisten Mitglieder des Untersuchungsausschusses hätten ebensogut auch einen Gemeinderat befürwortet, der nicht durch Parteien repräsentiert worden wäre, aber als Geschäftsleute und Akademiker fiel es ihnen nicht leicht, diese Frage zu durchdenken. So ließen sie sich von der Auffassung de. Sozialarbeiters leiten, der Wahlen ohne Beteiligung der Parteien für falsch hielts So war es also letzten Endes ein einziger Mann, der über das Weiterbestehen der politischen Parteien in Levittown entschied.

Zu diesem Zeitpunkt wußten weder die Politiker noch die Sachverständigen, ob die Wähler die Bestallung eines Verwaltungschefs billigen würden. Weil man sich auf Opposition gefaßt machte, hielt es der Untersuchungsausschuß für notwendig, den Wählern seine Empfehlungen zu »verkaufen«. Ein bezahlter Sachverständiger verfaßte ein Gutachten, worin eindeutig der Standpunkt vertreten wurde, ein Stadtdirektor sei notwendig, denn aufgrund seiner Berechnungen könnten sonst die Steuern auf 645 Dollar pro Haus ansteigen. Obwohl die Angehörigen der Arbeiterschicht in Levittown ihre Zweifel an der Bestallung eines Stadtdirektors hatten (und wie sie überhaupt Experten und Außenseitern gegenüber skeptisch waren), richteten sie wie jeder andere auch ihre Aufmerksamkeit auf die voraussichtliche Höhe der Steuern. Da kurz zuvor neue Steuerbescheide verschickt worden waren, erregte diese Schätzung große Verärgerung. Später, im Jahre 1961, war sie der Grund für eine Kampagne gegen den Schulhaushalt. Wenn es jemals eine allgemeine Kontroverse über die Frage des Verwaltungschefs gegeben hatte, so trat sie jetzt in den Hintergrund. Kurz vor der Wahl versuchten die Demokraten, die anderer Meinung waren, gegen die Empfehlungen des Sachverständigenrats vorzugehen, aber ohne Erfolg. Die Republikaner legten dar, sie seien schon lange vor der Konstituierung des Untersuchungsausschusses für einen Stadtdirektor gewesen. Die Demokraten erklärten ohne große Begeisterung, daß die Verwaltungsreform auf Wunsch der Bevölkerung betrieben werde, und dieses Argument hatte bei mehr als vier Fünfteln in der November-Wahl 1960 Erfolg. Der Untersuchungsausschuß wußte auch nicht genau, was die Leute wollten. Aber eine Kette glücklicher Umstände und die Tatsache, daß die Partei die Wünsche der Wählerschaft weder ausführen noch sich gegen sie stemmen konnte, führte dazu, daß eben die Verwaltungsstruktur, die von den meisten Levittownern zweifellos gewünscht wurde, zustande kam. Ein Jahr später übernahmen der neue Gemeinderat und der Stadtdirektor ihre Ämter.

Das Auf und Ab in der Parteipolitik

Obwohl die Stadträte im Frühjahr 1960 nicht miteinander sprachen, mußten sie ihre persönlichen und politischen Streitereien zugunsten der Verwaltungsarbeit zurückstellen. Die politischen Parteien hatten jedoch keine routinemäßigen und kontinuierlichen Aufgaben. Sie mußten nach Wählern, Kandidaten und Mitarbeitern suchen. Außerdem brauchte man für den Wahlsieg und für die lebensfähige innere Organisation zugkräftige Wahlkampfthemen. Hierzu waren sie aber nicht in der Lage, denn auf den Sieg der Demokraten im Januar 1959 folgte 1960 ein überwältigender Sieg der Republikaner, darauf ein ebenso eindeutiger Triumph der Demokraten im Jahre 1961, dann wieder ein Sieg der Republikaner 1963 und ein Ausgleich im Jahre 1965. Nach jeder Wahl waren die Parteien sicher, an Ansehen verloren zu haben, vor allem die Demokraten[4]. Dieses dauernde Hin und Her in der politischen Situation hatte seinen Grund zum Teil in der Beziehung der Parteien zu ihren Bezirksorganisationen, die traditionsgemäß einen entscheidenden Einfluß in New Jersey haben. Daraus ergab sich ein starkes Engagement mit Problemen und Gruppierungen innerhalb des Bezirks, die nichts mit Levittown zu tun hatten, aus denen sich die Ortsverbände aber auch nicht gänzlich heraushalten konnten. Wahlen ohne Beteiligung der politischen Parteien wären in dieser Hinsicht günstiger gewesen, obwohl dadurch die örtlichen Kandidaten auf die Unterstützung durch die Parteien in ihren Bezirks- und Staatsorganisationen hätten verzichten müssen. Der ständige Wechsel wäre deshalb aber auch nicht beseitigt worden, denn viele Levittowner bezeichneten sich selbst als Unabhängige, die jedes Jahr im November entschieden, welcher Partei sie ihre Stimme geben wollten, je nach den Kandidaten und den jeweils hervortretenden Problemen. Die Lokalpolitik wurde auf diese Weise zu einem nie endenden Bemühen, eine feste Wählerschaft und eine stabile Organisation in einer Bevölkerung zu erreichen, die ihre politischen Auffassungen jeweils nach den Bedingungen des Augenblicks änderte. Die Demokraten hatten beim Aufbau einer stabilen Parteiorganisation mehr Erfolg als die Republikaner. Da sie fast alle Levittowner waren, war es mindestens auf der örtlichen Ebene möglich, Konflikte mit den früheren Bewohnern zu vermeiden. Als Demokraten hatten sie es auch leichter, Mitarbeiter für ihre Partei zu finden. Diese Leute kamen vor allem aus der Arbeiterschicht oder aus ethnischen Gruppen, die mehr zu den Demokraten als zu den Republikanern neigten. Zu den Demokraten in Levittown gehörte eine Anzahl von Leuten, die entweder schon früher politisch aktiv gewesen waren oder Interesse zeigten, sich für politische Belange einzusetzen. Viele von ihnen waren Arbeiter irischer oder italienischer Herkunft,

---

[4] In den Wahlen auf der Staats- und Bundesebene wählen die Levittowner beständiger, meist demokratisch, wenn auch nur mit geringer Mehrheit.

oder sie stammten aus der jüdischen Mittelschicht. Sie gehörten keinen anderen Vereinigungen an und waren deshalb bereit, der Partei Zeit und Arbeit zur Verfügung zu stellen. Ein ständiger Kader gewährleistete kontinuierliche Führung, wodurch es einem der vier Parteigründer nach dem Wahlsieg im Jahre 1959 gelang, seinen Genossen die Kontrolle zu entreißen. Als erfahrener Politiker überstand er alle Absetzungsversuche nach verlorenen Wahlen und ist bis heute der örtliche Führer der Partei.

Die Republikaner konnten einige ähnliche Leute für sich gewinnen, und zwar ein paar protestantische Arbeiter und einige irische Katholiken aus der Mittelschicht, die beim Umzug aus der Großstadt aus der Demokratischen Partei ausgetreten waren. Aber viele Mitarbeiter der Republikanischen Partei waren »freiwillige Helfer«, die sich nur zeitweise zur Verfügung stellten. Es handelte sich um Geschäftsleute und leitende Angestellte aus der unteren und der oberen Mittelschicht, die in gemeinnützigen Gemeindeorganisationen oder anderen freiwilligen Vereinigungen tätig waren, für die Parteipolitik aber wenig Fingerspitzengefühl mitbrachten. Sie arbeiteten nur mit, um einen bestimmten Kandidaten zu unterstützen, und wandten sich dann wieder ihren unpolitischen Vereinigungen zu. Wegen der sich daraus ergebenden Konflikte zwischen den dauernden Mitarbeitern und den gelegentlichen Helfern wurde eine straffe Organisation der Partei kaum erreicht, und die Parteiführung wechselte deshalb nach beinahe jeder Wahl, ob sie nun gewonnen oder verloren wurde. Eine stabile Führung allein konnte allerdings weder Wahlsiege gewährleisten noch verhindern, daß es zu Zersplitterungen kam. Ohne einen festen Wählerstamm und ein Wahlprogramm, mit dem ein überzeugendes Bild der Partei entworfen werden konnte, mußten sich die Parteien vor jeder Wahl nicht nur mit dem Gegner auseinandersetzen, sondern auch mit den internen Kämpfen fertig werden. Die meisten dieser Kämpfe waren Versuche von Parteiflügeln, die bestimmte Schichten repräsentierten, an die Macht zu kommen, um so Partei und Verwaltung wie auch die Gemeinde nach ihren Vorstellungen zu gestalten.

Im Frühjahr 1960 waren beide Parteien gespalten. Der demokratische Parteiführer war für freien Alkoholausschank in der Gemeinde und für eine Zusammenarbeit mit Levitt eingetreten. Er wurde von einer Gruppe bekämpft, die die Genehmigung des freien Alkoholverkaufs ablehnte und sich außerdem gegen den Arzt wandte, der außerhalb wohnte. Darüber hinaus hatte sich diese Gruppe mit der Stadtverwaltung und dem Bauunternehmen überworfen, denn sie wollten für Levittown den Status der unteren Mittelschicht durchsetzen, den sie mit ihren Häusern gekauft zu haben glaubten. Die Republikanische Partei, deren Mitglieder zum größten Teil immer noch Alteingesessene waren, hatte sich wegen Auseinandersetzungen auf der Bezirksebene gespalten. Sie hatte für die Wahl im November weder einen politischen Anführer noch einen geeigneten Kandidaten. In

letzter Minute fanden die ständigen Mitarbeiter, die zu diesem Zeitpunkt die Kontrolle über den Parteiapparat in der Hand hatten, einen Kandidaten. Aber der opponierende Flügel glaubte, dieser Mann hätte zu wenig Aussichten, und überredete den Vorsitzenden der Neuen Handelskammer, gegen ihn zu kandidieren. In der Vorwahl wurden die Kandidaten beider Parteien gewählt. Aber kurz danach traten sie beide zurück, der Republikaner aus geschäftlichen Gründen, der Demokrat, ein hartnäckiger junger Geschäftsmann italienischer Abstammung, weil er die Führungsrolle des Parteichefs gefährdete. Zudem war er bei den Arbeitern nicht sehr beliebt und hatte darüber hinaus angeblich unkorrekte Angaben zu seiner Person gemacht. Falls dies bekanntgeworden wäre, hätten die Republikaner ihn und seine Partei der Unwahrhaftigkeit bezichtigen können.
Bis dahin hatte keine der Parteien einen Wahlschlager gefunden, mit dem das Interesse der Wählerschaft hätte geweckt werden können. Obwohl die Gemeinde über das erste Ansteigen der Steuern besorgt war, hatten die allgemeinen Ausgaben in der Gemeinde nur geringe Bedeutung. Sowohl die Parteien als auch die Bevölkerung waren sich darüber im klaren, daß die Höhe der Steuern in erster Linie vom Verhalten des Schulausschusses abhing. Der neue Kandidat der Demokratischen Partei verschaffte den Republikanern schließlich das Pulver, das ihnen fehlte. Den Demokraten war es nach der Wahl im Jahre 1959 klar, daß sie Kandidaten aus der Mittelschicht präsentieren müßten. Aber solche Leute waren rar, und in letzter Minute fanden sie einen Bewerber, der früher in der Politik des Bezirks aktiv gewesen war. Die Republikaner nominierten gleichzeitig doch den Handelskammervorsitzenden, dem aber jegliche parteipolitische Erfahrung fehlte. Die Vorwürfe, die innerhalb der Demokratischen Partei gegen den eigenen Parteiführer wegen dessen autoritärer Einstellung erhoben wurden, kamen den Republikanern gerade recht. Sie warben im Wahlkampf gerade damit, daß ihr Kandidat über der Parteipolitik stehe und die Errichtung eines Parteiapparats in Levittown verhindern würde, wie er sonst in den Städten üblich sei[5]. Dieser Programmpunkt, nämlich die persönliche Lauterkeit des Kandidaten und seines Mitbewerbers, eines führenden Mitgliedes der Namen-Jesu-Gesellschaft, veranlaßte eine größere Anzahl von Leuten zur freiwilligen Mitarbeit im Wahlkampf, von denen die meisten denselben Organisationen angehörten wie die Kandidaten selbst. Der Wahlkampfmanager, ebenfalls ein junger Katholik, mietete den Bus einer Wanderbücherei, den er Musikwagen nannte, und fuhr mit dieser rollenden Rednertribüne durch die Straßen von Levittown. Kaffee und Gebäck wurden angeboten, und die Bevölkerung konnte die Kandidaten in formlosem, fast nachbar-

---

[5] Ironischerweise griffen die Republikaner den demokratischen Parteiboß und seine politische Maschinerie an, suchten aber gleichzeitig selbst nach einer starken Führungskraft, um ihre zerrissene Partei zusammenzubringen.

lichem Rahmen kennenlernen. Die Demokraten konnten das Image des Parteiapparats schlecht abstreifen, und obwohl John F. Kennedy Levittown kurz vor der Wahl besuchte, beeindruckte diese Geste die Einwohner wenig. Den Republikanern fielen alle Wahlbezirke zu bei 55 % der Wählerstimmen, die sie gewinnen konnten. Die parteipolitisch Unabhängigen, mit deren Stimmen der Ausgang der Wahl entschieden worden war, hatten die Demokratische Partei abgelehnt, von der behauptet worden war, daß sie ein politischer Apparat sei, und statt dessen für »einen jungen Eisenhower« votiert, wie manche zu sagen pflegten.
Im Jahre 1961 war die Lage genau umgekehrt. Die Verwaltungsreform war 1960 von den Wählern gebilligt worden. Nachdem der Stadtdirektor gekommen war, der den größten Teil der Verwaltungsarbeit erledigte, und die Alteingesessenen von der Bildfläche verschwunden waren, fehlte es keiner Partei an Kandidaten für den fünfköpfigen Gemeinderat. Diesmal hatte der Führer der Demokraten das richtige Gespür für die Wünsche der Wähler. Die Steuern waren jetzt das einzige Thema, und er setzte Leute auf die Wahlliste, die als qualifiziert galten, mit dem Stadtdirektor zusammen die wichtige Aufgabe der Begrenzung der Steuersätze zu lösen. Es handelte sich um einen Wirtschaftsprüfer, einen Buchhalter und zwei andere Angestellte. Man achtete auch darauf, daß sich auf der Liste ein Protestant, ein Jude und ein Bewohner aus den neueren Nachbarschaften befanden.
Die Republikaner hatten weniger Glück. Die freiwilligen Helfer hatten sich kurz nach der Wahl im Jahre 1960 zurückgezogen und die Führung einer kleinen Gruppe von Leuten aus den unteren Schichten überlassen. Sie drängten den erfolgreichen Wahlmanager heraus und setzten vor allem ihre eigenen Leute auf die Wahlliste. Der ehemalige Wahlkampfleiter, der den Eindruck hatte, daß die Leute auf dieser Liste weder die Fähigkeiten noch genügend Prestige hatten, um die Wahl zu gewinnen, stellte eine Gegenliste mit qualifizierten Kandidaten auf, der einige Katholiken angehörten. Fast alle waren höhere Angestellte oder Akademiker. Hätten sich die parteipolitisch nicht gebundenen Levittowner an den Vorwahlen beteiligt, so wären die Kandidaten dieser Liste vielleicht durchgekommen. Die Unabhängigen enthielten sich aber der Stimme, und so siegten in beiden Parteien die Kandidaten aus der Parteiorganisation[6]. Die Demokraten betonten immer

---

[6] Es gab bei dieser Wahl auch eine unabhängige Liste. Sie war von einem Republikaner aufgestellt worden, der sich über eine eigene, ihm ergebene Wählerschaft Zugang zum Führungskreis seiner Partei verschaffen wollte. Als er zu der republikanischen Liste qualifizierter Kandidaten überwechselte, ordneten sich die anderen, meist Akademiker und Liberale, in der Hoffnung ein, die unabhängigen Stimmen für sich zu gewinnen. In ihrem Programm, einem Bürgerverein vergleichbar, aber auf offizieller städtischer Ebene, wollten sie Parteipolitik und Vetternwirtschaft durch Planung ersetzen. Aber ihr Image war zu kosmopolitisch und intellektuell gefärbt – sie traten sogar gegen Gefängnishaft ein –, so daß sie nur 10 % der Stimmen erhielten.

wieder die Notwendigkeit der Steuersenkung und die Befähigung ihrer Kandidaten für diese Aufgabe. Den Parteichef drängten sie in den Hintergrund, um weitere Vorwürfe gegen eine autoritäre Führung zu vermeiden. Die Republikaner wurden in einer spannungslosen Wahl ohne große Mühe geschlagen.
Da für die nächsten beiden Jahre keine Wahl bevorstand, festigten die Demokraten ihre Herrschaft im Stadtrat durch die Einsetzung von Sonderbeauftragten. Sie verstärkten den Eindruck, den sie als Partei der niedrigen Steuern hinterlassen hatten, indem sie nach der Wahl zum Schulausschuß im Jahre 1963 eine Kürzung des Schulhaushalts erzwangen[7]. Es schien so, als ob in Levittown für dauernd die Demokratische Partei am Ruder bleiben sollte. Aber dann waren es wieder die Demokraten, die die Wähler falsch einschätzten. Kurz vor den Wahlen im Jahre 1963 billigte der Gemeinderat eine Änderung der Bauordnung, die Levitt die Errichtung von niedrigen Mietshäusern in der Gemeinde zugestand. Viele Levittowner glaubten, dadurch würden mehr Familien mit niedrigem Status und vielen Kindern einziehen, die nur vorübergehend am Ort wohnen würden. Folglich würden die Schulsteuern weiter ansteigen. Man mißbilligte auch, daß der Gemeinderat die Baugesellschaft unterstützte, als beim Verkauf der Häuser Schwierigkeiten auftraten. Besonders wurde es aber dem Gemeinderat übelgenommen, daß er bei einer öffentlichen Versammlung nicht auf die Proteste gegen die neue Bauordnung eingegangen war. Wieder wurden die Politiker dafür bestraft, daß sie die Sorgen der Levittowner um ihren sozialen Status nicht ernst genommen hatten. Diese Haltung, der im Jahre 1959 die Vertreter der alteingesessenen Einwohner zum Opfer gefallen waren, verhalf nun den Republikanern überraschend zum Sieg und zur Kontrolle über den Gemeinderat.
Vor diesem Sieg waren die Republikaner dem Untergang nahe gewesen. Die alten Mitarbeiter waren gegangen und wurden für eine Weile durch Mitglieder der John Birch Society ersetzt, die dem Schulausschuß kommunistische Tendenzen vorwarf. Im Jahre 1962 führten sie eine lebhafte Kampagne gegen die Beimischung von Fluor in das Trinkwasser der Gemeinde. Aber als die Wähler ihre Forderungen mit großer Mehrheit ablehnten, zogen sie sich zurück. Eine Gruppe von liberaleren Republikanern übernahm nach ihnen die Führung in der Partei.
Bei der Wahl von 1963 wurde auch über den Antrag, den Namen der Gemeinde wieder in Willingboro zu ändern, abgestimmt. Die Initiative war von den Leuten des Bürgervereins ausgegangen, die auch den Widerstand gegen die Mietshäuser angeführt hatten. Sie waren Angehörige der Mittelschichten, die glaubten, der alte

---

[7] Der Stadtkämmerer hatte seine beruflichen Fähigkeiten schon vorher unter Beweis gestellt, als es ihm gelang, im Schulhaushalt eine kleine Rücklage zu entdecken. Die Demokraten konnten so die Fähigkeiten ihrer Kandidaten bei der Steuersenkung demonstrieren und brachten den Kämmerer auf den Posten des Bürgermeisters.

Name habe ein größeres Prestige und würde den Schaden, der dem Ansehen des Ortes durch die Steuerdiskussionen zugefügt worden war, wieder gutmachen. Mit einer Mehrheit von nur 100 der 6000 abgegebenen Stimmen entschieden sich die Wähler für die Namensänderung. Dieses Referendum war auch insofern bedeutungsvoll, als beide Parteien sich zu dieser kontroversen Frage äußerten. Die Republikaner waren für die Änderung des Namens, die Demokraten waren dagegen.

Es schien zu diesem Zeitpunkt, daß sich für beide Parteien bestimmte Wählerschaften bilden und daß sich die Parteien ebenso wie auf der nationalen Ebene stärker formieren würden. Die Wähler der Mittelschichten, die den sozialen Status der Gemeinde erhalten wollten, und einige kosmopolitisch eingestellte Leute, die es aufgegeben hatten, die Demokratische Partei zu reformieren, standen nun auf der Seite der Republikaner. Die katholischen Arbeiter und die weniger vermögenden Angestellten, denen es finanziell nicht gutging, stimmten für die Demokraten. Sie konnten sich nicht mehr mit Statusproblemen beschäftigen, und es kümmerte sie auch wenig, wie man außerhalb Levittowns über den Ort dachte. Bei der Wahl des Jahres 1965 sprach ein republikanischer Kandidat von »dem mißlungenen Versuch, dem Ort ein gutes Ansehen zu verschaffen«, und fuhr fort: »Ortsfremde lächeln verächtlich, wenn der Name Willingboro erwähnt wird.« Die Demokraten auf der anderen Seite wandten sich gegen einen Plan der Republikaner, ein millionenverschlingendes Gemeindezentrum zu bauen zu einem Zeitpunkt, wo »Hunderte von Familien um ihre Existenz kämpfen« mußten. Statt dessen traten sie dafür ein, den Steuergürtel enger zu schnallen.

Wie in früheren Jahren drückten beide Parteien immer wieder die Hoffnung aus, Industrie im Ort anzusiedeln, um die Steuerlast zu senken, aber beide waren dieser Hoffnung gegenüber inzwischen skeptisch geworden. Das Wahlergebnis fiel bei einem Vorsprung von nur 25 Stimmen für den erfolgreichen Kandidaten sehr knapp aus. Fast genauso viele Bürger schienen sich um das sinkende Sozialprestige des Ortes zu sorgen wie um das Ansteigen der Steuern. Aber ein unvorhergesehenes Ereignis oder ein neues Diskussionsthema konnten das politische Bild schlagartig verändern und dadurch das Geschick der beiden Parteien und ihrer Flügel bei den nächsten Wahlen ins Gegenteil kehren.

Die Entstehung öffentlicher Einrichtungen*

Stadtbücherei und freiwillige Feuerwehr: Ihre Gründung zeigt die enge Beziehung zwischen Vereins- und Parteipolitik und verdeutlicht den Einfluß der Klassenunterschiede auf beide.
Während die Republikanische Partei den Bau einer eindrucksvollen Bücherei vorantrieb, die sie zum Symbol republikanischer Stärke und Leistungsfähigkeit erheben wollte, setzte sich der mit der Demokratischen Partei eng verbundene Verein der Kriegsveteranen die Gründung einer freiwilligen Feuerwehr zum Ziel.

Die Bücherei war als kulturelle Einrichtung eindeutig eine Institution des Mittelstandes, während die freiwillige Feuerwehr zum Stärkesymbol der Arbeiterklasse wurde. Da die Benutzung gleicher Einrichtungen in nahe gelegenen Ortschaften beschwerlich war, erschien sowohl die Einrichtung einer Bücherei als auch die einer freiwilligen Feuerwehr in Levittown verdienstvoll. Fragen des Verdienstes traten jedoch zurück, als die beiden Einrichtungen zu Symbolen der Machtdemonstration zweier Klassen wurden.

Öffentliche Sport- und Erholungsanlagen: Auch ihre Entstehung wurde vom Klassenkampf beeinflußt. Diese Auseinandersetzung trat jedoch hinter den politischen und rechtlichen Differenzen zwischen der Schulbehörde und dem Stadtrat zurück. Diese Streitigkeiten verhinderten bis jetzt die Bildung einer Planungsstelle für öffentliche Anlagen. Levitt hatte Spielplätze rund um das Areal der Volksschule mit der Absicht angeordnet, daß diese nach Schulschluß der Öffentlichkeit zugänglich seien. Er stellte jedoch keine finanziellen Mittel zu ihrer Gestaltung zur Verfügung, und Kürzungen des Schulbudgets hinderten die Schule daran, die Aufgabe selbst zu übernehmen.

* Originalausgabe S. 116–122

7 Die Entstehung einer neuen Gemeinde

Im Oktober 1962 war Levittown drei Jahre alt. Bis zum Juli waren 4200 Eigenheime gebaut und bezogen worden. Das Einkaufszentrum war halb fertig, die meisten Kirchen entweder im Bau oder gerade fertig. Neue Schulen befanden sich noch im Bau, und eine sechsklassige konfessionelle Schule war in Betrieb. Es gab beinahe 100 verschiedene Organisationen. Die Reorganisation der Gemeindeverwaltung wurde gerade verwirklicht, und ein Stadtdirektor war berufen worden. Levittown hatte sich zu einer Gemeinde entwickelt. Das tägliche Leben verlief wie in anderen Levittowns mit seiner Vielfalt an Vereinen und Zusammenschlüssen und mit seinem politischen Leben. Es war wohl auch typisch für andere Siedlungen, in denen junge Familien mit mittlerem Einkommen lebten, die sich für ein Leben außerhalb der Grenzen der Großstadt entschieden hatten[1].
Levittown hatte, als es zu einer Gemeinde wurde, auch einen offenbar typischen Gründungsprozeß durchlaufen[2]. Die Einwohner hatten zunächst fast nur auf nachbarschaftlicher Ebene Beziehungen angeknüpft, aber einige hatten später Kontakte zu Leuten und Veranstaltungen außerhalb der nächsten Nachbarschaft gesucht, die ihren Interessen entsprachen. Dabei hatten sie den Anstoß für die Gründung von Vereinen auf Gemeindeebene gegeben. Diese Vereinigungen waren zum Teil von Leuten ins Leben gerufen worden, die beim Einzug in Levittown die Absicht hatten, eine bestimmte Organisation zu gründen. Andere Gründungen wurden von Leuten oder Kräften außerhalb Levittowns angeregt und durchgeführt. Schließlich entstanden viele Vereine spontan als Reaktion auf die augenblicklichen Bedürfnisse der Gemeinde und einzelner Bewohner. Doch selbst wenn die Gründer Einzelpersonen waren, riefen sie normalerweise keine Vereinigungen ins Leben, ohne sich vorher versichert zu haben, daß auch andere sich für ihre Sache interessierten, sei es weil sie »im selben Boot saßen« – zum Beispiel als einsame Hausfrau – oder weil sie annahmen, Leute mit ähnlichen Interessen und ähnlicher Bildung seien zu finden. Die Vereinigung konnte nicht richtig funktionieren, ehe nicht solche Leute gefunden waren. Die Organisation brauchte viele Mitglieder, um im Wettbewerb mit rivalisierenden Vereinigungen überleben

---

[1] Clark hatte diese Vorstädte »gut ausgestattet« genannt, weil ihre Erbauer mindestens einige der öffentlichen Dienstleistungen zur Verfügung gestellt haben, von denen man durch den Erwerb des Hauses profitiert. Diese Bezeichnung ist zutreffend, aber sie betont nicht genügend das Ausmaß, in dem die Bevölkerung nach ihrem Einzug selbst die Einrichtungen einer Gemeinde entsprechend den eigenen Bedürfnissen bestimmt. Siehe Clark, S. 6 und 7.
[2] Form (1951), S. 127–130.

zu können. Deshalb wurden besondere Eintrittsbedingungen abgeschafft. Außerdem mußte man rasch handeln, so daß die Vorstandsmitglieder oft übereilt gewählt wurden und der Verein seine Tätigkeit zu schnell aufnahm.
Die Lockerung der Mitgliedschaftsbedingungen und der rasche Gründungsprozeß mußten notwendigerweise Konflikte über die Ziel- und Zweckbestimmung der Vereinigungen hervorrufen. Dabei ging es meist um Satzungsfragen und darum, wie schnell sich eine Organisation vergrößern solle. Die Befürworter eines bestimmten Programms bevorzugten eine langsame Entwicklung, während diejenigen Mitglieder, denen es nicht so sehr um ein Programm, sondern vor allem um das Überleben des Vereins und um einen Sieg im Wettkampf mit anderen Organisationen ging, für ein rasches Wachstum eintraten. Sie trugen in der Regel den Sieg davon, wenn es sich um freiwillige Zusammenschlüsse und Kirchen handelte. Bei den öffentlichen Organisationen dagegen, besonders bei den Schulen und in der Verwaltung, waren die Befürworter einer langsamen Vergrößerung am Ende im Vorteil. Das bedeutete nicht so sehr, daß man den Programmen der Verwaltung in allen Punkten folgte, sondern es entsprach eigentlich mehr der Forderung, die Ausgaben und Steuern niedrig zu halten. Diese Überlegenheit zeigte auch, daß es im öffentlichen Bereich keine Konkurrenz gab, wodurch der wichtigste Grund für eine übereilte Institutionalisierung entfiel.
Auf einer mehr latenten Ebene spiegelten die Konflikte innerhalb und zwischen den Organisationen Schichtunterschiede wider, die mit religiösen Meinungsverschiedenheiten und den ständigen Differenzen zwischen lokal orientierten Bewohnern und Kosmopoliten vermischt waren. In den freiwilligen Verbänden waren die Befürworter des raschen Wachstums zumeist Angehörige der unteren Mittelschichten, denen das Ansehen ihrer Organisation innerhalb der Gemeinde am Herzen lag. Für ein bedächtiges Wachstum traten dagegen kosmopolitisch gesinnte Leute aus der Mittelschicht ein. Ihnen war das soziale Prestige ihres Vereins weniger wichtig als ein gutes Arbeitsprogramm. In den öffentlichen Organisationen war die Situation umgekehrt. Die Kosmopoliten wünschten rasche Vergrößerung, damit sich die Behörden bald mit den von ihnen vorgeschlagenen Programmen befassen konnten. Die Mehrzahl der lokal orientierten Bewohner war für ein bedächtiges Wachstum, abgesehen vom Sport und von solchen Unternehmungen, die Levittown bei Wettbewerben mit anderen Gemeinden des Bezirks unterstützen konnten.
Die Überschneidung von Standesunterschieden und ortsbezogenen bzw. weltoffenen Vorstellungen wird am Beispiel zweier städtischer Beamten deutlich, die beide auch in der jüdischen Gemeinde aktiv waren und bei der Ausübung ihrer Rollen in der Synagoge einerseits und der städtischen Gemeinde andererseits einander diametral entgegengesetzte Positionen einnahmen. Der eine gehörte als Akademiker der höheren Mittelschicht an. Als Vorsitzender des Schulausschusses

hatte er eine rasche Erweiterung der Lehrprogramme verlangt, um die begabten Kinder besonders zu fördern. Der andere war ein Kaufmann aus der unteren Mittelschicht und damals Bürgermeister von Levittown. Aus Furcht vor weiteren Steuererhöhungen hatte er bei allen Erweiterungen auf größte Beschränkung Wert gelegt. In der orthodoxen jüdischen Gemeinde waren die Positionen der beiden Männer umgekehrt. Dem Akademiker lag es hier nur an einer guten jüdischen Erziehung, während der Kaufmann für eine möglichst schnell wachsende Gemeinde, für ein Gemeindehaus und einen hauptamtlichen Rabbiner eintrat. Der kosmopolitische Akademiker hielt in beiden Fällen eine bestimmte Zielsetzung für vorrangig. Der Kaufmann, ein lokal orientierter Bewohner, dachte vor allem daran, den Fortbestand der Institutionen zu sichern. Verwaltung und Schule würden auch mit finanziellen Problemen weiterbestehen, aber nicht unbedingt die Synagoge. Daher war der Kaufmann im Bereich der Verwaltung und der Schule für niedrige Steuern, während er in der Synagoge sogar bereit war, Schulden in Kauf zu nehmen. Die beiden waren sich auch nicht darüber einig, wer entscheiden sollte: der Akademiker wollte einen befähigten Spezialisten sowohl an der Spitze der Schule als auch der jüdischen Gemeinde sehen. Der Kaufmann dagegen vertrat die Meinung, daß Schule und Synagoge sich nach ihren Mitgliedern zu richten hätten, deren Mehrheit übrigens seine Auffassung teilte.

Wenn zu den Auseinandersetzungen um die Vereinspolitik auch noch der Wettbewerb mit anderen Organisationen hinzukam, verbreitete sich innerhalb der Zusammenschlüsse erhebliche Unsicherheit, die dazu führte, daß Leute mit abweichenden Auffassungen sehr schnell herausgedrängt wurden. Die ersten dieser Ausgeschlossenen waren solche, die sich ihrer Herkunft nach deutlich von der Mehrheit unterschieden. Es handelte sich um Einzelgänger, die mit ihren Kollegen nicht zurechtkamen, oder um »Idealisten« mit ungewöhnlichen und guten, aber zu teuren Einfällen. Die erbittertsten Feindschaften gab es mit den »Radikalen«, die kompromißlos auf ihren ausgefallenen und unannehmbaren Ideen beharrten[3]. Diese Bezeichnung bezog sich nicht auf die politischen Ansichten. Auch im gewohnten Sinne des Wortes waren nur wenige Levittowner radikal, überhaupt niemand links und nur ganz wenige rechts. Es war ein ziemlich relativer Ausdruck, der auf alleinstehende Außenseiter angewandt wurde. Ein Levittowner wurde z. B. im ersten Jahr aus mehreren Vereinigungen herausgedrängt, weil er sich nicht dazu bereit fand, Kompromisse zu schließen. Er stand bald im Ruf, ein unverbesserlicher Dickschädel und »Radikaler« zu sein. Als er sich dann aber für die Katholiken in den Schulausschuß wählen lassen wollte, wurde er in seinen Ansichten unterstützt, und man bezeichnete ihn plötzlich nicht mehr als »Radi-

---

[3] Ähnliche Leute in Levittown, Long Island, wurden Kommunisten genannt, vielleicht weil der Gemeindekonflikt in die Ära McCarthy fiel. Siehe Liell (1952), S. 273 ff.

kalen«, obwohl er jähzornig und unversöhnlich wie zuvor war. Kaum war aber der Unwille über den Schulhaushalt verflogen, endete auch seine kurze Beliebtheit. Nach ersten Schwierigkeiten mit seinen Kollegen im Schulausschuß trat er zurück und verließ kurz darauf Levittown.

Aus vielen Vereinigungen wurden auch Leute, die ein höheres oder niedrigeres Sozialprestige hatten als die Mehrzahl, hinausgedrängt, wenn auch langsam und nicht so energisch wie die Radikalen. So war sich die aus der höheren Mittelschicht stammende Vorsitzende eines Vereins, dessen Mitglieder vorwiegend der unteren Mittelschicht angehörten, bald darüber im klaren, daß ihre Erziehungsziele nicht sonderlich gefragt waren. »Man hat mein Programm als zu hochtrabend kritisiert«, erläuterte sie, »und bemängelt, daß es nicht genügend Spaß und Unterhaltung gäbe. Ich glaube, die anderen wollen Vorträge von Kosmetikerinnen oder Informationen über die Hutmode. Aber das ist in meinen Augen Zeitverschwendung... Ich habe die Liga gegen Verleumdung für den nächsten Monat eingeladen. Das wird ihnen sicher nicht recht sein, aber ich kümmere mich nicht darum.« Sie wurde zwar nie offen kritisiert, aber im nächsten Jahr wurde eine andere Vorsitzende gewählt, deren Bildungsniveau besser zu dem der anderen paßte. Ganz systematisch wurden die aufgeschlossenen Mitglieder der oberen Mittelschicht herausgedrängt, obwohl dies niemand geplant hatte. Sie sahen sich in den meisten Vereinigungen schnell in der Minderheit und gerieten ständig mit den lokalen Ansichten der Vorsitzenden in Konflikt. Schließlich gaben sie es auf und zogen sich aus den Vereinigungen, für die sie gearbeitet hatten, zurück. Sie beschränkten ihr Interesse auf Vereinigungen mit weiter gesteckten Zielen. Von Zeit zu Zeit tauchten sie an der Spitze einer Protestbewegung gegen bestimmte Entwicklungen in der Schul- und Gemeindepolitik wieder auf[4].

Sobald die Organisationen sich innerlich gefestigt hatten, mußte man sich nicht mehr über das Tempo des Wachstums auseinandersetzen. Nachdem die Verlierer wegen der Auseinandersetzungen über die Ziele ausgetreten waren oder den Kampf aufgegeben hatten, erreichten alle Vereinigungen ein gewisses Maß an Beständigkeit. Größere Krisen gab es nicht mehr, dafür aber die alltägliche Mischung von Zusammenarbeit und kleinlichen Streitereien, die für jede Vereinigung typisch ist. Die Mitgliederzahlen wurden konstant, und die Versammlungen wurden gewohnheitsmäßig besucht, wie auch das Programm zur Routine wurde. Dennoch war man immer auf der Suche nach »Einfällen«, die neue Mitglieder anlocken oder die Mitarbeit träger Mitglieder beleben könnten. Von Zeit zu Zeit wurden auch neue Unternehmungen begonnen, oder die Organisation wurde zu diesem Zweck reformiert.

---

[4] Ähnliche Beobachtungen haben Form in Greenbelt, Maryland (1944), S. 283 ff. und Gans in Park Forest, Illinois, s. Gans (1963), S. 7 gemacht.

Die stetige Ausdehnung des Ortes brachte immer neue Mitglieder und manchmal auch neue Anführer, obwohl, wie schon früher gesagt, die Neuangekommenen zur Gründung eigener Vereine neigten. Trotzdem waren die meisten Vereine in den ersten zwei oder drei Jahren gegründet worden. Später kamen nur wenige neue hinzu. Von außerhalb neue Vereinigungen zu gründen war nicht mehr interessant, zumal alle überörtlichen Vereinigungen, die Leute wie die Levittowner hätten ansprechen können, bereits im Ort vertreten waren. Außerdem glaube ich, daß die später Zugezogenen kein so großes Bedürfnis hatten, neue Vereine zu gründen, denn die Funktion der Vereine, gleichgesinnte Leute zusammenzubringen, wurde durch die bestehenden erfüllt. Im übrigen ist es ein Unterschied, ob man in eine bereits bestehende Gemeinde einzieht oder sich in einem ganz neuen Ort niederläßt. Der »Pioniergeist«, das Bedürfnis, sich am Gruppenleben zu beteiligen, weil solche Gruppen notwendig waren, um aus Levittown eine lebendige Gemeinde zu machen – diese Einstellung existierte nicht mehr. Sie war selbst bei den ersten Bewohnern nie sehr stark gewesen, und bei den späteren Zuzüglern spielte in sicher noch größerem Maße als bei den früheren das Haus und nicht die Gemeinde die ausschlaggebende Rolle[5]. Man hatte nicht mehr das Gefühl, »in einem Boot« zu sitzen, denn das ursprüngliche Boot, das in den unbekannten und vielleicht feindlichen Gewässern von Burlington County angekommen war, hatte inzwischen sicher geankert.

Der Entstehungsprozeß der Gemeinde, den ich beschrieben habe, entspricht weitgehend dem der privaten Vereine. Genauer gesagt: Weder die Schulen noch die Verwaltung waren neue Einrichtungen im eigentlichen Sinne. Sie wurden vielmehr von den Einwohnern der früheren Gemeinde übernommen und den neuen Verhältnissen angepaßt. Natürlich war das Schulsystem neu im Gegensatz zum Schulausschuß, und es hatte dieselben Konflikte um die Zweckbestimmungen zu durchlaufen wie die freiwilligen Zusammenschlüsse. Der Schulrat mußte sich mit seinen Vorstellungen den Einwohnern beugen, wenn sie andere Erwartungen hatten. Schließlich wurde er abgelöst wie viele Gründer von Organisationen, weil er mit seinen Mitgliedern nicht zurechtkommen konnte und nicht in der Lage war, Erweiterungen in der Zeitspanne durchzusetzen, wie es maßgebende Leute erwarteten. Die Schule und die Gemeindeverwaltung sahen sich genau wie die privaten Vereine den täglichen Routinearbeiten gegenüber, denen sie sich kaum entziehen konnten. Auch sie gingen den Weg von der Gründung oder »Wiedergeburt« durch die Auseinandersetzungen über die Zielbestimmung zu einer fragwürdigen Stabilität.

Die politischen Organisationen konnten einen solchen Weg freilich nicht gehen.

---

[5] Über die Rolle der Neuankömmlinge in Levittown, New York, und Park Forest, Illinois, Liell (1952), S. 258; ebenso Whyte (1956), S. 310–311.

Man kann überhaupt im politischen Bereich kaum von einem Entstehungsprozeß sprechen. Denn politische Institutionen müssen den einem ständigen Wandel unterworfenen Voraussetzungen innerhalb der Gemeinde angepaßt werden. Manchmal muß dies ganz plötzlich geschehen, und die Möglichkeiten, eine feste Organisation aufzubauen, sind daher gering. Schulpolitiker konnten sich bis zu einem gewissen Grade gegenüber diesem Auf und Ab schützen, denn die Schule war den Bürgern wichtig genug, um »über die Politik« gestellt zu werden. Die politischen Parteien indessen konnten sich nicht in einer ähnlichen Weise schützen. Auf ihrem Rücken wurden die Konflikte ausgetragen, die bei der Entwicklung der Gemeinde entstanden. Anders als die freiwilligen Zusammenschlüsse oder die Schulen, denen die Eltern eine gewisse Loyalität bewahrten, fehlte den Parteien eine nennenswerte Anzahl von loyalen Mitgliedern. Ihre Mitarbeiter identifizierten sich eher mit erfolgreichen Kandidaten als mit der Partei, und viel zu wenig Wähler betrachteten sich als feste Parteianhänger. Sie gaben ihre Stimme der Partei oder häufiger noch der Person, die versprach, ihre augenblicklichen Wünsche am ehesten zu erfüllen. Die Parteien konnten sich nur schwer diesem ständigen Wechsel anpassen, denn sie waren von den überregionalen Organisationen auf der Ebene des Bezirks, des Staates oder des ganzen Bundes abhängig und mußten den Anforderungen, die von außen an sie gestellt wurden, genügen. In den meisten Vororten repräsentieren die Demokraten die Angehörigen der Arbeiterschicht und die rassischen Minderheiten, während die Mittelschichten und die protestantischen Einwohner durch die Republikaner vertreten werden. In Levittown jedoch mußten beide Parteien die Bevölkerung der unteren Mittelschicht ansprechen, wenn sie die Wahlen gewinnen wollten. Es handelte sich dabei nicht nur um die parteipolitisch unabhängigen Leute, sondern auch um eine große Anzahl nicht festgelegter Katholiken, die früher Demokraten gewesen waren, jetzt aber nicht genau wußten, welche Partei ihnen am ehesten nützen könnte. Folglich mußten beide Parteien flexible Lokalprogramme entwickeln, ohne sich von den Programmen der überörtlichen Organisationen ganz zu distanzieren. Diese Ambivalenz trug zu den dauernden Kämpfen zwischen den einzelnen Fraktionen innerhalb der beiden Parteien bei.

Die Probleme der beiden Parteien waren auch in dem Mißtrauen begründet, das die Levittowner gegen Politik und Politiker im allgemeinen hegten. Bei ehemaligen Großstadtbewohnern war dieses Mißtrauen schon von Kindheit an wach, aber es wurde stärker, als sie zum ersten Mal in ihrem Leben die Politiker und das politische Leben aus der Nähe sehen konnten. Levittowner aus anderen Vororten waren zwar vielleicht schon daran gewöhnt, aber ihr Mißtrauen wurde zum erstenmal verstärkt, als die ursprünglichen Bewohner sich nicht auf die Bedürfnisse der neuen Bevölkerung einstellen konnten. Folglich dachten viele, daß die Gemeindepolitik nach kaum einjähriger Existenz Levittowns in den Händen einer korrupten

Clique liege, die nur schwer zu beseitigen sei. Die späteren Ereignisse zeigten zwar, daß diese Vermutungen falsch gewesen waren, aber das Mißtrauen wurde jetzt auf die Levittowner übertragen, die im politischen Leben eine Rolle spielten. Grund dafür war vor allem die Ambivalenz in den Anschauungen dieser Politiker, die ihnen aber von den Wählern selbst aufgezwungen wurde. Die Politiker sahen sich im übrigen unlösbaren Problemen gegenüber, für die sie nichtsdestoweniger, wie alle amerikanischen Politiker, im Wahlkampf Lösungen anbieten mußten. Ohne steuerkräftige Industrie waren in Levittown dauernd steigende Ausgaben nicht zu vermeiden. Viele Wähler waren klug genug, zu wissen, daß die besten Vorsätze der Kandidaten und die noch so ernst gemeinten Wahlversprechungen, ja sogar die größten Anstrengungen der Gewählten, das Schul- und Gemeindebudget kaum um ein paar Dollar verringern könnten. Dieses wachsende Mißtrauen der Wähler verstärkte den Ruf nach einer Persönlichkeit, die über der Parteipolitik stehen sollte, nach einem Stadtdirektor oder einem Politiker, der sich um Unparteilichkeit bemühte. Unparteilichkeit allein genügte jedoch nicht, denn die Wähler lehnten z. B. die Wahlliste der Unabhängigen aus der höheren Mittelschicht ab, die 1961 mit einem gegen die Parteipolitik gerichteten Programm in den Wahlkampf gezogen war. Sie wollten unparteiliche Leute ihrer eigenen Schicht, die sich ihre Forderung nach einer Verringerung der öffentlichen Ausgaben zu eigen machten. Schließlich fanden sie sich mit dem Fortbestand der politischen Parteien ab. Da sie weder sehr aufgeschlossen noch Angehörige der höheren Mittelschicht waren, fanden sie sich sogar mit einem Parteichef ab, zum mindesten in der Demokratischen Partei. Dieser mußte allerdings darauf achten, daß die Steuern niedrig blieben, und sich ansonsten im Hintergrund halten. Er konnte immerhin als Sündenbock gelten, sobald sich eine neue politische Krise abzeichnete[6]. Natürlich konnten die Levittowner immer auf den Stadtdirektor und den Schulrat verweisen, die hauptamtlich tätig waren und deren Arbeit nicht von der Parteipolitik beeinflußt wurde. Aber im Grunde genommen entschieden sich die Levittowner für die Parteipolitik, denn das, was sie vom politischen Leben erwarteten, war ihnen letztlich wichtiger als die Person desjenigen, der darüber wachte.

Private Zusammenschlüsse, Kirchen und sogar die politischen Parteien existierten nicht getrennt voneinander. Obwohl der Wettbewerb unter ihnen um Mitglieder scharf war, gab es doch gemeinsame Aufgaben. Diese Aufgaben und der Mangel an führenden Persönlichkeiten führten zu Überschneidungen innerhalb der Vorstände, zu zeitweiligen Bündnissen und zu anderen politischen Verknüpfungen, die schon in Kapitel 3 bei den privaten Organisationen beschrieben wurden. Die gemeinsamen Vorstöße der Geistlichen sowie ihr Eintreten für weltliche Führungs-

---

[6] Die Vorstädte, deren Einwohner der oberen Mittelschicht zugehören, lehnten jedoch solche politischen Führer ab. Wood (1959), S. 166–175.

persönlichkeiten bei den Organisationen und ihr Bemühen um Schule und Verwaltung habe ich schon in Kapitel 4 geschildert. Die Konkurrenz zwischen den einzelnen Gruppen war am Anfang zu stark, so daß nicht viel Raum für gemeinsame Vorstöße blieb. Aber man konnte voraussagen, daß alle diese formellen Organisationen und Institutionen sich in einer festen sozialen Struktur entwickeln würden. Es war zu erwarten, daß sich ein unübersehbares Geflecht gelegentlicher Beziehungen und einiger weniger Dauerbündnisse zwischen den Organisationen einstellen würde. Einige würden sich zu Koalitionen Gleichgesinnter gegen andere zusammenschließen, aber die Bedrohung durch einen gemeinsamen Gegner von außen könnte vielleicht sogar recht viele dieser Organisationen zusammenführen. Obwohl die freiwilligen Vereinigungen und die Kirchen betont unpolitisch waren, konnten sie sich nicht ganz aus der Politik heraushalten. Da die Hauptthemen der Gemeindepolitik, die Steuern, der soziale Status und die Schulen, fast jeden angingen und oft wichtiger waren als das Programm der einzelnen Organisationen, konnten es die führenden Persönlichkeiten in diesen Vereinen kaum vermeiden, Partei zu ergreifen, obwohl sie dies natürlich nie offiziell taten. Schon im Jahre 1960, als eine Bürgergruppe eine Wahlveranstaltung für Leute abhielt, die in den Schulausschuß gewählt werden sollten, gab es kein einziges Vorstandsmitglied einer weltlichen oder kirchlichen Vereinigung, das den damaligen Schulproblemen gegenüber als neutral gelten konnte. Man mußte am Ende jemanden von auswärts bitten, die Veranstaltung zu leiten.

Die Entwicklung der Sozialstruktur und der Machtverhältnisse

Die Machtverhältnisse und die soziale Schichtung wurden auch dadurch beeinflußt, daß Levittown eine sehr junge Gemeinde war, obwohl auch die spezifischen Bedingungen Levittowns eine Rolle spielten. Trotz der entscheidenden Bedeutung der Schichtenzugehörigkeit bei der Gründung und den anfänglichen Auseinandersetzungen um die Zweckbestimmung der Vereinigungen hatte sich in den ersten drei Jahren des Bestehens von Levittown keine deutlich sichtbare Schichtenstruktur herausgebildet. Ethnische Unterschiede und die Beurteilung von Schichtenzugehörigkeit und sozialem Ansehen spielten im täglichen Leben eine große Rolle, und die Vereinigungen teilten die Bewohner nach ihrem sozio-ökonomischen Status ein. Trotzdem mußte das traditionelle Schema der Schichtenunterschiede bis zu einem gewissen Grad geändert werden. Die Leute kannten sich nicht gut genug, um über die Herkunft ihrer Mitbürger Bescheid zu wissen. Diejenigen, die mit dem Zuzug ihren sozialen Status anheben wollten, vermieden sorgfältig jede Anspielung auf ihr früheres Leben. Da man nicht wußte, was die Leute verdienten, und da es unter den Nachbarn weder sehr Reiche noch ganz Arme gab, war es schwer, eine gesellschaftliche Einordnung anhand der Einkommensverhältnisse vorzunehmen. Dabei spielte auch die Tatsache eine große Rolle, daß alle ja praktisch in den gleichen Häusern wohnten. Es war zwar möglich, daß die Leute in Häusern zum Preis von 12 000 Dollar weniger Geld hatten als diejenigen, die für ihr Haus 14 000 Dollar bezahlt hatten. Mit Gewißheit konnte das aber niemand sagen, zumal der billigste Haustyp zu Anfang als einziger vier Schlafzimmer hatte und deshalb die Größe der Familie möglicherweise bei der Wahl ausschlaggebend war[7]. Man muß nicht betonen, daß Familien mit Aufwartefrauen oder zwei neuen Autos als wohlhabender galten. Aber man kritisierte sie auch, weil sie »angaben« oder »versuchten, ihre Nachbarn zu übertrumpfen«. In der engeren Umgebung war ihr Ansehen oft geringer als das eines weniger wohlhabenden Nachbarn, der sich abmühte, seine Familie durchzubringen.

Beruf und Ausbildung waren zuverlässigere Zeichen für Schichtenzugehörigkeit und sozialen Status. Ein Akademiker galt auf jeden Fall mehr als ein Fabrikarbeiter, aber viele hatten mindestens eine Zeitlang das College besucht, und fast alle übten sie jetzt einen Angestelltenberuf aus. Viele waren auch in neuen und ungewohnten technischen Berufen tätig, z. B. als Programmierer in Rechenanlagen. Ihr sozialer Status konnte mit herkömmlichen Maßstäben nur schwer gemessen werden. Es gab auch neue, verwirrende Bezeichnungen für alte Berufe, so daß nur wenige Leute errieten, daß ein »Lieferspezialist« in Wirklichkeit ein besserer Lagerarbeiter war, insbesondere, wenn er bei einer großen und bekannten Firma arbeitete. Vor allen Dingen aber beseitigte das dringende Bedürfnis nach führenden Persönlichkeiten und Vereinsmitgliedern in den früheren Jahren zeitweilig die überkommenen Schichtenunterschiede und verhalf Leuten aus kleinen Verhältnissen zu angesehenen Positionen im Gemeindeleben[8]. Nachdem das Bedürfnis für die Dienste führender Persönlichkeiten weniger dringend geworden war, gaben viele zu, daß es ihnen an Ausbildungs- und Berufsvoraussetzungen sowie Redegewandtheit und anderen Eigenschaften, die Leute mit hohem Sozialprestige charakterisierten, fehlte. Dies waren die typischen Merkmale für die Beurteilung der Schichtenzugehörigkeit.

Wenn in Zukunft genügend führende Persönlichkeiten mit dem erforderlichen Status verfügbar sein werden, so ist anzunehmen, daß die allgemein in den USA

---

[7] Bald nachdem die Gemeinde bezugsfertig wurde, baute Levitt auch einen Haustyp mit vier Schlafzimmern zum Preis von 14 000 Dollar. Dieser Typ war jedoch häufig trotz Nachfrage nicht vorhanden, so daß die Familienstärke nach wie vor entscheidend für die Auswahl des Hauses blieb.
[8] In solchen Blocks, wo die tonangebenden Leute normale Einwohner waren und sich so benahmen wie ihre Umgebung auch, trafen die üblichen Statuskriterien zu. Tatsächlich wunderten sich viele Leute im Block darüber, daß Leute mit Verhaltensgewohnheiten der unteren Schichten außerhalb des Blocks so erfolgreich sein konnten.

gültigen Schichtenunterschiede wahrscheinlich auch in Levittown wieder wichtiger sein werden. Die verschiedenen Kirchen und Vereinigungen in Levittown werden dann wahrscheinlich dieselbe gesellschaftliche Gliederung aufweisen wie in anderen amerikanischen Gemeinden. Dieser Prozeß wäre vielleicht beschleunigt worden, wenn Levitt in der Lage gewesen wäre, Häuser zu 20 000 bis 25 000 Dollar zu bauen, wie er geplant hatte. Aber weil Levittowns Image als Gemeinde mit niedrigem sozialen Status gefestigt worden war, konnten diese teuren Häuser schlecht abgesetzt werden. Sie wurden deshalb nicht weitergebaut, nachdem nur 80 davon verkauft worden waren[9].
Eine wahrscheinliche Abweichung von der überkommenen Schichtenhierarchie war schon bald zu erkennen. In vielen Vororten bilden die Akademiker, die der höheren Mittelschicht angehören, aufgrund ihres Einkommens, ihrer Bildung und ihres Berufes die angesehenste Gruppe. Für Levittown wird dies vermutlich nicht zutreffen, vor allem, weil die Akademiker nur einen kleinen Teil der Bevölkerung ausmachen und viele von ihnen jüdischer Herkunft sind. Obwohl es in Levittown praktisch keinen offenen und nicht einmal versteckten Antisemitismus gibt, ist es nicht wahrscheinlich, daß in einer überwiegend protestantischen bzw. katholischen Gemeinde, die in einem vornehmlich protestantischen Bezirk liegt, eine jüdische Gruppe besonders großes Ansehen erlangen wird. Wichtiger ist aber, daß die Akademiker im allgemeinen wenig populäre Auffassungen vertreten haben, und von vielen weiß man, daß sie nur vorübergehend in Levittown bleiben. Wie andere Leute, die oft umziehen, werden sie sich letzten Endes in teuren Vororten ansiedeln. Diese Gruppe stellt daher eine Minorität von Außenseitern dar. Wenn irgendeine bestimmte Gruppe die Möglichkeit hat, in Zukunft an der Spitze der sozialen Rangskala in Levittown zu stehen, so die leitenden Angestellten der höheren Mittelschicht, die sich stärker in der Lokalpolitik einsetzen und deren Lebensweise eher den Vorstellungen der Mehrzahl der Leute entspricht.
Wahrscheinlich wird sich die Schichtenstruktur in Levittown so entwickeln, daß man sie im Unterschied zu hierarchischer Struktur eher sektoral nennen könnte; d. h., es werden eine Arbeiterschicht, eine untere und eine höhere Mittelschicht entstehen, die ziemlich stark voneinander getrennt sind. Jede Schicht wird sich selbst als die wichtigste, wenn auch vielleicht nicht als die angesehenste in der Gemeinde bezeichnen und den Führern ihrer eigenen politischen und gesellschaft-

---

[9] Da die Häuser weder sehr viel ansehnlicher noch funktional besser waren als die billigeren Typen, waren nur wenige Levittowner daran interessiert, sie gegen das, was sie schon hatten, auszutauschen. In Levittown, Pennsylvania, zog dagegen eine Nachbarschaft mit teueren Häusern wohlhabendere Leute aus den höheren Schichten an, die mit ihren billigeren Haustypen unzufrieden geworden waren. Im Jahre 1966 begann Levitt, noch einmal teuere Häuser zu bauen, und zwar entsprechend einer früheren Absicht an dem äußersten Rande der Siedlung am Rancocas-Fluß.

lichen Institutionen die größte Achtung entgegenbringen. In einer reinen Schlafgemeinde, in der nur wenige Leute von anderen Gemeindeangehörigen finanziell abhängig sind, gibt es keinen Grund, sich reicheren und gebildeteren Nachbarn unterlegen zu fühlen, wenn die eigene Schicht in der Gemeinde politisch und symbolisch schon wegen der rein zahlenmäßigen Überlegenheit stärker ist. Natürlich sind sich die Arbeiter bewußt, daß sie weniger verdienen und ungebildeter sind als die Akademiker. Daher begegnen sie der öffentlichen Tätigkeit dieser Leute mit Skepsis. Solange sie aber die anderen überstimmen können, betrachten sie den Schichtenunterschied nicht als Statusunterlegenheit. Sofern aber Veränderungen der wirtschaftlichen Verhältnisse im Land oder in den großen Städten die Lage der Arbeiter verschlechtern sollten, nicht aber die ihrer wohlhabenden Nachbarn, so wird sich das Gefühl dieser Unterlegenheit sicher bald einstellen. Gleichzeitig werden dann Forderungen nach Ausgleich dieser Unterlegenheit durch örtliche politische Maßnahmen laut werden.

Diese multisektorale Schichtungsstruktur kann durch religiöse Unterschiede weiter unterteilt werden, so daß der strenggläubige protestantische Teil der Arbeiterschicht sich von dem katholischen absetzt. Die anderen Schichten werden sich dann auch in katholische, protestantische und jüdische Gruppen teilen. Religiöse Unterschiede und Konflikte waren von Anfang an in Levittown vorhanden, aber sie hatten mit dogmatischen oder konfessionellen Unterschieden nichts zu tun, sondern spiegelten häufig nur die Schichtenunterschiede wider, die mit der Religionszugehörigkeit einhergehen.

Einige dieser Wechselwirkungen von religiösen Unterschieden und sozialer Schichtung waren ganz offensichtlich: die Katholiken und vor allem die wenig begüterten Arbeiter unter ihnen, die sowohl für die öffentlichen als auch für die gemeindlichen Schulen aufkommen mußten, waren selbstverständlich gegen höhere Steuern. Andere Unterschiede waren nicht so offensichtlich, wie etwa beim Widerstand konservativer Protestanten der unteren Mittelschicht gegen den Verkauf von Alkohol und die Genehmigung von Glücksspielen, die von liberalen Leuten aus der unteren Mittelschicht und von Katholiken befürwortet wurden. Ein weiteres Beispiel für diese subtilen Unterschiede soll über die liberalen Levittowner der oberen Mittelschicht, zumeist Juden, berichtet werden. Sie setzten sich mehr für Fremdsprachenunterricht in der Grundschule ein als die vorwiegend protestantischen höheren Angestellten derselben Schicht oder die Juden der unteren Mittelklasse, die ihre Kinder nur selten auf die Universität schicken wollten.

Die Wechselwirkungen zwischen Religion und Schichtenzugehörigkeit erschwerten auch die Arbeit der politischen Parteien. Die Demokraten treten traditionsgemäß für eine Förderung und einen raschen Ausbau der öffentlichen Dienstleistungen ein, was einen guten Eindruck auf die Wähler aus der Arbeiterschicht macht. Aber in Levittown ließ sich eine solche Politik nicht mit dem Wunsch der katholischen Wählerschaft aus der katholischen Arbeiterschicht nach möglichst niedrigen Steuern vereinbaren. Die Republikaner, deren Eintreten für niedrigere Steuersätze bekannt ist, waren eher geneigt, den Schulhaushalt zu verteidigen, um den Wünschen ihrer protestantischen Wähler entgegenzukommen, zumal in einer Gemeinde, in der die Katholiken stark vertreten waren. So mußte sich die Partei für höhere Schulsteuern einsetzen. Da die Wahlen zum Schulausschuß nicht auf parteipolitischer Grundlage ausgetragen wurden, traten diese Konflikte nie offen zutage, aber die internen politischen Auseinandersetzungen in der Partei wurden dadurch erschwert.

Zeitweilig befürworteten die Republikaner niedrigere Gemeindesteuern und erwähnten die Schulsteuern nicht, während die Demokraten im allgemeinen für niedrigere Steuern waren, aber gleichzeitig immer die Notwendigkeit einer Erweiterung der öffentlichen Dienstleistungen forderten.

In einer Gemeinde ohne Arbeitsplätze ist der politische Einfluß der Einwohner das wichtigste Merkmal ihrer Position in der örtlichen Schichtungshierarchie. Die Machtverhältnisse entsprachen daher in Levittown mehr als anderswo der sozialen Schichtung. Bis jetzt hat sich das politische Gleichgewicht von Wahl zu Wahl zu oft verschoben, um vorauszusehen, welche Gruppe schließlich die größte Macht auf sich vereinigen wird – sofern es überhaupt einer einzigen Gruppe gelingen sollte, die Führung zu übernehmen. Bis jetzt war das Unternehmen Levitts der wichtigste Machtfaktor.

Als größter einzelner Landbesitzer hatten sein Beitrag zu den Steuereinnahmen, der Einfluß seines Bauprogramms auf die zukünftige Entwicklung der ganzen Gemeinde und sein unmittelbares Interesse an der Gemeindeverwaltung, bedingt durch seine Siedlungspläne, das Unternehmen zum beständigsten Anreger von Maßnahmen durch die Verwaltung gemacht. Die Baufirma ist die allgegenwärtige Interessengruppe, deren Wünsche beachtet werden müssen. Wenn das Siedlungsprogramm ausläuft, wird der Einfluß des Unternehmens auf die Gemeinde allerdings nachlassen und vielleicht völlig schwinden.

Aber wegen der ständigen Ankunft immer neuer Käufer und der hohen Umzugsrate bei der gegenwärtigen Bevölkerung ist es noch zu früh festzustellen, welcher Teil der Bevölkerung am stärksten vertreten sein und daher den größten Einfluß ausüben wird.

Bis heute sind in Levittown noch keine definierbaren und festen Wählergruppen entstanden. Eine Ausnahme machen vielleicht die Katholiken, die sich aufgrund der Streitigkeiten um die Schulsteuern zusammengefunden haben. Die Politiker gingen bei der Zusammenstellung der Wahllisten – insbesondere für öffentliche Ämter – so vor, als ob es noch andere religiöse Wählergruppen gebe, etwa die Gruppe der frühen und die der späten Zuzügler oder Gruppen von Arbeitern, Angestellten und Akademikern. Diese vermuteten Blöcke stimmten indessen selten für eine Partei[10]. Im übrigen hatten sich die Inhaber politischer Ämter auch in kleinen kontinuierlichen Arbeitsgruppen zusammengetan, in denen besondere Probleme behandelt wurden. Der Grund liegt im ständigen Ämterwechsel und darin, daß bestimmte Probleme zu sehr unterschiedlichen Gruppenbildungen mit besonderen Sprechern führen können. Es gab ein Bündnis zwischen den Katholiken und den weniger vermögenden nichtkatholischen Levittownern, ferner kamen Anti-Levitt-Bündnisse zwischen Einwohnern mit niedrigem sozialen Status und kosmopolitisch eingestellten Bewohnern zustande. Aber diese Bündnisse sind noch nicht so gefestigt, daß man sie als geschlossene Interessengruppe betrachten könnte. Infolgedessen ist es vielleicht verfrüht, jetzt bereits eine Machtstruktur in Levittown festzustellen. Gegenwärtig haben der Einfluß des Levittschen Unternehmens, die Existenz der katholischen Gruppe und die Fähigkeit des demokratischen Parteiführers, die Zügel in der Hand zu halten, zu einer ziemlich monolithischen örtlichen Machtstruktur geführt, die zu den verschiedenen Problemen eine einheitlichere Stellung bezieht, als man in den meisten amerikanischen Gemeinden beobachten kann.

Da die Leute, die sich selbst als Ansiedler bezeichnen, die einzigen sind, von denen man erwarten kann, daß sie in den kommenden Jahren in Levittown bleiben und im Laufe der Zeit ihre Stimme immer derselben Partei geben werden, werden sie wahrscheinlich in Zukunft die einflußreichste Gruppe werden. Weil zu diesen, die bleiben wollen, eine ungewöhnlich hohe Zahl von Arbeitern und wenig vermögende Angehörige der unteren Mittelschicht gehören – weitgehend übrigens Katholiken – ist es gut möglich, daß eine katholische Fraktion die einzige wirklich mächtige Gruppe in der Gemeinde sein wird. Da dieser Gruppe viele der am wenigsten bemittelten Einwohner angehören, die sehr empfindlich auf ein Absinken des sozialen Status innerhalb der Gemeinde reagieren, aber am ehesten durch abwärts gerichtete Mobilität bedroht sind, besteht ein weiterer Grund dafür, daß sie ihre Interessen am wirksamsten vertreten. Das Gleichgewicht in der Machtverteilung wird wahrscheinlich immer von den nichtkatholischen Angehörigen der unteren Mittelschicht erhalten werden. Weil aber die Loyalität dieser Leute gegenüber einer bestimmten Partei nicht so stark ist und die Gruppe außerdem aus vorübergehend Ansässigen ebenso wie aus Dauersiedlern besteht,

---

[10] Die Politiker ziehen natürlich Wählerblöcke vor, weil sie diese während der Wahlkampagne eher ansprechen können. Hier jedoch konnten nicht einmal die Führer des katholischen Blocks die Stimmen ihrer Glaubensbrüder kontrollieren. Die kleine Nachbarschaft mit teureren Häusern und auch die größeren Nachbarschaften, die erst später gebaut wurden, organisierten sofort Bürgervereine, um ihre Interessen gegenüber einer Stadtverwaltung durchzusetzen, in der noch die zuerst Zugezogenen überwiegenden Einfluß hatten. Die Bewohner der neuen Wohnviertel haben nämlich manchmal bei einigen Problemen anders abgestimmt als die der älteren.

wird sie keinen so festen politischen Zusammenhalt finden wie die Katholiken. Da es keine Industrie und nur wenig Ladeninhaber gibt und zudem die Konkurrenz zwischen den verschiedenen örtlichen Einkaufszentren stark ist, werden die Geschäftsleute kaum so einflußreich sein wie in anderen Gemeinden, und daher werden sie in Angelegenheiten, die sowohl sie als auch die Bürger betreffen, von den letzteren wohl immer überstimmt werden. In Angelegenheiten rein geschäftlichen Charakters werden ihnen organisatorisches Geschick und Geld jedoch genügend Macht verleihen, um ihre Ansichten durchzusetzen.

Lebenswichtige Entscheidungen und Voraussetzungen der Gemeindeentwicklung

Von allen Entscheidungen und Faktoren, die dazu führten, daß aus den einzelnen Hauskäufern eine Gemeinde wurde, waren die wichtigsten selbstverständlich diejenigen, die von dem Unternehmen Levitts ausgingen. Sein Entschluß, ein neues Levittown an der Grenze von Philadelphia zu bauen und Häuser in der Preislage zwischen 12 000 und 15 000 Dollar zu errichten, bestimmte Alters-, Schichten- und Religionszugehörigkeit der Einwohner. Dies wiederum hatte eine weitreichende, vielleicht sogar entscheidende Wirkung auf die Bildung informeller und formeller Gruppen und Institutionen in der Gemeinde. Hätte Levit sich entschlossen, teurere Häuser zu bauen, so wäre eine ganz andere Gemeinde entstanden. Natürlich traf er seine Entscheidungen nicht ohne Grund. Ihn bestimmte der frühere Erfolg der Firma beim Bau von Eigenheimen für junge Leute mit mittlerem Einkommen. Zudem ging er davon aus, daß es in der Gegend von Philadelphia eine genügend große Zahl von Interessenten für sein Projekt gab. Wegen der besonderen Lage des Ortes außerhalb des damaligen Einzugsgebietes von Philadelphia kamen zunächst weniger Leute aus der Stadt, als man erwartet hatte. Deshalb war wahrscheinlich die katholische Bevölkerung zahlenmäßig schwächer. Die Nähe eines Flughafens der Luftwaffe und der Forschungslaboratorien bei Camden brachten die vielen nur vorübergehend zuziehenden Bewohner von Levittown. Im großen und ganzen unterschied sich die Bevölkerung jedoch nicht sehr von früheren Levittowns.

Die zweite wichtige Entscheidung fiel mit dem Ankauf von Land für den Bau von 12 000 Häusern und dessen öffentlicher Ankündigung. Dadurch wurde eine beträchtliche Anzahl auswärtiger Organisatoren auf den Plan gerufen, die Kirchen und freiwillige Vereinigungen gründen wollten. Dies führte zu einer unmittelbar einsetzenden Welle von Gruppenbildungen, beschleunigte deren Entstehung und verminderte Fehlgründungen und Mißgriffe. Diese Organisationen hatten höhere Aussicht auf Weiterbestehen, als das sonst der Fall gewesen wäre. Auch die Zahl der Niederlassungen überörtlicher Organisationen in der neuen Gemeinde wurde vielleicht auf diese Weise erhöht. Eine weitere wichtige Entscheidung Levitts war die, sich vor allem mit dem Bau und Verkauf der Häuser zu befassen und die Gestaltung gemeindlicher Institutionen und Einrichtungen den Einwohnern zu überlassen. Dadurch konnten die früheren Einwohner die im Bezirk bis dahin gültigen Wertvorstellungen in das Schulsystem, in die Verwaltung und in die Parteipolitik Levittowns übertragen. Dadurch wurde Levittown schneller in die Sozialstruktur des ganzen Bezirks eingefügt, als es sonst der Fall gewesen wäre. Hier lag allerdings auch der Anlaß für die frühen Auseinandersetzungen zwischen den Alteingesessenen und den Neuhinzugezogenen. Immerhin entstand hierdurch auch das Bündnis gegen den gemeinsamen Gegner, die weltaufgeschlossenen Bürger der oberen Mittelschicht. Natürlich wurden auf diese Weise auch die potentiellen Ursachen einer Opposition der Einwohner gegen das Unternehmen Levitts begrenzt.

Eine vierte, vielleicht noch wichtigere Entscheidung wurde mit der Subventionierung der Schulen durch Levitt getroffen. Damit wurden die Steuern einige Jahre lang künstlich niedrig gehalten, wodurch die weniger wohlhabenden Levittowner in die Lage versetzt wurden, Anschaffungen zu machen. Als die Subventionierung später wieder wegfiel, gehörten diese Leute zu den hartnäckigsten Befürwortern der Steuerermäßigungen, die eine entscheidende Rolle im politischen Leben Levittowns spielten. Schließlich kommt der Entscheidung Levitts, innerhalb der Blocks die Haustypen zu mischen, eine erhebliche Bedeutung für das Leben innerhalb der Vereinigungen und in der Kommunalpolitik der neuen Gemeinde zu. Hätte man in jeder Nachbarschaft nur einen bestimmten Haustyp gebaut, so hätten sich drei verschiedene Arten von Nachbarschaften gebildet, jede mit geringen Unterschieden der politischen und gesellschaftlichen Interessen. In einer Gegend, in der nur Häuser mit drei Schlafzimmern gebaut worden waren, hätten sich kinderlose und ältere Ehepaare zusammengefunden, also Leute mit besonders geringem Interesse für die Probleme der Schulen, die sich vielleicht für eine stärker organisierte Opposition gegen den Schulhaushalt ausgesprochen hätten. Die privaten Organisationen hätten sich in stärkerem Maße am nachbarschaftlichen Zusammenhalt ausgerichtet, wie auch die Parteipolitik vielleicht mehr auf dieser Ebene organisiert worden wäre. Es hätten sich vermutlich Gruppen mit jeweils ähnlichen Mitgliedern gebildet, zwischen denen es leicht hätte zu Konflikten kommen können.

Natürlich spielten in der Entwicklung der Gemeinde noch andere Entscheidungen des Unternehmens oder des Gemeinderates eine Rolle, aber sie waren weniger bedeutungsvoll. Die meisten Entwicklungsprozesse waren zum größten Teil voraussehbar und fast unvermeidliche Folgen des Entstehens einer neuen Gemeinde. Das Eindringen der überörtlichen Organisationen war zum Beispiel in dem Augenblick zu erwarten, als Levitt ankündigte, er werde 12 000 Häuser bauen. Denn diese Organisationen sind überall dabei, ihre Mitgliederzahlen zu erhöhen. Wegen der sehr begrenzten Möglichkeiten zur sozialen Differenzierung innerhalb der Blocks ergab sich die Notwendigkeit, Vereine zu gründen, die diese Aufgabe erfüllten. Es war daher zu erwarten, daß Minoritäten und Individuen ohne soziale Kontakte als erste solche Organisationen ins Leben rufen würden. Ähnlich konnten Vereinigungen nach ihrer Gründung, wenn sie bei dem starken Konkurrenzdruck eine Überlebenschance haben wollten, nichts anderes tun, als in großer Eile ihre Vorstände zu wählen und die Mitgliedschaftsbedingungen zu lockern. Zwangsläufig führte dies zu Meinungsverschiedenheiten über die Zweckbestimmung und zum Entstehen ähnlicher Organisationen, die ihrerseits im Wettlauf um Mitglieder und Chargen nicht zurückbleiben konnten. Es überrascht daher nicht, daß die meisten Vereinigungen und Kirchen, die jetzt in der Gemeinde bestehen, in den ersten Jahren gegründet wurden. Sie stürzten sich auf die ersten Käufer von Häusern und verliehen ihnen Ämter, die Macht und Prestige bedeuteten und die sie auch in den kommenden Jahren nicht verloren. Dieses Ergebnis könnte den Eindruck hervorrufen, als handele es sich um die vieldiskutierte vorstädtische Überbetriebsamkeit. Aber diese Überbetriebsamkeit ging eher von den Organisationen als von den Einwohnern aus. Richtiger gesagt, handelte es sich gar nicht um Überbetriebsamkeit, sondern einfach um den raschen Aufbau der Vereinigungen, die ihr Weiterbestehen sichern wollten.

Erwartungen vor dem Einzug und die Entwicklung der Gemeinde

Eine meiner Ausgangshypothesen war die, daß der Ursprung der Gemeinde und die Gründung bestimmter Gruppen und Institutionen den vor dem Einzug geäußerten Erwartungen der Levittowner entsprechen würde. Sie wurde durch die tatsächliche Entwicklung eindeutig widerlegt. Ehe sie einzogen, wollten nur wenige Einwohner in der Gemeinde aktiv mitarbeiten. Statt dessen wurden die Vereinigungen von einer Vielzahl externer Initiatoren, die an der neuen Gemeinde interessiert waren, ins Leben gerufen sowie von einigen Ortsansässigen, die eine persönliche Bindung zu einer bestimmten Gruppe hatten. Dies könnte den Eindruck erwecken, als seien die Erwartungen und Wünsche der Mehrzahl der Einwohner irrelevant und als könne eine neue Gemeinde von einzelnen Individuen, ja sogar von Außenstehenden bestimmt werden, wenn diese nur fest entschlossen seien, ihre eigenen Vorstellungen durchzusetzen. Es bedürfe nur genügend organisatorischen Geschicks und ausreichender Energie, um ihrer Meinung in der Bevölkerung Gehör zu verschaffen.
Es trifft zwar zu, daß fast jeder, der in Levittown eine Vereinigung gründen wollte, dazu Gelegenheit fand. Aber es ist ebenso richtig und auf die Dauer von größerer

Bedeutung, daß die Vereinigungen ihr Weiterbestehen nur dann sichern konnten, wenn sie den Wünschen und Bedürfnissen der Mitglieder entsprachen. So konnten die Levittowner das Schicksal der Vereine bestimmen, indem sie sie nach ihren eigenen Vorstellungen umformten. Dieser Umformungsprozeß setzte schon ein, ehe die Levittowner in ihre Häuser eingezogen waren, denn Levitt handelte an ihrer Stelle, indem er die Erfahrungen in anderen Levittowns bei der Planung dieser neuen Gemeinde berücksichtigte und die Kirchen auswählte, denen er kostenloses Bauland zur Verfügung stellte. Die Kirchen selbst benutzten die in früheren Levittowns gesammelten Daten, um zu entscheiden, welche Denominationen genügend Mitglieder erwarten könnten, so daß sich der Bau eines Kirchengebäudes lohne. Sie waren bei der Auswahl der ersten Geistlichen sehr sorgfältig. Diese sollten energisch sein und auf ihre zukünftigen Gemeindemitglieder eingehen können.

Die überörtlichen Vereinigungen, die von außen in Levittown Ortsgruppen gründeten, bestellten immer einen Levittowner als örtlichen Vertreter, der sich um die Organisation kümmern sollte. Ihr Einfluß beschränkte sich im wesentlichen auf die anfängliche Aufbauphase. Man überließ den örtlichen Vertretern die Entscheidung über die Eintrittsbedingungen und das Programm. Dadurch konnten diese sich den Wünschen der Leute anpassen, die ihrerseits zwar Vereinigungen beitreten wollten, ohne sich aber im einzelnen an die offiziellen Zielvorstellungen der Gruppe halten zu müssen. Gewöhnlich verlief der Prozeß fast automatisch, denn weil es nur wenige aktive Mitglieder gab, wurde jeder beliebige Einwohner, der einen Vorschlag für das Programm machte, zum Vorsitzenden eines Ausschusses ernannt, um diesen Vorschlag auszuführen. Der alte Militärwitz wurde wieder aufgewärmt, mit dem die Leute davor gewarnt wurden, in den Versammlungen den Mund aufzumachen, sofern sie nicht »freiwillig« eine Aufgabe übernehmen wollten. Anführer, die sich nicht nach den Wünschen der Mitglieder richteten oder den Verein nicht dazu bringen konnten, ihre Vorschläge zu übernehmen, wurden bei der nächsten Gelegenheit kaltgestellt.

Die Anpassungsfähigkeit der Organisationen wurde auch durch solche Leute gestärkt, die sich selbst für Führerpersönlichkeiten hielten. Diese Leute wollten nur an der Spitze stehen, ohne daß sie einem bestimmten Verein besonderes Interesse entgegenbrachten oder Vorstellungen über ein bestimmtes Programm hatten. Daher waren sie wendig genug, jede beliebige Gruppe zu leiten oder sich einer jeden Sache anzunehmen, wenn dies ihnen ein Amt eintrug. Drei Typen solcher »allgemeinen« Vorsitzenden spielten bei der Entstehung der Gemeinde eine wichtige Rolle.

Jede dieser drei Gruppen hatte ein anderes Motiv für die Annahme einer Führungsrolle*. Diese Motive waren: ausgeprägter Betätigungsdrang, persönliche Werbung, Schaffung eines Kundenkreises innerhalb der Gemeinde (besonders bei Mitgliedern freier Berufe) und schließlich bessere Aufstiegsmöglichkeiten – vor allem innerhalb der Parteien – bei Annahme eines Führungspostens.

* Originalausgabe S. 139–140

Spontan gegründete Vereinigungen richteten sich naturgemäß nach augenblicklichen Bedürfnissen innerhalb der Gemeinde. Solche Vereinigungen brachten Leute hervor, die man »spontane« Führerpersönlichkeiten nennen könnte. Ehe sie nach Levittown kamen, hatten sie nie daran gedacht, in Vereinigungen aktiv mitzuarbeiten. Sie wurden oft zu Führern gewählt, weil sie sich der Sache verpflichtet fühlten, nicht weil sie es unbedingt wollten. Manchmal entdeckten solche Leute bei sich versteckte Führereigenschaften und das Bedürfnis, eine führende Rolle zu übernehmen. Eine Frau, die nach ihrer Schulzeit keiner Organisation mehr angehört hatte, rief einen Nachbarschaftsclub ins Leben, weil sie sich einsam fühlte. Bald darauf wurde sie zur Vorsitzenden des größten kirchlichen Frauenvereins in Levittown gewählt. »Ich wollte das gar nicht, und ich habe mich nicht darum beworben«, erklärte sie später. »Aber einige Frauen baten mich darum, und ich sagte zu. Jetzt macht es mir Spaß. Ehe ich nach Levittown kam, war ich viel zu sehr mit mir selbst beschäftigt.« Sie war jedoch eine Ausnahme. Die meisten Initiatoren, denen das Bedürfnis und die Voraussetzungen zur Führung fehlten, gaben die Verantwortung bald an geeignetere Mitglieder weiter.

Die Politiker mußten besonders sorgfältig auf die Öffentlichkeit eingehen, nicht nur, um selbst gewählt zu werden, sondern auch vor allem, um für die Partei Mitarbeiter zu gewinnen. Das Schicksal der Alteingesessenen im Schulausschuß und im Gemeinderat hatte klar gezeigt, wie die Wähler reagieren, wenn man ihre Wünsche übergeht. Selbst Levitt, der mächtigste Mann im Orte, der auf niemanden außer auf seine zukünftigen Käufer Rücksicht nehmen mußte, beachtete die Forderungen der Einwohner, solange sie nicht wichtigeren Prioritäten zuwiderliefen. Er ließ die Pläne für ein kleines Einkaufszentrum und einige Tankstellen fallen, als die Einwohner Einspruch erhoben. Im Jahre 1960 gab er den Plan auf, einen Haustyp für 11 000 Dollar zu bauen, weil er glaubte, seine früheren Kunden würden den Versuch übelnehmen, Leute mit geringerem Einkommen nach Levittown zu ziehen. Waren die Forderungen der Einwohner aber mit wichtigeren Gesichtspunkten nicht zu vereinbaren, so war Levitt nicht sofort bereit, auf die Meinung der Einwohner einzugehen. So war es zum Beispiel, als die Schulen erweitert werden sollten, um die Klassenstärken niedrig zu halten. Aber wenn genügend Levittowner die Sache wichtig nahmen, konnten sie ihn auf dem Umweg über die Abwahl der Gemeindebeamten, die seine Forderungen unterstützten, zwingen, ihre Vorstellungen zu berücksichtigen.

Die Entstehung des Gemeindelebens in Levittown wurde also nicht von den Erwartungen der Bewohner bestimmt, die sie vor ihrem Einzug hatten, sondern vielmehr von einem komplexen Prozeß externer Initiativen und nachfolgender interner Umformungen. Hierdurch entstanden Organisationen und Institutionen, die die Herkunft und die Interessen der Mehrheit der Bevölkerung widerspiegelten. Die neuen Levittowner hatten sich vor ihrer Ankunft über das zukünftige gemeindliche Leben nicht viel Gedanken gemacht. Aber sobald sie sich niedergelassen hatten, entschlossen sie sich, an dem Leben der Gemeinde, die für sie gegründet worden war, teilzunehmen und es entsprechend ihren Bedürfnissen zu verändern. Diese Veränderungen hatten ihren Grund weniger in individuellen Wünschen als vielmehr in Erfordernissen, die durch die Gemeinde entstanden. Das heißt, die Leute traten den Vereinigungen bei und veränderten sie je nach den Bedürfnissen, die sie aus ihrer eigenen Situation in Levittown entwickelten. Diese Situation war vor allem dadurch vorgegeben, daß sie bestimmte Gruppen von Leuten antrafen, mit denen sie zusammen leben mußten. Denn insofern, als die Levittowner die Organisationen als Mittel zur sozialen Differenzierung benutzten, reagierten sie auf die Bevölkerungszusammensetzung, die sich in Levittown ergeben hatte. Schließlich entwickelte sich die Gemeinde in der beschriebenen Weise wegen der bunten Zusammensetzung aller der Leute, die sich unabhängig voneinander dazu entschlossen hatten, ein Haus in Levittown zu kaufen. Das Leben in den Organisationen und in der Kommunalpolitik führte sie in gemeinsamen Unternehmungen zusammen, teilte sie bei konkurrierenden Tätigkeiten in verschiedene Gruppen auf und brachte Konflikte zwischen den Schichten und anderen Gruppen hervor, wobei sich herausstellte, welche Gruppen in dieser Bevölkerungsmischung die Macht in der Gemeinde an sich reißen könnten. Folglich ist der Vorwurf nicht haltbar, daß Levittown einer Verschwörung seinen Ursprung verdanke. Diesen Vorwurf verdient weder der Unternehmer, wenn er auch auf seinen Gewinn bedacht war, noch die überregionalen Vereinigungen, die ihre Mitgliederzahlen innerhalb einer noch nicht an Vereine gebundenen Bevölkerung vergrößern wollten. Wenige Levittowner hatten etwas dagegen, daß viele der örtlichen Vereinigungen nur Niederlassungen überregionaler Organisationen waren, und ich glaube, daß viele dies nicht einmal bemerkten. Es waren zwar nicht alle mit den Leistungen zufrieden. Viele waren wegen der Kämpfe innerhalb der Vereinigungen und des politischen Lebens in der Gemeinde besorgt. Jedoch hatten die Ereignisse, die zu diesem Unbehagen führten, wohl kaum Verschwörungscharakter und waren auch nicht von oben diktiert. Vielmehr stellten sie eine Folge von Kompromissen dar, die im Vereinsleben und in der Politik geschlossen werden mußten, um die Gemeinde rascher gründen zu können. Die Gemeinde entsprach im Grunde der Lebensform der unteren Mittelschicht, die die Mehrzahl der Bevölkerung ausmachte.

Voraussetzungen für das Entstehen einer Gemeinde

Obwohl es gefährlich ist, aufgrund einer Untersuchung, die sich mit einer einzigen Gemeinde beschäftigt, verallgemeinernde Aussagen zu machen, scheint es mindestens sieben Voraussetzungen zu geben, die bei der Gründung eines neuen Ortes wie Levittown erfüllt sein müssen oder sich zumindest günstig dabei auswirken.
Als erstes muß die Bevölkerung kulturell und emotional »offen« sein, d. h. bereit zur Zusammenarbeit mit Fremden, und zwar selbst mit solchen, die einen anderen sozialen und kulturellen Hintergrund haben. Sie muß ihnen so viel Vertrauen entgegenbringen, daß gemeinsame Tätigkeiten möglich sind. Außerdem ist ein Minimum an sozialer und kultureller Homogenität erforderlich, so daß jeder mit jedem sprechen kann, ohne daß es zu Konfliktsituationen über Wertvorstellungen kommt. Ebenso müssen alle Individuen sich in einer gemeinsamen Situation befinden, aufgrund derer sie sozusagen alle im gleichen Boot sitzen.
Zweitens muß eine Bedürfnisstruktur existieren, die weder in der Familie noch in der Nachbarschaft voll befriedigt werden kann.
Drittens: Unter der Voraussetzung, daß die Bevölkerungsstruktur heterogen genug ist, wird Gruppenbildung gefördert. Es entstehen Minoritätengruppen oder Gruppen von gesellschaftlich isolierten Individuen, die Organisationen brauchen und ihrerseits über die notwendigen Fähigkeiten zur Teilnahme am Gruppenleben verfügen, so daß sie ihre Isolierung aufheben können.
Viertens muß es Einwohner geben, die zur Gründung und Leitung von Gruppen motiviert sind. Dazu müssen in einer heterogenen Gemeinde auch Führerpersönlichkeiten gehören, die unabhängig von ihren eigenen Interessen bereit sind, die Erwartungen der Gruppenmitglieder in die Tat umzusetzen, selbst wenn sie ihren persönlichen Vorstellungen zuwiderlaufen. Das Ansehen in der Gemeinde ist normalerweise ein genügend starker Anreiz bei der Werbung solcher Vorsitzenden, vor allem, wenn die Schichtungsstruktur offen genug ist, um Bewerbern mit niedrigem Status sozialen Aufstieg durch die Führung von Gruppen zu ermöglichen. Ein sehr wirksamer weiterer Ansporn liegt in beruflichen Vorteilen. Wenn es genügend Rechtsanwälte, Versicherungsvertreter und Kaufleute in der Bevölkerung gibt, werden sie sich für einen großen Teil dieser Führungsaufgaben zur Verfügung stellen.
Fünftens können Leute mit früher gesammelten Erfahrungen in der Leitung von Gruppen die anfängliche Unbeholfenheit in den Vereinen überwinden und die Auflösung von Gruppen während der starken Konkurrenzperiode am Beginn von Vereinsgründungen verhindern.
Sechstens: Gruppenbildungen und kommunale Aktivitäten werden durch Konflikte und Krisen verstärkt. Die Beteiligung an politischen und öffentlichen Angelegenheiten ist bei Meinungsverschiedenheiten viel intensiver, besonders wenn die

Verwirklichung der wichtigsten Zielvorstellungen, die die Bewohner beim Einzug in eine neue Gemeinde mitbringen, bedroht ist. Eine überwiegend homogene Bevölkerungsstruktur in einer Gemeinde, deren politische Institutionen den Bedürfnissen der Bevölkerung weitgehend entgegenkommt, führt mit großer Wahrscheinlichkeit dazu, daß abgesehen von den Wahlen keine Beteiligung stattfindet. Aber selbst im Falle der Beteiligung durch eine begrenzte Anzahl von Bewohnern bleibt die Aufgabe, die eigentlichen Entscheidungen zu treffen, doch einer kleinen Elite überlassen. Ist eine Bevölkerung dagegen heterogen strukturiert und werden die Interessen eines beträchtlichen Teils wenig oder gar nicht beachtet, so schließen sich diese Leute wahrscheinlich zusammen und bilden Interessengruppen, die Druck ausüben.

Siebtens setzt die Beteiligung an der Kommunalpolitik voraus, daß die räumlichen Voraussetzungen für Veranstaltungen erfüllt sind und daß Publikationsorgane über die Existenz der verschiedenen Gruppen informieren. Die Gründung von Zeitungen ist ein Teil des gesamten Entwicklungsprozesses einer Gemeinde, aber Versammlungsräume und kleine Säle müssen vorhanden sein, um die Gründung von Gruppen zu erleichtern, die mehr Mitglieder haben, als ein Wohnzimmer fassen kann.

Merkmale einer neuen Gemeinde

Ob die Ergebnisse der verschiedenen Prozesse, die wir beschrieben haben, zum Entstehen einer Gemeinde führen, hängt zum Teil von der Definition dieses Begriffs ab. Genau gesagt ist das, was in Levittown entstand, eine typische Ansammlung öffentlicher Organe und privater Vereinigungen, die zusammen arbeiteten, wenn das gemeinsame Interesse es erforderte, die aber meistens miteinander konkurrierten. Viele dieser Vereinigungen unterhielten Beziehungen zu Institutionen auf der Ebene des Bezirks, des Staates oder des Bundes, die wichtiger waren als ihre Bindungen an andere Organisationen innerhalb der Gemeinde[11].

Man bezeichnete die Gesamtheit dieser Gruppen allgemein als »die Gemeinde«, vor allem, weil sie sich innerhalb der Ortsgrenzen betätigten und auch ihre Zuständigkeit auf das Ortsgebiet beschränkt war. Desgleichen konnten sie nur auf die Bevölkerung innerhalb dieser Grenzen Einfluß ausüben. Auf die Bewohner des Ortes konnten sie allerdings einwirken und durch Vorschriften ihr Verhalten regulieren. Sie konnten sogar nach außen hin tätig werden, indem sie sich im Namen

---

[11] Eine Untersuchung beschreibt die soziale Organisation einer neuen schottischen Stadt als »eine beträchtliche Anzahl kleinerer Gruppen, die eine große Aktivität nach innen, aber keine Beziehungen zueinander entwickeln«. Hole, S. 171.

der Bewohner an Ortsfremde wandten. So würde sich z. B. ein **Ortsfremder**, der über die Gedankenwelt und die Vorstellungen der Frauen in Levittown Bescheid wissen wollte, wahrscheinlich an den Frauenclub wenden, dessen Vorsitzende glauben würde, im Namen aller Frauen von Levittown Auskunft geben zu können. In Wirklichkeit repräsentierten sie aber nicht einmal alle Mitglieder ihres eigenen, geschweige die der anderen Frauenclubs, ebensowenig wie irgendeine andere Gruppe in der Gemeinde. Jede Organisation glaubte, für die Gemeinde sprechen und sogar Forderungen an die Gemeinde erheben zu können, die angeblich der Gemeinde zugute kommen sollten. Die Einwohner neigten dazu, die formellen Organisationen als repräsentativ für die Gemeinde anzusehen. Denn als ich die Vorsitzenden informeller Clubs befragte und darauf hinwies, daß ich an einer Untersuchung über die Gemeinde arbeitete, waren sie oft zurückhaltend mit ihren Angaben über ihre Gruppe, weil sie sich nicht als einen Teil dessen, was sie als »Gemeinde« bezeichneten, betrachteten[12].

Da die meisten Levittowner sich nicht aktiv an den sogenannten Gemeindeeinrichtungen beteiligten, spielte die Gemeinde, ihretwegen gegründet, nur eine untergeordnete Rolle in ihrem Leben. Das Haus und das Grundstück, auf dem es stand, die nächsten Nachbarn und vielleicht der Wohnblock, dazu die Freunde, die in Levittown wohnten, sowie die Kirchengemeinde oder eine bestimmte Gruppe, an der sie aktiv teilnahmen – alles dies beschäftigte sie außerordentlich stark[13]. Wenn die Einstellung, die man mit »Bürgersinn« bezeichnen könnte, meßbar wäre, so würde sie nur diese Faktoren einbeziehen, nicht aber die eigentliche Gemeinde oder auch nur die Nachbarschaft. Nachbarschaftsgrenzen hatten kaum eine Bedeutung, denn Wohneinheiten für 1200 Familien sind zuviel, um persönliche Beziehungen anzuknüpfen. Selbst die sogenannten Nachbarschaftsclubs umfaßten meist nur ein oder zwei Blocks. Die Kinder in den Nachbarschaftsschulen identifizierten sich vielleicht noch am ehesten mit der Nachbarschaft. Dies lag aber an der kindlichen Einbildung, ihre Schule sei besser als die anderen.

Da einige Schüler in Bussen aus anderen Nachbarschaften kamen, waren nicht einmal die Schulen reine nachbarschaftliche Institutionen. Einige Erwachsene bezeichneten ihre Nachbarschaft als die beste und angenehmste in der ganzen Gemeinde, eine Überprüfung solcher Äußerungen zeigte jedoch, daß sie damit den Wohnblock meinten. Einige waren dagegen fest der Auffassung, andere Nachbarschaften seien der ihren unterlegen, weil der Abstand der Häuser geringer oder die Ausführung schlechter sei.

---

[12] In Levittown, Pennsylvania, betrachteten sich die Leute, die in öffentlichen Vereinigungen tätig waren, als der Gemeinde zugehörig. Sie erkannten die Struktur der Gemeinde besser als diejenigen, die nicht in solchen Vereinigungen tätig waren. Jahoda und andere, S. 145.

[13] Hole, S. 168.

Das Verhältnis zum Block, zu Nachbarn, Freunden und den jeweils bevorzugten Organisationen führte gelegentlich zu einer allgemeinen Identifikation mit Levittown als dem besten Wohnort. Manche Leute waren stolz auf eine siegreiche Fußballmannschaft oder auf den Erfolg irgendeiner Gruppe, was dem Prestige der ganzen Gemeinde zugute kam. Solche Gefühle waren aber weder sehr intensiv noch von Dauer. Sie galten weniger diesen nebensächlichen Errungenschaften der Gemeinde als vielmehr dem Wunsch, Levittown einen Platz auf der Landkarte zu sichern, in dem nie endenden Wettbewerb mit anderen Gemeinden. Die »Landkarte« war gewöhnlich Burlington County. Als aber der Sportausschuß des Bezirks den Stadtrat aufforderte, eine örtliche Mannschaft zu finanzieren, die in der Baseball-Liga des Bezirks mitspielen sollte, wurde vorgebracht, daß diese Liga regelmäßig von den Favoritenmannschaften besucht und beobachtet werde, so daß ein gemeindlicher Zuschuß von 1000 Dollar eines Tages dazu führen könne, daß ein Levittowner seine Gemeinde in der Bundesliga der Vereinigten Staaten vertreten könnte. Sogar die Änderung des Namens von Levittown in Willingboro hatte ihren Grund vor allem in den ungünstigen Schlagzeilen, die die Stadt in der Presse des ganzen Gebiets von Philadelphia gemacht hatte. Sie war nicht so sehr Ausdruck der Sorge um die Gemeinde als vielmehr der Glaube, daß durch den Namen das Image einer Gemeinde entsteht, mit dem die Bewohner sich wie bei einer persönlichen Beziehung identifizieren können und von dem sie wünschen, daß es in der Außenwelt anerkannt wird.

Natürlich wurde versucht, in der Gemeinde ein Zusammengehörigkeitsgefühl zu schaffen. Kaufleute, Parteiführer, Vereinsvorsitzende, Gemeindebeamte und andere Leute, die für irgend etwas Reklame machen mußten, hofften auf diese Weise ihre Mitglieder veranlassen zu können, sich stärker für ihre spezielle Gruppe einzusetzen. Einige Einwohner schätzten diesen »Bürgersinn« sehr hoch ein und hoben lobend hervor, daß die Levittowner ihn in stärkerem Maße praktizierten als ihre früheren Nachbarn. Was sie aber damit meinten, war die Bereitschaft, sich in selbstloser Weise für die anderen Levittowner einzusetzen. Beispielsweise nannte man es Gemeinschaftssinn, als ein Mann abends arbeitete und Lohnausfall hinnahm, um die Mannschaft seines Sportvereins zu trainieren. Dasselbe sagte man von Leuten, die einer eben verwitweten Einwohnerin Geschenke und Beileidsbriefe schickten. Andere beteten für ein kleines krebskrankes Mädchen, das erst seit kurzem in der Gemeinde wohnte und nur noch sechs Monate zu leben hatte. Diese Art von »Bürgersinn« war eher ein Ausdruck gegenseitiger Hilfsbereitschaft unter Nachbarn als eine Einstellung gegenüber der Gemeinde. Er entstand auch nur bei persönlichen Krisen oder Katastrophen, oder wenn eine Gruppe existentiell bedroht war. Bei Vorfällen oder Streitfragen der Politik, die für einige Levittowner vorteilhaft und für andere nachteilig waren, konnten solche Gefühle nicht entstehen und wurden auch von niemand erwartet. Vielleicht hätte sich in dem Fall, daß der Ort von außen her ernsthaft bedroht und damit die Gemeinde als Ganzes und jeder einzelne Levittowner benachteiligt worden wäre, eine starke Identifikation mit der Gemeinde entwickelt. Aber die meisten Leute hofften, eine solche Bedrohung würde nie eintreten. Selbst wenn sie eingetreten wäre, hätte sie nur zu einem vorübergehenden Zusammenhalt geführt, der beim Nachlassen der Bedrohung wieder aufgegeben worden wäre. Falls eine solche Bedrohung aber nicht beseitigt worden wäre, so hätte dies zu einer Lockerung der gefühlsmäßigen Bindungen an die Gemeinde und schließlich zum Verlassen Levittowns geführt.

Nach herkömmlichen Maßstäben kann Levittown also wohl kaum als Gemeinde gelten. Es ist keine wirtschaftliche Einheit, deren Elemente aufeinander angewiesen sind, um zu existieren. Auch stellt es keine soziale Einheit dar, denn es gibt keinen Grund oder Anreiz für die Bewohner, als Bürger Levittowns miteinander dauernde oder gelegentliche Beziehungen zu pflegen. Und sicher war Levittown auch keine symbolische Einheit, denn jene Einstellung, die wir mit »Bürgersinn« umschrieben, war nur schwach entwickelt. Wenn Levittown dennoch als Gemeinde bezeichnet werden soll – eine Charakterisierung, die selbstverständlich zutrifft – so könnte es am besten als politisch-administrative Einheit definiert werden, einschließlich eines Systems von Gruppen und Institutionen auf kommunaler Ebene. Es liegt auf einem Gebiet, das vor etwa 300 Jahren von William Penn und seinen Glaubensgenossen als Stadt gegründet worden war[14]. Die Gemeinde stellte ihren Bewohnern eine Vielzahl von Dienstleistungen zur Verfügung und erwartete dafür von ihnen, daß sie eine Reihe von Rollen als Gemeindemitglieder übernahmen, z. B. als Wähler, als Steuerzahler oder als Mitglieder von Organisationen. Diese Rollen förderten aber eher die Trennung als die Integration innerhalb der Gemeinde.

Gerade weil Levittown eine lose Verbindung von Gruppen und Institutionen war, konnten sich diese Vereinigungen schnell und in großer Zahl entwickeln. Wäre die Gemeinde eine festgefügte, gesellschaftliche Einheit gewesen, so wären weniger Gruppen entstanden, denn die Gründung neuer Vereinigungen hätte einen Eingriff in die engmaschige gesellschaftliche Einheit bedeutet. Da es diese Einheit aber nicht gab, brauchte Levittown Gruppen, Leute und Symbole, um anderen Gemeinden als geschlossene Einheit zu erscheinen, wie umgekehrt andere Gemeinden versuchten, diesen Eindruck auch auf die Levittowner zu machen. Die Versuche Levitts und später auch der Stadträte, die Baugenehmigung von Läden und Tankstellen mit der Bedingung zu verknüpfen, daß sie im Pseudokolonialstil errichtet werden sollten, waren ebenfalls ein architektonisches Mittel, eine Einheitlichkeit zu schaffen, der die gesellschaftliche Struktur nicht entsprach.

[14] Zu ähnlichen Ergebnissen kam in einer vorstädtischen Gemeinde Greer (1960), S. 519–520.

Ich möchte Levittown nicht die Eigenschaft einer Gemeinde absprechen, denn meine Beobachtungen trafen ebenso auch auf andere Städte und Vorstädte zu. Vielleicht gelten sie sogar für die meisten Gemeinden der Vergangenheit, sogar für diejenigen, die heute lobend als Vorbilder hingestellt werden[15]. Darüber hinaus entwickelte Levittown wahrscheinlich größere Identität mit der Gemeinde, stärkere soziale Integration und intensivere symbolische wie auch räumliche Einheit als manche ältere und typischere Gemeinde, sei es auch nur deshalb, weil Levittown im Gegensatz zu anderen Gemeinden völlig neu, seine einheitliche Bauweise typisch und das Durchschnittsalter der Bevölkerung niedrig waren. Auch das Selbstverständnis der Bewohner als Gemeinde war stärker als in Levittown, Long Island, das mehreren Orten angehörte und deshalb Gegenstand von Auseinandersetzungen darüber war, ob es nun eine Gemeinde sei oder nicht[16]. Ich wende mich hier nicht gegen Levittown, sondern gegen jene Kritiker, die in einer Gemeinde eine soziale Einheit sehen wollen, obwohl es diese Einheit nicht gibt. Meine Argumente richten sich gegen romantische Stadtplaner, die von den Sehnsüchten einiger Sozialkritiker beeinflußt sind und einen Gemeinschaftssinn »wiederbeleben« wollen, der nur in ihrer Einbildung besteht. Es wäre besser, statt dessen für ein einwandfreies Funktionieren der Einrichtungen zu planen, die wir Gemeinde nennen, und dafür zu sorgen, daß die Lebensbedingungen in diesen Einrichtungen verbessert werden.

Die neue Gemeinde und absichtliche Innovationen

Stadtplaner sprechen nur dann von einer »neuen Stadt«, wenn es genügend Arbeitsplätze für etwa die Hälfte der Bevölkerung gibt. In diesem Sinne war Levittown keine neue Stadt. Selbst wenn man in der Lage gewesen wäre, Industriebetriebe anzusiedeln, so wäre doch für diesen Zweck so wenig Grund und Boden verfügbar gewesen, daß nur ein Bruchteil der Levittowner einen Arbeitsplatz am Ort gefunden hätten. Als bauliche Anlage war Levittown zwar neu, aber in vieler Hinsicht war es keine neue Gemeinde. Die Leute, die in Levittown einzogen, wollten ein neues Haus, aber kein neues Leben, und die Gemeinde, die sie gründeten, war insofern nicht besonders neuartig. Keine ihrer Organisationen, Institutionen und öffentlichen Einrichtungen unterschied sich von denjenigen in anderen Gemeinden, in denen junge Familien mit ähnlichem sozio-ökonomischen Status wohnten. Viele Faktoren haben bei der Gründung der Gemeinde dazu beigetragen,

---

[15] Eine aufschlußreiche Untersuchung über das Fehlen eines solchen Gemeinschaftsgeistes in der Athener Polis und über ähnlich trennende Klassenkonflikte, die sich auch in der modernen Stadt finden, siehe Gouldner, Kap. 4.
[16] Siehe Orzack und Sanders, S. 3–11; auch Dobriner (1963), S. 118–125.

daß Versuche mit neuen Strukturen nicht unternommen wurden. Ob die Entwicklung sich von innen oder von außen her vollzog – sie war vorwiegend eine Übertragung bereits existierender Organisationen und Kirchen, und nachdem sie einmal ins Leben gerufen waren, begannen diese formellen wie auch die informellen Gruppen intensiv mit der Suche nach »erfahrenen« Mitgliedern. Folglich kamen in den neuen Organisationen alte Strukturen und Vorstellungen zum Tragen, die sich andernorts bewährt hatten. Aus der Notwendigkeit, den Fortbestand der Gruppe zu sichern und Routine zu entwickeln, wurden neue Versuche und Experimente zurückgestellt. Sie fanden nur statt, wenn es entweder keine andere Alternative gab oder wenn nur eine neue Lösung die Erfordernisse des Augenblicks zu erfüllen versprach. Beispielsweise verfielen die Republikaner nur deshalb auf ihren Lautsprecherwagen bei der Wahlkampagne, weil ihnen im Wahlkampf erfahrene Strategen fehlten und weil nicht genügend Wahlredner verfügbar waren. Deshalb mußte der Wähler auf eine neue Weise angesprochen werden. Wenn Vorschläge als absichtliche Neuerungen oder Experimente gemacht worden wären – insbesondere, wenn sie von den kosmopolitisch eingestellten Bewohnern gekommen wären –, hätte man sie wahrscheinlich abgelehnt, weil die Leute nicht als Versuchskaninchen behandelt werden wollten. So sehr die Levittowner zu Neuerungen und Experimenten in ihren eigenen Häusern bereit waren, so entschieden lehnten sie diese auf der Ebene der Gemeinde ab.

Es bleibt jedoch die Tatsache, daß Levittown von Anfang an von dem Unternehmer und dessen Beratern geplant worden war. Dazu kamen die Organisationen von außerhalb, um in Levittown Zweigniederlassungen zu gründen, noch ehe die Gemeinde ein halbes Jahr alt war. Es lohnt sich deshalb, der Frage nachzugehen, ob man in der zielgerichteten Planung noch einen Schritt mehr hätte tun können, indem man vor der Fertigstellung einige Neuerungen eingeführt hätte, mit denen die Levittowner bei ihrem Einzug als fait accompli konfrontiert worden wären. Es stellt sich die Frage, ob eine frühzeitige und geschickte Initiative die Planer von Schulen, Kirchengemeinden und Vereinen zur Entwicklung einer neuen Gemeindestruktur hätte veranlassen können, die den Bedürfnissen der Bewohner in so hohem Maße entsprochen hätte, daß sie diese Struktur angenommen und auf diese Weise aus Levittown eine wirklich neue Gemeinde geschaffen hätten.

Organisatorisches Geschick war in großem Maße vorhanden. Aufgrund der Angaben über die Zahl der zu bauenden Häuser und ihrer Preise hätte ein Planer von Organisationen das Datenmaterial früherer Levittowns nutzen können, um ziemlich genau die Art und Anzahl der Gruppen und Institutionen vorauszusagen, die für die neue Bevölkerung wichtig sein würden. Die Forschungsabteilungen der protestantischen Sekten hatten dies getan. Ein Planer wäre vielleicht sogar in der Lage gewesen, solche Organisationen ins Leben zu rufen, denn nachdem die Häuser in Levittown bezogen waren, löste jeder, der sich zur Gründung einer bestimmten Organisation entschloß, Prozesse aus, die den Fortbestand der Gruppe ermöglichten. Es ist allerdings unwahrscheinlich, daß ein Planer in der Lage gewesen wäre, auch die Mitgliedschaft und die Veranstaltungen einer Gruppe zu programmieren. Nur wenn er vorausgesagt hätte, welche Minderheiten innerhalb der Blocks isoliert gewesen wären und welche Kriterien der sozialen Differenzierung sich aus der Bevölkerungszusammensetzung ergeben hätten, dann hätten sich die Pläne genau verwirklichen lassen, nachdem die Levittowner eingezogen waren. Andernfalls wären die Organisationen den Bedürfnissen entsprechend verändert worden, die sich nach dem Einzug entwickelten. Eine Vorausplanung hätte vielleicht sogar die Zersplitterung verstärkt, denn die neuen Einwohner hätten die bestehenden Organisationen vielleicht verdächtigt, aus irgendeinem Grunde den Interessen des Unternehmers oder der Alteingesessenen zu dienen. Deshalb hätten sie diese Vereinigungen vielleicht überhaupt gemieden.

Vielleicht hatten Levitts Berater und die Alteingesessenen recht, wenn sie davon Abstand nahmen, ohne die Levittowner zu planen, und statt dessen nur den institutionellen Rahmen entwickelten, der von den Bewohnern nach ihrem Einzug mit inhaltlichen Details gefüllt werden sollte. Man hätte allerdings diesem Rahmen mehr Aufmerksamkeit zuwenden sollen. So hätte man Grundschulen mit genügend Klassenräumen schaffen können, um die Klassenstärke in der gewünschten Größe zu halten, wenn man die Bevölkerungszahl genauer berechnet hätte. Planer hätten auch den kleinen Organisationen helfen können, die nicht geschickt genug waren, unter den Levittownern jene ausfindig zu machen, die für die Arbeit in den Gruppen befähigt und daran interessiert waren. Man hätte auch helfen können, Institutionen ins Leben zu rufen mit Funktionen und Ansichten, die die Gemeinde sonst nicht anzubieten hatte. So gab es bis 1961 keine Nervenklinik und auch kein Beratungszentrum für Nervenleidende. Es gab kaum Erholungsmöglichkeiten für Mädchen, keine Organisationen mit hohem kulturellen Niveau und keine örtlichen oder überregionalen politischen Gruppen, die neues Leben in die Gemeinde hätten bringen können, wie z. B. die »Americans for Democratic Action« oder ein örtliches Bürgerkomitee für die Planung. Da man aber davon ausgehen muß, daß nur wenige Einwohner sich für diese Dinge interessieren, steht dahin, ob solche Vereinigungen überhaupt eine Überlebenschance gehabt hätten, selbst wenn sie von einem hauptberuflichen Organisator gegründet worden wären.

Schließlich wäre wahrscheinlich jeder Versuch, wirkliche organisatorische Neuerungen einzuführen, gescheitert. Denn die Levittowner wollten ja gar nicht eine neue Gemeinde schaffen, sondern sie wollten in einem neuen Haus ihr Familienleben, die nachbarschaftlichen Beziehungen und staatsbürgerlichen Betätigungen in gewohnter Weise fortführen. Es scheint mir, daß die einzigen wirklich neuartigen Gemeinden utopische Gemeinden sind, von Leuten absichtlich entworfen, die sich entschlossen haben, ihr Leben nach einem gemeinsamen Plan neu einzurichten. Aber solche Leute hätten nie daran gedacht, in Levittown ein Haus zu kaufen. Einige wenige Levittowner kamen, weil sie ein neues Leben anfangen oder grundlegende Dinge ihres bisherigen Lebens ändern wollten. Andere hatten die fragwürdige Hoffnung, daß eine neue Gemeinde die Probleme und Konflikte vermeiden würde, die für alte Gemeinden charakteristisch sind. Die Hoffnung wurde durch die Notwendigkeiten des Aufbauprozesses schnell zerschlagen. Einer der ersten, die in Levittown eingezogen waren, erinnerte sich später: »Ich zog mit sehr naiven Erwartungen hierher. Ich dachte nicht, daß es jugendliches Rowdytum geben würde. Ich dachte, es würden hier nur Engel einziehen. Es kam mir nie in den Sinn, daß die Menschen gleich bleiben, egal, wo sie leben.« Das war gut gesagt: Letzten Endes hatte man es mit Menschen zu tun, von denen ein jeder seine eigenen Gewohnheiten mitbrachte. In der Gemeinde, die sie gründeten, entstanden auf neuem Boden die alten Lebensformen und Einrichtungen wieder.

TEIL II

DAS LEBEN IN DER VORSTADT

8 Homogenität und Konformität in der Vorstadt

Im zweiten Teil der Untersuchung wird sich das Interesse von Levittown auf die Levittowner verlagern und von einer historischen auf eine aktuelle Perspektive, die einen Querschnitt der Bevölkerung ins Bild nehmen wird. Damit wenden wir uns von der Gemeinde den Bewohnern zu und der Art und Weise, in der sie leben während eines bestimmten Zeitpunkts. Einige Kritiker behaupten, daß die Vorstadt sich auf ihre Bewohner sowohl sozial und kulturell als auch emotional zersetzend auswirke. Die Gründe sehen sie im Charakter der Vorstadt und im Verlassen des städtischen Lebens: Eine Überprüfung dieser Vorwürfe erfordert eine qualitative Bewertung des Lebens in Levittown und eine Messung des Einflusses, den der Ort auf seine Bewohner ausübt. Erst dann kann festgestellt werden, welche Veränderungen im Verhalten und in den Einstellungen der Bewohner tatsächlich durch den Umzug in die Vorstadt eingetreten sind.

Viele der Ergebnisse über die Bedeutung Levittowns für seine Bewohner stammen aus Interviews mit zwei Gruppen von Befragten. Eine Gruppe war mit gewissen Einschränkungen eine Zufallsstichprobe von 45 Hausbesitzern aus Somerset Park, der zuerst bezogenen Nachbarschaft, die andere eine Gruppe von 55 Befragten aus derselben Nachbarschaft, die aber aus Philadelphia zugezogen waren. Diese Gruppe soll hier die Philadelphia- oder Stadt-Stichprobe genannt werden. Beide Gruppen wurden im Laufe der Jahre 1960 und 1961 befragt, nachdem sie zwei bis drei Jahre lang in Levittown gelebt hatten. Damit ist der Zeitraum für die Analyse abgegrenzt. Auch die Befragten aus der Zufallsstichprobe wurden interviewt, nachdem sie gerade in Levittown eingezogen waren, so daß ihre Angaben zusätzlich Material über die unmittelbaren Auswirkungen des Umzugs hergeben. Beide Gruppen sind sehr klein und deshalb sicher nicht ganz nach dem Zufallsprinzip ausgewählt. Die Daten halten keiner endgültigen wissenschaftlichen Überprüfung stand, wie es statistische Analysen oft tun. Sie verdeutlichen indessen die Erfahrungen derjenigen, die nach Levittown umzogen.

Merkmale der Geselligkeit

Am häufigsten wird wohl Klage geführt über die Art der sozialen Beziehungen in der Vorstadt. Kritiker behaupten, die Vorstadt sei gesellschaftlich überaktiv und orientiere die Leute in einem solchen Maß nach außen, daß ihnen wenig Zeit oder Lust zur eigenen Persönlichkeitsentfaltung bleibe. Die alles nivellierende Gleichartigkeit der Bevölkerung habe die gesellschaftlichen Kräfte im Grunde gelähmt.

Das Fehlen von Nachbarn und Freunden aus anderen Gesellschaftsschichten verursache eine Gleichförmigkeit, durch welche die Individualität des Vorstadtbewohners weiter gemindert werde. Tatsächlich wurden Untersuchungen über die Bedeutung der räumlichen Nähe für die Wahl des Bekanntenkreises so ausgelegt, daß die räumlichen Gegebenheiten mehr als die Menschen selbst die Auswahl von Freunden und Bekannten bestimmen. Weil viele Vorstadtbewohner nur vorübergehend dort wohnen, wurde vermutet, daß sie Bekanntschaften nur für die Dauer ihres Aufenthalts anstrebten. Auf die Dauer führe dies aber zur Unfähigkeit, engere Freundschaften einzugehen[1].
In Levittown kam man zu ganz gegenteiligen Ergebnissen. Dort wurde von viel schneller gewonnenen Bekanntenkreisen berichtet. Man freute sich sogar schon vor dem Umzug nach Levittown darauf. Der Hauptgrund für diese Erleichterung beim Anknüpfen sozialer Beziehungen ist sicher die Homogenität, aber eine gleichermaßen zutreffende Bezeichnung ist vielleicht Verträglichkeit. Die räumliche Nähe kann zwar den gesellschaftlichen Kontakt einleiten, ist jedoch für Freundschaft nicht ausschlaggebend. Viele Kontakte sind tatsächlich nicht von Dauer, aber das besagt nichts über die augenblickliche Intensität. Letztlich herrscht zwar die Gleichartigkeit vor, aber weniger in der Form boshaften oder passiven Nachahmens, sondern eher im Austausch von praktischen Erfahrungen. Kurzum, es gibt zwar viele der von den Kritikern festgestellten Erscheinungen in Levittown, aber deren angebliche Folgen treten nicht ein. Die Einwohner Levittowns wurden keine Konformisten ohne eine eigene Meinung, die nichts Besseres zu tun wissen, als ständig auszugehen. Sie blieben individuelle Persönlichkeiten, die die gesellschaftlichen Erwartungen durchsetzten, mit denen sie kamen. Natürlich bringt das gesellschaftliche Leben Levittowns auch Nachteile mit sich, aber diese scheinen, gemessen an den Vorteilen, gering.

Nachbarschaftliche Beziehungen[2]

Ungefähr die Hälfte der befragten Levittowner gaben an, daß sie ihre Nachbarn öfter besuchten als an ihrem vorherigen Wohnort. Ein Viertel machte weniger Besuche, und das verbleibende Viertel konnte über keinerlei Veränderungen be-

---

[1] Die Vorwürfe finden sich z. B. bei Henderson, Allen, Keats und Whyte (1956), Kap. 25 und 26.
[2] Nachbarschaftliche Beziehungen oder gegenseitiges Besuchen der Nachbarn wurde im Interview als »gemeinsame Kaffeestunde, gemeinsame Abendgestaltung oder häufig innerhalb oder außerhalb des Hauses geführte Unterhaltungen« definiert. Alles das war gemeint, was über ein freundliches »Guten Tag« oder ein höfliches Gespräch über das Wetter hinausgeht. Außerdem wurde angenommen, daß sich der Besuchsaustausch häufiger unter Einzelpersonen als unter Paaren abspielt. Die Frage lautete dann: »Machen Sie mehr oder weniger Besuche als an Ihrem ehemaligen Wohnort?«

richten³. Die größte Zunahme wurde dort vermerkt, wo Leute schon mit der Absicht kamen, die gegenseitigen Besuche stärker zu pflegen, insbesondere bei denjenigen, die an ihrem ehemaligen Wohnort dazu wenig Gelegenheit hatten. Wie ein aus Philadelphia stammender Befragter äußerte: »Wir waren meistens mit den Schwiegereltern und mit meiner Mutter zusammen. Früher kümmerten wir uns nicht um die Nachbarn.« Andere hatten früher keine geeigneten Nachbarn. Für jene, die in Mietwohnungen gelebt hatten, hatte es wenig Gelegenheit gegeben, Bekanntschaften zu schließen. Andere, die aus alten oder stark im Übergang befindlichen Gegenden gekommen waren, hatten ihre Nachbarn unpassend gefunden. Das galt für ehemalige Vor- und Kleinstadtbewohner ebenso wie für diejenigen, die aus größeren Städten kamen, und es betraf sowohl Hausbesitzer als auch Mieter. Ein Hauseigentümer erklärte: »Levittown sagt mir viel mehr zu. In unserem früheren Wohnort waren die Nachbarn alle so alt wie meine Mutter.«

Abgesehen von dem Wunsch nach mehr Geselligkeit hatte die höhere Besuchsfreudigkeit ihren Grund vor allem darin, daß die Gemeinde eine Neugründung war und daß es nur geringe Einkaufsmöglichkeiten oder andere Gelegenheiten gab, sich während des Tages zu beschäftigen. Aber diese Gründe wurden weit seltener erwähnt als die »Freundlichkeit« der Nachbarn, ein Ergebnis der Gleichartigkeit der Bevölkerung. Eine Levittownerin beschrieb ihre Nachbarin von nebenan und meinte: »Wir sehen die Dinge mit gleichen Augen an, haben gleiche Ansichten über die Kindererziehung, über die Einstellung zum Ehemann und leben auf die gleiche Weise. Wir kommen praktisch aus den gleichen Verhältnissen.« Umgekehrt konnten Leute, die über weniger Beziehungen zu den Nachbarn berichteten, innerhalb des Wohnblocks keine Gleichgesinnten finden: ältere Menschen, einige Bewohner mit sehr hohem oder sehr geringem sozialen Status und jene, denen es Schwierigkeiten machte, Beziehungen zu den Nachbarn anzuknüpfen, besonders jüdische Frauen, die in der zweiten Generation in Philadelphia gelebt hatten und daran gewöhnt waren, bisher nur unter jüdischen Nachbarn zu wohnen[4]. Einige wenige wollten weiterhin mit ihren Verwandten zusammen sein oder zogen es vor, nichts mit ihren Nachbarn zu tun zu haben.

Selbstverständlich war die Beziehung zu den Nachbarn durch eine gewisse Freund-

---

[3] 54 % der Zufallsauswahl tauschten mehr Besuche mit den Nachbarn aus, als sie es an ihrem ehemaligen Wohnort getan hatten, 16 % weniger und 30 % ebensoviel. Unter den aus Philadelphia Zugezogenen waren die entsprechenden Prozentsätze 48, 19 und 33 %.
[4] So berichtete ein Drittel der weniger gebildeten Befragten der Zufallsauswahl und zwei Drittel der Befragten mit College-Ausbildung der Philadelphia-Gruppe über eine Abnahme des nachbarschaftlichen Verkehrs. Juden aus kleineren Städten, die bereits gelernt hatten, mit nichtjüdischen Nachbarn zu leben, und ehemalige jüdische Einwohner Philadelphias, die dort drei Generationen lang gelebt hatten, sprachen nicht über geringeren Verkehr mit den Nachbarn.

lichkeit bestimmt, denn man war für die gegenseitige Hilfe aufeinander angewiesen. In einer abseits der Stadt gelegenen Wohngemeinde sind die Frauen von Verwandten und alten Bekannten abgeschnitten und tagsüber auch von ihren Männern, die zur Arbeit in die Stadt fahren. So wird die Bereitschaft zu helfen zum wichtigsten Merkmal eines guten Nachbarn. Das bedeutet nicht nur ein Aushelfen in Notfällen, sondern auch die Überbrückung von Einsamkeit durch einen gelegentlichen Kaffeeklatsch und die Bereitschaft, dem anderen dadurch zu helfen, daß man seine Sorgen anhört. Sich gegenseitig zu helfen bietet darüber hinaus eine im Alltagsleben selten gewordene Gelegenheit, die Forderungen der jüdisch-christlichen Ethik zu verwirklichen, wodurch man angemessene emotionale Belohnungen erfährt. Außerdem erlaubt die Form dieser gegenseitigen Hilfe dem Nachbarn, ständig den anderen zu beobachten, wie es in jeder Nachbarschaft geschieht. Eines Abends fuhr ich etwas schneller als gewöhnlich aus meiner Ausfahrt heraus. Sofort kam der Nachbar von nebenan herüber, um zu fragen, ob etwas nicht stimme. Später wollte er dann wissen, ob er nicht in seinem Bemühen, ein guter Nachbar zu sein, die Gebote der Zurückhaltung verletzt habe und zu neugierig gewesen sei. Das gegenseitige Beobachten, durch das ein Block zum Glashaus wird, findet vor allem unter den direkten Nachbarn statt, denn wo die Häuser nur etwa drei Meter voneinander entfernt stehen, müssen die Bewohner freundschaftliche Beziehungen untereinander erhalten, sofern dies überhaupt möglich ist. Weiter voneinander entfernte Nachbarn können einander vollkommen ignorieren. So äußerte ein Levittowner, der aus einem nahe gelegenen Arbeiterbezirk zugezogen war: »Es ist hier nicht wie in Philadelphia. Dort kann man jemanden vier Straßen weiter ebenso gut kennen wie den nächsten Nachbarn. Hier kennt man die Leute, die weiter unten in der Straße wohnen, überhaupt nicht mehr.« Der Block stellte sich als gesellschaftliche Einheit nur insofern dar, als er die Bewohner zwang, etwas Haus- und Rasenpflege zu leisten. Im übrigen waren die Nachbarn nicht genötigt, miteinander Kontakt zu pflegen.

Aber selbst die örtliche Nähe verpflichtet nicht unbedingt zu gegenseitigen Besuchen. Obwohl eine Reihe von Untersuchungen zeigt, daß der Grundstücksplan die gesellschaftlichen Beziehungen beeinflusse, ja sogar bestimme, traf dies für Levittown nicht zu[5]. Da die Straßen nicht parallel liefen und sich die Häuser vorwiegend mit den Vorder- und Rückseiten gegenüberlagen, gab es verhältnismäßig wenig Nachbarn, mit denen man ständigen unfreiwilligen visuellen Kontakt hatte. Manchmal konnten sogar die Beziehungen mit unmittelbar angrenzenden

---

[5] Die wichtigsten Untersuchungen nach dem Zweiten Weltkrieg stammen von Merton (1947 a); Caplow und Foreman; Festinger, Schachter und Back; Festinger; Dean (1953); Haeberle; Blake und andere; Whyte (1956), Kap. 25; ebenso Willmott (1963), Kap. 7. Kritische Analysen dieser Studien können bei Gans (1961 a), S. 135–137, und Schorr, Kap. 1, nachgelesen werden. Ältere Analysen bei Rosow.

Nachbarn auf das Grüßen beschränkt sein. Zum Beispiel dauerte es länger als ein Jahr, bis ich die Bewohner eines mir schräg gegenüberliegenden Hauses kennenlernte, obwohl wir uns seit den ersten Wochen des Zuzugs grüßten. Jemand anders sagte mir, daß er bisher selbst seinen nächsten Nachbarn noch nicht kennengelernt habe. Trotz einer ziemlich hohen Bebauungsdichte – fünf oder sechs Häuser auf 4000 qm – ließ man sich hier Zeit, Freundschaften zu schließen. Die Nachbarschaft dehnte sich selten auf mehr als drei oder vier Häuser in jeder Richtung aus, so daß eine »funktionale Nachbarschaft« gewöhnlich zwischen den Bewohnern von höchstens zehn oder zwölf Häusern zustande kam, obwohl alle Bewohner eines Blocks sich grüßten[6]. Die Grenzen einer solchen funktionalen Nachbarschaft waren entweder durch physische Unterbrechungen gegeben, oder sie entstanden durch sozial isolierte Hausbesitzer, die den Kommunikationsfluß unterbrachen[7].

Es folgt* eine wegen der geringen Zahl der Befragten nicht ohne weiteres zu verallgemeinernde Untersuchung über den Einfluß der Lage der Häuser zueinander auf die Intensität des nachbarlichen Verkehrs.
Nachbarliche Beziehungen zwischen den Erwachsenen wurden auch durch ihre Kinder beeinflußt. Gegenstand von 80 % aller nachbarlichen Streitigkeiten waren Kinder. Die meisten Meinungsverschiedenheiten entstanden über Art und Maß der Bestrafung. Meist waren Klassenunterschiede, die sich in den angewendeten Erziehungsmethoden niederschlugen, die Ursache der nachbarlichen Differenzen.

* Originalausgabe S. 156–161

Wie wichtig es ist, miteinander auszukommen, zeigt sich nicht nur bei Beziehungen, die die Kinder betreffen, sondern besonders bei Problemen, die zwischen sehr unterschiedlichen Nachbarn auftreten. Möglicherweise brachten auch Altersunterschiede Schwierigkeiten mit sich. Während einige ältere Levittowner die Rolle von Quasigroßeltern der Kinder aus der Straße übernehmen konnten, waren andere einsam und fühlten sich unter den jungen Familien nicht wohl. Passionierte Gärtner wurden ärgerlich, wenn die Kinder über ihre Blumenbeete und sorgsam gepflegten Rasen sprangen. Wegen des Verbots, Zäune zu errichten, trat diese Schwierigkeit stärker hervor. Das Verbot war in einer Vertragsklausel enthalten, die später von mehreren verletzt wurde und sogar ein gerichtliches Nachspiel hatte.
Schichtenunterschiede kamen auch in anderen Gegenden zum Ausdruck als nur dort, wo es Kinder gab[8]. Die Frauen der höheren Mittelschichten, die sich nach der

[6] Von ähnlichen in neuen englischen Städten gemachten Beobachtungen berichtet Hole, S. 164–167, und Willmott (1962), S. 124–126; ebenso Willmott (1963), S. 74–82.
[7] Der erste Bericht über dieses Phänomen stammt von Whyte (1956), Kap. 25.
[8] Konflikte unter Nachbarn verschiedener Schichten in Levittown, New York, werden von Dobriner (1963), S. 107/108 aufgezeigt. In neuen englischen Städten von Young und Willmott, Kap. 10, und Willmott (1963), S. 114.

Hausarbeit mit anderen Dingen als mit Kaffeekränzchen, Klatsch über Ehemänner, Haus und Kinder oder Tratschen über die Nachbarn beschäftigten, lehnten die Nachbarn ab und wurden von ihnen abgelehnt. Das gleiche gilt für Frauen, die sich besonders aktiv in Vereinigungen betätigten. Die größten Schwierigkeiten hatten wahrscheinlich die Arbeiter, die es gewohnt waren, ihre freie Zeit mit Verwandten oder Freunden aus der Kindheit zu verbringen. Sie mußten sich besonders anstrengen, mit den Fremden, besonders mit denen aus der Mittelschicht, freundschaftlich auszukommen. Der Wechsel machte jene besonders unglücklich, die ihr ganzes Leben in einer Nachbarschaft verbracht hatten, in der sie aufgewachsen waren. Wenn sie nach ihrem Umzug nach Levittown aufgeschlossen genug waren, auf freundliche Nachbarn zu reagieren, und wenn sie darüber hinaus noch andere Angehörige der Arbeiterschicht fanden, dann konnten sie sich anpassen, wenn nicht, waren sie buchstäblich in ihren Häusern isoliert. Für diese, die zwar nur eine sehr kleine Minderheit darstellten, war das Leben in Levittown hart[9]. Ethnische Unterschiede richteten ebenfalls Schranken unter den Nachbarn auf. Gruppen, die sich zu keiner starken Gemeinschaft unter ihresgleichen entwickeln konnten, waren ebenfalls isoliert, vor allem ein paar japanische, chinesische und griechische Familien. Einige Nachbarn brachten ethnische und rassische Vorurteile mit. Antisemitismus konnte, wenn er auch selten war, damit gerechtfertigt werden, daß man den Juden den alten Vorwurf des Zusammenhockens machte[10], sowie mit den Schichtenunterschieden, die sich aus den normalerweise höheren Einkommen der Juden ergaben[11]. Eine letzte Schranke war sexueller Art. Sie betraf die Frauen, deren Männer unregelmäßige Arbeitsschichten hatten und gelegentlich tagsüber zu Hause waren. Die eine Nachbarin besuchte die andere nicht, wenn deren Ehemann daheim war, teils weil sie glaubte, ein Ehemann habe das erste Anrecht auf die Gesellschaft seiner Frau, teilweise aber auch, weil sie dem Verdacht vorbeugen wollte, daß man ihren Besuch als sexuelles Interesse an dem Ehemann auslegen könnte. Diese Einstellung fand sich am stärksten bei Arbeiterfrauen. Sie entspricht den Vorstellungen dieser Schicht, daß sich Menschen beiderlei Geschlechts nur aus sexuellen Gründen treffen. Weiter oben in der Schichtungshierarchie wird diese Einstellung schwächer. In der oberen Mittelschicht gibt es

[9] Über die gesellschaftliche Isolierung der in der Vorstadt lebenden Arbeiterfrauen und ebenso über die Isolierung gebildeter Frauen mit besonderem Geschmack berichtet Gutman, S. 174, 181–172. Siehe auch Haeberle, Kap. 7.
[10] Obwohl nur 20 % der Zufallsauswahl von Cliquen innerhalb ihres eigenen Wohnblocks erzählten, waren sie alle, bis auf eine Ausnahme, Juden.
[11] Juden ziehen oft in Wohngegenden, in denen das Durchschnittseinkommen niedriger liegt als ihr eigenes, teils weil sie es vorziehen, einen geringeren Teil ihres Einkommens für Haushalt und Wohnen auszugeben, teils weil sie befürchten, von nichtjüdischen Nachbarn derselben Einkommensklasse und der gleichen Bildungsstufe abgelehnt zu werden.

genügend gemeinsame Interessen zwischen Männern und Frauen, so daß dieser Verdacht nicht aufkommt[12]. Die sexuelle Schranke behinderte manchmal den nachbarschaftlichen Verkehr zwischen Frauen, deren Männer als Vertreter, Piloten oder Seeleute oft unterwegs waren. Ihre Frauen waren gezwungen, sich untereinander zusammenzutun.

Besuche zwischen Ehepaaren[13]

Obwohl 40 % der Einwohner Levittowns berichteten, daß sich Ehepaare häufiger als in ihren vorherigen Wohnorten besuchten, war der Wechsel nicht ganz so groß wie bei nachbarschaftlichen Beziehungen. Denn der Besuchsaustausch unter Ehepaaren setzt voraus, daß nicht nur zwei, sondern vier Personen miteinander auskommen können und daß sie einer Freundschaft Interesse entgegenbringen[14]. Wie bei den Beziehungen zwischen den Nachbarn kann die Zunahme der gegenseitigen Besuche von Ehepaaren vor allem darauf zurückgeführt werden, daß es im Ort genügend Leute gab, die miteinander auskommen konnten. Die Tätigkeit der verschiedenen Organisationen leistete zusätzlich einen wichtigen Beitrag zu diesen privaten Kontakten. Mitglieder privater Vereinigungen und der stark organisierten jüdischen Gemeinde berichteten über die stärkste Zunahme an gegenseitigen Besuchen von Ehepaaren[15]. Sogar diejenigen, die vor dem Umzug nach Levittown nicht die Absicht hatten, den gesellschaftlichen Verkehr zu intensivieren, machten häufiger Besuche, wenn sie Mitglieder eines Vereins geworden waren. Ob die Mitgliedschaft in einer Vereinigung den gesellschaftlichen Kontakt begünstigt oder umgekehrt, ist nicht eindeutig. Wahrscheinlich ist dasselbe Ver-

---

[12] Die sexuellen Obertöne beeinträchtigten nicht meine Befragung, weil man sich Fremden gegenüber frei äußerte. Den Frauen wird ein latentes sexuelles Interesse an gelegentlichen Abenteuern zugebilligt; daher die Witze über den Eisverkäufer und den Milchmann. Nur die Ehemänner der Nachbarn sind tabu.

[13] Es wurden Fragen gestellt über »die Besuche, die Sie und Ihr Ehemann (Ehefrau) bei anderen Paaren machen, bei den Nachbarn oder anderswo in Levittown«.

[14] 44 % der Befragten der Zufallsauswahl berichteten über einen häufigen, 21 % über einen seltener gewordenen und 35 % über unveränderten Besuchsaustausch unter Ehepaaren. Unter den ehemals in Philadelphia Wohnenden waren die Prozentsätze ungefähr dieselben: 39 %, 22 % und 39 %. In einem neuen Arbeitervorort sagten 38 %, sie bekämen öfter als früher Besuch von Freunden. 27 % sprachen von einer Abnahme. Siehe Berger (1960), S. 65.

[15] 50 % der Vereins- oder Clubmitglieder und 27 % derjenigen, die keinem Verein angehörten, berichteten über ein Anwachsen der Besuche zwischen den Ehepaaren. Dies traf auch für 83 % der Juden der Zufallsauswahl zu und für 53 % der Juden der Philadelphia-Auswahl, verglichen mit 30 % und 17 % der Protestanten. Über das enge Verhältnis zwischen Besuchsaustausch und organisatorischer Aktivität in Levittown, Pennsylvania, berichteten Jahoda und andere, S. 107.

langen nach Geselligkeit, das zu gegenseitigen Besuchen führt, auch Anlaß zum Eintritt in einen Verein. Denn Vereinsmitglieder haben mehr Freunde in Levittown als diejenigen, die keinem Club oder Verein angehören. Besuche unter Ehepaaren unterliegen strengeren Kriterien der Verträglichkeit als nachbarschaftliche Beziehungen. So berichteten Partner von Mischehen über stärkere Beziehungen zu ihren Nachbarn und bestätigten, daß sie in Levittown weniger andere Ehepaare besuchten[16]. Ältere Menschen und Angehörige der unteren Schichten berichteten ebenfalls von einer Abnahme freundschaftlicher Beziehungen. Offensichtlich wurde die Wahl der Freunde durch die Religionszugehörigkeit beeinflußt, und diejenigen, die zwischen zwei Religionen hin und her pendelten, hatten Schwierigkeiten, Freunde zu finden. Das gleiche gilt für jene, die sich nicht eindeutig mit ihrer Schicht identifizieren wollten, wie z. B. einige jüdische Frauen, denen die jüdischen Vereinigungen nicht paßten. Sie wollten anspruchsvollere Betätigungen, aber da sie selbst nicht das Niveau der Bildungsveranstaltungen der Kosmopoliten erreicht hatten, berichteten sie, daß ihre gesellschaftlichen Beziehungen seit dem Umzug gelitten hätten.

Die Art, in der Ehepaare in Levittown miteinander verkehren, läßt an zwei Punkten der Kritik an der Vorstadt Zweifel aufkommen, einmal an der Oberflächlichkeit der Freundschaft und zweitens an der gesellschaftlichen Überaktivität. Kritiker der Vorstadt meinen, daß der häufige Wechsel der Bevölkerung kurzlebige Kontakte mit sich bringe, die mit dem Wegzug aus der Gemeinschaft beendet sind. Zweifelsohne existieren vorübergehende Beziehungen. Eine Frau aus Levittown, die in ihre ehemalige Wohngemeinschaft zurückgekehrt war, um alte Freunde zu besuchen, kam zurück und erzählte, sie habe mit ihnen nichts mehr gemein. Dies seien, wie sie sich ausdrückte, »Übergangsfreunde« gewesen. Andere Leute, die auch nur kurz in dem Ort wohnten, schlossen dagegen Freundschaften. Eine Familie gar, die für einige Zeit wegziehen mußte, kehrte in den vorher bewohnten Häuserblock zurück, um wieder bei Freunden zu sein, obwohl sie es vorgezogen hätte, in eines der neuen Häuser Levittowns zu ziehen.

Die Kritik an der »Übergangsfreundschaft« läßt sofort den Vergleich mit der »Busenfreundschaft« aufkommen, die es früher angeblich gegeben haben soll. Dieser Vergleich ist aber keinesfalls empirisch gesichert. Freundschaften entstehen, wie ich annehme, hauptsächlich in der Kindheit und unter jugendlichen Altersgenossen. Sie können in einer statischen Gesellschaft fortbestehen, deren Mitglieder ebensoviel als Erwachsene miteinander gemeinsam haben wie als Kinder. Aber in

---

[16] Unter den aus Philadelphia stammenden Eheleuten in Mischehen berichteten nur 20 % über ein Anwachsen, 60 % über eine Verminderung des Besuchsaustausches zwischen Ehepaaren nach Verlassen der Stadt. 16 % beider Gruppen waren Mischehen, meist zwischen Katholiken und Protestanten.

der amerikanischen Gesellschaft – und dies gilt besonders für die Mittelschicht – werden oft durch geographische und soziale Mobilität die Menschen, die miteinander aufgewachsen waren, getrennt. Die Folge ist, daß bleibende Freundschaften aus der Kindheit selten sind. Oft erhält nur das Heimweh die Freundschaft. Viele Levittowner reden von engen Freunden »daheim«, aber sie sehen sie so selten, daß die gegenwärtige Intensität der Freundschaft nie genau geprüft werden kann. Statt dessen schließen sie in jedem Lebensabschnitt oder beim beruflichen Aufstieg neue Freundschaften und entwickeln neue gesellschaftliche und Freizeitinteressen. Die enge Verbundenheit wird nicht durch Oberflächlichkeit ersetzt, aber anhaltende Freundschaften treten zurück hinter neuen, vielleicht kurzfristigen ähnlicher Intensität[17].

Ob diese Art Beziehungen erstrebenswert ist oder nicht, hängt von der Bewertung des einzelnen ab. Die Menschen von heute, besonders die Mittelschichten, sind geselliger als in der Vergangenheit. In der Arbeiterschicht, deren gesellschaftliche Gewandtheit beschränkt ist, wo man sich mit einem kleineren, aber vielleicht engeren Kreis von Verwandten und Freunden aus der Kindheit zufriedengibt, lebt wohl am ehesten eine Art traditioneller »Busenfreundschaft« fort. Diese Leute berichten in meiner und in vielen anderen Untersuchungen von ihren Schwierigkeiten, neue Freunde zu finden, wenn ihre Lebensbedingungen sich verändern[18].

Der Vorwurf der Kritiker, die Vorstädter neigten zu übertriebenem Besuchsaustausch, um der durch den Mangel an städtischem Getriebe in ihrem Ort verursachten Langeweile und Einsamkeit zu entgehen, ist ebenso falsch. Nachdem ich von der Universität kam, wo das Wochenende aus Parties bestand, und danach in einer italienischen Arbeitergegend in Boston gewohnt hatte, in der die Leute ein nahezu permanent »offenes Haus« hatten, war ich erstaunt, wie wenig Unterhaltung es bei den Levittownern gab[19]. Obwohl am Sonntagnachmittag häufig Besuch kam, unterschieden sich die Abende am Wochenende nicht von den anderen Wochenabenden, eine Tatsache, die wohl auf die guten Fernsehsendungen dieser Zeit zurückzuführen war. Ich schätze, daß sich die Levittowner durchschnittlich nicht öfter als zwei- oder dreimal im Monat zwanglos trafen und ungefähr einmal im Jahr eine offizielle Party gaben, abgesehen von den Einladungen um Weihnachten und Neujahr. Beim besten Willen kann man nicht behaupten, daß

---

[17] Siehe z. B. Whyte (1956), Kap. 21.
[18] Befragte mit niedrigem Status haben ebenso viele Freunde wie Leute mit mittlerem und hohem Status. Aber erstere tauschen weniger Besuche unter Ehepaaren aus als an ihrem ehemaligen Wohnort.
[19] Die Nachbarn, die nur in einem Stadtviertel am Westend von Boston am besten bekannt waren, hatten jeden Dienstagabend ein offenes Haus, besuchten jeden Freitag eine Abendveranstaltung bei Verwandten und waren an den Sonntagen wieder bei anderen Verwandten und Freunden zu Besuch.

das gesellschaftliche Leben Levittowns übertrieben intensiv war, abgesehen vielleicht von den ersten Monaten, in denen die Fühler ausgestreckt wurden. Ich nehme an, daß die Kritiker entweder die erste Geschäftigkeit mit dem Bild verwechseln, das sich später ergab, sobald das Leben sich einmal eingespielt hatte. Oder aber sie verallgemeinern die Beobachtungen in Vororten mit Bewohnern aus der oberen Mittelschicht, wo Parties tatsächlich die wichtigste Freizeitgestaltung sind.
Zugegeben, die Kritiker können meine These bezweifeln, daß eine Ausdehnung sozialer Kontakte ebensoviel wert ist wie eine Qualitätsverbesserung dieser Kontakte. Sie können den Einwand erheben, daß diese Ausdehnung lediglich eine Flucht vor der quälenden Langeweile ist. Hätten die Levittowner ihr gesellschaftliches Leben jedoch langweilig gefunden, so hätten sie es entweder eingeschränkt oder sich über größere Langeweile beklagt. Die Angaben jedoch besagen genau das Gegenteil, denn diejenigen, die mehr Besuche machten, fühlten sich weniger gelangweilt, und umgekehrt. Außerdem: Wäre das gesellschaftliche Leben so wenig anziehend gewesen, wie die Kritiker behaupten, warum waren dann die Befragten über die Freundlichkeit ihrer Mitbürger so begeistert?

Vorteile und Nachteile einer homogenen Bevölkerungsstruktur[20]

Die Kritik an der Vorstadt entzündet sich vor allem an der Homogenität der Bewohner. Zunächst einmal verletzt diese Gleichartigkeit den amerikanischen Traum von einer ausgeglichenen Gemeinschaft, in der Menschen verschiedenen Alters und verschiedener Schichten-, Rassen- und Religionszugehörigkeit zusammen leben. Angeblich folgt aus der Gleichförmigkeit die Langeweile. Außerdem soll die Gleichartigkeit im Altersaufbau Kinder wie Erwachsene daran hindern, aus den Erfahrungen der Alten zu lernen, während die Homogenität in der Schichtenzugehörigkeit, in der Rasse und der Religion die Kinder daran hindern soll, zu lernen, wie man in unserer pluralistischen Gesellschaft lebt. Es wird behauptet, die Homogenität mache die Menschen den Armen gegenüber gefühllos, den Negern gegenüber intolerant und dem Alter gegenüber achtlos. Schließlich wird behauptet, daß demgegenüber die Heterogenität sozialen Aufstieg ermögliche, indem sie Menschen aus den unteren Schichten dazu veranlasse, die Lebensweise der mittleren Schichten von ihren bessergestellten Nachbarn zu lernen[21].
Zweifellos ist die Bevölkerung von Levittown nach ihrem Altersaufbau und der Einkommensverteilung im Vergleich zu anderen großen oder kleinen Städten

---

[20] Hier wurden viele der von Gans (1961 b) gemachten Ergebnisse ausgewertet.
[21] Für eine scharfe Kritik an der ausgeglichenen Gemeinschaft siehe Orlans, S. 88–94.

ziemlich homogen. Aber derartige Vergleiche sind in vieler Hinsicht unerheblich. Die Menschen leben nicht in den politischen Einheiten, die wir Städte oder Kleinstädte nennen. Meist spielt sich ihr gesellschaftliches Leben in Bereichen ab, die kleiner sind als die Volkszählungsbezirke. Viele solcher Bezirke innerhalb der Stadt weisen eine ähnliche Homogenität der sozialen Schichtung auf wie Levittown, und für die Slumgegenden sowie für die exklusiven Viertel, gleich ob sie Stadt oder Vorstadt sind, trifft das noch mehr zu. Kleinstädte sind für ihre strenge Trennung von arm und reich bekannt. Sie erscheinen nur deswegen so heterogen, weil die einzelnen Nachbarschaften so klein sind. Alle diese Betrachtungen lassen starken Zweifel an der Annahme aufkommen, daß vor dem Auftreten moderner Vorstädte die Amerikaner aller Schichten zusammen lebten. Zugegeben, Statistiken, die über Städte und Vorstädte als Ganzes erstellt wurden, zeigen, daß die Trennung der Wohnviertel nach Schichten- und Rassenzugehörigkeit wächst. Diese Tendenz spiegelt aber auch den Zusammenbruch strenger Klassen- und Kastensysteme wider, in denen die aus einer niedrigeren Klasse stammenden Menschen »ihren Platz kannten«, wodurch die Trennung der Wohnviertel unnötig wurde.

Ethnisch und religiös gesehen ist Levittown weit weniger homogen als andere Gemeinden, weil die Leute als Individuen und nicht als Mitglieder von Gruppen hierherziehen. Die in einigen kürzlich erbauten amerikanischen Stadtvierteln gefundenen Enklaven, in denen 40 bis 60 % der Bevölkerung einer ethnischen oder religiösen Gruppe angehören, gibt es hier nicht. Auch in der Altersstruktur ist die Homogenität Levittowns nicht völlig atypisch. Neue Gemeinden und Siedlungskomplexe ziehen immer junge Leute an, die aber mit der Zeit älter werden, bis der Altersaufbau dem einer längst bestehenden Gemeinde gleicht[22].

Schließlich ist die Schichtenhomogenität nicht so groß, wie die Gemeindestatistik besagt. Von drei Familienvätern, die 7000 $ im Jahr verdienen, ist einer vielleicht ein Facharbeiter mit Spitzenlohn, dessen weitere Lohnerhöhungen von der Aktivität der Gewerkschaft abhängen. Der andere ist vielleicht ein Angestellter, der auf ein höheres Einkommen hofft, und der dritte ein junger leitender Angestellter mit Hochschulausbildung, der am Anfang seiner Laufbahn steht. Ihre unterschiedliche Berufsausbildung wie auch Berufsausübung kommen in vielen Aspekten ihrer Lebensführung zum Ausdruck, und wenn sie Nachbarn sind, so wird sich jeder woanders nach Gesellschaft umsehen. Vielleicht läßt sich am besten durch die Beschreibung meiner eigenen nächsten Nachbarn aufzeigen, daß Levittowns Homogenität mehr in der Statistik als in der Wirklichkeit besteht. Zwei Ehepaare waren protestantischer, britischer Abstammung und kamen aus der Kleinstadt. Die Männer waren als Ingenieure tätig, der eine war ein Agnostiker und

---

[22] Eine Beschreibung dieser Entwicklung im ersten Levittown siehe Liell (1963) und auch Willmott (1963), S. 23.

fanatischer Golfspieler, der andere ein skeptischer Methodist, der sich auf den Lehrerberuf vorbereitete. Der hinter dem Haus angrenzende Nachbar war ein Baptist und arbeitete als Angestellter. Er kam aus Philadelphia und war mit einer Frau verheiratet, deren Vater Amerikaner und deren Mutter, die sie mit nach Levittown brachte, eine Polin war. Hinzu kam ein italo-amerikanischer Lastwagenfahrer, der den Ehrgeiz hatte, Schrotthändler zu werden. Er lebte dort mit seiner aufwärtsstrebenden Frau. Das gesellschaftliche Leben dieses Paares beschränkte sich auf einen weiter unten in derselben Straße wohnenden Bruder und auf eine Schar Verwandter, die regelmäßig jeden Sonntag mit einem Geschwader von Cadillacs zu Besuch kamen. Zu meinen nächsten Nachbarn gehörte auch ein sehr strenggläubiges Ehepaar aus dem tiefen Süden, dessen Leben sich rund um die Kirche abspielte. Daneben gab es einen ebenfalls gläubigen katholischen Industriearbeiter und seine Frau. Er war Jude und stammte aus Wien, sie eine bäuerliche Protestantin. Sie dachten politisch liberal und standen der Lebensweise der Mittelschicht so skeptisch gegenüber wie jeder Intellektuelle. Gegenüber an der Straße wohnte ein anderes polnisch-amerikanisches Ehepaar, das sehr beweglich war und sich in einem ständigen Konflikt mit den Verpflichtungen gegenüber den Familienangehörigen befand. Er war ebenfalls Ingenieur und hatte als Offizier in der Armee gedient. Kein Wunder, daß die Levittowner verwirrt waren, als ein im ganzen Land bekannter Experte für Wohnungsfragen sie auf die »alles durchdringende Homogenität des Vorstadtlebens« ansprach.

Die meisten Leute in Levittown freuten sich über die Verschiedenartigkeit, die sie unter ihren Nachbarn fanden, vor allem, weil regionale, ethnische und religiöse Unterschiede heute fast harmlos geworden sind und eine Vielfalt verursachen, die die Unterhaltung und den Austausch von Erfahrungen bereichern. Zum Beispiel probierte mein Nachbar aus dem Süden im Hause des Italo-Amerikaners einmal Pizza und entwickelte eine Leidenschaft für dieses Gericht. Ich selbst erfuhr von meinem zum katholischen Glauben übergetretenen Nachbarn viel über die persönlichen Befriedigungen, die die katholische Kirche vermittelt. Zugleich wollten die Levittowner Gleichartigkeit in Alter und Einkommen, oder besser noch: sie wünschten sich Nachbarn und Freunde mit gemeinsamen Interessen und übereinstimmenden Ansichten, um mit ihnen zwanglos verkehren zu können. Die Gründe dafür waren weder antidemokratische Gefühle noch Konformitätsstreben. Kinder brauchen gleichartige Spielkameraden, und weil sich die Probleme der Kindererziehung mit dem Alter der Kinder ändern, leben Mütter gern in der Nähe von Frauen, die Kinder gleichen Alters haben. Da aber diese Probleme je nach Schichtenzugehörigkeit unterschiedlich sind, suchen sie Bekannte, für die sich die Schwierigkeiten in gleicher Weise stellen. Dabei spielen nicht so sehr Beruf und Bildung, sondern vielmehr eine Übereinstimmung über Zweck und Mittel der Sorge für das Kind, den Ehemann und das Heim eine Rolle.

Ein ungefähr gleiches Einkommensniveau wird vor allem von den unteren Einkommensschichten geschätzt, und zwar nicht als ein um seiner selbst willen erstrebenswertes Ziel, sondern weil Leute, die jeden Pfennig umdrehen müssen, bevor sie ihn ausgeben, sich auf die Dauer in der Nähe wohlhabender Nachbarn nicht wohl fühlen können. Das trifft besonders zu, wenn die Kinder heimkommen und Spielzeug und Kleider haben wollen, die sie nebenan gesehen haben. Tatsächlich spielen objektive Kriterien der Schichtenzugehörigkeit bei der Wahl der Beziehungen überhaupt keine Rolle, teilweise, weil die Leute sich gegenseitig nicht nach ihnen einstufen, aber auch, weil die Schichtenzugehörigkeit nur eines von mehreren Merkmalen für die Anknüpfung von Beziehungen ist[23]. Manchmal kommen Nachbarn verschiedener Herkunft, aber ähnlichen Temperaments sehr gut miteinander aus, besonders dann, wenn sie Tätigkeiten und Themen, in denen sie nicht übereinstimmen, zu vermeiden wissen. Zum Beispiel freundeten sich zwei Frauen verschiedener Herkunft miteinander an, weil sie beide perfekte Hausfrauen und mit gutmütigen Männern verheiratet waren, obwohl sie sich einmal heftig über Grundprobleme der Kindererziehung stritten.

Aber die Levittowner wünschen auch für sich selbst ein gewisses Maß an Homogenität. Wie ich schon bemerkte, haben kosmopolitisch orientierte Menschen wenig Verständnis für andere, die nur lokal interessiert sind, und umgekehrt. Frauen, die über kulturelle und politische Themen reden möchten, langweilen sich bei Unterhaltungen über Haus und Familie, und auch dies gilt umgekehrt. Arbeiterfrauen, die gewohnt sind, zwanglos mit den Verwandten zu plaudern, brauchen als Ersatz Nachbarn mit ähnlichen Erfahrungen und Interessen. Ebenso haben junge Leute mit älteren Leuten wenig gemein, und wenn sie nicht gerade einen Ersatz für die Eltern suchen, so ziehen sie es gewöhnlich vor, mit gleichaltrigen Nachbarn und Freunden zusammen zu sein. Einige Levittowner legten auch Wert auf ethnische und religiöse Homogenität. Abgesehen von den Juden, Griechen, Japanern und den im Ausland geborenen Frauen anderer Nationalität hatten die gläubigen Katholiken und strengen Protestanten den Wunsch nach »ihresgleichen«; die ersteren, weil sie mit nichtkatholischen Nachbarn nicht so recht offen verkehren konnten, und letztere, weil ihre zeitraubende kirchliche Aktivität und ihr asketischer Lebensstil sie von fast allen anderen Levittownern unterschied. Natürlich kamen sie mit ihren Nachbarn zusammen, aber der Besuchsaustausch unter Ehepaaren beschränkte sich hauptsächlich auf Gleichgesinnte. Wegen der unterschiedlichen ethnischen und religiösen Herkunft wurden die Probanden der Philadelphia-Stichprobe gefragt, ob sich die Zahl der Kontakte mit Menschen ähnlicher nationaler Abstammung oder religiöser Gesinnung geändert

---

[23] Ähnliche Ergebnisse fand Haeberle in Fairless Hills, Pennsylvania. Siehe ihre Doktordissertation, S. 75.

habe. 30 % berichteten über eine Abnahme, aber 20 % über eine Zunahme[24]. Diejenigen, die in Levittown weniger Besuche empfingen und erwiderten, fühlten sich einsamer als zuvor in Philadelphia.

Für die meisten Leute war es nicht schwierig, den gewünschten Kontakt mit Gleichartigen in Levittown zu finden. Wohlhabende und gebildete Leute konnten Vereinigungen beitreten oder sich in ganz Levittown nach Freunden umsehen. Aber ältere oder solche Menschen mit niedrigem Einkommen sowie Frauen mit geringer Schulbildung waren nicht so beweglich, weder im räumlichen noch im gesellschaftlichen Sinne. Frauen, die solchen Gruppen angehörten, hatten oft kein Auto oder konnten selbst nicht fahren. Vielen widerstrebte es, nur zum Teil aus finanziellen Gründen, Babysitter für ihre Kinder in Anspruch zu nehmen. Heterogenität kann daher nicht uneingeschränkt befürwortet werden, besonders nicht innerhalb eines Wohnblocks. Einiges spricht für Homogenität, besonders bei der sozialen Schichtung und auch beim Altersaufbau.

Der angebliche Preis für die Homogenität ist auch weniger hoch, als die Kritiker wahrhaben wollen. Es mag stimmen, daß die Levittowner weniger Kontakt mit älteren Menschen hatten als manche Städter, die noch in einem Drei-Generationen-Haushalt leben, obwohl auch diese immer seltener werden. Es ist jedoch zu bezweifeln, daß sie mit der älteren Generation weniger Kontakt hatten als städtische oder vorstädtische Bewohner gleichen Alters und aus der gleichen Schicht. Eine Ausnahme sind vielleicht diejenigen, die wegen ihres Berufs nur vorübergehend in Levittown wohnen, von ihrer Verwandtschaft getrennt leben und nur einmal im Jahr nach Hause gehen. Ob dieser Mangel an ständigem Kontakt mit den Großeltern sich auf die Kinder negativ auswirkt oder nicht, können nur systematische Befragungen der Kinder zutage fördern. Meine Beobachtungen der Beziehungen zwischen Kindern und Großeltern lassen vermuten, daß die ältere Generation den Kindern fremd ist und umgekehrt. Dies ist weniger auf Kontaktmangel als vielmehr auf die tiefgreifenden Veränderungen zwischen den Generationen zurückzuführen.

Das trifft auch mehr oder weniger für die Beziehungen der Erwachsenen zu der älteren Generation zu. Der gesellschaftliche Wandel vollzog sich in Amerika so schnell, daß Ideen und Erfahrungen der Älteren oft geradezu Anachronismen sind,

---

[24] 44 % sagten, sie hätten in Philadelphia »viele« Besuche bei Bekannten mit ethnisch gleicher Herkunft und gleicher Religion gemacht. 52 % sagten, sie hätten »einige« Besuche gemacht. In Levittown verschoben sich die Prozentsätze leicht auf 37 % bzw. 66 %. Den Befragten wurde es selbst überlassen, wie sie »viele« oder »einige« Besuche verstanden. Juden und Leute mit geringem Status berichteten von den häufigsten Besuchen bei und von Menschen gleicher ethnischer Abstammung und gleicher Religion. Irische Katholiken verzeichneten den größten Zuwachs nach ihrem Zuzug nach Levittown.

besonders für diejenigen beweglichen Einwohner Levittowns, deren Eltern erst in der ersten oder zweiten Generation Amerikaner sind. Frauen aus Philadelphia, die bei ihren Eltern gewohnt hatten, bevor sie nach Levittown gezogen waren, beklagten sich heftig über Schwierigkeiten bei der Kindererziehung und Haushaltsführung unter solchen Bedingungen, obwohl manche ihre Mütter nach dem Umzug sogar schmerzlich vermißten. Manche fanden Ersatz für ihre Mütter unter Freunden oder Nachbarn, suchten für ihre Kontakte aber Frauen aus, die nur wenig älter als sie selbst waren, und fragten selten ältere Nachbarinnen um Rat. Was die Ehemänner betrifft, so waren sie alle froh, daß sie von ihren Eltern und Schwiegereltern weggezogen waren.

Daß die vorstädtische Homogenität die Kinder am Kontakt mit dem städtischen Pluralismus und der städtischen »Wirklichkeit« hindert, ist ebenfalls nicht erwiesen. Die Kritiker behaupten, daß die Stadtkinder Heterogenität erfahren. Aber die Eltern aus der Mittelschicht ebenso wie die aus der Arbeiterschicht geben sich große Mühe, ihre Kinder vom Kontakt zu Leuten mit geringem Status und deren Lebensgewohnheiten fernzuhalten. Kinder aus der oberen Mittelschicht werden wohl in die Stadt mitgenommen, aber in Museen und Einkaufsgegenden und nicht in die Slums. Tatsächlich sehen Kinder aus den Slums, die von den Eltern weniger beaufsichtigt werden, wahrscheinlich mehr von der Vielfalt der Stadt als irgend jemand sonst, obwohl sie nicht oft in die bürgerlichen Wohngegenden kommen.

Die Homogenität Levittowns ist nicht so vollkommen, daß die Kinder von unschönen Realitäten wie Alkoholismus, Geisteskrankheit, Familienstreitereien, sexueller Abnormität oder Jugendkriminalität verschont bleiben, die es überall gibt. Ein in fast allen Wohnblocks von Levittown fehlendes Element, das natürlich auch in vielen Gegenden einer Stadt fehlt, sind Negerfamilien. Obwohl junge Negerinnen aus dem nahen Burlington kamen, um als Hausangestellte zu arbeiten, gab es nur zwei Negerfamilien in den drei Nachbarschaften, die schon vor der Rassenintegration in Levittown existierten, und ungefähr 50 Familien in den drei Nachbarschaften, die Levitt seither gebaut hat. Die meisten Kinder aus Levittown sehen kaum einen Neger um sich herum und werden mit Negern auch keinen echten Kontakt haben, bis sie in die Mittelschule kommen. Aber es ist sehr unwahrscheinlich, daß die ausschließlich visuelle Begegnung, mit Negern sowohl als mit irgend jemand anderem, dazu ansportnt, die Normen der Toleranz und des Pluralismus zu lernen. Die Kinder übernehmen viele Einstellungen von den Eltern und ihren Altersgenossen und sind nicht notwendigerweise pluralistisch. Hätte die visuelle Begegnung die positiven Auswirkungen, die man ihr zuschreibt, so würden Stadtkinder, die mehr Neger sehen als Vorstadtkinder, größere Rassentoleranz üben. In Wirklichkeit tun sie das aber nicht. Ein Kind aus der Mittelschicht, das in einer von Weißen bewohnten Vorstadt aufwächst, kann sehr wohl der Rassentrennung weitaus ablehnender gegenüberstehen als ein in einer rassisch gemischten Stadt aufgewachsenes Kind. Das soll keine Rechtfertigung für die Rassentrennung sein, sondern eine Vermutung, daß visuelle Begegnung kein sicheres Mittel für die Rassenintegration ist. Eine Reihe sozialwissenschaftlicher Untersuchungen hat gezeigt, daß rassische und andere Arten der Integration dann möglich werden, wenn verschiedene Menschen häufig in ähnlichen, aber nicht konkurrierenden Situationen gegenseitige Beziehungen aufnehmen können[25]. Hier sind die Vororte im Vorteil, wenn es um Integration auf religiöser und ethnischer Ebene geht. Sie sind jedoch im Nachteil bei der rassischen und Schichtenintegration. Denn abgesehen von der Trennung in den Wohngebieten, bringen die Oberschulen der Vororte Schüler nur aus weniger verschiedenartigen Gebieten zusammen als städtische Schulen. Hier trifft es wiederum zu, daß die bloße Verschiedenartigkeit nicht jene Wechselwirkung garantiert, die für eine Integration so wichtig ist. Eine Schule mit Schülern verschiedenartigster Herkunft, aber scharfer interner Trennung, ist sicher nicht so erstrebenswert wie eine homogene Schule mit gemeinsamer Erziehung. Zieht man aus dem Leben innerhalb eines Häuserblocks in Levittown einen Schluß, so führen maximale Unterschiede und extreme Verschiedenartigkeit eher zu Konflikten als zur Integration. Der Konflikt kann erwünscht sein, ja sogar belehrend wirken, aber nur dann, wenn er in irgendeiner Weise gelöst werden kann. Menschen, die in bezug auf Alter und soziale Schicht so stark differieren, daß sie sich auf nichts einigen können, werden wohl kaum aus ihrer Verschiedenartigkeit Nutzen ziehen können.

Der Glaube, Verschiedenartigkeit bedeute Vielfalt und Bereicherung, enthält auch die Vermutung, daß Arbeiter und andere Angehörige der unteren Schichten davon profitieren und ihre eigene Situation verbessern können, wenn sie unter Nachbarn leben, die den Mittelschichten angehören. Selbst wenn man das gönnerhafte Klassenvorurteil außer acht läßt, das in dieser Ansicht enthalten ist, so ist es völlig unbewiesen, ob ein solches Beieinanderwohnen den beabsichtigten kulturellen Wandel tatsächlich hervorruft. In Levittown gingen die Arbeiterfamilien, die neben Familien der Mittelschichten wohnten, die meiste Zeit ihre eigenen Wege. Für die Aufgeschlossenen ist Verschiedenartigkeit sicherlich vorteilhaft, vorausgesetzt, daß die Angehörigen der Mittelschichten bereit sind, sich um die anderen zu kümmern. Aber die weniger aufgeschlossenen Menschen werden auf eine zwangsweise Beeinflussung durch die Kultur der Mittelschichten negativ reagieren. Von Nachbarn wird erwartet, daß sie miteinander auf gleicher Ebene verkehren. Die der Arbeiterschicht angehörenden Einwohner haben eigentlich genug Schwierigkeiten, die höheren Lebensunterhaltskosten zu bezahlen, wenn sie mit Nachbarn aus den mittleren Schichten zusammen wohnen, ohne dabei als auf einer

---

[25] Siehe z. B. Williams, S. 437–447.

kulturell geringeren Stufe stehend angesehen zu werden. Wenn Gruppen von Levittownern, deren Mitglieder sich vorwiegend aus Arbeitern zusammensetzen, Angehörige der mittleren Schichten um technische oder administrative Ratschläge baten, dann wandten sie sich nicht an jene, die auf sie heruntersahen, und überprüften ständig die anderen, um sicher zu sein, daß sie den Normen der Arbeiterschicht entsprachen. Zum Beispiel wurden bei einem Softballspiel ehemaliger Kriegsteilnehmer zwei Spieler, die der Mittelschicht angehörten, erbarmungslos wegen ihres mangelnden sportlichen Könnens ausgepfiffen.
Die Kinder sind sich noch nicht ganz ihrer Schichtenzugehörigkeit bewußt, so daß sie mit Kindern anderer Schichten zusammen sein und von ihnen lernen können. Es spricht einiges dafür, daß Arbeiterkinder sich in Schulen, in denen die Kinder aus der Mittelschicht überwiegen, deren Normen schulischer Leistungen anpassen, und umgekehrt[26].
Es wird behauptet, eine homogene Einwohnerschaft sei als solche unvereinbar mit der Demokratie. Befürworter der Verschiedenartigkeit haben betont, die Demokratie verlange eine heterogene Gemeinschaft. Jedoch der Streit über Schulen und Politik in Levittown zeigte, daß ein Zusammenkommen von Menschen mit verschiedenen Interessen nicht automatisch zu demokratischem Verhalten führt. Im Gegenteil, es entstehen Konflikte und Schwierigkeiten bei politischen Entscheidungen, und man versucht, die demokratischen Normen zu umgehen. Wird eine Gruppe von den Forderungen einer anderen Gruppe bedroht, dann geht das auf Kosten der Toleranz. Tatsächlich sind die demokratischen Prozeduren oft so zerbrechlich, daß sie unter einem derartigen Druck völlig verlorengehen und zu Hysterie bei den Einwohnern und Kopflosigkeit bei den leitenden Personen führen. Es ist nicht zu leugnen, daß der demokratische Prozeß in einer homogenen Bevölkerung reibungsloser vonstatten geht. Die Vermeidung von Konflikten wäre besonders in einer pluralistischen Gesellschaft natürlich ebenso falsch und kann nicht als Argument für eine gleichartige Bevölkerungsstruktur gewertet werden. Andererseits ist Heterogenität kein sinnvolles Argument für eine besser funktionierende Demokratie – es sei denn, Konflikt um seiner selbst willen wird als Ziel gefordert.
Die Kritiker der Vorstadt haben auch etwas gegen die bauliche Eintönigkeit und gegen die seriengefertigten Siedlungshäuser einzuwenden. Wie ein großer Teil der anderen Kritik ist dieser Vorwurf ein kaum versteckter Angriff auf die Lebensart der Arbeiterschicht und der unteren Mittelschicht, der die Behauptung einschließt,

[26] Siehe z. B. Wilson, aber auch die Untersuchung von Sewell und Armer, die die Auswirkungen der nachbarschaftlichen Bindungen auf die Ausbildungserwartungen in Frage stellen. Natürlich bilden die Schüler innerhalb der Schule eine »gefangene« Zuhörerschaft. Kontakte zwischen Schülern aus der Arbeiterschicht und aus der Mittelschicht können aber nach dem Unterricht schnell wieder verfliegen.

in Massen gefertigte Siedlungshäuser führten zu einer Vermassung der Lebensgewohnheiten. Die Kritiker scheinen zu vergessen, daß die Stadthäuser der Oberschicht des 19. Jahrhunderts ebenfalls alle gleich aussahen, daß jeder, ob arm oder reich, dieselben in Massen hergestellten Autos fährt, ohne daß die Persönlichkeit dabei Schaden leidet. Man will nicht wahrhaben, daß sich heutzutage nur die Reichen ihre nach eigenen Angaben und Ideen gebauten Häuser leisten können. Ich hörte von den Levittownern weder Einwände gegen die Ähnlichkeit ihrer Häuser noch die bekannten Witze darüber, daß man sein eigenes Haus nicht mehr finden kann[27]. Formale Vielfalt wurde jedoch bevorzugt, und die Befragten sprachen davon, einmal in ein nach eigenem Geschmack erbautes Haus zu ziehen, wenn sie es sich leisten können. Bis dahin veränderten sie ihr Levitthaus innen und außen, um ihm eine persönliche Note zu geben. So wurde die Monotonie aufgelockert[28].

Homogenität in der Nachbarschaft und Heterogenität in der Gemeinde

Faßt man alle diese Argumente für und wider die Homogenität zusammen, so wäre eine optimale Lösung, jedenfalls in Gemeinden mit Hausbesitzern, die vorwiegend kleine Kinder haben, eine begrenzte Homogenität innerhalb der Blocks und Heterogenität auf der Ebene der Gemeinde. Während eine Mischung der verschiedenen Bevölkerungstypen, besonders von arm und reich, sich innerhalb der Gemeinde als Ganzes als erstrebenswert erweist, wird die Vielfalt innerhalb der Blocks nicht die erwünschte gegenseitige Toleranz, sondern unlösbare und schließlich chronische Konflikte herbeiführen. Eine begrenzte Homogenität innerhalb der Blocks wird den Grundton der nachbarlichen Beziehungen bessern und so dazu beitragen, Heterogenität auf der Gemeindeebene zu verwirklichen.

Wenn ich von einem »Block« spreche, so ist damit ein kleinerer Bereich gemeint, in dem durch häufiges Begegnen persönliche Beziehungen entstehen. In den

[27] Eine über eine neue Stadt in Schottland durchgeführte Untersuchung ergab, daß nur ein Fünftel der Mieter sagten, sie würden eine größere Vielfalt und Mischung der Haustypen bevorzugen. Zwei Fünftel betrachteten eine Reihenhaussiedlung als erstrebenswert. Außerdem könne »ein Haus, das eines von vielen in einer Straße ist, ohne große Hilfe des Architekten eine individuelle Prägung erhalten«. Siehe Hole, S. 169.
[28] Es ist aufschlußreich, wenn man die populären frühen Veröffentlichungen über Levittown, New York, mit neueren Berichten vergleicht. Ursprünglich wurde die Gemeinde auf Long Island als ein häßliches Beispiel serienfabrizierter Siedlungsbauten beschrieben, die sich bald in ein Elendsviertel verwandeln würden. 20 Jahre später sprechen die Journalisten von einer Vielfalt, die durch die Änderungen an den Häusern erreicht wurde. Sie loben den Reiz der inzwischen gewachsenen Bäume und Büsche. Sie berichten auch von der enormen Nachfrage nach Häusern, deren Preis sich inzwischen verdoppelt hat.

meisten Fällen handelt es sich dabei um eine sogenannte »Block-Zelle« von vielleicht zehn bis zwölf Häusern. Die Aufgabe einer begrenzten Homogenität in einem solchen Block ist es, so viel Übereinstimmung unter den Nachbarn zu erzielen, daß unlösbare Konflikte von vornherein vermieden und positive, wenn auch nicht unbedingt intensive Beziehungen ermöglicht werden, so daß sich diejenigen, die dicht beieinander wohnen, gegenseitig aufsuchen können, wenn sie wollen. Wenn Levittown in irgendeiner Hinsicht typisch ist, so sind die entscheidenden Faktoren für die Homogenität Alter und Schichtenzugehörigkeit. Die Vielfalt der Altersstufen und Schichten, die zusammen leben können, ist jedoch nicht so beschränkt, daß es erforderlich wäre, die Bewohner nach bestimmten Gesichtspunkten auszuwählen. Der durch den Hauspreis verursachte Ausleseprozeß ist vollauf genügend. Wie das Zusammenpferchen der Armen in den Ghettos der öffentlichen Siedlungen zeigt, bringt die formelle und unfreiwillige Auslese viele schwerwiegende Nachteile mit sich. Außerdem ist es sehr fraglich, ob die Planer dazu fähig sind, die gesellschaftlichen Beziehungen anderer Menschen zu planen, und selbst wenn sie diese Befähigung hätten, bleibt es zweifelhaft, ob sie das Recht dazu haben[29]. Natürlich ist die Auslese durch den Preis des Hauses auch eine Form des Planens, aber da sie nicht unmittelbar auf die spezifischen Eigenschaften des Käufers bezogen ist, läßt sie einen größeren Spielraum für die Auswahl.

Die Betonung einer nicht gesteuerten Auswahl geht einher mit einem anderen Argument gegen die Homogenität, nämlich daß sie die Schichtentrennung verhärtet und das Bewußtsein von Schichtenunterschieden steigert. Diesem Einwand liegt die Vorstellung zugrunde, daß jedes Wissen um Schichtenunterschiede schädlich und jeder Versuch, die sozialen Schichten als trennendes Kriterium zu benutzen, unerwünscht sei. Man könnte diese Vermutung verteidigen, wenn sie Teil eines größeren Programms wäre mit dem Ziel, wirtschaftliche Ungleichheit zu beseitigen oder wenigstens zu vermindern. Aber sie wird zumeist von Leuten ausgesprochen, denen die Tatsache der Existenz von Schichten nicht paßt und die das Problem lösen wollen, indem sie es umgehen.

Diese Beobachtungen sind aus verschiedenen Gründen wichtig für den Bebauungsplan. Sind die Grenzen, innerhalb derer sich der nachbarschaftliche Verkehr abspielt, bekannt, so ist die ausschlaggebende Einheit innerhalb einer Gemeinde wie Levittown die »Block-Zelle«. Baulich ist eine solche Block-Zelle aber nicht abzugrenzen. Umgekehrt ist die traditionelle »Nachbarschaft« von mehreren hundert Familien, die von den Stadtplanern lange Zeit befürwortet wurde, gesellschaftlich irrelevant, welche Vorzüge sie auch haben mag als Einzugsbereich für Volksschulen oder Einkaufszentren. Um wirklich eine bestmögliche gesellschaftliche Vielfalt innerhalb der Gemeinde zu erreichen, wäre es wohl am besten, die »Nach-

---

[29] Orlans, S. 95–104, und Whyte (1956), S. 348–349.

barschaft« als Einheit aufzugeben und ein heterogenes Gefüge von in sich homogenen Blocks vorzusehen. Diese Blocks müßten voneinander durch wirkliche oder symbolische Schranken ausreichend getrennt sein, um diejenigen zu beruhigen, für die Hauseigentum einen besonderen Wert darstellt. Das würde die Heterogenität in der Volksschule und anderen Gemeindeeinrichtungen fördern und zu einer sozialen Vielfalt in der ganzen Gemeinde beitragen[30].
Gemeinden sollten heterogen sein, weil sie den Pluralismus der amerikanischen Gesellschaft spiegeln müssen. Überdies, solange hauptsächlich aus den Gemeindesteuern die öffentlichen Einrichtungen finanziert werden müssen, führt Homogenität innerhalb einer Gemeinde zu unerwünschten Ungleichheiten zwischen den Gemeinden. Eine Gemeinde mit hohem Einkommen kann moderne Schulen und andere kostspielige Einrichtungen bauen. Gemeinden mit niedrigem Einkommen, die diese Einrichtungen viel dringender brauchen, haben kein solches Steueraufkommen, um sie unterhalten zu können. Sie wählen deshalb oft Gemeinderäte, die die öffentlichen Einrichtungen vernachlässigen und die Demokratisierung aus dem Zwang heraus, die Steuern niedrig zu halten, hintanhalten. Beides, die Unterschiede in der Finanzkraft und ihre politischen Folgen, würde durch Zuschüsse des Staates oder der Länder wirksamer bekämpft als durch eine heterogene Bevölkerungsstruktur innerhalb der Gemeinde. Aber solange die kommunalen Einrichtungen noch auf gemeindlicher Ebene finanziert werden, müssen in den Gemeinden alle Einkommensgruppen vertreten sein.
Die Kriterien, auf die sich die Befürworter der Homogenität innerhalb des Blocks und der Heterogenität innerhalb der Gemeinde stützen, können eine rassische Homogenität, egal auf welcher Ebene, nicht rechtfertigen. Die mit der Rassenintegration in vielen Gemeinden, auch in Levittown, gemachten Erfahrungen zeigen, daß sie ohne weiteres verwirklicht werden kann, wenn die Angehörigen beider Rassen ein ähnliches soziales, wirtschaftliches und kulturelles Niveau haben. Voraussetzung ist jedoch, daß die Weißen nicht so sehr um ihren Status fürchten. Tatsächlich ist das Haupthindernis für eine echte Integration die Angst vor dem Verlust des sozialen Status. Diese Furcht ist besonders stark unter den weißen Arbeitern, die Hausbesitzer sind. Die Angst der Weißen beruht auf der stereotypen Vorstellung, daß nicht-weiße Menschen einer niedrigeren Klasse angehören. So löst ihr Erscheinen in jedem Fall eine hastige Abwanderung der weißen Bewohner aus. Dadurch sinken die Verkaufspreise erheblich, obwohl sich der Wert des Besitzes eigentlich nicht geändert hat. Wenn die Klassengegensätze zwischen den Rassen sehr groß sind, ist die Abwanderung wahrscheinlich nicht zu vermeiden. Dort, wo Schwarze und Weiße mit etwa gleichem Status zusammen wohnen, kann

---

[30] Eine ähnliche Lösung schlug in England Willmott (1963) vor, S. 117–118. Siehe auch Dean (1958).

sie vermieden werden, mindestens in den Wohngebieten der Mittelschichten. Aber selbst wenn das nicht zutrifft, Homogenität ist nur einer unter vielen positiv zu bewertenden Faktoren. Wenn jemand in eine Gegend ziehen möchte, in der Menschen unterschiedlicher Rassen wohnen oder Menschen, die in anderer Hinsicht, wie Alter, Einkommen und Religion, sich von ihm unterscheiden, dann hat er das Recht dazu und den verbrieften Anspruch auf Unterstützung seitens der Regierung. Daß sich ein derartiger Umzug nachteilig auf das gesellschaftliche Leben innerhalb eines Blocks oder auf die öffentliche Meinung innerhalb der Gemeinde auswirken kann, ist von geringerer Bedeutung als die Erhaltung solcher Werte wie Entscheidungsfreiheit und Gleichheit. Die Vorteile, die eine homogene Bevölkerungsstruktur mit sich bringt, sind nicht bedeutend genug, um eine Einschränkung der freien Wahl in bezug auf Wohnung, Schule oder andere Gemeinschaftseinrichtungen zu rechtfertigen.

Konformität und Wettbewerb

Die Kritik an der Vorstadt wird besonders heftig, wenn das Thema Konformität angeschnitten wird. Es wird behauptet, die Beziehungen zwischen Nachbarn und Freunden seien von dem Bedürfnis beherrscht, sich gegenseitig nachzuahmen, um sich anzupassen. Gleichzeitig wird bemängelt, die Bewohner der Vorstadt lägen miteinander in ständigem Konkurrenzkampf. Jeder versuche, mit Müllers von nebenan mitzuhalten, um das Statusbedürfnis zu befriedigen. Jedoch ist der Wille, sich anzupassen und nachzuahmen, nicht mit dem Konkurrenz- und Wettbewerbsbedürfnis zu verwechseln. In Wirklichkeit handelt es sich um zwei gegensätzliche Verhaltensweisen. Aber sie werden in einem Atemzug genannt, weil die Kritiker davon ausgehen, daß in den Vororten Verhalten und Meinung vom Nachbarn bestimmt werden und Individualismus ein Merkmal der Stadt sei. Beides, Wettbewerb und Nachahmung, existieren in Levittown, jedoch aus anderen Gründen, als die Kritiker glauben. Sie sind eine Möglichkeit, mit der Vielfalt fertig zu werden und Individualität zu bewahren, obwohl man Teil eines Ganzen ist. Wettbewerb und Nachahmung gibt es in allen Gruppen, aber sie sind bestimmender bei Hauseigentümern, und wegen deren Vorliebe für die Vorstadt fallen sie dort mehr auf. Deshalb sind sie aber noch keine typischen Erscheinungen der Vorstadt.

Die Levittowner konnten in der Presse genug Kritik an der Vorstadt lesen, um der »Konformität« einen schlechten Beigeschmack zu geben. Man hätte in Befragungen sicher geleugnet, daß so etwas in Levittown vorhanden sei. Von Konkurrenz und Wettbewerb allerdings redet man in Levittown. 60 % der Befragten aus der

Zufallsstichprobe berichteten über Wettbewerb unter ihren Nachbarn[31]. Bei den gegebenen Beispielen wurde nicht nur von Nachahmung gesprochen, sondern die Hälfte der Befragten wertete sie positiv. »Ich weiß nicht, was Wettbewerb ist«, sagte ein Mann. »Wenn wir sehen, daß die Nachbarn das Haus reparieren, so finden wir, daß es eine gute Idee wäre, unsere eigenen Reparaturen in Angriff zu nehmen. Vielleicht ist es das.« Ein anderer drückte sich begeisterter aus: »Freunde und Nachbarn fragen mich, was ich alles getan habe. Wenn wir verschiedene Nachbarn besuchen, so kommen wir auf verschiedene Ideen, wie wir unser Haus herrichten oder wie wir es ausmalen können. Anstatt daß jeder von uns eine Ausziehleiter kauft, machen wir diese Anschaffung gemeinsam.«

Ausgefallenes oder ungewöhnliches Verhalten kann man je nach Standpunkt als Wettbewerb oder Anpassung ansehen – oder auch nur als den Wunsch, etwas Neues zu lernen. Jemand, der ein Verhalten, das verschiedene Nachbarn gemeinsam haben, verabscheut, kann dieses Verhalten als gegenseitige Nachahmung auslegen. Wenn das Verhalten unterschiedlich ist, muß es eine Folge des Wettbewerbs sein, »mit den Müllers mitzuhalten« oder »über seine Verhältnisse zu leben«. Wenn das Verhalten jedoch gutgeheißen wird, so wird es als eine Gemeinsamkeit der Ideen ausgelegt. Die Perspektive des Beobachters hängt vor allem von seiner eigenen Schichtenzugehörigkeit oder von seiner eigenen Schichtenzuordnung ab. Gehört der Beobachter einer höheren Schicht an als der Beobachtete, so wird er den Versuch des Beobachteten, Kriterien eines höheren Status anzuwenden, als Konkurrenz und die Anpassung des Beobachteten an die Lebensweisen der eigenen Schicht als Nachahmung interpretieren. Stammt der Beobachter aus einer niedrigeren Schicht als der Beobachtete, werden seine Ideen natürlich nicht übernommen, und er wird den gehobenen Lebensstil seines Nachbarn, der einer höheren Schicht angehört, als Prestigestreben oder als »Mit-den-Müllers-Mithalten« erklären[32]. Wie ein Industriearbeiter sagte: »Es gibt hier Leute, die so verdammt wichtig tun, als hätten sie sehr viel Geld. Ich kann mir nicht vorstellen, was sie in Levittown überhaupt verloren haben, wenn sie so reich sind.« Ein anderer Industriearbeiter, der seinen Nachbarn gezeigt hatte, wie man den Rasen pflegt, hatte ihnen gegenüber keine Komplexe und fühlte sich nicht zurückgesetzt: »Der eine oder andere

---

[31] Es wurde die Frage gestellt: »Welche Art von Wettbewerb konnten Sie unter den Nachbarn feststellen, z. B. im Zusammenhang mit Anschaffungen für das Haus, Herrichten des Gartens oder Anstreichen des Hauses?«
[32] 44 % der befragten Industriearbeiter berichteten über das »Mithalten mit Müllers« unter den Nachbarn. Aber nur 31 % der Angestellten und der akademischen Berufe sprachen davon. In einer neuen englischen Arbeiterstadt sprachen 26 % ähnliche Klagen aus, hauptsächlich Leute mit niedrigerem Einkommen über jene mit höherem Einkommen, Willmott (1963), S. 98.

versucht immer, mit Müllers mitzuhalten. Aber im allgemeinen stört das die Leute nicht. Wenn einer etwas anfängt und ein anderer es ihm nachmacht, dann lachen wir. Unsere Devise ist: Soll er das doch tun! Wenn wir es uns leisten können, dann machen wir auch Verbesserungen.« Mit anderen Worten: Merkt der Beobachter, daß die Beobachteten auf demselben Niveau wie er selbst stehen, so wird er Wettbewerb und Nachahmung eher als Teilnahme oder als freundschaftliches Spiel ansehen. Gesellschaftlich aufgeschlossene Menschen neigen dazu, die Lebensweise von Leuten mit höherem Niveau positiv zu beurteilen, denn sie können von ihren Nachbarn gute Anregungen für das Vorstadtleben erhalten. »Jeder richtet sein Haus her, aber nicht aus Konkurrenzgründen«, berichtete ein ehemaliger Stadtbewohner. »Anfangs hatte niemand von uns etwas, und vielleicht sah man, was der andere tat, und machte es nach.« Natürlich kann es vorkommen, daß die Nachgeahmten den beweglichen Nachbarn als wetteifernden Emporkömmling ansehen.

Menschen, die sich einen bestimmten Lebensstil nicht leisten können oder einen anderen bevorzugen, sagen gewöhnlich Leuten mit mehr Geld und Erziehung nach, sie seien prestigebedürftig. Das gleiche gilt für die gesellschaftlichen Beziehungen. Cliquen der Oberschicht werden von Beobachtern, die einer niedrigeren Schicht angehören, als Gruppen angesehen, die sich aus Prestigegründen zusammentun. Cliquen einer niedrigeren Schicht werden von Beobachtern mit höherem Niveau als Gruppen betrachtet, die sich aus Gründen der Konformität zusammentun.

Wenn sich die Beziehungen unter Nachbarn mit ungleichem Status verschlechtern, so erklärt es der Nachbar mit dem höheren Status damit, daß sich der andere nicht verhalten habe, wie es sich gehört. Jener aber schreibt den Bruch dem Wunsch des Nachbarn zu, mit einflußreicheren Leuten zu verkehren. In Wirklichkeit sind solche Fälle offener Auseinandersetzungen um das gesellschaftliche Prestige, wobei versucht wird, auf den geringeren Status des Nachbarn hinzuweisen, selten. »Mithalten« mit den anderen kommt vor, aber meistens aus dem Bedürfnis, den Respekt vor sich selbst zu erhalten, sich von der besten Seite zu zeigen, um nicht als minderwertig betrachtet zu werden und auf der Strecke zu bleiben. Ernstgemeintes Prestigestreben ist gewöhnlich ein verzweifelter Versuch eines gesellschaftlich isolierten Nachbarn, die Selbstachtung durch materielle oder symbolische Zurschaustellung des eigenen Status zu retten, und es wird abgelehnt oder sogar verachtet. Ein derartiger Nachbar wurde folgendermaßen beschrieben: »Er versucht, die Müllers von nebenan nachzuahmen, und hofft, man würde ihm darin folgen. Aber wir beachten ihn gar nicht.« Die Kontrollnormen innerhalb des Wohnblocks begünstigen tatsächlich eher eine gegenseitige Zurückhaltung und rügen jegliches Zurschaustellen einer überdurchschnittlichen Wohlhabenheit. Leute, die sich einen höheren Lebensstandard als die anderen leisten können und

dies öffentlich zur Schau tragen, sind unbeliebt und werden sogar manchmal vom gemeinschaftlichen Leben ausgeschlossen[33].
Konformität und Nachahmungsbedürfnis treten häufiger auf als Konkurrenzeifer, und zwar vor allem, um das saubere Aussehen des Blocks gegenüber Fremden herauszukehren. Ein wirksames System sozialer Kontrolle entwickelt Richtnormen für das Aussehen des Blocks, vor allem, was die Rasenpflege angeht[34]. Nachahmung und auch etwas Konkurrenz spielen dabei mit, aber weder die Levittowner noch die Kritiker der Vorstadt würden es mit diesen Begriffen beschreiben. Jeder weiß, daß es soziale Kontrolle ist, und gibt zu, daß sie sein muß. Trotzdem hätten einige meiner Nachbarn und ich in einem Jahr den Rasen vor dem Haus am liebsten durch grünen Beton ersetzt, um dem ewigen Sprengen und Mähen und der Kritik wegen eines schlecht gepflegten Rasens zu entgehen. Das wichtigste Mittel der sozialen Kontrolle ist der Humor. Witzige Bemerkungen sollen abweichendes Verhalten aufzeigen. Aber offene Kritik taucht nur dann auf, wenn die hinter dem Witz versteckte Aussage nicht verstanden ist. Humor soll die Beziehungen freundschaftlich erhalten. Im übrigen spüren die Leute, daß die Forderung nach Konformität nicht immer angebracht ist. Sie sehen ein, daß manchmal ein Kompromiß zwischen Gruppennormen und den Normen des einzelnen notwendig wird. Wenn das Thema Rasenpflege angeschnitten wird, dann haben die Leute entweder keine strenge Meinung oder sie bewerten freundliche Beziehungen höher. Da sich die Normen des Blocks und die erforderlichen Kompromisse meistens bald nach dem Einzug der Bewohner herausbilden, wenn sich jeder bemüht zeigt, ein guter Nachbar zu sein, werden sie sich als selbstverständlich erweisen, sobald sich das Leben innerhalb des Blocks eingespielt hat.
Die notwendigen Kompromisse werden auch dadurch verringert, daß sich die Normen des Blocks auf das äußere Bild der Vorderseite des Hauses und auf den Vorgarten beschränken. Die hinter dem Haus liegende Fläche kann von außen kaum gesehen werden. Das Innere des Hauses, das die Persönlichkeit des Besitzers deutlicher zum Ausdruck bringt, wird weniger der Kritik unterworfen. Es gibt Leute, deren hübsches Heim gelobt wird. Es gibt aber keine Witze über ausgefallenen Geschmack für Möbel. Wenigstens betreffen diese nicht den Eigentümer. Das gleiche gilt für Autos und andere Gebrauchsgüter. Obwohl ich einen Chevrolet, Baujahr 1952, fuhr, mit Abstand das älteste Auto innerhalb des Blocks, machte nie jemand mir gegenüber einen Witz darüber[35]. Leute aber, die bei ihrer Arbeit Lastwagen fuhren und sie nachts auf der Straße parkten, wodurch dem Block das

---

[33] Whyte (1956), Kap. 24.
[34] Meyersohn und Jackson, S. 281.
[35] Tatsächlich wurde ich viel öfter wegen der guten Pflege meines Autos und wegen meiner Sparsamkeit gelobt. Man beglückwünschte mich dazu, daß ich ein besseres Auto hatte, als es die neuen Modelle sind.

Aussehen einer Arbeiterwohngegend verliehen wurde, bekamen kritische Bemerkungen von ihren Nachbarn aus den mittleren Schichten zu hören. Die Kritik wurde zwar hinter ihrem Rücken geübt, weil sie die Einkommensquelle des Nachbarn betraf. In diesem wie in einigen anderen Fällen drang die Kritik bis zur Gemeindeverwaltung durch. Am Ende kam es dann zu einem Verbot für das Parken von Lastkraftwagen in Wohnstraßen.

Was die Leute in ihrem Haus tun, ist ihre eigene Sache. Laute Parties, Trunkenheit und andere wahrnehmbare Aktivitäten aber, die dem Block einen schlechten Ruf einbringen könnten, werden kritisiert. Ebenso ergeht es den Eltern, die ihre Kinder abends noch draußen lassen, und zwar nicht nur, weil diese Eltern damit öffentlich die Normen guter Erziehung verletzen, sondern weil sie es den Nachbarn auch schwerer machen, die eigenen Kinder ins Bett zu bringen. Über privates abweichendes Verhalten wird natürlich mit Vergnügen geschwätzt, aber nur, wenn es offensichtlich wird und sich wiederholt, wird aus dem harmlosen Geschwätz eine offene Kritik. Sogar sichtbare Abweichung, die das Aussehen des Blocks beeinflussen kann, wird geduldet, wenn sie nicht zu weit geht und solange der Individualist von seinem Verhalten überzeugt ist. So hatte sich z. B. ein Levittowner entschlossen, lieber eine hölzerne Haustür anstatt der üblichen, aber teureren Aluminiumtür zu kaufen. Dann entschloß er sich aber für die im Block herrschende Einheitlichkeit und malte seine hölzerne Tür mit Aluminiumfarbe an. »Die Leute werden glauben, ich sei geizig«, sagte er zu mir, »aber das stört mich im Grunde wenig. Ich weiß, daß ich sparsam bin.« Ich weiß nicht, was die Leute dachten, aber er wurde nicht kritisiert.

Das Nachahmen findet manchmal auch unabhängig vom Konformitätsdruck statt. Dann äußert es sich als ein plötzlich auftretendes Gruppenphänomen. Wenn ein Nachbar einen Innenhof baut oder sein Haus neu anstreicht, folgen andere wahrscheinlich seinem Beispiel, aber nicht automatisch. In meinem Block strich zum Beispiel ein Hausbesitzer 1959 sein Haus neu an, aber niemand machte ihm das nach. Als ein anderer damit jedoch im nächsten Jahr anfing, wurden die Häuser massenweise neu angestrichen. Wäre dies ein reines Phänomen des Nachahmens gewesen, so hätte man schon 1959 damit angefangen, besonders nachdem der erste »Maler« ein beliebter Gemeinderat war. Was sich 1960 ereignete, läßt sich leicht erklären. Inzwischen war es nötig geworden, die 1958 erbauten Häuser wieder anzustreichen. Als ein Mann, der früh im Jahr seine Ferien nahm, die zwei Wochen dieser Arbeit widmete, folgten auch andere Männer in ihrem Urlaub seinem Beispiel[36].

[36] Nachahmung gab es nur dort, wo jemand beschlossen hatte, das Haus in einer anderen Farbe anzustreichen. Dadurch wurde eine Vereinbarung des Kaufvertrages gebrochen. Die Leute warteten nur auf jemanden, der diese Regel durchbrach und folgten dann schnell seinem Beispiel, verwendeten aber nicht die gleiche Farbe.

Die Leute kaufen auch Haushaltsgegenstände und Pflanzen, die sie bei ihren Nachbarn gesehen hatten, aber nur, wenn dafür ein allgemeines Bedürfnis besteht oder der Gegenstand sehr praktisch ist. Zum Beispiel machte in den ersten Anfängen von Levittown ein Gerücht die Runde, daß die Wurzeln der gepflanzten Weiden die Abwasserkanäle zerstörten. Ein Mann grub daraufhin seinen Baum aus. Nachbarn, die mit ihm befreundet waren, folgten seinem Beispiel, aber die anderen wollten das Gerücht nicht anerkennen und ließen ihre Bäume stehen. Innerhalb meines Blocks wurde das Gerücht von einem tonangebenden Katholiken verbreitet, und innerhalb einer Woche hatten die Katholiken ihre Weiden herausgenommen. Aber die anderen waren dem Beispiel nicht gefolgt. Einer meiner Einfälle, preiswerte Bambusmatten gegen die sengende Sonne anzubringen, wurde nicht nachgeahmt. Man sagte mir, es sähe gut aus, aber niemand tat es mir nach.

Wettbewerb, Konformität und Heterogenität

Wettbewerb und Konformitätsstreben sind Möglichkeiten, mit der Heterogenität fertig zu werden, insbesondere, wenn es sich um Schichtenunterschiede handelt. Wenn Leuten mit niedrigem Status der Vorwurf gemacht wird, nachzuahmen, und solchen mit höherem Status, über ihre Verhältnisse zu leben, um bei den Nachbarn Eindruck zu machen, so wird die Ablehnung eher mit negativen Motiven als mit Schichtenunterschieden erklärt. Denn wenn man einen Menschen individueller Abweichungen bezichtigt, wird es ihm schwerer fallen, sich auf Verhaltensweisen seiner Schicht zu berufen. Derartige Anschuldigungen ermöglichen es auch, Schichtenunterschiede zu ignorieren. Über Schichtenunterschiede wird nicht gesprochen, und dieses Tabu ist so stark und so fest im Unterbewußtsein verankert, daß selten in solchen Klassifizierungen gedacht wird.
Wettbewerb und Konformität existieren auch, weil die Menschen von ihren Nachbarn abhängig sind. In der Arbeiterschicht oder in ethnischen Minderheiten, wo sich das gesellschaftliche Leben auf den Umgang mit Verwandten konzentriert, fürchtet man mehr die Kritik der Verwandten als die der Nachbarn. Angehörige der höheren Mittelschicht, die weniger mit Nachbarn zu tun haben, richten sich am stärksten nach den Vorstellungen ihrer Freunde. In Levittown sind die Nachbarn eine wichtige Bezugsgruppe, und zwar nicht nur für Angehörige der unteren Mittelschicht, sondern auch für Arbeiter, die keinen Kontakt zu ihren Verwandten haben. Dennoch ist die Hauptursache für den Konkurrenzeifer und das Konformitätsstreben der Hausbesitz und das Bedürfnis, Eigentum und Prestige zu erhalten. Nur 11 % der ehemaligen Mieter, aber 70 % der ehemaligen Hauseigentümer berichteten über Konkurrenzverhalten an ihren ehemaligen Wohnsitzen, aber beide stellten es gleich stark in Levittown fest. Ganz gleich, ob sie aus Stadt- oder

Vorstadtbezirken kamen, berichteten sie, daß es in Levittown keinen stärkeren Wettbewerb gab als an ihren früheren Wohnorten. Folglich kann konkurrenzähnliches Verhalten zwischen Nachbarn weder für Levittown noch für die Vorstädte im allgemeinen als typisch betrachtet werden.

Warum beschäftigen sich dann die Kritiker ständig mit der Konformität in Suburbia? Worauf gründen sie ihr Vorurteil, der Wettbewerb um Prestige sei ein dominierender Faktor im Vorstadtleben? Einmal leben viele dieser Kritiker in Stadtwohnungen, wo das Interesse, innerhalb des Wohnblocks einen gewissen Status aufrechtzuerhalten, minimal ist. Auch gehören sie meistens der oberen Mittelschicht an, haben den weiten Horizont von Städtern und stehen mit Geringschätzung den lokalen und antistädtischen Idealen der unteren Mittelschicht und der Arbeiter gegenüber. Da die Kritiker an die Gültigkeit ihrer eigenen Wertvorstellungen glauben, weigern sie sich, die Existenz eines Lebensstils der unteren Mittelschicht und der Arbeiterschicht anzuerkennen. Sie beschreiben die Leute als meinungslose Konformisten, die weltoffen und städtisch wären, wenn sie nur das Zeug dazu hätten und sich der Einflüsse von Bauunternehmern, Massenmedien und ihren Nachbarn erwehren würden.

Konkurrenzverhalten als Spezifikum der Vorstadt zu beschreiben hat eine andere Ursache. Die Welt der oberen Mittelschicht, die die Individualität für sich in Anspruch nimmt, ist in hohem Maße durch einen sozialen Konkurrenzkampf geprägt. In den für diese Schicht typischen Berufen wie Werbefachmann, Verleger, Professor, Jurist und Künstler ist allein die Tüchtigkeit des einzelnen der Schlüssel zu Erfolg und Sicherheit. Für die obere Mittelschicht spielt aus diesen Gründen der Wettbewerb eine weitaus größere Rolle als für die anderen Schichten. Diese Leute sind sich ihrer Position bewußter als irgendeine andere Schicht. Bekannte Autoren, die sich mit Vororten befaßt haben, in denen die obere Mittelschicht lebt, beobachteten diese Konkurrenzsituation. Manche haben sie fälschlicherweise dem Vorort zugeschrieben, obwohl sie eher ein Erfolgskriterium für die Berufe dieser speziellen Vorstadtbewohner ist[37]. Jene, die über Vororte der unteren Mittelschicht schrieben, bezogen ihre Informationen entweder von Freunden aus der oberen Mittelschicht, die aus finanziellen Gründen in die Vororte der unteren Mittelschicht gezogen waren und dort eine unzufriedene Minderheit darstellten. Oder sie stellten, wie das für Menschen der oberen Mittelschicht im allgemeinen zutrifft, die untere Mittelschicht so dar, als befinde sie sich mit den höheren sozialen Schichten in einer Wettbewerbssituation.

Schließlich sind die neuen Vorstädte, die man weniger übersieht als andere Wohngebiete, für die untere Mittelschicht und die Arbeiter seit einiger Zeit Gegenstand des öffentlichen Interesses geworden. In den 50er Jahren lösten sie die »Vermas-

---

[37] Siehe z. B. Spectorsky.

sung« als Sündenbock ab und wurden für die obere Mittelschicht mit ihren Ängsten und Abneigungen gegenüber dem Rest der Bevölkerung zur bequemen Zielscheibe. Die wohlhabenden Vorstädte wurden zu falschen Zielen der Unzufriedenheit in den Oberschichten mit ihrem eigenen Statusbewußtsein und dem Wettbewerbssystem, wobei der ständige Wettlauf um Karriere und gesellschaftliches Ansehen als Charakteristikum auf das vorstädtische Leben projiziert wurde. Diese Verschwommenheit der Vorstadtkritik schließt natürlich nicht aus, daß Konformität und Wettbewerb unerwünscht und gefährlich sind oder daß beide in Levittown in allzu starkem Maße vorkommen. Ich glaube aber nicht, daß dies der Fall ist. Man muß unterscheiden zwischen der gewollten Konformität, zum Beispiel, wenn die Nachbarn voneinander lernen und Ideen austauschen, der tolerierten Konformität, die eigene Lebensauffassungen korrigiert, um freundschaftliche Beziehungen unterhalten zu können, und der ungewollten Konformität, bei der man sich dem Druck beugt und an Individualität verliert. Nur die letztere ist nicht erstrebenswert, aber sie ist in Levittown selten. Tolerierte Konformität verlangt eine gewisse Einschränkung der Autonomie. Aber mir ist schon klar, warum die Levittowner meinen, es sei wichtiger, mit seinen Nachbarn auf freundschaftlichem Fuße zu stehen als darauf zu beharren, das Äußere des Hauses auf individuelle, aber unpopuläre Weise herzurichten. Man kann nicht behaupten, daß Nachahmen und Konformität übermäßig stark auftreten, wenn man die soziale Heterogenität innerhalb eines Blocks in Betracht zieht. Beachtet man die Zufälligkeit, durch die die Levittowner zu Nachbarn werden, so ist es erstaunlich, daß die nachbarlichen Beziehungen sich so freundlich und individuellen Unterschieden gegenüber so tolerant abspielten. Natürlich leiden die in der Minderheit befindlichen Angehörigen der oberen Mittelschicht und der Arbeiterschicht gelegentlich unter Anpassungsdruck. Aber die ersteren können sich diesem Druck durch Beschäftigungen außerhalb des Blocks entziehen, so daß letztlich nur einige der letzteren darunter leiden. Ironischerweise sind diese dem Anpassungsdruck ausgesetzt wegen der Heterogenität, die die Kritiker noch erhöhen wollen.

9 Vielfalt und Intensität des Gemeindelebens

Parallel zu der Behauptung über Homogenität und Konformität unterstellen viele Kritiker, daß das kulturelle Leben innerhalb von Gemeinden wie Levittown in allen Merkmalen, die über persönliche Beziehungen zwischen den einzelnen Bewohnern hinausgehen, durch Eintönigkeit, Stumpfsinn und Seichtheit gekennzeichnet sei. Die Vorstellung der Eintönigkeit wird von der Serienproduktion der Häuser abgeleitet wie auch von einer im ganzen Land verbreiteten und ebenfalls in Massenproduktion entstandenen Verbrauchsgüterzivilisation, die auf die Verbraucher selbst übertragen wird und sie mit den gleichen Kriterien charakterisiert. Zum Teil ist die Kritik durch eine politisch begründete Angst gefärbt, daß diese äußerlichen Attribute der amerikanischen Kultur und die schädlichen Auswirkungen der Konformität die Stärke lokaler Organisationen erschüttern könnten, die ihrerseits dann die örtlichen Sozialstrukturen zerbrechen würden, die bisher als Schutz des Individuums vor dem Staat dienten. Nach der Theorie der Massengesellschaft wird auf diese Weise der einzelne zum Spielball demagogischen Einflusses, der Massenhysterien und Aufruhr auslösen und die Kontrollmechanismen und das Gleichgewicht einer demokratischen Gesellschaft zerstören kann. Diese Hypothese, die aus der Furcht vor dem Entstehen einer Volksdemokratie ursprünglich von dem konservativen spanischen Philosophen Ortega y Gasset entwickelt wurde, erlangte vor allem in den 30er Jahren Berühmtheit, als Hitler und Stalin systematisch lokale Organisationen beseitigten, um eine Opposition gegen ihre Pläne von vornherein auszuschalten. Auch in Amerika neigte man mit wachsender Zentralisierung der Bundesregierung zu dieser Auffassung und glaubt heute, daß besonders die Vorstädte den Gefahren der Massengesellschaft erliegen könnten. Die Schuld daran wird der Wurzellosigkeit und der fehlenden Festigkeit der Gemeindestruktur gegeben, die angeblich durch die hohe Umzugsquote bedingt sind[1]. Andere Beobachter reagieren weniger skeptisch auf die Merkmale der Massengesellschaft, auf die Zwänge und auf die Spießigkeit des Vorstadtlebens. Ihre Befürchtung ist, daß sie langweilige und apathische Geschöpfe hervorbringen werde[2].

Diese Anschuldigungen sind äußerst schwerwiegend, und sofern sie gerechtfertigt wären, würde die amerikanische Demokratie und Kultur durch die Vorstadt ernsthaft bedroht. Die meisten dieser Beschuldigungen sind jedoch entweder ungenau oder haben, sofern sie zutreffen, nicht die nachteiligen Folgen, die ihnen nach-

---

[1] Siehe auch Fromm, 154–163; Stein, Kap. 9 und 12.
[2] Dieser Vorwurf wurde von Keats und deutlicher von Riesman (1957) gemacht.

gesagt werden. Levittown ist in erster Linie eine Ortsgemeinde. Wenn es irgend etwas vernachlässigt, dann sind es die Bindungen zur Gesellschaft im weiteren Sinne, die mehr ins Hintertreffen geraten, als es gut ist. Aber es ist nicht wurzellos, trotz der hohen Umzugsquote, noch ist es langweilig, es sei denn für die Teenager. Die Folgerungen der Kritiker sind teilweise auf die schon erwähnten Schichten- und Erziehungsunterschiede zurückzuführen, die zwischen den Kritikern und den Vorstadtbewohnern bestehen. Was die Kritiker Spießertum und Teilnahmslosigkeit nennen, ist in Wirklichkeit ein Ergebnis der Lebensweise in der unteren Mittelschicht, die familienorientiert ist und daher nicht in Erscheinung tritt. Was sie Langweiligkeit nennen, leiten sie aus ihren kosmopolitisch orientierten Maßstäben ab, mit denen sie Gemeinden beurteilen. Orte, denen städtische Einrichtungen fehlen, vom Museum bis zu Gegenden mit den besonderen Merkmalen ethnischer Gruppen, unterliegen ihrem Verdikt, obwohl es sich dabei um Einrichtungen handelt, die nur von der oberen Mittelschicht in Anspruch genommen werden.

Die Kritiker sehen die Vorstadt aus der Perspektive des Außenstehenden, der die Gemeinde gewissermaßen mit den Augen eines Touristen wahrnimmt. Der Tourist will etwas Interessantes sehen, kulturelle Vielfalt, Unterhaltung, ästhetischen Genuß, Schaustellungen (vorzugsweise Exotisches) und gefühlsmäßige Reize. Der Ansässige dagegen wünscht einen bequemen, passenden und gesellschaftlich befriedigenden Wohnort. Natürlich muß er gefallen, aber in allererster Linie muß er dem täglichen Bedarf entsprechen. Ein großer Teil der Kritik an Suburbia als Gemeinde spiegelt die Enttäuschung wider, daß die neuen Vorstädte nicht die besonderen touristischen Wünsche der Kritiker befriedigen, daß sie keine Orte zum Spazierengehen sind, daß ihnen der Charme eines mittelalterlichen Dorfes, die erregende Atmosphäre einer Metropole oder die architektonische Vielfalt einer Vorstadt für Leute mit Spitzeneinkommen fehlt. Immerhin, der Tourismus ist ein Phänomen, an dem alle sozialen Schichten beteiligt sind. Ein von den Niagarafällen zurückkommender Nachbar beklagte sich bitter über die Kommerzialisierung dort und gebrauchte viele der Worte, die die Kritiker verwenden, wenn sie über die Vorstadt schreiben. Was er aber an den Niagarafällen empfand, das dachte er über Levittown nicht.

Jeder von uns ist irgendwann einmal Tourist, aber kaum eine Gemeinde kann Ansprüchen von Touristen und Bewohnern in gleicher Weise genügen. Zum Beispiel beeinträchtigen die vielen Menschen und das Nachtleben, das die Touristen nach Greenwich Village zieht, den Wohnwert dieses Stadtviertels. Obwohl die Perspektive des Touristen verständlich und sogar gerechtfertigt ist, stellt sie kein Kriterium dar, mit dem man eine Gemeinde beurteilen könnte, besonders dann nicht, wenn es sich um einen reinen Wohnort wie Levittown handelt. Dieser muß zunächst an der Qualität des Lebens und der Kultur gemessen werden, die die

Gemeinde ihren Bewohnern anbietet. Die Bedürfnisse des Touristen sind dabei zweitrangig.

Die nationale Kultur und die Gemeinde*

Obwohl die Pseudo-Colonial-Fassaden, Shopping-Centers und Schulen Levittown zu einem typischen Beispiel amerikanischer Zivilisation machen, stimmt dies Beispiel nur teilweise, da die Levittowner eine absolut lokale und oft antinationale Einstellung beibehielten. Nationale Einrichtungen wurden oft als Geld- und Machtquellen für lokale Bedürfnisse angesehen.

* Originalausgabe S. 187–188

Im allgemeinen zeigen die Levittowner an der amerikanischen Gesellschaft kein großes Interesse und stellen nur selten deren Einfluß auf ihr persönliches Leben fest. Solange sie Arbeit haben und gesund sind und ihre persönlichen Zielsetzungen einigermaßen verwirklichen können, kümmert sie die Bundesregierung oder irgendeine andere Bundesbehörde wenig. Ihr Interesse ist auf den lokalen Bereich beschränkt; daher beschäftigen sie sich nicht mit der Welt außerhalb ihrer Gemeinde. Besser noch könnte man sie als »sublokal« orientiert beschreiben, denn sie sind eigentlich eher auf die Familie als auf die Gemeinde ausgerichtet. Hier und da wird behauptet, die untere Mittelschicht hege eine natürliche Abneigung gegen alles Überdimensionierte. Für die Levittowner gilt diese Feststellung jedenfalls nicht. Gegen Supermärkte und staatliche Monopolgesellschaften haben sie im Gegensatz zu den Kritikern nichts einzuwenden. Obwohl sie von der großen Gesellschaft insgesamt nur eine schwache Vorstellung haben, erscheint sie ihnen manchmal wie ein monströser Polyp, der nur mit Mitteln der Gewalt und des Betrugs mit der einzelnen Gemeinde fertig wird. Die Levittowner sind gegen diese Gesellschaft nicht wegen ihrer Größe, sondern einfach deshalb, weil sie ein Fremdkörper ist. Als eine große Wohltätigkeitsorganisation eine Zweigstelle in Levittown eröffnete, meinte ein Levittowner: »Die sind mächtig und können uns sicher sehr nützlich sein – aber wir müssen uns nicht unbedingt nach deren Zentrale ausrichten... Die wollen uns doch nur das Geld aus der Tasche ziehen.« Die Ausrichtung am lokalen Lebensstil wird durch noch schwerwiegendere soziologische Faktoren gefördert. Wenn der örtliche Zweig einer großen Organisation erfolgreich sein will, muß er sich zunächst den örtlichen Gepflogenheiten anpassen, um überhaupt erst einmal Mitglieder anzuziehen. Falls der lokale Zweig sich weigert, den örtlichen Interessen zu entsprechen, muß gelegentlich gegen die übergeordneten Richtlinien opponiert werden. Am unbeliebtesten von allen äußeren Einflüssen ist bei den Levittownern allerdings nicht so sehr die amerikanische Gesellschaft, sondern ein bestimmter Menschentypus, nämlich der Kosmopolit mit seinen Brookline-Ansichten.

Nun heißt das alles natürlich nicht, daß die amerikanische Politik, Wirtschaft und

Kultur überhaupt keinen Einfluß in Levittown ausüben. Wenn die Industriegiganten ihre Konsumartikel zu festgesetzten Preisen im örtlichen Einkaufszentrum anbieten, oder wenn die Ingenieure in Detroit alljährlich einen neuen Wagentyp kreieren, kann der Käufer seine Unzufriedenheit höchstens dadurch zum Ausdruck bringen, daß er sich weigert zu kaufen, und wenn es sich um notwendige Dinge handelt, hat er nicht einmal diese Wahl. In Levittown gibt es jedoch sehr wenig Unzufriedenheit und Beschränkung in den Wahlmöglichkeiten. Hier leben Menschen, die sowohl genug Geld haben, um festgesetzte Preise zu zahlen, als auch die nötige Freiheit, unter den angebotenen Produkten auszuwählen. Sie fühlen sich gut bedient durch die Unternehmen, die ihnen Häuser, Nahrungsmittel, Einrichtungsgegenstände und Dienstleistungen, etwa im öffentlichen Verkehr, verkaufen. Allerdings beschäftigt sie der »Konsum« weniger als die Kritiker. Sie beschäftigen sich nicht soviel mit den Dingen, die sie kaufen, und haben auch kein besonderes Bedürfnis, ihre Individualität unter Beweis zu stellen, indem sie ein ganz bestimmtes Konsumverhalten an den Tag legen. Denn für sie ist der Konsum kein Mittel, schichtenspezifische Werte zum Ausdruck zu bringen, wie es die höhere Mittelschicht tut. Vielleicht mögen sie das Brot aus der Brotfabrik nicht so gern wie das aus dem kleinen Bäckerladen, das sie als Kinder gegessen hatten. Aber sie machen sich nichts daraus und fühlen sich nicht deswegen als Massenmenschen, weil sie Massenprodukte kaufen. Diese Dinge sind ihnen einfach nicht wichtig genug. Nur als Touristen werden sie »Materialisten« und »Traditionalisten«.

Die Massenmedien

Die dauerhafteste und gewiß auch häufigste Beziehung der Levittowner zur amerikanischen Gesellschaft wird durch die Massenmedien hergestellt, aber auch diese Beziehung ist durch eine Vielzahl individueller Prädispositionen gefiltert, so daß nur wenige Informationen den Empfänger ungebrochen erreichen. Nur wenige werden von den Massenmedien beherrscht. Durch sie kann man die Langeweile überbrücken, kurze Pausen ausfüllen und, was vielleicht am wichtigsten ist, die Kinder beschäftigen, während die Erwachsenen ihrer Arbeit nachgehen. Das wichtigste Massenmedium ist das Fernsehen, gefolgt von Zeitungen, Illustrierten und Taschenbuchromanen. In den Häusern der Arbeiterfamilien ist der Fernsehapparat vermutlich den ganzen Tag eingeschaltet, und zwar nicht nur in Levittown, sondern auch sonst überall. Selbst wenn Besuch kommt, wird er nicht abgestellt, denn, wie es ein Levittowner formulierte, »wenn man nichts zu sagen weiß, kann man zusehen, oder man kann über das reden, was man sieht«. Diese Feststellung sagt mehr aus über die *Befürchtung* Angehöriger der Arbeiterschicht, daß ihnen die Fähigkeit zur Konversation abgeht, als über die tatsächliche Praxis, denn Gesprächsstoff gibt es fast immer, vor allem unter Freunden.

Der Umzug nach Levittown änderte wenig an den Fernsehgewohnheiten der Bewohner*, wohingegen etwa 40 % der Interviewten die Lektüre zusätzlicher Zeitschriften – meist allgemeinbildender Periodika und Publikationen über Haus und Garten – anführten. Die Massenmedien beeinflußten im allgemeinen nur Leute, die sich von lokalen Gruppen isoliert fühlen, oder – wie im Falle der Intellektuellen – dem Bild und dem geschriebenen Wort große Bedeutung beimessen.

* Originalausgabe S. 190–193

Levittown und die Massengesellschaft*

Lokalpatriotismus verhindert nicht, daß die Bevölkerung einer Stadt – auch die Levittowns – zum willigen Werkzeug totalitärer Demagogen wird, falls die Gemeinde zu schwach ist, um sich gegen die Macht des Staates zur Wehr zu setzen. Deshalb betrachten viele Sozialwissenschaftler den freiwilligen Zusammenschluß in Vereinen als Hauptbollwerk gegen die Diktatur. Dagegen kann nichts in der Struktur solcher Vereinigungen Pöbelaktionen oder Massenhysterie verhindern, wenn ihre Mitglieder zu diesen Mitteln greifen. Erscheinungen dieser Art werden gewöhnlich durch starke Interessenunterschiede zwischen Bürgern und Regierungsstellen verursacht, vor allem dann, wenn die Regierung nicht auf die Anliegen der Bürger eingeht. Irrationales Handeln ist oft die Folge. In solchen Fällen reicht auch der Einfluß eines Vereins nicht aus, seine Mitglieder zu hindern, an solchen Protestaktionen teilzunehmen. Andererseits sind die Levittowner zu einer direkten Einflußnahme auf den Staat erst dann bereit, wenn dieser einen direkten Eingriff in ihr Privatleben vornimmt. Die Effizienz der ihnen als Bürger zur Verfügung stehenden Möglichkeiten der Einflußnahme übt jedoch eher eine entmutigende Wirkung auf sie aus.

* Originalausgabe S. 193–195

Fluktuation und Entwurzelung

Wissenschaftler, die sich mit der Vermassung der Gesellschaft befassen, und die Kritiker der Vorstadt hegen immer wieder die gleiche Befürchtung: die ständige Bevölkerungsbewegung in den vorstädtischen Gemeinden müsse notwendig das Gefühl der Heimatlosigkeit bei den Bewohnern erzeugen. Rund 20 % der ersten Ankäufer in Levittown waren nur vorübergehend Ansässige. Sie wußten bereits beim Eintreffen in der Stadt, daß ihre Arbeitgeber, meist große Konzerne oder die Armee, sie schon nach wenigen Jahren zum Umzug veranlassen würden. Ihre Mobilität spiegelt sich in Umzugsstatistiken wider, die besagen, daß zum Beispiel 1964 10 % der Häuser in Levittown weiterverkauft und weitere 5 % vermietet wurden. Aufgrund dieser Tendenz erscheint es durchaus möglich, daß in der Zukunft bis zu 20 % der Häuser jährlich ihre Bewohner wechseln[3]. Nicht alle

---

[3] Es gibt beim Wohnungswechsel keine bemerkenswerten Veränderungen, denn die Zuwachsrate stieg in der 1. Nachbarschaft von 1961 bis 1964 von 12 % auf nur 14 %, aber in der 3. und 4. Nachbarschaft stieg sie 1964 auf 19 %. Das Vermieten von Häusern war deshalb so häufig, weil man bei der schlechten Marktlage auf dem Häusermarkt die Häuser sonst nur mit beträchtlichem Verlust hätte verkaufen können. Man fand es vorteilhafter, sie über den Grundstücksmakler zu vermieten.

Häuser wechseln so oft ihren Inhaber. Eine geringe Anzahl wird jedoch immer weiterverkauft oder weitervermietet werden[4]. Die anfängliche Fluktuation entstand in erster Linie durch Verlegung des Arbeitsplatzes (55 % im Jahr 1960) und durch Berufswechsel (10 % im Jahr 1960)[5]. Ob die Mobilitätsrate von 15 % als »normal« gelten kann, ist schwer zu sagen. Schätzungen besagen, daß etwa 20 % der Gesamtbevölkerung der Vereinigten Staaten jährlich umziehen, eingeschlossen die Mieter. Levittowns Fluktuationsrate liegt wahrscheinlich hoch im Vergleich zu älteren Gemeinden mit Eigenheimbesitzern[6]. Sie wird der von neueren Siedlungen ungefähr entsprechen und ist sicher geringer als in Gegenden, in denen es vorwiegend Miethäuser gibt. Die konventionellen Richtwerte für »normale« Mobilitätsraten sind so veraltet und Gemeinden wie Levittown noch immer so neu in USA, daß die Bestimmung einer normalen Rate unmöglich erscheint.

Im übrigen ist das Bedürfnis, den Wohnungswechsel zu beurteilen, auf die Annahme zurückzuführen, Wohnungswechsel sei an sich etwas Unerwünschtes. Sobald es genügend Material geben wird, diese Annahme empirisch zu überprüfen, kann der Begriff der normalen Umzugsquote wahrscheinlich aufgegeben werden. Der wunde Punkt bei dem häufigen Wohnungswechsel ist weniger das Ausmaß als der jeweilige Wechsel in der Bevölkerungsstruktur und die sich daraus ergebenden Konsequenzen. Wenn fest Ansässige an die Stelle der nur vorübergehend Ansässigen und ständig Umziehenden treten, wird die Fluktuation natürlich geringer. In der ersten Hälfte der 60er Jahre waren die Zweitkäufer der Häuser

[4] Nach einem Bericht der Long-Island-Zeitung »Newsday« vom 21. Okt. 1957 lebten 27 % der zuerst zugezogenen 1800 Familien noch nach zehn Jahren in Levittown, New York.
[5] Weitere 10 % zogen weg, weil sie sich in der Stadt nicht wohl fühlten; 7 % wegen wirtschaftlicher Schwierigkeiten; 5 % wegen zu großer Anmarschwege zum Arbeitsplatz; 4 % wegen Todesfall, Scheidung oder anderer familiärer Umstände. Diese Zahlen, die auf Angaben von Grundstücksmaklern und privaten Hausverkäufern basieren, mögen nicht ganz verläßlich sein. Die Grundstücksmakler hatten vielleicht ein Interesse daran, die wahren Gründe zu verschleiern – und die Privatverkäufer mochten nicht gern über ihre finanzielle Lage berichten. Immerhin wurden nur bei 1 % der Häuser jährlich die Hypotheken für verfallen erklärt.
[6] In der Mitte der 50er Jahre, als Park Forest sieben Jahre lang existierte, betrug die jährliche Umzugsrate 20 % (siehe Whyte, 1956, Seite 303). In Levittown, New York, berichtete eine Studie aus dem Jahre 1961 von ungefähr 15 % (siehe Orzack und Sanders, Seite 13). In Levittown, Pennsylvania, schwankte die Rate zwischen 12 und 15 % in den Jahren 1952 bis 1960 (siehe Anderson und Settani). 10 % waren es in den ersten zehn Jahren in einer 40 Jahre alten englischen Stadt – bis heute ist die Rate dort 1 % gesunken (siehe Willmott, 1963, Seite 20).
Eine Untersuchung des Instituts für Grundstücksverkehr, veröffentlicht in der New York Times vom 10. Nov. 1963, besagt: Von 30 000 Wohnungen in 519 Häusern in allen Teilen des Landes wechselten 28 % jährlich ihre Besitzer; 35 % waren es bei den Wohnungen mit Garten.

jedoch ebenfalls meist nur Durchzügler, die ihr Haus schneller brauchten, als es ihnen die Baugesellschaft zur Verfügung stellen konnte. Dazu kamen Leute mit niedrigem Verdienst, die vielleicht ansässig geworden wären, aber die Anzahlung für das neue Haus nicht aufbringen konnten. Wenn im Lauf der Jahre der Anteil dieser Leute zunehmen sollte, wird der Prozentsatz der unteren Bevölkerungsschichten wachsen. Leute in gehobener Stellung werden dann vielleicht um ihr Ansehen fürchten. Obwohl solche Befürchtungen selten waren, solange ich in Levittown wohnte, bestanden sie doch in einigen Blocks und erklären zum Teil die heftigen Reaktionen auf die zuvor beschriebenen Regierungsmaßnahmen, die das gesellschaftliche Ansehen gefährdeten.

Entgegen der Auffassung, die nur vorübergehend ansässige Bevölkerung nehme am Leben der Gemeinde keinen Anteil, wirkten gerade diese Levittowner in größerer Anzahl als die fest Ansässigen in Gemeindeorganisationen mit, was zum Teil auf ihren höheren Status zurückzuführen ist[7]. Viele von ihnen berichteten im Gegensatz zu den fest Ansässigen von zunehmender Beteiligung, nachdem sie nach Levittown umgezogen waren[8]. Die Anzahl der Leute, mit denen sie öfter zusammenkamen, war allerdings geringer[9]. Ihre Aktivität in Vereinen ist nicht überraschend. Obwohl an häufigen Umzug gewöhnt, sind sie gesellschaftlich konservativ, fühlen sich gewöhnlich zu gleichartigen Gemeinden hingezogen und betätigen sich in den gleichen Vereinigungen. Da sie natürlich aufgrund ihrer Mobilität mehr organisatorische Erfahrung als die Levittowner haben, ist es ihnen möglich, in der Gemeinde bei der Gründung verschiedener Gruppen zu helfen.

Oft hört man das Argument, daß der häufige Wohnungswechsel die Menschen »entwurzele«. Wegen der Analogie aus der Botanik läßt sich dieser Begriff soziologisch nur schwer bestimmen. Aber man will damit wohl in erster Linie eine Reihe von festen Rollen und Beziehungen ausdrücken, die von anderen Bewohnern anerkannt werden. Traditionsgemäß finden diese Rollendefinitionen auch durch die Vorfahren statt, aber heute sind solche Verwurzelungen schwer aufrechtzuerhalten. Nur wenige Menschen können es sich leisten, auf soziale oder berufliche Mobilität zu verzichten, weil sie einen Umzug erfordert. Dabei geht ein Gefühl für Verwurzelung jedoch keinesfalls verloren. Eine der Arten, dieses Gefühl trotz

---

[7] Während meiner zweiten Umfrage waren 84 % der Durchzügler in Organisationen tätig, im Vergleich zu 85 % der Mobilen, und nur 44 % der Ansässigen. 62 % der Durchzügler gehörten außerkirchlichen Vereinen an, verglichen mit nur 25 % der Ansässigen.

[8] 75 % der Durchzügler waren aktiver als an ihrem vorigen Wohnsitz, dagegen nur 60 % der Dauerbewohner. Keiner der ersten Gruppe gab an, weniger aktiv zu sein als vorher, aber 20 % der zweiten Gruppe.

[9] Der Durchschnittswert bei den Durchzüglern lag bei 2,75, bei den Mobilen bei 3,25, bei den Dauerbewohnern bei 3,3. 19 % der Durchzügler hatten keine Freunde in Levittown, gegenüber 8 % bei den Dauerbewohnern.

hoher Mobilität zu erhalten, besteht darin, den Ort, in dem man aufgewachsen ist, nach wie vor als das »Zuhause« zu bezeichnen. Wenn Levittowner vom »Nach-Hause-Fahren« sprechen, heißt das, daß sie ihre Eltern besuchen. Dagegen entsteht bei denen, deren Eltern ebenfalls aus der Gemeinde, in der sie aufwuchsen, fortgezogen sind, ein Gefühl der Heimatlosigkeit. Ich erinnere mich an ein Gespräch mit einem Levittowner, der mir erzählte, er führe demnächst »heim nach Ohio«, um seine Mutter zu besuchen. Seine Frau meinte ein wenig traurig: »Meine Eltern wohnen nicht mehr da, wo ich groß geworden bin. Und dort, wo sie jetzt wohnen, habe ich nie mit ihnen zusammen gewohnt. So bleibt mir nur die Sudberry-Street in Levittown; eine andere Heimat habe ich nicht.« An die vielen Umzüge gewöhnt, wurde ihr Levittown kaum zur richtigen Heimat, und wie die meisten sehnte sie den Tag herbei, an dem das beruflich bedingte ewige Umziehen ihres Mannes aufhören würde und man sich irgendwo niederlassen könnte.

Solchen immer nur kurze Zeit Ansässigen fehlen offensichtlich die objektiven Voraussetzungen der Verwurzelung, so daß bei ihnen ein Gefühl der Entwurzelung entstehen kann. Nach meinen persönlichen Eindrücken ist diese Empfindung bei den Levittownern jedoch nicht sonderlich stark oder häufig. Zum Teil überwindet man es dadurch, daß man immer wieder in ähnliche Gemeinden zieht und dort vorübergehende Kontakte knüpft. Zudem gibt es Vereinigungen und Organisationen mit Mitgliedern, die ebenfalls oft umziehen[10]. Fachleute, die häufig ihren Wohnsitz wechseln, haben vielfach durch ihren Beruf oder durch die geselligen Gruppen innerhalb ihres Berufslebens Kontakte. Melvin Webber und andere haben darauf hingewiesen, daß berufliche und funktionelle Bindungen für eine ständig wachsende Zahl der Bevölkerung an die Stelle der früheren Bindung an Heimat und Herkunft treten[11]. Diese Art von Bindungen ist durch Männer naturgemäß leichter herzustellen als durch Frauen. Die Ehefrauen, besonders die von Akademikern, leiden oft stärker unter der Mobilität als ihre Männer. Einige schließen sich großen freiwilligen Vereinigungen an, ähnlich wie Männer in nichtakademischen Berufen, und stellen auf diese Weise feste Bindungen her. Jedoch ist dies für sie nicht völlig befriedigend, weil das Gefühl des Gebundenseins nur innerhalb einer einzigen Rolle entsteht. Die Belohnungen und Bestätigungen beziehen sich daher eher darauf, was man *ist*, und nicht darauf, was man *tut*.

In jungen Gemeinden wie Levittown ist es für die Einwohner, sogar für nur vorübergehend Ansässige, möglich, sofort seßhaft zu werden. Wer sich in Verbänden und Vereinen beteiligt, wird schnell bekannt und kann sich bald als Teil des Gemeinwesens betrachten. Trotz der Größe Levittowns lernen Geschäftsleute und

---

[10] Whyte (1956), Seite 289.
[11] Webber.

Kommunalbeamte Leute, die sie regelmäßig sehen, persönlich kennen und geben ihnen das Gefühl, beachtet zu werden. Vor allem die Geistlichen sind sehr bemüht, diese persönlichen Bekanntschaften zu erweitern. Die Kirchen selbst bieten einen Bereich, in den man sich einleben kann, und das tun sie mit Bewußtsein, denn es zieht die Menschen in die Kirche. Einige protestantische Sekten versuchten, sich selbst als »Kleinstadt-Kirchen mit Gebäuden im Colonial Style« zu definieren, weil diese Attribute die Vorstellung des Verwurzeltseins erwecken.

Bodenständigkeit über mehrere Generationen hinweg gibt es heutzutage kaum noch in irgendeiner vorstädtischen oder städtischen Gemeinde, auch nicht in kleinen Städten. Denn sie erfordert jene Art von wirtschaftlicher Stabilität oder sogar Stagnation, wie sie allenfalls noch für die ökonomisch rückständigen Gebiete charakteristisch ist. Zudem übersieht die romantisierende Einstellung gegenüber dieser Art von Verwurzelung die Tatsache, daß sie für viele Menschen den Fortschritt verhindert, vor allem für Personen mit niedrigem Status, die aufgrund ihres Wohnorts oder ihrer Abstammung ständig als unbeweglich oder zu nichts tauglich abgestempelt wurden. Im gleichen Maß, in dem die Verwurzelung dem Fortschritt dienlich sein kann, kann sie ihn auch hemmen.

Fluktuation und Mobilität sind völlig neue Erscheinungen innerhalb der mittleren Bevölkerungsschichten Amerikas, und wie jede andere Neuerung war ihr Entstehen mit der Voraussage unangenehmer Folgen, z. B. auf das Familienleben, auf Schulleistungen und psychische Gesundheit begleitet. Interviews mit Erziehern, Ärzten und Polizisten wiesen jedoch darauf hin, daß ihnen die fluktuierenden Bevölkerungsschichten kaum mehr Probleme in bezug auf Krankheit, Schule oder Verbrechen verursachen als die Ortsansässigen. Der häufige Wohnungswechsel *kann* Probleme schaffen, aber die Auswirkungen auf verschiedene Menschentypen sind jeweils andere. Für junge Männer bedeutet eine Versetzung meistens Beförderung oder Gehaltserhöhung; für die älteren ist sie lediglich ein Wechsel der Umgebung, die Übersiedlung in ein nur wenig besseres Sibirien. Sofern ein vorübergehend Ansässiger, der sich in seiner neuen Heimat sehr wohl fühlt, von seinem Arbeitgeber zum erneuten Umzug aufgefordert wird, kann er das nur ein- oder zweimal ablehnen, ohne Gefahr zu laufen, daß man ihm nahelegt zu kündigen oder in die Liste derjenigen eingereiht zu werden, die keinen weiteren beruflichen Aufstieg mehr zu erwarten haben. Familien mit hoher *regionaler* Mobilität wohnen immer in sehr gleichartigen Gemeinden und haben daher kaum Schwierigkeiten, sich an ihrem neuen Wohnsitz einzuleben[12]. Die Angestellten großer Konzerne werden meist bei der Wohnungssuche beraten. Zudem gibt es häufig Berufskollegen, die bereits im neuen Wohnbezirk ansässig sind und den Übergang erleichtern helfen.

---

[12] Gutman, Seite 180.

Bei häufigem Wohnungswechsel sind die übrigen Familienmitglieder normalerweise die Hauptleidtragenden. Frauen, die in Levittown viele Freunde gefunden hatten, zogen sehr ungern um, und Jugendliche erhoben lebhaften Einspruch dagegen, ihre gleichaltrigen Freunde verlassen zu müssen. Deshalb bemühen sich viele Eltern um einen Dauerwohnsitz, bevor ihre Kinder die höhere Schule besuchen. Für Frauen und Jugendliche ist der Umzug im Grunde eine unfreiwillige Maßnahme, die sich wie die zwangsweise Umsiedlung von Slumbewohnern als Folge von Sanierung in Depression und anderen schädlichen Folgen auswirken kann[13]. Die Fluktuation kann auch zu Schwierigkeiten führen, wenn ihr Probleme der sozialen Umschichtung vorangehen oder sie begleiten, wie zum Beispiel bei älteren Angestellten, die umziehen müssen, ohne daß sie gleichzeitig aufsteigen, oder bei Vorstadtbewohnern, die als Ergebnis des Abstiegs oder eines extrem schnellen Aufstiegs umziehen müssen[14]. Bei Kindern von Armeeangehörigen, die ja noch häufiger als die Angestellten großer Gesellschaften zum Wohnortwechsel gezwungen sind, wurde festgestellt, daß geographische Mobilität an sich kaum psychische Störungen mit sich brachte[15]. Eine Ausnahme machten jene Kinder, deren Vater aus der Arbeiterschicht stammte und bis zum Offizier aufgestiegen war[16].

Diese Ergebnisse deuten an, daß Fluktuation ihre ernsthaftesten Folgen bei Personen mit Identitätsproblemen hat. Ein Individuum ohne feste Vorstellung seiner eigenen Identität hat wahrscheinlich Schwierigkeiten, mit den Erfahrungen fertig zu werden, die es beim Umzug macht. Es wird sehr stark unter dem Abbruch der Kontakte leiden, denn es wird daran gehindert, jene Beziehungen einzugehen und jenen Bezugsgruppen beizutreten, die die eigene Identität stärken. Dies erklärt vielleicht, warum Heranwachsende vom Umzug so besonders betroffen sind. Durchzügler ohne Bindungen in ihrem Geburtsort oder im Beruf müssen sich in schwierigen Situationen auf ihre Familie verlassen können. Manchmal gewinnt die Familie dadurch an innerer Festigkeit, aber weil Krisen eines einzelnen Familienangehörigen wahrscheinlich alle anderen in Mitleidenschaft ziehen, ist von der

---

[13] Siehe Fried.
[14] Gordon, Gordon und Gunther. In dieser Arbeit wurde zwischen örtlicher und sozialer Mobilität kein Unterschied gemacht, aber ihre Fallstudien über gestörte Vorstadtbewohner weisen auf die nachteilige Wirkung der letzteren hin.
[15] Pederson und Sullivan.
[16] Gabower kam zu anderen Ergebnissen, aber wenn man sich genauer damit befaßt, stellt sich auch hier heraus, daß zum Beispiel die dauernden Anstrengungen eines Mannes, der sich in der Marine hochgedient hatte und zum Offizier befördert wurde, letzten Endes auf Kosten seiner Kinder gingen. Umgekehrt litten die Kinder aus Familien der Mittelschicht, deren Väter in Anapolis (amerikanische Militärakademie) studiert hatten, kaum unter der örtlichen Mobilität. Die heranwachsenden Kinder von beiden Gruppen litten jedoch sehr unter den ständigen Umzügen.

Familie nicht immer die notwendige Unterstützung zu erwarten. Wenn Identitätsprobleme hinzukommen, gibt es für das Individuum möglicherweise keinen Ausweg. In diesem Fall kann der permanente Wohnungswechsel zu dem Zustand der Anomie (des Isoliertseins) führen, die nach der Auffassung der Kritiker für die Vorstädte so typisch ist. In Levittown sind solche Leute jedoch eine geringe Minderheit.

Das Urteil der Erwachsenen über Levittown: eine lebendige Stadt

Die Frage, ob sie ihre Gemeinde langweilig fänden, wurde von 20 % der Levittowner aus der Zufallsauswahl bejaht, während es in der Philadelphia-Stichprobe – wo man es erwartet hätte, daß diese Probanden es langweilig finden würden, nachdem sie vorher in einer Großstadt gewohnt hatten – nur 14 % waren[17]. Sehr viele waren von der Fragestellung einigermaßen überrascht. Sie dachten, daß es in Levittown eine Menge zu tun gäbe und daß es nur des Wunsches bedürfe, sich daran zu beteiligen. »Das hängt vom einzelnen ab«, hieß es, »wenn jemand unfreundlich oder träge ist, ist es sein eigener Fehler.« »Hier wird es nicht langweilig«, erklärte ein anderer, »es gibt soviel Clubs und Vereine, denen man sich anschließen kann.« Einige erwähnten zwar den Mangel an großstädtischer Unterhaltung in Levittown, empfanden das aber selbst gar nicht allzu tragisch. Ein Mann aus Philadelphia sagte: »Wenn man Levittown mit dem Leben der Großstadt vergleicht, so gibt es hier kaum Kneipen und Teenagerschuppen. Dann ist es natürlich langweilig. Aber in dem Viertel, in dem wir in Philadelphia wohnten, gab es das auch nicht. So gesehen, gefällt es mir hier eher besser. Ich glaube, wir sind hier völlig zufrieden. Abwechslung gibt es genug. Wir nisten uns allmählich ein.« Überhaupt traf ich sehr wenige Leute, die Heimweh nach der Großstadt hatten. Typisch ist folgende Antwort: »Wir wollen unsere Ruhe haben ... ab und zu Besuch bekommen, Besuche abstatten, im Sommer draußen sitzen, und ab und zu schaut mal jemand herein.« Es gab auch andere Stimmen: »Dies ist das verrückteste Nest, in dem ich je gewohnt habe: jedes Wochenende Parties, Picknicks, Barbecues und ähnliches. Ich find's großartig.«[18] Die einzigen, die Levittown wirklich langweilig fanden, waren die gesellschaftlich Isolierten und die

---

[17] Die Frage lautete: »Man hat behauptet, daß Gemeinden wie Levittown langweilig seien, daß hier ›nichts los sei!‹ Stimmen Sie dieser Frage zu?«
[18] Dieser Befragte beschrieb das äußerst rege gesellschaftliche Leben in der jüdischen Gemeinde. Dennoch fand gerade der jüdische Bevölkerungsteil, insbesondere der gebildetere, Levittown langweiliger als andere Gruppen. Die Juden scheinen städtische Vergnügungen mehr zu schätzen als die anderen.

Angehörigen der oberen Mittelschicht, die das Leben in den Vereinigungen des Ortes erfahren hatten und es dürftig fanden. Die Levittowner, die an ihrer Gemeinde Gefallen haben, sagten, daß sie vor allem die Menschen und Vereine der Gemeinde lebendig finden. Die Gemeinde als Ganzes ist dabei weniger wichtig. Gemessen an konventionellen Maßstäben, nach denen die Lebendigkeit sich durch die soziale Heterogenität und durch kulturelle Vielfalt definiert, mag die Gemeinde langweilig sein, aber die Levittowner lehnen diese Maßstäbe ab. Sie haben kein Bedürfnis nach dieser Art von Lebendigkeit und Betriebsamkeit. Die Mütter haben ihre täglichen Überraschungen mit ihren Kindern und die Väter bei der Arbeit.

Die Schwelle, an der das Außergewöhnliche und Aufregende beginnt, ist bei ihnen ziemlich niedrig, und für viele wird Aufregung gleichgesetzt mit Streit, Krise und Entbehrungen. Da die meisten von ihnen in der Zeit der Weltwirtschaftskrise aufwuchsen und sich an die schwere Zeit ihrer Kindheit erinnern, wollen sie sich und ihre Kinder vor Krisen schützen.

In diesem Zusammenhang spielt ein weiterer Bewertungsunterschied zwischen den Kritikern und den Levittownern eine Rolle. Die Italiener, die in der innerstädtischen Arbeitergegend wohnten, die ich vor dieser Arbeit untersuchte, waren durch das »Land« gelangweilt, womit sie auch die Vorstadt meinten. Wenn auch aus anderen Gründen, teilen die Kritiker diese Ansicht. Viele Großstädter, die der Arbeiterschicht angehören, lieben das bunte städtische Straßenleben mit seinen Restaurants und Gaststätten. Die Kritiker, die der oberen Mittelschicht angehören, lieben das Gedränge und das kosmopolitische Leben. Die Leute der unteren Mittelschicht und der Arbeiterschicht, die nach Levittown kamen, waren weder an dem einen noch an dem anderen besonders stark interessiert. Sogar ehemalige Stadtbewohner machten von den kulturellen Einrichtungen, die den Wertungen der oberen Mittelschicht entsprachen, nur wenig Gebrauch und vermißten sie in den Vorstädten überhaupt nicht. Und wie auch der Streit um den freien Alkoholausschank zeigt, sind sie für die Abwechslungen, die den Arbeitern in der Stadt Freude machen, nicht zu begeistern; ja, sie vermeiden geradezu Kneipen und die Nachteile alter Stadtviertel. Alles, was sie sich wünschen, ist etwas Abwechslung durch persönliche Freunde, aber in der Ruhe und Beschaulichkeit ihres Privatlebens[19]. Eine gelegentliche Sensation ist etwas ganz anderes. Das Fernsehen

---

[19] Freunde haben mir oft die Frage gestellt, wie es mir denn persönlich in Levittown gefalle. Ich erklärte mich als teilnehmender Beobachter für die Beantwortung dieser Frage nicht ganz zuständig, denn ich beteiligte mich sehr am gemeindlichen Leben und Streben und verspürte all sein Leben, alles Aufregende daran. Sogar der alltäglichste Vorfall war für mich noch interessant, weil ich versuchte, alle Beobachtungen in ein umfassendes Bild über das Gemeindeleben einzuordnen. Als Bewohner war ich sehr gern mit diesen Menschen zusammen, und im Verhältnis gesehen war die Langeweile dort auch nicht

bietet programmierte und in hohem Maße voraussagbare Sensationen, die aber langweilig werden können. Ein Feuer oder ein Unfall dagegen, oder eine Auseinandersetzung im städtischen Schulausschuß, auch Ehestreitigkeiten oder geringfügiges schlechtes Verhalten unter den Nachbarn – alles dies spielt sich unter wirklichen und bekannten Leuten ab. Die Sensation ist im übrigen ebenfalls überraschend, aber sie ist nicht programmiert und deshalb lohnender.

Das »biedere« Leben der unteren Mittelschicht

Die für Levittown gültigen Kriterien der Lebendigkeit sind sicher in den Augen des Kritikers und des Besuchers pure Langeweile, zum Teil aber nur, weil sich vieles dem Einblick entzieht. Das Leben der unteren Mittelschicht findet nicht auf der Straße oder bei Versammlungen und Parties statt, sondern zu Hause und in der Familie. Wenn man aber, wie es dem teilnehmenden Beobachter möglich ist, hinter die Haustür gelangt, stellen sich die Leute mit einemmal als Individuen dar, und kaum einer ist langweilig oder oberflächlich. Ein Unterschied jedoch bleibt: Die Angehörigen dieser Schicht entwickeln weniger ungebrochene Betriebsamkeit als die der Arbeiterschicht, machen einen etwas provinzielleren Eindruck als die der oberen Mittelschicht und sind mehr auf Ansehen bedacht als die Angehörigen beider anderen Schichten. Zum Teil ist dies auf die religiöse Herkunft zurückzuführen. Die untere Mittelschicht ist vorwiegend protestantisch und steht noch immer unter dem starken Einfluß der puritanischen Ethik. Sie hat nicht die geregelte Möglichkeit zur Beichte, die einigen Katholiken größere Ungezwungenheit erlaubt, und sie macht auch nicht den scharfen Unterschied zwischen sakraler und weltlicher Kultur, die die jüdische Religiosität auf die Einhaltung der höchsten Feiertage beschränkt und den Juden weitgehende Extrovertiertheit in Vereinigungen und im geselligen und kulturellen Leben erlaubt. Aber der Unterschied ist nicht ausschließlich auf den Puritanismus zurückzuführen, denn die zurückhaltende Lebensweise der unteren Mittelschicht ist auch bei Katholiken festzustellen, die sozial aufgestiegen sind, vor allem bei Deutschen und Iren und selbst bei Italienern und bei einigen Juden, die aus der Arbeiterschicht stammen. Wenn »Biederkeit« das Wort ist, mit dem die Eigenschaften dieser Leute beschrieben werden können, so kennzeichnet es den Übergang, in dem sich die untere

größer als in irgendwelchen akademischen oder sonstigen Kreisen. Natürlich fehlte es Levittown an einigen Möglichkeiten, von denen ich persönlich als Großstadtmensch gern Gebrauch gemacht hätte. Auf keinen Fall aber war es langweilig, und wenn es so gewesen wäre, würde ich kein Urteil über eine Gemeinde öffentlich aussprechen, nur deshalb, weil sie einige meiner Wünsche nicht erfüllte. Besonders dann sollte man sich eines solchen Urteils enthalten, wenn die Gemeinde die Wünsche der Mehrheit so gut zu erfüllen scheint wie in Levittown.

Mittelschicht zwischen dem familienorientierten Leben der Arbeiterschicht und den kosmopolitischen Anschauungen der oberen Mittelschicht befindet. Der Arbeiter paßt sich nur innerhalb seiner Familie und seiner Bekannten an, die aber seine persönlichen Gewohnheiten tolerieren. Er glaubt, daß die Welt um ihn herum von einer nicht zu verändernden Feindseligkeit ist und daß es ihm auch keine Vorteile bringt, wenn er bei ihr Anerkennung findet. Deshalb kann er sich seinem lautstarken Unwillen überlassen und sich auf diese Weise von dem Zwang befreien, der in seiner Familie und in seinem Bekanntenkreis entsteht. Demgegenüber ist der Angehörige der oberen Mittelschicht fest in die Welt außerhalb seiner Familie eingefügt, so daß es manchmal problematisch für ihn werden kann, die Erledigung seiner privaten Belange mit seinen anderen Interessen in Einklang zu bringen. Aber er ist in beide Sphären fest eingefügt.

Die untere Mittelschicht scheint mir in der Mitte zwischen beiden Gruppen gefangen zu sein. Ihre Mitglieder, die aus der Arbeiterschicht stammen, haben ihre Bindungen an die Großfamilie gelockert, aber obwohl sie sich der Gesellschaft im weitesten Sinne geöffnet haben, fühlen sie sich darin keineswegs wohl. Sie haben sich die Normen der kosmopolitischen Gesellschaft nicht zu eigen gemacht, können sie aber im Unterschied zur Arbeiterschicht auch nicht ignorieren. Als Ergebnis befinden sie sich in einer Situation, in der jeder Nachbar ein potentieller Freund oder Feind und jede Maßnahme in der Gemeinde die Ursache von Konflikten ist. Dadurch wird ein hemmender und zuweilen sogar inhibierender Einfluß auf ihn ausgeübt. Andere, die seit Generationen der unteren Mittelschicht angehören, mußten eine ländliche oder christliche Umgebung verlassen. Auch sie sind zwischen zwei Welten gefangen, denn jetzt müssen sie mit der größeren und heterogenen Gesellschaft fertig werden, auf die sie ihrer kulturellen und religiösen Herkunft nach nicht vorbereitet sind.

Wenn sie sich selbst überlassen sind, beschäftigen sich die Angehörigen der unteren Mittelschicht mit den Dingen, mit denen sie sich schon immer beschäftigt haben: Ihre ganze Energie verwenden sie auf ihr Zuhause und auf die Familie und versuchen, das Leben so angenehm wie möglich zu gestalten. Freunde, Nachbarn, die Kirche und der Verein dienen als Unterstützung, als Bereicherung und Abwechslung dieser Privatsphäre. Weil sie so schon vorher gelebt haben, in der Kleinstadt oder in einer großstädtischen Nachbarschaft, in der sie aufgewachsen sind, fällt es ihnen nicht schwer, ihre optimistische Anschauung zu erhalten, daß die jüdisch-christliche Moral eine verläßliche Lebensgrundlage ist. Diese Weltanschauung zeigt sich am besten in den vom Elternbeirat veranstalteten Ausstellungen von Amateurmalern: Helle, fröhliche Landschaftsbilder gab es da zu sehen oder Porträts von Kindern und Tieren, in ungebrochenen Farben gemalt. Da war die Welt in Ordnung, voller Hoffnung und Humor und vor allem, da war sie unkompliziert und menschliches Glück in ihr grundsätzlich möglich.

Natürlich ist das Leben nicht wirklich so, denn nahezu jeder muß in seinem Leben mit Enttäuschungen fertig werden, die einem begegnen: ungehorsame Kinder, unbegabte Schüler, unzufriedene Ehegatten, gelangweilte Hausfrauen, schlechte Arbeitsstellen, chronische Krankheiten oder finanzielle Sorgen. Mit diesen Tatsachen findet man sich eben ab, weil man sie nicht vermeiden kann. Es sind vielmehr in erster Linie die Normen der Gesellschaft im großen, die frustrierend wirken. Teilweise erwünscht und teilweise abgelehnt, rufen sie eine ambivalente Haltung hervor, die dem Außenstehenden als das Spießertum der unteren Mittelschicht erscheint. Diese Ambivalenz läßt sich gut illustrieren an dem Beispiel, wie Frauen aus Levittown auf die Gemälde meiner Frau reagierten. Da sich ihr Atelier in unserer Wohnung befand, hatten die Nachbarinnen häufig Gelegenheit, sie bei der Arbeit zu beobachten und mit ihr über den Beruf der Malerin zu sprechen. Die Italiener aus der Arbeiterschicht, mit denen wir vorher in Boston gelebt hatten, wußten im großen und ganzen, was sie mit ihrer Tätigkeit anfangen sollten. Mit künstlerischen Dingen kaum oder gar nicht vertraut, konnten sie nach kurzem Achselzucken über den abstrakt-expressionistischen Stil immerhin die Farben bewundern, die sie mochten, oder die Formen, die sie an Dinge aus ihrer eigenen Erlebniswelt erinnerten. Ohne zu wissen, was diese Malerei bedeutet – und ohne es wissen zu müssen – meinten sie, daß Malerei eine gute Sache sei, die meine Frau vor Ärger und Langeweile bewahre und die unangenehmen Folgen, wie Trinken oder Seitensprünge, verhindere.

Leute aus der unteren Mittelschicht in Levittown konnten zu der Malerei meiner Frau nicht so leicht Zugang finden. Die Bilder gefielen ihnen nicht besser als den Arbeiterfrauen in Boston, aber sie wußten, daß es »Kunst« war und konnten sie deshalb nicht ignorieren. Ihre Reaktion war Unsicherheit, zuweilen auch Feindseligkeit, vor allem aber auch Neid gegenüber einer »schöpferischen« Fähigkeit. Aber auch diese Reaktion war zwiespältig. Als Teenager hatten sie gelernt, daß schöpferisch zu sein etwas Erstrebenswertes sei, und viele hatten gelegentlich Unterricht gehabt im Zeichnen, Klavierspielen oder Handarbeiten. Nachdem sie nun über diese Fertigkeiten als Frauen und Mütter verfügten und kontaktfreudig waren, kehrte zwar der Wunsch nach Kreativität zurück, nicht aber die Gelegenheit dazu.

Für Frauen aus der Arbeiterschicht ist es eine vollkommen auslastende Beschäftigung, für die Familie zu sorgen und die finanziellen Angelegenheiten zu regeln. Frauen der oberen Mittelschicht haben die Vorstellung, daß das Leben aus mehr bestehen sollte als nur aus der Gründung einer Familie und dem Großziehen der Kinder. Frauen, die der unteren Mittelschicht angehören, sind davon nicht so überzeugt. Sie wollen sich in außerfamiliäre Rollen stürzen, aber nicht so intensiv, daß dadurch Rollenkonflikt und Angst entstehen. Als Ergebnis suchen sie nach einfachen Möglichkeiten zur Kreativität, nach Beschäftigungen, die nicht, wie es

einige Frauen aus Levittown genannt haben, »die Familie und den Haushalt in Aufruhr versetzen«. Eine ernsthafte künstlerische Betätigung ist unter diesen Bedingungen schwierig. Doch ist eine Kompromißlösung, wie Handarbeiten oder Zeichnen nach Vorlage, weder völlig zufriedenstellend noch lohnend, weil man sich bewußt ist, daß dies keine wirkliche Kunst ist. Die Ambivalenz zwischen der Familienrolle und künstlerischen Erwartungen wurde durch eine Levittownerin auf besonders verdrehte Art und Weise zum Ausdruck gebracht. Sie erzählte mir, daß sie eine ausgesprochene Schwäche für Malerei habe. Aber immer, wenn sie durch ein Museum wandere, beginne sie an ihre Familie zu denken. Sie löste diese Ambivalenz, indem sie Bilder mied, die sie »zu sehr über Kunst nachdenken« ließen. Derart tiefgreifend ist die innere Zerrissenheit jedoch nur bei wenigen.
Ein ähnlich ambivalentes Muster zeigt sich in der Einstellung zur Regierung. Viele Angehörige der unteren Mittelschicht fanden, daß die ethischen Grundsätze, nach denen sie ihr persönliches Leben ausrichten, die Art der Beziehungen, die sie zu Familienmitgliedern und Freunden haben, auch bestimmend sein sollten für die Struktur größerer Organisationen und der Gesellschaft im großen. Jede andere Art des Verhaltens, sei es innerhalb oder außerhalb des politischen Lebens, bezeichnen sie als »Politik« und versuchen, weil sie es für unmoralisch halten, ihm aus dem Wege zu gehen.
Die Angehörigen der Arbeiterschicht haben die gleiche Einstellung, aber sie sind realistischer und versuchen, die Politik für ihre eigenen Ziele auszunutzen. Die obere Mittelschicht glaubt an eine moralische Grundlage für das politische Handeln, leitet es aber nicht von den Normen ab, die die Familie bestimmen. Die untere Mittelschicht sieht sich auch in dieser Beziehung im Konflikt zwischen den Normen der Familie und denen der Umwelt. Das Ergebnis ist häufig politische Apathie. Wegen dieser Leute versuchen Politiker zuweilen durch ihr Verhalten zu zeigen, daß ihre Entscheidungen sich auf Normen berufen, die mit denen der Familie identisch sind, und demonstrieren in Wahlkämpfen die Lauterkeit ihrer eigenen Kandidatur und die Unehrenhaftigkeit der Kandidaten auf der anderen Seite.
Selbstverständlich sind dies kulturell bestimmte Verhaltensmotivationen. Auch die Angehörigen der unteren Mittelschicht verteidigen ihre persönlichen Interessen, wenn sie bedroht sind, mit derselben Überzeugung wie jeder andere und identifizieren ihre Handlungen so sehr mit der Moral, daß ihnen der Blick für die eigenen Interessen verlorengeht. Sie sind dann sehr leicht verletzt, wenn andere sie auf ihre eigennützigen Motivationen aufmerksam machen. Während die Arbeiterschicht auf solche Anspielungen mit Zynismus reagiert, antwortet die Mittelschicht oft ganz unbewußt mit Scheinheiligkeit. Solche Beschränktheit schlägt dann leicht in Verbitterung, Ärger und blinde Wut um – blind deshalb, weil jegliche Angriffshandlung oder Selbstverteidigung moralisch kaschiert wird.
Was dem Außenstehenden als Zurückhaltung erscheint, ist nur die Auswirkung

des Konfliktes zwischen dem eigenen Ich und der Gesellschaft sowie zwischen dem, was *sein sollte* und dem, was *ist*. Wenn ein Vertreter der Mittelschicht seiner Meinung sicher ist, so erscheint er als bieder, weil er in der großen Gesellschaft nicht mitmachen will. Wenn er sich bedroht fühlt, reagiert er zornig, weil seine moralische Weltanschauung in Frage gestellt wird. Eine Zielscheibe seines Ärgers sind die Angehörigen der Arbeiterschicht, die von dem moralischen Dilemma der Gesellschaft im großen weiter nicht beunruhigt sind. Ein anderes Ziel sind die Aktivisten der oberen Mittelschicht, die ihn dazu zwingen wollen, Moral in Aktion umzusetzen und zu den Problemen der Gemeinde Stellung zu nehmen.
Viele dieser kulturellen Grundeinstellungen scheinen mehr bei den Frauen als bei den Männern der unteren Mittelschicht verbreitet zu sein. Wenn die Männer in Verwaltungen beschäftigt sind, was für die meisten zutrifft, so fesselt sie ihre Arbeit nicht nur an die Gesellschaft außerhalb von Familie und Gemeinde, sondern sie werden auch noch mit politischen Konflikten innerhalb der Firma oder Organisation befaßt, so daß ihnen kaum Zeit bleibt, über die Ambivalenz zwischen den Grundsätzen der Familie und denen der Gesellschaft im großen nachzudenken. Die Frauen jedoch, die zu Hause festgehalten sind, versuchen immer, sich mit solchen Konfliktsituationen zu befassen, um aus ihrem engen häuslichen Bereich herauszukommen. Sie reagieren mit einer gehemmten Engstirnigkeit. Sie sind es, denen es am meisten um Ansehen geht. Da ich mit Leuten zusammen lebte, die in großen Betrieben arbeiteten, war ich immer wieder erstaunt über das Gefühl, daß sie, wenn sie »Glieder einer Organisation« waren, dies nur aus Zwang, nicht aber aus irgendeiner Neigung waren. Wenn man sie allein ließ, tendierten sie zu einer ungebundenen Kreativität und Individualität. Andererseits verteidigten ihre Frauen die soziale Ethik, wie es Whyte nennt, lehnten extreme Handlungen und skeptische Meinungen ab und versuchten, ihre Männer an die Normen der unteren Mittelschicht zu binden. Wenn sie selbst irgendeine Neigung hatten, dann war es die, »Organisationsfrauen« zu sein. Dem aber widersprach ihre Aufgabe, das Ansehen der Familie im Block zu erhalten, und so verbrachten sie ihre Tage in nahezu anarchischen Zuständen, die ihre kleinen Kinder verursachten. Vielleicht flüchteten sie nur *in* das Normengefüge der unteren Mittelschicht, während sich die Männer *aus* der Ordnung, die ihnen ihre bürokratische Tätigkeit auferlegte, herausstahlen.

Aus der Sicht der Jugendlichen: Levittown, die Stadt am Ende der Welt

Die Jugendlichen beurteilen das Leben in Levittown anders als die Erwachsenen. Für viele ist es ein »langweiliges Nest«, in das sie unfreiwillig der Eltern wegen hineingeraten sind. Man kann sich nirgends vergnügen und hat auch nach der

Schule nichts zu tun. Obwohl die meisten Jugendlichen in der Schule keinen
Ärger haben, entwickelt er sich bei vielen nach der Schule. Sie bringen ihren
Ärger zum Ausdruck in kaum verhehlter Feindschaft gegen die Erwachsenen und
in Ausschreitungen gegen deren Eigentum. Ihr Verhalten zu den Erwachsenen ist
mit Spannung geladen, so daß Versuche von seiten der Gemeinde, das »Freizeit-
problem« der Jugendlichen zu lösen, beeinträchtigt werden.
Aus Aufsätzen, die Schüler der 6. bis 12. Klasse 1961 für mich verfaßten, geht
hervor, daß ihnen Levittown bis zu dem Zeitpunkt gut gefällt, wo sie sich nicht
mehr als Kinder fühlen[20]. Achtundsechzig Prozent der 6. Klasse gefiel Levittown,
aber nur noch 45 % der 8., 37 % der 10. und 39 % in der 12. Klasse. Im Vergleich
dazu antworteten 85 % der Erwachsenen positiv auf ähnliche Fragen[21]. Positive
und negative Antworten der Jugendlichen auf diese Frage beleuchten die Situation
der Freizeit- und Kontaktmöglichkeiten. Mädchen machten wenig Gebrauch von
den Unterhaltungsmöglichkeiten, bis sie heranwuchsen, und bis zur 10. Klasse
fühlten sie sich in Levittown wohler als Jungen. Die Abneigung war meistens
darauf zurückzuführen, daß sie »nichts zu tun« hatten. Die Jungen aus der 6. und
der 8. Klasse beklagten den Mangel an Turnhallen, Sportplätzen oder Bergen, wo
sie spielen könnten, ferner das Fehlen von Verkehrsmitteln, um zu solchen Spiel-
möglichkeiten in der Nähe zu gelangen. Jungen und Mädchen beklagten sich
über das Fehlen von Läden in der unmittelbaren Nachbarschaft und darüber, daß
die Häuser zu klein und zu schlecht gebaut waren und keine Privatheit zuließen.
Mit der 12. Klasse setzte endgültig Enttäuschung über den Mangel an Vergnügungsmöglichkeiten ein. Diejenigen, denen Levittown gefiel, betonten das Neue
und das Freundliche an dieser Gemeinde, aber über das Schwimmbad, das Einkaufszentrum oder die Kegelbahn wissen sie nicht viel Gutes zu berichten[22].
Ein Schüler der 12. Klasse meinte: »Entweder geht man ins Kino oder zur Kegelbahn, aber das ist zu teuer, oder man geht von einer Party zur anderen, und das
wird mit der Zeit langweilig.«

[20] Den Schülern wurde die Frage vorgelegt, was ihnen in Levittown gefiel oder nicht gefiel.
Da sie nicht mit ihrem Namen unterschreiben mußten und die Fragen nicht persönlich
gehalten waren, glaube ich, daß ihre Ausführungen der Wahrheit entsprachen. Schul-
probleme wurden in den Fragen bewußt nicht angesprochen; desgleichen waren die
Lehrer gebeten worden, keine Anleitung zur Beantwortung der Fragen zu geben. (Ein
Lehrer tat es doch, aber diese Angaben wurden nicht berücksichtigt.) Die Umfrage fand
in einer Auswahl der 6. und 8. Klasse aller drei Grundschulen statt, ebenso in allen 10.
und 12. Klassen.
[21] Man kann die Zahlen nicht genau vergleichen, da die Fragestellung differierte. Die
Erwachsenen wurden direkt gefragt, wie ihnen die Stadt gefiel, während auf die Einstellung der Schüler aus der Stimmung ihrer Aufsätze geschlossen wurde.
[22] 28 % der Jungen gefiel das Neue an der Stadt (bei Mädchen 20 %), 18 % die Freundlichkeit der hier lebenden Menschen (bei Mädchen 34 %).

Über den Mangel an Unterhaltungsmöglichkeiten berichteten die größeren Mädchen am häufigsten, denn die Jungen haben zumindest verschiedene Möglichkeiten, sich sportlich zu betätigen, die ihnen durch die Gemeinde geboten werden[23].
Das größte Unbehagen verursacht darüber hinaus bei den jungen Leuten der Mangel an Verkehrsmitteln. Nicht nur die Vergnügungszentren, vor allem auch die Freunde und Bekannten sind auf diese Weise nicht zu erreichen. Ein Mädchen klagte: »Nach der Schule beginnt eine völlig andere Welt. Jeder geht seinen eigenen Weg, macht alleine seine Hausaufgaben, macht sein Schläfchen oder sitzt allein vorm Fernseher. So leben vielleicht die Kohlköpfe vor sich hin, aber keine Menschen.« Aus dieser Sicht ist ein Auto für Jugendliche ebenso wichtig wie für Erwachsene. Hinzu kommt, daß die Teenager aus kleinen Orten sich auch gern außerhalb ihrer Gemeinde treffen, denn man amüsiert sich eher da, wo Eltern und andere bekannte Erwachsene keine Möglichkeit haben, ihrer Mißbilligung Ausdruck zu verleihen. Ein Oberschüler aus einer Abschlußklasse, der einen Job zum Geldverdienen hatte, um sich ein Auto kaufen zu können, führte es geradezu dramatisch aus:
»Ich stand vor der Wahl, entweder zu arbeiten oder verrückt zu werden. Noch eine Woche im alten Trott, dann habe ich endlich das Auto, und dann fange ich an zu leben. Dann komme ich wenigstens mal hier heraus, kann in anderen Städten meine Freunde besuchen. Klipp und klar gesagt, ein Junge zwischen 14 und 17 Jahren sollte hier in Levittown nicht leben. In diesem Alter benutzt er seinen erwachsenen Geist, und das bedeutet nicht einfach nur Fahrrad fahren oder die erste Zigarette rauchen. Er will groß sein, Anerkennung finden, möglichst viel herumkommen und drauflosleben. Jetzt fange ich gerade mit dem an, was ich mir wünsche. Ich kann mir nichts Besseres vorstellen, als in der Abschlußklasse in einer supermodernen Schule zu sein mit den besten Schulkameraden und Lehrern – und vor allem als angehender Autobesitzer!«
Mädchen kommen in der Regel nicht so leicht an ein Auto. Eines beklagte sich: »Wir müssen eben laufen, und bei den gewundenen Straßen werden aus einem Kilometer Luftlinie schnell zwei.«
Die Erwachsenen gaben den Teenagern einige Möglichkeiten für ihre Veranstaltungen, aber nicht immer sehr erfolgreich. Zunächst einmal ist »Teenager« eine Bezeichnung der Erwachsenen, während sich die Teenager selbst nach dem Alter einstufen. Ältere weigerten sich, zu Tanzveranstaltungen zu gehen, wo auch die jüngeren waren, und faßten die erzwungene Gleichsetzung mit ihnen als Beleidi-

---

[23] 25 % der 10. Klasse und 50 % der 12. Klasse fanden, daß nichts los sei. 25 % bzw. 46 % erwähnten ausdrücklich den Mangel an Freizeitmöglichkeiten. Die Mädchen der 12. Klasse hatten zu 56 % die gleiche Antwort auf die letzte Frage.

gung auf[24]. Einige Heranwachsende empfanden die erwachsenen Anstandswauwaus als Unterdrückung. Zuerst intervenierten diese Sittenwächter ganz offen und zwangen einander fremde Jungen und Mädchen, miteinander zu tanzen, damit jeder auf dem Parkett war und keine Pärchen eng umschlungen miteinander tanzten. Auf den Protest der jungen Leute hin gaben sie ihre Interventionen auf, hielten sich aber, wenn auch etwas peinlich berührt, im Hintergrund[25].
Das Mißbehagen der Jugendlichen wird besonders durch zwei Dinge verursacht. Bei der Planung der Stadt hatte man ihre Belange grundsätzlich nicht bedacht, und die Erwachsenen sind nur zögernd bereit, ihnen Vergnügungsmöglichkeiten und Treffpunkte einzurichten, die sie wollten. Wie die meisten neuen Vorstädte plante man auch Levittown für Familien mit kleinen Kindern. Die Schlafzimmer sind zu klein, als daß ein heranwachsender Jugendlicher darin etwas anderes tun könnte als schlafen oder seine Hausaufgaben machen. Sie sind nicht ausreichend abgeschlossen, um Privatheit zu gewährleisten, und nicht schalldicht genug, so daß die Jugendlichen ihre Freunde kaum zu sich einladen können. Bedauerlicherweise ist die Gemeinde genauso ungastlich. Die Einkaufszentren wurden für die erwachsenen Autobesitzer geplant und liegen in Übereinstimmung mit den Hausbesitzern von den Wohngegenden ziemlich weit entfernt. Weil Levittown neu ist, gibt es keine billigen Läden, die von den kleineren Einkäufen der Jugendlichen leben könnten. 1961 waren ein paar Imbißstuben in der Nähe der Supermärkte und ein Süßigkeitenladen und die Kegelbahn im Haupteinkaufszentrum praktisch die einzigen Orte, wo sich die Jugendlichen treffen konnten[26]. Sie kamen scharenweise, so daß diese Plätze zum Ärger der Geschäftsleute überfüllt waren. Teenager nehmen nicht nur viel Platz in Anspruch, ohne große Rechnungen zu machen, sondern sie vertreiben auch noch die erwachsene Kundschaft. Kaufleute, die hohe Mieten zahlen müssen, können nicht von den Ausgaben der Teenager leben und beschweren sich bei der Polizei, wenn die Jugendlichen bei ihnen herumhocken. An den Straßenecken können sie auch nicht bleiben, denn ein Haufen Jugendlicher

[24] Ähnlich war es in der Grundschule, wo sich die Schüler der 7. und 8. Klasse darüber beklagten, daß sie mit »Kleinkindern« in die Schule gehen müßten. Wenn diese dann in die höhere Schule kamen, wurden sie jedoch von den älteren Schülern genauso behandelt.
[25] Auch Programmschwierigkeiten gab es. Die Erwachsenen plädierten für herkömmliche Musik und konventionelle Tänze, die Teenager hingegen wollten nach den neuesten »Hits« tanzen. Sie fertigten Unterschriftenlisten an, um den Mann, der die Platten auswählte, zu vertreiben. Diese wurden aber von den Erwachsenen nicht angenommen, weil sie befürchteten, die nächste Bittschrift könnte die Ablösung des Schulrats zum Ziel haben.
[26] Die vorhandenen Kneipen und Imbißstuben der Teenager verdanken ihr Bestehen dem glücklichen Zufall, daß Unternehmer und Stadtplaner nicht in der Lage waren, die Anzahl der kleineren Einkaufsläden und Restaurants, die am Rand des Gemeindegebiets entstanden, einzuschränken.

entwickelt bald eine ziemliche Lautstärke und veranlaßt leicht einen Anruf bei der Polizei. Schließlich fühlen sich solche Teenager verfolgt und sogar als jugendliche Kriminelle bezeichnet. Ein Mädchen aus der 12. Klasse meinte: »Ich komme mir vor wie ein Landstreicher, der für nichts und wieder nichts von der Polizei verfolgt wird.«

Die Schulen waren ebenfalls nicht für den Gebrauch nach dem Unterricht geplant, höchstens für die Benutzung durch Erwachsene oder zur Unterhaltung der Erwachsenen durch die Schüler, wie z. B. bei Sportwettkämpfen. Die Aula wurde für Tanzveranstaltungen freigegeben, aber als man damit begann, beschwerte sich die Schulverwaltung sofort über verkratztes Parkett und beschädigte Einrichtungen. Nur im Schwimmbad sind die Jugendlichen den Erwachsenen nicht im Wege, so daß es tagsüber, wenn die Erwachsenen es nicht benutzen, ihr wichtigster Treffpunkt ist. Aber auch dort sind Rauchen und Lärm untersagt.

Diese Mängel in der Planung lassen sich nicht beheben. Das ist auch nicht nötig, wenn sie nur Teenager betreffen. Aber es ist absolut nicht einzusehen, wieso man für die Jugendlichen keine räumlichen Möglichkeiten schaffen könnte. Die Erwachsenen sind sich uneins darüber, was gebraucht wird, ja sogar darüber, daß bestimmte Einrichtungen wünschenswert sind. Ihre Gründe sind zum Teil politischer, vor allem aber sozialer und psychologischer Natur. Einmal sind die Erwachsenen ziemlich ratlos, wie sie sich den Jugendlichen gegenüber verhalten sollen. Zum anderen hegen sie ihnen gegenüber eine tiefe Feindseligkeit, die kulturell, aber im Grunde sexuell bedingt ist.

Es gibt zwei Grundeinstellungen der Erwachsenen den Jugendlichen gegenüber, eine gewährende und eine verbietende. Die eine ist bereit, den heranwachsenden Jugendlichen als eigenverantwortliches Individuum anzuerkennen, dem die Regelung seiner Angelegenheiten – mit einiger Unterstützung durch die Erwachsenen – selbst überlassen bleiben sollte. Die zweite, von der Mehrheit befürwortete Meinung sieht in ihm immer noch das Kind, das der elterlichen Beaufsichtigung bedarf, damit es in die Welt der Erwachsenen integriert wird. Zum Beispiel gab es eine Auseinandersetzung, ob die von einem Verein geplanten Tanzveranstaltungen von jungen Leuten selbst organisiert und geleitet werden sollten. Es wurde nicht nur dieser Vorschlag abgelehnt, sondern die Erwachsenen veranstalteten dann die Tanzabende auch noch auf der Basis der »höchsten Ansprüche«[27]. Die Jungen mußten in Anzug und Krawatte erscheinen, die Mädchen in Tanzkleidern, weil

---

[27] Die Tanzveranstaltungen der Erwachsenen gefielen den Jugendlichen nicht, und deshalb wählten sie einen eigenen Führer aus, der diese Organisation selbst in die Hand nehmen sollte. Das scheiterte wiederum daran, daß andere Teenager mit diesem Programm unzufrieden waren, und da nur *eine* Tanzveranstaltung stattfand, konnten sie ihr Mißfallen nur damit zum Ausdruck bringen, daß sie ihr fernblieben.

man meinte, dies würde gute Manieren gewährleisten. Blue jeans, Freizeithemden und Pullover waren verpönt. Die Erwachsenen konnten nicht widerstehen, ihre eigenen Vorstellungen über angemessene Kleidung durchzusetzen, sozusagen im Austausch für die Genehmigung und Veranstaltung des Tanzabends.
Die Verfechter der Einschränkungen lehnten den großzügigen Standpunkt ab, weil sie es für falsch hielten, Jugendlichen alles zu erlauben, was sie wollen. Sie glaubten, daß die Jugendlichen es »zu leicht« hätten und meinten, »wenn man sie für geplante Programme arbeiten läßt, macht ihnen das viel mehr Spaß«. Vernünftigerweise hätten sie dafür sorgen müssen, daß die Jugendlichen eigene Aktivität entfalteten, aber ihre Argumente waren eben nicht von Vernunft geleitet, sondern vielmehr Rationalisierungen ihrer Angst vor den Jugendlichen. Obwohl die Befürworter einer freien Erziehung darauf hinwiesen, daß die Jugendlichen vermutlich strengere Regeln aufstellen würden als die Erwachsenen, malten die autoritären Pädagogen Katastrophen an die Wand: Schlägereien, die falsche Gruppe übernimmt die Führung, Schwangerschaften, Verhütungsmittel in der Hand der Jugendlichen. Auf diese übertriebene Furcht ist die strenge Organisation der Feste zurückzuführen. Sie verhinderte in Levittown auch den Bau eines speziellen Jugendlokals, das von Erwachsenen betrieben werden sollte, denn die Kommunalpolitiker und die Verbände schreckten davor zurück, weil sie befürchteten, daß ihnen die Schuld gegeben würde, wenn dort Gewalt ausbräche oder sexuelle Dinge geschähen.
Die Problematik ist zweifach. Die autoritären Erwachsenen möchten, daß sich die Kinder auf das Leben der Erwachsenen vorbereiten, und fühlen sich zugleich von dieser jungen Generation bedroht. Inzwischen sind die Jugendlichen eine kulturelle Minorität. Aber obwohl kein Levittowner erwarten würde, daß sich ein Italiener wie ein Jude verhält, erwarten doch die meisten, daß sich Jugendliche wie Kinder verhalten. Man erwartet von ihnen, daß sie mehr am Familienleben teilnehmen, als sie es tun, und daß sie ihre Wünsche denen der Erwachsenen unterordnen. Wenn Jugendliche sich nicht zurechtfinden können, trifft die Eltern ebenfalls die Schuld. Wenn die Eltern etwas mehr Interesse an ihren heranwachsenden Kindern hätten, mehr Zeit für sie aufbrächten und sich um ein kameradschaftliches Verhältnis mit ihnen bemühten, dann würde sich kein Fehlverhalten oder gar eine eigene jugendliche Subkultur entwickeln. Nicht umsonst ist Jugendkriminalität auf zerrüttete Familienverhältnisse zurückzuführen oder darauf, daß beide Eltern Ganztagsarbeit leisten.
Für Ansichten wie die oben geschilderten treten besonders katholische Eltern ein, die diesen Standpunkt mit der Arbeiterschicht teilen. Sie schwören auf die Konfessionsschule mit ihrer straffen, disziplinierenden Ordnung, die die Kinder vor Krisen bewahren soll. Sogar Veranstaltungen, die von Erwachsenen vorgeschlagen werden, sind nicht gern gesehen. Ein katholischer Arbeiter erklärte mir: »Im

Sommer sollten Kinder entweder zu Hause bleiben oder arbeiten. Diese Ferienkurse sind pure Zeitvergeudung. Mein Sohn brachte Dutzende von Bildern mit nach Haus. Was soll er denn mit so vielen Bildern machen?« Auch soziale Kontakte der Jugendlichen werden von den Erwachsenen reglementiert. Erwachsene, die sich mit Jugendveranstaltungen befassen, versuchen oft, die Gruppen aufzulösen und verurteilen sie sogar als Banden oder Cliquen, oder sie trennen Freunde bei der Aufstellung von Sportmannschaften. Einige Jugendliche reagieren, indem sie den Kontakt zu den Erwachsenen auf ein Minimum reduzieren, ihren Aktivitäten unter sich nachgehen und den Erwachsenen gegenüber kaum gesprächsbereit sind. Im Grunde führen sie ein abgesondertes Leben, das sie von einer unangebrachten Kontrolle durch die Eltern befreit und die Lebensweise der Jugendlichen mit dem Reiz des Geheimnisvollen umgibt.

In den Augen der autoritären Erwachsenen sind die Jugendlichen verantwortungslose, parasitäre Personen, die ihre Schulzeit nur absitzen, ohne wirklich zu lernen, die mit ihren Freunden nichts als Vergnügen und Abenteuer im Kopf haben und in Schwierigkeiten geraten, vor allem wegen des Sex. Immer wieder wurden in Levittown Gerüchte in die Welt gesetzt, man habe Teenager-Orgien beobachtet, mal auf irgendeinem Schulsportplatz, mal auf dem Parkplatz beim Einkaufszentrum, dann wieder irgendwo in stillen Straßen in der Gemeinde. Ein phantastisches Gerücht ging um: 44 Mädchen in der Abschlußklasse seien schwanger; ein junger Bursche sei für sechs dieser »Fälle« allein verantwortlich. Als ich der Sache nachging, stellte sich heraus, daß lediglich zwei Mädchen ein Kind erwarteten und daß eine von ihnen heiraten wollte.

Wenn die Berichte zutreffen, die die Schüler für mich schrieben, dann ist die Kluft zwischen der Phantasie der Erwachsenen und dem wirklichen Leben der Jugendlichen erstaunlich. Die meisten Jugendlichen haben nicht einmal Rendezvous. Ihr geselliges Leben findet in Gruppen statt. Nach ihren Bemerkungen über die Freundlichkeit erwachsener Nachbarn sind sie ruhig, kommen gut mit den Erwachsenen aus und verbringen die meiste Zeit damit, sich auf das Erwachsensein vorzubereiten. Natürlich standen in den Aufsätzen keine großen Enthüllungen über kriminelle Vorkommnisse und Sexspiele. Dennoch wage ich zu behaupten, daß kaum mehr als 5 % der jungen Generation dem Bild entsprechen, das sich die Erwachsenen von ihr gemacht haben.

Wie aber läßt sich dann diese Diskrepanz erklären? Zunächst einmal interessieren sich die Erwachsenen nur wenig für die Erziehung ihrer Kinder. Sie wollen sicher sein, daß ihre Kinder in der Schule einigermaßen mitkommen, sonst nichts. Die Verbindung, die hier bestehen könnte, existiert daher nicht. Der Wandel in der Erziehung während der letzten zwanzig Jahre war so groß, daß selbst interessierte Eltern kaum ihren Kindern bei den Schulaufgaben helfen können. Als Konsequenz konzentriert sich das Urteil der Älteren ganz auf die außerschulischen Tätigkeiten der Jungen: auf die häufige Abwesenheit von zu Hause, auf die intensive Bindung an Freunde und Cliquen und auf ihre Aufsässigkeit. Zweitens besteht eine normale Diskrepanz zwischen den Generationen, die sich durch das Entstehen einer besonderen Lebensweise der Jugendlichen noch vergrößert hat, die den Erwachsenen unverständlich oder unästhetisch erscheint. Obwohl sich die Eltern für das Verhalten ihrer heranwachsenden Kinder verantwortlich glauben, können sie doch am Leben und Treiben ihrer Kinder nicht genug teilnehmen oder sinnvoll mit ihnen über die Erfahrungen und Probleme des Lebens der Jugendlichen diskutieren. Dieser Zwiespalt vertieft sich dadurch, daß die Eltern seltsamerweise ihre gar nicht so lange zurückliegende eigene Jugendzeit offenbar vergessen haben. Ich denke dabei an den Brief einer 21jährigen Mutter, die dem Gemeinderat beim Aufbau eines Komitees zur Verhütung der Kriminalität helfen wollte, weil sie über das schlechte Verhalten der Jugendlichen besorgt war.

Ein dritter Punkt ist die Tatsache, daß jugendliches Rowdytum und Jugendkriminalität den Erwachsenen immer wieder Nahrung für ihre Ansichten liefern, obwohl die Vorfälle eigentlich nicht ausreichten, um solche Urteile zu rechtfertigen. Aktenberichte der Polizei und der Schulaufsichtsbehörde geben Zeugnis davon, daß sich kriminelle Delikte in bescheidenen Grenzen hielten. Im Verlauf des Jahres 1961 waren nur 50 Jugendliche für die meisten dieser Vorkommnisse verantwortlich. In vielen Fällen handelte es sich um Arbeiterkinder, die in der Schule nur schlecht vorankamen, oder um Kinder aus zerrütteten Familien der Mittelschicht. Von 1959 bis 1961 waren lediglich zwölf Fälle so schwerwiegend, daß sie vor dem Bezirksjugendgericht behandelt wurden. Bei einigen Angeklagten handelte es sich noch dazu um Vorbestrafte. Randaliereien gibt es allerdings häufig. Erstes Opfer solcher Auswüchse war das alte CVJM-Heim von Willingboro, das kurz vor seinem Abbruch zweimal arg demoliert wurde. Ansonsten beschädigte man Schulgebäude, warf Fensterscheiben ein, beschmutzte im Freibad die Schwimmbecken, verwüstete Blumenbeete und »lieh sich mal ein Fahrrad aus«. Höchst selten wurden die Übeltäter erwischt. Immerhin waren es überwiegend junge Leute, die erwischt wurden, und daraus leiten dann die Erwachsenen ihre grundsätzliche Skepsis allen Jugendlichen gegenüber ab.

Schließlich scheint es auch so zu sein, daß viele Erwachsene ihr eigenes Bedürfnis nach Abenteuern und Erregung auf die Jugendlichen projizieren. Die jungen Leute übernehmen für sie auf lokaler Ebene die Rolle der Filmstars und Beatniks. Sie sind eine Art exotischer Wesen, die nur nach sexueller Lust und Abenteuern streben. Offensichtlich sind Jugendliche nüchternere Unterhalter, beim Sport, in Theatergruppen der höheren Schulen und in Musikkapellen; aber von den Mädchen erwartet man, daß sie als Glamour Girls auftreten. So veranstaltete die Neue Handelskammer bereits vor Jahren eine Miß-Levittown-Wahl, bei der sich die

Teilnehmerinnen in Abendkleidern und Badeanzügen zu präsentieren hatten und einen Talentwettbewerb bestehen mußten, der natürlich von Liebesliedern und versteckt-erotischen Tanzdarbietungen beherrscht wurde. Bei solchen Veranstaltungen stellten Mädchen, die nicht zu erobern waren, oft unbewußt ihre Reize zur Schau, um den Wettbewerb zu gewinnen. Die Männer im Publikum machten mit gedämpfter Stimme ihre Bemerkungen über die Attraktivität der Mädchen, daß sie mit ihnen schlafen wollten, oder ob die Mitglieder der Wettbewerbsjury oder die Freunde der Mädchen diesen Vorzug haben würden. Von da war es nur ein kleiner Schritt bis zu der Überzeugung vom sexuellen Verkehr der Mädchen mit ihren jugendlichen Freunden. Neid und Angst wurden auf diese Weise verstärkt und Verbote gegenüber den Jugendlichen zu rechtfertigen versucht. Die sexuelle Funktion der Mädchen auf solchen Veranstaltungen wurde offensichtlich, als man wegen der Popularität der Miss-Levittown-Wahlen daran dachte, auch eine Mrs.-Levittown-Wahl durchzuführen. Dieser Plan wurde aber schnell wieder fallengelassen, denn die Vorstellung, verheiratete Frauen im Badeanzug paradieren zu lassen, wurde vor allem von den Frauen selbst als schlechter Geschmack bezeichnet. Vermutlich sind junge Frauen potentielle Sexualobjekte, während die Mädchen genau wie die Filmstars nicht zu erobern sind und daher nur den Voyeurs als Lustobjekte dienen.

Obwohl die Vorstadt in der populären Romanliteratur oft als Hort des Ehebruchs bezeichnet wird, ist dies reine Phantasie der Stadtbewohner. Levittown ist in hohem Maße monogam, und ich bin überzeugt, daß es die meisten Vorstädte sind, im Unterschied zu den Städten[28]. Der Wunsch nach sexueller Beziehung zu attraktiven Nachbarn wird wohl immer existieren, aber wenn man wie in einem Aquarium miteinander lebt, kann man Seitensprünge, auch wenn es Motels gibt und man für beide Teile einen Babysitter findet, vor den Nachbarn nicht verbergen.

Hier und da mag es schon solche Episoden geben, nach denen die Beteiligten oft für eine Weile verschwinden oder überhaupt wegziehen. Gerüchtweise hörte ich auch von bizarreren Eskapaden, in die normalerweise wichtige Personen aus der Gemeinde verwickelt waren. Eine solche Geschichte berichtete von einem Politiker, der nachts mit einem unbekleideten Mädchen im Sportwagen durch die dunklen Straßen des Ortsgebiets gefahren sei, während seine Frau ihn auf einer politischen Veranstaltung vermutete. Wenn es irgendwelche nächtlichen Seitensprünge am Straßenrand gab, so wurde dies doch nicht publik, denn kein einziger

---

[28] Ein Vergleich zwischen Ehen in den Städten und in den Vorstädten ergab, daß außerehliche Affären vor allem in alteingesessenen und höher gebildeten Bevölkerungskreisen vorkommen. Der Wohnort spielt dabei kaum eine Rolle (so Ubell). Die gleiche Meinung vertritt auch Whyte (1956), Seite 355–357.

Fall erschien während der beiden Jahre in den Polizeiberichten, die ich studierte[29].
Ähnliche Geschichten waren in Park Forest im Umlauf, der neuen Stadt, die ich 1949 untersuchte. Eine dieser Geschichten, die auf einer Party begonnen hatte, wo es zu etwas außerehelichen Schmusereien gekommen war, berichtete bald, daß es eine wüste Orgie mit Partnertausch gewesen sei.

Das »Jugendproblem« und seine Lösungen*

Die Hauptbemühung der Erwachsenen, das aus kulturellen Unterschieden zwischen Erwachsenen und Jugendlichen herrschende Generationenproblem zu lösen, war auf die Verhinderung von Jugendkriminalität gerichtet. Man lebte immer noch in dem irrationalen Glauben, daß die Einrichtung von Sportstätten sowie körperliche Betätigung diesem Übel abhelfen könnten. Weitere Lösungsversuche bestanden in der Einrichtung einer »Kommission für Jugendfragen« und eines Jugendausschusses zur Behandlung leichterer Vergehen. Eine vom Polizeipräsidenten vorgeschlagene nächtliche Ausgangssperre wurde als undurchführbar abgelehnt.
Generell beinhalteten die Vorschläge der Erwachsenen die Reduktion der Interessen der Jugendlichen aufs Kindesalter (Eltern, Erzieher) oder den Schutz der Interessen der Erwachsenen (Polizei, Politiker). Die eigentlichen Betroffenen, die Jugendlichen selbst, waren jedoch ohne politischen Einfluß. Die Unzufriedenheit und Langeweile der Jugendlichen äußerte sich im vermehrten Wunsch nach Wegzug von Levittown.

* Originalausgabe S. 213–214

Die präziseste Zusammenfassung all dieser Probleme und der Verbesserungsmöglichkeiten fand ich im Aufsatz eines Schülers der zwölften Klasse: »Die Erwachsenen sollten weniger Zeit damit verbringen, uns zu beaufsichtigen, und uns statt dessen lieber helfen, das Geld für ein Jugendzentrum zusammenzubekommen. Wir fordern das nicht, wir wollen nur ihre Hilfe.« Wenn man endlich davon ausgehen würde, daß die jungen Leute rational denkende und verantwortungsbewußte Menschen sind, deren »Hauptproblem« es ist, daß sie als eine spezielle Minderheit ihre eigene Subkultur entwickelt haben, dürfte es nicht allzu schwerfallen, Programme vorzuschlagen. Was die Jugendlichen sonst für ihre Vergnügungen wollen, ist aus ihren Aufsätzen herauszulesen: außer dem Jugendzentrum eine Reihe preiswerter Cafés, Milchbars und anderer Treffpunkte, Kegelbahnen, Promenaden zum Flanieren, Tanzdielen, Eis- und Rollschuhbahnen und Werkstätten für die Mechaniker unter den jugendlichen Autofahrern – und alles dies in Fußgänger- oder Radfahr-Entfernung bzw. durch öffentliche Verkehrsmittel erreichbar, außerdem alles in genügender Anzahl, so daß die verschiedenen Altersgruppen und Cliquen ihre eigenen Treffpunkte haben. Die meisten dieser Ein-

---

[29] Da der Bericht Promiskuität unter Jugendlichen, Selbstmord bei Erwachsenen und sogar Trunkenheit und Familienstreit bei prominenten Gemeindepolitikern aufgenommen hatte, vermute ich, daß Ehebruch nicht der Zensur zum Opfer fiel.

richtungen könnten kommerziell geführt werden, da die jungen Leute über genug Taschengeld verfügen. Andere Lokale könnte man mit öffentlichen Mitteln unterstützen, zum Beispiel billige Speiserestaurants für Teenager[30]. Freizeitmöglichkeiten und gesellige Einrichtungen sind jedoch nicht ausreichend. Zum Teil ist die Unzufriedenheit der Jugendlichen mit der Gemeinde und mit der Erwachsenengesellschaft überhaupt auf ihre Funktionslosigkeit außerhalb der Schule zurückzuführen. Die amerikanische Gesellschaft kann sie nicht anders beschäftigen denn als Schüler und verurteilt sie dazu, die meiste Freizeit bei irgendwelchen Vergnügungen zuzubringen. Sie wollen lernen, Erwachsene zu werden, aber da die Erwachsenen sie wie Kinder behandeln, lernen sie das Erwachsenwerden nur in der Schule, aber auch dort sehr unvollkommen. Auf der anderen Seite bleiben viele Aufgaben wegen fehlender Möglichkeiten liegen, z. B. im kirchlichen Bereich, bei der Ermittlung statistischer Daten und anderen Verwaltungsaufgaben, ferner Nachhilfeunterricht für Kinder, sportliches Training oder andere Kinderveranstaltungen. Dies sind wichtige Aufgaben, und ich bin sicher, daß viele Jugendliche sie übernehmen könnten, sei es freiwillig oder auf bezahlter Grundlage. Schließlich wollen die Jugendlichen lernen, sie selbst zu sein und selbst etwas zu tun. Es sollte Möglichkeiten geben, ihnen Einrichtungen zur Verfügung zu stellen – selbst Land, wo sie sich selbst etwas bauen können –, damit sie dort ihre Treffpunkte oder Arbeitsplätze aufbauen und unterhalten können[31].

Es erübrigt sich zu sagen, daß eine solche Autonomie gegenüber den harten politischen Schwierigkeiten, denen selbst bescheidene Vorschläge in Levittown ausgesetzt waren, keine Chance hätte und sicher von der Gemeinde verworfen würde. Die ideale Lösung wäre es daher, für die Bedürfnisse der Jugendlichen außerhalb des Bereichs der örtlichen Entscheidungsgewalt etwas zu planen. Denkbar wäre die Einrichtung von Jugendinstitutionen, die in den Vakuen der Verwaltungsstruktur die gleiche Rolle spielen wie andere Organe, die im Zusammenhang mit überörtlichen und regionalen Planungsaufgaben gegründet wurden. Vielleicht der sinnvollste Ansatz ist der über kommerzielle Einrichtungen, die entweder von den Jugendlichen selbst oder von einem privaten Unternehmer betrieben werden müßten, der weniger empfindlich gegenüber politischen Erwägungen reagiert als eine öffentliche Institution. Sofern sich das »Problem der jungen Generation« in den Vorstädten zuspitzt, könnte es sein, daß Bundesmittel zur Verfügung gestellt werden für Einrichtungen und Beschäftigungsprogramme ähnlich denen für die Jugendlichen in den Städten. Aber wahrscheinlich wird dies erst geschehen, wenn der Konflikt sich verschärft.

[30] Ein kombiniertes Zentrum aus Läden und Geselligkeitseinrichtungen wurde für die neue Stadt Columbia, Maryland, vorgeschlagen.
[31] 1966 existierte immer noch kein Jugendzentrum in Levittown – und es gab sogar viele Kommunalpolitiker, die sich vor Wahlen mit dieser »weisen« Entscheidung brüsteten.

10 Familiäre und individuelle Anpassungsprobleme

Die Kritiker der Vorstadt behaupten, daß das Leben außerhalb der Stadt sowohl dem Familienleben als auch dem Wohlbefinden und der geistigen Gesundheit des einzelnen nicht zuträglich sei. Die Abwesenheit der arbeitenden Väter führe zu einem vorstädtischen Matriarchat, was wiederum verheerende Folgen für die Kinder habe. Eintönigkeit, soziale Überaktivität und der Mangel an städtischer Vielfalt führten zwangsläufig zu Depressionen und Langeweile, zu Vereinsamung und schließlich zu geistigem Verfall[1]. Meine Untersuchungen in Levittown lassen gerade das Gegenteil vermuten, nämlich einen erheblichen Zuwachs an Lebensfreude, ein intensiveres Familienleben, das Langeweile und Einsamkeit kaum aufkommen läßt. Gewiß bleiben viele Probleme übrig, und da diese Untersuchung keine Lobpreisung des Vorstadtlebens werden soll, will ich mich ihnen besonders widmen. Im großen und ganzen kann man jedenfalls sagen, daß sich die Levittowner gut in ihrer Gemeinde eingelebt und vorübergehende Anpassungsschwierigkeiten überwunden haben.

Den Begriff »Anpassung« will ich in diesem Zusammenhang weder im normativen noch im negativen Sinne, sondern rein deskriptiv verwenden. Ich will nur aufzeigen, wie die Levittowner auf ihre Stadt reagieren. Manchmal paßt sich der Mensch neuen Verhältnissen oder Situationen an, manchmal lehnt er sich dagegen auf. Welche der beiden Möglichkeiten er ergreift, ist seine Sache. Des weiteren gehe ich davon aus, daß er weiß, ob und wann er sich wohlfühlt, und daß er seinen Gefühlen Ausdruck verleihen kann, wenn er richtig befragt wird. Natürlich konnten mir die Levittowner nichts über unbewußte Anpassungsschwierigkeiten und unterbewußtes Unbehagen erzählen; aber ich konnte dergleichen häufig in Gesprächen heraushören, und diese Beobachtungen habe ich hier mit verarbeitet. Ich wollte vor allen Dingen Langeweile und Vereinsamung nicht einfach voraussetzen, nur weil das in das Konzept einiger Kritiker paßt. Schließlich sollte man die folgenden Zahlen in dem Bewußtsein lesen, daß die Befragten unerwünschte Aspekte unterbewertet und die positiven Aspekte der neuen Verhältnisse vielleicht ein wenig überbewertet haben[2].

---

[1] Über Matriarchat siehe Duhl; über Geisteskrankheiten s. Gordon, Gordon und Gunther. Ein anderer Kritiker, Wyden, verurteilt ebenfalls das Matriarchat, also er greift die Vorstadt an, weil sie Kinder hervorbringt, die ihre Eltern beherrschen.
[2] Die Fragen gingen davon aus, daß Langeweile, Einsamkeit u. ä. existierten, und forderten die Befragten auf, das Ausmaß ihrer eigenen Langeweile etc. einzuschätzen. Sie mußten aber ausdrücklich angeben, wenn sie niemals Langeweile empfanden. Auch bei dem Vergleich mit dem früheren Wohnort gab es die Wahl zwischen »mehr oder weniger

Da jedoch in der Auswahl der Befragten die Frauen in der Mehrzahl waren, mag diese Verzerrung wieder aufgehoben sein, denn die Frauen berichteten über unerwünschte Änderungen weit häufiger als die Männer.

Das Familienleben in Levittown

Da die Leute mit ihren ganzen Familien in die Vorstadt umzogen, ist es sehr schwierig, die persönliche Anpassung von der familiären zu trennen. Außerdem wirken sich persönliche Anpassungsschwierigkeiten auf den familiären Bereich aus. Zweifellos zogen viele Leute nach Levittown, die sich unter anderem eine Erleichterung des Familienlebens versprachen In einem größeren Haus, in geräumigeren Zimmern und im Garten konnten die kleinen Kinder ungestört spielen, während die Erwachsenen mit den anderen Kindern oder mit Nachbarn und Freunden Kontakt pflegten. 40 % der Frauen und 65 % der Männer wünschten sich vor allem, mehr Zeit für die Kinder zu haben. Bezeichnenderweise hegten sämtliche ehemaligen Großstädter diesen Wunsch, während nur die Hälfte der ehemaligen Vorstadtbewohner und keiner der Zuzügler aus den Kleinstädten diesen Wunsch in den Vordergrund stellte. Offensichtlich läßt das Leben in der Vorstadt den Eltern mehr Zeit für ihre Kinder als das in der Großstadt. Wegen des Vorwurfs, daß das Vorstadtleben zum Matriarchat führe, war ich neugierig, ob die Frauen von ihren Männern erwarteten, daß sie sich mehr mit den Kindern beschäftigten. 45 % der Frauen gaben das zu, aber ungefähr die gleiche Anzahl wollte selbst mehr Zeit auf ihre Kinder verwenden. Und wiederum waren es die Frauen, die ehemals in der Stadt gelebt hatten, bei denen dieser Wunsch am stärksten zum Ausdruck kam[3]. Dieser Wunsch der Eltern wurde in Levittown weitgehend erfüllt. 85 % der Frauen und 71 % der Männer, die danach strebten, hatten nun tatsächlich mehr Zeit für ihre Kinder. Auf die Gesamtheit der Befragten bezogen, betrug der Anteil 40 %; die restlichen 60 % berichteten von keinem Unterschied. Auch alle diejenigen Frauen, die gehofft hatten, der Ehemann würde häufiger den Kindern zur Verfügung stehen, sahen sich nicht enttäuscht[4]. Das neue Haus brachte die Familie zusammen, man fühlte sich wohl in dieser Umgebung und freute sich vor allem am eigenen Garten.
Durch den Umzug nach Levittown wurde die Zeit, die für die Familie zur Ver-

Langeweile«. Hatte sich nichts geändert, so mußte besonders darauf hingewiesen werden. Das geschah oft, und es scheint, daß die Aussagen zutreffend waren.

[3] 83 % dieser Frauen, aber nur 20 % der ehemaligen Vorort- und Kleinstadtbewohnerinnen wünschten, daß sich der Ehemann häufiger um die Kinder kümmerte.

[4] Insgesamt gaben 52 % der Frauen an, daß ihre Ehemänner mehr Zeit für die Kinder hatten, 11 % gaben weniger an, 37 % berichteten von keinem Unterschied.

fügung stand, nicht beschnitten, denn der Weg zur Arbeitsstelle, dem oft dieser Effekt nachgesagt wird, änderte sich nicht entscheidend. Er änderte sich im Vergleich zu der Zufallsstichprobe sogar weniger bei ehemaligen Stadtbewohnern, die früher weitere Arbeitswege hatten als die Vorstadtbewohner. Für die Philadelphia-Auswahl verlängerte sich der durchschnittliche Weg zur Arbeit von 35 auf 37 Minuten pro Strecke. Davon hatten 11 % kurze Wege (0–19 Minuten), 47 % mittlere (20–39 Minuten) und 31 % längere Wege (40–59 Minuten) zurückzulegen. Die restlichen 11 % hatten ausgesprochen zeitraubende Anmarschwege (60 Minuten und länger)[5]. Das Gesamtbild aller Befragten ergab: längere Wege: 25 %; kürzere Wege: 30 %; kein Unterschied: 45 %. Der durchschnittliche Zuwachs betrug 30 %, die durchschnittliche Verkürzung 22 %[6]. Diejenigen mit längeren Wegen fuhren jetzt im Durchschnitt 45 Minuten, davon hatten 33 % einen langen und 25 % einen sehr langen Weg[7].

Überhaupt hatten die Levittowner ganz im Gegensatz zur Meinung der Kritiker gegen längere Wege zur Arbeitsstätte nicht viel einzuwenden. Die meisten sagten, daß sie eine Fahrtzeit bis zu 40 Minuten ganz gut fänden oder daß es sie nicht störe. Lediglich jene, die mehr als 40 Minuten brauchten, klagten darüber[8]. Ein Drittel der Philadelphia-Auswahl bezeichnete die Fahrt als »ermüdend«, aber das hing eher mit dem benutzten Verkehrsmittel als mit der Fahrzeit zusammen. Zwei Drittel der Busbenutzer, 37 % der Autofahrer und nur 20 % der befragten Mitglieder einer Mitfahrgemeinschaft berichteten über Müdigkeit nach der Fahrt[9]. Für manchen ist die Fahrt zur Arbeitsstelle und zurück eine der wenigen völlig privaten Perioden und mag so eine erholsame Pause zwischen den Anforderungen

---

[5] Bei der Zufallsauswahl ergab sich folgendes Bild: Die durchschnittliche Fahrtdauer hatte sich von 36 auf 35 Minuten verkürzt. Die prozentuale Aufschlüsselung: kurzer Weg: 29 %; mittlerer Weg: 34 %; langer Weg: 26 %; sehr langer Weg: 11 %.
[6] Von der Zufallsauswahl hatten 42 % einen längeren und 45 % einen kürzeren Arbeitsweg als zuvor. Der durchschnittliche Zuwachs betrug 15, die durchschnittliche Abnahme 28 Minuten.
[7] Die Befragten der Zufallsauswahl hatten jetzt einen durchschnittlichen Arbeitsweg von 45 Minuten. 44 % brauchten 40–59 Minuten, 19 % eine Stunde und mehr.
[8] Bei den Männern mit mittellangen Arbeitswegen hatten 12 % eine Abneigung gegen die lange Fahrt, 17 % machte es Spaß und 55 % dachten nicht weiter darüber nach, während es 16 % der Befragten egal war, ob sie einen längeren oder kürzeren Arbeitsweg hatten. Lange Arbeitswege wurden von 30 % abgelehnt, während 3 % damit zufrieden waren. 17 % hatten nicht darüber nachgedacht und 20 % war es egal. Bei den sehr langen täglichen Fahrten war das Verhältnis 3, 44, 42 und 11. Der Anteil der Unzufriedenen wuchs somit von 15 % bei 30–39-Minuten-Wegen bis zu 32 % bei 40–45-Minuten-Wegen.
[9] Bei der Philadelphia-Gruppe benutzten 75 % den eigenen Wagen, während 20 % einer Mitfahrergemeinschaft angehörten. Nur 6 %, dazu aber wahrscheinlich auch viele der beschäftigten Frauen, die nicht befragt wurden, benutzten den Bus.

der Familie und denen der Arbeit sein[10]. Die Mitfahrgemeinschaften, bei denen täglich ein anderes Mitglied seinen Wagen zur Verfügung stellt, waren in Levittown gewissermaßen ein rollender Ersatz für die fehlenden reinen Männerclubs und die Eckkneipen. So ist es nicht verwunderlich, daß solche Fahrten selbst über 40 Minuten selten als ermüdend empfunden wurden. Die Frauen scheinen von den langen Arbeitswegen mehr betroffen zu sein als die Männer selbst. Die Männer fehlen ihnen zur Beaufsichtigung der Kinder, wenn das Abendessen zubereitet wird, und oft, weil dann ein von der Reise erschöpfter und abgespannter Ehemann am Tisch sitzt[11].

Auf den zeitlichen Tagesablauf wirkte sich das Pendeln nur geringfügig aus. Zwei Drittel der Männer mit kurzen Arbeitswegen hatten jetzt mehr Zeit für ihre Kinder. Dagegen berichteten die Frauen von Männern mit Arbeitswegen von mehr als 40 Minuten, daß sie jetzt mehr Zeit für ihre Kinder hätten als die Frauen der Männer mit kurzen Arbeitswegen. In Wirklichkeit war es für die 29 % der Väter, die sich mehr Zeit für ihre Kinder gewünscht hatten, folgenreicher, daß sie im Zusammenhang mit ihrem beruflichen Aufstieg, der das Haus finanzieren half, jetzt häufig Überstunden machen mußten.

57 % der Männer – vor allem die jüngeren – hatten sich erhofft, mehr Zeit für die Ehefrau zu haben. Alle bis auf einen hatten diese Zeit tatsächlich. Das Ergebnis bei den Frauen war, daß nur 37 % mehr mit ihren Männern zusammen sein wollten, aber alle konnten es. Altersunterschiede spielten dabei keine Rolle, aber wieder hatten die ehemaligen Großstadtbewohnerinnen ein größeres Bedürfnis nach mehr Zeit mit ihren Männern. Auf die Zufallsauswahl bezogen, hatten 40 % der Ehepaare mehr Zeit füreinander[12]. Es scheint, daß die Ehepaare aufgrund der kürzeren Arbeitswege mehr Zeit füreinander hatten, aber längere nahmen ihnen trotzdem nicht die gemeinsame Zeit weg, denn es ergab sich kein statistischer Zusammenhang zwischen langen Arbeitswegen und mangelndem Kontakt zwischen den Ehegatten[13].

---

[10] Fachleute und Intellektuelle, die viel allein arbeiten, haben mehr Privatheit. Da also Zeit ihr wichtigstes Produktionsmittel ist, empfinden sie die tägliche Fahrt zum Arbeitsplatz als unnützen Zeitverlust. Unter den Levittownern empfanden etwa die Hälfte der Akademiker und Angestellten, aber nur 29 % der Arbeiter einen Arbeitsweg von 40 Minuten und mehr als ermüdend. Überdies waren es meist die ersteren, die in Levittown und auch am früheren Wohnort längere Arbeitswege als die Arbeiter hatten. Diese Tatsache erklärt, warum sich die Planer gerade um das Pendeln in den Vororten mehr Gedanken machen als die Menschen, für die sie planen.

[11] Ähnliche Untersuchungen haben Blood and Wolfe, S. 172 angestellt.

[12] 37 % der Frauen gaben an, daß ihr Gatte mehr Zeit für sie habe; 13 % berichteten von weniger Zeit, bei 50 % hatte sich nichts geändert. Bei den Männern waren die entsprechenden Prozentzahlen 4, 6 und 50.

[13] 80 % der Frauen, deren Ehemänner kurze Arbeitswege haben, berichten, daß sie mehr

Levittown gab auch Eltern und Kindern mehr Gelegenheit für gemeinsame Beschäftigung. Beinahe die Hälfte aller Befragten aus der Zufallsauswahl berichtete von einem intensiveren Familienleben[14], und zwar sowohl bei der ersten wie auch bei der zweiten Befragung[15]. Die familiäre Zusammenarbeit in Haus und Garten nannten 72 % bei der ersten Befragung als Grund; bei der zweiten Befragung führten 40 % die neuen sozialen und freizeitbezogenen Umweltbedingungen an. Das familiäre Leben war besonders intensiv, sobald die Kinder alt genug waren, die Eltern beim Einkauf, bei Besuchen und bei Ausflügen zu begleiten. Von einer bestimmten Altersstufe der Kinder an nahm es dafür wieder ab, dann nämlich, wenn sich die Kinder von der Familie ab- und gleichaltrigen Jugendlichen zuwandten. Wenn der unmittelbare Reiz des häuslichen und gemeindlichen Lebens nachläßt, scheint das Alter der bestimmende Faktor für die Intensität des Familienzusammenhalts zu werden.

Weil ich die gemeinsamen Familienaktivitäten bei der Zufallsauswahl auf Eltern und Kinder bezogen hatte, legte ich der Philadelphia-Gruppe eine speziellere Frage vor: »Unternehmen Sie und Ihre Frau (Ihr Mann) jetzt mehr gemeinsam als früher oder weniger?« Von den 40 %, die eine größere Aktivität im ehelichen Leben hervorhoben, verwiesen die meisten auf das Stimulans des neuen Hauses oder auf die Atmosphäre in der neuen Gemeinde. Demgegenüber unternahmen 20 % der befragten Ehepaare in Levittown weniger gemeinsam als vorher in Philadelphia. Das Nachlassen ist durch das Alter bedingt, denn zu dieser Gruppe zählten die jüngeren Paare, die zum erstenmal Kinder aufziehen mußten. Von den Jungvermählten unter 25 Jahren erwähnten insgesamt 55 % größere Belastungen und weniger gemeinsame Unternehmungen im ehelichen Leben. Und wenn sich die älteren Kinder dann mehr an ihre Freunde anschlossen, entstand bei den Eltern eine Lücke. Ehemänner, die jetzt Überstunden zu machen hatten und längere Arbeitswege zurücklegten, berichteten ebenso wie die Akademiker und Juden über ein Nachlassen des gemeinschaftlichen Lebens. Was das eigentliche Eheglück betrifft, so sprachen bloß 20 % von einer merklichen Verbesserung[16]. Nur sehr

Zeit mit ihnen verbringen, im Vergleich zu 20 % und 33 % derjenigen, deren Ehemänner mittlere und lange Wege haben. Die Ehemänner, die berichten, mehr Zeit mit ihren Frauen zu verbringen, haben seit dem Umzug kürzere Arbeitswege.

[14] Die Frage lautete: »Unternimmt Ihre Familie mehr Dinge gemeinsam als an Ihrem früheren Wohnort oder weniger?« Der Interviewer deutete dabei keineswegs an, daß mehr gemeinsame Familienunternehmungen wünschenswert seien. Trotzdem waren die Antworten derart, als ob eine entsprechende Bemerkung gemacht worden wäre.

[15] Das Ergebnis in Zahlen: 1. Interview: positiv: 43 %, negativ: 2 %, keine Veränderungen: 55 %;
2. Interview: positiv: 45 %; negativ: 10 %; keine Veränderungen: 45 %.

[16] Die Frage lautete: »Wie kommen Sie miteinander aus, seitdem Sie in Levittown wohnen; besser als zuvor oder schlechter?« Bei der Zufallsauswahl ergab sich bei 23 % eine Ver-

wenige zeigten natürlich die Bereitschaft, Verschlechterungen zuzugeben. Für die meisten war alles beim alten geblieben. Die wenigsten Veränderungen gab es bei den älteren Paaren, dagegen berichteten bei den Leuten aus Philadelphia die Angehörigen der unteren Schicht am häufigsten von Verschlechterungen. Ansonsten wirkten sich Schichtenunterschiede nicht aus. Die besonders glücklichen Paare führten ihre Zufriedenheit auf das neue Haus, besonders die zusätzlichen Räumlichkeiten zurück, die jedem genügend Platz für seine Privatsphäre ließen. Als Folge wurden Streitereien seltener. Eine Frau meinte dazu: »Ich bin so sehr mit dem Haus beschäftigt, daß ich gar keine Zeit habe, an meinem Mann herumzunörgeln, und ich bin auch zufriedener geworden.« Aber diese durch das neue Haus und den Besitz hervorgerufene Besserung der familiären Beziehung dauerte nur so lange, bis auch das Neue allmählich uninteressant wurde. Denn die eben angeführte Frau sagte bei meiner zweiten Umfrage, inzwischen sei die Ehe wieder in dem Zustand aus der Zeit vor Levittown. »Mein Mann ist so mit seiner beruflichen Arbeit und mit Gemeindeaktivitäten beschäftigt, daß er seine Familie vergessen hat.« Das tägliche Pendeln zum Arbeitsplatz scheint das Eheleben, besonders das der Frau, zu beeinflussen. Sowohl gemeinsame Unternehmungen der Ehepartner als auch das eigentliche Eheglück sind dann negativ beeinflußt, wenn die Ehefrauen das berufliche Pendeln als Belastung für ihren Mann bezeichnen. Dem stimmen die Männer nicht zu, weil sie nach wie vor mit ihren Frauen gut zurechtzukommen glauben, ob die Fahrt nun anstrengend ist oder nicht.

All dies läßt erkennen, daß die vorherrschende Kritik fehl am Platz ist. Das Familienleben hat sich für die meisten kaum geändert, und wenn es Veränderungen gibt, so sind sie in der Hauptsache positiv. Die aufgezeigten Beobachtungen und Zahlen stehen auch einer weiteren, oft geäußerten Befürchtung entgegen: Es bildet sich in den Vorstädten keine Herrschaft der Frau heraus. Obwohl die Befragten der Philadelphia-Auswahl, auch wenn sie in der Stadt wohnen, teilweise einen beträchtlichen Arbeitsweg hatten, und obwohl Studien über städtische Wohnviertel zeigen, daß dort die Männer während der Arbeitszeit genauso lange weg sind wie in Levittown, hat bis jetzt noch kein einziger Kritiker seine Bedenken über ein etwaiges städtisches Matriarchat geäußert. Zwar werden in den der Mittelschicht zugehörigen Familien in Levittown einige Haushaltsaufgaben neuerdings von den Männern miterledigt, aber in der Arbeiterschicht ist das Geschirrspülen und die Versorgung der Kinder noch immer und allein Sache der Frauen, d. h., genau wie in der Stadt. Mir wurden einige Fälle bekannt, wo die Frauen sogar den Rasen mähen mußten – oder zumindest sollten, bevor Nachbarn und Freunde erfolgreich intervenierten.

besserung, bei 5 % eine Verschlechterung und bei den restlichen 74 % keine Veränderung. Bei der Philadelphia-Umfrage lauteten die entsprechenden Prozentsätze 20, 11 und 69.

Vieles von dem, was über eine zunehmende Vorherrschaft der Frau geredet wird, erscheint mir als Fehlinterpretation der Tendenz zu größerer Gleichberechtigung der Geschlechter – eine Wertvorstellung der Mittelschichten, die jetzt aber auch von vielen Frauen aus der Arbeiterschicht geteilt wird – sowie eines Prozesses zunehmender Interessengleichheit bei Mann und Frau, der auf verbesserte und in steigendem Maße auf dem Prinzip der Koedukation beruhende Schulbildung der Mädchen zurückzuführen ist. Doch selbst bei den gebildeteren Levittownern trafen die Ehemänner immer noch die Entscheidungen, während die Mütter nach wie vor den ungehorsamen Kindern mit der Formel »Warte nur, bis Vater kommt!« drohten. Es gab natürlich auch in Levittown Familien, in denen energische Frauen ihre Ehemänner tyrannisierten, aber sie waren wie überall eine abweichende Ausnahme. Es erscheint mir ganz natürlich, daß die allgemeine Besorgnis über eine mögliche Frauenherrschaft sehr groß ist, weil ja insbesondere die Männer dadurch einen Teil ihres Machtbereichs verlieren, den sie in der Vergangenheit beansprucht haben. Diejenigen, die aus irgendeinem Grund etwas abtreten müssen, formulieren ihre Beschwerden gewöhnlich als Gesellschaftskritik.

So scheint mir das Familienleben in Levittown nicht anders zu sein als woanders auch. Einige Ehen waren sehr glücklich und einige extrem unglücklich[17]. Die unglücklichen Ehen waren natürlich eher sichtbar. Während meiner dreijährigen Studien gab es 14 Selbstmordversuche, 13 davon von Frauen begangen, von denen nur einer zum Tode führte[18]. In den meisten Fällen nahmen die Frauen Schlaftabletten und riefen hernach gleich die Polizei, den Arzt oder den Pastor an. Es handelte sich also mehr um spontane und dramatische Reaktionen, die die Aufmerksamkeit größerer Kreise wecken sollten. Vier der Selbstmordversuche gingen auf das Konto von zwei Frauen. Ungefähr 100 Fälle ehelicher Auseinandersetzungen, die von der Polizei registriert wurden, gab es in diesem Zeitraum. Insgesamt passierten Konflikte dieser Art in siebzig Familien, von denen 55 die Polizei nur einmal riefen, während gut die Hälfte von fünfzehn Ehepaaren bestritten wurde. Meistens riefen die Frauen nach Schutz vor den Gewalttätigkeiten des Ehemanns. Die Konflikte spielten sich überwiegend in Arbeiterfamilien ab, denn die Mittelschicht hat subtilere Methoden der Konfliktaustragung, die das öffentliche Einschreiten nicht erfordern. Auf der anderen Seite habe ich den Verdacht, daß die Selbstmordversuche meistens eine spezifische Methode der Mittelschicht waren, um

---

[17] Untersuchungen über Ehen in der Stadt und in der Vorstadt, die von Ubell vorgenommen wurden, berichten über geringe Unterschiede im ehelichen Glück. Dies ergab der Vergleich der ökonomischen Situation zwischen Vorstadt- und Stadtbewohnern.
[18] Da Selbstmord in New Jersey ein kriminelles Delikt ist, müssen Selbstmordversuche der Polizei gemeldet werden; daher entsprechen wahrscheinlich die genannten Zahlen den Tatsachen.

einer unglücklichen Ehe ein Ende zu machen. Die eine Frau, die sich das Leben nahm, hinterließ einen tragischen Brief über diesen Vorfall.
Das sind jedoch Ausnahmesituationen. Einen weiteren Einblick in die Situation der Levittowner Familien gibt eine Umfrage, die 1961 bei einer Zufallsauswahl von 100 Personen im Zusammenhang mit der Gründung einer Organisation für Familienhilfe durchgeführt wurde. 26 % bejahten die Notwendigkeit einer solchen Institution, 51 % lehnten sie ab, und 23 % waren unentschieden. Wenn man davon ausgeht, daß die Leute ernsthaft über ihre eigenen Ehen sprachen, drückte damit ein Viertel den Wunsch nach Hilfe aus. Zweifellos kommt aber auch hier die Schichtenzugehörigkeit ins Spiel. Bei Arbeiterfamilien ist kaum anzunehmen, daß sie sich an eine Hilfsorganisation wenden. Auf der anderen Seite ist zu vermuten, daß junge Eheleute aus den Mittelschichten dort Rat suchen, ohne in einer ausweglosen Situation zu sein. Auch solche Daten sagen also wenig über das Eheleben in Levittown aus. Es scheint vielmehr aus der gleichen Mischung von Freud und Leid zu bestehen wie überall.

Muster individueller Anpassung:
Vorstädtische Zufriedenheit – Unbehagen bei den Frauen

Die kritische Literatur über das Leben in der Vorstadt ist angefüllt mit Berichten über Krisensituationen und Anomie, aber so farbig sie sein mögen, diese Begriffe sind doch nicht ganz korrekt. Es wäre richtiger, von Zufriedenheit zu sprechen, weil die meisten nach dem Umzug weniger Depressionen, Langeweile und Einsamkeit empfanden als vorher. Trotzdem berichtete eine Minderheit, die manchmal bis zu einem Drittel ausmachte, von Unzufriedenheit. Darunter waren besonders viele der aus Philadelphia Zugezogenen. Diese Gefühle resultieren oft aus individueller Isoliertheit in der Gemeinde, aber zumeist spiegeln sie allgemeinere Probleme wider, denen Frauen aus der Arbeiterschicht und der unteren Mittelschicht in der gegenwärtigen Gesellschaft ausgesetzt sind. Wenn es in Levittown Krisen gibt, dann kennzeichnen sie die Situation der Frauen, nicht aber die der Vorstadt.

Moral und Gesundheit*

Vor allem ehemalige Großstädter sowie Leute unter 25 Jahren waren jetzt unglücklicher, und nur ältere Leute über 45 konnten eine nennenswerte Hebung ihrer Moral feststellen.
Junge werktätige Frauen, die in Levittown Mutter wurden, Frauen aus der Arbeiterschicht, die die Bindung zu ihren Familien und Freunden vermißten, sowie Frauen mit zerrütteten Ehen oder solche, deren Ehemänner Vertreter waren, stellten eine Verschlechterung ihres Wohlbefindens fest. Veränderungen im Gesundheitszustand waren unbedeutend und spiegelten jene der Moral wider.

* Originalausgabe S. 226–227

Langeweile

Einen statistischen Überblick darüber, ob und wie viele Leute in Levittown Langeweile verspüren, gibt das Schaubild 4. Obwohl die Antworten vermutlich günstiger ausgefallen sind, als die Situation in Wirklichkeit ist, berichten 40 % der Befragten – etwa ein Drittel der Frauen und über die Hälfte der Männer in der Stichprobe, daß sie nie Langeweile hatten, und nur ganz wenige Frauen langweilten sich ständig. Demnach scheint Langeweile in Levittown kein ernsthaftes Problem zu sein. Unter jüngeren Leuten war sie häufiger anzutreffen als bei den älteren; schichtenspezifische Unterschiede waren jedoch nicht festzustellen[19]. Da die ehemaligen Stadtbewohner über ebensoviel Langeweile an ihrem früheren Wohnort berichteten wie die aus der Vorstadt, ist die allgemeine Behauptung, in Vororten sei es langweiliger als in der Stadt, sicher nicht stichhaltig.

Tabelle 4

Langeweile in Levittown*

Häufigkeit	Zufallsstichprobe						Philadelphia-Stichprobe		
	1. Interview			2. Interview					
	F	M	G	F	M	G	F	M	G
»fast jeden Tag«	4	0	2	4	0	2	8	0	5
»einige Male im Monat«	21	6	14	15	22	18	27	17	24
»etwa einmal im Monat«	21	28	24	27	6	18	27	11	22
»seltener als einmal im Monat«	21	11	17	23	17	21	11	5	9
»niemals«	33	55	43	31	55	41	27	67	40
Zahl der Befragten	(24)	(18)	(42)	(26)	(18)	(44)	(37)	(18)	(55)

F = Frauen, M = Männer, G = Gesamt. Angaben in Prozenten.

* Die Frage lautete folgendermaßen: Wir alle langweilen uns dann und wann; wie oft haben Sie sich selbst gelangweilt, wie oft haben Sie nichts zu tun oder nichts, das Sie besonders gern tun würden? Empfinden Sie Langeweile: fast jeden Tag, einige Male im Monat, etwa einmal im Monat, seltener als einmal im Monat. Die Kategorie »niemals« wurde in der Fragestellung nicht erwähnt, wurde aber von den Befragten eingeführt.

Ungefähr ein Drittel der Frauen führte die Langeweile-Erscheinungen auf die Tage ihrer Periode, auf Unwohlsein oder auf schlechte Stimmungen zurück. Häufiger jedoch wurden zwei andere Gründe genannt: Die Haushaltsarbeit und das Gefühl, einfach »festzusitzen«. Daß man die gleichen Dinge, besonders das

---

[19] Unter der Philadelphia-Gruppe berichteten 45 % der Gebildeteren, 57 % der am wenigsten Gebildeten und 60 % der Arbeiter über gelegentliche Langeweile. 16, 36 bzw. 20 % waren mindestens einige Male im Monat gelangweilt. Bei der englischen Untersuchung über die »new towns« wurde nur festgestellt, ob Langeweile existierte oder nicht. Das Resultat war, daß sich 38 % langweilten; Unterschiede zwischen den Geschlechtern gab es nicht. Taylor und Chave, berechnet aus Tabelle 33, S. 66.

Wäschebügeln, immer wieder verrichten muß, begründet die Monotonie des Hausfrauenalltags. Viele Frauen fühlten sich in ihrer Hausfrauenrolle nicht wohl, waren aber noch nicht in der Lage, andere Aktivitäten, wie z. B. die Mitarbeit in Vereinen, zu entwickeln.
Der Umzug nach Levittown hat, wenn man die Zufallsstichprobe betrachtet, positive Wirkung gehabt. 51 % gaben an, daß sie sich seltener oder überhaupt nicht mehr langweilten, 33 % stellten keinen Unterschied fest, und bei 16 % hatte die Langeweile zugenommen oder war überhaupt erst aufgetreten[20]. Für die Philadelphia-Stichprobe lagen die Prozentsätze etwas anders. 22 % berichteten über ein Abnehmen der Langeweile, 51 % stellten keine Veränderung fest, und 27 %, ein Drittel der Frauen, berichteten, die Langeweile habe zugenommen[21].
Die allgemein verbesserte Situation läßt sich erneut mit dem Hauserwerb und den damit verbundenen Arbeiten in Haus und Garten sowie dem regeren geselligen Leben erklären. Interessanterweise verlieren die verbesserten Wohnverhältnisse ihren Einfluß auf den einzelnen in diesem Punkt nicht. Während gemeinsame Unternehmungen der Familie mit der Zeit nachlassen, war durch das Haus auch nach drei Jahren noch Abwechslung gewährleistet. Ein Befragter drückte das so aus: »Man will lediglich ein Stück Rasen mähen oder einen Büschel Unkraut ausziehen – aber dann packt einen die Perfektionssucht, und man mäht die ganze Fläche oder säubert alle Beete ... Langeweile kenne ich unter diesen Umständen nicht mehr!«
Wenn die Philadelphia-Gruppe wesentlich häufiger über Langeweile klagte, so handelte es sich dabei meist um Leute aus den unteren Schichten, und dann um Befragte unter 25 oder über 45 Jahren, oder um Juden. Zum Beispiel verspürten nur 20 % der College-Absolventen größere Langeweile, während es bei den anderen 70 % waren. Der Zuwachs an Langeweile unterliegt keiner bestimmten Struktur. Manchmal waren das schlechte Wetter oder Krankheiten der Kinder der Grund, manchmal ein ständiges Gefühl der Isoliertheit, das darauf basierte, daß es zu Hause nichts zu tun gab oder daß sich der Rollenwechsel von der Berufsarbeit zur Hausfrauentätigkeit als restriktiv und weniger interessant erwies. Das Hauptproblem lag aber darin, daß es einfach nichts zu tun gab. Leute aus Phila-

---

[20] Die Gruppe, die keine Veränderung registrierte, enthielt 31 %, die sich niemals – weder in Levittown noch in Philadelphia – gelangweilt hatten. Bei der Zufallsauswahl war der Anteil 23 %.
[21] 19 % der Frauen und 12 % der Männer aus der Zufallsstichprobe berichteten, daß Langeweile erst in Levittown aufgetreten sei oder zugenommen habe. Für 57 % der Frauen und 41 % der Männer hatte sie abgenommen oder war verschwunden. Bei der Philadelphia-Stichprobe empfanden 32 % der Frauen und 17 % der Männer mehr Langeweile bzw. stellten sie erst in Levittown fest, während 50 % (Frauen) und 5 % (Männer) sagten, sie fühlten sich weniger oder gar nicht mehr gelangweilt.

delphia, die Levittown fade fanden, berichteten ebenso häufig über Langeweile wie jene, die keinem Verein angehörten oder die nicht mehr so aktiv waren wie in der Stadt. Diejenigen, die vorher ihr Leben lang in der Großstadt gewohnt hatten, klagten mehr über Langeweile als andere, die erst als Erwachsene nach Philadelphia gezogen waren. Ebenso war es denen in Levittown langweiliger, die dort mit ihren Eltern oder Schwiegereltern gelebt hatten, denn sie vermißten ihre Verwandten und engen Freunde. Die gesellschaftlich Aktiven und diejenigen, die häufiger Besuche machten, liefen weniger Gefahr, sich zu langweilen. Daß aber für einige selbst neue Bekanntschaften nicht ausreichend waren, zeigt sich darin, daß diese Leute ebenso über zunehmende Langeweile klagten wie andere, denen in Levittown jeglicher Anschluß fehlte [22]. Ihr Problem war hauptsächlich die Trennung von den alten Bekannten aus Philadelphia, aber auch der Verlust der Großstadtatmosphäre. Eine Frau erläuterte das wie folgt: »In Philadelphia konnte ich hin und wieder in die Stadt gehen und Zerstreuung finden, das ist hier unmöglich. Ab und zu verspürt man ein Gefühl der Unruhe, und dann ist man es leid. Dann brauche ich eine Abwechslung und muß heraus. Nur immer mit den Kindern zusammen zu sein erzeugt eine Spannung, die man nur los wird, wenn man auf und davon laufen kann.« Selbstverständlich war diese Situation erschwert durch den Mangel an Einkaufsmöglichkeiten und Gelegenheiten zum Schaufensterbummel in Levittown zur Zeit der Interviews.

Wenn das Leben in Levittown wirklich Langeweile hervorrufen würde, dann müßte es mit der Zeit immer langweiliger werden. Aber die meisten Befragten, die sich langweilten, als sie nach Levittown kamen, berichteten zwei Jahre später von geringerer Langeweile. Nur fünf bzw. acht Prozent in den beiden Stichproben langweilten sich mehr. Allerdings sagten nach zwei Jahren 73 % der Befragten aus der Philadelphia-Stichprobe, die sich anfangs nicht gelangweilt hatten, daß sie es jetzt langweilig fänden. Sie fanden Levittown am Beginn sehr aufregend, aber nach zwei Jahren hatten sie weder Aufgaben noch Freunde, die sie beschäftigt hielten. Als sie sich an das Neue gewöhnt hatten, waren sie ernüchtert. Jedoch hatten zwei Drittel der Frauen auch in der Großstadt bereits über Langeweile geklagt; die ersten paar Monate in Levittown waren nur eine positive Unterbrechung gewesen. Der Umzug brachte Langeweile für das verbleibende Drittel der Frauen und für 17 % der Männer.

Eine Untersuchung in Levittown, Pennsylvania, stützt meine These, daß die Langeweile in den Vorstädten im Laufe der Zeit eher ab- als zunimmt. Hier waren nach zwei Jahren noch 54 % der Befragten gelangweilt, dagegen nur 29 % nach

---

[22] Obwohl 60 % dieser Gruppe, die weniger häufig andere Ehepaare besuchen, sich zur Zeit der 2. Umfrage mehr langweilten, waren aber auch 38 % aus der Gruppe gelangweilt, die öfter andere Ehepaare, und 44 %, die die Nachbarn besuchten.

vier Jahren und 22 % nach sieben Jahren. Natürlich mögen jene, die sich überhaupt nicht wohlfühlten, die Stadt inzwischen verlassen haben, aber die Tatsache, daß von den Gebliebenen schließlich nur noch 18 % mehr Langeweile als früher feststellten, spricht eine deutliche Sprache[23].

Einsamkeit

Einsamkeit gibt es in Levittown genauso selten wie Langeweile[24]. Die Tabelle 5 zeigt, daß sich nur 20 % der Frauen mehrmals im Monat einsam fühlen, wobei man annehmen muß, daß dies bereits Fälle wirklicher Einsamkeit sind, da viele bei solchen Fragen ein wenig schönfärben. Langeweile und Einsamkeit treten bei vielen Menschen gleich stark auf und überschneiden sich oft, weil das Gefühl, an das Haus gebunden zu sein, beides hervorruft[25]. Im Gegensatz zur Langeweile treten Einsamkeitsgefühle bei allen Levittownern auf, ganz gleich, welcher Altersstufe, Gesellschaftsschicht oder Religion sie angehören. Zum Beispiel fühlten sich 20 % der Arbeiter, aber auch 25 % der Akademiker aus der Philadelphia-Gruppe mindestens ein paarmal im Monat einsam[26]. Dieses überraschende Ergebnis erklärt sich dadurch, daß man zwischen drei verschiedenen Arten von Einsamkeit unterscheiden muß. Erstens gibt es die *soziale* Einsamkeit, die aus dem Fehlen von Freunden und Bekannten entsteht; zweitens die *familiäre* Einsamkeit, die Frauen empfinden, die ihren engen Kontakt zum Elternhaus oder, was noch wichtiger ist, zu den Männern vermissen, die beruflich längere Zeit von zu Hause abwesend sind, Überstunden machen oder so mit ihrem Beruf beschäftigt sind, daß sie nur wenig Zeit haben für ihre Frauen; und drittens eine *chronische* Vereinsamung,

---

[23] Die Untersuchung von Pierson ergab, daß 80 % keine Veränderungen feststellten und daß dieser allgemeine Eindruck sich im Lauf der Zeit nicht wandelte. Diejenigen, die Langeweile empfinden, sind hier wie dort dieselben, und auch die Gründe gleichen sich. Nur gebildete Frauen beklagten sich mehr über Langeweile als in Levittown, New Jersey, vielleicht, weil sie in einer Gemeinde mit mehr Bewohnern aus der Arbeiterschicht die Isolierung stärker empfanden.
[24] Zu diesem Thema wurden nur Frauen befragt, da die erste Umfrage ergeben hatte, daß keiner der Männer sich einsam fühlte. Vielleicht weigerten sie sich auch, eine derart »weibliche« Gefühlsregung zuzugeben.
[25] Auf dem Fragebogen tauchten die Fragen nach Langeweile und Einsamkeit absichtlich voneinander getrennt auf, um Überschneidungen zu vermeiden. In der Zufallsauswahl waren etwa 60 % von denen, die sich mehrmals im Monat einsam fühlten, ebensooft gelangweilt, und umgekehrt. Aber nur 38 % der Gelangweilten aus der Philadelphia-Umfrage fühlten sich auch einsam, und 70 % der »niemals Gelangweilten« fühlten sich zumindest gelegentlich auch einsam.
[26] Die englische Untersuchung über die »new towns« fand 26 % der Frauen einsam, wobei Langeweile auch hier mit Einsamkeit korrelierte. Die Männer waren ebensooft gelangweilt, berichteten aber weniger über Einsamkeit. Taylor und Chave, Daten aus der Tabelle 33 und von Seite 66–67.

jenseits aller gesellschaftlichen und familiären Ursachen. Alle drei Typen können bei ein und derselben Person auftreten: Wird zum Beispiel eine familiäre Vereinsamung nicht durch Freundschaften oder Bekanntschaften ersetzt, kann dies zu chronischem Einsamkeitsgefühl führen.

Tabelle 5
Einsamkeit in Levittown
(befragt wurden nur Frauen)*

Häufigkeit	Angaben in Prozenten	
	Zufallsstichprobe 2. Interview**	Philadelphia-Stichprobe Umfrage
»fast jeden Tag«	0	3
»einige Male in der Woche«	4	5
»einige Male im Monat«	15	16
»etwa einmal im Monat«	22	14
»seltener als einmal im Monat«	15	19
»niemals«	44	43
Zahl der Befragten	(27)	(37)

* Es wurde gefragt: »Manchmal fühlen sich die Menschen in einer neuen Gemeinde einsam. Wie oft fühlen Sie sich hier einsam?« Es standen alle Möglichkeiten außer der Antwort »niemals« zur Auswahl.
** Im 1. Interview wurde nur gefragt, ob man sich einsam fühle oder nicht. 10 % sagten, sie fühlten sich einsam.

Die wenigen, die angaben, wirklich einsam zu sein, nannten zu 38 % soziale, zu 54 % familiäre Gründe. Natürlich sprach niemand von chronischer Vereinsamung, nach meiner Schätzung lag sie jedoch höchstens bei 10 v. H.[27]. 57 % der Philadelphia-Umfrage, die in der Stadt mit Eltern oder Schwiegereltern zusammen gewohnt hatten, fühlen sich jetzt wirklich einsam; ebenso die Hälfte der Ehefrauen von Reisenden und Piloten, dagegen nur 12 % der Angestellten- und Arbeiterfrauen[28]. Da sich 67 % der Frauen von beruflich oft reisenden Männern und nur 35 % der anderen auch vor dem Umzug einsam fühlten und da der Arbeitsweg keinen wesentlichen Einfluß auf das Einsamkeitsgefühl hat, ist ständige berufliche Abwesenheit eindeutig eine schwerwiegende Beeinträchtigung. (Hier wäre anzumerken, daß durchaus nicht alle Vertreter täglich unterwegs sind und daß

[27] Es handelt sich hier nur um eine Vermutung, aber von den neun Frauen aus der Zufallsauswahl, die sich vor und nach dem Umzug einsam fühlten, war eine mehrmals in der Woche einsam, vier andere mehrmals im Monat. Das entspräche, bezogen auf die gesamte Auswahl, einem Anteil von 3 % bzw. 15 % des Samples, aber es ist fraglich, ob man solche Menschen schon zu den chronischen Fällen hinzuzählen sollte.
[28] Bei der Zufallsstichprobe gaben 44 % der Frauen von Piloten und Reisenden an, einsam zu sein, jedoch keine der Arbeiter- und Angestelltenfrauen in dieser Stichprobe.

bei der Heirat eines Handelsreisenden sicher auch sehr subtile psychodynamische Faktoren eine Rolle spielen.) Wie ich feststellte, hat eine erhöhte gesellschaftliche Aktivität, zum Beispiel in Form von Besuchen, auf diese familienbedingte Einsamkeit keinen Einfluß.

Ungefähr die Hälfte aller Befragten in der Zufallsauswahl und 22 % der Philadelphia-Gruppe waren schon vorher einsam gewesen, und zwar vorwiegend sozial einsam. Für diese Leute war der Umzug nach Levittown ein Segen, denn 70 % der ersten Gruppe und die Gesamtheit der zweiten fühlten sich weniger einsam. Eine Frau sagte: »Wenn ich in Philadelphia allein war, blieb ich zu Hause. Alle Leute arbeiteten, und keiner sprach mit dem anderen.« In anderen Fällen sind die Männer nicht so lange weg, oder sie haben kürzere Arbeitszeiten.

In der Zufallsauswahl war bei einem Drittel aller Befragten Einsamkeit erst in Levittown entstanden oder hatte zugenommen, bei einem weiteren Drittel war sie gänzlich verschwunden oder hatte abgenommen, während sich bei dem restlichen Drittel nichts geändert hatte. Bei allen Befragten der Philadelphia-Gruppe waren 22 % seltener, aber 43 % häufiger einsam[29]. Die befragten Frauen in der Zufallsstichprobe waren nicht ernstlich durch Einsamkeit gestört; keine war wirklich allein, aber in der Philadelphia-Gruppe waren es mehr als die Hälfte, die meisten aus familiären Gründen. Einige, die sich in Levittown zum erstenmal einsam fühlten, waren Juden, die deswegen nicht in die jüdische Gruppe paßten, weil sie entweder gebildeter oder weniger gebildet waren als die anderen Juden in Levittown oder weil sie mit Nichtjuden verheiratet waren. Die meisten derjenigen allerdings, die sich erst in Levittown einsam fühlten, waren Leute mit niedrigem Status, unabhängig von ihrer Religionszugehörigkeit, die nicht nur ihre Familie vermißten, sondern auch Schwierigkeiten hatten, neue Freunde in Levittown zu finden. Trotzdem, wenn man auf die Gründe achtet, die für Veränderungen im Empfinden von Einsamkeit genannt wurden, waren die Abwesenheit des Mannes und die Trennung von der Familie häufigere Ursachen als gesellschaftliche Isolierung.

Weil Einsamkeit in so hohem Maß familienbedingt ist, nimmt sie nicht mit der Dauer des Wohnens ab, sondern wirkt sich eher erst nach einiger Zeit aus. So litten von denjenigen, die sich zur Zeit der ersten Erhebung (sechs Monate nach dem Einzug) nicht einsam fühlten, 18 % der Zufallsauswahl und sogar 55 % der Philadelphia-Stichprobe zur Zeit des zweiten Interviews unter Einsamkeit. In der ersten Zeit hatte man noch häufiger die Verwandten in der Stadt besucht oder Anstrengungen unternommen, in Levittown neue Bekanntschaften zu schließen. Ganz anders war es bei den jüdischen Frauen. Nachdem die Vereinsarbeit geleistet

[29] In keiner der beiden Umfragen waren die 35 %, die keine Veränderungen feststellten, überhaupt jemals einsam gewesen.

war und das gesellschaftliche Leben wichtiger wurde, stellten sie fest, daß sie im Grunde keine gleichgesinnten Freunde fanden. Im Gegensatz dazu gab es aber auch Frauen, die nach anfänglicher Einsamkeit, deren Ursache fehlende gesellige Kontakte waren, innerhalb von zwei Jahren gesellschaftlich in Levittown Fuß gefaßt hatten[30].

Weil die Leute der Philadelphia-Gruppe so verhältnismäßig oft erwähnten, daß sie die Leute aus der Stadt vermißten, stellte ich ihnen dazu eine weitere Frage[31]. 68 % der Frauen und 50 % der Männer hatten sehr nahe Verwandte in der Stadt, besonders die Frauen von Arbeitern, Katholiken, Italienern, Juden und ehemaligen Hausbesitzern. Zwei Drittel davon sahen diese Verwandten nunmehr seltener; 15 % sahen sie häufiger, vor allem jung verheiratete Frauen, die ihre Mütter brauchten, nachdem sie selbst Kinder hatten. Von denen, die seltener mit der Familie zusammenkamen, beklagten 35 % der Frauen diese Situation, bezeichnenderweise aber keiner der Männer. Egal ob sie oft Besuche machten oder nicht, vermißte keiner der Männer, wohl aber 53 % der Frauen irgend jemand in der Stadt, in der Hauptsache natürlich ihre Familien. Obwohl es meistens den Frauen der unteren Schicht so geht, stehen ihnen die Frauen aus den höheren Schichten in dieser Hinsicht nicht sehr nach[32]. Religion und ethnische Herkunft spielen dabei kaum eine Rolle. Aber 80 % der Frauen unter 25 Jahren und etwa der gleiche Anteil der Partner in Mischehen vermißten ihre Familie.

Mit der Zeit wurde, zumindest für einige, aus der räumlichen Entfernung von der Familie eine gefühlsmäßige Distanz. 46 % der Frauen empfanden nach zwei Jahren die Trennung von der Familie nicht mehr so stark[33]. 85 % von diesen Frauen fanden irgend jemand, zu dem sie sich hingezogen fühlten, 72 % von ihnen erwähnten Nachbarn, die restlichen nannten Freunde. Durch diesen »Familienersatz« verschwindet die Einsamkeit jedoch nicht, denn gerade in dieser Gruppe, die enge Familienbande vermißt, empfinden die Menschen ihre

---

[30] 58 % der Zufallsstichprobe und 41 % der Philadelphia-Umfrage sagten, daß sie in den ersten Monaten einsam gewesen waren, aber alle berichteten über geringere Vereinsamung nach zwei Jahren. Interessant ist die Tatsache, daß bei der 1. Umfrage nur 19 % der ersteren angaben, einsam zu sein, obwohl sich dann bei der 2. Umfrage 58 % daran erinnerten, am Anfang Einsamkeit verspürt zu haben. Das mag zum Teil daran liegen, daß Einsamkeit auf die Dauer weniger stark verspürt wurde – vielleicht, weil viele Leute einsam waren, vielleicht aber auch, weil die Reizschwelle für Einsamkeitsgefühle angehoben worden war.

[31] Die Frage lautete: »Hatten Sie an Ihrem früheren Wohnort sehr nahe, geschätzte Verwandte?«

[32] 60 % der Leute mit sehr geringer Bildung und 67 % der Arbeiterfrauen vermissen den Familienkreis, aber auch 53 % der gebildeteren Frauen und 57 % der Frauen von Angestellten. Nur die Frauen der oberen Mittelschicht vermissen ihre Familie nicht.

[33] 39 % vermißten sie genauso stark, 15 % sogar stärker.

Wäschebügeln, immer wieder verrichten muß, begründet die Monotonie des Hausfrauenalltags. Viele Frauen fühlten sich in ihrer Hausfrauenrolle nicht wohl, waren aber noch nicht in der Lage, andere Aktivitäten, wie z. B. die Mitarbeit in Vereinen, zu entwickeln.
Der Umzug nach Levittown hat, wenn man die Zufallsstichprobe betrachtet, positive Wirkung gehabt. 51 % gaben an, daß sie sich seltener oder überhaupt nicht mehr langweilten, 33 % stellten keinen Unterschied fest, und bei 16 % hatte die Langeweile zugenommen oder war überhaupt erst aufgetreten[20]. Für die Philadelphia-Stichprobe lagen die Prozentsätze etwas anders. 22 % berichteten über ein Abnehmen der Langeweile, 51 % stellten keine Veränderung fest, und 27 %, ein Drittel der Frauen, berichteten, die Langeweile habe zugenommen[21].
Die allgemein verbesserte Situation läßt sich erneut mit dem Hauserwerb und den damit verbundenen Arbeiten in Haus und Garten sowie dem regeren geselligen Leben erklären. Interessanterweise verlieren die verbesserten Wohnverhältnisse ihren Einfluß auf den einzelnen in diesem Punkt nicht. Während gemeinsame Unternehmungen der Familie mit der Zeit nachlassen, war durch das Haus auch nach drei Jahren noch Abwechslung gewährleistet. Ein Befragter drückte das so aus: »Man will lediglich ein Stück Rasen mähen oder einen Büschel Unkraut ausziehen – aber dann packt einen die Perfektionssucht, und man mäht die ganze Fläche oder säubert alle Beete ... Langeweile kenne ich unter diesen Umständen nicht mehr!«
Wenn die Philadelphia-Gruppe wesentlich häufiger über Langeweile klagte, so handelte es sich dabei meist um Leute aus den unteren Schichten, und dann um Befragte unter 25 oder über 45 Jahren, oder um Juden. Zum Beispiel verspürten nur 20 % der College-Absolventen größere Langeweile, während es bei den anderen 70 % waren. Der Zuwachs an Langeweile unterliegt keiner bestimmten Struktur. Manchmal waren das schlechte Wetter oder Krankheiten der Kinder der Grund, manchmal ein ständiges Gefühl der Isoliertheit, das darauf basierte, daß es zu Hause nichts zu tun gab oder daß sich der Rollenwechsel von der Berufsarbeit zur Hausfrauentätigkeit als restriktiv und weniger interessant erwies. Das Hauptproblem lag aber darin, daß es einfach nichts zu tun gab. Leute aus Phila-

---

[20] Die Gruppe, die keine Veränderung registrierte, enthielt 31 %, die sich niemals – weder in Levittown noch in Philadelphia – gelangweilt hatten. Bei der Zufallsauswahl war der Anteil 23 %.
[21] 19 % der Frauen und 12 % der Männer aus der Zufallsstichprobe berichteten, daß Langeweile erst in Levittown aufgetreten sei oder zugenommen habe. Für 57 % der Frauen und 41 % der Männer hatte sie abgenommen oder war verschwunden. Bei der Philadelphia-Stichprobe empfanden 32 % der Frauen und 17 % der Männer mehr Langeweile bzw. stellten sie erst in Levittown fest, während 30 % (Frauen) und 5 % (Männer) sagten, sie fühlten sich weniger oder gar nicht mehr gelangweilt.

delphia, die Levittown fade fanden, berichteten ebenso häufig über Langeweile wie jene, die keinem Verein angehörten oder die nicht mehr so aktiv waren wie in der Stadt. Diejenigen, die vorher ihr Leben lang in der Großstadt gewohnt hatten, klagten mehr über Langeweile als andere, die erst als Erwachsene nach Philadelphia gezogen waren. Ebenso war es denen in Levittown langweiliger, die dort mit ihren Eltern oder Schwiegereltern gelebt hatten, denn sie vermißten ihre Verwandten und engen Freunde. Die gesellschaftlich Aktiven und diejenigen, die häufiger Besuche machten, liefen weniger Gefahr, sich zu langweilen. Daß aber für einige selbst neue Bekanntschaften nicht ausreichend waren, zeigt sich darin, daß diese Leute ebenso über zunehmende Langeweile klagten wie andere, denen in Levittown jeglicher Anschluß fehlte[22]. Ihr Problem war hauptsächlich die Trennung von den alten Bekannten aus Philadelphia, aber auch der Verlust der Großstadtatmosphäre. Eine Frau erläuterte das wie folgt: »In Philadelphia konnte ich hin und wieder in die Stadt gehen und Zerstreuung finden, das ist hier unmöglich. Ab und zu verspürt man ein Gefühl der Unruhe, und dann ist man es leid. Dann brauche ich eine Abwechslung und muß heraus. Nur immer mit den Kindern zusammen zu sein erzeugt eine Spannung, die man nur los wird, wenn man auf und davon laufen kann.« Selbstverständlich war diese Situation erschwert durch den Mangel an Einkaufsmöglichkeiten und Gelegenheiten zum Schaufensterbummel in Levittown zur Zeit der Interviews.

Wenn das Leben in Levittown wirklich Langeweile hervorrufen würde, dann müßte es mit der Zeit immer langweiliger werden. Aber die meisten Befragten, die sich langweilten, als sie nach Levittown kamen, berichteten zwei Jahre später von geringerer Langeweile. Nur fünf bzw. acht Prozent in den beiden Stichproben langweilten sich mehr. Allerdings sagten nach zwei Jahren 73 % der Befragten aus der Philadelphia-Stichprobe, die sich anfangs nicht gelangweilt hatten, daß sie es jetzt langweilig fänden. Sie fanden Levittown am Beginn sehr aufregend, aber nach zwei Jahren hatten sie weder Aufgaben noch Freunde, die sie beschäftigt hielten. Als sie sich an das Neue gewöhnt hatten, waren sie ernüchtert. Jedoch hatten zwei Drittel der Frauen auch in der Großstadt bereits über Langeweile geklagt; die ersten paar Monate in Levittown waren nur eine positive Unterbrechung gewesen. Der Umzug brachte Langeweile für das verbleibende Drittel der Frauen und für 17 % der Männer.

Eine Untersuchung in Levittown, Pennsylvania, stützt meine These, daß die Langeweile in den Vorstädten im Laufe der Zeit eher ab- als zunimmt. Hier waren nach zwei Jahren noch 54 % der Befragten gelangweilt, dagegen nur 29 % nach

---

[22] Obwohl 60 % dieser Gruppe, die weniger häufig andere Ehepaare besuchen, sich zur Zeit der 2. Umfrage mehr langweilten, waren aber auch 38 % aus der Gruppe gelangweilt, die öfter andere Ehepaare, und 44 %, die die Nachbarn besuchten.

vier Jahren und 22 % nach sieben Jahren. Natürlich mögen jene, die sich überhaupt nicht wohlfühlten, die Stadt inzwischen verlassen haben, aber die Tatsache, daß von den Gebliebenen schließlich nur noch 18 % mehr Langeweile als früher feststellten, spricht eine deutliche Sprache[23].

Einsamkeit

Einsamkeit gibt es in Levittown genauso selten wie Langeweile[24]. Die Tabelle 5 zeigt, daß sich nur 20 % der Frauen mehrmals im Monat einsam fühlen, wobei man annehmen muß, daß dies bereits Fälle wirklicher Einsamkeit sind, da viele bei solchen Fragen ein wenig schönfärben. Langeweile und Einsamkeit treten bei vielen Menschen gleich stark auf und überschneiden sich oft, weil das Gefühl, an das Haus gebunden zu sein, beides hervorruft[25]. Im Gegensatz zur Langeweile treten Einsamkeitsgefühle bei allen Levittownern auf, ganz gleich, welcher Altersstufe, Gesellschaftsschicht oder Religion sie angehören. Zum Beispiel fühlten sich 20 % der Arbeiter, aber auch 25 % der Akademiker aus der Philadelphia-Gruppe mindestens ein paarmal im Monat einsam[26]. Dieses überraschende Ergebnis erklärt sich dadurch, daß man zwischen drei verschiedenen Arten von Einsamkeit unterscheiden muß. Erstens gibt es die *soziale* Einsamkeit, die aus dem Fehlen von Freunden und Bekannten entsteht; zweitens die *familiäre* Einsamkeit, die Frauen empfinden, die ihren engen Kontakt zum Elternhaus oder, was noch wichtiger ist, zu den Männern vermissen, die beruflich längere Zeit von zu Hause abwesend sind, Überstunden machen oder so mit ihrem Beruf beschäftigt sind, daß sie nur wenig Zeit haben für ihre Frauen; und drittens eine *chronische* Vereinsamung,

[23] Die Untersuchung von Pierson ergab, daß 80 % keine Veränderungen feststellten und daß dieser allgemeine Eindruck sich im Lauf der Zeit nicht wandelte. Diejenigen, die Langeweile empfinden, sind hier wie dort dieselben, und auch die Gründe gleichen sich. Nur gebildete Frauen beklagten sich mehr über Langeweile als in Levittown, New Jersey, vielleicht, weil sie in einer Gemeinde mit mehr Bewohnern aus der Arbeiterschicht die Isolierung stärker empfanden.
[24] Zu diesem Thema wurden nur Frauen befragt, da die erste Umfrage ergeben hatte, daß keiner der Männer sich einsam fühlte. Vielleicht weigerten sie sich auch, eine derart »weibliche« Gefühlsregung zuzugeben.
[25] Auf dem Fragebogen tauchten die Fragen nach Langeweile und Einsamkeit absichtlich voneinander getrennt auf, um Überschneidungen zu vermeiden. In der Zufallsauswahl waren etwa 60 % von denen, die sich mehrmals im Monat einsam fühlten, ebensooft gelangweilt, und umgekehrt. Aber nur 38 % der Gelangweilten aus der Philadelphia-Umfrage fühlten sich auch einsam, und 70 % der »niemals Gelangweilten« fühlten sich zumindest gelegentlich auch einsam.
[26] Die englische Untersuchung über die »new towns« fand 26 % der Frauen einsam, wobei Langeweile auch hier mit Einsamkeit korrelierte. Die Männer waren ebensooft gelangweilt, berichteten aber weniger über Einsamkeit. Taylor und Chave, Daten aus der Tabelle 33 und von Seite 66–67.

jenseits aller gesellschaftlichen und familiären Ursachen. Alle drei Typen können bei ein und derselben Person auftreten: Wird zum Beispiel eine familiäre Vereinsamung nicht durch Freundschaften oder Bekanntschaften ersetzt, kann dies zu chronischem Einsamkeitsgefühl führen.

Tabelle 5
Einsamkeit in Levittown
(befragt wurden nur Frauen)*

Häufigkeit	Angaben in Prozenten	
	Zufallsstichprobe 2. Interview**	Philadelphia-Stichprobe Umfrage
»fast jeden Tag«	0	3
»einige Male in der Woche«	4	5
»einige Male im Monat«	15	16
»etwa einmal im Monat«	22	14
»seltener als einmal im Monat«	15	19
»niemals«	44	43
Zahl der Befragten	(27)	(37)

* Es wurde gefragt: »Manchmal fühlen sich die Menschen in einer neuen Gemeinde einsam. Wie oft fühlen Sie sich hier einsam?« Es standen alle Möglichkeiten außer der Antwort »niemals« zur Auswahl.
** Im 1. Interview wurde nur gefragt, ob man sich einsam fühle oder nicht. 10 % sagten, sie fühlten sich einsam.

Die wenigen, die angaben, wirklich einsam zu sein, nannten zu 38 % soziale, zu 54 % familiäre Gründe. Natürlich sprach niemand von chronischer Vereinsamung, nach meiner Schätzung lag sie jedoch höchstens bei 10 v. H.[27]. 57 % der Philadelphia-Umfrage, die in der Stadt mit Eltern oder Schwiegereltern zusammen gewohnt hatten, fühlen sich jetzt wirklich einsam; ebenso die Hälfte der Ehefrauen von Reisenden und Piloten, dagegen nur 12 % der Angestellten- und Arbeiterfrauen[28]. Da sich 67 % der Frauen von beruflich oft reisenden Männern und nur 35 % der anderen auch vor dem Umzug einsam fühlten und da der Arbeitsweg keinen wesentlichen Einfluß auf das Einsamkeitsgefühl hat, ist ständige berufliche Abwesenheit eindeutig eine schwerwiegende Beeinträchtigung. (Hier wäre anzumerken, daß durchaus nicht alle Vertreter täglich unterwegs sind und daß

[27] Es handelt sich hier nur um eine Vermutung, aber von den neun Frauen aus der Zufallsauswahl, die sich vor und nach dem Umzug einsam fühlten, war eine mehrmals in der Woche einsam, vier andere mehrmals im Monat. Das entspräche, bezogen auf die gesamte Auswahl, einem Anteil von 3 % bzw. 15 % des Samples, aber es ist fraglich, ob man solche Menschen schon zu den chronischen Fällen hinzuzählen sollte.
[28] Bei der Zufallsstichprobe gaben 44 % der Frauen von Piloten und Reisenden an, einsam zu sein, jedoch keine der Arbeiter- und Angestelltenfrauen in dieser Stichprobe.

bei der Heirat eines Handelsreisenden sicher auch sehr subtile psychodynamische Faktoren eine Rolle spielen.) Wie ich feststellte, hat eine erhöhte gesellschaftliche Aktivität, zum Beispiel in Form von Besuchen, auf diese familienbedingte Einsamkeit keinen Einfluß.

Ungefähr die Hälfte aller Befragten in der Zufallsauswahl und 22 % der Philadelphia-Gruppe waren schon vorher einsam gewesen, und zwar vorwiegend sozial einsam. Für diese Leute war der Umzug nach Levittown ein Segen, denn 70 % der ersten Gruppe und die Gesamtheit der zweiten fühlten sich weniger einsam. Eine Frau sagte: »Wenn ich in Philadelphia allein war, blieb ich zu Hause. Alle Leute arbeiteten, und keiner sprach mit dem anderen.« In anderen Fällen sind die Männer nicht so lange weg, oder sie haben kürzere Arbeitszeiten.

In der Zufallsauswahl war bei einem Drittel aller Befragten Einsamkeit erst in Levittown entstanden oder hatte zugenommen, bei einem weiteren Drittel war sie gänzlich verschwunden oder hatte abgenommen, während sich bei dem restlichen Drittel nichts geändert hatte. Bei allen Befragten der Philadelphia-Gruppe waren 22 % seltener, aber 43 % häufiger einsam[29]. Die befragten Frauen in der Zufallsstichprobe waren nicht ernstlich durch Einsamkeit gestört; keine war wirklich allein, aber in der Philadelphia-Gruppe waren es mehr als die Hälfte, die meisten aus familiären Gründen. Einige, die sich in Levittown zum erstenmal einsam fühlten, waren Juden, die deswegen nicht in die jüdische Gruppe paßten, weil sie entweder gebildeter oder weniger gebildet waren als die anderen Juden in Levittown oder weil sie mit Nichtjuden verheiratet waren. Die meisten derjenigen allerdings, die sich erst in Levittown einsam fühlten, waren Leute mit niedrigem Status, unabhängig von ihrer Religionszugehörigkeit, die nicht nur ihre Familie vermißten, sondern auch Schwierigkeiten hatten, neue Freunde in Levittown zu finden. Trotzdem, wenn man auf die Gründe achtet, die für Veränderungen im Empfinden von Einsamkeit genannt wurden, waren die Abwesenheit des Mannes und die Trennung von der Familie häufigere Ursachen als gesellschaftliche Isolierung.

Weil Einsamkeit in so hohem Maß familienbedingt ist, nimmt sie nicht mit der Dauer des Wohnens ab, sondern wirkt sich eher erst nach einiger Zeit aus. So litten von denjenigen, die sich zur Zeit der ersten Erhebung (sechs Monate nach dem Einzug) nicht einsam fühlten, 18 % der Zufallsauswahl und sogar 55 % der Philadelphia-Stichprobe zur Zeit des zweiten Interviews unter Einsamkeit. In der ersten Zeit hatte man noch häufiger die Verwandten in der Stadt besucht oder Anstrengungen unternommen, in Levittown neue Bekanntschaften zu schließen. Ganz anders war es bei den jüdischen Frauen. Nachdem die Vereinsarbeit geleistet

---

[29] In keiner der beiden Umfragen waren die 35 %, die keine Veränderungen feststellten, überhaupt jemals einsam gewesen.

war und das gesellschaftliche Leben wichtiger wurde, stellten sie fest, daß sie im Grunde keine gleichgesinnten Freunde fanden. Im Gegensatz dazu gab es aber auch Frauen, die nach anfänglicher Einsamkeit, deren Ursache fehlende gesellige Kontakte waren, innerhalb von zwei Jahren gesellschaftlich in Levittown Fuß gefaßt hatten[30].

Weil die Leute der Philadelphia-Gruppe so verhältnismäßig oft erwähnten, daß sie die Leute aus der Stadt vermißten, stellte ich ihnen dazu eine weitere Frage[31]. 68 % der Frauen und 50 % der Männer hatten sehr nahe Verwandte in der Stadt, besonders die Frauen von Arbeitern, Katholiken, Italienern, Juden und ehemaligen Hausbesitzern. Zwei Drittel davon sahen diese Verwandten nunmehr seltener; 15 % sahen sie häufiger, vor allem jung verheiratete Frauen, die ihre Mütter brauchten, nachdem sie selbst Kinder hatten. Von denen, die seltener mit der Familie zusammenkamen, beklagten 35 % der Frauen diese Situation, bezeichnenderweise aber keiner der Männer. Egal ob sie oft Besuche machten oder nicht, vermißte keiner der Männer, wohl aber 53 % der Frauen irgend jemand in der Stadt, in der Hauptsache natürlich ihre Familien. Obwohl es meistens den Frauen der unteren Schicht so geht, stehen ihnen die Frauen aus den höheren Schichten in dieser Hinsicht nicht sehr nach[32]. Religion und ethnische Herkunft spielen dabei kaum eine Rolle. Aber 80 % der Frauen unter 25 Jahren und etwa der gleiche Anteil der Partner in Mischehen vermißten ihre Familie.

Mit der Zeit wurde, zumindest für einige, aus der räumlichen Entfernung von der Familie eine gefühlsmäßige Distanz. 46 % der Frauen empfanden nach zwei Jahren die Trennung von der Familie nicht mehr so stark[33]. 85 % von diesen Frauen fanden irgend jemand, zu dem sie sich hingezogen fühlten, 72 % von ihnen erwähnten Nachbarn, die restlichen nannten Freunde. Durch diesen »Familienersatz« verschwindet die Einsamkeit jedoch nicht, denn gerade in dieser Gruppe, die enge Familienbande vermißt, empfinden die Menschen ihre

---

[30] 58 % der Zufallsstichprobe und 41 % der Philadelphia-Umfrage sagten, daß sie in den ersten Monaten einsam gewesen waren, aber alle berichteten über geringere Vereinsamung nach zwei Jahren. Interessant ist die Tatsache, daß bei der 1. Umfrage nur 19 % der ersteren angaben, einsam zu sein, obwohl sich dann bei der 2. Umfrage 58 % daran erinnerten, am Anfang Einsamkeit verspürt zu haben. Das mag zum Teil daran liegen, daß Einsamkeit auf die Dauer weniger stark verspürt wurde – vielleicht weil viele Leute einsam waren, vielleicht aber auch, weil die Reizschwelle für Einsamkeitsgefühle angehoben worden war.
[31] Die Frage lautete: »Hatten Sie an Ihrem früheren Wohnort sehr nahe, geschätzte Verwandte?«
[32] 60 % der Leute mit sehr geringer Bildung und 67 % der Arbeiterfrauen vermissen den Familienkreis, aber auch 53 % der gebildeteren Frauen und 57 % der Frauen von Angestellten. Nur die Frauen der oberen Mittelschicht vermissen ihre Familie nicht.
[33] 39 % vermißten sie genauso stark, 15 % sogar stärker.

Einsamkeit noch viel stärker als alle anderen, wenn sie auch seltener eintritt[34]. Nur 25 % der Frauen, die ihre Eltern vermissen, möchten gern wieder näher zu ihnen ziehen, jedoch keinesfalls wieder in die Stadt zurück, sondern in einen anderen Vorort. Zweifellos ist die Tatsache, daß die meisten Männer ihre Verwandten nicht vermissen, hierfür teilweise mit verantwortlich.

Meine Definition wirklicher Einsamkeit (einige Male im Monat oder häufiger) ist vielleicht übertrieben, und es kann sein, daß das Zahlenmaterial das Maß einer traumatischen Vereinsamung übertreibt. Auf jeden Fall demonstrieren sie wohl kaum das Ausmaß an Entfremdung, das die Kritiker der Vorstadt zuschreiben. Das genaue Gegenteil ist der Fall. Das reichhaltige gesellschaftliche Leben hier verhindert oder mildert zumindest Vereinsamungen, seien sie chronisch oder familiär bedingt. Darüber hinaus steht die folgende Äußerung einer Befragten stellvertretend für ein ganzes Drittel der Bevölkerung: »Ich habe mich niemals einsam gefühlt, egal wo ich wohnte. Es sind immer irgendwo nette Leute in der Nähe, mit denen man sich treffen kann. Außerdem gibt es Radio und Fernsehen. Und meistens ist man doch dermaßen beschäftigt, daß man gar keine Zeit hat, sich einsam zu fühlen.«

Probleme und Sorgen*

Hauptsorgen waren die Belastung des Familienbudgets durch den Hausbau, damit verbundene Ehekrisen, der Schulwechsel und schlechter nachbarlicher Einfluß auf die Kinder sowie Krankheit. Levittown trug jedoch auch zum Abbau von Problemen bei. Vor allem wurden weniger Reibereien innerhalb der Familie, ein besserer Gesundheitszustand, geringere Verkehrsgefährdung der Kinder und auch weniger Lärm und Schmutz als Verbesserungen genannt.

* Originalausgabe S. 234—236

Emotionale Störungen und Geisteskrankheiten

Man sagt, daß die Vorstädte Brutstätten seelischer Erkrankungen seien, aber entsprechende Daten sind in einer jungen Gemeinde, die weder ein Krankenhaus noch einen ortsansässigen Psychiater aufzuweisen hat, nur schwer zu erhalten[35].

[34] 68 % der Frauen, die noch nahe Verwandte in der Stadt haben, sind in Levittown einsam, während der Anteil bei den anderen Frauen ohne nahe Verwandte nur 34 % beträgt. Aber der Grad der Einsamkeit ist bei den Fällen etwa gleich. Frauen, die zur Zeit der zweiten Befragung ihre Angehörigen mehr vermißten als kurz nach dem Einzug, sind einsamer als diejenigen, die sie bei der zweiten Umfrage weniger oder jedenfalls nicht mehr als nach dem Einzug vermißten.
[35] Die deutliche Formulierung dieses Vorwurfs findet sich bei Gordon, Gordon und Gunther.

Obwohl ich zum Beispiel regelmäßig Ärzte und Geistliche über die Zahl der ihnen bekanntgewordenen Fälle von Nervenzusammenbrüchen und der von ihnen an Psychiater verwiesenen Fälle befragt, die Polizeiakten nach Vorfällen wiederholter Ehestreitigkeiten und Selbstmordversuche durchforscht sowie versucht habe, voraufgegangene Krankengeschichten und Krisensituationen kennenzulernen, sind die meisten der folgenden Angaben nur Schätzwerte. Während der ersten beiden Jahre, in denen 3000 Familien nach Levittown zogen, zählte ich 14 Selbstmordversuche, 15 Familien, die wiederholt wegen häuslicher Konflikte polizeilich vorgeladen wurden, und ungefähr 50 Nervenzusammenbrüche. In etwa 100 Fällen sahen sich Ärzte genötigt, ihre Patienten an einen Psychiater zu verweisen, und bei einer ähnlichen Zahl wurden Geistliche zu Rate gezogen, um, wie sie angaben, »schwerwiegende« Probleme lösen zu helfen. Im gleichen Zeitraum hatten ungefähr 50 gefährdete Jugendliche wiederholt Schwierigkeiten mit der Polizei oder der Schule. Vergleiche mit anderen Gemeinden sind wegen der Art des Datenmaterials und wegen der Schwierigkeit, Prozentzahlen in einer Gemeinde auszurechnen, deren Bewohner erst gerade einziehen, nicht möglich. Aber die Zahlen halte ich nicht für alarmierend. Ich möchte annehmen, daß geistig-seelische Störungen, soweit sie statistisch erfaßbar sind, in Levittown nicht häufiger anzutreffen sind als in vergleichbaren Gemeinden – und bestimmt seltener als in den Großstädten[36].
Wichtiger ist, daß von 16 von Ärzten, Geistlichen und der Polizei zusammengestellten Fallstudien 13 Fälle vergleichbarer emotionaler Störungen am vorhergehenden Wohnsitz nachzuweisen waren. Es gab auch keinerlei Anhaltspunkte dafür, daß sich das Krankheitsbild in Levittown verschlechtert hatte oder daß die Krankheit erst dort entstanden war. Die meisten der Betroffenen waren gerade in der Hoffnung nach Levittown gekommen, ihre emotionalen Probleme zu lösen. Zwei Frauen, von denen eine mit einem Alkoholiker, die andere mit einem notorischen Spieler verheiratet war, hatten ihre Männer zum Umzug nach Levittown überredet. Nachdem jedoch die Begeisterung für die neue Umgebung und das eigene Haus abgeklungen war, kehrten die alten Probleme wieder zurück. Die Folge war, daß schließlich beide Familien wieder wegzogen. Natürlich wurde es nicht bekannt, ob emotionale Probleme durch den Umzug gelöst wurden, aber ich zweifle daran, daß durch Levittown schwere Störungen behoben wurden. Andererseits konnten – und wurden – emotionale Probleme abgeschwächt, die am vorherigen Wohnort durch gesellschaftliche Isolierung verursacht worden waren.
Beinahe alle seelischen Schwierigkeiten, die registriert wurden, traten bei Frauen

---

[36] In der neuen englischen Stadt berichteten 33 % der Erwachsenen über »latente neurotische Symptome«, 14 % waren bei praktischen Ärzten oder Psychiatern in Behandlung. Taylor und Chave, S. 166. Aber diese Daten sind niedriger als in den Städten. Eine New Yorker Studie kam zu dem Ergebnis, daß 80 % der Bevölkerung unter leichten bis schweren psychischen Störungen leiden. Vgl. Srole u. a.

auf, und bei diesen wiederum traten zwei bekannte Arten besonders hervor: die Arbeiterfrauen, die von ihren Eltern getrennt lebten, und die Ehefrauen, deren Männer beruflich häufig unterwegs waren. Kam die Gefahr gesellschaftlicher Isolierung hinzu, äußerten sich die Betroffenen meistens sehr offen über ihre schwierige Situation. In den meisten Fällen waren jedoch ebenfalls Ehekonflikte festzustellen, und in der Tat hatten Frauen, die am anfälligsten für Nervenzusammenbrüche waren, selbst die Frauen von Reisenden, darüber hinaus immer unter unglücklichen Ehen zu leiden. Eine glückliche Ehe ist keine Garantie für seelische Ausgeglichenheit, und Eheprobleme sind andererseits nicht notwendigerweise die Ursache für andere Schwierigkeiten. Aber individuelle Probleme pflegen sich häufig in Ehespannungen zu äußern. Das Überwiegen der weiblichen Fälle beweist auch nicht, daß die Frauen die Ursache der Schwierigkeiten sind, sondern nur, daß sie sich über Spannungen in der Familie häufiger und deutlicher als Männer äußern[37]. Ein Mann findet oft in seinem Beruf Halt, auch wenn er psychisch gestört ist, während für eine Frau der Haushalt und die Mutterrolle weniger an greifbarer Belohnung und mehr an ständig wechselnden Spannungen mit sich bringt. Häufiges Alleinsein mit den Kindern und entsprechender Mangel an Kontakten mit Erwachsenen kann für Mütter zu geistig-seelischen Mangelerscheinungen führen. Bei ernsthaften Eheschwierigkeiten kann der Mann allerdings stärker betroffen sein als die Frau und zum Beispiel gewalttätig werden, aber *sie* wird es sein, die die Polizei ruft. Deshalb nimmt es meistens einige Zeit in Anspruch herauszufinden, wer von beiden in Wirklichkeit wen stört.

Meine Vermutung, daß seelische Erkrankungen in keinem Zusammenhang mit dem Leben in der Vorstadt stehen, widerspricht nicht nur eindeutig der landläufigen Meinung der Kritiker, sondern auch einigen wissenschaftlichen Untersuchungen in England, wo unerwartet hohe Raten behandelter und unbehandelter psychischer Krankheiten aller Grade in den neuen Städten festgestellt wurde[38]. Derselbe Gegensatz besteht zu entsprechenden amerikanischen Untersuchungen[39]. Diese hohen Raten werden, meiner Ansicht nach fälschlicherweise, gelegentlich auf die Lebensbedingungen in der Vorstadt zurückgeführt. Man sollte lieber daran

---

[37] Englische Untersuchungen berichteten von größeren psychischen Schwierigkeiten bei Frauen als bei Männern (siehe Martin, Brotherston und Chave; Taylor und Chave, Seite 125).
[38] Martin, Brotherston und Chave. Eine spätere Untersuchung kam zu dem Schluß, daß nervöse Symptome in alten Städten ebenso häufig beobachtet werden wie in neuen bzw. Schlafstädten. Siehe Taylor und Chave S. 49.
[39] Die Gordons fanden in den neuen Vorstadtgebieten höhere Raten an Gemütskrankheiten als in den benachbarten ländlichen Gegenden. Gordon und Gordon; und Gordon, Gordon und Gunther. Eine Untersuchung von 50 Gemeinden in Massachusetts durch Wechsler zeigte eine Korrelation zwischen raschem Siedlungswachstum und Depression bzw. Selbstmord.

denken, daß es zumeist junge, vergleichsweise gut ausgebildete Leute sind, die in unsere Vorstädte oder in die neuen Städte Englands einziehen. Deshalb sind sie körperlich gesünder, und die üblichen Schwierigkeiten äußern sich häufiger in psychischen als in organischen Erkrankungen. Eine gebildete Bevölkerung ist sich ihrer emotionalen Schwierigkeiten auch eher bewußt und deshalb eher fähig, sie zu artikulieren. Dazu kommen diejenigen Bewohner einer neuen Gemeinde, die ihren ehemaligen Wohnsitz gerade zu dem Zweck aufgegeben haben, ihre bisherigen Probleme loszuwerden oder die Umgebung ihrer früheren Störungen zu verlassen. Schon aus diesem Grund ist es wahrscheinlich, daß in neuen Gemeinden die Raten sowohl behandelter als auch unbehandelter seelischer Krankheitsfälle höher sind als in länger bestehenden Orten[40].
Außerdem besteht die Bevölkerung der Vorstädte zum großen Teil aus sozial mobilen Familien. Sozial absteigende Personen wurden in vielen Untersuchungen als psychisch gestört beschrieben. Wenn diese in neue Gemeinden kommen in der falschen Hoffnung auf eine Verbesserung ihrer Situation und dort eine Mehrheit von sozial aufsteigenden Familien vorfinden, werden sich ihre Schwierigkeiten nur noch vergrößern. Sozial aufsteigende Leute haben selbstverständlich auch ihre Probleme, und es ist vielleicht kein Zufall, daß zu den sehr stark gestörten Levitttownern auch Frauen aus Arbeiterfamilien gehörten, die in mittlere Schichten eingeheiratet oder ihre ethnische Gruppe verlassen hatten. Gesellschaftlich mobile Menschen stellen große Ansprüche an die Institutionen ihrer Gemeinde, die diese häufig nicht erfüllen können. Umgekehrt kann Überaktivität oder Einzelgängertum bereits gestörte Menschen zum Zusammenbruch führen.
Die Vorstellung, daß das Leben in der Vorstadt für alle ihre Bewohner ungeheuer anstrengend und nervenaufreibend sei, ist einfach nicht zutreffend. Bewohner von Levittown bezeugten mir, daß sie das Leben beschaulicher fanden als an ihrem früheren Wohnort, und meine eigenen Beobachtungen der recht gemütlichen Gangart des gesellschaftlichen und kulturellen Lebens in der Gemeinde legen die Vermutung nahe, daß die Beanspruchung der Menschen in der Vorstadt jedenfalls geringer ist. Die Tätigkeit in Vereinen und Organisationen mag anstrengend sein, aber sie betraf nur einige wenige und in der Regel Leute, die auch schon an ihrem früheren Wohnort sehr aktiv waren, so daß Levittown eigentlich keinen neuen Druck auf sie ausübte. Eine von außen vorgeplante Gründung von Organisationen und Vereinen könnte sogar die Schwierigkeiten der neuen Situation, der sich die

---

[40] Martin, Brotherston und Chave fanden Geisteskrankheiten und Neurosen am häufigsten bei neu hinzugezogenen Einwohnern und alten Leuten, Taylor und Chave (S. 125) besonders bei letzteren. Psychologen, die in amerikanischen Vorstädten arbeiten, haben überdies sogenannte »Nach-Einzugsdepressionen« nachgewiesen (vgl. Urban Studies Center, S. 13–14). In Levittown war dergleichen nicht feststellbar; es hätte sich in dem Unterschied zwischen den Ergebnissen des 1. und 2. Interviews niederschlagen müssen.

aktiven Leute gegenübersahen, gemildert haben. Natürlich sind die unerfreulichen Reibungen, die in allen zwischenmenschlichen Beziehungen vorkommen, in Levittown nicht aufgehoben. Diese Erscheinungen sind aber nicht notwendigerweise pathologisch.

Die amerikanische Untersuchung, die größere psychische Störungen in der Vorstadt feststellte, wurde in einer Gegend vorgenommen, die überwiegend von der oberen Mittelschicht bewohnt wird. Zweifellos ist das Leben dieser Schicht aufreibender als das anderer Schichten, insbesondere für diejenigen, die noch nicht lange »dazu gehören«[41]. Dies würde auch die enormen psychischen Spannungen erklären, denen die in einer Vorstadt Torontos ansässige jüdische Bevölkerung ausgesetzt war, wie sie von Seeley und seinen Mitarbeitern beschrieben werden[42]. Solche Familien gab es auch in Levittown, Familien, die ihre Kinder zum Beispiel zu unangemessenen schulischen Leistungen antrieben und sich selbst in Vereinsaktivitäten beinahe aufrieben. Aber solche Leute und ihr Verhalten sind für die Vorstadt nicht typisch.

Meine Feststellungen legen es nahe, daß die Ursache belastender Faktoren nicht in der Gemeinde selbst zu suchen sind, sondern darin, daß der einzelne an der Teilnahme und an der Aufnahme persönlicher Beziehungen gehindert wird. Gesellschaftliche Isolierung ist die Hauptursache der Belastung, ob sie nun vom Ehegatten, den Nachbarn, den Freunden oder von Organisationen ihren Ausgang nimmt. Sogar innerhalb der Familien der oberen Mittelschicht und der jüdischen Bevölkerung von Levittown waren es keinesfalls die Überaktiven, die psychische Schwierigkeiten hatten, sondern jene, die sich abkapselten oder die keinen Zugang zu irgendwelchen Gruppen fanden. Umgekehrt fühlten sich diejenigen Menschen, die sich in Levittown zum erstenmal in ihrem Leben stark engagierten, wohler als zuvor, auch dann, wenn ihre Aktivität hektisch und voller potentieller Belastungen zu sein schien.

Gesellschaftliche Isolierung kann sich auf jeden auswirken, auf alle Schichten und alle Altersgruppen, und man kann sie in jeder Gemeinde feststellen. Für Neuankömmlinge ist sie vielleicht wegen der Anpassungsschwierigkeiten eine größere Gefahr als für Alteingesessene. Da jedoch jedermann in Levittown ein Neuling war, wurde diese Gefahr sehr verringert. Isoliert blieben die Sonderlinge, die Einzelgänger, die in einer kleinen Gemeinde wie Levittown mit ihrer sehr homogenen Bevölkerungsstruktur natürlich kaum Gleichgesinnte finden konnten. Levittown übte günstige Einflüsse auf die Masse der Bewohner aus, aber bestrafte

---

[41] Die Gordons verglichen die Vororte mit einem sehr idealen Beispiel einer ländlichen Gemeinde. Ihre Untersuchung beweist wahrscheinlich nur, daß das Leben besonders für die sozial Aufsteigenden in der Vorstadt anstrengender ist als in einer statischen und wohlhabenden ländlichen Gemeinde. Näheres hierzu s. Gans (1962 c).
[42] Seeley, Sim und Loosley, Teil II.

eine kleine Minderheit mit gesellschaftlichem Ausschluß. Whyte nennt dies »das Elend der Einzelgänger«. Aber wenn sich auch für diese Minderheit die psychische Belastung erhöhte, für die Mehrheit wurde sie reduziert.

Ich habe mich in diesem Kapitel absichtlich auf psychische Krankheit und nicht auf psychische Gesundheit konzentriert, weil die meisten zur Zeit bekannten Definitionen, offen oder versteckt, eine Vorstellung vom richtigen Leben implizieren, die psychische Gesundheit mit der idealisierten Kultur einer kosmopolitischen höheren Mittelschicht gleichsetzt, und damit die Vorstellung einschließen, daß andere Lebensgewohnheiten potenziell Störungen hervorrufen. Mit dieser Verzerrung werden die Unterschiede zwischen verschiedenen Subkulturen einerseits und pathologischen Zuständen in solchen Subkulturen andererseits unterschlagen. Solange durch die Forschung nicht erwiesen ist, daß zum Beispiel restriktive und lokale Charakteristika gewisser Arten der Lebensweise in der Arbeiterschicht und der unteren Mittelschicht pathologisch sind, ist es unmöglich, die meisten geläufigen Definitionen von psychischer Gesundheit zu akzeptieren.

Die Tendenz, Unterschiede mit pathologischen Zuständen gleichzusetzen, beinhaltet eine der zentralen Vorstellungen, auf denen die Vorstadtkritik aufbaut, und ist verantwortlich für den Glauben der Kritiker, das Vorstadtleben sei nicht erstrebenswert. Obwohl der Umzug in die Vorstadt viele positive Veränderungen gebracht hat, behaupten die Kritiker, sie seien falsch und die Zufriedenheit der Vorstadtbewohner sei Selbsttäuschung. Weil sie das Vorstadtleben für grundsätzlich langweilig, seine Geselligkeit für unbefriedigend und die vorstädtischen Aktivitäten für langweilig halten, glauben sie, daß diese Lebensweise unausweichlich zur Langeweile und zu psychischen Störungen führen muß.

Es gibt jedoch keine überzeugenden Beweise für die Haltbarkeit dieser Voraussagen, und ich bezweifle, daß es sie jemals geben wird, weil die Kritiker sich nicht mit den vorstädtischen Lebensbedingungen auseinandersetzen. Sie fällen vielmehr negative Urteile über die Lebensweise der Arbeiterschicht und der unteren Mittelschicht und meinen damit doch nichts anderes als die Abweichung dieser Schichten von kosmopolitischen Wertvorstellungen. Levittowner, die diese Wertsetzungen nicht teilen, bringen sich aber nicht um die städtischen Vergnügungen dieser zivilisierten Kosmopoliten, da sie sich ihnen auch dann nicht hingaben, als sie in der Stadt wohnten. Folglich meinte auch niemand unter den Levittownern, die sich langweilten, er vermisse gerade das, was die kosmopolitisch Orientierten an der Stadt schätzen. Andererseits zeigte die Entfremdung vom Leben in der Gemeinde, wie sie von Levittownern mit hoher Bildung berichtet wurde, daß diese sich mit den Wertvorstellungen der Kritiker identifizierten. Es stellt sich nach alledem heraus, daß die Kritiker recht haben, wenn sie Angehörige ihrer eigenen Bildungsschichten im Auge haben, daß sie aber im Unrecht sind, wenn sie vorgeben, für die Mehrzahl der Levittowner zu sprechen.

Der Hinweis auf das Dilemma der Vorstadt macht im übrigen auch deutlich, daß die Kritiker auf das Neue reagieren. Vorstädte gibt es rund um die amerikanischen Städte seit etwa einem Jahrhundert, aber die Diskussion darüber datiert erst seit der Nachkriegsentwicklung der Bauindustrie. Auch hier kommen Schichtenunterschiede ins Spiel, denn zuerst war Suburbia – auch der Begriff ist neu – der oberen Mittelschicht reserviert. Die Befürchtungen der Kritiker entstanden erst in dem Augenblick, als Gruppen mit niedrigem Status in der Lage waren, über die Stadtgrenzen hinauszuziehen. Die Kritiker scheinen sich aufs äußerste bedroht zu fühlen durch Gemeinden wie die Levittowns, die eine neue soziale Errungenschaft bedeuten. In anderen Ländern richten sich ähnliche und gleichermaßen ungenaue Kritiken besonders gegen neue Siedlungen. Die Engländer beginnen sich über die Einöde der neuen Städte zu sorgen, und die Japaner über »Danchi byo«, eine Krankheit, deren Entstehung den neuen vorstädtischen Siedlungen zugeschrieben wird, die man »Danchi« nennt[43]. Die Kritiker sind jedoch nicht die einzigen, die sich von dieser neuen Entwicklung bedroht fühlen. Kanadische Journalisten und Regierungsbeamte berichteten haarsträubende Geschichten über soziale Disorganisation und seelische Erkrankungen unter Eskimos, die eine neue Stadt in der Arktis bezogen hatten. Systematische anthropologische Untersuchungen konnten diese Behauptungen jedoch widerlegen[44].

Einige Lösungsvorschläge zum Anpassungsproblem*

Eines der Hauptprobleme ist das Gefühl, ans Haus gebunden zu sein. Eine Lösung bestünde in der Einrichtung von öffentlichen Kindergärten und Tagesheimen. Hohe Kosten und die damit verbundene Möglichkeit, in den Ruf einer Rabenmutter zu geraten, halten viele Frauen davon ab, diesen Weg zu verfolgen. Vielen Frauen wäre schon geholfen, wenn sie gelegentlich eine Möglichkeit zu einem Einkaufsbummel im Stadtzentrum hätten. Die schlechte Erreichbarkeit des Zentrums mit öffentlichen Verkehrsmitteln macht auch diese Lösung zunichte.
Das zweite und schwererwiegende Problem ist die durch Trennung von Verwandten und Eltern entstandene soziale Isolation. Verbesserungen des öffentlichen Verkehrsmittels sowie die Schaffung von Ersatzinstitutionen für die elterliche Generation könnten dieses Problem reduzieren. Ein weiterer Lösungsweg bestünde in der Schaffung eines verstärkten ärztlichen und kirchlichen Beratungsdienstes, was bisher aber an der mangelnden Ausbildung dieser Berufszweige scheiterte. Der Ursprung aller dieser Probleme liegt jedoch in der mangelnden Möglichkeit zur Kontaktaufnahme mit Leuten ihresgleichen. Vielleicht liegt die einzige Lösungsmöglichkeit dieses Problems in negativen oder positiven Selektionsmethoden der Käufer.

* Originalausgabe S. 241–45

[43] Der sogenannte »New town blues« wird von Thomas kritisch untersucht. Details über die Danchis bringt Hoshino.
[44] Siehe Honigmann.

11 Die Auswirkungen der Gemeinde auf ihre Bewohner

Kritiker der Vorstädte führen die unbefriedigenden Merkmale des Lebens außerhalb der eigentlichen Stadtgrenzen auf Verhaltens- und Einstellungsänderungen zurück, die beim Umzug in die Vorstädte entstehen. Daraus folgern sie, daß die Vorstädte entweder ganz beseitigt oder aber völlig umgestaltet werden müssen, wenn die amerikanische Kultur erhalten bleiben soll. Einen ähnlich negativen Einfluß der vorstädtischen Gemeinde auf ihre Bewohner stellen die Stadtplaner fest und schlagen Richtlinien für eine »gut geplante« Gemeinde vor, um wünschenswertere Verhaltensformen zu gewährleisten. Unter Gemeinde versteht der Planer die »physische« Struktur der Gemeinde, das heißt, Architektur, Landschaftsgestaltung, das Transportsystem und die verschiedenen Gemeindeeinrichtungen müssen, wie er sagt, durch einen Entwicklungsplan geändert werden, um damit die soziale Umgebung zu verbessern.

Nachdem bereits mehrere soziologische Studien veröffentlicht worden sind, die das Ausmaß des Wandels, der auf Trend in die Vorstadt zurückzuführen ist, nachdrücklich in Frage stellten[1], habe ich versucht, einen Schritt weiterzugehen: Ich wollte herausfinden, wer sich eigentlich durch den Umzug gewandelt hat und wie. Ich wollte sowohl den Ursachen als auch den Urhebern nachspüren, die in jeder Gemeinde, dieser komplexen Mischung aus physikalischen, ökonomischen, gesellschaftlichen und politischen Komponenten, den Wandel und seine Auswirkungen hervorrufen[2]. Unter Ursachen möglicher Veränderungen verstehe ich solche kausalen Faktoren wie zum Beispiel den Umzug von einer Mietwohnung in ein eigenes Haus oder vom Stadtzentrum zur Vorstadt, aber auch die Gesellschaftsstruktur von Levittown. Nur wenn die wirklichen Ursachen isoliert werden können, ist es möglich, wirksame Richtlinien für die Änderung und Verbesserung der Gemeinde zu formulieren. In diesem Zusammenhang habe ich bereits in der Einführung erwähnt, daß man zwei Arten des Wandels unterscheiden muß, nämlich den beabsichtigten und den unbeabsichtigten. Der beabsichtigte Wandel geht auf die Gründe und Erwartungen zurück, die für den Umzug in die Vorstadt entscheidend waren, unbeabsichtigter Wandel entwickelt sich nach dem vollzogenen Umzug und läßt sich deshalb auf den Einfluß des neuen Wohnortes selbst zurück-

---

[1] Die Hauptuntersuchungen sind die von Mogey (1956), Young und Willmott, Hole, Ktsanes und Reissman, Mogey und Morris, Berger (1960), Willmott (1963), Dobriner (1963) und Clark.
[2] In dieser Untersuchung wird »Gemeinde« im herkömmlichen Sinn definiert, wobei alle physischen und gesellschaftlichen Komponenten einer menschlichen Siedlung eingeschlossen sind.

führen. Beabsichtigter Wandel kann in der Gemeinde verwirklicht werden oder unrealisiert bleiben; aber da sein Ursprung woanders liegt, kann seine Ausschaltung – wenn das gewünscht wird – nur erreicht werden, indem man die Erwartungsstrukturen der Menschen ändert oder bessere Lösungen für existierende Erwartungen schafft. Dem unbeabsichtigten Wandel kann man dagegen durch Eingriffe in die Gemeinde beikommen, sofern ihre Ursachen in der Gemeinde liegen und nicht durch äußere, zum Beispiel volkswirtschaftliche Faktoren oder etwa durch die Auswirkung des Alters der Kinder auf den Familienzusammenhalt, bedingt sind.

Ich muß wiederholen, daß meine Daten auf kleinen Stichproben beruhen und deshalb nicht als statistisch signifikant betrachtet werden können. Trotzdem sind die Ergebnisse verwertbar, weil sie sich häufig in Gesetzmäßigkeiten einordnen lassen. Levittown hat vergleichbare Veränderungen bei vergleichbaren Gruppen hervorgerufen, und diese sind auf eine begrenzte Anzahl von Ursachen zurückzuführen, von denen einige mit der Gemeinde zu tun haben, viele aber nicht.

Veränderungen im Verhalten*

Grundsätzlich muß man zwischen beabsichtigten und unbeabsichtigten Veränderungen unterscheiden. Beabsichtigte Veränderungen waren vor allem Zufriedenheit über den Hausbau, größere Harmonie innerhalb der Familie und vermehrte gesellschaftliche Betätigung, wohingegen bei unbeabsichtigten Veränderungen vermehrte Betätigung in Vereinen genannt wird. Daneben wirkten sich bei Minderheiten in erster Linie das Fehlen von Freunden und die räumliche Trennung von den Verwandten negativ auf die Moral aus; beides erweckte das Gefühl der Einsamkeit und Langeweile. Hauptsorgen waren finanzielle Probleme, die sich aus dem Hausbau ergaben und die oft damit eng verbundenen Eheprobleme. Zwei Drittel aller Veränderungen können der sozialen Struktur der Gemeinde und ein Drittel muß dem neuen Haus zugeschrieben werden.

* Originalausgabe S. 253–264

Spezifische Verhaltensänderungen

Der Einfluß Levittowns auf seine Bevölkerung und die Ursachen dieses Einflusses lassen sich am besten durch die Darstellung bestimmter Verhaltensänderungen und ihrer Ursachen beschreiben. Einige der in vorherigen Kapiteln berichteten Daten (über individuelle Anpassung, Familienleben und Besuche) werden nochmals kurz analysiert, um die Ursachen zu identifizieren, welche die bereits berichteten Änderungen mit sich gebracht haben (Sämtliche Daten, die alten und die neuen Daten, sind in Tabelle 6 zusammengefaßt).

Tabelle 6
Veränderungen im Verhalten und in der Einstellung der Levittowner[a]

	Angaben in Prozenten								
	Zufallsstichprobe						Philadelphia-Stichprobe		
	1. Interview			2. Interview					
	+	—	=	+	—	=	+	—	=
allgemeines Lebensgefühl*	46	5	49	36	6	58	22	31	47
Gesundheit*	n. b.			18	18	64	9	17	74
Langeweile	n. b.			16	51	33	27	22	51
Langeweile bei denen, die sich vorher gelangweilt hatten	4	38	58	10	70	20	20	52	28
Langeweile, nach 6 Monaten in Levittown	n. b.			5	57	38	8	77	15
Einsamkeit	n. b.			30	35	35	43	22	35
Einsamkeit bei denen, die vorher einsam waren	n. b.			23	70	7	0	100	0
Einsamkeit, nach 6 Monaten in Levittown	n. b.			7	93	0	0	100	0
Probleme, in Levittown aufgetauchte**	n. b.			81	19	0	71	29	0
Probleme, die man mitgebracht hatte[b]	n. b.			39	7	n. b.	34	17	n. b.
schwerer Kummer, in Levittown aufgetaucht**	n. b.			n. b.			63	37	0
schwerer Kummer, den man mitgebracht hatte[c]	n. b.			n. b.			37	n.b.	n.b.
Schulleistungen der Kinder*	n. b.			24	21	55	27	17	56
Zeit der Eltern für ihre Kinder	38	3	59	n. b.			n. b.		
Die Frauen: Zeit der Väter für ihre Kinder	52	11	37	n. b.			n. b.		
Die Männer: Zeit für ihre Frauen	43	6	51	n. b.			n. b.		
Die Frauen: Zeit für ihre Männer	37	13	50	n. b.			n. b.		
Familienaktivität: Eltern und Kinder	43	2	55	45	10	45	n. b.		
Familienaktivität, nach 6 Monaten in Levittown	n. b.			40	3	57	n. b.		
gemeinsame Aktivität der Ehepartner	n. b.			n. b.			40	20	40
allgemeines Eheglück*	29	3	68	23	3	74	20	11	69
Familienbesuch in Philadelphia	n. b.			n. b.			15	68	17
Nachbarbesuche	52	24	24	54	16	30	48	19	33
Nachbarbesuche nach 6 Monaten in Levittown	n. b.			30	23	47	n. b.		
Ehepaarbesuche	39	19	44	44	21	3	39	22	39
Ehepaarbesuche nach 6 Monaten in Levittown	n. b.			43	23	34	n. b.		

	Angaben in Prozenten Zufallsstichprobe						Philadelphia-Stichprobe		
	1. Interview			2. Interview					
	+	—	=	+	—	=	+	—	=
Besuche bei Leuten gleicher ethnischer und religiöser Herkunft	n. b.			n. b.			19	30	51
Aktivität in Vereinen und Verbänden	n. b.			53	7	40	44	11	45
Kirchenbesuch	n. b.			33	9	58	29	15	56
Bevorzugung einer politischen Partei***	n. b.			n. b.			19	0	81
Freizeit	n. b.			35	56	9	n. b.		
Aktivität in der Freizeit***	n. b.			71	0	29	n. b.		
Bevorzugung im Stil der Einrichtung***	n. b.			30	0	70	25	0	75
Länge des Weges zur Arbeitsstelle****	42	45	13	n. b.			25	30	45

   * Lies: besser – schlechter – gleich
  ** Lies: ja – nein
 *** Lies: Veränderung – keine Veränderung
**** Lies: länger – kürzer – gleich
n. b.: nicht befragt

a) Der Satz für Leute, die bei der Zufallsstichprobe antworteten, liegt gewöhnlich bei 44 %, für die Philadelphia-Stichprobe bei 55 %. Bei der Zufallsstichprobe war die Gesamtzahl der befragten Frauen nur 26, bei der Philadelphia-Stichprobe 37.
b) Diese Zahlen betreffen nur Verbesserung und Verschlechterung. Ein Mangel an Veränderungen wurde nicht untersucht.
c) Diese Zahlen betreffen nur Verbesserungen.

Teilnahme am religiösen Leben

Obwohl die Vorstadt angeblich eine religiöse Wiederbelebung mit sich gebracht hat, berichteten nur ein Drittel der Bewohner Levittowns über verstärkten Kirchen- oder Synagogenbesuch nach dem Umzug, während beinahe 60 % sagten, daß keine Veränderung stattgefunden habe[3]. Wenn die Vorstadt für die Zunahme verantwortlich gewesen wäre, hätte man vermuten können, daß besonders die ehemaligen Großstädter über einen verstärkten Kirchenbesuch berichtet hätten. Aus Tabelle 6 geht jedoch hervor, daß verstärkter Kirchenbesuch in beiden Stichproben ungefähr gleich groß war und daß die aus Philadelphia zugezogenen Bewohner Levittowns tatsächlich im Vergleich zur Gesamtstichprobe eine Abnahme

---

[3] In einem neuen Vorort der Arbeiterklasse berichteten 27 %, daß sie öfter zur Kirche gehen, 24 %, daß sie weniger Kirchenbesuche machen. Berger (1960) S. 45.

des Kirchenbesuchs zu verzeichnen hatten. Obwohl dies bedeuten könnte, daß beim Umzug in die Vorstädte die Religiosität abnimmt, ist dieser Vorgang tatsächlich ein Ergebnis gelockerter Beziehungen zum Elternhaus. So berichteten diejenigen, die mit Eltern oder Schwiegereltern in Philadelphia zusammen gelebt hatten, wesentlich häufiger von einer Abnahme als die ehemaligen Bewohner von Philadelphia ohne nahe Verwandtschaft in der Stadt[4].
Wenn die Vorstadt die Ursache dieses Wandels wäre, müßte dies für alle Religionsgemeinschaften gleichermaßen zutreffen. Aber in beiden Stichproben waren es die Juden, die den stärksten Zuwachs des Besuchs verzeichneten, während die Katholiken den geringsten Zuwachs meldeten. In der Zufallsstichprobe gingen 14 % der Katholiken und alle Juden häufiger, aber in beiden Gruppen niemand seltener zum Gottesdienst. Demgegenüber gingen 29 % der Protestanten häufiger und 17 % seltener[5]. Daß sich beim katholischen Bevölkerungsteil relativ wenig veränderte, liegt am strengen Kodex dieser Kirche, die den regelmäßigen Messebesuch den Gläubigen zur Pflicht macht. Bei den anderen Gruppen spiegeln Veränderungen der religiösen Praxis den Einfluß der Bedingungen Levittowns wider, besonders in bezug auf den Grad an kirchlicher Organisation. Bei den Juden war nicht so sehr die Religion ausschlaggebend als vielmehr die ethnische Eigenart, und Frauen, die sich innerhalb dieser Minorität aktiver beteiligten, waren entsprechend auch religiös aktiver als Männer[6]. Andererseits waren die katholischen Männer in ihrer Kirche aktiver als die Frauen. Ihre Teilnahme an der Messe erhöhte sich stärker als die der Frauen. Die bereits erwähnte besondere Situation der gemischten Ehen zeigte sich auch in diesem Punkt. Die Ehepartner berichteten die geringste Zunahme und die größte Abnahme des Kirchenbesuchs[7].
Die Begründungen, die Juden und Protestanten für den verstärkten Gottesdienstbesuch angaben, lassen deutlich die Rolle erkennen, die der Ort dabei gespielt hat.

[4] 33 % von ihnen gingen nun seltener zur Kirche und nur 7 % häufiger. Unter den früheren Bewohnern gingen auf der anderen Seite 41 % mehr und nur 4 % weniger zur Kirche. Ein Grund für den geringeren Kirchgang ist der Verlust der Eltern als Babysitter. Die andere Gruppe, die ihren Kirchgang am stärksten verringerte, bildeten die Angehörigen der höheren Berufe. 29 % berichteten, daß sie weniger hingingen, verglichen mit 9 % der Schreibtischarbeiter und 14 % der Handarbeiter.
[5] Unter den Katholiken in der Philadelphia-Umfrage gingen 14 % öfter zur Kirche, 10 % seltener, unter den Protestanten 42 % mehr, 8 % weniger, unter den Juden 67 % mehr, 17 % weniger. In dem von Berger untersuchten Vorort waren die kirchentreuen Baptisten die einzige Gruppe, die nach dem Umzug bedeutend öfter zur Kirche ging. Berger (1960) S. 48.
[6] Trotzdem nahmen nur 8 % der Mitglieder der jüdischen Gemeinde regelmäßig am Gottesdienst teil.
[7] Die aufs Geratewohl als Beispiel herausgegriffene Mischehenauswahl berichtete von einer Steigerung um 13 %, die Philadelphia-Umfrage zeigte kein Anwachsen, sondern einen Schwund von 30 %.

Bei Juden wurden die Suche nach Freunden, die Notwendigkeit, die Kinder jüdisch zu erziehen, und der Wunsch der Erwachsenen, Teil einer eigenen jüdischen Gemeinde zu sein, gleich oft erwähnt. Ein jüdischer Bürger faßte es folgendermaßen zusammen: »Wenn man ehrlich sein will, muß man zugeben, daß es zum Teil eine gesellschaftliche Angelegenheit ist. Es ist eine moralische Verantwortung, eine gute Synagoge zu errichten und eine Sonntagsschule für die Kinder zu haben. Aber es geht auch um gemeinsame Aktivitäten und Geschäftsabschlüsse.« Besonders für die ehemaligen Großstädter war es am wichtigsten »dazuzugehören«. Jemand drückte das so aus: »In New York waren es nur die besonders Alten und die besonders Frommen, die aktiv am Gemeindeleben beteiligt waren. In Levittown finden sich alle zusammen und finden ihre jüdische Eigenart wieder.« Während sich die meisten Juden zu irgendeinem Zeitpunkt einer Synagoge angeschlossen hätten, um ihre Kinder zu erziehen, beschleunigte das Leben der Juden unter Nichtjuden diesen Prozeß und erzeugte damit eine unbeabsichtigte Auswirkung des Umzuges nach Levittown. Daß das ethnische Zusammengehörigkeitsgefühl und nicht so sehr die Religiosität die entscheidende Triebfeder ist, geht auch daraus hervor, daß kein Jude, der mit einem christlichen Partner verheiratet war, verstärkten Synagogenbesuch angab.

Die Protestanten betonten noch mehr, daß es »zum Wohle der Kinder« sei und daß die Kirche ein Mittel sei, »um am Leben der Gemeinschaft teilzunehmen«. Sie sehen die Kirchengemeinde nicht so sehr als eine Gruppe religiös Gleichgesinnter, sondern als eine Stelle, um sich »niederzulassen«. Einer erklärte: »Wir nehmen aktiv am Leben in der Gemeinde teil; deshalb sollen wir auch in der Kirche aktiv sein«. Ein früherer Mieter erklärte die Tatsache, daß er vor seinem Umzug nach Levittown nicht zur Kirche ging, folgendermaßen: »Eine Mietwohnung ist für den Kirchgang nicht sehr förderlich. Man lebt viel zurückgezogener und unternimmt auch nicht so viel.« Tatsächlich erhöhten in beiden Stichproben die Protestanten, die vorher Wohnungen gemietet hatten, ihren Kirchenbesuch mehr als ehemalige Einfamilienhausbesitzer oder Reihenhausbewohner und die ehemaligen Stadtbewohner mehr als die Leute, die zuvor bereits in Vorstädten gewohnt hatten[8]. Bei den Protestanten aus Philadelphia – aber nur unter ihnen – fiel verstärkte kirchliche Aktivität mit häufigerem Besuch von Bekannten und Freunden zusammen, was den Schluß nahelegt, daß die Kirche ihnen half, sich in das gesellschaftliche Leben zu integrieren, und umgekehrt[9]. Ausschließlich gesellschaftliche

---

[8] Bei der Philadelphia-Auswahl gingen zwei Drittel der protestantischen früheren Etagenwohnungsinhaber häufiger zur Kirche im Vergleich zu einem Drittel derjenigen, die aus Reihenhäusern und freistehenden Häusern kamen. Für die Zufallsauswahl waren die Prozentsätze 54 % und 14 %.

[9] 40 % derer, die öfter zur Kirche gingen, berichteten auch, daß sie mehr Ehepaare besuchten. Aber keiner von denen, die weniger oder genauso viel wie früher gingen,

Motive waren allerdings für den Kirchenbesuch selten. Nur 20 % der Protestanten schlossen ihre Freundschaften in der Kirche, verglichen mit 42 % bei den Juden [10]. Meine Vermutung ist, daß Protestanten, die sich selbst als Teil der Ortsbevölkerung fühlten, sowohl religiös als auch gesellschaftlich aktiver waren, während die Außenstehenden auch sonst geringere Aktivität zeigten.

Für diese Protestanten und beinahe für alle Juden brachte der Umzug in die Vorstadt eine größere Beteiligung am religiösen Leben mit sich, die aber für jede der beiden Gruppen verschiedene Bedeutungen und Ursachen hatte. Beide beteiligten sich teilweise im Interesse ihrer Kinder und aus gesellschaftlichen Motiven. Während aber die Protestanten durch ihren neuen Status als Hauseigentümer zu diesem Verhalten veranlaßt wurden, erhöhte sich bei den Juden das Bedürfnis nach ethnischer Integration wegen der Bevölkerungsmischung. Jedoch gab es weder bei den Protestanten noch bei den Juden Anzeichen einer religiösen Wiederbelebung. Es geht auch niemand von ihnen häufiger aus gesellschaftlichen als aus religiösen Gründen zur Kirche, seit sie in die Vorstadt umgezogen sind. Trotzdem bezweifle ich, daß sie in der Stadt und in einer legendären Vergangenheit so religiös eingestellt waren, wie es gelegentlich behauptet wird.

Änderungen der Zugehörigkeit zu politischen Parteien

Vorstädte stehen in dem Ruf, Demokraten in Republikaner zu verwandeln. In Levittown jedoch wechselte nur ein Fünftel der Bevölkerung die Partei, viele, indem sie nicht mehr demokratisch, sondern unabhängig, d. h. keine Partei wählten, sondern einen Kandidaten. Bei dem aus Philadelphia zugezogenen Bevölkerungsteil wählten 21 % der ehemaligen Demokraten, 10 % der ehemaligen Republikaner und 22 % der ehemals Unabhängigen nach dem Umzug nach Levittown eine andere Partei[11]. Es handelte sich bei den »Überläufern« in den meisten Fällen um Menschen mit höherem Status und um Angehörige aller Religionsgemeinschaften.

änderte seine Besuche. Für die nachbarschaftlichen Beziehungen waren die Prozentsätze je 60 und 26 %. Unter den in der Zufallsauswahl erfaßten Protestanten waren die Unterschiede unbedeutend. Leider können die Daten nicht die hauptsächliche Ursache dafür darstellen.

[10] Katholiken schlossen in der Kirche nicht ein einziges Mal Freundschaft.

[11] Die Zufallsauswahl wurde nach Verschiebungen in der Parteitreue zwischen der ersten und zweiten Wahl in Levittown gefragt, als ein liebenswürdiger republikanischer Amateur einen altgedienten demokratischen Berufspolitiker schlug. 16 % hatten die Partei geweehselt, 10 % der vormaligen Republikaner, aber ganze 44 % der vormaligen Demokraten. Es gab keine Milieuunterschiede zwischen denjenigen, die übergewechselt hatten, und den treuen Wählern. Viele Wechsel waren wahrscheinlich zeitweilig, denn die Republikaner verloren entscheidend bei den nächsten Wahlen.

In den unteren Schichten hielt man ausschließlich an der angestammten Partei fest. Die irischen Katholiken, die sich im ganzen Land in einem Stadium politischen Übergangs befinden, wechselten jedoch die Partei zweimal so häufig wie jede andere ethnische Gruppe. Vier der sechs ehemaligen Demokraten wurden Unabhängige, und zwei wechselten zu den Republikanern. Zwei der ehemals Unabhängigen und ein Republikaner wählten jetzt demokratisch. Sicher sind diese Zahlen sehr gering, trotzdem deuten sie keinen Trend zur republikanischen Partei an[12]. Was sie vielmehr besagen, ist, daß Schichtenzugehörigkeit der entscheidende Faktor ist und nicht die Zugehörigkeit zu einer Partei. Drei Iren, die zur Mittelschicht gehörten, gaben an, daß sie nicht mehr die demokratische Partei wählten, sondern den »besten« Kandidaten, während die Frau eines protestantischen Arbeiters, die traditionell republikanisch gewählt hatte, jetzt die Demokraten wählte, weil sie sich diesen »näher fühlte«. Insofern, als der Umzug selbst ein Ausdruck des Willens zum sozialen Aufstieg war, ist der Wechsel im Wahlverhalten eher eine Begleiterscheinung als eine Auswirkung des Umzugs. Er entspricht also mehr einem beabsichtigten als einem unbeabsichtigten Wandel. Wenn Levittown einen Einfluß hatte, so war es der, den Leuten aus Philadelphia, einer ausgesprochenen Ein-Parteien-Stadt, ein größeres Angebot an Parteien zu bieten und seinen Bewohnern die Gelegenheit zu geben, sich als Unabhängige von Parteibindungen zu befreien. Die weitere Entwicklung wird jedoch zeigen, ob diese Erscheinung eine Auswirkung der Vorstadt selbst ist oder nur eine Auswirkung des kurzen Bestehens einer Gemeinde, d. h. ein Ausdruck des Wunsches, die Entscheidung bis zur Stabilisierung der Parteien zurückzustellen.

Trotz ihres neuen Status als steuerzahlende Hauseigentümer und trotz der besseren Möglichkeiten, die Parteikandidaten kennenzulernen, war die Wahlbeteiligung in Levittown bei den ehemaligen Bewohnern Philadelphias nach dem Umzug nicht größer. Tatsächlich gaben nur 2 % an, in Philadelphia nicht gewählt zu haben; in Levittown waren es 5 %. An den beiden Wahlen in Levittown, über welche die Befragung berichtete, hatten sich 90 % der eingetragenen Wähler beteiligt; bei den folgenden Wahlen sank die Wahlbeteiligung dagegen auf 71, 63 und 77 %. Es erscheint hiernach zweifelhaft, daß der Umzug in die Vorstädte gleichzeitig das Interesse an den Wahlen gesteigert habe. Als ich 1960, einen Tag nach den Wahlen, eine telefonische Umfrage durchführte, hatten sehr viele bereits den Namen des Kandidaten vergessen, den sie gewählt hatten, obwohl – oder vielleicht gerade weil – er Smith hieß. Einzelne Bürger entwickelten allerdings in Levittown zum erstenmal politisches Interesse und wurden auch aktiv, weil die Gemeinde

---

[12] Ähnliche Parteitreue wird für Levittown, New York, von Wattel, S. 299, berichtet. In anderen Orten von Berger (1960), S. 3, Lazerwitz und Wallace; ebenso in einer neuen englischen Stadt von Willmott (1963), S. 105. Vgl. auch Banfield und Wilson, S. 16–17.

wegen ihrer geringen Größe den unmittelbaren Kontakt zu den Politikern ermöglichte[13].

Freizeit, Freizeitbeschäftigungen und Konsumverhalten

Trotz der Behauptung der Kritiker, daß das Leben in der Vorstadt die Menschen ihrer Freizeit beraube, mit der 56 % der Befragten der Zufallsstichprobe in Levittown übereinstimmten, gaben 35 % an, jetzt über mehr Zeit zu verfügen. Keine Veränderung gaben nur 9 % an (weniger als bei allen übrigen Punkten der Befragung). Frauen hatten jetzt geringfügig weniger Freizeit als Männer, kinderlose Ehepaare berichteten keine Veränderung, und diejenigen mit ein oder zwei Kindern gaben ebenfalls einen Freizeitverlust an. 83 % der Familien mit vier oder mehr Kindern gaben jedoch einen Freizeitzuwachs an, so daß der Elternstatus und das Alter der Kinder als wichtigere Faktoren für Änderungen in der Verfügung über die Zeit betrachtet werden können als alle anderen Aspekte[14]. Die Frauen jedenfalls betrachten dies als die Hauptursache. Eltern von schulpflichtigen Kindern hatten mehr Freizeit, aber diejenigen, deren Kleinkinder ihr »aktives« Alter erreichten, hatten weniger. Die meisten der ehemaligen Mieter berichteten von weniger Freizeit, aber es gab keinen Unterschied zwischen ehemaligen Stadt- und Vorstadtbewohnern. Dies weist darauf hin, daß nicht die Gemeinde, sondern die Tatsache, Hausbesitzer zu sein, für die Änderung verantwortlich war. Das neue Haus war auch für die Frauen der zweitwichtigste Grund für eine Änderung der Freizeit. Einige kostete es weniger Zeit, ebenso viele aber mehr. Die Länge des Arbeitsweges der Männer verkürzte deren Freizeit nicht, aber je weiter der Arbeitsweg ihrer Männer war, um so mehr Frauen berichteten über weniger Freizeit. Für die Männer wirkte sich Berufswechsel stärker auf die Freizeitverfügung aus; eine neue Tätigkeit konnte mehr oder weniger Zeit in Anspruch nehmen.

Die Arten der Freizeitbeschäftigung änderten sich beinahe genauso häufig wie die verfügbare Zeit selbst (bei 71 % der Antwortenden). 42 % der Frauen nahmen öfter an Geselligkeiten und Spielen teil, besonders beim Kartenspielen. 21 % widmeten sich intensiver der Arbeit in Haus und Garten, und 16 % nahmen an der

---

[13] In einer neuen Vorortsbevölkerung der Arbeiterklasse sagten 29 %, daß ihr Interesse an der Politik stieg, als sie Hauseigentümer wurden. Berger (1960), S. 36.

[14] 59 % der Frauen und 50 % der Männer berichteten, daß sie weniger Freizeit hätten. 4 % und 17 % berichteten, daß keine Änderung eingetreten sei. Die Befragten wurden auch gebeten, die Frage für ihre Ehegatten zu beantworten. Während die Frauen die Veränderungen in der Freizeit ihres Mannes richtig beurteilten, überschätzten die Männer den Schwund und unterschätzten das Anwachsen an Freizeit, die von den Frauen berichtet wurde. Augenscheinlich glaubten sie, daß Levittown die Frauen mehr Kraft koste, als das wirklich der Fall war.

Arbeit in Vereinen und Verbänden teil. 70 % der Männer begannen, im Haus und im Garten zu arbeiten. Die übrigen Veränderungen fallen zahlenmäßig nicht ins Gewicht. Erwartungsgemäß erwähnte ein sehr hoher Prozentsatz (83 %) derjenigen mit mehr Freizeit auch Veränderungen in der Art ihrer Freizeitbeschäftigung. Daß allerdings auch 68 % derjenigen mit weniger Freizeit von Veränderungen sprachen, macht deutlich, daß der reine Zeitfaktor keine so erhebliche Rolle spielt. Einige Frauen richteten jetzt ihre Hausarbeit besser ein, zum Teil auch, weil sie ein größeres Angebot an sozialen Möglichkeiten vorfanden, das sie in stärkerem Maße anregte, ihre tägliche Routinearbeit so zu ändern, daß Zeit für andere Tätigkeiten übrigblieb. Für die meisten Menschen wurden jedoch neue Beschäftigungen durch den Umzug entweder erforderlich, oder sie wurden ihnen erleichtert. Ihre Bedeutung für die Freizeit war eher eine Frage der persönlichen Einstellung, wobei diejenigen, welche eine neue Tätigkeit nicht schätzten, der Meinung waren, daß damit ihre Freizeit beschnitten würde.
Die Pflege des Gartens erwies sich als Verpflichtung, und diese Arbeit mußte während der Freizeit verrichtet werden. Ob Gartenarbeit die Menschen um freie Stunden bringt, hängt davon ab, wie sie es auffassen. Ein Mann sagte etwas betrübt: »Das Haus verdrängt Fischen, Bootsfahrten und Jagen. Ich habe mein Boot verkauft.« Aber ein anderer meinte: »Alles dreht sich jetzt um den Rasen. Ich lese nicht mehr soviel; ich habe keine Zeit dafür. Aber das stört mich nicht. Ich bin hier ausgefüllt, habe mehr Ehrgeiz und bin aktiver in Haus und Garten.« Es überwog jedoch die Meinung, daß Gartenarbeit Freizeitverlust bedeute, denn 77 % derjenigen, die Haus- und Gartenarbeit als wichtigste Freizeitbeschäftigung bezeichneten, sagten auch, daß sie weniger Zeit zu ihrer eigenen Verfügung hätten. Andere Veränderungen in der Freizeitbeschäftigung, z. B. häufigere Besuche, verringerten die Freizeit nicht[15]. Zum Beispiel hatten 40 % der Bewohner, und zwar sowohl der Männer (welche die meiste Gartenarbeit verrichteten) als auch der Frauen, die Zeit, im ersten Jahr zusätzliche Illustrierte zu lesen. Neue Illustrierte wurden vor allem von solchen abonniert, die weniger Besuche machten, nicht aber von denjenigen, welche sich in Levittown mehr langweilten als zuvor. Diese Leute hatten dann aber normalerweise nur eine geringe Schulbildung und lasen sowieso nicht viel. Außerdem berichteten die unteren Bevölkerungsschichten vom geringsten Wandel in ihrer Freizeitbeschäftigung, aber auch die einschneidendsten Freizeitverluste, was vermuten läßt, daß sie die Gartenarbeit in größerem Maße als Pflicht auffaßten als Angehörige anderer Schichten.
Verfügbare Freizeit und Freizeitgestaltung wandelten sich durch den Umzug von

---

[15] Von denen, die Änderungen in der Beschäftigung berichteten, haben 41 % auch mehr Freizeit und 53 % weniger; unter denen, die keine Veränderungen angaben, haben nur 23 % jetzt mehr Freizeit, und 62 % haben weniger.

der Stadt in die Vorstadt beträchtlich, 93 % der ehemaligen Stadtbewohner gaben Veränderungen in beidem an[16]. Obwohl ehemalige Mieter eine größere Veränderung angaben als ehemalige Hausbesitzer, scheint der Wechsel von der Stadt in die Vorstadt der entscheidende Faktor zu sein. Ehemalige Städter berichteten nämlich, unabhängig vom Typ der Wohnung bzw. des Hauses, von größeren Veränderungen in ihrem Freizeitverhalten als ehemalige Vorstadtbewohner[17]. (Wenn die Gartenarbeit die einzige Neuheit gewesen wäre, hätte der Wechsel in der Art des Hauses eine wichtigere Ursache der Änderung bedeutet. Ehemalige Stadtbewohner stellten aber außerdem auch ein intensiveres Gemeinschaftsleben und größere Aktivitäten in Organisationen fest, die mit der Art der Siedlung zusammenhängen.) Jedenfalls wurden ihre Freizeitbeschäftigungen durch den Umzug geändert, obwohl einiges an Veränderungen wohl wieder aufgegeben werden dürfte, wenn der Reiz des Neuen beim eigenen Haus und in der Gemeinde vorüber ist. Da die Gartenarbeit und neue Bekanntschaften zu den Erwartungen zählten, die man vor dem Umzug hatte, waren diese neuen Aktivitäten für viele eine beabsichtigte Veränderung.

Wenn die Kritiker der Vorstadt recht haben, bedeuten mehr Freizeit und mehr Freizeitaktivitäten auch zugleich mehr Langeweile. Es wäre demnach zu erwarten gewesen, daß diejenigen Bewohner Levittowns, die sich gelangweilt fühlten, sich mehr als andere um eine Veränderung ihrer Freizeitgestaltung bemühten, um ihre Langeweile loszuwerden. Keine dieser Vorhersagen traf für Levittown zu, denn der Anteil derjenigen, die angaben, zumindest einmal im Monat Langeweile zu verspüren, war bei denen mit mehr Freizeit ebenso groß wie bei denen mit weniger Freizeit, nämlich jeweils 20 %. Keiner der Bewohner Levittowns mit mehr Freizeit ist jedoch gelangweilter als vor dem Umzug[18]. Genausowenig steht die Langeweile mit Änderungen der Freizeitgestaltung im Zusammenhang. Drei Viertel derjenigen, die Langeweile verspürten, nahmen neue Freizeitbeschäftigungen auf; das taten aber auch zwei Drittel von denjenigen, die sich nicht langweilten. Weder der Wechsel an verfügbarer Freizeit noch der Wechsel in der Art der Freizeitbeschäftigungen schienen irgendeinen Einfluß auf die Langeweile zu haben.

---

[16] Für die Zufallsauswahl im ganzen ist Levittowns Einfluß auf die Freizeit geringer, wobei 64 % der angegebenen Gründe sich nicht auf das Haus beziehen, 20 % sich darauf beziehen und 16 % sich auf die Gemeinde beziehen. Für die Veränderung in der Beschäftigung sind jedoch nur 7 % ohne Bezug. 50 % beziehen sich auf das Haus und 43 % auf die Gemeinde.

[17] Was die Zeitveränderung angeht, so ist der Einfluß des Umzugs in die Vororte und in ein Haus der gleiche für frühere Stadtbewohner, obwohl frühere Bewohner eines Einfamilienhauses naturgemäß weniger Zeitveränderung als irgend jemand sonst berichteten.

[18] Unter diesen, die mehr Freizeit haben, langweilen 37 % sich jetzt weniger als in ihrem früheren Wohnort. Unter denen mit weniger Freizeit langweilen sich 12 % mehr und 56 % weniger.

Veränderungen in der Art der Freizeitgestaltung waren minimal, denn wie bereits früher erwähnt, standen Partys und ähnliche Veranstaltungen in Levittown nicht hoch im Kurs. Nach meinen Beobachtungen stimmt es nicht, daß in den Vorstädten der Alkoholkonsum steigt und daß man statt Bier vorwiegend stärkere Getränke nimmt[19]. Seltener geworden ist für die meisten Familien der Sonntagsnachmittagsausflug ins Grüne oder an den Strand, denn der eigene Garten oder die privaten Schwimmbecken in der Nachbarschaft stellten ausreichenden Ersatz dar, zumal in unmittelbarer Reichweite. Einige Familien besichtigten auch die neuen Wohnbezirke in der näheren Umgebung. Abgesehen von den Kindern wurde der Kinobesuch ein seltenes Ereignis, obwohl es schließlich zwei Filmtheater gab. Das Fernsehen wurde ein bequemerer und billigerer Ersatz. Vermutlich ging man aber öfter, vor allem an Wochenenden, abends aus zum Essen. Solch ein Besuch im Restaurant fand gelegentlich zu mehreren Paaren statt, häufiger aber war es eine Familienangelegenheit, um den Kindern etwas Besonderes zu bieten und die Hausfrau vom Kochen zu befreien. Wie andere Vorstadtbewohner bauten sich die Levittowner nach kurzer Zeit die Hinterhöfe aus und begannen, am offenen Grill die Mahlzeiten zuzubereiten, häufig im Rahmen der Familie und gelegentlich für Freunde.

30 % der Frauen in der Zufallsstichprobe und 25 % in der Philadelphia-Stichprobe bejahten die Frage, ob sich durch den Umzug nach Levittown ihr Einrichtungsgeschmack gewandelt habe. 54 % waren von modernen zu traditionellen Stilrichtungen übergewechselt und 15 % von traditionellen zu modernen. Die übrigen hatten nur neue Möbel im alten Einrichtungsstil gekauft[20]. Die nachempfundene Kolonialstilfassade des Levitt-Hauses war die Hauptanregung gewesen. So wählten 70 % derjenigen, die zu traditionellen Möbeln übergegangen waren, den frühen amerikanischen Stil. Eine Frau äußerte: »Wenn das Haus orientalisch ausgesehen hätte, hätten wir Bambusmöbel gekauft.« Andere verwiesen auf ihre eigenen ästhetischen Neigungen oder auf den größeren Komfort der traditionellen Möbel, und einige begründeten ihre Entscheidung damit, älter und reifer in ihrem Geschmack geworden zu sein. »Als wir jung waren, mochten wir das Moderne lieber«, war eine Erklärung. Eine Beziehung zwischen Stilwechsel einerseits und Einkommen, Schichtenzugehörigkeit und selbst Alter andererseits war nicht fest-

---

[19] In einer kalifornischen Arbeitervorstadt berichteten 29 %, sie tränken weniger, und 4 %, mehr. Aber sonst gab es wenig Veränderung in der Art, wie sie ihre Mußestunden verbrachten. Berger (1960), S. 79.
[20] Die Prozentsätze wurden aus beiden Beispielen zusammen genommen, um eine ausreichende Anzahl an Antworten zu erreichen. Die Stile wurden von den Befragten benannt, und »modern« bezieht sich auf das, was die berufsmäßigen Planer »modern« oder »hollywoodmodern« nennen. Die Vorstellung des Planers vom Modernen wurde von einigen Befragten als »dänisch modern« bezeichnet.

zustellen. Familien, die aus der Großstadt nach Levittown gekommen waren, wechselten den Einrichtungsstil häufiger. Aber ehemalige Mieter, bei denen man beim Umzug am ehesten den Kauf neuer Möbel erwartet hätte, wechselten nur in der Zufallsstichprobe häufiger als ehemalige Hausbesitzer. Diejenigen, die einen neuen Einrichtungsstil wählten, schienen zumeist unzufrieden mit ihrem Leben vor dem Umzug gewesen zu sein, denn solche, die sich in ihrer ehemaligen Wohnung gelangweilt hatten, und andere, die vor ihrer Ankunft in Levittown eine Änderung ihres Lebensstils beabsichtigt hatten, richteten sich eher in einem neuen Stil ein. Langeweile in Levittown korrelierte allerdings nicht mit Stilwechsel, obwohl diejenigen mit einer positiveren Einstellung zum Leben häufiger den Einrichtungsstil wechselten als Unglückliche. Offensichtlich war der Wunsch nach einer Änderung dem Umzug nach Levittown vorausgegangen, obwohl die tatsächliche Änderung erst nach dem Umzug stattfand, wobei die Anregung zu einem neuen Stil häufig von Nachbarn kam, indem die Leute bei Besuchen Gefallen an den Stilen fanden, die sie dort sahen[21].

Ohne eine genaue Verteilung der Einrichtungsstile in der Gemeinde ist es kaum möglich, die Ursachen für Stiländerungen festzustellen, d. h. zu erkennen, ob sie auf Levitts Häuser, auf die Nachbarn oder auf persönlichen Geschmack zurückzuführen sind[22]. Zweifellos ließ der Kolonialstil des Hauses Möbel im frühen amerikanischen Stil für diejenigen als die geeignetsten erscheinen, die bereits einen Stilwechsel erwogen. Andererseits hatte Levitt selbst den Kolonialstil übernommen, als er sein Levittown in Pennsylvania fertigstellte, und sowohl er selbst als auch seine Kunden folgten damit wahrscheinlich einer im ganzen Land spürbaren Tendenz, die nichts mit dem neuen Levittown zu tun hatte. Da der moderne Stil mit Jugend und der traditionelle Stil mit Reife und dauerhafter Ortsansässigkeit in Verbindung gebracht wird, könnte die Bevorzugung des Kolonialstils auch ein Ausdruck des Wunsches sein, sich endgültig niederzulassen, im Sinne einer Rückkehr zu traditionellen Werten. Daß einige der Stile des 18. und 19. Jahrhunderts nicht berücksichtigt wurden, ist wahrscheinlich auf das hohe Sozialprestige des Kolonialstils zurückzuführen und auf dessen ländliche und kleinstädtische Symbolik. Diese Assoziationen dürfen jedoch nicht überbewertet werden, da die Mehrzahl der Bewohner Levittowns mit den aus ihrem vormaligen Wohnsitz mitgebrachten Möbeln zufrieden war.

---

[21] Einige Leute bezogen ihre Anregungen von Levitts Modellhäusern. Da diese aber in einer großen Anzahl von Stilen möbliert waren, gab ihnen der Erbauer nicht einen einzigen Anhaltspunkt zur Einrichtung ihrer Häuser.
[22] Eine Untersuchung von Levittown, New York, stellt den individuellen Geschmack als den hauptsächlich entscheidenden Faktor dar. Wattel, S. 297.

Einstellung zu Vorstädten und Städten

Die Einstellung der Bewohner Levittowns zum Leben in der Großstadt und in der Vorstadt wandelte sich während ihres Aufenthalts. In der Zufallsstichprobe fragte ich zu verschiedenen Zeiten in zwei Interviews, wie es den Leuten in Levittown gefalle. Der Mehrheit gefiel es in beiden Fällen »sehr gut«. Niemandem gefiel es überhaupt nicht, und nur einige wenige schwankten in ihrem Urteil[23]. Immerhin hatte ein Drittel seine Meinung zwischen den beiden Interviews geändert: 11 % der Befragten gefiel es inzwischen besser, 23 % weniger gut. Die Hauptklagen, die jeweils von einem Viertel geäußert wurden, betrafen Steuererhöhungen, unzureichende öffentliche Verkehrsmittel innerhalb der Gemeinde und zur Stadt sowie die Grundstücksgröße oder die fehlenden Zäune. Die zuletzt genannten Klagen drückten den Wunsch einiger aus, vor unliebsamen Nachbarn geschützt zu sein, oder sie zielten auf größere Grundstücke und den damit verbundenen höheren Status ab[24].
Einstellungsänderungen während eines längeren Zeitraums spiegeln sich in zukünftigen Umzugsplänen wider. Nach zwei bis drei Wohnjahren in Levittown äußerten die Befragten bis auf ein Fünftel, von denen auch nicht alle wegziehen wollten, sie wollten weiterhin im Ort bleiben. Etwa drei Viertel der Zufallsstichprobe hatten vor zu bleiben, der Rest wollte wieder umziehen. Insgesamt 17 % hatten ihre ursprünglichen Absichten geändert: 7 % wollten sich endgültig in Levittown niederlassen, die restlichen 10 % wollten entgegen ihren ursprünglichen Plänen wegziehen[25]. Die Hälfte der aus Philadelphia gekommenen Bewohner betrachteten Levittown, als sie dort ankamen, als endgültigen, 20 %

---

[23] Beim ersten Mal gefiel es 72 % »sehr gut«, 23 % »ziemlich gut«, und 5 % war es »egal«. Bei der zweiten Umfrage waren die Prozentsätze entsprechend 61 %, 32 % und 7 %. Die Leute aus Philadelphia waren weniger zufrieden: 36 % gefiel es sehr gut, 42 % ziemlich gut, und 22 % waren ohne Meinung. Bei beiden Umfragen neigten Leute von niedrigem Stand zu größerer Unzufriedenheit. Die Frage war sehr allgemein, wurde in der Umfrage am Anfang gestellt und verlangte von den Befragten eine Wahl zwischen festgelegten Kategorien, so daß die Zahlen wahrscheinlich wenig bedeuten. Obwohl sie Levittown nicht ablehnen wollten, zögerten die Leute nicht mit der Antwort auf die nächste Frage: »Gibt es etwas, was Ihnen an Levittown nicht gefällt?«
[24] In der Zufallsauswahl kamen Klagen über die Grundstücksgröße von seiten früherer Vorstadtbewohner. Aber die Leute aus Philadelphia erwähnten sie auch.
[25] In der ersten Umfrage erwarteten 73 %, daß sie dableiben würden, 19 %, daß sie umziehen würden, und 8 % waren sich noch nicht schlüssig. In der zweiten Umfrage hatte sich jeder entschieden: 74 % zu bleiben, und 26 % wollten fortgehen. Die anfänglich Unschlüssigen waren zu wenig, als daß man sie hätte analysieren können. Im Verhältnis änderten mehr der von Anfang an Entschlossenen ihre Ansicht zugunsten des Dableibens. Von denen, die beabsichtigt hatten, sich niederzulassen, wollten nur 13 % jetzt umziehen, und von denen, die weiterziehen wollten, erwartete nun die Hälfte dazubleiben.

dagegen nur als vorübergehenden Wohnsitz. Unentschlossen waren damals 30 %[26].
Drei Jahre später wollten 63 % bleiben, 33 % fortziehen und 4 % waren unentschlossen[27]. Der größte Teil der zunächst Unentschlossenen wollte also inzwischen wegziehen, aber nur 21 % der übrigen hatten ihre Meinung geändert: 14 % wollten wegziehen und 7 % wo bleiben. Ältere Leute aus den unteren Schichten neigten stärker zum Bleiben. Diejenigen, die es fortzog, waren zumeist jüngere Leute mit höherem Status. Diese letzte Gruppe strebte inzwischen ein schöneres, größeres Haus und eine Gemeinde an, die nicht erst im Aufbau begriffen war, d. h. eine länger bestehende Vorstadt mit Bewohnern höherer Einkommensgruppen und mit höherem Status. Für die meisten mobilen Bewohner hat Levittown den Wunsch nach einer besseren Vorstadt nicht geändert. Da diese Ansprüche aber bereits vor der Ankunft bestanden, hat Levittown sie auch nicht erzeugt.

Obwohl niemand die Absicht äußerte, wieder in die Großstadt zu ziehen, gaben 65 % der Frauen und 50 % der Männer in der Philadelphia-Stichprobe an, das städtische Leben zu vermissen. Diese Menschen lassen sich in drei Gruppen einteilen[28]: Frauen mit höherer Bildung, die aus der Stadt kamen, viele davon jüdischer Abstammung, vermißten das Kulturleben der Großstadt sowie die vielfältigen Einkaufsmöglichkeiten; Ehepaare aus den unteren Schichten, darunter vor allem Frauen italienischer Abstammung, vermißten die Leute aus der alten Nachbarschaft und die Einkaufsläden im Stadtzentrum; und Männer, besonders Arbeiter, vermißten den Einkaufsbummel, den sie mit Besuchen verbunden hatten[29]. Viele beklagten den Verlust der altvertrauten Nachbarschaft (57 % der

---

[26] Da die Leute aus Philadelphia nur einmal befragt wurden, stammen diese Daten von Befragten, die vor ihrer Ankunft mit der Post Fragebogen ausgefüllt hatten; deshalb sind sie vielleicht nicht repräsentativ für die ganze Auswahl.

[27] 73 % der Bewohner einer kalifornischen Arbeitervorstadt planten, sich niederzulassen, 21 % wollten wegziehen. Berger (1960), S. 109.

[28] Alles in allem vermissen junge Frauen, Akademiker, vorzeitig von der Schule Abgegangene, Handarbeiter, italienische und jüdische Frauen, irische Männer, Amerikaner der ersten und zweiten Generation und Partner aus Mischehen die Großstadt am meisten. Schulbildung war der entscheidende Faktor. Außer bei den Italienern und anderen Südeuropäern vermißten die gebildeten Leute die Großstadt stärker als die weniger Gebildeten. Sogar unter den Juden, die die Großstadt mehr als jede andere ethnische Gruppe vermißten, waren die höher Gebildeten zahlreicher als die anderen. Je länger die Menschen in der Großstadt gewohnt haben, desto mehr werden sie sie wahrscheinlich vermissen, ausgenommen wiederum die Italiener. Letztere vermissen die Großstadt allein wegen der Leute, die sie dort kennen, alle anderen Gruppen tun dies, ohne sich nach Verwandten und alten Freunden zu sehnen.

[29] 56 % aller Frauen erwähnten, daß ihnen das Einkaufen in der Stadt fehle, einige vermißten auch kulturelle Einrichtungen. 16 % vermißten ihren Kaufmann um die Ecke, andere 16 % ihre Familien. Die Männer gaben keine ausschlaggebenden Gründe an; das Einkaufen, allein oder zusammen mit anderen Gründen, wurde von 60 % erwähnt, 37 % vermißten die Verwandten.

Frauen und 25 % der Männer), vor allem solche aus den unteren Schichten[30]. Dabei machte keine ethnische oder religiöse Gruppe eine Ausnahme. Die Nachbarschaft wurde einerseits wegen ihrer Bewohner vermißt: 88 % verwiesen dabei in der Rangordnung auf Verwandte, Nachbarn und Freunde. Zum anderen wurde sie wegen der benachbarten Kirche vermißt (bei sechs Prozent). 13 % der ehemaligen Wohnungsmieter und 27 % der Leute, die ein Reihenhaus bewohnt hatten, sehnten sich nach den alten Wohnverhältnissen zurück. Von der früheren Wohnung träumten nur die Frauen, denn dort hatte es weniger Hausarbeit gegeben. Ein Drittel der Männer und ein Fünftel der Frauen bedauerten den Auszug aus dem Reihenhaus, in dem sie vorher gewohnt hatten, vor allem wegen der niedrigen Heizungskosten[31].

Keiner der Bewohner Philadelphias, die die Stadt vermißten, wünschte zurückzukehren. Aber 59 % der Frauen sagten, sie würden gern in der Stadt wohnen, wenn es nicht wegen der Kinder wäre. Das sind beinahe dreimal so viele wie die 23 %, die dieselbe Frage in dem Brieffragebogen bejaht hatten, bevor sie nach Levittown kamen. Der Prozentsatz bei den Männern stieg lediglich von 23 % auf 29 %. Im großen und ganzen waren es bei den Frauen, die sich nun wieder für die Stadt entschieden hätten, wenn sie kinderlos gewesen wären, wiederum vorwiegend solche mit höherer Bildung, ferner jüdischer und italienischer Abstammung. Hinzu kamen andere gebildete Frauen, vorzeitige Schulabgänger, Ehefrauen aus Mischehen und Frauen, die vor dem Umzug nach Levittown mit ihren Eltern oder Schwiegereltern gelebt hatten[32]. Einige waren wiederum die sozial Isolierten und Ausgeschlossenen, aber nicht alle von ihnen, denn zwischen Langeweile und Einsamkeit in Levittown und dem Wunsch, in der Stadt zu leben, bestand kein Zusammenhang[33].

[30] 70 %, die die Nachbarschaft vermißten, vermißten auch die Großstadt, aber 32 %, die die Großstadt nicht vermißten, sehnten sich nach der Nachbarschaft. Einige Leute vermißten die Großstadt nicht, aber die Nachbarschaft. Sie waren in erster Linie nur für kurze Zeiträume ortsansässig, gut gebildete Leute, Juden, Partner aus Mischehen und Mitglieder ethnischer Gruppen, die keine eigene Nachbarschaft hatten (zum Beispiel Albanier).
[31] Wenn man nach ihren Antworten urteilt, vermißten sie nicht das Reihenhaus als solches, sondern benutzten die Frage, um über die hohen Heizungsrechnungen in Levittown zu klagen.
[32] Somit wählten 75 % von denen, die die Oberschule nicht beendet hatten, 70 % von denen, die eine Universität besuchten, aber nur 41 % der Oberschulabsolventen die Großstadt. Frauen, die vorher bei ihren Eltern gewohnt hatten und das Leben in der Großstadt vorgezogen hätten für den Fall, daß sie kinderlos geblieben wären, glaubten anscheinend, daß Streitigkeiten über die Kindererziehung beträchtliche Unruhe in einem Heim mit drei Generationen verursachen würden.
[33] Levittowner, die die Stadt vermißten, wollten ohne die Kinder wieder dorthin zurückziehen, wer Leute dort vermißte, wollte das nicht.

Die Frage nach Rückkehrwünschen in die Großstadt war natürlich nur hypothetisch. Die Antworten offenbarten weit eher eine Kritik an den Levittowner Verhältnissen und die Vorstellung eines Lebens ohne Kinder als etwa Heimweh nach der Stadt. So entsprachen die Antworten nahezu denjenigen, die ich auf die Frage erhielt, welche städtischen Einrichtungen für Levittown gefordert wurden, zum Beispiel verbesserte Verkehrsmittel zur Stadt, mehr Geschäfte, Vergnügungsstätten und kulturelle Einrichtungen[34]. Die Vorstellung von einem Leben ohne Kinder wurde deutlich in der Wahl des Ortes, wo man in der Stadt zu leben wünschte. Einige schwärmten von einer luxuriösen Wohnung am Riverside Drive in New York City oder von einem Haus im Zentrum von San Franzisko. Andere sahen im Umzug eine Möglichkeit, der Haushaltsarbeit zu entfliehen und mehr Freiheit zu haben. Dementsprechend sprachen sich 55 % für eine Mietwohnung aus und nur 14 % (ausschließlich Frauen) für ein Haus in der Stadt. Die restlichen 31 % wollten ein anderes Einfamilienhaus. Aber derselbe Anstoß, der die Bewohner Philadelphias zum Umzug in die Vorstadt bewegt hatte, bestätigte sich in ihrer Lokalisierung der hypothetischen Wohnsitze. 58 % von ihnen (63 % der Frauen) wollten in den äußeren Stadtbezirken und nur 42 % im Stadtzentrum leben. Typisch war vielleicht die Antwort einer Frau: »Eine Luxuswohnung, aber nicht im Stadtinnern«. Diejenigen, die die Stadt ablehnten, obwohl sie keine Kinder hatten, lobten das Leben draußen ohne Überfüllung, die frische Luft und den Frieden und die Ruhe der Vorstadt.

Sogar die Teenager, von denen ich eine städtische Einstellung erwartet hatte, wollen nicht in der Großstadt leben. Sie vermissen höchstens die Kinos im Stadtzentrum[35], aber die ehemaligen Stadtbewohner unter ihnen sind mit Levittown nur wenig unzufriedener als der Rest. Die Beschwerden der Jugendlichen über Levittown – abgesehen von der Klage »Es gibt hier nichts zu tun« – glichen denjenigen der Kritiker und spiegelten dasselbe vorstädtische Leben der Erwachsenen wider, das sie zu erreichen hofften. Den wenigen Teenagern, die die Gemeinde verurteilten, mißfiel das Einerlei der Häuser in Levittown und das Verbot der Grundstücksumzäunung. Wie ihre Eltern, aber entgegen den Kritikern, wollten einige eine geringere Wohndichte und größere Grundstücke. Ein 15jähriges

---

[34] 65 % der Befragten boten Vorschläge an, und darunter mehr Frauen als Männer. Es sollte daran erinnert werden, daß die Befragung stattfand, ehe Kaufhäuser und ein Lichtspieltheater in dem Einkaufszentrum von Levittown errichtet worden waren. Ein weiterer von den Frauen angeführter Grund, warum sie in der City bleiben wollten, war die Arbeitsgelegenheit.

[35] 37 % der früheren Großstadtbewohner mochten Levittown nicht, und der gleiche Anteil früherer Vorstadtbewohner urteilte ebenso. Unter den Schülern der 10. und 12. Klasse klagten 49 % von den früheren Großstadtbewohnern und 39 % der nicht in der Großstadt Aufgewachsenen darüber, daß sie nichts zu tun hätten.

Mädchen sagte: »Wenn ich verheiratet bin, möchte ich einen großen umfriedeten Garten, damit die Nachbarn nicht zuhören können, wenn ich mit meinem Mann streite.«

Um die Einstellung zu dem Haus, der Vorstadt und der Stadt noch weiter zu untersuchen, sollten die Befragten der Zufallsstichprobe zwischen ihrem Haus in Levittown und einem hypothetischen idealen Reihenhaus mit ähnlichem Aussehen in einer ähnlichen Siedlung wählen. Dieses Reihenhaus sollte entweder nur 15 Wegminuten vom Arbeitsplatz des Ehemannes entfernt liegen oder genauso weit vom Stadtzentrum Philadelphias entfernt wie Levittown, oder es sollte billiger als das Haus in Levittown sein[36]. Obwohl viele Stadtplaner behaupten, daß das Reihenhaus die Antwort auf die Ausbreitung der Städte sei, und einige voraussagen, daß es der vorherrschende Bautyp der Vorstädte während der nächsten Bauwelle werde, interessierten sich die meisten Bewohner Levittowns nicht dafür. Insgesamt entschieden sich 22 % für mindestens eine dieser Bedingungen des Reihenhauses, aber niemand wegen des Hauses an sich. 9 % wählten es wegen des kürzeren Arbeitsweges des Mannes, und zwar ausschließlich Frauen, 7 %, um der Stadt und ihren Einrichtungen näher zu sein, und 14 % unter der Voraussetzung, daß es mindestens 1000 bis 2000 Dollar billiger wäre[37]. Aber die meisten wollten ein solches Reihenhaus unter keiner Bedingung: »Man müßte es mir schenken«, war eine Antwort. »Ich wäre 90, bis ich es abgezahlt hätte«, sagte jemand anders. »Genausogut könnte ich erster Klasse reisen.« Selbst diejenigen, die sich für das Reihenhaus entschieden, wollten nicht darin leben, und ihre Entscheidung war in Wirklichkeit eher der Ausdruck der Unzufriedenheit mit den Verhältnissen in

---

[36] Die Beschreibung war folgendermaßen: »Jetzt möchte ich, daß Sie sich ein Reihenhaus vorstellen, nicht von der in Philadelphia errichteten Art, sondern ein modernes, mit einer 10 Meter langen Vorderseite und mit dem gleichen Raumangebot, dem gleichen Schnitt und der gleichen allgemeinen Bauart wie Ihr Levitthaus. Es wäre genauso wie Ihr gegenwärtiges Haus, außer der Tatsache, daß es ein Reihenhaus ist. Es würde in Viererreihen an Straßen erbaut werden, die genauso verlaufen wie die Straßen in Levittown, und in einer Gemeinde, die ansonsten ganz genauso wie Levittown ist.« Die Fragen waren: a) »Angenommen, Sie hätten eine Wahl zwischen Ihrem gegenwärtigen Haus und diesem modernen Vorortreihenhaus, aber das Reihenhaus wäre nur 15 Minuten von dem Arbeitsplatz Ihres Gatten entfernt, welches würden Sie wählen?« — b) »Wenn das Reihenhaus nur 15 Minuten von den Läden und anderen Einrichtungen der Innenstadt Philadelphias entfernt wäre, welches würden Sie wählen?« c) »Nehmen Sie nun an, beide lägen in Levittown. Wenn das Reihenhaus 1000 Dollar weniger kostete als Ihr gegenwärtiges Haus, welches würden Sie wählen?« C_a) »Wie stünde es, wenn das Reihenhaus 2000 Dollar weniger als Ihr gegenwärtiges Haus kostete?« C_b) »Wieviel weniger müßte das Reihenhaus kosten, ehe Sie es ernsthaft in Erwägung zögen?«

[37] 5 % würden ein Reihenhaus für 1000 Dollar weniger nehmen, 9 % für mehr als 2000 Dollar weniger. Weitere 4 % wären nur beim halben Preis des Levitthauses einverstanden.

Levittown[38]. Der übliche Einwand, der nahezu überall ins Feld geführt wurde, war mangelnde Privatheit. Ein Levittowner erklärte dies so: »In den Reihenhäusern ist man andauernd mit den Auseinandersetzungen der Nachbarn konfrontiert. Ständig hört man die Angelegenheiten der anderen und streitet sich mit ihnen darüber, welches Stück Rasen und welche Garageneinfahrt nun wem gehört. Man verbringt einfach zuviel Zeit damit, an den Wohnungswänden der Nachbarn zu lauschen.« Die Befreiung von der ständigen Beaufsichtigung und Beurteilung durch die Nachbarn sowie von der ständigen Versuchung, sie selbst zu beurteilen, war wichtiger als ein kurzer Weg zur Arbeit oder zur Stadt. Wenn es nicht gelingt, in Zukunft beim Bau von Reihenhäusern wesentlich mehr Privatheit zu gewährleisten und darüber hinaus das Klischee zu beseitigen, Reihenhäuser mit geringem Sozialprestige zu verbinden, werden sie sich bei der kommenden Generation von Hauskäufern keiner großen Beliebtheit erfreuen[39].

Zweifellos hatte Levittown einen Einfluß auf die Einstellungen seiner Bewohner, die jetzt die Großstadt wesentlich positiver beurteilten als zuvor. Allerdings kamen damit eher die Schattenseiten Levittowns zum Ausdruck, vor allem die schlechte Verkehrsverbindung zur Stadt, als daß man damit dem Leben in der Stadt eindeutig den Vorzug gegeben hätte. Die meisten würden wahrscheinlich in ein Haus in einem vorstadtähnlichen Wohnbezirk mit geringer Wohndichte im Stadtzentrum oder in seiner Nähe ziehen, vorausgesetzt, daß die Kosten nicht höher sind als die jetzigen. Da dies jedoch nicht in Frage kommt, schon weil die Städte keine entsprechenden Angebote haben, würden sie sich gern zufrieden geben, wenn mehr städtische Einrichtungen und Bequemlichkeiten in der Vorstadt vorhanden wären. Es wäre vielleicht voreilig, bei einer Bevölkerung städtische Begeisterung zu erwarten, die erst seit zwei Jahren in einem neuen Wohnort lebt, aber nach der Freude zu urteilen, die ältere Levittowner in ihrem Haus gefunden haben, möchte ich bezweifeln, ob viele junge Ehepaare erwägen werden, zur Stadt zurückzukehren, wenn erst einmal die Kinder herangewachsen sind, zumal gerade dann das Haus abgezahlt ist.

---

[38] Trotz meines Versuches, ein überlegenes Reihenhausmodell zu beschreiben, gingen die Befragten auf die Reihenhäuser ein, die sie gebaut hatten. Deshalb wurde den Leuten aus Philadelphia, von denen viele aus Reihenhäusern gekommen waren, diese Frage gar nicht gestellt.

[39] Vgl. White (1964), für einige hoffnungsvolle Trends in der Gestaltung von Reihenhäusern.

Ändert die Vorstadt die Menschen?

Aus der verwirrenden Fülle des statistischen Materials geht hervor, daß der Umzug in die Vorstadt und in eine neue Gemeinde Veränderungen bei einigen Menschen zur Folge hat, aber nicht auf die gleiche Weise. Der Kirchenbesuch kann zunehmen oder sich verringern, er kann allerdings auch auf dem alten Stand bleiben. Die am häufigsten berichteten Veränderungen sind nicht durch die Vorstadt verursacht, sondern sie waren vielmehr die Gründe dafür, zunächst einmal in die Vorstadt umzuziehen. Ein kleiner Anteil der Veränderungen besteht jedoch in unbeabsichtigten Auswirkungen des Umzugs, zum Teil guten, zum anderen Teil schlechten.

Einige Menschen ändern sich jenseits der Stadtgrenzen mehr als andere. Frauen, zumal wenn sie aus der Stadt kamen, verzeichneten die meisten Veränderungserscheinungen, unerwartete und unerwünschte. Das gleiche gilt für Menschen aus den untersten wie aus den obersten Schichten, weiterhin für jung verheiratete Ehepaare und natürlich für die gesellschaftlich Isolierten. Männer, die vormals in der Stadt gewohnt hatten, ferner ehemalige Mieter und diejenigen, die die vorherrschenden Wertvorstellungen der neuen Gemeinde teilten, und allgemein die Mehrheit all derer, die über Veränderungen berichteten, erfuhren sowohl erwünschte wie auch wünschenswerte Veränderungen.

Ob positive oder negative Veränderungen, viele von ihnen haben nichts mit dem Umzug zu tun, sondern vielmehr mit Faktoren wie Alter, Geschlecht, soziale Schicht, Rassenzugehörigkeit oder Beruf. Andere Veränderungen wurden allein durch die Tatsache hervorgerufen, daß die Gemeinde eine Neugründung ist, sie werden deshalb mit der Zeit wieder verschwinden. Das neue Haus und der Hausbesitz erzeugen jedenfalls mehr Veränderungen als die Gemeinde. Bis auf die räumlich isolierte Hausfrau, die Frau, die ihre Eltern vermißt, und den »geborenen« Städter ist der wichtige Wechsel nicht derjenige zwischen der Stadt und der Vorstadt, sondern der von einer Bevölkerungszusammensetzung zu einer andern. Tatsächlich ist die Heterogenität – selbst in der vermeintlich homogenen Vorstadt – die wichtigste Ursache unbeabsichtigter Veränderungen, denen die Bewohner Levittowns ausgesetzt waren.

Die Bevölkerungsstruktur Levittowns ist typisch für neue Vorstädte und ähnliche Siedlungen. Deshalb machen viele Umzügler die Erfahrung veränderter Bevölkerungszusammensetzungen. Gewöhnlich wählt man beim Umzug die neue Wohnung mit einiger Kenntnis über die dortige Bevölkerungszusammensetzung. Man weiß dann, daß man dieselben Leute oder aber »bessere« Nachbarn antreffen wird. Die Menschen in einer neugegründeten Gemeinde wie zum Beispiel solche, die wegen Sanierung zum Umzug gezwungen werden, haben diese Wahl nicht. Aber während die letzteren unter diesen Bedingungen oft zu leiden haben, waren die meisten Bewohner Levittowns davon nicht betroffen. Kritiker, die die Auffassung vertreten, daß solche Leute eigentlich leiden müßten, ziehen als Angehörige einer kosmopolitischen oberen Mittelschicht Schlüsse aus ihrer eigenen Vorstellung vom Leben in einer Umgebung, die durch die untere Mittelschicht und durch eine Orientierung ihrer Bewohner auf den Ort und auf das Haus charakterisiert ist. Zweifellos würden sie selbst sich in Levittown eingeschränkt, gelangweilt und einsam fühlen, aber andererseits hätten sich die Levittowner ebenso gefühlt, wenn sie in die Umgebung der Kritiker gezogen wären. Obwohl ich die Veränderungen hervorgehoben habe, geben die Daten auch Auskunft darüber, daß das Leben der Menschen durch den Umzug nicht wesentlich beeinflußt wurde.

Tabelle 6 zeigt, daß der Prozentsatz der Leute, die überhaupt keine Veränderung angaben, fast überall der größte ist. Die Vorstadt ermöglichte ein bequemeres Leben und ein größeres Wohlbefinden und entsprach damit den Wünschen ihrer Bewohner. Einige nahmen mehr oder weniger stark an den verschiedenen Bereichen des Gemeindelebens teil, aber die entscheidenden Verhaltensweisen in der Familie, in der Wohnung und im Beruf blieben weitgehend dieselben. Auch die Alltagsroutine und die Probleme des täglichen Lebens wurden nicht beeinflußt. Ein Bewohner faßte dies gut zusammen: »Ich weiß nicht, wie ein neues Haus das Leben verändern soll. Man richtet sich doch nach einem Vorbild, und das ändert sich nicht, gleichgültig wo man lebt.«

Nach diesem Bericht kann das Ergebnis des ersten Teils dieses Buches, der sich mit der neuen *Gemeinde* beschäftigte, auch auf die Situation der *einzelnen Bewohner* angewendet werden: diese wie jene setzten alte Gewohnheiten in einer neuen Umgebung fort. Diese Erkenntnisse werden durch andere Untersuchungen bestätigt. Berger zum Beispiel hat herausgefunden, daß eine Gruppe von Fabrikarbeitern, die in einer neuen Vorstadt von Milpitas, Kalifornien, Eigenheime gekauft hatten, die typischen Lebensgewohnheiten der Arbeiterschicht beibehielt. Sie blieben sowohl gegenüber dem Lebensstil der Mittelschicht wie dem der Vorstadt immun, den sie hätten übernehmen müssen, wenn sie dem »Mythos der Vorstadt« entsprechend gelebt hätten, wie es Berger nennt[40]. Der Umzug hatte ebenfalls keinen Ehrgeiz für eine berufliche oder soziale Mobilität geweckt, weder bei den Erwachsenen noch bei den Kindern. Was aber erzeugt wurde, war – wie bei den Levittownern – ein gestärktes Selbstbewußtsein und ein gesteigertes allgemeines Wohlbefinden[41]. Wilner und seine Mitarbeiter hatten eine Gruppe von ehemaligen Slumbewohnern untersucht, nachdem diese in einen neuen Wohnblock umgezogen waren. Sie kamen zu dem gleichen Ergebnis: Die Leute

---

[40] Berger (1960), Kap. 1.
[41] Berger (1960), S. 93.

fühlten sich zwar wohler, aber beruflichen Ehrgeiz, das Bedürfnis, den Kindern eine bessere Ausbildung zukommen zu lassen oder den Wunsch nach dem Erwerb eines eigenen Hauses hatten sie nicht entwickelt[42].
Diese beiden Untersuchungen fanden wie die meinen zwei bis drei Jahre nach dem Umzug statt. Aber Willmott berichtete, daß die Bewohner von Dagenham, einem städtischen Wohnviertel in den Randbezirken von London, die Lebensgewohnheiten der Arbeiterschicht selbst zwanzig bis vierzig Jahre nach dem Umzug aus den Slums beibehalten hatten. Einigen Kritikern zufolge läßt sich der entscheidende Einfluß des Umzugs in die Vorstadt erst in der nachfolgenden Generation feststellen. Nach ihrer Auffassung werden die Kinder entweder fortlaufen wollen, oder es werden sich an ihnen die schädlichen Einflüsse der Vorstadt zeigen, wenn sie aufwachsen. In Dagenham wollten nur wenige aus der zweiten Generation wieder fort. 28 % der Erstsiedler berichteten, daß ihre Kinder auch nach der Heirat geblieben und viele nur wegen des Wohnungsmangels fortgezogen waren. Willmott fand auch heraus, daß mindestens ein Drittel derjenigen, die weggezogen waren, vorgezogen hätten, in Dagenham zu bleiben[43]. Einige allerdings verließen den Ort freiwillig, weil sie Verhaltensweisen der Mittelschicht angenommen hatten. Eine amerikanische Untersuchung von Zelan hatte das Ergebnis, daß Studenten, die in der Vorstadt aufgewachsen waren, sich in ihren intellektuellen Interessen nicht von denen unterschieden, die aus der Stadt stammten. Dies läßt den Vorwurf, das Leben in der Vorstadt führe zur geistigen Verarmung, immerhin in einem zweifelhaften Licht erscheinen[44].

Ursachen des Einflusses der Gemeinde

Um zu verstehen, welchen Einfluß Levittown auf seine Bewohner ausgeübt hat, muß ein Katalog der Ursachen aufgestellt werden, die für Verhaltens- und Einstellungsänderungen wichtig sind bzw. keine Bedeutung haben. Dem Planer oder dem Politiker (ich werde diese beiden Begriffe austauschbar gebrauchen)[45] erlaubt

[42] Wilner und andere, Kap. 13.
[43] Willmott (1963), berechnet nach Tabelle 8 und S. 44–47.
[44] Zelans Untersuchung zeigte auch, daß die Schüler, die in Vororten aufgewachsen waren, wahrscheinlich eher als die städtischen Schüler einen Wohnsitz im Vorort vorziehen würden, wenn sie einmal verheiratet sind.
[45] Ich tue das aus stilistischen Gründen, aber auch weil ich keinen großen Unterschied zwischen den beiden sehe. Ein Planer ist eine Art von Politiker, der manchmal, aber nicht immer, mit einer auf lange Sicht angelegten Änderung befaßt ist. Ein Städtebauer ist ein Politiker, der innerhalb der Gemeindegrenzen arbeitet. Wenn ich jedoch die laufende Städteplanungspraxis beschreibe oder kritisiere, werde ich ausdrücklich auf den Städteplaner Bezug nehmen.

die Kenntnis dieser Ursachen, Pläne zu entwickeln, um das angestrebte Ziel zu erreichen. Man kann die Ursachen aufteilen in Erwartungen vor dem Umzug, Bedingungen nach dem Umzug und Bedingungen, die außerhalb der Gemeinde liegen. Unter den Bedingungen, die nach dem Umzug wirksam werden und die für den Stadtplaner die wichtigsten sind, wären folgende zu nennen:
1. das Haus (und der Umzug von einer Wohnung in ein Haus);
2. der Siedlungstyp (und der Umzug von der Stadt in die Vorstadt)[46];
3. die Art der Gemeinde;
4. öffentliche und kommerzielle Einrichtungen;
5. die geringe Siedlungsdichte.
Diese fünf Bedingungsfaktoren ergeben zusammen die physischen Charakteristika der Gemeinde. Zu den gesellschaftlichen Charakteristika gehören
6. die Bevölkerungszusammensetzung und
7. die soziale Struktur der Gemeindeinstitutionen.
Eine Ursache, die in keinem direkten Bezug zur Gemeinde steht, ist
8. die kurze Dauer des Bestehens der Gemeinde.
Von diesen Faktoren zu unterscheiden sind jene Bedingungen, die von außen her auf die Gemeinde und damit auf ihre Bewohner wirken: der Immobilienmarkt, die regionale und nationale Wirtschaftsentwicklung und die Sozialstruktur und Kultur des Landes. Außerdem sollten in einer Analyse, die als Entscheidungshilfe geplant ist, auch geringfügige Ursachen erfaßt werden, die sich nicht unmittelbar auf eine gesellschaftliche Wandlung auswirken.

Das Haus

Zweifellos übt das neue Haus den größten Einfluß aus. Die Veränderungen, die dadurch bewirkt werden, gehören allerdings zur Kategorie derer, die man erhofft hatte. Ein Haus ist einerseits eine bauliche Gegebenheit, andererseits Besitz. Unter den baulichen Merkmalen des Hauses ist der Raum die wichtigste Voraussetzung für Veränderungen. Er vereinfacht die Kindererziehung, schafft mehr Platz für familiäre Aktivitäten und ermöglicht dem einzelnen größere Privatheit, wodurch Reibungsflächen vermieden werden und sich die Zufriedenheit erhöht[47].
Die Modernisierung des Haushalts bedeutete zugleich Rationalisierung der Hausarbeit und damit Freizeitgewinn für die Hausfrau. Haus und Garten boten Gelegenheiten für die erste Einrichtung und Möblierung und ebenso für eine dauer-

---

[46] Der bloße Akt des Umzugs kann vielleicht auch ein Grund für die Änderung sein.
[47] Diese Auswirkungen einer neuen Wohnung und ihrer größeren Geräumigkeit waren auch die bedeutsamsten Änderungen, die von einer Auswahl von Slumbewohnern berichtet wurden, die in ein neues Projekt des öffentlichen Wohnungsbaues einziehen sollten. Wilner und andere, Kap. 10.

haftere Ausstattung, für Hobbies und andere Arten schöpferischer Selbstdarstellung. Sie hatten auch unbeabsichtigte Wirkungen, nämlich einen größeren Familienzusammenhalt und Veränderungen in der Freizeit und in der Freizeitbeschäftigung. Zufriedenheit war allerdings vorwiegend ein Ergebnis des Hausbesitzes, besonders bei den Männern. Abgesehen vom Eigentumserwerb und seinem finanziellen Wert, schafft der Hausbesitz die Freiheit, zu tun, was einem gefällt, und sich Formen der Selbstdarstellung innerhalb und außerhalb des Hauses zu leisten, die einem Mieter vorenthalten sind. Das Haus ermöglicht es der Familie, sich niederzulassen, und stellt ein Erfolgssymbol dar, »etwas, das man sein ganzes Leben lang vorzeigen kann«, wie es ein Bewohner Levittowns ausdrückte[48]. Die Besitzerrolle integriert die Menschen zudem in ihren Wohnblock und vermittelt einigen ein Zugehörigkeitsgefühl zur Gemeinde, welches zur Teilnahme am kirchlichen, politischen und Vereinsleben führen kann. Diese Veränderungen dauern nur so lange, wie die Menschen mit dem Haus als einer baulichen Struktur und mit der Gemeinde, in der es steht, zufrieden sind. Natürlich sind sie am wirksamsten, solange das Haus und die Besitzerrolle neu sind.

Die Siedlungsform: Stadt und Vorstadt

Insgesamt gab es nur wenige Veränderungen, die allein dem Umzug von der Stadt in die Vorstadt zugeschrieben werden konnten. Am deutlichsten zeigte sich diese Auswirkung in der schlechteren Anpassung der aus Philadelphia Zugezogenen. Wenn in der Zufallsstichprobe von den Städtern über ähnliche Schwierigkeiten berichtet wurde, konnten sie dem Wechsel in der Siedlungsform zugeschrieben werden. Aber für die meisten Leute aus Philadelphia war es nicht der Umzug von der Stadt in die Vorstadt, sondern der Verlust sozialer Bindungen in einer bestimmten Stadt, der die Anpassungsschwierigkeiten verursachte. Sie vermißten Eltern und alte Freunde – eine Erfahrung, die es aber auch bei den ständig Umziehenden gab, die in kleinen Städten und Vorstädten aufgewachsen waren und die aus beruflichen Gründen umziehen mußten. Im großen und ganzen hat die Stadt selbst, wie auch das Verlassen der Stadt, wenig Einfluß auf das Leben der Menschen, und sicher nicht genug Einfluß, um sie zur Rückkehr zu veranlassen. Der Einfluß kam eher von den Menschen, die sie zurückgelassen hatten, vom

[48] Stabilität ist jedoch nicht wesentlich für Hausbesitzer, die nur vorübergehend ansässig sind. Diese spüren sie vielleicht nicht, und Mieter spüren sie vielleicht so stark wie die Eigentümer, wenn sie erwarten, in der Etagenwohnung und der Nachbarschaft für lange Zeit zu wohnen – zum Beispiel die Bewohner von Westend, die ich untersuchte, und die Bewohner von Manhattan.

Mangel städtischer Einrichtungen in Levittown und von den unzureichenden Verkehrsverbindungen zur Stadt.
Demgegenüber war der Umzug nach Levittown, das heißt in eine Vorortsiedlung, eine wesentlichere Ursache von Veränderungen. Eine der Konsequenzen war zweifellos das Gefühl, nicht herauszukönnen, was zum Teil auf den Mangel an Einkaufsmöglichkeiten zurückgeführt werden muß, wo man sich einfach abreagieren kann. Das Gefühl der Isolierung ist jedoch nicht auf die Vorstadt beschränkt, da einige Frauen auch in der Stadt entsprechende Erfahrungen machten. Gelegentlich führt der Mangel an Gelegenheiten zum Einkauf und zum Schaufensterbummel notwendigerweise zu Kontakten mit Nachbarn, und der Mangel an Unterhaltungsmöglichkeiten legt es nahe, daß sich die Ehepaare gegenseitig besuchen. Die Entdeckung, daß private Besuche einer Fahrt in die Stadt vorgezogen werden können, zeigt sich als eine entscheidende unbeabsichtigte Veränderung, die durch das Leben in der Vorstadt und durch die Tatsache ausgelöst wurde, daß die Gemeinde noch sehr neu war. Eine weitere Folge war, daß das allgemeine Lebenstempo gedrosselt wurde – ein Faktor, der vor allem von ehemaligen Stadtbewohnern und von Männern bemerkt wurde. Dies lag an der Möglichkeit, mehr Zeit auf Haus- und Gartenarbeit zu verwenden, das heißt auf Tätigkeiten, die man selbst einteilen kann, ferner an dem zunehmenden Aufenthalt im Freien, wodurch möglicherweise Energie und das Bedürfnis, andere Dinge zu tun, nachließen, schließlich aber auch daran, daß man nette Nachbarn fand, so daß sich Besuche erübrigen, die eine Reise erfordern.
Die Männer berichteten einen größeren Zuwachs an Ruhe und Entspannung als die Frauen. Für sie fielen die oftmals leidigen Verwandtenbesuche sowie die Hetze der Stadt weg. Frauen wie Männer lobten die saubere Luft in Levittown, die Grünanlagen und die Sicherheit der verhältnismäßig verkehrsfreien Wohnbezirke. Trotz der Erfahrung der größeren Geruhsamkeit wurde die Freizeit in der Vorstadt tatsächlich eingeschränkt, und sie war anders ausgefüllt als vorher. Gartenarbeit, ob sie Vergnügen machte oder als Plackerei empfunden wurde, und Geselligkeit, traten an die Stelle von Massenmedien und Zerstreuungen, die die Stadt sonst bietet.
Die vielleicht einschneidensten Auswirkungen der Vorstadt ergaben sich für die finanzielle Situation der Familien. Steigende Kosten können zurückgeführt werden auf die durch die Vorstadt verursachten höheren Fahrtkosten, auf die höheren Steuern, die vor allem auf die kurze Dauer des Bestehens der Gemeinde zurückgingen, auf Kosten, die mit einem Einfamilienhaus und mit Hausbesitz einhergehen, und auf einen höheren Lebensstandard, der zum Teil beabsichtigt, zum Teil aber auch als Folge der Bevölkerungszusammensetzung der Gemeinde sich entwickelte.
Schließlich hatte das Wohnen in der Vorstadt für einige einen längeren Arbeitsweg

zur Folge, und dies war eine, wenn auch geringfügige, Ursache für eine Reihe von Konsequenzen. Kürzere Arbeitswege bedeuteten mehr Zeit für die Familie und für gemeinsame Aktivitäten, aber längere Arbeitswege verringerten sie nicht, sondern gingen bei den Männern auf Kosten anderer Tätigkeiten. Selbst dann beeinflußte das längere Pendeln ihre Freizeit oder ihre gesellschaftlichen und Vereinsaktivitäten nicht. Die Hauptlast des Pendelns betraf die Frauen. Sie berichteten über weniger Freizeit und schwierigere Zeiteinteilung, wenn der Arbeitsweg des Mannes lang war. Die Männer selbst wurden durch die Länge des Weges wenig beeinflußt und waren zufrieden, solange sie nicht öffentliche Verkehrsmittel zu benutzen hatten. Da die meisten von ihnen nach dem Umzug keinen längeren Arbeitsweg hatten, war der Gesamteinfluß dieses Umstandes geringfügig und bestimmt nicht wichtig genug, um sie mit der Vorstadt unzufrieden zu machen.

Levittown als Gemeinde: Die gebaute Umwelt

Levittown ist ebenso durch seine bauliche wie durch seine soziale Struktur Ursache von Veränderungen, aber die verschiedenen baulichen Elemente haben keine so wesentlichen Folgen gehabt. Obwohl die einzelnen Nachbarschaftsbezirke nach traditionellen Mustern angelegt sind, haben sie als solche keinen Einfluß auf das Leben der Menschen. Wie ich bereits erwähnte, sind die Bezirke zu weiträumig für soziale Beziehungen zwischen ihren Bewohnern, zu gleichförmig, als daß Identifikationen der Bewohner mit ihrem Bezirk stattfinden könnten, und ohne spezifische soziale oder politische Funktionen, aus denen heraus differenzierte Nachbarschaftsgruppen denkbar wären. Die Grundschule, im Zentrum jedes Nachbarschaftsbezirks gelegen, wurde kein Bezugspunkt. Obwohl sich einige Schüler mit ihrer Schule identifizierten, hat die Überfüllung einiger Schulen dazu geführt, die Schüler mit Bussen über die Grenzen des Wohnbezirks hinauszufahren. Die Versammlungsräume der Schulen werden fast jeden Abend benutzt, allerdings, mit der einen Ausnahme des Elternrates, nicht von Nachbarschaftsgruppen, sondern von solchen, die sich aus der ganzen Gemeinde zusammensetzen.

Formal ist dagegen das Schwimmbad der Nachbarschaft ein Zentrum, denn nur die Bewohner der Nachbarschaft können Eintrittskarten erwerben. Theoretisch ist damit den Mitgliedern derselben Nachbarschaft die Gelegenheit geboten, sich zu treffen. Aber die meisten kommen als Familie oder als Gruppe, so daß für Fremde kaum ein Anreiz besteht, Bekanntschaften anzuknüpfen[49]. Für die Teenager ist es jedoch ein Gemeinschaftszentrum geworden, und es trägt zweifellos dazu bei, daß

---

[49] Eine Ausnahme ist das Planschbecken, wo die Mütter sich unterhalten können, während sie ihre kleinen Kinder beobachten.

sie sich kennenlernen. Dennoch bezweifle ich, daß das Schwimmbad innerhalb der Nachbarschaft Freundschaften unter Jugendlichen hervorgebracht hat, wobei die Kinder im Grundschulalter vielleicht eine Ausnahme bilden; die Freundschaften der älteren Kinder, die während der Schule oder bei geselligen Anlässen entstehen, erstrecken sich über die ganze Gemeinde. Veranstaltungsprogramme auf dem Schulsportplatz sind nur für die Kinder aus der Nachbarschaft, und die inoffizielle Benutzung danach ist nur für diejenigen interessant, die in der Nähe wohnen. Für Kinder aus entfernteren Gegenden des Bezirks ist er nicht anziehend genug.

Die kleinen Einkaufszentren, ob geplant oder nicht, liegen meistens an der Grenze zwischen zwei Nachbarschaften und haben deshalb auch keine Funktion als Nachbarschaftszentren, nicht einmal für die sich dort versammelnden Teenager. Das Straßensystem war für alle Nachbarschaften zugleich entworfen worden und diente dazu, den Durchgangsverkehr aus ihnen herauszuhalten. Dadurch wurden die Nachbarschaften einerseits sicherer für spielende Kinder, andererseits wurden aber dadurch die einzelnen Bezirke voneinander isoliert. Die vielen Kurven der Straßen innerhalb der Nachbarschaften machen jeden Wohnbezirk zu einem Labyrinth, so daß man sich außerhalb der eigenen Nachbarschaft leicht verlieren kann. Dies hinderte jedoch niemanden daran, Freundschaften mit Bewohnern anderer Nachbarschaften zu schließen, obwohl die Kontakte bei einigen dadurch auf den eigenen Nachbarschaftsbezirk beschränkt blieben[50].

Die wichtigste soziale Einheit bilden die einzelnen »Blocks«, d. h. die jeweils angrenzenden und sich gegenüberliegenden Häuser. Hier finden die nachbarschaftlichen Beziehungen und gegenseitigen Hilfeleistungen am häufigsten statt. Diese Einheit wurde geschaffen, weil eine gewisse Angewiesenheit auf den Nachbarn besteht, aber jeder nur eine begrenzte Anzahl von sozialen Kontakten pflegen kann, und weil vor allem Frauen und Kinder in ihrer Beweglichkeit eingeschränkt sind[51]. Es handelt sich dabei natürlich nicht um eine bauliche Einheit im echten Sinn, da Größe und Begrenzung solcher Blocks für jedes Individuum verschieden sind und von der persönlichen Kontaktfreudigkeit abhängen. Manchmal bilden Einzelgänger oder kontaktarme Familien die Kontaktgrenze zwischen den Blocks, während die einzige räumliche Determinante eines Blocks zuweilen nur scharfe Kurven in den Straßen sind, welche die Häuser voneinander trennen. Wenn eine Anzahl von Nachbarn besonders freundschaftlich miteinander verkehrt, kann in einem solchen Block eine Bezugsgruppe entstehen, mit der sich die Bewohner identifizieren, aber auch dies geschieht selten. Häufiger werden andere Wohnblocks

---

[50] Die Minderheitsgemeinden neigten dazu, Leute aus ihrer Nachbarschaft anzuwerben, und soweit diese in der Kirche Bekanntschaften machten, waren sie damit wiederum auf ihre Nachbarschaft beschränkt.
[51] Die Größe der Wohnzimmer und die Kosten für die gesellschaftlichen Verpflichtungen spielen auch eine begrenzende Rolle.

als Außengruppierungen betrachtet, die durch Streitigkeiten und anderes abweichendes Verhalten gekennzeichnet werden. Damit will man vielleicht vor sich selbst glaubhaft machen, daß die Atmosphäre im eigenen Wohnblock freundlicher als in den meisten anderen ist.

Weder der Häuserblock noch der Straßenblock noch irgendeine andere räumliche Einheit in der Anlage der Siedlung beeinflußte das Zustandekommen von Freundschaften. Die räumliche Nähe führte lediglich dazu, daß man sich kennenlernte. Danach wurde die Ähnlichkeit der Ansichten das Hauptkriterium. Aber die Abstände zwischen den Häusern und die leichten Biegungen der Straßen sorgten für eine ausreichende Distanz zwischen den Bewohnern, so daß sie nur ihre unmittelbaren Nachbarn nicht ignorieren konnten. Selbst die Mischung der verschiedenen Haustypen übt nur geringen sozialen Einfluß aus. Obwohl zwischen den Käufern verschiedener Haustypen häufig Schichtenunterschiede bestanden, führten die Unterschiede in der Anzahl der Schlafräume dazu, eher die Familiengröße als die Schichtenunterschiede beim Kauf des Hauses zu berücksichtigen[52]. So führten Unterschiede im Haustyp auch nicht zu Diskriminierungen bei gegenseitigen Besuchen. Der Preisunterschied der Häuser (bis zu 3000 Dollar) hatte deshalb keinen Einfluß auf die sozialen Kontakte oder auf die Einstellungen der Nachbarn zueinander. Deshalb ist anzunehmen, daß Häuser in verschiedenen Preislagen nebeneinander gebaut werden können, ohne daß sich dies negativ auf die Beziehungen zwischen den Bewohnern auswirkt. Wie groß der Preisunterschied zwischen den Häusern werden kann, bevor soziale Folgen daraus entstehen, ließ sich aufgrund meiner Daten nicht feststellen. In einer späteren Siedlung, Bel Air (in der Nähe von Washington), ließ Levitt ein 25 000-Dollar-Haus zwischen Häuser bauen, die um 5000 bis 8000 Dollar billiger waren. Er konnte es nicht verkaufen, bis er es in eine andere Nachbarschaft verlegte. Verläßliche Daten darüber, wie hoch der Preisunterschied sein muß, bis die Mischung verschiedener Haustypen unangebracht wird, stehen noch nicht zur Verfügung. Man weiß auch nicht, ob sich dieser Unterschied in einer Zahl ausdrücken läßt oder mit einem Prozentsatz des Hauspreises angegeben werden kann. Jedenfalls weist die Erfahrung mit Levittown darauf hin, daß man verschiedene Haustypen durchaus nebeneinander an derselben Straße bauen kann, vorausgesetzt, daß der Preisunterschied 20 % der Gesamtkosten nicht übersteigt.

Levitts Motiv für die Typenmischung bei den Häusern war ästhetischer Art: Er wollte die Kritik architektonischer Monotonie, die seine früheren Siedlungen hervorgerufen hatten, vermeiden. Diese Veränderung fand jedoch keinerlei Beach-

---

[52] Trotzdem gab es Klassenunterschiede. Zum Beispiel hatten nur 21 % der Käufer des billigsten Hauses eine Universität besucht im Vergleich zu 30 % der Bewohner des Hauses mit dem mittleren Preis und 48 % der Bewohner des teuersten Hauses.

tung bei seinen Kritikern und bei den Käufern, da sich das Levittown-Stereotyp bereits verfestigt hatte. Nur Bewohner, die aus dem baulich homogenen Levittown, Pennsylvania, zugezogen waren, schätzten den Unterschied. Aber die übrigen kümmerten sich nicht um architektonische Gleichförmigkeit. Außerdem benutzte Levitt ein sehr differenziertes Farbschema, um Abwechslung zu erzielen. Auf diese Weise war nur jedes 150. Haus einem anderen völlig gleich. Außerdem erhielten Haus und Garten durch die Bewohner schon kurz nach dem Einzug eine persönliche Note. Der Eindruck von anderen Häusern war nicht so sehr durch die Fassaden wie durch die Bewohner bestimmt, so daß zumindest für die Nachbarn bald jedes Haus einen eigenen Charakter hatte. Kein Erwachsener, der Levittown langweilig fand, führte dies auf die architektonische Monotonie zurück.

Wichtiger als die Anlage und die Straßenführung war die geringe Einwohnerdichte Levittowns. Obwohl sie für einen Vorort nicht außergewöhnlich niedrig war – die meisten Grundstücke hatten nicht mehr als etwa 650 Quadratmeter –, war das Gefühl von Privatheit durch einen Abstand von drei Metern zwischen den Häusern gewährleistet. Trotzdem hätten sich viele Bewohner eine noch geringere Wohndichte gewünscht, um gegen unliebsame Nachbarn besser abgeschirmt zu sein. Zudem ist die Grundstücksgröße in der amerikanischen Gesellschaft ein Statussymbol. Die geringe Wohndichte hatte für Angehörige bestimmter Gruppen negative Folgen, da sie sie von Gleichgesinnten trennte, zum Beispiel waren die Treffpunkte der Jugendlichen bei den Kaufhäusern zu weit entfernt, um zu Fuß erreicht werden zu können. Dieses Problem wurde aber von vielen Teenagern bald durch den Kauf von Fahrrädern überwunden.

Architekten und Stadtplaner halten es für unbedingt notwendig, daß jede Gemeinde ein bauliches und symbolisches Zentrum haben muß. Wie in vielen Vorstädten fehlte aber auch in Levittown ein solcher Kern. Das Haupteinkaufszentrum lag am Rand der Siedlung, um auch Käufer von außerhalb anzuziehen. Zur Zeit meiner Untersuchung war es allerdings noch im Aufbau, so daß ich seine Bedeutung für die Bewohner schlecht abschätzen konnte. Es diente nicht nur als Einkaufsplatz, sondern auch als Treffpunkt, wo die örtlichen Geschäftsleute und die Hausfrauen sich zum Mittagessen verabreden konnten. Außerdem wurde es gelegentlich für festliche Gemeindeveranstaltungen verwendet. Das Rathaus, das mehr im Zentrum der Siedlung lag, war der administrative und politische Mittelpunkt, obwohl die Sitzungen des Gemeinderats von den Bewohnern nur wenig besucht wurden. Wenn man größere Besucherzahlen erwarten konnte, fanden die Sitzungen in einer Schulaula statt, genauso wie die Versammlungen der Schulbeiräte. Andere Zentren bildeten die Sportplätze der Schulen, die örtlichen Vereinen als Wettkampfstätten dienten, sowie der Parkplatz des Einkaufszentrums, wo 15 000 Menschen den späteren Präsidenten Kennedy begrüßten, als er während des Wahlkampfs nach Levittown kam.

Es ist fraglich, ob Levittown einen zentralen städtischen Konzentrationspunkt gebraucht bzw. ob ein solcher Kern einen großen Einfluß auf die Bürger ausgeübt hätte. Es sind nur wenige Anlässe vorstellbar, für die sich ein großer Teil der Gesamtgemeinde genügend interessieren würde, um sich als Gruppe zusammenzufinden. In den meisten Städten wird das Interesse am Stadtkern nur von Touristen geäußert, denn das Zentrum ist die Gegend, die sie besuchen wollen. In einer heterogenen Gemeinde können die historischen und auf andere Weise geheiligten Wahrzeichen des Zentrums als verbindendes Symbol für die wenigen Bewohner dienen, die ein Bedürfnis haben, sich mit der Gemeinde zu identifizieren. Häufiger ist das Zentrum für lokale Interessengruppen von großer Wichtigkeit, die ein Zusammengehörigkeitsgefühl, eine Art Bürgerstolz bei den Bewohnern erzeugen wollen, um politische Unterstützung zu erhalten, Gemeindekonflikte zu verbergen oder die unterschiedlichen Auffassungen auszugleichen, die als Folge der Heterogenität auftreten. Levittown ist durch ebensoviel Uneinheitlichkeit und Konfliktstoffe gekennzeichnet wie jede andere Gemeinde. Aber nichts von dem wäre durch einen wirklichen oder einen symbolischen Mittelpunkt verringert worden. Für die meisten Bewohner Levittowns war das eigene Haus der Mittelpunkt der Gemeinschaft, und davon hingen Sozialstruktur und Kommunalpolitik in dem Ort ab.

Die soziale Umwelt

Die meisten Veränderungen nach dem Umzug können auf die Gemeinde als gesellschaftlicher Faktor zurückgeführt werden, das heißt auf den Einfluß der Bewohner aufeinander. Häufigere Besuche, vermehrte Arbeit in Vereinen und Verbänden sowie im Gemeindeleben der Religionsgemeinschaften, die veränderten Freizeitbeschäftigungen, die Veränderungen in der Gesundheit und in den Lebensanschauungen sowie das veränderte Gefühl von Langeweile und Einsamkeit und selbst einige der neuen Sorgen waren weder eine Folge des Umzugs in die Vorstadt noch eine Folge des vorstädtischen Charakters von Levittown und seinen baulichen Gegebenheiten. Vielmehr lassen sich alle diese Veränderungen als eine Folge von Kontakten oder von Kontaktmangel zwischen den Bewohnern Levittowns erklären, und dieses wiederum ist ein Ergebnis der Bevölkerungszusammensetzung. Die Homogenität dieser Zusammensetzung war die Hauptursache für das gesellschaftliche Leben und für die allgemeine Lebensauffassung, die sich daraus ergab. Die Heterogenität dagegen war weitgehend verantwortlich für soziale Isolierung und entsprechende emotionale Bürden.

Eine zweite Ursache für Änderungen war die Sozialstruktur. Die Notwendigkeit, Organisationen zu gründen, brachte eine verstärkte Teilnahme an diesen Organisationen mit sich. Der Wunsch, sich als Teil der Gemeinde (womit die Sozialstruktur gemeint war) zu fühlen, förderte die Aktivität solcher Organisationen ebenso wie die der Kirchen. Aber die Sozialstruktur war auch eine direkte Folge der Bevölkerungszusammensetzung, da durch sie bestimmt wurde, welche Organisationen und Institutionen lebensfähig waren. Die Teilnahme an den Organisationen hing ihrerseits davon ab, ob ihre Mitglieder miteinander zurecht kamen. Das Funktionieren des Sozialgefüges wurde durch zwei andere Faktoren begünstigt: einmal durch die zufällige Ansiedlung der Käufer, das heißt durch die Tatsache, daß die Leute ihre Häuser gekauft hatten, ohne zu wissen, wer nebenan wohnen würde, zum anderen durch die Offenheit der Struktur, die am Anfang jedem die Teilnahme ermöglichte, der sie wünschte. Als die Leute einzogen, bestand die Bevölkerung aus lauter einzelnen Familien, die zufällig benachbart waren und darauf vertrauen mußten, mit freundlichen und hilfsbereiten Menschen zusammen zu wohnen, damit die formellen und informellen Gruppen gebildet werden konnten, um die ursprüngliche Atomisierung in einzelne Familien zu überwinden. Dies konnte nur durch eine offene, universalistische und erfolgsorientierte Sozialstruktur erreicht werden, die die Menschen danach beurteilte, was sie taten, und nicht danach, was sie waren. Für diejenigen, die keine Nachbarn fanden, die ihnen zusagten, beschleunigte die Zufälligkeit des Ansiedelns den Prozeß der Vereinsbildung und verursachte auch unmittelbar eine stärkere Aktivität in solchen Gruppen. Bei denjenigen, die an solchen Vereinen nicht teilnehmen konnten, führte die zufällige Ansiedlung zu physischer und sozialer Isolierung, da Menschen mit Einstellungen, die nur von Minderheiten geteilt wurden, über das ganze Wohngebiet verstreut lebten. Das gleiche galt für diejenigen, die aus einheitlichen ethnischen oder Arbeiterwohngebieten kamen, wo zu wohnen alles andere als zufällig war. Dennoch war es vermutlich die Offenheit der Sozialstruktur, die die Anzahl der gesellschaftlich Isolierten auf einem Minimum hielt[53].

Die offene Gesellschaftsstruktur war natürlich ebenso eine direkte Folge des kurzen Bestehens der Gemeinde wie erste Besuche, unverbindliche Beteiligungen in Organisationen, verringerte Langeweile und Einsamkeit bei den ehemaligen Bewohnern Philadelphias, gemeinsame Unternehmungen mehrerer Familien und Veränderungen der Freizeitaktivitäten. Das kurze Bestehen der Gemeinde allein war jedoch nicht ausreichend, um die vermehrte gesellschaftliche Aktivität zu erklären. Wenn die Fremden, die zusammenkamen, in bezug auf Herkunft und Eigenschaften heterogener gewesen wären, so hätten die ersten Begegnungen leicht in Konflikten enden und einen allgemeinen Rückzug in die Sicherheit des

---

[53] Sie war unendlich klein, wenn man sie mit dem vergleicht, was Young und Willmott, Kap. 10, in einer neuen englischen Siedlung vorfanden, wo fast die ganze Bevölkerung für einige Jahre dasaß und unter Einsamkeit litt und das Eis nicht einmal mit den unmittelbaren Nachbarn brechen konnte.

Hauses und der Familie zur Folge haben können. Da die Wohnbevölkerung aber homogen genug war, um sich gegenseitig zu trauen, konnte man der Schwierigkeiten und der Bedürfnisse, die beim Aufbau der neuen Gemeinde auftraten, gemeinsam Herr werden und auf eine solche Weise zusammenarbeiten, daß die berichteten Verhaltensänderungen deutlich wurden. Letztlich war deshalb die Hauptursache der Veränderungen die Bevölkerungszusammensetzung von Levittown.

Die Impulse der Beeinflussung

Verhaltensänderungen müssen über bestimmte Ursachen hinaus auf verantwortliche Personen und Institutionen zurückgeführt werden, die Einfluß auf diese Veränderungen haben, zumal Planungen, die Veränderungen zur Folge haben, nur dann erfolgreich durchgeführt werden können, wenn bestimmten Menschen innerhalb oder außerhalb der Gemeinde die Verantwortung dafür übertragen wird. Offensichtlich war Levitt einer der für die Änderungen Hauptverantwortlichen, da es ohne ihn kein Levittown gegeben hätte. Jedoch waren nicht alle Entscheidungen und Entscheidungsbefugten der Firma von Wichtigkeit. Zum Beispiel waren die Leute, die den Bebauungsplan für Levittown entwickelten, unwichtig im Gegensatz zu denjenigen, die die Häuser entwarfen. Die Massenproduktionstechniken ermöglichen den Bau einer gesamten Siedlung zu einem Preis, der selbst solchen Bevölkerungsschichten die Möglichkeit des Hauserwerbs gibt, die sonst nicht in die Vorstadt ziehen könnten. Natürlich spielte auch die Bundesregierung eine Rolle, da es Levitt ohne eine Versicherung der Bundeswohnungsbehörde nicht möglich gewesen wäre, den Preis bzw. die Abzahlung so niedrig zu halten. Die Massenproduktion ermöglichte auch eine wesentliche Vergrößerung der Räume, wodurch Familienaktivitäten und Privatheit jedenfalls bei den Erwachsenen gefördert und damit auch die Moralität günstig beeinflußt wurden.
Da die Verhaltensänderungen, die durch das Haus und den Hausbesitz verursacht wurden, zum größten Teil beabsichtigt waren, kann nicht die Rede davon sein, daß Levitt das Leben der Bewohner verändert habe. Gemeinsam mit der Bundeswohnungsbehörde ermöglichte er den Leuten zwar, ihren Wunsch nach einem Eigenheim zu realisieren, aber dieses Bedürfnis selbst hatte er nicht erzeugt. Deshalb waren die Wünsche selbst und die Auswahl der Käufer, durch welche die Bevölkerungszusammensetzung bestimmt wurde, am meisten für die Veränderungen verantwortlich. Diese Vorgänge können weder Levitt noch irgendeiner anderen Einzelperson zugeschrieben werden. Levitt entwarf Häuser, die den Bedürfnissen junger Familien mit Kindern dienten, aber er machte keine Anstrengung, gerade junge Familien zu erreichen. Das einzige Kriterium seiner Verkaufspolitik war die

Rasse. Bis die Gemeinde integriert war, akzeptierte er alle Weißen, die kaufen wollten und Kredit hatten. Diese Entscheidung entsprach der üblichen Unternehmerpraxis in den Vorstädten, wie auch die Ansiedlung nach dem Zufallsprinzip. Außerdem nahm er damit auf die Käuferpräferenzen Rücksicht: Die Häuser wurden für junge Familien gebaut, da diese seit über einem Jahrzehnt die Hauptstütze des vorstädtischen Wohnungsmarkts darstellten. Die Besiedlung der Gemeinden nach dem Zufallsprinzip ergab sich daraus, daß die Leute in einzelnen Familieneinheiten zuzogen. Wären die Bewohner als Sippe oder als eine Gruppe von Freunden gekommen, hätte Levitt ihnen gern einen oder zwei gesamte Wohnblocks verkauft. Selbst Levitts Entscheidung, die Häuser innerhalb einer geringen Preisspanne anzubieten, war die übliche Praxis; diese wiederum entsprach der Bedeutung, die die Käufer dem Wert des Eigentums und dem Status beimessen.

So führten die Präferenzen der Käufer zu bestimmten Praktiken der Unternehmer, die ihrerseits die Bevölkerungszusammensetzung verursachten. Letzten Endes waren daher die Leute ihre eigenen Initiatoren, und die Veränderungen, die als Ergebnis des Umzugs eintraten, waren verursacht durch jene Zwänge und Erwartungen, die sie dazu brachten, sich an die Bauunternehmer in der Vorstadt zu wenden. Der größte Nachteil war der Mangel an Raum und Komfort des heutigen städtischen Wohnungsangebotes für mittlere Einkommen, ferner der Zerfall und die Überfüllung der Städte und der übliche permanente Fluktuationsprozeß, der einen ständigen Wechsel der Bewohner in den Nachbarschaften nach sich zieht. Einige Bewohner Philadelphias wurden durch die Ausdehnung des Negerghettos verdrängt, andere wurden von dem Wunsch bestimmt, der Elterngeneration zu entfliehen, und wieder andere mit hoher Mobilität mußten sich nach den Wünschen ihrer Arbeitgeber richten. Die Erwartungen waren vor allem auf ein alleinstehendes Haus, auf Hausbesitz und ein Leben »im Freien« gerichtet. Diese Bestrebungen und die Bedingungen, die ihre Realisierung möglich machten, waren die wirkliche Ursache und zugleich der Anlaß für die Bedeutung Levittowns und können ihrerseits auf noch fundamentalere Ursachen und Anlässe außerhalb der Gemeinde zurückgeführt werden, die letzten Endes im kulturellen und wirtschaftlichen Bereich des Landes zu suchen sind.

Für das intensive Bedürfnis nach Hausbesitz und einem Einfamilienhaus in einer Wohngegend mit niedriger Wohndichte wurden schon viele Erklärungen angeboten. Einige wiesen auf die Regierungspolitik nach dem Zweiten Weltkrieg hin, die es letztlich billiger machte, ein Haus zu besitzen als zu mieten. Diese Politik veranlaßte zum Hauskauf und führte zu einer geringeren Nachfrage nach Mietwohnungen, aber der Wunsch nach einem eigenen Haus ist dadurch nicht entstanden. Andere haben behauptet, daß dieser Wunsch eine Folge idealisierter Darstellungen der Vorstadt in den Massenmedien sei. Man muß zugeben, daß viele der bekannten Romane und Fernsehfilme in Orten spielen, die eine Mischung aus einer Kleinstadt des 19. Jahrhunderts und einer modernen Vorstadt sind. Deshalb bieten sie aber für das Leser- oder Zuschauerpublikum noch keine Anregung, in die Vorstadt zu ziehen. Die Forschung hat gezeigt, daß Medien nicht besonders geeignet sind, Wertvorstellungen zu beeinflussen. Eine historische Analyse würde sicher zeigen, daß sie dem Geschmack eher folgen, als daß sie ihn bilden. Frauen haben in Amerika geraucht, bevor es die Heldinnen der Massenmedien taten, und der größte Teil der Zuschauer war bereits in die Vorstädte gezogen, bevor die volkstümlichen Stücke ihnen dorthin nachfolgten. Erzählungen über Vorstadtbewohner aus den oberen Schichten sind bereits seit Generationen ein Hauptthema unserer volkstümlichen Literatur, aber die Darstellung des Lebens der unteren Mittelschicht wird erst seit ein paar Jahren in die Vorstädte verlegt.

Eine andere Erklärung geht vom Status aus. Der allgemeine Wunsch nach dem Besitz eines Hauses in der Vorstadt ahmt die Oberschicht und die obere Mittelschicht nach, welche die Mode bestimmen. Dieses Argument ist historisch stichhaltiger als das der Nachahmung der Massenmedien, da Gruppen mit höherem Einkommen seit der Jahrhundertwende in den Vorstädten leben. Das Traumhaus der meisten Bewohner Levittowns entspricht nicht einer Vorstadtvilla im Stile der »Main Line« oder von Westchester County, sondern nur »einem größeren Haus mit etwas Land darum«, einem kleinen, nicht bewirtschafteten Bauernhof mit allen Bequemlichkeiten des städtischen und vorstädtischen Lebensstils, einschließlich des leichten Zugangs zum gesellschaftlichen Leben. Dieses Traumdomizil ist durchaus nicht jüngeren Ursprungs, sondern hat seine Wurzeln in der Kultur der meisten Amerikaner sowohl protestantischen als katholischen Glaubens, in den mittleren ebenso wie in den unteren Schichten. Bei den Protestanten der Mittelschicht kann der Wunsch nach Hausbesitz auf das ländliche und kleinstädtische Erbe im Amerika und England des 18. und 19. Jahrhunderts zurückgeführt werden, in der katholischen Arbeiterschicht auf die Landarbeitersiedlungen Kontinentaleuropas. Nur die Juden teilen dieses ländliche Erbe nicht, und obwohl die kulturelle Anpassung die meisten von ihnen beeinflußt hat, es zu übernehmen, tendieren die Juden auch heute noch mehr als jede andere Gruppe zum Leben in der Stadt[54]. Die Massenmedien haben das protestantische und das katholische

---

[54] In den meisten amerikanischen Großstädten ziehen die neuen, im Stadtkern gelegenen Hochhausetagenwohnungen eine große Zahl von Juden an. Abu-Lughod, S. 406 und Fenmore. Fenmore berichtet in seiner nicht veröffentlichten Untersuchung von einigen Eigentümern von Vororthäusern in der Nähe von Philadelphia, die aus verschiedenen Gründen vielleicht als Bewohner von im Stadtkern gelegenen Etagenwohnungen in Frage kämen. Er schreibt: »Das bedeutsame Ergebnis der Untersuchung ist es, daß fast alle der im Vorort wohnenden Nichtjuden in ihren Einfamilienhäusern zu bleiben wünschten, wogegen die überwiegende Mehrheit der Juden wünschten oder tatsächlich planten, in die neuen städtischen Hochhausetagenwohnungen zu ziehen.

Ideal und ebenso das der Oberschichten, wie sie es verstanden, verbreitet, aber sie haben es nicht geschaffen, da es beiden vorausging. Selbst wenn sich die amerikanischen Oberschichten für ein Leben in innerstädtischen Gebäuden mit Luxuswohnungen ausgesprochen hätten, zweifle ich daran, ob der Wunsch nach einem Leben in der Vorstadt bei der übrigen Bevölkerung wesentlich nachgelassen hätte. Auch das Ideal der Prominenten und Schauspieler, die die modebestimmenden Einflüsse der Oberschicht monopolisiert haben, ist nicht die Mietwohnung, sondern ein Stadthaus in Manhattan und ein Wochenendhaus auf dem Land. Dieses Ideal entspricht also ebenfalls dem Wunsch nach einem Einfamilienhaus.

Die amerikanische Wirtschaft des 19. und frühen 20. Jahrhunderts machte das traditionelle allgemeine Wohnideal unerreichbar, da die Industrialisierung und Verstädterung viele Amerikaner aus ländlichen Gegenden ebenso wie die europäischen Einwanderer in die Stadtwohnungen drängte. Sie lebten dort gezwungenermaßen und versuchten, das Beste daraus zu machen, obwohl einige von ihnen überzeugte Städter und Mieter wurden. Aber die Mehrheit zog bei der erstbesten Gelegenheit aus, zuerst in Reihenhäuser, dann in Einfamilienhäuser, die immer noch in der Stadt lagen, sich aber mit jeder Generation weiter vom Zentrum entfernten. Nach dem Zweiten Weltkrieg wurde durch den Wohlstand und die Wohnungspolitik der Regierung auch für die städtische untere Mittelschicht und die Arbeiterschichten das Leben in der Vorstadt möglich. Wenn die Regierung sich statt dessen entschieden hätte, städtische Wohnungen zu subventionieren, wären natürlich viele dort eingezogen. Dadurch wären die Erwartungen allerdings nicht zerstört, sondern höchstens enttäuscht und aufgeschoben worden. Politik wird nicht im luftleeren Raum gemacht, und die gewählten Beamten, die sich entschieden, die Vorstadt zu subventionieren, waren sich sehr wohl der Bedürfnisse ihrer Wählerschaft bewußt. Vielleicht hätten sie sie ignorieren können, besonders während der Periode des drastischen Wohnungsmangels in der Nachkriegszeit. Politiker haben jedoch keinen Anlaß, die Wähler unnötig zu verstimmen, und zu dieser Zeit gab es für sie keine Gründe, anders zu handeln.

Der Umzug in die Vorstädte wurde außerdem durch einen sehr schnellen sozialen Wandel gefördert, der große Unterschiede zwischen den Generationen mit sich brachte und die Bindungen aushöhlte, die ethnische Gruppen zusammenhielten. Für junge Familien wurde es dadurch leichter, die elterliche Umgebung zu verlassen. Junge Menschen waren immer sehr beweglich, heute aber heiraten sie besonders häufig außerhalb ihrer Nachbarschaft. Das verringert die Bindungen an ihren ehemaligen Wohnsitz ebenfalls. Hinzu kommt, daß viele ihren Kindern bessere Startbedingungen geben wollen, ein Wunsch, der unausweichlich in die neue Umgebung der Vorstadt führt.

Theoretische und politische Implikationen

Die Ergebnisse, zu denen wir bei der Untersuchung des Wandels und seiner Ursachen gelangten, legen es nahe, daß der Unterschied zwischen der städtischen und der vorstädtischen Lebensweise, wie er von den Kritikern und auch von einigen Soziologen dargestellt wird, eher Phantasie als Wirklichkeit ist. Nur wenige Veränderungen können auf die vorstädtischen Merkmale Levittowns zurückgeführt werden. Die Ursachen, die tatsächlich Veränderungen zur Folge hatten, wie das Haus, die Bevölkerungszusammensetzung und die Tatsache, daß es sich um eine neue Siedlung handelte, sind nicht typisch für die Vorstadt. Wenn man zudem ähnlich strukturierte Wohnbevölkerungen in der Stadt mit denen in der Vorstadt vergleicht, sind ihre Verhaltensweisen bemerkenswert ähnlich. Wenn z. B. Vorstädte mit großen städtischen Wohngebieten außerhalb des Stadtzentrums verglichen werden, sind die Lebensweise und die soziale Struktur bei Angehörigen vergleichbarer Altersgruppen und Schichten praktisch identisch. Junge Familien der unteren Mittelschicht leben in diesen städtischen Wohngebieten beinahe genauso wie entsprechende Gruppen in der Vorstadt. Ältere Angehörige der oberen Mittelschicht haben dagegen einen wesentlich anderen Lebensstil, ob sie nun in der Stadt oder in der Vorstadt leben. Der entscheidende Unterschied zwischen Städten und Vorstädten ist demnach, daß sie häufig von sehr unterschiedlichen Menschen bewohnt werden. Wenn man ihr Verhalten verstehen will, sind diese Unterschiede viel wichtiger als die Kenntnis, ob sie innerhalb oder außerhalb der Stadtgrenzen wohnen. Wohnbezirke in der Innenstadt beherbergen sowohl die Reichen, die Armen und die Farbigen als auch die Unverheirateten und kinderlosen Angehörigen der Mittelschicht. Gewiß unterscheiden sich ihre Lebensgewohnheiten von denjenigen der Menschen in der Vorstadt und in den äußeren Stadtbezirken, aber nur, weil sie nicht den jungen Familien der Arbeiterschicht oder Familien der unteren oder oberen Mittelschicht angehören. Wenn Bevölkerungen und Wohngebiete nach Alters- und Schichtenmerkmalen und nach rassischen, ethnischen und religiösen Kriterien erfaßt würden, könnten wir unsere Kenntnisse über die menschlichen Siedlungen stark verbessern. Andererseits bringt die Verwendung solcher Begriffe wie »städtisch« oder »vorstädtisch« als verursachende Variablen wenig, es sei denn für ökologische und demographische Untersuchungen von Gemeinden allgemein und für Studien über das politische Verhalten[55].

Die Ergebnisse stellen auch eine verwandte, von Städteplanern vertretene Theorie in Frage, nämlich, daß die Gemeinde, vor allem in ihren physischen Ausprägungen, ein bestimmender Faktor für das Verhalten sei. Natürlich ist die Gemeinde als

---

[55] Eine detailliertere Untersuchung der hier angeschnittenen Fragen findet sich bei Gans (1962 b).

soziales Phänomen wichtig, besonders in einer politisch autonomen Siedlung, die ihr Schicksal selbst bestimmen kann. Trotzdem wurden die beabsichtigten und von den Mitgliedern dieser Gemeinde durchgeführten Veränderungen von den Erwartungen bestimmt, die wiederum außerhalb der Gemeinde in nationalen kulturellen Verhaltensmustern ihren Ursprung haben. Sogar die unbeabsichtigten Veränderungen reflektieren soziale und institutionelle Verhaltensgewohnheiten, wie sie in der Mittel- und Arbeiterklasse Amerikas vorherrschen. Wenn zum Beispiel Levittowner mit niedrigem Status gesellschaftlich isoliert wurden, litten sie unter Statusunterschieden, die durch die amerikanische Gesellschaft definiert sind. Oder wenn die Juden ihre Synagogenbesuche steigerten, handelten sie wie alle Juden, die sich zufällig irgendwo in einer vorherrschend nichtjüdischen Bevölkerung niederlassen.

Ebenso überschätzen die Stadtplaner die Rolle der Erbauer und Planer als Neuerer der sozialen Umwelt. Maßnahmen der Erbauer sind nicht nur eine Antwort auf die Forderungen potentieller Käufer, sondern gewöhnlich Praktiken, die im ganzen Lande geübt werden und die sich wiederum aus kulturellen Verhaltensmustern der amerikanischen Gesellschaft ergeben. Levitts Vorgehen bei der Auswahl seiner Käufer spiegelte die allgemein im Land geübte Bevorzugung für eine Alters- und Schichtenhomogenität und die Ablehnung von Großfamilien und ethnischen Enklaven wider. Er hätte zum Beispiel, um eine demographisch ausgeglichene Gemeinde zu erhalten, ein Auswahlverfahren entwickeln können. Das hätte jedoch bedeutet, daß er Bewohner aus der Stadt, die im Augenblick noch gar nicht zum Umzug in die Vorstadt bereit waren, anlocken und auf der anderen Seite viele junge Familien, die kommen wollten, hätte zurückweisen müssen. Selbst die finanziellen Unterstützungen und Beschränkungen, mit denen er arbeitete, stammten in größerem Umfang von den Regierungen des Staates oder des Bundes als von der lokalen Verwaltung. Überdies wurde die Bevölkerung in der Zusammensetzung, die er schließlich zuwege brachte, nur zum Teil durch die Häuser und durch die Siedlungen angezogen. Oft waren Bevölkerungsveränderungen in Philadelphia – wiederum eine Widerspiegelung der allgemeinen Entwicklung –, das Angebot auf dem regionalen Wohnungsmarkt und die regionale und nationale Wirtschaft dafür verantwortlich, die Büros und Fabriken in die Vororte und besonders in den Süden des Staates New Jersey verlegte.

Pläne und Maßnahmen, die darauf abzielen, das Verhalten der Leute zu verändern, werden deshalb nicht dadurch wirksam, daß man die Siedlung in ihrer äußeren Form verändert oder dem Erbauer bestimmte Auflagen macht. Sie müssen vielmehr auf die gesellschaftlichen Ursachen einwirken, die das gegenwärtige Verhalten beeinflussen. Planungsziele, die darauf gerichtet sind, das Verhalten der Menschen zu verändern, müssen auf andere Grundlagen gestützt werden. Dies bedeutet jedoch nicht, daß Maßnahmen mit anderen Zielen, wie die

Beseitigung von Verkehrsstauungen und die Beaufsichtigung der Baugesellschaften, zum Beispiel um Baumängel zu verhindern, fallengelassen werden sollten.

Das Planen von Verhaltensänderungen

Diese Schlußfolgerungen mögen Binsenwahrheiten sein. Sie haben aber Konsequenzen für diejenigen, die Entscheidungen treffen und dadurch Änderungen im Verhalten der Leute oder in der Gemeinde anstreben. Wenn sie eine soziale oder physische Komponente der *Gemeinde* ändern wollen, müssen sie zuerst feststellen, ob dadurch die entscheidenden Lebensziele und Wertvorstellungen der *Einwohner* berührt werden. Wenn das der Fall ist, haben sie drei Alternativen: alles beim alten zu lassen, die Komponenten zu ändern, damit die Wünsche der Bewohner auf andere Weise befriedigt werden, oder aber deren Lebensziele zu ändern, damit die Leute die beabsichtigte Veränderung akzeptieren. Wenn diese Komponente keinen Einfluß auf entscheidende Verhaltensnormen hat, dann hat der Planer mehr Freiheit. Denn wenn sein Plan das Leben der Leute nicht stärker berührt, werden sie sich nicht sonderlich darum kümmern. Der Stadtplaner hat aus diesem Grund oft Neuerungen in Lageplänen oder in der äußeren Form von Siedlungen durchsetzen können.

Wenn der Planer versucht, eine Komponente des *Verhaltens* zu ändern, muß er herausfinden, ob sie von den Leuten geschätzt wird oder sich aus der Situation heraus ergeben hat, das heißt, eine tolerierte und nicht erwünschte Anpassung an die Notwendigkeit darstellt. Wenn das Verhalten durch wichtige Wertvorstellungen bestimmt ist, muß er den Wertvorstellungen entweder entgegenkommen, oder er muß sie ändern. Sind sie situationsbedingt, ist er bei seiner Planung freier. In beiden Fällen muß er natürlich seinen Plan an den eigentlichen Ursachen und Triebfedern für das Verhalten ausrichten. Zum Beispiel kann ein Planer, dessen Ziel größere Beteiligung der Öffentlichkeit am Gemeindeleben ist, versuchen, die grundsätzliche Einstellung der Menschen zu ändern. Das wäre ziemlich schwierig und würde umfassende soziale Umstrukturierung erfordern, um die emotionalen Werte, die das Leben in der Familie und in informellen Gruppen mit sich bringt, auf die Gemeinde zu übertragen. Der Planer kann auch die Voraussetzungen für die Teilnahme beeinflussen, indem er der Verwaltung bestimmte Kompetenzen entzieht, die dann von den Bewohnern übernommen werden, oder indem er innerhalb der Gemeinde Krisensituationen schafft, denn diese regen immer zur Teilnahme an.

Der Stadtplaner hat bisher immer den schwersten Weg gewählt: die Lebensziele der Menschen so zu ändern, daß sie eine Gemeindestruktur akzeptierten, die er selbst für wünschenswert hält. Und er hat die abwegigste aller Lösungen gewählt,

nämlich die Veränderung des Verhaltens durch eine rein bauliche Maßnahme. Jedoch ist seine »Erziehung«, die die Leute dazu bringen sollte, die kulturelle, moralische oder wirtschaftliche Überlegenheit seiner Idealgemeinde anzuerkennen, nicht sonderlich wirkungsvoll gewesen, denn nur wenige Leute lassen sich durch Argumente überzeugen, die ihr Verhalten als minderwertig und ihr Trachten und Streben als wertlos angreifen. Wenn sich die bauliche Form und die angestrebte Verhaltensänderung dann auch noch als Wertvorstellung des gehobenen Mittelstandes entpuppen, werden vermutlich andere soziale Schichten den Planer sowie seinen Plan ablehnen.
Erwartungen sind nur schwer bewußter Veränderung zu unterwerfen. Sogar Werbefachleute haben bis jetzt noch keine wirksame Methode gefunden. Das ist auch gut, denn eine solche Macht wäre gefährlich und würde wahrscheinlich mehr mißbraucht als richtig angewandt. Am häufigsten ändern sich die Erwartungen als Folge einer notwendigen Verhaltensänderung. Wenn eine Umwandlung in der Wirtschafts- und Gesellschaftsstruktur von den Leuten ein anderes Handeln verlangt, werden sich ihre Erwartungen im Laufe der Zeit entsprechend ändern. Jedoch kann diese Notwendigkeit von dem Planer häufig nicht manipuliert werden. Die wahrscheinlich beste Methode zur Veränderung der Erwartungsstruktur besteht darin, den Leuten alternative Möglichkeiten anzubieten, die aus ihrer Sicht eindeutig überlegen sind. Dieses wird zu einer Änderung des Verhaltens führen und schließlich auch zu einer Änderung der Wertvorstellungen. Neue Erwartungen entstehen durch neue Möglichkeiten, vorausgesetzt, daß diese Möglichkeiten vorhandenen Erwartungen entgegenkommen, denn sonst werden sie nicht akzeptiert. Stadtplaner sind darauf aus, neue Bedingungen zu schaffen, gewöhnlich aber solche, die sie selbst für wünschenswert erachten. Sie kümmern sich kaum darum, wie andere Leute darüber denken. Oft leugnen sie, daß die Leute irgendwelche Erwartungen haben, und behaupten, daß sie nicht wüßten, was sie wollen, und deshalb für alles, was der Planer für besser hält, empfänglich seien. Obwohl die Leute vielleicht nicht wissen, was sie wollen, so wissen sie doch oft, was sie nicht wollen. Und was noch wichtiger ist, sie sind fähig zu wählen, wenn ihnen verschiedene Möglichkeiten angeboten werden. Es bleibt dem Planer überlassen, Alternativen zu schaffen, und wenn er solche Alternativen anbietet, die den Erwartungen der Leute entsprechen, werden sie angenommen, wenn nicht, werden sie nicht weiter beachtet.
Es ist selbstverständlich, daß der Planer manchmal Maßnahmen befürworten muß, die nicht mit den Erwartungen der Leute übereinstimmen, die aber das öffentliche Interesse erfordert, zum Beispiel, wenn es um Verkehrseinrichtungen geht, die notwendig werden, um zu erwartende Verkehrsstauungen zu vermeiden. Präventive Planung verlangt heute Opfer für einen Gewinn von morgen, eine Verhaltensänderung, zu der die meisten nicht bereit sind, wenn nicht Anreize, wie

Steuervorteile für langfristige Planungen, geschaffen werden. Der Planer muß jedoch, wenn er das öffentliche Interesse für sich gewinnen will, aufpassen, daß er nicht einfach seine eigenen Anschauungen zum Maßstab nimmt. Wenn er Verkehrsstauungen oder lange Pendlerwege als unerwünscht betrachtet, die Pendler aber nicht, dann muß er für seine Vorschläge beweiskräftige Argumente haben. Wenn er beweisen kann, daß eine unterlassene Planung Folgen haben kann, die auch von den Bewohnern als unerwünscht empfunden werden (zum Beispiel, wenn ein langer Arbeitsweg im Lauf der Zeit zu chronischer Müdigkeit und Familienstreitigkeiten führen würde), ist sein Versuch schon eher berechtigt, neue Pläne durchzusetzen, obwohl er klugerweise versuchen sollte, sie mit anderen, populäreren Maßnahmen zu verbinden. Er kann auch auf seinen Ideen bestehen, wenn er darlegen kann, daß die Leute zufrieden sein werden, sobald der Plan durchgeführt ist. In beiden Fällen muß er jedoch seinen Klienten beweisen können, daß das Ergebnis seiner Planung mit ihren Erwartungen übereinstimmen wird, und nicht nur mit den seinen. Aber wenn der lange Arbeitsweg keine ernsten negativen Folgen hat, kann der Planer von den Leuten nicht erwarten, daß sie Opfer bringen, nur weil er glaubt, daß ein kürzerer Arbeitsweg für sie gut sei.

Der Versuch, eine Verhaltensänderung durch die bauliche Gestaltung einer Gemeinde herbeizuführen, wird wahrscheinlich in der Regel mißlingen, weil er sich vorwiegend mit sehr künstlichen Ursachen und Einflußfaktoren beschäftigen muß. In der Tat machen die Daten über Levittown deutlich, daß die einzigen baulichen Planungsschritte, die eine Veränderung im Verhalten herbeiführten, auf die Wohnhäuser bezogen waren. Der Planer kann die Zufriedenheit vergrößern, indem er ausreichende Wohn- und Gartenflächen vorsieht, um den Familienmitgliedern rechtzeitig mehr Privatheit und mehr Gelegenheit für Beschäftigungen zu bieten. Wenn seine Wohnungen sich als besser erweisen, sind die Leute vielleicht bereit, auch städtebauliche Neuerungen zu akzeptieren. Wenn er aber Neuerungen um den Preis von weniger guten Häusern vorschlägt, wird er sicherlich keinen Erfolg haben. Wenn der Planer den Zusammenhang der Nachbarschaft verstärken will, sind bauliche Lösungen, wie die Gliederung in Nachbarschaften und die Errichtung von Plätzen, wo sich die Nachbarn treffen können, meist irrelevant, denn solange die Nachbarn keinen Grund zum Treffen haben, werden sie es auch nicht tun. Der Zusammenhalt kann nur dadurch verstärkt werden, daß die Nachbarschaft zu einer politischen Einheit wird, oder indem die Familie so verändert wird, daß die Leute lieber mit den Nachbarn zusammen sind als mit Ehegatten und Kindern. Ein solches Ziel wäre jedoch wahrscheinlich weder erwünscht noch durchführbar. Wenn der Planer dagegen die Absicht hätte, den Zusammenhalt oder die Zufriedenheit der Familien zu verstärken, würden seine Pläne eher akzeptiert werden. Aber er müßte die Wohnung verbessern oder sich mit den gesellschaftlichen Ursachen der Unzufriedenheit in der Familie, die in den vorangegangenen Kapiteln beschrieben wurden, befassen, indem er Wege findet, die physische und gesellschaftliche Isolierung unter den unzufriedenen Hausfrauen der Vororte zu vermindern, die weiten Fahrten des Ehemannes zum Arbeitsplatz zu verkürzen und die finanziellen Sorgen zu beheben.

Ein gutes Beispiel für die verschiedenen Rückzüge im Verhalten der Stadtplaner ist das gegenwärtige Eintreten für eine größere Wohndichte in den Vorstädten. Sie befürworten Reihenhäuser und Etagenwohnungen, weil sie glauben, daß beim Einfamilienhausbau zuviel Land verschwendet, das Auseinanderfließen der Städte begünstigt und der Pendlerverkehr verstärkt wird und formlose Siedlungen ohne städtischen Charakter entstehen. Kaum jemand von den Leuten, die schon in der Vorstadt wohnen oder dahin gehen möchten, teilt diese Ansicht, weil sie nicht die Konzeption von wirtschaftlicher Effektivität und eine gegen die Vororte sich richtende Ästhetik der oberen Mittelschicht akzeptieren. In diesem Beispiel fordert der Planer von den Leuten, ihre Erwartungen zu ändern, um eine Siedlungsform, die er für wünschenswert hält, zu akzeptieren. Er verlangt dabei eine Verhaltensänderung durch eine neue bauliche Form und ignoriert die Erwartungen der Bewohner. Typischerweise behauptet er, daß die Leute ein modernes Reihenhaus akzeptieren würden, wenn sie es nur versuchten, darin zu wohnen. Aber er hat sie noch nicht davon überzeugt, daß das Reihenhaus die gleiche Abgeschlossenheit und das Prestige wie ein Einfamilienhaus bietet. Sie sind nicht geneigt, die abgeschlossenen Gärten für mehr öffentlichen Raum einzutauschen, weil es sie dazu zwingen würde, familiäre Abgeschirmtheit zugunsten gar nicht gewollter nachbarschaftlicher Beziehungen aufzugeben.

Die Knappheit an Grund und Boden kann sehr wohl dazu führen, daß kommende Generationen in Vororten mit Reihenhäusern leben müssen. Aber wenn sich die Planung an den Erwartungen der Bewohner orientieren würde, wären Marktforschung und Entwurfsstudien schon im Gange, um Pläne zu entwickeln, die Anklang finden. Wenn die Stadtplaner rational handelten, würden sie auch aufhören, ihre Idee von der Urbanität durchzusetzen, vor allem durch bauliche Lösungen. Sie sollten entweder dieses Ziel und diese Entwurfsideen im Interesse einer verbesserten »Sub-Urbanität« aufgeben, oder sie sollten damit beginnen, auf der Grundlage der wirklichen Ursachen der Urbanität zu planen. Da Urbanität vor allem bei den Angehörigen der oberen Mittelschicht mit kosmopolitischen Ansichten und Einstellungen zu finden ist, besteht die Lösung darin, den Leuten das Einkommen und die Berufsmöglichkeiten der oberen Mittelschicht zu sichern und ihren Kindern eine entsprechende Erziehung zu geben.

Bisher bin ich von der Frage ausgegangen, ob der Planer Verhaltens- und Erwartungsstrukturen ändern *kann*. Aber ich bin dem Kern der Frage ausgewichen, ob er das auch tun *sollte*. Wenn Levittown so viel Schaden anrichtete, wie Kritiker behaupten, und dort ein Leben so wenig wünschenswert wäre, wie Städteplaner

glauben, wäre die Antwort eindeutig. Da dies jedoch nicht der Fall ist, sollte die Entscheidung des Planers über Veränderungen von zwei Voraussetzungen abhängig gemacht werden:
1. In einer pluralistischen Gesellschaft sind unterschiedliche Lebens- und Siedlungsformen gerechtfertigt, vorausgesetzt, daß sie nicht eindeutig gegen die Gesellschaft gerichtet sind oder den einzelnen unterdrücken.
2. Die Leute, für die geplant wird, können von allen am besten entscheiden, wie sie leben wollen.

Der Planer wird vielleicht Urbanität bevorzugen, aber wenn er nicht nachweisen kann, daß andere Alternativen Nachteile haben, gibt ihm diese Entscheidung höchstens das Recht, sie für sich selbst zu praktizieren. Das Schlüsselwort ist »der Beweis«, denn wenn die Wünsche der Leute nachteilige Folgen haben, kann er eine Änderung vorschlagen und alle möglichen Mittel zu ihrer Durchführung anwenden. Jedenfalls müssen solche Folgen von den Bewohnern selbst als Beeinträchtigung ihrer Erwartungen bezeichnet werden, und nicht nur vom Planer. Oder sie müssen eindeutig asoziale oder selbstzerstörische Tendenzen beinhalten. Offensichtlich kann Selbstzerstörung durch Rauschgift und die Beeinträchtigung, die die Nachbarn dadurch erfahren, nicht als Bedürfnis akzeptiert werden, aber die Bereitschaft, lange Arbeitswege als Preis für weniger dichte Besiedlung in Kauf zu nehmen, sollte respektiert werden, solange nicht bessere Möglichkeiten gefunden werden, die Zielvorstellungen, die diesem Wunsch nach geringer Wohndichte zugrunde liegen, zu verwirklichen. Gleicherweise sollte der Planer Änderungen verteidigen, wenn er beweisen kann, daß sie den Leuten, obwohl sie sie als nicht erstrebenswert betrachten, in Wirklichkeit Vorteile bringen können. Wenn zum Beispiel der Planer beweisen kann, daß die Einführung von Etagenwohnungen in einer Einfamilienhaussiedlung – eine Änderung, der sich die meisten Vorstadtbewohner widersetzen – ihre Steuern verringern oder Verbesserungen der öffentlichen Dienstleistungen erlauben wird, wie sie sie wünschen, ist ein Änderungsvorschlag gerechtfertigt. Wenn die Leute jedoch lieber hohe Steuern zahlen, um das Prestige und andere Vorteile, die sie aus der Beschränkung der Gemeinde auf Einfamilienhäuser ziehen, aufrechtzuerhalten, so muß auch ihnen das Recht zugestanden werden, sich entsprechend zu verhalten.

Ein Problem bleibt bestehen, nämlich wenn die Leute in einer Gemeinde nicht alle dieselben Wünsche haben und wenn die Entscheidungsalternative nicht zwischen der Gemeinde und dem Planer, sondern zwischen der Gemeinde und der übergeordneten Region liegt. Zum Beispiel kann der Fall eintreten, daß einige Vorortbewohner die Einführung von Hochhäusern befürworten. Wenn die Meinungen geteilt sind, sollte die Entscheidung der Mehrheit ausschlaggebend sein. Eine Gemeinde kann sich möglicherweise in ihrem Widerstand gegen Hochhäuser einig sein, aber die regionale Planung erfordert sie vielleicht, und die beste Lage wäre ausgerechnet in dieser Gemeinde. Es gibt keine einfache Antwort in einer so schwierigen Situation. Die Bedürfnisse der Region sollten Vorrang vor denen der Gemeinde haben, wenn auch nur aufgrund des Mehrheitsprinzips; aber gewisse Rechte der Minderheit müssen auf jeden Fall geschützt bleiben. Der Wunsch, keine Geschoßwohnungen zuzulassen, fällt nicht unter diese Kategorie. Aber das Recht der Neger, sich in dieser Gemeinde niederzulassen, ist verfassungsmäßig geschützt, auch wenn die Mehrheit der Weißen die Neger ablehnt. Wenn jedoch eine Meinungsänderung erzwungen werden muß, sollten Erleichterungen mit eingeplant werden. Entsteht zum Beispiel der Widerstand gegen die Rassenintegration aus Furcht vor einem Prestigeverlust, sollte der Eingriff so geplant werden, daß der Prestigeverlust so klein wie möglich ist, indem man sicherstellt, daß die ersten Neger, die einziehen, der höheren Schicht angehören. Ebenso sollte man den Neuankömmlingen vielleicht mit finanzieller Unterstützung helfen, um sichtbare Anzeichen eines niedrigen Einkommens zu beseitigen. Schließlich sollte die Integration behutsam vonstatten gehen, so daß nicht Bewohner von sehr unterschiedlichem Status willkürlich zusammengebracht werden. Städtebauliche Werte, wie nachbarschaftlicher Zusammenhalt und Urbanität, sind keine absoluten Werte. Sie können nicht als Rechtfertigung dienen, die Erwartungen der Leute zu ignorieren. Die berufliche Stellung des Planers berechtigt ihn zur Anwendung seines Fachwissens, aber auch dazu, seine eigenen Wertvorstellungen zum Ausdruck zu bringen. Er darf jedoch nicht auf ihnen bestehen. Diese Wertvorstellungen sind ohnehin selten berufsbezogen, sondern stammen wie er aus dem Wertsystem der höheren Mittelschicht. Noch wichtiger jedoch ist, daß sein Vorgehen oft das Akzeptieren von Wertvorstellungen solcher Menschen verlangt, die nicht über die wirtschaftlichen und sonstigen Möglichkeiten verfügen, die diese Werte erst geschaffen haben. So setzt er Maßstäbe der höheren Mittelschicht und gebraucht öffentliche Macht zur Unterstützung seiner Forderungen, ohne für entsprechende Einkommen zu sorgen. Es wäre dasselbe, als wenn jemand darauf bestehen würde, daß arme Leute Cadillacs einfach deshalb kaufen, weil sie offensichtlich besser sind als Chevrolets. Wenn die Lebensbedingungen geändert werden sollen, dann müssen wirtschaftliche und andere Anreize zur Verfügung stehen. Freiwillige und erwünschte Verhaltensänderungen können auf andere Weise unterstützt werden, aber unfreiwillige lassen sich nur schwer durchsetzen, und sie sollten nur im Interesse der Öffentlichkeit und des Schutzes der Rechte von Minderheiten realisiert werden.

TEIL III

KOMMUNALPOLITIK IN DER DEMOKRATISCHEN GESELLSCHAFT

Für den in der deutschen politischen Soziologie üblichen Sprachgebrauch wäre es angemessen, den hier behandelten Prozeß mit dem Begriff »politische Willensbildung« zu übersetzen. Da der Verfasser sich jedoch entschieden hat, lediglich formal-demokratische Prozesse zu beschreiben, wie sie in Levittown tatsächlich zwischen Verwaltung und politischen Interessengruppen auf der einen und den Bürgern auf der anderen Seite stattgefunden haben, erschien es angebracht, das von ihm im Original verwendete Wort »political communication« mit dem schwächeren, aber ungebräuchlichen Ausdruck »politische Meinungsbildung« zu übersetzen.

12 Die politische Meinungsbildung

Im ersten Teil dieses Buches kam ich zu dem Ergebnis, daß das Entstehen der Gemeinde mehr durch die Ereignisse, die nach ihrer Gründung erfolgt sind, als durch vorherige Planung bestimmt ist, und eher durch die Bewohner selbst als durch die politischen Führer. Im zweiten Teil wies ich darauf hin, daß das Leben der Bewohner auch durch die Geschehnisse in Levittown und ganz besonders durch den Kontakt mit anderen Bewohnern geformt wurde. Diese Schlußfolgerungen führen logischerweise zu einer nahe damit zusammenhängenden Frage: Inwieweit entsprechen Verwaltung und politische Maßnahmen den Zielen und vordringlichsten Wünschen der Bürger? Inwieweit spiegeln sie nur die Wünsche und Ziele der gewählten und ernannten Amtsträger, Parteiführer und Interessenvertreter wider, die im Namen der Bewohner die Entscheidungen beeinflussen und treffen? Hieraus ergibt sich die weitere Frage, ob die Verwaltung sich mit den Bewohnern auseinandersetzen soll und in welchem Maß.

Die Struktur der politischen Kommunikation

Es geht hier zunächst einmal um die Kommunikation zwischen denen, die die Entscheidungen treffen, und den Bürgern, das heißt um das Eingehen der ersteren auf die Wünsche der letzteren und die daraus folgende »Rückkopplung«. In einer demokratischen Gemeinde wird die Tätigkeit der Regierung durch zwei offensichtliche Tatsachen beeinflußt: durch die Tatsache, daß die Wähler aufgrund ihrer periodischen Gänge zur Wahlurne eine Macht über Leben und Tod der Regierung ausüben, und durch die Tatsache, daß die Wähler zwischen den Wahlen nur eine untergeordnete Rolle spielen, so daß ihre Reaktionen auf Regierungsentscheidungen unbekannt und unvorhersehbar sind. Trotzdem muß die Verwaltung auf die Wünsche der Bürgerschaft eingehen. Die Leute, die sich um ein Amt bewerben, wollen gewählt werden, und die politische Partei kann nur dann gedeihen, wenn ihre Kandidaten gewinnen. Die Kandidaten selbst wollen den Bürgern entgegenkommen, zumindest in Levittown, wo ein politisches Amt mit einer zusätzlichen Halbtagsarbeit verbunden ist. Deshalb sind und bleiben sie Amateurpolitiker, die sich um ein Amt nicht nur zur Förderung ihrer politischen Karriere bewerben, sondern auch aus persönlichen Gründen (etwa um im Rampenlicht der Öffentlichkeit zu stehen) und aus sozialen Gründen (um das zu tun, was sie für die Gemeinde als das Beste ansehen). Da sie Amateure sind, glauben sie, daß Gutes zu tun weitgehend davon abhängig ist, daß man die richtigen Absichten hat – und die haben sie ihrer Meinung nach im allgemeinen. Viele Wahlkampfauseinandersetzungen entstehen gerade aus Meinungsverschiedenheiten zwischen Leuten, die die gleichen guten Absichten haben. Wenn sie aber einmal gewählt sind, dann ändert sich das Verhalten der Kandidaten beträchtlich. Nun sind sie Teil eines politischen Systems, das Entscheidungen treffen kann, indem es das Eingehen auf die Bürgerschaft und mögliche Rückkopplung einschränkt und weder Probleme aufwirft noch dazu Stellung nimmt. Nur wenn die Auseinandersetzung in der Öffentlichkeit niedrig gehalten wird, kann das System als Makler und verbindendes Organ zwischen den verschiedenen Interessengruppen und Wählerblöcken fungieren[1]. Mit anderen Worten, die Kandidaten werden das, was die Bewohner von Levittown – genauso wie die meisten Amerikaner in anderen Gemeinden – mißbilligend als »Politiker« bezeichnen. Die Gründe für diese Veränderung sind ganz einfach. Zwischen den Wahlen erhält die Regierung wenig Resonanz, da der Durchschnittsbürger weder Verbindung mit der Regierung aufnimmt noch daran interessiert ist, daß die Regierung dies mit ihm tut. Alle diejenigen, denen in Levittown Entscheidungen obliegen, mögen sie nun gewählt oder ernannt sein, mögen sie der Stadtverwaltung, der Schulbehörde oder irgendeinem anderen öffentlichen Amt angehören, gaben ohne Unterschied zu, daß nur eine Handvoll Bürger jemals zu ihnen kam, um über ihre Entscheidungen zu diskutieren oder Forderungen aufzustellen. Die Versammlungen der gewählten Organe waren nur schwach besucht, und öffentliche Hearings haben nur dann Anziehungskraft, wenn ein Kampf in Aussicht steht. Deshalb erfährt ein gewählter Amtsträger nur von einigen wenigen Leuten Reaktionen: von jenen, die durch die Entscheidungen der Verwaltung persönlich und direkt betroffen werden, und vor allem von denen, die durch die laufenden und vorgeschlagenen Aktionen benachteiligt werden und deshalb verärgert sind.

Daß so wenig Verbindung zwischen Regierung, Verwaltung und Bürgern besteht und daß die Sitzungen kaum besucht sind, liegt nicht an der Gleichgültigkeit, sondern an zwei anderen Faktoren: Erstens berühren die meisten Amtshandlungen nicht das Alltagsleben und die Alltagssorgen der Bürger. Die meisten Stadtratsbeschlüsse betrafen innere Angelegenheiten, die nur für den Stadtrat und die Verwaltung von Interesse waren. Sie betrafen weiterhin Bezirks- oder Landesangelegenheiten, oder aber es ging darum, die geforderten Bau- und Gewerbegenehmigungen zu erteilen. Probleme der Schulverwaltung wurden in ähnlicher Weise dem Interesse der Eltern entzogen. Dazu kommt, daß viele Leute nicht gern mit gewählten Amtsträgern in Verbindung treten wollen. Ob sie aus Groß- oder Kleinstädten kommen, die Leute wissen, daß die Politiker für Kritik selten

---

[1] Diese Vorstellung des politischen Systems beruht auf den Begriffen und Ergebnissen von Meyerson und Banfield, vor allem Kapitel 9; Banfield (1955); Banfield (1961); und Dahl.

empfänglich sind, daß sich ihre Antworten meist in vagen Verallgemeinerungen bewegen und bei persönlichen Gesuchen selten wirklich helfen können. Das Widerstreben der Politiker, auf die Bürgerschaft zu hören, beruht jedoch nicht auf Verachtung oder mangelndem Interesse, sondern auf der geringen Beteiligung der Bevölkerung am politischen Geschehen. Da die meisten Leute am politischen Leben kaum teilnehmen und die Gemeinde sehr heterogen ist — was normalerweise der Fall zu sein pflegt —, haben diejenigen Bürger, die wirklich zu den Entscheidungsträgern Verbindung aufnehmen, verschiedene und oft miteinander in Widerstreit liegende Interessen und stellen daher einander stark widersprechende Forderungen[2]. Dieser Konflikt bringt diejenigen, die zu entscheiden haben, in eine schwierige und oft kaum lösbare Lage, denn sie können in einer Angelegenheit nur eine einzige Entscheidung treffen. Folglich wird durch das, was sie sagen oder tun, immer irgend jemand benachteiligt sein, und der weiseste Kurs besteht darin, sich sowenig oder zumindest so leidenschaftslos wie möglich die Forderungen anzuhören und noch weniger zu sagen oder zu tun[3]. Da sich bei der Wahl der verärgerte Bürger wahrscheinlich eher an seinen Groll erinnert als der zufriedene an sein Einverständnis, ist es für die Politiker von Vorteil, unverbindlich zu sein. Aber sie sind gleichzeitig mit Unwägbarkeiten konfrontiert und können nicht umhin, das Mißfallen einiger Wähler zu erregen. Doch ohne ausreichende Beziehung zu ihnen wissen sie kaum, wie viele das bis zur nächsten Wahl in Erinnerung behalten werden bzw. wer diese sind. Ihre Probleme liegen sogar wesentlich näher als die nächste Wahl. Wenn sie offen und frei über die zu treffenden Entscheidungen und über das, was sie denken, sprechen, dann werden sie sofort angegriffen von denen, die glauben, daß ihre Sache zu kurz kommt, und vor allem von der Oppositionspartei, die immer nach unzufriedenen Bürgern und nach Wahlkampfthemen sucht. Wenn sie sich ständig bei den Wählern rückversichern würden, so wären sie ständigen Forderungen und Argumenten nach allen Seiten ausgesetzt und eine Entscheidung könnte nie erreicht werden.

Die Kommunikation wird auch durch das behindert, was man die Norm der *altruistischen Demokratie* nennen könnte. Nach dieser Norm, einem Eckpfeiler der bekannten demokratischen Theorie, treten Bürger in die Regierung ein, um ihren Mitbürgern und dem öffentlichen Interesse zu dienen. Man erwartet von ihnen, daß sie unparteiische, selbstlose Diener der Bürgerschaft sind, daß sie das öffentliche Interesse klar definieren können und moralisch saubere Entscheidungen ohne Rücksicht auf Interessengruppen, auf Wählerblocks oder auf ihre eigene oder

---

[2] Die Heterogenität der Gemeinde hat viele politische Auswirkungen. So zeigte eine Studie, daß die Bibliothekare heterogener Gemeinden nicht so viele umstrittene neue Bücher kauften wie die Bibliothekare in relativ gleichförmigen Gemeinden. Fiske, S. 67.
[3] Banfield (1961), S. 252–253.

ihrer Partei politische Zukunft fällen. Da jedoch in Wirklichkeit Entscheidungen selten ohne solche Erwägungen gemacht werden können, würde es den Verantwortlichen bei Erfüllung ihrer Pflicht nicht helfen, wenn sie altruistische Demokratie praktizierten. Wäre der Entscheidungsprozeß dagegen der Öffentlichkeit zugängig, dann würde die Entscheidungsgewalt sofort als unmoralisch, selbstsüchtig und »politisch« angegriffen werden. Da die Oppositionspartei stets auf Wahlkampfthemen wartet, bleibt den beschließenden Gremien nur die Möglichkeit, den wirklichen Entscheidungsprozeß sowohl vor der Opposition als auch der Öffentlichkeit zu verbergen.

Die Diskrepanz zwischen dem idealen und dem tatsächlichen Entscheidungsprozeß würde natürlich kein Wahlkampfschlager, wenn die Bürger nicht an der Vorstellung des Altruismus in der Verwaltung festhielten. Obwohl viele das Gefühl haben, daß diese Theorie nicht recht funktioniert, hoffen sie dennoch, daß sich die Dinge ändern werden, wenn nur erst bei der nächsten Wahl die korrupten Vertreter ihre Ämter verlieren. In der Tat reagieren die Wähler auf Persönlichkeiten stärker als auf Sachfragen. Bei ihrem mangelnden Interesse an den meisten Streitfragen suchen sie einen Kandidaten, von dem sie annehmen, daß er nach den demokratischen Regeln handelt. Erfahrene Politiker berücksichtigen das in ihrem Wahlkampf. Sie versuchen zu beweisen, daß der Kandidat der Opposition eigennützig handelt, wogegen ihr eigener selbstlos ist. Die Fähigkeit des Wählers zu glauben und gleichzeitig mißtrauisch zu sein, ist tief in der kulturellen Tradition des Landes eingebettet. Die Amerikaner sind überzeugt, daß die normative Konzeption der Demokratie durchführbar und lebensfähig ist, daß sie nur wegen der Unredlichkeit der Politiker nicht funktioniert. Jedoch bezeichnen sie gleichzeitig ihren eigenen Standpunkt und ihre eigenen Interessen als altruistisch, die Opposition als eigennützig und die Politiker je nachdem als Helden oder Schurken.

Letzten Endes rührt diese Vorstellung des politischen Geschehens daher, daß die Wähler kaum Anteil an der Regierung nehmen. Wenn sie sich politisch beteiligen würden, so hätten sie genügend Information darüber, wie der Vorgang der Beschlußfassung funktioniert und warum er so funktioniert. Sie würden vielleicht ihren Glauben an den Altruismus in der Politik nicht aufgeben, aber sie würden sich irgendwie in ihrem Denken so anpassen, daß sie in der Politik ihre Aufgaben erfüllen könnten. Sie tun es ja ohnehin so, wenn es um die internen Angelegenheiten in Büro und Fabrik geht. Hinzu kommt, daß in einer Gemeinde wie Levittown die meisten Amtspersonen und Parteifunktionäre keine berufsmäßigen Politiker sind und deshalb die gleichen Einstellungen wie die gewöhnlichen Bürger haben[4]. Sie sehen vielleicht die Notwendigkeit von politischen Maßnahmen in

---

[4] Vgl. die Diskussion bei Dahl über das Monopol der gehobenen Berufsgruppen im politischen Leben, bes. S. 279–280 u. Kap. 27.

ihrem eigenen Amt oder ihrer Partei. Aber die Handlungen der Opposition werden als eine Verletzung der altruistischen Demokratie dargestellt[5].
Die Tatsache, daß nur einige Ausgewählte unter den Bürgern an der Verwaltung mitarbeiten, und der Glaube der Bürger, daß sich die Regierung nach altruistischen Normen richten sollte, zwingt die Verwaltung dazu, sich vor ihrer Wählerschaft zu schützen. Der einzelne Entscheidungsträger verzichtet auf eine Rückversicherung bei den Wählern und unterdrückt die Mitverantwortung. Das ist aber nicht ausreichend, denn falls sich ein Politiker plötzlich entschließen würde, sich dadurch mehr Unterstützung zu verschaffen, daß er gegenüber seiner Wählerschaft sich mehr entgegenkommend zeigte, würden sich seine Kollegen anpassen müssen und der Entscheidungsprozeß käme in die gleiche Sackgasse, sobald gegensätzliche Forderungen erhoben würden.
Daraus folgt, daß die Regierung institutionelle Mittel entwickeln muß, um sich vor den Bürgern abzuschirmen. In Levittown, und vermutlich überall, geschieht das dadurch, daß die Verwaltung sich zwei Arten von Regierung schafft: eine, die nur nach außen hin als Verwaltung auftritt, und eine tatsächlich handelnde. Die Verwaltung, die der Bevölkerung gezeigt wird, ist nur eine »darstellende« Verwaltung. Ihre Handlungen sind Schaustellungen, die die Theorie von der altruistischen Demokratie vorführen sollen[6]. Die Bühne dafür, die gemäß dieser Theorie aus-

---

[5] Das hat einige positive Auswirkungen: Zum einen spornt es die Mitarbeiter der Partei zu größeren Leistungen an, um die Opposition zu besiegen. Zum anderen erlaubt es den berufsmäßigen Politikern, die für den nächsten Wahlkampf vorgesehenen Streitfragen bei den Mitarbeitern auf ihre Wirksamkeit zu prüfen, bevor sie der Öffentlichkeit vorgelegt werden.

[6] Das Konzept der Schaustellung (performance) und anderer Bezeichnungen aus der Welt des Theaters, die in dieser Analyse verbunden werden, sind von Goffman insbesondere im Kapitel 1 übernommen. Ich gebrauche den Begriff »Schaustellung« in etwas engerem Sinn, denn er definiert ihn als »die Aktivität eines gegebenen Teilnehmers in einer gegebenen Situation, die dazu dient, in irgendeiner Weise irgendeinen der anderen Teilnehmer zu beeinflussen« (S. 15), wogegen ich hauptsächlich an die Versuche denke, eine Zuhörerschaft davon zu überzeugen, daß die Entscheidungen in einer Weise getroffen wurden, in der sie in Wirklichkeit nicht zustande kamen.
Bei einer Gemeinderatssitzung wurde ich das erste Mal Zeuge einer solchen »Schaustellung«. Ich beobachtete zwei Rechtsanwälte, wie sie sehr erregt miteinander über eine Entscheidung stritten, um sich nach dem Ende der Sitzung auf die freundlichste Weise zu begrüßen. Ich bin nicht sicher, ob der Streit echt war, aber sicher ist, daß sie durch ihr intensives Engagement die Zuhörerschaft beeindruckten. Natürlich kann die Verhaltensänderung auch als ein Wechsel in der Rolle vom politischen Widersacher zum Berufskollegen beschrieben werden, genauso wie der Unterschied in dem dargestellten und wirklichen Verhalten der Regierungsbeamten als Unterschied zwischen der Rolle als gewählter Amtsträger und Politiker beschrieben werden kann. Beide Vorstellungen sind denkbar, aber das Konzept der Darstellung ist nützlicher für das Verständnis der Beziehungen zwischen Regierung und Bürger.

gestaltet und durch staatliche und gemeindliche Gesetzesnormen legitimiert ist, stellt die öffentliche Stadtratsversammlung dar. Hier hören sich die Regierenden die Ansichten der Bürger an und schreiten dann anscheinend auf der Basis des soeben Vernommenen zur Schlußabstimmung. Aber das ist nur eine Schaustellung, denn die wirkliche Entscheidung wurde längst hinter den Kulissen gefällt, in der geheimen Beratung der »wirklichen« Verwaltung[7]. In Levittown sind die wichtigsten Glieder dieser Verwaltung der Ausschuß und die politische Partei.

Der Vorausschuß ist eine private Arena, wo die Regierenden über die Entscheidungen diskutieren und zu Vereinbarungen kommen, die dann bei der öffentlichen Schau verkündigt werden. Die politische Partei gibt dem einzelnen Verantwortlichen die Unterstützung, die er braucht, um in der nur nach außen agierenden und in der wirklichen Verwaltung seine Aufgaben wahrnehmen zu können. Die gewählte Regierung, die unter Aufsicht der Öffentlichkeit steht und bei jeder Wahl ersetzt werden kann, ist in sozialer und psychologischer Hinsicht eine äußerst labile Handlungsbasis. Der einzelne Politiker braucht wie jeder andere Mensch eine Institution, in der er eine beständige Rolle spielen und Karriere machen kann, wo ihm bei Erfolgen Belohnungen und Beförderungen winken, wo er aber auch für zeitweilige Mißerfolge am Aufstieg gehindert wird, und vor allem, wo er die Möglichkeiten hat, sich mit Leuten zusammenzutun, denen er Vertrauen schenken kann. Selbst in den Ausschüssen kann er seinen Kollegen gegenüber, von denen einige die gegenwärtige oder zukünftige politische Opposition vertreten, nie völlig offen sein.

Die Partei ist für ihn auf eine andere Weise eine wichtige Unterstützung. Wenn er wiedergewählt werden will, müssen seine Entscheidungen zumindest in einem bestimmten Ausmaß die Wünsche der Wählerschaft widerspiegeln. Da er diese Wünsche oft nicht genau ausmachen kann, leistet ihm die Partei einen Dienst, indem sie durch ihre Mitarbeiter die Vorstellungen und Gefühle der Bürger auskundschaften läßt. Was noch wichtiger ist, die Partei verschafft ihm noch ein anderes, einfacheres Erfolgskriterium für Entscheidungen: ihren eigenen Erfolg. Da dieser Erfolg genau wie der des Kandidaten von der Fähigkeit abhängt, Wahlen zu gewinnen, wird die Partei ein verantwortlicher Partner im Entscheidungsprozeß. Der gewählte Vertreter ist in Wirklichkeit oft nur ein Repräsentant, manchmal sogar nur eine Art Laufjunge, der die Entscheidung der Parteiführung oder des Parteiausschusses in die einzelnen Verwaltungsausschüsse überbringt.

Die Wählerschaft, die eine ganz bestimmte Meinung darüber hat, wie und welche Entscheidungen die Regierung treffen sollte, ist natürlich von beiden Ausschüssen ausgeschlossen. Trotzdem muß sie versuchen, die Scheinverwaltung zu umgehen und die »wirkliche« zu erreichen oder vielleicht mit den Scheinpolitikern so in

---

[7] Dahl unterscheidet zwischen dem Ritual und der Wirklichkeit der Macht, S. 159.

Verbindung zu treten, daß ihre Forderungen von der »wirklichen« Verwaltung beachtet werden. Die Vertreter mächtiger Interessengruppen und Wählerblocks haben hier leichten Zugang, aber die kleineren Gruppen haben beträchtliche Schwierigkeiten und müssen Mittel ersinnen, die die wirkliche Regierung zwingen, auch auf sie zu achten. Solche Gruppen können selbst eine Art von Schau in Szene setzen und ihren Standpunkt so in der Öffentlichkeit darlegen, daß sie die Politiker auf sich aufmerksam machen. Sie können auch in großer Anzahl bei öffentlichen Sitzungen auftreten, so daß ihre Stärke klar wird und die Regierung sich gezwungen sieht, sie zu berücksichtigen. Wenn sie merken, daß sie die wirkliche Verwaltung nicht erreichen, können sie eine politische Gegenveranstaltung vorführen. Sie können bei einer öffentlichen Versammlung aufstehen und den Politikern eine Reihe von Fragen stellen, deren Antworten sie bereits wissen. Dieses Manöver kann ihnen die Sympathien anderer Wähler einbringen und sie auf diese Weise stärken. Sie können auch versuchen, die verwaltenden Politiker bloßzustellen und in Widersprüche zu verwickeln, um damit zu zeigen, daß alles nur eine Scheinpolitik ist und daß die wirklichen Entscheidungen ganz woanders fallen. Auch damit soll Unterstützung von außen gewonnen werden, vor allem von denen, die einer altruistischen Demokratie anhängen. Schließlich können sie versuchen, die Verantwortlichen zum Abbrechen der Schaustellung zu zwingen, indem sie so viel Druck erzeugen, daß die Politiker ihr Gleichgewicht verlieren, daß sie von der bereits im Ausschuß getroffenen Entscheidung abgehen und öffentlich den Protestierenden ihre Unterstützung zusagen. Damit sind sie nun nicht nur gezwungen, eine Stellung zu beziehen, die sie auch in der wirklichen Regierung einnehmen können, sondern darüber hinaus haben sie die Scheinverwaltung auch als eine solche enthüllt und sie damit für eine gewisse Zeit beendet. Protestierende Bürger versuchen immer wieder, genügend Unstimmigkeiten hervorzubringen, um die Scheinpolitik zu entlarven und die wirkliche Verwaltung in die Öffentlichkeit zu zwingen. Die Politiker dagegen versuchen, Konflikte zu verhindern und die Geheimpolitik der eigentlichen Verwaltung aufrechtzuerhalten und ihre Freiheit von äußerem Druck zu bewahren.

Die meisten Leute – und dazu gehören sogar auch die Politiker selbst – sind sich der Existenz der Scheinregierung und der wirklichen Verwaltung nicht völlig bewußt[8]. Trotzdem spüren sie es. Sie wissen, daß die Politiker »mit doppelten Zungen« reden, eine Sache versprechen und eine andere tun, und daß man ihnen nicht trauen darf. Obwohl diese Beschreibungen auf moralischer Ebene liegen, spielen sie auf die Kluft zwischen der nach außen zur Schau gestellten Rolle des Politikers und seiner wirklichen Rolle an. Natürlich wird eine politische Schau gewöhnlich

---

[8] Goffman, S. 17, erörtert das Bewußtsein des Vorhandenseins von Darstellungen im täglichen Leben.

für trügerisch gehalten, und der Begriff selbst ist herabwürdigend. Aber ich gebrauche ihn nicht in diesem Sinne. Es sollte klar sein, daß ich die Schaustellung als einen realen und charakteristischen Teil der amerikanischen Politik ansehe, der – obgleich keineswegs wünschenswert – wahrscheinlich nicht beseitigt werden kann – es sei denn durch eine radikale, aber ziemlich unwahrscheinliche Änderung in den Beziehungen zwischen der Verwaltung und den Bürgern. Auf jeden Fall möchte ich nicht, daß meine Beobachtungen als eine Abhandlung über die Unmoral des amerikanischen Regierungs- und Verwaltungssystems angesehen werden, gleich, ob es sich nun um Regierung auf lokaler, staatlicher oder Bundesebene handelt. Denn die Politik ist viel zu vielschichtig und zu verwickelt, um nach den Normen persönlicher oder familiärer Beziehungen beurteilt zu werden.

Die Funktionen der Scheinregierung

Eine wichtige Funktion der Scheinverwaltung liegt darin, die politische Unsicherheit zu verringern. Wenn alles auf die nächste Wahl ausgerichtet ist, kann jede Entscheidung – ja, jeder einzelne Akt der Regierung – zu unvorhersehbaren Folgen führen. In einer Vorstadtgemeinde, wo viele Wähler Unabhängige sind, kann keine Partei auf eine ausreichende Anzahl getreuer Anhänger zählen, die sie ohne Rücksicht auf Kandidaten oder anstehende Probleme unterstützen. Es gibt auch zu wenige von der Partei zu besetzende Stellen, um Mitarbeiter und sichere Stimmen zu garantieren. In einer neuen Gemeinde ist die Unsicherheit sogar noch größer, da niemand die Wähler gut genug kennt, um vorhersagen zu können, wie sie stimmen werden, zumal Fremde bei öffentlichen Veranstaltungen die politische Szene schlagartig verändern können. Ferner bedeutet die Durchführung politischer Prozesse nach den formalen Regeln normativer Demokratie, die ja nach offener Diskussion verlangen, eine unvermeidliche Verzögerung gerade dann, wenn eine Organisation eiligst errichtet werden soll. Wenn gerade so viel Demokratie praktiziert wird, um diejenigen zu besänftigen, die die demokratischen Formen für genauso wichtig halten wie die Erledigung der anstehenden Arbeit, dann kann eine eigentliche, aber zeitraubende Praxis demokratischer Prozesse vermieden werden. Egal ob die Gruppe neu oder schon fest etabliert ist, die Bekanntgabe der sich in der Demokratie ergebenden Meinungsverschiedenheiten ist ein Beweis des Konflikts und wird häufig als Zeichen organisatorischer Unfähigkeit interpretiert. Eine richtige »Schau« dagegen schafft ein Image von Leistungsfähigkeit und Können. Folglich versucht die Regierung, Unsicherheiten und offene Konflikte aus dem politischen Prozeß auszuschalten, wo immer sie kann, und ihre Aktionen zu planen und sie für die »Bühne« zu inszenieren.

Besonders sorgfältig werden Konfrontationen mit der Bürgerschaft einstudiert. Öffentliche Sitzungen der Gemeindekörperschaften verlaufen mit einer Tagesordnung, die fast wie ein Drehbuch funktioniert. Als der Schulausschuß zum Beispiel noch weitgehend aus Alteingesessenen bestand, bereitete der Schulvorstand ein richtiges Drehbuch vor, das es den Ausschußmitgliedern ermöglichte, alles außer den Abstimmungsergebnissen aus der Tagesordnung vorzulesen. Durch lokale und staatliche Verordnungen und durch die Ordnungsregeln von Roberts, die es den Zuhörern schwer machen, den Verwaltenden Fragen zu stellen, wird die Beibehaltung dieser politischen Schaustellungen erleichtert. In New Jersey ist die Gemeinde nicht einmal verpflichtet, die Bürger bei ihren regelmäßigen Sitzungen anzuhören. Aber Levittowns Gemeinderat erlaubte ihnen zu sprechen. Sein Vorstand fungierte jedoch als Türhüter, indem er die Vorschriften zur Leitung öffentlicher Versammlungen häufig dazu benutzte, solche Bemerkungen abzuschneiden, die zu Auseinandersetzungen hätten führen und die Vorstellung gefährden können.

Die wichtigste Gelegenheit der Wähler, für eine »Rückkopplung« im politischen Prozeß zu sorgen, ist das öffentliche Anhörungsverfahren. Aber auch das wird als Schau aufgezogen. Die Bürger können Reden halten und Zeugnis ablegen, aber direkte Fragen an die Politiker werden ungern beantwortet. Die Politiker sitzen auf einem Podium und hören zu oder tun so, als ob sie zuhörten, indem sie die Beweise und Reden ohne Regung in sich aufnehmen, um nicht anzuzeigen, wie sie stimmen werden. Während meiner Untersuchung hatten die öffentlichen Gremien schon vor der Anhörung der Öffentlichkeit beschlossen, wie sie stimmen wollten. Sie ließen die Anhörung nur als gesetzliches Erfordernis über sich ergehen. Nicht, daß sie alle Bemerkungen verworfen hätten, aber sie hatten sie gewöhnlich schon vorher gehört, und die Gelegenheit, etwas Neues zu erfahren, war gering. Und wenn doch neue Tatsachen und Gedanken vorgebracht wurden und die Offiziellen dadurch beindruckt wurden, so versuchten sie, das zu verbergen.

Die Gründe für eine Aufrechterhaltung der politischen Schaustellungen werden erst sichtbar, wenn diese einmal zusammenbrechen. Das allerdings passiert selten. Als die Verordnung, auch nichtortsansässige Ärzte zuzulassen, in einer öffentlichen Anhörung behandelt wurde, setzten die Gegner die gewählten Beamten unter stärksten Druck, um die Vorlage zurückzustellen. Aufgereizt durch die Diskussion, verkündete einer der Vertreter plötzlich, daß er seine Position ändern und zu der bereits vorher im Ausschuß abgesprochenen Meinung, die Verordnung anzunehmen, zurückkehren werde. Da er weder politischen Ehrgeiz noch eine starke Position in seiner Partei hatte, war er gegen den Druck weniger gefeit als seine Kollegen, die versuchten, den Schein wiederherzustellen, indem sie sich schweigend verhielten. Sein Abfall und der fortdauernde Druck der Zuhörerschaft zwang jedoch auch sie dazu, ihre Meinung zu ändern.

Obwohl die Opponenten durch den Zusammenbruch der »Schau« ihre Forderungen erfüllt sahen, wurden sie nur noch ärgerlicher. Sie hatten erkannt, daß der Ablauf der öffentlichen Anhörung bereits vorher festgelegt worden war. Diejenigen, die die Verordnung bejahten, waren ebenfalls ärgerlich und forderten gleiche Zeit bei einer späteren Versammlung. Neue politische Verhandlungen waren nötig, um den Konflikt zu mildern und einen Kompromiß herbeizuführen. Später leugneten der Verwaltungsvertreter, der die Schau hatte platzen lassen, und seine Kollegen, daß sie einem äußeren Druck nachgegeben hätten. Dieses Leugnen zeigte jedoch erneut, wieviel Sorgen ihnen der Zusammenbruch der politischen Fassade bereitet hatte[9].

Bei einer Versammlung des Schulausschusses ereignete es sich noch einmal, daß eine politische Scheindebatte mißglückte. Eine große Anzahl von Eltern waren unerwartet erschienen, um gegen einen Lehrer zu protestieren. Die Mitglieder des Schulausschusses wiesen darauf hin, daß man sie nicht informiert habe, womit sie jedoch meinten, daß sie ohne eine nichtöffentliche Sitzung nicht in der Lage seien, eine Schau vorzubereiten, um zu zeigen, daß der Schulausschuß die Sache unter Kontrolle habe und die geeigneten Maßnahmen treffen würde. Die Eltern bestanden jedoch auf einer sofortigen Antwort, und die Schulausschußmitglieder mußten den Schulrat zu einer Stellungnahme auffordern. Hier brach das ganze traditionelle Scheinsystem zusammen, denn bisher hatte der Schulausschuß alle politischen Entscheidungen verkündet und dabei angedeutet, er habe sie auch selbst gefällt. Der Schulrat sprach nur, wenn er nach Fakten und technischen Details gefragt wurde.

Erfahrene Politiker können eine Schau aufziehen, ohne sich etwas anmerken zu lassen. Nichtberufsmäßigen Politikern ebenso wie den weniger Erfahrenen fehlt das notwendige unbefangene Auftreten. Sie brauchen die Zustimmung der Wähler mehr und sind eher geneigt, äußerem Druck nachzugeben. Da sie selbst bei geringem finanziellen oder psychologischen Lohn hart arbeiten – Lob von seiten der Wähler ist ohnehin selten –, sind sie besonders empfindlich für Kritik. Je strikter sie bei der politischen Schaustellung mitmachen, um so weniger laufen sie Gefahr, kritisiert zu werden. Ein gewählter Beamter erklärte die Notwendigkeit des Ausschusses folgendermaßen: »Die Mitglieder unseres Gremiums würden in der Öffentlichkeit nicht frei genug sprechen. Sie üben ihr Amt auf Gefälligkeitsbasis aus, und sie würden sich Zeitungskritiken und Angriffen von anderer Seite, die durch nicht vorher abgesprochene Meinungsäußerungen hervorgerufen würden, nicht gefallen lassen.« Nichtberufsmäßige Politiker fürchten ungeprobte Konfrontationen jeder Art. Sie haben Angst davor, Reden zu halten, aber sie können sie vorher ausarbeiten und einstudieren. Da die Leute übermäßig glatte

---

[9] Die Darstellung wurde im Protokoll, das den Vorfall nicht erwähnt, wiederhergestellt. Die Sekretärin erklärte, sie hätte ihn ausgelassen, damit »Leute, die das 50 Jahre später lesen, nicht über uns lachen werden«.

Redner sowieso verdächtig finden, ist ein schlechter Stil noch nicht unbedingt ein Nachteil. Etwas anderes aber ist es, hinterher Fragen zu beantworten. Unsicherheit und Ausweichen können den Politiker als Dummkopf erscheinen lassen. Wenn er versucht, eine offene Antwort zu geben, kann es sein, daß er damit die wohlinszenierte Schau zum Platzen bringt. Berufsmäßige Politiker dagegen können eine solche Schau geschickter aufrechterhalten, obwohl sie sie psychologisch gar nicht so brauchen, weil ihnen Kritik und bohrende Fragen weniger ausmachen. Eine politische Schaustellung ist dann am nötigsten, wenn die in der Öffentlichkeit vollzogenen Maßnahmen die demokratischen Spielregeln verletzen. Als die Führer der zwei opponierenden Gruppen innerhalb der republikanischen Partei sich trafen, um Frieden zu schließen, waren Neuernennungen zum Parteiklub und zum Vorstandsausschuß notwendig. Man verbrachte eine Stunde der Sitzung mit der Planung dieses »Kuhhandels«, der nach außen hin für die normalen Mitglieder nicht in Erscheinung treten sollte. Wenn sich wichtige Männer plötzlich aus der Partei zurückziehen und Verwaltungsposten aufgeben, müssen Schaustellungen ihr Ausscheiden erklären. Die offiziellen Gründe waren gewöhnlich »neue geschäftliche Verpflichtungen, die den Betreffenden nicht mehr die nötige Zeit für seine Gemeindearbeit finden lassen«, um die Sage aufrechtzuerhalten, daß sich Politiker niemals untereinander streiten oder Andersdenkende von ihren Posten verdrängen. Die Betroffenen hätten die wahren Gründe nennen können, aber nur auf Kosten der ihnen noch verbliebenen Unterstützung seitens der Partei und ihrer politischen Karriere. Auch die Gruppen, die sie hinausgedrängt hatten, hätten die wahren Gründe nennen können. Dabei wären aber auch sie ein großes politisches Risiko eingegangen. Wäre die Wahrheit bekannt geworden, hätten der gegnerische Parteiflügel oder die andere Partei eine Gegenschau auf die Beine stellen können, um die Unfähigkeit der Parteiführung darzulegen. Obwohl viele Bewohner von Levittown der offiziellen Erklärung für das Ausscheiden nicht unbedingt Glauben schenkten, war es noch der sicherste Kurs, an ihnen festzuhalten. Wenn man die Schau aufrechterhielt, wurde vielleicht das Mißtrauen des Wählers gestärkt. Das war aber weniger gefährlich, als den Gegnern die Möglichkeit zu einem Gegenschlag zu geben. Und wenn einmal ein falscher Grund angegeben ist, kann man ihn so lange wiederholen, bis auch die Allerskeptischsten ihre Zweifel begraben. Solche politischen Scheinmanöver sind nicht auf die Ebene der Regierung einer kleinen Stadt beschränkt. Staats- und Bundespolitiker, einschließlich des Präsidenten, und ebenfalls die Vorstandsmitglieder der großen Industriegesellschaften bedienen sich ihrer. Ein faszinierendes Beispiel ereignete sich während des republikanischen Parteitages im Jahre 1964, als Gouverneur Scranton die üblichen Regeln gegenüber der Öffentlichkeit zu verletzen gezwungen wurde und dadurch auch noch den letzten Rest an Unterstützung, die ihm zur Nominierung geblieben war, verlor. Nachdem er Senator Goldwater als impulsiv kritisiert hatte, schickte er ihm einen Brief, der Goldwaters Haltung in verschiedenen strittigen Punkten angriff. Dabei benutzte er eine schärfere Sprache, als das gemeinhin unter Angehörigen der gleichen Partei üblich ist. Als man dies Abgehen von der üblichen Form kritisierte, erklärte Scranton, daß er den Brief aus einer augenblicklichen Eingebung heraus so geschrieben habe, um den Anhängern Goldwaters Gelegenheit zu geben, ihn als impulsiv hinzustellen. Was die Sache noch schlimmer machte, war seine Andeutung, ein Assistent habe den Brief verfaßt und er habe ihn ungelesen unterschrieben. Daraufhin spekulierten seine Gegner darüber, ob wohl irgend etwas aus seiner Feder stamme, was man ihm zuschreibe, und, was noch wichtiger war, ob er wohl jemals das lese, was er unterschriebe. Es war unvermeidbar, daß sich ein Anhänger Goldwaters daraufhin in der Öffentlichkeit Gedanken darüber machte, ob Scranton wohl die Gesetze und politischen Dokumente lesen würde, die er als Präsident im Falle seiner Wahl zu unterzeichnen hätte. Damit wurde Scrantons selbstgewähltes Image von Leistungsfähigkeit und nüchterner Entschlußkraft in Frage gestellt. Natürlich waren die Bedenken der Anhänger Goldwaters auch nur Scheinreaktionen. Alle Politiker beschäftigen »Ghostwriter« und unterzeichnen ungelesene Dokumente, aber sie erhalten sich das Vertrauen der Öffentlichkeit, indem sie nicht zugeben, daß so etwas jemals vorkommt[10]. Wenn eine Illusion einmal zerbrochen ist, dann schwindet dieses Vertrauen schnell. Die Leute fragen sich, ob der Politiker auch in einer Krise richtig handeln wird – und dazu gehört eben unter anderem auch, daß man das Gesicht nicht verliert.

Diese politischen Manöver sind nur eine Methode, um die Mitsprache und damit die Mitbestimmung von seiten der Wähler einzuschränken. Die Regierungen bedienen sich noch vieler anderer Mittel, wenn sie den Bürgern gegenübertreten. Wenn zum Beispiel ein aufgebrachter Bürger eine Entscheidung als moralisch anfechtbar bezeichnet, wird die Verwaltung Gründe anführen, die ganz dem Ideal der altruistischen Demokratie entsprechen. Wenn der Bürger dann keine ausreichende Information über seine wahren Gründe besitzt, was selten der Fall ist, kann er die Diskussion nicht weiterführen. Wenn er immer wieder bohrt und ständig die Maßnahmen und Begründungen in Frage stellt, dann wird man ihn eben von seiten der Verwaltung als »Querulanten« oder »Radikalen« abtun. Wenn er grundsätzlich eine andere Meinung hat, werden ihn auch seine Mitbürger nicht mehr ernst nehmen. Ist die Opposition zahlenmäßig groß, dann werden die Verantwortlichen herausstreichen, daß sie gewählt wurden, um ihre Entscheidung

---

[10] Die leitenden Leute geben zu, daß sie »Ghost-writer« beschäftigen, um ihre Reden zu verfassen, aber sie schwächen dieses Geständnis immer dadurch ab, daß sie versichern, die endgültigen Fassungen noch einmal zu korrigieren. Sie werden das in Wirklichkeit selten tun, aber so wird wenigstens der Schein gewahrt, daß die Rede ihr eigenes Produkt ist.

nach eigenem Urteil und bestem Gewissen zu fällen, und daß sie sich nicht von außen erpressen lassen. Diese Erklärung wird genau deshalb vorgebracht, weil die Entscheidungen wirklich von außen beeinflußt werden. Um Antragsteller abzuschrecken, wird die Bedrohung der sozialen Ordnung ins Spiel gebracht, die sich angeblich einstellt, wenn man Regierung durch Volksbegehren einführen würde. Auch dieses Argument wird nur zum Schein vorgebracht, denn wenn die bittstellende Gruppe ausreichend groß und außerdem aufgebracht ist, werden ihre Forderungen möglicherweise berücksichtigt, auch wenn das Recht zu solchen Petitionen in Frage gestellt wird.

Auch die Motivationen spielen eine große Rolle. Ein Mann, der aus ideologischen Gründen eine Entscheidung mißbilligt, dabei aber kein persönliches Interesse an der Angelegenheit hat, wird höchstwahrscheinlich nicht beachtet. Dies ist merkwürdig, weil doch hier genau dem altruistischen Ideal von der Regierung entsprochen würde. Aber die Reaktion ist pragmatisch: Die Politiker wissen, daß Leute, bei denen persönlich nichts auf dem Spiel steht, meist nicht lange an der Sache interessiert sind: Ihre Einwände können also zurückgewiesen werden[11]. Politiker werden auch solche Einsprüche nicht beachten, die politischen Zündstoff enthalten, oder Probleme, die von der Oppositionspartei in Hinsicht auf den zukünftigen Wahlkampf ins Blickfeld gerückt werden. Am häufigsten schließlich wird so verfahren, daß man jede öffentliche Mitwirkung grundsätzlich ablehnt, es sei denn, der Betreffende hätte eine legitime Begründung für seinen Einspruch. Weil sich natürlich wenige Leute freiwillig dieser Mühe unterziehen, wird davon ausgegangen, daß diejenigen, die es dennoch tun, Leute sind, die sich selbst gern reden hören. Man glaubt, daß alles, was sie vorzubringen haben, unbeachtet bleiben kann.

Natürlich lehnen die Politiker eine Reaktion aus der Wählerschaft nicht grundsätzlich ab; man muß ja die Stimmung der Wählerschaft zwischen den Wahlen beurteilen können. Aber sie ziehen doch vor, dies aus eigener Initiative und auf privatem Weg zu erreichen, d. h. außerhalb der öffentlichen Arena, wo die politische Bühne nicht in Mitleidenschaft gezogen wird. Dadurch können die Politiker auch die Fragen, die sie ihren Wählern stellen, genau formulieren, um bestimmte Reaktionen auf Alternativen zu erhalten, die bei entscheidenden Fragen offenstehen. Eine allgemeine Verbindung zu den Bürgern der breiten Masse wird hauptsächlich von den Bezirksvertretern der Partei gepflegt. Die Parteiführer konzentrieren sich auf die in der Organisation aktiv Tätigen und achten darauf, daß in jeder größeren öffentlichen und gemeinnützigen Organisation ein höheres Parteimitglied vertreten ist. Die Politiker bleiben oft lange bei öffentlichen Versammlungen, um Leute anzuhören, die mit ihnen sprechen wollen. Sie empfangen Be-

---

[11] Meyerson und Banfield, S. 70–71.

suche zu Hause oder im Büro. Auf diese Weise kommen nur Leute an sie heran, die interessiert genug sind, nach Versammlungsende noch dazubleiben oder sich die Mühe eines Besuches zu machen. Aber die wichtigste Hilfe, die öffentliche Meinung zu erforschen, ist wohl eine Art klinisches Einfühlungsvermögen, das ein »antizipierendes Feedback« ermöglicht. Als Teil seiner professionellen Erfahrungen lernt der Politiker auch seine Wählerschaft zu verstehen. Er lernt ihre Wünsche und Nöte kennen und merkt, welche Themen und Probleme besonders heiße Eisen sind. Einige Politiker haben von Natur aus großes Einfühlungsvermögen. Ihrer Persönlichkeitsstruktur nach sind sie besonders geartete Menschen, frei von engen Bindungen und deshalb gute Beobachter sowie wirkungsvolle Schauspieler, die die Wähler veranlassen, sich zu äußern, und die spüren, was und wie die Leute denken. Die meisten Politiker müssen sich solche Fähigkeiten erst aneignen. Sie verbringen viel Zeit damit, Leute zu treffen, und eignen sich auf diese Weise eine große Menschenkenntnis an. Sie haben auch gelernt, zäh zu sein und ihre Wähler in erster Linie als Verteidiger ihrer verschiedenen eigenen Interessen zu betrachten und sich vor der Redseligkeit zu schützen, mit der sie bei den Wählern konfrontiert werden. Hinzu kommt, daß erfolgreiche Politiker gewöhnlich – aber nicht immer – ihren Wählern ähneln und manchmal ihre eigenen Reaktionen auf eine Streitfrage als Maßstab für die Meinung der Wähler nehmen können.

Die Funktionen der ausübenden Verwaltung

Wie die wirkliche Verwaltung arbeitet, ist schwer zu bestimmen. Die entscheidenden Besprechungen sind geheim. Es wird kein Protokoll angefertigt, und keine Außenstehenden sind zugelassen. Die Presse darf nicht anwesend sein, und auch mir wurde der Zugang verwehrt, obwohl ich versprochen hatte, nichts von dem Gehörten zu veröffentlichen. Ihre Funktionen leiten sich aber aus dem Ursprung dieser Verwaltung her. Als die Gemeinde noch ländlich war, gab es eine Notwendigkeit, neben der tatsächlichen Regierung noch eine Scheinregierung zu haben. Da jeder jeden kannte, waren die Reaktionen der Wähler auch zu einzelnen Fragen bekannt. Eine Reaktion konnte vorausgesagt und brauchte weder angeregt noch unterdrückt zu werden. Die einzige Schaustellung bestand darin, daß dem gesetzlich geforderten Protokoll Genüge getan werden mußte. Aber in einer Einparteiengemeinde brauchten die Beschlußfasser keinen Schutz vor den Wählern. Es bedurfte keiner geheimen Ausschüsse. Wenn sich Unstimmigkeiten ergaben, konnten sich die Gemeindebeamten darüber informell aussprechen und die nötigen Kompromisse schließen. Nachdem Levitt Land für die neue Gemeinde gekauft hatte, stieg die Anzahl der zu treffenden Entscheidungen an. Es entwickelten sich Meinungsverschiedenheiten, und getroffene Entscheidungen wurden zur Aus-

gangsbasis für das Entstehen von Pro- und Anti-Levitt-Gruppen bei den ersten Vorwahlen. Außerdem mußten zusätzliche Kräfte in der Gemeindeverwaltung angestellt werden, deren Qualifikationen nicht offen diskutiert werden konnten, ohne Gefühle zu verletzen und Unstimmigkeiten hervorzurufen, die dann den Wahlkampf beeinflußt hätten. Die Vielzahl der Entscheidungen wiederum brachte Meinungsverschiedenheiten mit sich. Es gab Leute unter den Zuhörern, »die sich gerne denken hörten«, wie es ein alter Ortsansässiger sagte. »Sie unterbrachen dauernd, und dadurch gab es lange Sitzungen, aber getan wurde nichts.« Schließlich beschloß der Gemeinderat, sogenannte »Konferenzversammlungen« abzuhalten. »Wir klären unsere Unstimmigkeiten in den Konferenzversammlungen«, sagte eines der Mitglieder. »Wir waschen unsere schmutzige Wäsche nicht gern in der Öffentlichkeit.« Diese nichtöffentlichen Konferenzen wurden auch beibehalten, als die neuen Bewohner von Levittown die Führung der Gemeinde übernahmen.
Die Bedeutung der geheimen Konferenzen wurde 1961 deutlich, als der Stadtrat aus zwei Republikanern und einem Demokraten bestand. Als der Demokrat erkannte, daß er als Minderheit keine Chance mehr hatte, beschloß er, daraus politisches Kapital zu schlagen. Eines Tages verkündete er plötzlich, daß es geheime Abmachungen gäbe und daß er sich aus diesem geheimen und damit undemokratischen Organ zurückziehe. Obwohl sein Schritt bestens publiziert worden war, kehrte er einige Wochen später ohne viel Aufhebens zurück. Bei der damals verbreiteten Interesselosigkeit an der Regierungsarbeit blieb die erwartete Empörung in der Öffentlichkeit aus. So hatte seine Abwesenheit für ihn nur den Nachteil, daß er keinen Zugang mehr zur »wirklichen« Regierungsarbeit hatte, und so kehrte er zurück. Der Schulausschuß schob die Einrichtung geheimer Vorkonferenzen so lange hinaus, bis unter den Gruppen so große Meinungsverschiedenheiten auftraten, daß es keine andere Wahl mehr gab. Ein Jahr später, als die Kontrolle über das Schulamt von zwei aufgeschlossenen Leuten der »Bürgervereinigung für die öffentlichen Schulen« ausgeübt wurde, ließ man die Konferenz als undemokratisch fallen. Dann aber erschienen so viele Streitpunkte auf der Tagesordnung, daß sehr viel Zeit mit den Debatten vertan und nur wenig Entscheidungen getroffen wurden. Als die Kommunalpolitiker daraufhin bemängelten, im Schulamt würden nur heftige, aber ergebnislose Debatten geführt, wurden die Vorbesprechungen wieder eingerichtet. Dort, hinter der Bühne, gab es weniger Meinungsverschiedenheiten, denn ohne Zuhörer hatte es für Minoritätsgruppen und politisch ehrgeizige Schulausschußmitglieder wenig Sinn, ihre Standfestigkeit zu beweisen, um Anhänger zu beeindrucken. Die Streitigkeiten nahmen jedoch kein Ende, nicht einmal bei den öffentlichen Versammlungen, denn das Schulamt war bei vielen Fragen zu sehr zerstritten, um nach außen hin ein harmonisches Bild bieten zu können.
Die Partei spielt viele Rollen in der ausübenden Verwaltung. Parteikonferenzen

gehen den Verwaltungsbesprechungen voran und erinnern die Politiker ständig daran, daß sich ihre einzelnen Entscheidungen in ein Programm einzufügen haben, das bei den Wahlkämpfen benutzt wird, um für den vergeßlichen Wähler das Image der Partei wieder aufzufrischen. Die Parteimitarbeiter fungieren als Mittler zwischen der Partei und den Wählern in der Zeit zwischen den Wahlen. Sie erweisen den Wählern die verschiedensten Dienste. Unter anderem verschaffen sie Bürgern mit persönlichen Anliegen Zugang zur ausübenden Verwaltung. Obwohl die moderne Theorie der politischen Wissenschaften behauptet, daß diese dienenden Funktionen der politischen Partei in einer Mittelschichtgemeinde unnötig sind, trifft das nicht völlig zu. Der Bezirksvorsteher der Partei sagt den Bürgern, welche Ämter der Verwaltung ihm helfen könnten. Er ist am Abend erreichbar, wenn die Behörden geschlossen sind. Er wird sogar anbieten, eine behördliche Sache zu erledigen, wenn sich der Bürger nicht freinehmen kann, um auf das Rathaus zu gehen. Wenn ein Bürger Schwierigkeiten hat, wird ein freundliches Wort mit der Polizei oder dem Richter nicht schaden, wenn es auch oft nicht viel helfen kann. Im Falle überraschender Arbeitslosigkeit kann der Politiker vielleicht zeitweilig eine Arbeit bei der Verwaltung beschaffen, oder er hat Fühlung mit einem Unternehmen, das Arbeitskräfte sucht. Da Wahlen manchmal nur mit knappem Ausgang gewonnen werden, können die guten Beziehungen, die der Bezirksleiter pflegt, vielleicht entscheidend sein[12].

Die Parteimitarbeiter haben auch die Funktion eines Versuchskandidaten, um Reaktionen auf Wahlkampfthemen und Kandidaten auszuprobieren. Wenn ein Kandidat von den Parteimitgliedern nicht akzeptiert wird, wird er höchstwahrscheinlich auch die Wähler nicht anziehen. Wenn er aber die Gunst der Parteimitarbeiter gewinnt, werden diese um so eifriger versuchen, ihm zur Wahl zu verhelfen. Parteimitarbeiter werden wegen ihrer parteilichen Treue gute Kandidaten. Da die Kandidaten, sofern sie gewählt sind, zunächst einmal frei sind, ihre Entscheidungen selbst zu fällen, kann die Partei sie zwar zu beraten versuchen und wird sie auch beeinflussen wollen. Aber sie kann ihnen ihr Handeln nicht genau vorschreiben. Wenn die Gewählten jedoch treue Parteimitglieder sind, kann die Partei mehr Einfluß auf die Arbeit der ausübenden Verwaltung nehmen.

Die Hauptarbeit der Partei ist der Wahlkampf. In einer Gemeinde mit vielen unabhängigen Wählern kann das Ergebnis kaum vorausgesagt werden, und der Wahlkampf endet nie. Die formalen Kämpfe im Wahljahr sind zwar nur Scheinmanöver, aber sie sind entscheidend, da sie das Schicksal der »wirklichen« Regierung bestimmen. Die Partei braucht dazu einen guten Akteur, der in der Pose des

---

[12] Der Führer, der in seiner Partei aufsteigen will, muß in seinem eigenen Bezirk gewinnen, und da zählt jede Begünstigung, weil die Gewinnchance sogar auf eine noch geringere Differenz reduziert ist.

Siegers auftreten kann, um die Parteimitarbeiter zu begeistern. Er muß es auch verstehen, Parteitreue und unabhängige Wähler anzuziehen. Die Wähler, besonders die noch völlig ungebundenen, suchen nach Kandidaten, denen sie als Persönlichkeiten vertrauen können, die das Richtige für sie tun würden, falls ein bestimmtes Problem auftritt oder sie um eine Gefälligkeit bitten müssen. Forderungen der Wähler führen zu einer Wahlkampagne, die vor allem auf Personen und das Partei-Image ausgerichtet ist. Persönliche Fähigkeiten lassen sich schlecht inszenieren. Der Kandidat muß daher vor den Wählern als standfest, moralisch, ehrenhaft und vertrauenswürdig erscheinen. Aus diesem Grund reicht auch nur der kleinste Hinweis auf einen persönlichen Skandal, um einen Kandidaten auszuschließen. Scheidung wird vor allem von Frauen als Zeichen von Instabilität gedeutet und ist selbst bei nichtkatholischen Wählern ein Nachteil. Das gleiche gilt für eine sexuell attraktive Kandidatin. Andere Frauen lehnen sie ab, weil sie fürchten, daß ihre Ehemänner nur für ihren sexuellen Reiz stimmen werden. Männer dagegen werden fürchten, sie werde ihre Attraktivität in der Politik einsetzen und Unruhe in das politische Geschäft bringen. Hingabe an das Ideal der altruistischen Demokratie und das Wohl der Gemeinde sind ein unerläßliches Erfordernis. Als Beweis wird verlangt, daß der Kandidat vorher in Gemeindeorganisationen und in der Kirche freiwillig tätig war. Kandidaten, die vor allem die Schwierigkeiten der Gemeinde ins Spiel bringen, werden als pessimistisch abgestempelt. Die Wähler wollen Optimisten, die die Probleme für lösbar halten. In einer Gemeinde wie Levittown muß der Kandidat ein Familienvater sein, mit etwas mehr, aber nicht viel mehr Schulbildung, als die Wähler sie haben[13]. Die Kandidaten zeigen ihre Familien her, und die Wahlkampfplakate geben Auskunft über ihre Ausbildung und ihren Beruf. Dadurch können die Wähler beurteilen, ob sie aus ähnlichen Verhältnissen stammen und deshalb Verständnis für die Probleme der Wähler aufbringen und in ihrem Sinne handeln werden. Zum Beispiel brauchte sich eine Arbeiterfrau mit vielen Kindern kaum anzustrengen, um die Wähler davon zu überzeugen, daß sie für niedrige Steuern eintreten werde. Reden sind nur Worte und Versprechungen, aber die persönlichen Charakterzüge sind unleugbare Beweise[14]. Die Kandidatur eines zwar sehr bekannten, aber kinderlosen Levittowners für den Schulausschuß wurde in Frage gestellt, weil man

---

[13] Ein Kandidat wurde abgewiesen, weil er die juristische Fakultät von Harvard besucht hatte. Bei einer Wahl für den Schulausschuß stellte ich fest, daß Kandidaten, die lediglich Oberschulbildung hatten, den Leuten mit College-Bildung vorgezogen wurden.
[14] Als die Kandidaten der »Gruppe für eine gute Verwaltung« vorschlugen, ohne Bezahlung zu arbeiten, schlossen die Wähler, daß es sich hier meist um Leute mit hohem Einkommen handeln müsse, die die niedrigen mit einem öffentlichen Amt verbindenden Gehälter nicht brauchten, aber deshalb wahrscheinlich ihre finanziellen Sorgen nicht teilen würden.

glaubte, daß er ohne eigene Kinder die Eltern nicht richtig vertreten könne. Alle diese Kriterien führen dazu, daß sich vorwiegend Leute aus der unteren Mittelschicht um ein Amt bewerben, vor allem Vertreter und Kaufleute, aber keine mit zu hohem Ansehen[15].

Ein großer Teil des Wahlkampfes wird von dem Bemühen bestimmt, die Kandidaten als gewöhnliche Menschen darzustellen, wenn möglich durch direkte und formlose Begegnungen mit den Wählern. Der Rest besteht aus einem endlosen Strom von Pressemitteilungen, die die moralischen Tugenden der eigenen und die Verderbtheit der anderen Partei aufzeigen sollen. Public-Relations-Leute, die für die Dauer des Wahlkampfes geworben werden, verbringen ihre Zeit damit, jeden Zug und jede Äußerung der Opposition zu analysieren, um Belastungsmaterial zu finden. Das führt dazu, daß der Wahlkampf zu einem sich ständig steigernden Moraltheater wird, in dem jede Partei die andere wegen solcher Handlungen angreift, die beide ohne Bedenken selbst vornehmen würden, wenn sie sich als politisch sinnvoll erweisen würden und wenn sie bereits im Besitz der Macht und damit durch die Abgeschlossenheit der ausübenden Verwaltung geschützt wären. Zum Beispiel griffen die Demokraten im Herbst 1959 den republikanischen Bürgermeister an. Sie warfen ihm vor, er betreibe ein politisches Arbeitsvermittlungsbüro, indem er an Verwandte und Freunde Posten der Stadtverwaltung verteile. Derartige Praktiken waren damals unter der alten ortsansässigen Führung an der Tagesordnung. Die Republikaner bezeichneten diese Vorwürfe als »auf bedauerliche Weise komisch« und »dumm« und wiesen darauf hin, daß der Gemeinderat und nicht der Bürgermeister die Leute ernannte und daß ohnehin kein Neuzugezogener für den Posten vorhanden gewesen sei[16]. Die Demokraten fanden diese Feststellung »auf bedauerliche Weise unkomisch«. Sie warfen den Republikanern vor, sie hätten nur andere Republikaner und unfähige Einheimische auf die Posten gebracht, während man sie mit erfahrenen Leuten unter den Neuzugezogenen hätte besetzen müssen. An diesem Punkt erklärte der Republikaner, daß er »sich in keinen politischen Streit mehr verwickeln lasse« und daß »diese Angriffe aus rein politischen Gründen« gegen ihn gerichtet seien. Er beschrieb sich selbst als »Verwalter der Gemeinde« und sagte, er habe »weder Zeit noch Lust, bei politi-

---

[15] Daraus ergab sich, daß sich die Levittowner der oberen Mittelschicht beständig über das Fehlen an qualifizierten Kandidaten aufregten. Da sie nach Leuten ihres eigenen sozialen und wirtschaftlichen Niveaus suchten, klagten sie über die schlechte Bildung der Kandidaten, ihren Mangel an politischem Geschick, ihren schlechten Redestil und die Unklarheit ihrer Vorschläge. Sie vermißten natürlich auch ein Interesse an einer nicht den Parteien hörigen »guten Regierung«, an langfristiger Planung und wirklich guten Schulen.

[16] Ein Jahr später warfen die Demokraten den Republikanern vor, sie würden Außenstehende den Ortsansässigen vorziehen.

schen Verleumdungen mitzumachen«. Dann übernahm ein republikanischer Kandidat, der sich eigentlich um ein untergeordnetes Amt bewarb, den Angriff. Er bezichtigte die Demokraten einer verleumderischen Wahlkampfführung, bei der sie ihren Parteiapparat zu Hilfe nähmen, und forderte sie auf, bei den Wahlkampfthemen zu bleiben und persönliche Angriffe zu vermeiden. »Wir«, fuhr er fort, »bewerben uns mit einem vernünftigen und fortschrittlichen Programm, zum besten der Gemeinde und zur Förderung ihrer Interessen.« Der Führer der Demokraten antwortete sofort darauf, indem er diesen Angriff als »lächerlich« bezeichnete. »Wenn das alles ist, was die republikanischen Kandidaten durch Pressemitteilungen zu bieten haben, dann muß ihr Wahlkampf politisch ja ziemlich armselig sein.« Er deutete darauf hin, daß gerade die Demokraten kaum einen Parteiapparat aufbauen könnten, da sie ja keine Vetternwirtschaft betrieben. Im übrigen wiederholte er den Vorwurf, die Republikaner unterhielten eine politische Arbeitsvermittlungsagentur, und behauptete, daß die Tatsachen das bewiesen. Am Ende wies er darauf hin, daß die Demokraten konstruktive Vorschläge gemacht hätten, wogegen die Republikaner Levittown zwar ganz schön fänden, aber keine eigenen Vorstellungen entwickelten, wie man die Stadt so auch erhalten könne. Die Republikaner kündigten darauf ein 10-Punkte-Programm an, das die besten Punkte früheren und des derzeitigen Planens fortsetzen sollte[17].

Diese Auseinandersetzungen gehören zum Wahlkampfritual. Man erwartet nicht, damit die breite Masse der Wähler anzusprechen. Aber man inszeniert sie in der vagen Hoffnung, damit doch noch einige naive Gemüter zu überzeugen[18]. Das Ritual hat im Grunde keine Funktion außer der, die Existenz einer ausübenden Verwaltung immer wieder unter Beweis zu stellen und die Vorstellung von der altruistischen Demokratie aufrechtzuerhalten. Man behält es aber bei, da es wenig Mühe macht und vielleicht gerade jene kleine Zahl von Wählern beeinflußt, die für den Wahlsieg ausschlaggebend sein können. Da man die Entscheidung der Wähler schwer voraussagen kann, sind beide Parteien dazu gezwungen, jeden möglichen Kniff anzuwenden, um Stimmen zu gewinnen. Wenn dann eine Partei mit Vorwürfen beginnt, muß sich die andere Partei revanchieren. Denn Schweigen würde vom Gegner in der nächsten Presseveröffentlichung als Schuldeingeständnis gedeutet werden.

Der ganze Vorgang ist weniger eine Verschwörung der Parteien, um ihre Kandidaten durchzusetzen, als ein wenn auch noch so tastender Versuch, die Forderungen der Wählerschaft vorwegzunehmen. Wenn es allerdings darum geht, sich bei wichtigen Streitfragen eindeutig festzulegen, wird eine Stellungnahme zu den

---

[17] Die Zitate stammen aus dem »Levittown Herald« vom 24. September bis 15. Oktober 1959.
[18] Vgl. die Wahlriten bei Dahl, S. 112–114.

Forderungen der Wählerschaft abgelehnt. Einen festen Standpunkt einzunehmen, kann einem genausoviel Stimmen kosten, wie man damit gewinnen kann. Die Parteien zwingen sich auch nicht einmal gegenseitig zu eindeutigen Stellungnahmen, denn diese Taktik würde nur wie ein Bumerang wirken. Die herausfordernde Partei müßte dann auch Stellung beziehen. Statt dessen beschränken sich beide auf Allgemeinplätze, auf unverfängliche Themen wie Verwaltungsprobleme und auf solche Streitfragen, die bereits in dem Image der Partei verankert sind. Bei den seltenen Gelegenheiten jedoch, wo viele Wähler an einem bestimmten Problem interessiert sind, können sie die Kandidaten und Parteien zur Stellungnahme zwingen. Zum Beispiel wurden die Kandidaten für die Wahl des Schulausschusses gefragt, ob sie dem Haushaltsplan der Schulen zustimmen würden. Alle, die keine weiteren Interessen an öffentlichen Ämtern hatten, gaben ohne Zögern Auskunft. Aber ein politisch ehrgeiziger Mann erklärte offen, daß er sich noch nicht entschieden habe, da ihm sowohl ein Ja als auch ein Nein Stimmen kosten würde. Die Zuhörer waren damit nicht zufrieden und forderten, er solle seine Entscheidung öffentlich verkünden. Er tat dies zwar, aber erst nach tagelangen hektischen Besprechungen mit seinen Ratgebern.
Niemals ist die Verbindung zum Wähler und das Eingehen auf seine Wünsche intensiver als zur Zeit der Wahl. Sobald diese einmal gewonnen oder verloren ist, ist es damit jäh zu Ende. Aber selbst während der Wahl sind die Möglichkeiten einer Rückwirkung vom Wähler zur Partei beschränkt. Die Leute können nur für einen Kandidaten stimmen, und wenn seine Wahl an eine bestimmte Streitfrage gebunden ist, bleibt die Absicht des Wählers unklar. Wenn die Partei, die bis dahin an der Macht war, in die Opposition gehen muß, waren die Leute offensichtlich unzufrieden. Aber niemand kennt die wahren Beweggründe der Ablehnung, wer sie sich zu eigen macht und wie ernst er es damit meint. Wenn es nicht gerade ein einzelnes, wichtiges und alle stark interessierendes Thema gab, war die Wählerschaft nicht in der Lage, der Verwaltung mitzuteilen, welche Entscheidungen getroffen werden sollten. Sie wählt nur Politiker, die ihr in vielen persönlichen Charakterzügen entsprechen und die versprochen haben, ihr Bestes für die Gemeinde zu tun. Diese unterschiedliche Reaktion ist natürlich für die neue Verwaltung vorteilhaft. Sie wird damit von einer wirklichen Verantwortung und Auseinandersetzung entbunden und kann sich darauf konzentrieren, ihre Entscheidungen mit einem Blick auf die nächste Wahl neu anzupassen.

Die Rolle der Presse

Der Prozeß der politischen Kommunikation ist nicht auf Regierung und Bürger beschränkt. Gerade die Presse spielt eine wichtige Rolle[19]. Theoretisch ist sie unabhängig von Regierung und Politik, aber praktisch ist sie es nicht. Sie trägt sogar in gewissem Maß dazu bei, den Einfluß der Wähler zu schwächen, indem sie vorwiegend über die Reaktionen der Scheinregierung berichtet. Es ist eine Ironie, daß die Reporter eigentlich gerade das Gegenteil wollen. Es schmeichelt ihrer Berufsehre und ihrem Ehrgeiz, wenn es ihnen gelingt, eine politische Schau als solche zu entlarven und zu beschreiben, was hinter den Kulissen geschah. Trotzdem glauben auch sie an die altruistische Demokratie. Ihre Berichterstattung über die ausübende Regierung betont häufig deren Abweichen von demokratischen Normen. Das ist jedenfalls der Kern ihrer Darstellung. Aber der Journalist und seine Zeitung sind ebenfalls Teil des politischen Systems. Verleger und Herausgeber sind manchmal aktiv in einer Partei oder in der Verwaltung tätig und haben oft hinter der Bühne großen Einfluß auf politische Entscheidungen[20]. Selbst wenn das nicht der Fall ist, gerät der Berichterstatter in ein so großes Abhängigkeitsverhältnis zu seinen Nachrichtenquellen, daß er letzten Endes dazu gezwungen wird, mehr über die Schaustellungen als über die wirklichen politischen Vorgänge zu schreiben. Die Politiker sehen es nicht gern, daß Informationen über die ausübende Verwaltung verbreitet werden, und wenn ein Berichterstatter diese Auffassung durchkreuzt, schafft er sich bald Feinde oder verliert zumindest das Vertrauen der Politiker. Er wird vielleicht dadurch bestraft, daß man ihm in Zukunft keine guten Informationen mehr zukommen läßt. Wenn er jedoch seine Berichterstattung auf

---

[19] Zur Zeit meiner Untersuchung wurden die Nachrichten über Levittown von einer Tageszeitung des Bezirks (County), der »Levittown (jetzt Burlington County) Times«, von einem Wochenblatt, dem »Levittown Herald« und durch gelegentliche Reportagen in den Zeitungen von Philadelphia, Camden und Trenton veröffentlicht. 1961 wurde ein Wochenblatt, das »Levittown Life« genannt wurde, von einem Ortsansässigen und seinen Freunden gegründet. Es unterstützte die Bürgervereinigung für öffentliche Schulen (C. A. P. S.) und spiegelte im allgemeinen die Ansichten der oberen Mittelschicht wider. 1963 ging es in Konkurs. Die Zeitung wurde dann von einem örtlichen Führer der Demokraten gekauft und wurde ein demokratisches Parteiorgan, um der »Times« und dem »Herald« entgegenzuwirken, die beide gewöhnlich republikanisch waren. Die ursprünglichen Gründer des »Levittown Life« kauften ein Wochenblatt in der Kleinstadt Beverly, von wo aus sie Ereignisse in Levittown kommentierten. 1964 ging auch dieses Blatt unter. Das gleiche Schicksal erlitt auch das Blatt »Levittown Life«, das der »Burlington County Times« angeschlossen wurde. Im gleichen Jahr begann ein vor allem in den Vororten tätiges Zeitungsunternehmen, den »Willingboro Weekly«, der 1966 in »Willingboro Suburban« umbenannt wurde, zu veröffentlichen.

[20] Dieser Aspekt der Beziehung zwischen Politik und Presse wird bei Banfield und Wilson, S. 28–29 und Kapitel 21 erörtert.

die Entscheidungen und auf die ihnen vorhergehenden Scheindebatten beschränkt, wird sein Bericht langweilig und uninteressant. Er sitzt also zwischen zwei Stühlen. Wenn er die Politiker vor den Kopf stößt, verliert er die einzige verläßliche Nachrichtenquelle über die ausübende Verwaltung. Wenn er mit ihnen gemeinsame Sache macht, wird er dem Herausgeber und seinen Lesern mißfallen. Seine einzige Rettung ist die Tatsache, daß auch der Politiker von ihm abhängig ist. Wenn er zum Beispiel von den Regierenden dadurch bestraft wird, daß ihm wichtige Informationen vorenthalten werden, kann er sich dadurch rächen, daß er einen Bericht nicht veröffentlicht, den der Politiker gern in der Zeitung gesehen hätte. Diese Interessenkonflikte führen dazu, daß sich ein System gegenseitiger Verpflichtung zwischen Berichterstatter und Politiker entwickelt. Der Journalist wird dadurch in das politische Gebäude eingefügt, daß er einen Blick hinter die Kulissen tun darf. Dafür allerdings muß er seine Berichterstattung über die ausübende Regierung in Schranken halten. Der Reporter erfährt alles oder fast alles, aber er darf nicht darüber sprechen. Der Regierende sagt alles, oder soviel er sagen muß, aber er weiß, daß er darüber in der nächsten Morgenausgabe seiner Zeitung nichts lesen wird. Diese Beziehung ist vielleicht weniger ein System als vielmehr ein Tauziehen, denn der Politiker versucht immer, sowenig wie möglich zu enthüllen, und der Journalist versucht, soviel wie möglich zu veröffentlichen, ohne jedoch seine Informanten zu verärgern[21].

Das Tauziehen beginnt, sobald ein Reporter mit der Berichterstattung über das Rathaus betraut wird. Zuerst bekommt er nur stereotype Interviews, aber nach einiger Zeit fängt er nichtamtliche Informationen, Klatsch und Gerüchte auf und lernt allmählich, die wirklichen Zusammenhänge zu erkennen. An diesem Punkt lassen ihn die Politiker hinter die Kulissen treten, um ihm die eigentliche Verwaltung vorzuführen. Dabei erklären sie ihm, daß so etwas nicht veröffentlicht werden darf. Wenn er diese diskreten Informationen nicht veröffentlicht, was schnell nachgeprüft werden kann, wenn seine Zeitung täglich oder wöchentlich erscheint, wird er wahrscheinlich tiefer in das Vertrauen gezogen, und dies aus gutem Grund: Wenn man dem Berichterstatter nämlich nicht alles erzählt, würde er es vielleicht auch so herausfinden, oder schlimmer noch, durch die Opposition erfahren. Der Politiker, der das Vertrauen eines Berichterstatters hat, kann zumindest sicher sein, daß dieser seine Darstellung der Ereignisse nicht verfälscht. Der Berichterstatter wiederum zieht aus seinem engeren Verständnis der politischen Lage den Vorteil, daß er besser und verständlicher schreiben kann, auch wenn er nicht alles veröffentlichen kann, was er weiß.

Manchmal kann der Reporter auch über die Darstellung der rein äußerlichen Vorgänge des politischen Lebens hinausgehen. Das geschieht zum Beispiel dann,

---

[21] Gieber und Johnson

wenn er von befreundeten Politikern Informationsbruchstücke erhält, die er ohne nähere Quellenangaben verwenden darf, oder wenn er jemanden findet, der sich aus privaten Gründen gern zitieren läßt. Er kann auch Spekulationen veröffentlichen und dabei Material verwenden, das für die Leute im Rathaus wahrscheinlich etwas völlig anderes ist als Spekulation. Seine bloße Anwesenheit macht es gelegentlich unmöglich, die Vorgänge hinter der politischen Bühne ganz geheimzuhalten. Wenn Gerüchte über politische Meinungsverschiedenheiten im Rathaus in die Gemeinde dringen, dann ist es dem Berichterstatter nicht nur erlaubt, darüber zu berichten, sondern er ist fast dazu gezwungen, um der Öffentlichkeit zu beweisen, daß die Presse keine Information zurückhält. Wenn eine Geschichte ein »Knüller« ist, wird der Reporter vielleicht riskieren, seine Informanten zu verärgern, besonders wenn er weiß, daß sie ihn in Zukunft brauchen werden. Er kann dann aber auch auf die Normen seines Berufs hinweisen, denn Politiker wissen, daß berufsmäßige Reporter jede Form der Zensur, auch die Selbstzensur, zurückweisen werden. Er kann sich aber auch damit verteidigen, daß er es nicht zulassen könne, wenn andere Reporter die Angelegenheit zuerst berichten.

Sogar wenn der Reporter einen unfreundlichen Artikel schreibt, kann der Politiker nicht allzuviel machen. Ein verärgerter Berichterstatter gräbt womöglich noch tiefer und rächt sich, indem er Vertrauliches enthüllt. Vielleicht erhält er auch vernichtendes Material von der Opposition. Da die Politiker die eifrigsten Leser der Rathausnachrichten sind, kann ein geschickter Zeitungsmann solches Material zwischen die Zeilen bringen, ohne es tatsächlich auszusprechen. Das ist für den Politiker ein Signal, sich mit dem Journalisten wieder auf guten Fuß zu stellen, ehe dieser Zuflucht zu einer offeneren Darstellung nimmt. Natürlich haben auch die Leute im Rathaus ihre Mittel, den Reporter zu zügeln[22]. Sie können seine Berichte kritisieren und ihn so beschämen, daß er freundlichere Artikel schreibt. Sie können vergessen, ihn zu einer wichtigen Sitzung einzuladen, oder sie können eine sensationelle Meldung zuerst dem Konkurrenten geben. Wenn nötig, können sie sich beim Herausgeber oder beim Verleger beschweren, obwohl sie den Reporter damit ganz sicher zu einer Revanche veranlassen. Sie können ihn auch mit Einladungen verwöhnen und versuchen, eine persönliche Beziehung zu ihm herzustellen. Aber ein erfahrener Berichterstatter weiß diesen Fallen zu entgehen.

Dieses System gegenseitiger Verpflichtungen wurde während der Wahlkampagne 1960 sehr deutlich. Die Bürgervereinigung von Levittown versuchte, eine örtliche Variante der großen Kongreßdebatten abzuhalten. Die Lokalreporter wurden gebeten, die Kandidaten zu befragen, aber alle lehnten ab. Der Vorsitzende des loka-

---

[22] Die Beschränkungen, die den Journalisten auferlegt wurden, um die guten Beziehungen zu ihren Informanten aufrechtzuerhalten, werden detaillierter von Rosten, S. 107 ff. beschrieben.

len Presseklubs erklärte: »Die Fragen, die ich wirklich stellen möchte, kann ich in der Öffentlichkeit nicht stellen. Und wenn ich harmlose Fragen stelle, verliere ich meinen Ruf als Zeitungsmann.« Schließlich stellten sich für diese Aufgabe zwei Reporter aus Philadelphia zur Verfügung, die als Stadtrandreporter über Levittown berichteten und nicht so stark mit den lokalen Angelegenheiten verbunden waren, daß sie Glieder dieses Systems gegenseitiger Verpflichtungen gewesen wären.

Mit der Zeit wird ein Journalist – wenn auch nur am Rande – ein Teil der politischen Institution, und seine Berichterstattung wird selektiv, manchmal aus Überlegung, öfter aber unbewußt. Da er seine Hauptnachrichtenquellen gut kennt, entwickelt er Sympathien und Antipathien, die auf jeden Fall seine Berichte färben. Zum Beispiel erzählte mir ein Reporter: »Ich würde niemals etwas Häßliches über Herrn X veröffentlichen. Wenn er einen Fehler macht, einen politischen oder moralischen, sage ich ihm, er soll achtgeben. Aber ich schreibe darüber nichts in der Zeitung.«

Ein Reporter beginnt auch mit der Zeit, sich mit der Gemeinde zu identifizieren. Er unterdrückt unangenehme Themen und unterstützt Leute und Angelegenheiten, die nach seiner Meinung Publizität verdienen[23]. So stellte ein Herausgeber in seiner Zeitung einer Levittowner Vereinigung besonderen Raum zur Verfügung und ließ Nachrichten über interne Konflikte der Organisation unveröffentlicht, weil die Organisation in der Gemeinde wertvolle Dienste leistete. Er machte auch Vorschläge für seiner Meinung nach erstrebenswerte oder notwendige Gemeindeprogramme, schrieb darüber Leitartikel und verfaßte Berichte, indem er zunächst einen Kommunalpolitiker mit seinen Ideen vertraut machte und ihn dann interviewte. Solche Publikationen halfen nicht nur der Gemeinde, sondern stärkten auch den Ruf der Zeitung, für das Gemeindewohl zu sorgen. Das wiederum brachte mehr Anzeigen und Leser, und wenn keine Neuigkeiten zu berichten waren – was in Levittown beinahe ein chronisches Übel war –, dann half diese künstliche Produktion von Ideen, die Seiten zu füllen.

Natürlich drückten die Reporter auch oft ihre persönlichen Vorurteile aus. So meinte einer der Journalisten, daß gewählte Volksvertreter Respekt verdienten,

---

[23] Eine normale Selbstzensur findet auch statt. So schloß die Berichterstattung über die Vorgänge am örtlichen Gericht häusliche Streitigkeiten aus, weil man sie als private Angelegenheiten betrachtete. Schmutzige Angelegenheiten wurden für die Familienzeitungen abgeschwächt. Nervenzusammenbrüche, die sich in der Öffentlichkeit ereigneten, wurden in den Zeitungen eher als Auseinandersetzungen bezeichnet. Der Fall eines Mannes, der seine minderjährige Kusine in ein Motel mitnahm, wurde nur als eine leichte Ordnungswidrigkeit bezeichnet. Über den Nervenzusammenbruch eines Lehrers in der Klasse wurde auf Vorschlag des Seniorreporters der Stadt überhaupt nicht berichtet. Man war der Ansicht, dadurch nur dem Schulsystem und dem Lehrer Schaden zuzufügen, während die Zeitungen mit der Veröffentlichung nicht viel gewinnen würden.

und bezeichnete ihre Kritiker als Hetzer. Er unterstützte so die politische »Schau« der Verwaltung und verhinderte, daß der Gemeinde das Ausmaß der Unzufriedenheit bekannt wurde. Er berichtete allerdings nur kurze Zeit über Levittown und fiel auch sonst aus dem Rahmen, denn den meisten Reportern machte es Vergnügen zu sehen, wie sich die Verantwortlichen unter den Fragen wanden. Sie berichteten mit Vorliebe von den ausweichenden Antworten der Politiker, ganz besonders, wenn sie auch ihren eigenen Fragen ausgewichen waren. Ein anderer, auch nur zeitweilig in Levittown beschäftigter Reporter hielt sich aus dem Netz der Verpflichtungen heraus. Dadurch war es ihm möglich, die Berichte über den Schulhaushalt zugunsten der Demokraten und in seinem eigenen Sinn zu deuten.
Es muß festgehalten werden, daß die Arbeit eines Reporters zum größten Teil Routine ist und nicht mit dem von mir beschriebenen Konflikt mit den Informanten belastet ist. Seine tägliche Arbeit besteht darin, über die Gemeinde und ihre unzähligen Ereignisse zu berichten. Man erwartet nicht von ihm, daß er sich darüber hinaus in die Verwaltungsarbeit vertieft. In einer kleinen Gemeinde gibt es für viele Entscheidungen der ausübenden Regierung eindeutige Erklärungen, die ohne weiteres veröffentlicht werden können. Ereignisse, die das System gegenseitiger Verpflichtungen stören, sind daher selten.
Selbst wenn dieses System nicht bestünde, wäre die Berichterstattung über die wirkliche Verwaltungsarbeit immer noch sehr schwierig. Einmal sind Reporter zu den Ausschüssen nicht zugelassen und müssen ihre Informationen aus zweiter oder dritter Hand beziehen. Ganz zutreffende Erklärungen für eine Entscheidung sind schwer zu bekommen, denn selbst wenn das Ereignis nicht geheim ist, so fällt es schwer und dauert lange zu rekonstruieren, was wirklich geschah und warum es geschah. Man braucht dazu Interviews mit vielen Leuten, um die Gründe und Motive auszugraben. Wenige Zeitungen haben einen ausreichenden Stab an Reportern, um solche Kleinarbeit zu leisten, und in einer kleinen Gemeinde muß noch über viele andere Vorfälle berichtet werden. Der Durchschnittsreporter schaut häufig während desselben Abends bei mehreren Gemeinde- und Vereinssitzungen herein, auch wenn er dabei nicht viel Neues erfährt. Es geht darum, seine Verbindung mit den wichtigen Leuten aufrechtzuerhalten. Da Politiker und Vereinsleiter schnell auf eine schlechte und unzureichende Berichterstattung reagieren, verbringt der Reporter viel Zeit mit der Abfassung an sich überflüssiger Berichte, die den Wünschen seiner treuesten Leser entsprechen sollen. Schließlich haben wenige Zeitungsleute die Ausbildung, um ein Ereignis analysieren zu können oder die sozialen Kräfte und Vorgänge zu verstehen, die zu einer politischen Entscheidung führen.
Eigentlich sollte über die Regierung in einer Art von Fortsetzungsreihe berichtet werden. Die täglichen Reportagen würden dann Teil einer zusammenfassenden Analyse des Regierungsgeschäfts, die den Leuten eine wirksame Beteiligung daran

erleichtern würde. Auf die Dauer sollte die Berichterstattung zumindest für die wichtigsten Streitfragen aufzeigen, welche Alternativen den Beschließenden offenstanden, und warum gerade diese. Es könnte gezeigt werden, für welche Alternative sie sich schließlich entschieden und welche sozialen, wirtschaftlichen und politischen Gründe und welcher Druck diese Entscheidung bewirkten. Für eine solche Berichterstattung brauchte man natürlich ein Team von geschulten und nüchternen politischen Wissenschaftlern, die nicht immer nur gleich die Abweichungen von den demokratischen Regeln anprangern würden. Die meisten Reporter sind jedoch weder Sozialwissenschaftler noch in den Sozialwissenschaften ausreichend geschult. Erfahrene Journalisten kennen die Prinzipien politischer Strategie, aber selbst sie lenken die Aufmerksamkeit selten auf das Gesellschaftssystem und auf die Vorgänge, welche diese Strategie erfordern. Die Reporter glauben wie ihre Leser letztlich an eine altruistische Demokratie. Das ist einer der Gründe, warum die politisch Verantwortlichen sie davon abhalten wollen, über das Wirken der eigentlichen Regierung zu berichten. Natürlich sind die Zeitungsleute aufgeklärter und skeptischer als ihre Leser. Sie stellen die Politiker nicht so rasch und nicht so ausdauernd als Helden oder Schurken hin, wie es die Bürger tun.

Im übrigen sind sie geschult, objektiv zu sein, obgleich ihre Wertungen oft in die Berichterstattung unmittelbar einfließen, und zwar im allgemeinen unbewußt. Trotzdem haben auch Reporter wie alle anderen ihre politische Position. Ein sorgfältiges Studium ihrer Artikel würde diesen Standpunkt enthüllen. Das aber tun nur die Politiker, über die sie berichten. Jedoch beruhen die Werturteile der Reporter häufiger auf ihren persönlichen oder beruflichen Beziehungen mit den Politikern, über die sie berichten, als auf politischen Ideologien. Der zur Kooperation bereite Politiker wird dabei natürlich begünstigt, während man über den schlecht schreibt, der einem die Arbeit schwermacht.

Aber eine bessere Berichterstattung über die Hintergründe des Regierungsgeschäfts wird auch dadurch verhindert, daß sowenig Anreize dafür bestehen. Proteste von seiten der Politiker werden vielleicht dem Reporter zeigen, daß er gute Arbeit geleistet hat, aber sie können ihm auch einen Verweis des Herausgebers eintragen. Beruflicher Lohn für skrupellose Berichterstattung und tiefschürfende Analyse sind selten. Die Journalisten, die für Zeitungen und Wochenblätter der Kleinstadt arbeiten, werden von ihren Kollegen oder in den Chefredaktionen der Spitzenblätter zu wenig gelesen, als daß es ihnen Angebote für bessere Positionen einbrächte, wie das bei ausgezeichneten Leistungen und in anderen Berufen der Fall ist.

Dennoch ist das größte Hindernis für eine bessere Berichterstattung und für einen stärkeren Einsatz der Journalisten wahrscheinlich die Leserschaft. Viele Leser möchten wissen, was in der Regierung wirklich vorgeht, aber ihr Interesse, ebenso wie ihre politische Mitarbeit, ist nur dann stark, wenn sie ein Thema persönlich angeht. Deshalb widmet man in den Lokalzeitungen den Gesellschaftsnachrichten soviel Raum. Ansonsten sind die Leute eher neugierig als besorgt; sie lesen die Nachrichten nur, um mit den Ereignissen auf dem laufenden zu bleiben. Die Folge war, daß die Reporter und Zeitungsherausgeber von Levittown auch nicht mehr Beziehungen zu ihren Lesern hatten als die Politiker zu ihren Wählern. Leser schreiben gelegentlich an die Redaktion, aber wie das so oft der Fall ist, kamen die meisten Briefe von einigen wenigen regelmäßigen Einsendern, von schrulligen Leuten oder von solchen, die als schrullig galten, weil sie so beharrlich ihre Leserbriefe einsandten. Deshalb wurden Leserbriefe als ein schlechter Test für die Leserreaktion angesehen. Das gleiche galt für Auflageziffern, weil viele Zeitungen unentgeltlich verteilt wurden. Folglich wissen die Zeitungen wenig über ihre Leserschaft und vertrauen auf beruflichen Instinkt und darauf, was sie zufällig über das Interesse an den Nachrichten zu hören bekommen. Aber trotz alledem wurde das Interesse der Leserschaft berücksichtigt. Einer Sache, der man nur geringes Interesse zuschrieb, wurde im allgemeinen nur dann Platz eingeräumt, wenn es so wenig Neues zu berichten gab, daß alles gedruckt werden mußte.

Allgemein ausgedrückt, betrachtete man ein Ereignis nur dann als interessant für die Leserschaft, wenn es aufregend war oder wenn sich daraus Konflikte entwickelten. Ein Beispiel war die Umbenennung der Gemeinde in Levittown. Die Baugesellschaft hatte beide politische Parteien zur Unterstützung einer Volksbefragung überredet. Es fehlte aber eine sichtbare Opposition am Ort, und das ließ den Herausgeber einer Zeitung darauf schließen, daß die Sache seinen Lesern gleichgültig war. Er war persönlich gegen die Namensänderung und bemühte sich sehr, Politiker zu finden, die sich ebenfalls dagegen aussprechen würden oder die ihm einen Anlaß gegeben hätten, einen kritischen Artikel darüber zu schreiben. Da er nichts ausrichten konnte, widmete er der Sache nur die routinemäßige Berichterstattung. Als die Umbenennung mit nur 100 Stimmen Mehrheit bejaht wurde, tat es ihm leid, darüber nicht ausführlicher geschrieben zu haben. Er hatte das Gefühl – vielleicht zu Recht –, daß ein zusätzlicher Bericht die zur Ablehnung der Umbenennung nötigen Stimmen gebracht hätte.

In diesem Fall beurteilte der Herausgeber das potentielle, wenn auch hier nicht gegenwärtige Interesse der Leser falsch. Normalerweise aber behandelte sein Blatt politische Neuigkeiten viel ausführlicher, als die Levittowner es zu wünschen schienen. Auch wenn sie an einer Sache interessiert waren, wollten die Leute keine reine Information. Sie wollten eine »Schau«, mit der nach außen ein Idealbild von Levittown gezeigt werden sollte. Wenn ein Ereignis ein schlechtes Bild auf die Gemeinde warf, hätten viele Leser es lieber gesehen, wenn die Sache vertuscht worden wäre. Als zum Beispiel Unruhen unter den Teenagern ausbrachen, wollten viele Leute darüber lesen, waren aber gleichzeitig bekümmert, daß es im Druck erscheinen mußte. Ebenso betrübt war zum Beispiel eine Nachbarin über eine Umfrage, die die Haltung der Levittowner in der Rassenfrage behandelte und in den Zeitungen von Philadelphia veröffentlicht wurde. Sie sah es nicht gern, daß die Welt erfuhr, wieviel Levittowner Zweifel an der Rassenintegration hatten. Die Leiter der Organisationen legten noch mehr Wert als die gewöhnlichen Bürger darauf, daß die Presse nur das tadellose äußere Bild wiedergab. Freiwillige Vereinigungen überfluteten die Zeitungen mit Nachrichtenmaterial, das neue Mitglieder werben sollte, und waren verärgert, wenn Berichte über interne Streitigkeiten erschienen. Sie meinten, die Zeitungen sollten die Vereine unterstützen, anstatt ihren Ruf durch Meldungen über innere Uneinigkeiten zu untergraben. Die Forderung nach einer solchen Schönfärberei dehnte sich sogar auf ganz harmlose Angelegenheiten aus. Als ein Fotograf kam, um einen Bildbericht über das Alltagstreiben in den Schwimmbädern von Levittown zu schreiben, ließ der Schulleiter eine gut eingeübte Schwimm- und Tauchvorführung zeigen. Damit wurde natürlich das beinahe chaotische Herumtollen und Planschen, das sich normalerweise in einem überfüllten, für richtiges Schwimmen viel zu kleinen Becken abspielt, unterschlagen. Vereinsvorsitzenden und Amateurpolitikern war überhaupt sehr an einer freundlichen Berichterstattung gelegen. Kritische Reportagen konnten sie weniger vertragen als die berufsmäßigen Politiker, denn diese wußten, wie leicht es zu einem Bumerang werden könnte, wenn ein Zeitungsmann unter Druck gesetzt wird.

Das Ergebnis dieser Art von Berichterstattung ist, daß die Öffentlichkeit nicht die Art von Nachrichten erhält, die sie brauchte, wenn sie sich zur Mitarbeit in der Regierung und Politik entschlösse. Nur wenn eine Frage von allgemeinem Interesse auftaucht und die Leute anfangen mitzuarbeiten, kann der Reporter Zeit und Energie auf die qualitative und quantitative Verbesserung seiner Berichterstattung verwenden. Obwohl er eher auf das Interesse der Leser antwortet, als daß er es erregt, kann eine solche Berichterstattung einen bedeutsamen Anstoß auslösen, indem sie den bereits Interessierten die Informationen verschafft, um wirksam mitarbeiten zu können, und vielleicht auch andere bewegt, sich anzuschließen. Wenn der Protest der Bürgerschaft einigermaßen stark ist, kann er über das schreiben, was jenseits der Augenwischerei der Regierung geschieht, und über andere Anzeichen der öffentlichen Besorgnis berichten. Er kann amtliche Berichte nach Irrtümern und Widersprüchen kritisch analysieren. Damit entlarvt er die Schau, wenn auch nur implizite. Er kann auch Untersuchungen in der Gemeinde anstellen, um das Ausmaß der Unzufriedenheit unter den Bürgern zu enthüllen. Aber selbst wenn der Reporter auf der Seite der Bürger steht, kann er ihnen nur bis zu einem gewissen Grad helfen, denn auf die Dauer bleibt er von seinen Quellen im Rathaus abhängig. Wenn das Problem gelöst oder das Interesse der Öffentlichkeit geschwunden ist, sieht er sich wieder den Politikern gegenüber, und zwar allein. Wenn die Öffentlichkeit häufiger Interesse zeigen würde, hätte er mehr Macht in dem System gegenseitiger Verpflichtung, und die Regierung würde ihn mit mehr Respekt behandeln, selbst dann, wenn er der Öffentlichkeit einen Einblick in die wirklichen Regierungsgeschäfte geben würde. Das gelingt aber nur wenigen Reportern in wenigen Gemeinden[24].

Wenn die Berichterstattung regelmäßig von dem wirklichen Geschehen abweicht, werden die Leute, die Bescheid wissen, gegenüber der Leistungsfähigkeit und Redlichkeit der Presse skeptisch. Wenn die Abweichungen sehr groß werden, entwickelt sich ein Informationsvakuum, welches nicht nur die Skepsis verstärkt, sondern auch Gerüchte in Umlauf bringt, die das Vakuum füllen. Dann entstehen formlose und private Kommunikationssysteme, mit deren Hilfe sich die Politiker mit den Ereignissen außerhalb ihrer eigenen Kreise auf dem laufenden halten. Ein junger, politisch ambitiöser Rechtsanwalt entwickelte zum Beispiel ein ausgedehntes Informationsnetz, indem er öffentlichen Amtsträgern und Vereinigungen kostenlose Rechtsberatung anbot und dafür Informationen für seine politische Arbeit einhandelte.

Die Skepsis des Reporters über die Divergenz zwischen dem wirklichen Geschehen und seiner Berichterstattung ist sogar noch größer. Der Widerstreit zwischen seinem Wunsch, über die wahre Regierungsarbeit zu schreiben, und der Notwendigkeit, deren äußere Zurschaustellung zu behandeln, führt dazu, daß er sowohl Informanten als auch Leser gering einschätzt. Die Politiker kommen ihm alle eitel und unehrenhaft vor. Die Leser sind in seinen Augen tölpelhafte Leute, die nur immer die Schlagzeilen überfliegen. In Unterhaltungsromanen werden die Reporter oft als zynisch dargestellt. Dieses stereotype Bild ist bis zu einem gewissen Grad sogar richtig, obwohl der Journalist oft nur resigniert und zornig wird. Die Feindseligkeit und tägliche Enttäuschung kann er einmal im Jahr beim Festessen der Presse offen zum Ausdruck bringen. Da führen die Reporter dann Satiren auf, die mit kaum verschleierter Feindseligkeit erzählen, was sie von den Politikern und der Politik halten, über die sie berichten. Das System der gegenseitigen Verpflichtungen verlangt, daß Politiker an diesem Festessen teilnehmen und die Angriffe mit guter Miene über sich ergehen lassen. Einmal im Jahr kann der Reporter auf diese Weise mit seinen Informanten abrechnen.

---

[24] Wenn es wirklich geschähe, würde wahrscheinlich die Art der Berichterstattung stark beeinflußt. Die einzigen Journalisten mit einer derartigen politischen Macht sind in der Tat die Kolumnisten und Kommentatoren, die sich ihre Nachrichten nicht selbst beschaffen müssen.

13 Kommunalpolitische Entscheidungsprozesse

Genau wie die Verantwortlichen in einem politischen System, das durch Unsicherheit gekennzeichnet ist, beständig nach Sicherheit suchen, so gehen sie in einem Verwaltungssystem, das Entscheidungen verlangt, diesen Entscheidungen aus dem Weg. Die Gemeindeverwaltung ist auf bürokratische Routine eingerichtet. Sie ist bestrebt, die ihr anvertrauten Gemeindeaufgaben so durchzuführen, daß die ernannten Amtsträger ihre Posten behalten und die gewählten wiedergewählt werden und daß Kritik und Streit zwischen den Wahlen auf ein Minimum beschränkt bleiben. Das Ideal sieht man in einer Situation, die nach Präzedenzfällen geregelt werden kann und die keine neuen Entscheidungen erfordert.

Aber neue Probleme entstehen, und damit müssen Entscheidungen getroffen werden. Verallgemeinernd kann man sagen, daß der Entscheidungsprozeß von vier Kriterien bestimmt wird.

Erstens ist die Verwaltung normalerweise passiv. Sie wartet darauf, daß die Probleme selbst ihre Aufmerksamkeit wecken. In Levittown unternahmen die Verantwortlichen nur dort etwas, wo es darum ging, die Verwaltung zu vergrößern, wenn dies ein glattes Funktionieren des Verwaltungsapparates erfordert; ferner bei der Durchführung von Staats- oder Bundesverordnungen, auch bei Entscheidungen, die geringe Mühe, Kosten oder Strukturveränderungen erforderten und die Verwaltung in ein günstiges Licht brachten; schließlich noch bei Angelegenheiten, die Levittown im ganzen zugute kamen in der ständigen Konkurrenz mit anderen Gemeinden, sowie auch dann, wenn ihnen keine andere Wahl blieb, als zu handeln. So führte zum Beispiel der Gemeinderat eine Polio-Schutzimpfung durch, ohne daß die Bürger das gefordert hätten. Dies war einfach zu bewerkstelligen und brachte politisches Wohlwollen ein. In einem anderen Fall erhöhte der Schulausschuß den Schulhaushalt, weil die wachsende Zahl der Schüler einfach keinen Ausweg zuließ.

Zweitens vermeidet die Verwaltung solche Entscheidungen oder schiebt sie hinaus, die nicht ohne Streit gelöst werden können oder die die Kluft zwischen der ausübenden und der darstellenden Regierung enthüllen. Der Gemeinderat versuchte, nur dann Verordnungen aus dem Fachausschuß auf die Tagesordnung der öffentlichen Sitzung zu bringen, wenn Einstimmigkeit erreicht worden war.

Drittens neigt die Regierung zu Entscheidungen, die sich sofort bezahlt machen. Sie vermeidet solche, die vorwiegend erst auf die lange Dauer hin wirksam werden. Die Verwaltung will neue Präzedenzfälle und Maßnahmen vermeiden, die in Zukunft ihre Handlungsfreiheit einschränken können. Aus diesem Grund – vielleicht auch noch aus anderen – werden langfristige Planung und die permanente Formulierung politischer Grundsatzprogramme vermieden. Natürlich plant die

Verwaltung, aber meistens für ihre eigenen Ziele, zum Beispiel für die »parlamentarische Schau« und für die Abstimmung von Entscheidungen im Hinblick auf zukünftige Wahlkämpfe. Sie stellt auch ungeschriebene politische Richtlinien auf, wenn die einzelnen Abteilungen routinemäßig tätig werden. Aber langfristige Pläne, die höhere laufende Kosten erfordern, um fünf oder zehn Jahre später ein Ergebnis zu erzielen, etwa um einer späteren Überfüllung der Schulen entgegenzuwirken, werden nur dann verwirklicht, wenn außergemeindliche Gelder erhältlich sind oder wenn der Druck von seiten der Gemeinde den Regierenden keine andere Wahl läßt. Im großen und ganzen jedoch werden Planung und deutlich umrissene Politik von denjenigen Wählern befürwortet, deren Forderungen bei den Routine-Entscheidungen und den ungeschriebenen Richtlinien nicht beachtet werden und die hoffen, daß diese Forderungen in langfristigen Plänen ihren Niederschlag finden können.

Viertens ist der Entscheidungsprozeß so aufgebaut, daß, wenn eben möglich, der gewählte Amtsträger frei ist oder sich für frei hält, nur diejenige Entscheidung zu fällen, die ihm von seinem Gewissen und dem Wunsch, der Gemeinde zu nützen, aufgetragen wird. Über die Frage, ob er jemals wirklich frei ist, läßt sich streiten. Aber die bloße Einbildung der Unabhängigkeit läßt ihn zu der Ansicht kommen, daß er nicht auf den Druck aus der Bürgerschaft zu achten brauche. So bezieht er seine eigenen Wertmaßstäbe in seine Entscheidung mit ein und setzt diese mit dem öffentlichen Interesse gleich. Weil er sich frei fühlt, nur nach seinem Gewissen zu stimmen, kann er Entscheidungen fällen, die seinen Bezugsgruppen und den Wählerschichten, von denen er die meisten Stimmen erhält, gefallen.

Die Anwendung dieser Kriterien führte zu folgenden Entscheidungen: 1. Levittowns Verwaltungsbürokratie und deren öffentliche Leistungen entsprachen den Erwartungen der Wähler. 2. Die Partei, die an der Macht war, wurde unterstützt. 3. Die Entscheidungen nützen den großen oder in anderer Weise einflußreichen Wählerblocks, die in ständiger Verbindung mit der Verwaltung standen, auf sie Druck ausüben konnten oder Wahlkampfgelder zu verteilen bzw. zurückzuhalten hatten. 4. Sie spiegelten die Lieblingsvorhaben oder die verdeckten Interessen der einzelnen entscheidenden Leute wider.

Die Entscheidungsträger benutzten ihre Entscheidungen hauptsächlich zur Verbesserung ihrer eigenen Wahlchancen und der ihrer Partei.* Obwohl die Bürger nur wenige Wünsche hatten, wurden nur jene Projekte ausgeführt, die am leichtesten zu bewerkstelligen waren und Unterstützung durch große Wählerblöcke fanden. Die meisten Entscheide fielen jedoch zugunsten der der Regierung am nächsten stehenden Interessengruppen aus, unter denen Levitt und die als gute Steuerzahler gern gesehenen Geschäftsleute an erster Stelle rangierten. Die Entscheidungsträger unterstützten sich gegenseitig bei ihren »Lieblingsprojekten« und schützten so ihre verdeckten Interessen, politischen Ziele und privaten Machenschaften.

* Originalausgabe S. 335–336

Trotzdem kann man den Entscheidungsprozeß in Levittown am besten mit dem Modell einer Buchführung beschreiben, die auf der einen Seite den politischen Nutzen, auf der anderen die Kosten aufführt. Denn im allgemeinen versuchten die Verantwortlichen, die Kosten und den Nutzen einer jeden Entscheidung für ihre eigene politische Zukunft und die ihrer Partei abzuwägen[1]. Natürlich wandten sie ein solches Modell nicht systematisch an, sondern sie handelten eher intuitiv. Manchmal wußten sie zuwenig, sogar über die offensichtlichen Kosten und den Nutzen ihrer Entscheidungen, und nur selten waren sie sich über die versteckten und langfristigen Aufwendungen und Vorteile im klaren. Da es nicht genügend Resonanz gab, wußten sie nicht, welche Wähler durch eine bestimmte, problematische Entscheidung betroffen und wie sie reagieren würden. Überdies kamen die persönlichen Wertmaßstäbe der entscheidenden Leute und ihre Vorstellung vom öffentlichen Interesse hinzu. So waren die Entscheidungen denen, die nach diesem Modell zu treffen gewesen wären, oft nur angenähert.

Reaktion auf den Entscheidungsprozeß*

Obwohl Levittowns öffentliche Entscheide von wenigen gewählten Amtsträgern gefällt wurden, die hauptsächlich auf die Forderungen und das Drängen einer kleinen Anzahl von Bürgern und Interessengruppen eingingen, so waren doch viele Entscheide in bemerkenswerter Weise auf den Rest der Bürgerschaft, vor allem auf den die Mehrheit bildenden unteren Mittelstand, abgestimmt. Die Berücksichtigung der Mehrheitsinteressen wird am besten dadurch verdeutlicht, daß, wenn immer die Entscheidungsträger sich der Meinung der Mehrheit widersetzten, das nächste Wahlergebnis zu ihren Ungunsten ausfiel.

* Originalausgabe S. 336–337

Die Berücksichtigung der Wählerwünsche bei der Beschlußfassung

Das Muster für diese Berücksichtigung der Wählerwünsche kann bis zum Wahlsystem hin zurückverfolgt werden[2]. Die Auswahl der Kandidaten brachte mit Sicherheit solche Amtsträger, die eine große Masse von Wählern repräsentierten. Ihre Art, die anstehenden Fragen zu behandeln, spiegelte die Unklarheit und Verwirrung wider, die unter den Wählern selbst herrschte. Überdies stimmten beide Parteien in den grundsätzlichen Fragen überein. Beide befürworteten niedrige Steuern, möglichst große Zurückhaltung der Verwaltung und, wenn eben möglich, Entscheidungen zugunsten der Mehrheit. Beide waren gegen die Forderungen und den politischen Stil der Leute aus der Arbeiterschicht und der kosmopolitischen

---

[1] Der Gedanke, die wirtschaftliche Analogie auf den politischen Vorgang anzuwenden, stammt von Banfield (1955), S. 304–312. Vgl. auch Downs und Banfield (1961), Kap. 11.
[2] Vgl. auch Dahl, S. 101.

Mitglieder der oberen Mittelschicht. Natürlich waren die Kandidaten nur sehr selten genau auf die Gemeinde zugeschnitten. So hatten die Bewohner von Levittown meistens das Gefühl, sie würden nur das kleinere von zwei Übeln wählen. Sie murrten über die Politik, aber die Unzufriedenheit war nicht so groß, als daß sie selbst gehandelt oder Minoritätsgruppen und unabhängige Kandidatenlisten unterstützt hätten. Schließlich wirkten die politischen Führer auf die entscheidenden Punkte im Leben der Bürger nur selten entscheidend ein. Sie konnten das Problem der Gemeinde, um das sich alles drehte, nämlich die Steuerfrage, nicht lösen. Aber während sich die führenden Politiker verständnisvoll zeigten, sofern die Mehrheit es wünschte, so waren sie Minderheiten gegenüber alles andere als das – es sei denn, sie waren einflußreich. Die sehr diffuse und allgemeine Reaktion der Wähler, die in den Wahlausgängen zum Ausdruck kam, setzte die Politiker über die Mehrheitsmeinungen ins Bild, aber sie unterrichtete sie nicht über die Forderungen von Minderheiten. Und weder die Schein- noch die wirkliche Regierung waren auf diese Forderungen abgestimmt. Denn die »Schaustellung« war so ausgerichtet, daß sie der Mehrheit versicherte, alles sei in bester Ordnung. Die Wahlausschüsse und die Parteien suchten dagegen Entscheidungen, die bei der nächsten Wahl eine Mehrheit bringen würden. Überdies konnte auch die politische Führung die Minderheiten nicht vertreten. Ein Gemeinderat von drei (später fünf) Leuten und sogar ein Schulausschuß mit neun Mitgliedern machten es unmöglich, Vertreter der Minderheit in die ausübende Regierung zu wählen. Da die Verantwortlichen Einstimmigkeit anstrebten, ehe sie Verordnungen erließen, blieb wenig Raum für die Berücksichtigung der Meinung einflußloser Minderheiten. Sogar wenn Entscheidungen durch Mehrheitsbeschluß zustande kamen, mußten das beschließende Organ und die Streitfrage selbst so hingetrimmt werden, daß mindestens zwei, am besten aber drei Entscheidungsalternativen zur Debatte standen: eine dafür, eine dagegen oder ein Kompromiß, auf den genügend Oppositionsstimmen einschwenken würden. Als Folge davon ergaben sich auch im Schulausschuß nur zwei entgegengesetzte Parteien. Wenn es mehr gab, mußten sich diese zusammentun, um eine Entscheidung des Ausschusses zustande zu bringen. Folglich konnten diejenigen, bei denen die Entscheidungen lagen, in solchen Punkten verantwortlich auf die Bürger eingehen, die von einer großen Zahl der Wähler oder einer einflußreichen Minderheit unterstützt wurden. Sie konnten dies nicht bei solchen Fragen, die nur für weniger einflußreiche Gruppen erheblich waren. Da die Minoritäten öfter als die Mehrheit die Verwaltung mit Petitionen zum Handeln drängten, waren die Verantwortlichen häufig bei kleinen Gruppen von Einwohnern unbeliebt, was sie nur ansporante, noch stärkere Rückversicherung bei der Mehrheit zu suchen und die Rücksicht auf die Minderheiten sogar noch weiter einzuschränken. In der Tat konnte die Verwaltung auf die Pluralität der Gemeinde nicht eingehen. Manchmal brauchten die Politiker nicht einmal auf die Wähler zu reagieren, denn wenn sie die Handlungsfreiheit hatten und für ihre Handlungen von den Wählern nicht verantwortlich gemacht werden konnten, oder wenn die große Masse der Wähler sich nicht darum kümmerte, dann konnten sie tun, was sie wollten. Zum Beispiel konnten sie manchmal Geschäftsaufträge an ihre Freunde vergeben, die Flächennutzungspläne für unbebautes Gelände ändern, um dem Bauunternehmer oder anderen Unternehmern Vorteile zu verschaffen. Sie konnten auch Verordnungen erlassen, um den Forderungen eines einflußreichen Antragstellers zu entsprechen. Dies alles konnten sie tun, ohne viel Widerspruch hervorzurufen. Die Verwaltung von Levittown spiegelte den Wählerwillen besser wider als die meisten anderen Gemeindeverwaltungen, denn sie hatte noch keine Machtpositionen, deren Inhaber ernannt wurden. Auch fehlten solche – oft in alten Gemeinden zu findenden – Wahlbezirke, deren gewählter Repräsentant ohne Rücksicht auf die Wähler handeln kann. Vielleicht lag das größte Hindernis für die Berücksichtigung des Wählerwillens, egal ob Mehrheit oder Minderheit, in der Bereitschaft der Verantwortlichen, die persönlichen Interessen und Neigungen ihrer Kollegen in den Vordergrund zu stellen. Denn der Protest der Bürger mußte schon erheblich sein, bevor die Gruppensolidarität zerbrach. Dann können manchmal »hartnäckige Einzelgänger die Vorhaben einer ganzen Gemeinde auf lange Zeit blockieren, eine rege Tätigkeit rings um die einflußreichen Stellungen in der Gemeinde entwickeln ... und schließlich werden zahlreiche administrative Fehlschlüsse das konservative Element in der Gemeinde schützen und stärken.«[3]

Einmischung in den Entscheidungsprozeß

Weil die Politiker nicht auf die Minderheiten eingehen, werden diese gezwungen, sich in den Entscheidungsprozeß einzumischen. Indem sie auf alle mögliche Art und Weise Druck ausüben, versuchen die Interventen, die Scheinverwaltung auszuschalten und die effektive Verwaltung auf sich aufmerksam zu machen mit dem Ziel, sie von ihren üblichen Zugeständnissen an die Mehrheits- und Parteiwünsche abzubringen. Einige Methoden der Einmischung sind wirksamer als die anderen, obwohl der Erfolg jeder anzuwendenden Methode von der anstehenden Streitfrage und der politischen Lage abhängt. Aber wenn eine genügend einflußreiche Wählergruppe kurz vor einer Wahl sehr stark an einer Frage interessiert ist, so führt wahrscheinlich jede Methode zum Ziel.
Bei anderen Gelegenheiten ist der Erfolg bedingt durch die Zahl der verlangten Änderungen und durch den politischen Druck, der ausgeübt werden kann. Jede Änderung erfordert eine gewisse Anpassung an die Verwaltungsgewohnheiten, an

[3] Crozier, S. 235–236.

die Verteilung der Gelder, des Personals oder anderer, nur beschränkt verfügbarer Mittel. Ebenso ist Anpassung erforderlich an das Netz der gegenseitigen Verpflichtungen unter den Politikern, sowohl außerhalb als auch innerhalb der Gemeinde. Wahlsieg und Parteikontrolle bringen den führenden Leuten ein gewisses politisches Kapital ein, das für Änderungen investiert werden kann. Damit gehen sie sorgfältig um in der Absicht, ihre Stellung zu halten und auszubauen[4]. Je einschneidender die von den intervenierenden Gruppen geforderten Veränderungen sind, desto stärkeren Druck müssen sie ausüben, um die Politiker zu zwingen, ihr Kapital einzusetzen. Offensichtlich wird der wirksamste Druck von einem ganzen Block betroffener Wähler erzeugt. Berührt jedoch das strittige Thema nur wenige Leute, was gewöhnlich der Fall ist, so müssen andere Methoden angewandt werden. Alle diese Methoden zielen darauf ab, die Politiker zu bewegen, den Wünschen der Interessengruppe zu willfahren. Falls sie erfolglos bleiben, soll der Öffentlichkeit die Streitfrage stärker zu Bewußtsein gebracht werden, um genügend politische Unterstützung für eine erneute Konfrontation mit der Verwaltungsspitze zu erhalten. Dieses Bewußtsein wird am besten durch einen offenen Streit geweckt, denn dieser kann vielleicht Schlagzeilen in den Zeitungen machen. Er wird die Verantwortlichen zumindest aufschrecken und ihr politisches Image gefährden.

Die erste und häufigste Strategie bei der Intervention besteht darin, eine öffentliche Erklärung abzugeben, die eine ganz bestimmte Entscheidung verlangt. Dies hat zur Folge, daß die Interventen in die politische Arena gelangen und so ihre Existenzberechtigung nachweisen, denn die parlamentarischen Spielregeln verlangen, daß die Politiker eine öffentlich abgegebene Feststellung beachten, wenn diese auch nur von einer kleinen Ad-hoc-Gruppe von Bürgern ausgegangen ist. Ein weiterer Anstoß wird erreicht, wenn die Feststellung in die Presse kommt, insbesondere wenn sie in einem Leitartikel kommentiert wird. Denn die Politiker glauben, zu Recht oder zu Unrecht, daß Leitartikel nur deshalb geschrieben werden, weil sie die Meinung eines Teils der Wählerschaft spiegeln.

Eine öffentliche Erklärung kann in verschiedener Form abgegeben werden. Am häufigsten ist ein einfacher moralischer Appell, manchmal verbunden mit der Behauptung, daß die Forderungen der Interventen von öffentlichem Interesse seien. Solche Appelle sind höchstwahrscheinlich unwirksam, weil die Politiker wissen, daß die Gegenseite einen moralischen Appell mit gleicher Überzeugung vorbringen oder sich selbst als ein treuer Hüter der öffentlichen Interessen ausgeben wird. Wenn der Sprecher in der Gemeinde etwas gilt, oder wenn er eine gute, eindrucksvolle Rede hält, wird die Presse vielleicht darüber berichten und so Reklame für das strittige Thema machen. Wenn der Wortführer jedoch allzu gewandt spricht, wird die moralische »Wucht« des Appells gemindert. Wenn er nur

---

[4] Der Begriff ist von Banfield (1961), S. 241 übernommen.

ein bezahltes rhetorisches Talent ist, sind seine Worte völlig vergeudet, weil die Verantwortlichen wissen, daß er nur gekauft ist. Gelegentlich kann allerdings das moralische Gewicht des Appells genügen, um die Verantwortlichen aufmerksam zu machen oder unter den Bürgern öffentliche Unterstützung für das Eingreifen zu gewinnen. Aber niemand kann mit Gewißheit aussagen, ob der Appell sich in dieser oder jener Hinsicht auswirken wird. Aber in einer Gemeinde wie Levittown sind gröbere Formen der Unbilligkeit selten. Die Ungerechtigkeiten, die vorkommen, sind zu unbedeutend, als daß sie das politische Gewissen aufrütteln könnten, weder bei den Politikern noch bei den Bürgern.

Einer der häufigsten moralischen Appelle fordert eine »klare Führung«. Er wird von den schwächsten Bittstellern an den einflußreichsten Politiker gerichtet. Sie hoffen, daß der Politiker, geschmeichelt oder beschämt, damit zu einer Handlung veranlaßt wird, die ihnen von Vorteil sein kann. Ein Politiker hört selten auf solche Appelle, denn sie verlangen von ihm, sein politisches Kapital ohne Aussicht auf politischen Lohn für eine unpopuläre Lösung aufs Spiel zu setzen. In der Tat verlangen opponierende Gruppen, die nach einer starken Hand rufen, von dem Politiker, daß er die Verantwortung für eine Entscheidung übernehmen soll, die die übrige Gemeinde nicht will, für die sie ihn bei der nächsten Wahl vielleicht sogar bestraft.

Eine weitergehende Form des moralischen Appells ist der Angriff: der Vorwurf, daß die Verantwortlichen unfair seien, daß sie sich gegen die Einschreitenden verbündet hätten, daß sie nur aus politischen Gründen handelten oder daß sie bezahlt würden. Solche Angriffe sind im allgemeinen wirkungslos, weil die Politiker meistens noch schärfer zurückschießen können und es auch tun. Wenn die Angriffe ungerechtfertigt sind, was oft der Fall ist, versuchen die Politiker, ebenfalls ungerechtfertigterweise, die Interventen als Hetzredner anzuprangern. Die Angreifer sehen vielleicht moralische Vergehen, wo es gar keine gibt, indem sie eine routinemäßige Ausschußsitzung fälschlicherweise als eine Verschwörung und eine Gruppe von politischen Verbündeten als Clique betrachten. Die Verantwortlichen dagegen, die von sich glauben, daß sie nur nach ihrem Gewissen handeln, verstehen Vorwürfe der Parteilichkeit als krasse Ungerechtigkeit. Beide Ansichten können natürlich teilweise richtig sein, aber die Kritiker, die lediglich einen unvollkommenen Eindruck von der ausübenden Verwaltung haben können, schreiben ihren Mitgliedern allzu unaufrichtige Motive zu. Dagegen praktizieren die Politiker durch ihr Handeln eine Form der Schaustellung, der sie sich vielleicht gar nicht bewußt sind.

Eine wieder etwas andere Strategie ist die Übertreibung: Man benutzt sie, um schlimme Folgen einer ungünstigen Entscheidung vorauszusagen[5]. Als zum Bei-

---

[5] Übertreibung kann unbeabsichtigt in der Hitze eines politischen Kampfes entstehen, was auch oft vorkommt.

spiel der Stadtrat vorschlug, in Levittown den freien Alkoholausschank zuzulassen, sahen die Gegner schon bald eine Bar an jeder Straßenecke, obwohl die Verordnung nur sechs in der ganzen Gemeinde für die nächsten zehn Jahre zuließ. Auch Übertreibung hat jedoch nur dann eine Wirkung, wenn sie weitere Unterstützung gleich welcher Art auslöst. Die Politiker haben einen gewissen Spürsinn für die Folgen ihrer Entscheidungen und können sich mit eigenen Übertreibungen zur Wehr setzen. Eine andere Form dieser Strategie ist es, mehr Unterstützung durch die Öffentlichkeit, als wirklich vorhanden, vorzutäuschen, indem man Bittschriften vorzeigt oder eine Sitzung mit Freunden und Nachbarn »vollpackt«, die nur aus Hilfsbereitschaft mitmachen, nicht aber, weil sie sich wirklich dafür interessieren. Wenn die Politiker ihre Gemeinde kennen, so ist dieses Vorgehen nicht sehr wirksam, es sei denn, dadurch wird die Unterstützung jener gleichgesinnten, aber zurückhaltenden Leute gewonnen, die auf einen Ansporn warten, um ihre Zustimmung kundzutun.

Wenn Appell oder Angriff erfolglos bleiben, nehmen die Interventen Zuflucht zu einer Gegeninszenierung, indem sie gewöhnlich der Verwaltung in der öffentlichen Sitzung Fragen stellen, auf die bereits beide Seiten die Antwort wissen. Da die Verwaltung Fragen nicht unterdrücken kann, werden die Verantwortlichen versuchen, Wiederholungen solcher Gegenaktionen dadurch zu verhindern, daß sie die Fragesteller zu einer vertraulichen Aussprache bitten. Als zum Beispiel die Bürgervereinigung für öffentliche Schulen ihren Einfluß geltend zu machen begann, indem sie Fragen zur Verbesserung des Lehrplans an den Schulausschuß richtete, wurden die Wortführer eingeladen, vertraulich mit dem Schulausschuß über die Vorschläge zu diskutieren[6]. Die Verantwortlichen werden vielleicht die Interventen davon zu überzeugen versuchen, daß sie ihren Standpunkt nun dargelegt haben und daß weitere Aktionen überflüssig sind. Vielleicht werden sie auch um ihr Verständnis bitten, indem sie auf den Druck von anderen Seiten hinweisen, der sie daran hindert, den vorgebrachten Forderungen nachzukommen. Alle diese Techniken stellen im wesentlichen den Versuch dar, die Interventen in die Zusammenarbeit mit der politischen Führung mit hineinzunehmen. Wenn sie damit nicht durchkommen und die Gegenaktionen öffentliches Interesse erregen, werden die Verantwortlichen vielleicht einen Kompromiß vorschlagen.

Die Wirksamkeit der Gegenaktionen ist beschränkt. Werden Fragen und Forderungen allzu oft wiederholt, können die Verantwortlichen und die Öffentlichkeit

---

[6] Nachdem die Bürgervereinigung für öffentliche Schulen sich mit dem Schulausschuß zusammengesetzt hatte, wurden die Mitglieder der Vereinigung aufgefordert, dem Schulpersonal durch Untersuchungen zu helfen. Dabei hofften die ersteren, daß die bloßen Tatsachen eine Änderung der Schulpolitik erzwingen würden. Die letzteren beabsichtigten, sie so zu beschäftigen, daß sie es aufgeben würden, die Politik des Schulausschusses in Frage zu stellen. Am Ende erreichte keine Gruppe ihr Ziel.

miteinander in Streit geraten. Schließlich müssen dann die Interventen für weitere Unterstützung sorgen und konkrete Beweise liefern. Da die Teilnahme an den meisten öffentlichen Sitzungen sehr gering ist, hat es bereits eine große Wirkung, wenn nur wenige interessierte Leute wiederholt zur Sitzung kommen. Der Schulausschuß gab in dem Streit um das Eintrittsalter in den Kindergarten fast nach, weil die Befürworter dieser Frage ständig 20 bis 30 Leute mitbrachten. Die Verantwortlichen werden natürlich versuchen herauszufinden, ob die Anwesenden es ernst meinen oder ob sie nur gekommen sind, um dem Freund oder Nachbarn einen Gefallen zu tun.

Auch durch Bittschriften wird eine große Anzahl von Menschen in den Interventionsprozeß eingeschaltet. Aber die Politiker wissen, daß viele Leute nur unterzeichnen, um den Unterschriftensammlern einen Gefallen zu tun oder um sie wieder aus dem Haus zu bekommen. Wenn die Unterzeichner nicht selbst zu einer öffentlichen Sitzung kommen, nimmt man an, daß die Unterschriften allein nicht auf ein ernstes Interesse hindeuten. Als zum Beispiel die Gegner der nicht ortsansässigen Ärzte eine Bittschrift mit über 400 Namen einbrachten, warteten die nicht ortsansässigen Ärzte mit 1200 Unterschriften auf. Die Zuhilfenahme einer kommerziellen Agentur für Unterschriftensammlungen nahm der zahlenmäßigen Überlegenheit der Sammlung die Überzeugungskraft, und am Ende kümmerte sich der Stadtrat überhaupt nicht um die Petitionen und führte einen Kompromiß zwischen den beiden Standpunkten herbei.

Wenn Gruppen intervenieren wollen, die zahlenmäßig schwach sind, nur geringe Macht haben und keine Unterstützung in der breiten Öffentlichkeit finden, ist es wahrscheinlich die wirksamste Methode, neue »Tatsachen« oder »Ideen« in den Entscheidungsprozeß einfließen zu lassen. Mit »Tatsachen« und »Ideen« meinen die Politiker vor allem dreierlei: politische oder andere Folgen einer Entscheidung, Gesichtspunkte von Gruppen, die vorher nicht beachtet wurden, und schließlich Kompromißvorschläge. Natürlich sind die Appelle der Interventen stets voll von »Tatsachen« und »Ideen«, aber meistens haben die Politiker sie alle schon gehört oder interessieren sich nicht dafür. Sie lassen sich nicht von unbeweisbaren oder langfristigen Folgen beeinflussen. Selbst wenn sie nach neuen Tatsachen fragen, werden sie wahrscheinlich diejenigen, die ihnen nicht passen, ablehnen. So verhielten sie sich zum Beispiel in der Kindergartenfrage, als die Interventen wissenschaftliche Befunde vorbrachten, die die Ansichten der Politiker widerlegten. Natürlich ist es auch eine Form des Aufschiebens von Entscheidungen, wenn man die Interventen um zusätzliche Informationen bittet. Oft fordern die Politiker oder die Interventen eine Untersuchung, bloß um Zeit zu gewinnen, in der sie weitere Unterstützung für ihre Ansichten finden können. Wenn die Entscheidung noch nicht gefallen ist, sind die Politiker vielleicht neuen Tatsachen zugänglich. Aber diese Bereitschaft ändert sich mit der Situation. Wenn ein Kompromiß gefordert

wird, sind sie vielleicht an möglichen Lösungen interessiert. Ansonsten zollen sie ihre Aufmerksamkeit gewöhnlich nur neuen Informationen über wichtige Folgen alternativer Entscheidungen für die Politik und die Gemeinde.
Bei genauem Hinsehen stellt sich als die wirksamste Methode der Intervention die Demonstration sichtbarer politischer Unterstützung heraus. Was in Levittown die Politiker am meisten beeindruckte, waren ziemlich große und wiederholte Versammlungen von persönlich betroffenen Bürgern. Wenn es zum Beispiel um Fragen des Erziehungswesens ging, mußten es Eltern sein, deren Kinder davon betroffen wurden. Wenn es um eine Änderung in der Ausweisung von Bauland ging, mußten die Betroffenen in dem umstrittenen Gebiet wohnen. Je größer die Versammlung, desto besser. Man kann aber keine absolute Zahl angeben, da die Zahl von dem Ausmaß der geforderten Veränderungen abhängig ist[7]. Zum Beispiel war ein halbes Dutzend Klagen über den Linienbusverkehr von Levittown nach Philadelphia ausreichend, um den Gemeinderat von der Notwendigkeit eines Antrags an die Verkehrsbetriebe zu überzeugen, zusätzliche Busse einzusetzen. Eine Gruppe von vier Ortsansässigen reichte aus, um sechs kleine Nachbarschaftsläden, die in dem Bebauungsplan vorgesehen waren, durch eine Änderung der Bauverordnungen zu verhindern. Sie wurden beim Bauunternehmer, dem Gemeinderat, dem örtlichen Baurat und dem Gouverneur mündlich und schriftlich vorstellig und brachten ein Gesuch ein, das von allen Anliegern rund um die vorgeschlagenen Bauplätze herum unterzeichnet worden war. Obwohl sie die ihnen tatsächlich gewährte Unterstützung übertrieben, kam ihnen Levitts Abneigung entgegen, Leute zu verärgern, die bereits ein Haus gekauft hatten. Vor allem aber hatte Levitt kein Interesse an einer Ausdehnung der Einkaufsgebiete in die Nachbarschaften, wie sie von dem Planungsexperten der Gemeinde vorgeschlagen worden war. Dies machte die Intervention erfolgreich. In diesem Fall genügte damals das entschlossene Handeln einer Handvoll betroffener Leute, die mit den Vorstellungen derjenigen Stellen übereinstimmten, die die Änderung durchzuführen hatten.
Im umgekehrten Fall waren 400 Unterschriften unter einer Bittschrift und 20 bis 30 Interventen, die regelmäßig an den Sitzungen des Schulausschusses teilnahmen, nicht ausreichend, um das Eintrittsalter für den Kindergarten zu ändern, denn dies verlangte eine Änderung der Einstellung der Mitglieder des Schulausschusses und, was noch wichtiger ist, eine Änderung der Richtlinien des Schulausschusses, die denen der anderen Schulausschüsse im Bezirk Burlington und den

---

[7] Sie wird auch von anderen Quellen eines vorhandenen »feedback« beeinflußt, denn die Frage über das Eintrittsalter in den Kindergarten zeigte, daß, je weniger die Verantwortlichen über die Meinung in der Gemeinde wissen, desto kleiner die notwendige Zahl der Interventen ist.

Empfehlungen des Staatsministeriums für Erziehung zuwiderlief. Auf der anderen Seite bewirkten 150 aufgebrachte Levittowner bei einem öffentlichen Hearing einen Kompromiß in der Streitfrage über die nichtortsansässigen Ärzte. Aber eine nur geringfügig kleinere Anzahl konnte den Gemeinderat nicht davon überzeugen, in Levittown den freien Alkoholausschank zu verbieten. In der Ärztefrage verlangte der Kompromiß nicht, dem Bauunternehmer entgegenzuarbeiten. In der Alkoholfrage war kein Kompromiß möglich, und anscheinend waren die Interventen nicht zahlreich genug, um den Stadtrat zu überreden, die Absichten des Unternehmers zu durchkreuzen. 600 Bürger, die in noch größerer Erregung an dem öffentlichen Hearing 1961 über den Schulhaushalt teilnahmen, konnten eine weitere Verringerung des Budgets nicht erzwingen, weil dies den Schulausschuß zur Vergrößerung der Klassenstärke gezwungen und damit die Lehrer und das Staatsministerium für Erziehung verärgert hätte.

Nur eine intensive Untersuchung vieler strittiger Fragen würde es ermöglichen, die für eine erfolgreiche Intervention nötige Anzahl von Leuten genau zu bestimmen. Die Erfahrung mit Levittown zeigt, daß eine kleine Anzahl manchmal ihr Ziel erreichen kann, daß aber für die Revision einer wichtigen Entscheidung der Verwaltung ein gemeinsames Einschreiten von mindestens 5 bis 15% der Gemeindemitglieder (über die ständigen Interventen, die klar erkennbaren Minderheitswähler und die Mitglieder der Oppositionspartei hinaus) nötig sind. Ein noch höherer Prozentsatz ist wahrscheinlich erforderlich, wenn es darum geht, die politische Konzeption häufiger zu ändern. Diese Zahlen deuten an, daß Interventionen wirksam sein und sogar die Wünsche der Mehrheit bei einigen Fragen überwinden können. Wenn die Einschreitenden jedoch einen bedeutsamen Strukturwandel in der Verwaltung verlangen, dann müssen sie zumindest von der Mehrheit der Bevölkerung unterstützt werden, da eine solche Änderung Rückwirkungen auf die Verwaltungen und politischen Systeme außerhalb der Gemeinde hat, die auf die lokalen Politiker Druck ausüben können, um Änderungen des Status quo zu verhindern.

Die Erfahrung mit Levittown kann die Wirksamkeit solcher Interventionsmethoden wie Demonstrationen, Protestmärsche, Sit-ins und Aufruhr nicht zeigen. Vorstadtbewohner aus den Mittelschichten werden solche Methoden aller Voraussicht nach nicht anwenden, aber wenn diese sich als nötig erwiesen, würden sie vielleicht zuerst angestrengteste politische Schaustellungen auslösen, die das Gleichgewicht erhalten sollen. Es würde dann Gegendruck ausgeübt, und danach würden die verantwortlichen Politiker allmählich beginnen, Zugeständnisse solcher Art zu machen, daß sie ihr Gesicht möglichst wahren können, vorausgesetzt, daß die Zugeständnisse nicht eine noch größere Gruppe von Leuten auf die Barrikaden bringen, die sich dagegen wehren. Wenn das der Fall ist, sitzen die Politiker zwischen zwei Stühlen. Vielleicht nehmen sie dann Zuflucht zu Aktionen, die den Interventen einreden sollen, daß die Verwaltung auf ihrer Seite sei. Die Gegenseite soll meinen, daß die Verwaltung zu keinen grundlegenden Änderungen bereit sei. Die Macht der Gemeindeverwaltung, die Gesellschaft zu ändern, bleibt beschränkt. Eine Intervention mit diesem Ziel müßte gegen die Bundesregierung und die vereinigten Kräfte der Wirtschaft gerichtet werden. Die erstere wird sich jedoch nur von einer Interventionsgruppe riesigen Ausmaßes beeindrucken lassen. Die Wirtschaft braucht auf die Opponenten überhaupt nicht einzugehen, es sei denn, diese sind imstande, größere Streiks oder einen Verbraucherboykott auszurufen. Ein Aufbegehren lokaler Gruppen kann nur dann bei den Bundesorganen auf Beachtung hoffen, wenn es in mehreren Gemeinden zugleich laut wird und wenn die Sache nicht mit der Erklärung beiseite geschoben werden kann, es sei ja nur eine Folge von deutlichen lokalpolitischen oder wirtschaftlichen Bedingungen.

Die meisten Gruppen, die in Levittown aufzubegehren versuchten, waren Ad-hoc-Gruppen, die nur zur Lösung einzelner Probleme gebildet wurden. In der Tat wurden aus dauerhaften Verbindungen leicht Interessengruppen, die konsultiert wurden, bevor man Entscheidungen traf, die die Belange dieser Gruppen angingen. Eine dauerhafte, aber nicht organisierte Gruppe wurde nicht regelmäßig gehört; sie wurde jedoch ein beständig und aktiv aufbegehrendes Element: die Kosmopoliten.

Die Kosmopoliten*

Die Kosmopoliten haben Hochschulbildung, sind in der Regel freiberuflich tätig und besitzen den Lebensstil der höheren Mittelschicht. Obwohl sie sich lokal sehr stark engagieren, werden ihre Vorstellungen einer Gemeinde von außerlokalen Kräften geprägt. Sie streben die Verwirklichung einer Idealgemeinde an, die in einer nationalen oder sogar internationalen Kultur wurzelt. Ihre Bereitwilligkeit, am öffentlichen Geschehen teilzunehmen, und ihr großes Geschick in der Argumentation lassen sie oft viel früher als andere Gruppen und auch als die Exekutive der Gemeinde tätig werden.

Das Vorhandensein einer funktionsfähigen Exekutive in Levittown zwang die Kosmopoliten sofort in die Rolle der Opposition. Obwohl ihr Hauptinteresse auf dem Gebiet der Erziehung und Bildung lag, engagierten sie sich auch für Fragen der Erholung, Planung, Rassenintegration, Jugend und sozialen Wohlfahrt.

Gemessen an ihrer zahlenmäßigen Stärke, war ihre Fähigkeit zu intervenieren erstaunlich. Obwohl ihre Forderungen in der Regel abgelehnt wurden, konnten sie erfolgreich einige Kompromisse aushandeln. Sie erzielten ihre größten Erfolge immer dann, wenn sie in Übereinstimmung mit der restlichen Gemeinde handelten und als Experten oder Initiatoren der von der Mehrheit unterstützten Sache auftraten. Aber ihre Beharrlichkeit, Redegewandtheit, Unnachgiebigkeit und ihr Eintreten für das Gemeinwohl trugen ihnen auch Feindschaft ein, vor allem deswegen, weil ihre ständigen Hinweise auf Ideale, Prinzipien und Moral ihre Gegner als berechnend, prinzipienlos und unmoralisch erscheinen ließen.

Diese Strategie erwies sich jedoch für eine politisch schwache Minderheit als eine eher unwirksame Interventionsmethode. Ihr Hauptverdienst bestand im Aufzeigen entscheidender Gemeindeprobleme, die die gewählten Gemeindevertreter aus Furcht vor einer Verärgerung ihrer Wählerschaft nicht anzutasten wagten.

Einflußnahme des Einzelnen: Die Rolle des Fachmanns

Vielleicht kann der Experte als einzelner den wirksamsten Einfluß auf eine Gemeinde ausüben. Da er außerhalb des politischen Beziehungsnetzes steht, kann er seine technischen Kenntnisse und seinen Ruf als Experte dazu benutzen, Änderungen herbeizuführen. Die meisten Experten unterbreiten die besten und kostspieligsten Vorschläge, die sie mit Daten und Kriterien untermauern, die von Mitgliedern ihres eigenen Berufsstandes aufgestellt sind. Erklärt ein Experte diese Maßstäbe für unverletzlich und leitet daraus Entscheidungen ab, die die Gemeinde nicht akzeptieren will, so wird sich mit großer Sicherheit eine Opposition bilden. Und besteht eine Opposition gegenüber den Auftraggebern oder den Ansichten der Experten, so wird die Gegenseite Experten von anderer Herkunft und mit anderer Meinung bestellen. Fachkenntnisse allein genügen kaum für ein erfolgreiches Eingreifen, da selbst eine objektive und wissenschaftliche Perspektive nicht ausreicht, um politische Erwägungen auszuschalten.

* Originalausgabe S. 346–352

Entscheidungsprozesse, Intervention und Machtstruktur

Den Vorgang des Entscheidungsprozesses in einer Stadtgemeinde kann man am besten als dialektisch beschreiben. Die Politiker versuchen, die ausübende Verwaltung im Gleichgewicht zu halten, und die Interventen versuchen, das Gleichgewicht zu stören[8]. Die Ziele des Gleichgewichts bestehen in der Aufrechterhaltung der Ordnung und der Sicherung des Machtbestands. Die Intervention zielt darauf ab, die effektive Verwaltung und die damit verbundenen Schaustellungen so empfindlich zu stören, daß die Politiker sich zur Wiederherstellung der Ordnung durch ein Nachgeben gegenüber den Forderungen der Interventen gezwungen sehen. Dabei finden diese Unterstützung bei der Oppositionspartei, die zwar die gleichen strategischen, nicht aber die gleichen substantiellen Ziele verfolgt. Sie versucht, das Gleichgewicht zu stören, indem sie solche schwachen Stellen in der politischen Schau ausfindig macht, die ihr die Möglichkeit geben, die Unfähigkeit oder Unehrenhaftigkeit der Amtsinhaber an den Pranger zu stellen. Zudem gewährt sie denjenigen Interessengruppen Hilfe, deren Ansprüche oder deren Macht durch die Verantwortlichen bedroht sind. Die Opposition fordert die Amtsinhaber ständig auf symbolische Weise heraus, indem sie auf Vetternwirtschaft oder die Vernachlässigung der öffentlichen Interessen hinweist in der Hoffnung, damit politische Unterstützung zu gewinnen. Interessengruppen und Wählerblocks spielen häufig dasselbe Spiel, indem sie die Politiker prüfen, um festzustellen, ob deren Macht nach wie vor respektiert wird. Als zum Beispiel in Levittown Festakte angesetzt waren, rissen sich Bürgergruppen und Wohlfahrtsvereine um die besten Plätze in der Veranstaltungsfolge, um ihre Macht zu zeigen. In vielem gleichen sie

---

[8] Vgl. Dahls Unterscheidung zwischen »Gesetzestreuen« und »Abweichlern«, S. 323–324.

sowjetischen Funktionären, wenn diese sich aufstellen, um bei Staatsbesuchen auf einem Empfang im Kreml die ausländischen Staatsoberhäupter zu begrüßen. Das Ergebnis dieser niemals endenden Dialektik ist ein ewiger Stellungskampf, in den nicht nur die verantwortlichen Politiker, die Interventen und die politischen Parteien verwickelt sind, sondern auch andere Gruppen in der Gemeinde. Jede Handlung, sei es eine Verwaltungsentscheidung oder der Rücktritt des Funktionärs einer freiwilligen Vereinigung, wird als politischer Schachzug gedeutet, auch wenn er das gar nicht ist. Die Teilnehmer dieses dialektischen Prozesses suchen immer den völligen Sieg, denn ein Kompromiß gilt bei den Inhabern der Macht als Niederlage, bei den Interventen als »Ausverkauf« und bei den nichtbeteiligten Bürgern als »Kuhhandel«. Folglich entwickeln sich alle Beziehungen in einer Atmosphäre von Verdacht und Spannung. Erfahrene Politiker, ob im Rathaus oder in einer freiwilligen Vereinigung, sind an diese Lage der Dinge gewöhnt, und Amateure finden sich allmählich hinein; die Bürger aber betrachten das Ganze als von Unehrenhaftigkeit und Heuchelei vergiftet. Da sie jedoch nicht entscheidend betroffen sind, spielen sie den belustigten Zuschauer[9].

Dieses Bild des Entscheidungsprozesses weicht von der heutigen Anschauung der politischen Wissenschaften ab, bei der die Rolle der formellen und informellen Machtstruktur betont wird, die die Beschlußfassung monopolisieren oder beherrschen. Eine dieser Theorien stellt permanente Machteliten heraus, die aus einer kleinen Anzahl einzelner Führer und Interessengruppen, hauptsächlich Vertretern wirtschaftlicher Interessen, gebildet werden. Diese besitzen genügend Macht, um Entscheidungen ohne Rücksicht auf die Bürgerschaft zu treffen[10]. Eine andere, vernünftigere Theorie weist auf eine Anzahl einzelner und oft nur zeitweiliger Machtgebilde hin, von denen jedes durch eine besondere Streitfrage entstanden ist. Ihre Gefolgschaft kann sich überschneiden. Sie richtet sich nach der ganzen Skala gegebener Probleme und der Machtverteilung in der jeweiligen Gemeinde[11]. Dieses Modell läßt mehr Raum für die Bürger, da die sie vertretenden Politiker ihre Forderungen in den Entscheidungsvorgang einfließen lassen können.

Meine Analyse kommt der zweiten Theorie näher. Da ich mich aber nicht nur mit der Frage befaßte, *wie* die Entscheidungen gefällt werden, sondern auch mit dem Problem, inwieweit dabei auf die Gemeinde eingegangen wird, habe ich die Rolle der Bürger stärker betont. Deren Tätigwerden schließt jedoch die Existenz einer Machtstruktur in Levittown nicht von vornherein aus, denn die an der Macht befindlichen Parteiführer, die Wahlbeamten und das Unternehmen Levitt stellten ja ein solches Gebilde dar. Tatsächlich haben, wie ich in Kapitel 7 darlegte, der

---

[9] Zum Vergleich über die Ansichten der Politiker und der Bürger in bezug auf den politischen Entscheidungsprozeß in der Vorstadt vgl. Dye (1962).
[10] Diese Theorie wird von Hunter und von Mills vertreten.
[11] Unter ihren vielen Vertretern sind Dol und Banfield (1961).

sehr starke Einfluß des Unternehmers, die Macht der demokratischen Parteiführer und der Block der Katholiken ebenso wie einige ganz besondere Charakterzüge der Gemeinde die Machtstruktur irgendwie monolithischer gemacht, als die Untersuchungen politischer Wissenschaftler in älteren, fest gefügten Gemeinden besagen; dies, obwohl die dieser Machtstruktur Angehörenden häufiger führende Bürger, Politiker und Gemeindebeamte als leitende Männer aus der Wirtschaft sind. Da Levittown eine reine Wohngemeinde ist, fehlt die Anhäufung kommerzieller und industrieller Interessen, die gewöhnlich an der Spitze der politischen Pyramide zu finden ist. Deshalb blieb den Vereinsfunktionären und den Führern der Wählerblocks eine wichtigere Rolle vorbehalten. Weil Levittown sich noch im Aufbau befand, spielte der Bauunternehmer eine überdurchschnittliche Rolle, und da die Gemeinde noch neu war, waren politische Fragen noch nicht klar genug umrissen, um eine große Zahl von Machtstrukturen entstehen zu lassen. Als Vorstadtgemeinde mit einer Einwohnerschaft, die sich vorwiegend aus den Mittelschichten zusammensetzte, hatte Levittown auch keine farbigen Einwohner mit niedrigem Einkommen. Diese stellen zwar einen großen Teil der städtischen Wählerschaft, sind aber dennoch durch Armut, Rassentrennung, geringes politisches Geschick und die gewohnte Unterstützung von Kandidaten des demokratischen Parteiapparates von dem Entscheidungsprozeß weitgehend ausgeschlossen. Sogar die am wenigsten berücksichtigten Interventen waren deshalb im Entscheidungsprozeß in Levittown angemessener vertreten als farbige Bürger der unteren Klassen von Chicago oder New Haven.

Vorschläge zur Verbesserung des Entscheidungsprozesses*

In der Regel nehmen die Angehörigen der Mittelschichten am politischen Geschehen nicht teil, abgesehen von den seltenen Fällen, in denen die Regierung ihnen garantierte Güter oder Privilegien entzieht. Der Entscheidungsprozeß ändert sich so lange nicht wesentlich, solange die Überzeugung vorherrscht, daß altruistische Demokratie die Handlungen der Regierung bestimmen sollte. Diese Überzeugung wird aus drei Quellen gespeist. Das sind die Schulen, die Distanz des Bürgers zur Politik und die Anwendung einer Primärgruppenmoral auf die Politik. Die Alternative liegt deshalb in der »Politisierung« der Bürgerschaft – in der Erkenntnis, daß Politik ein universelles Phänomen ist; daß alle Sachverhalte, über die Uneinigkeit besteht, politischer Art sind; daß die Aufgabe des Politikers in der Beseitigung von Meinungsverschiedenheiten besteht und daß er dabei von nichtfamiliären Normen ausgeht. »Politisierung« erfordert eine relativierende Einstellung, die Einsicht, daß die Interessen anderer genauso moralisch sind wie die eigenen, sowie die Bereitschaft zum Kompromiß.

Im Anschluß an diese Überlegungen macht der Autor einige realistischere Vorschläge. Meinungsumfragen zu wichtigen Entscheidungen, verstärkte Berichterstattung der Presse, zahlenmäßige Verstärkung der gewählten Institutionen, Vertretung der Bürger in den beratenden Ausschüssen, vermehrte öffentliche Intervention sowie Darstellung der Konsequenzen bei Alternativentscheiden könnten zur Verbesserung des Entscheidungsprozesses beitragen.

* Originalausgabe S. 355–365

14 Kommunalpolitik und Planung

Die Vorschläge, die im vorangegangenen Kapitel zur Verbesserung des Entscheidungsprozesses gemacht wurden, wären nicht geeignet für eine wesentliche Veränderung dieser Entscheidungsstruktur. Sie wäre nach wie vor *politisch* und würde meistens zu »populären« Entscheidungen führen. Da solche Entscheidungen zu einer Tyrannei der Mehrheit und zu einer Vernachlässigung der öffentlichen Interessen führen können, muß man sich fragen, ob in einem System wie dem von Levittown *unpolitische* Entscheidungsprozesse und »unpopuläre« Entscheidungen möglich und unter welchen Bedingungen sie wünschenswert sind. Um diese Fragen zu beantworten, erscheint es sinnvoll, mit einer kurzen Auswertung der Entscheidungen, die mit politischen Mitteln erreicht wurden, zu beginnen.

Politische und nichtpolitische Entscheidungsprozesse

Zu den mit politischen Mitteln erreichten Entscheidungen während der Zeit meiner Untersuchung gehörten folgende: der Verkauf von Alkohol, die Zulassung nichtortsansässiger Ärzte, das Aufnahmealter für Kindergärten, der Steuersatz und das »Jugendproblem«. Die Alkoholfrage wurde meiner Ansicht nach nicht sehr korrekt behandelt, denn die Verantwortlichen lehnten willkürlich die Mehrheitsmeinung ab, obwohl die Bürger sie hätten überstimmen können, da ein Gesetz von New Jersey in dieser Frage Volksbefragungen erlaubt. Die Befürworter des Alkoholverkaufs waren jedoch eigentlich nicht wirklich benachteiligt. Sie brauchten ja nur in die nächste Gemeinde zu fahren, um Verkaufs- und Ausschankstellen zu finden. Die Streitfrage über die nichtortsansässigen Ärzte wurde angemessener gelöst, denn die Bürgerschaft war anscheinend unschlüssig, und die Politiker kamen zu einem Kompromiß, der einige nichtortsansässige Ärzte zuließ, darunter die Spezialisten, die sonst nicht gekommen wären. Kommerzielle Enklaven in Wohngebieten, die deren Ansehen und damit die Grundstückswerte bedroht hätten, wurden jedoch nicht zugelassen. Der Kindergartenstreit wurde auch gut gelöst, denn die Leute, die ihre Kinder solange wie möglich zu Hause haben wollten, wurden ebenso befriedigt wie die Minderheit, die die Kinder nach Absolvierung eines freiwilligen Aufnahmetests früher einschreiben lassen konnte.
Die verschiedenen Beschlüsse über die Steuersätze waren schlecht vorbereitet. Aber ich bezweifle, daß die Politiker eine andere Wahl gehabt hätten. Sie erhöhten die Steuer, weil sie es mußten, aber sowenig wie möglich, um die Mehrheit, die gegen die Steuer war, zu befriedigen. Der Entscheidungsvorgang war nicht frei

von Zufälligkeiten, aber die Meinung der Mehrheit schwankte ebenfalls von Jahr zu Jahr. Auch die Interventionen der Minoritäten, die ein höheres städtisches Budget befürworteten, wechselten in ihrer Intensität. Die anfängliche Opposition gegen die Steuer war vornehmlich auf die jähe Erhöhung des Steuersatzes zurückzuführen, die wegen des Subventionsstops durch Levitt nötig wurde. Trotzdem muß dabei berücksichtigt werden, daß Levitt beträchtliche Summen bereitstellte, um in den ersten zwei Jahren die Steuern niedrig zu halten. Nachdem sich der Steuersatz auf einer höheren Rate eingependelt hatte, nahm die allgemeine Opposition etwas ab. Das lag wohl vor allem daran, daß die Politiker jetzt wußten, daß die Wähler keine weiteren Steuererhöhungen dulden würden. Die Steuerkraft der Gemeinde war einfach nicht ausreichend, um das Niveau der gemeindlichen Leistungen, vor allem der Schulen, so weit zu erhöhen, wie es die Minderheiten verlangten, und dennoch die Mehrheit der Wähler zufriedenzustellen.

Als ein Nebenprodukt der Steuerdebatte erhielt die Mehrheit jene für die untere Mittelschicht typische Schulausbildung, die sie für ihre Kinder gewollt hatte. Die kosmopolitische Gruppe jedoch fühlte sich vernachlässigt. Da die Ideallösung, die die Mehrheit ebenso wie die Minderheit zufriedengestellt hätte, nicht möglich war, kann man über die endgültige Lösung nicht streiten. Es erscheint jedenfalls nicht richtig, wenn gefordert wird, alle Kinder müßten eine Schulbildung nach der Art der oberen Mittelschicht erhalten. Die Eltern haben das Recht, ihren Kindern eine ihrer eigenen Schicht entsprechende Erziehung zu geben, vorausgesetzt, daß für die sozial Aufsteigenden wie für die Absteigenden mehrere Alternativen zur Verfügung stehen. Ohne eine eigene Studie über die Schulen von Levittown kann man kaum sagen, ob sie eine ausreichende Mannigfaltigkeit an Ausbildungsmöglichkeiten boten, die den Erwartungen sowohl der höheren Mittelschicht als auch der Arbeiterschicht entsprochen hätte. Eine solche Vielfalt von Möglichkeiten mag wünschenswert sein, aber sie kann in einer kleineren Gemeinde, in der die Mehrheit niedrigere Steuern wünscht, nur schwer verwirklicht und kaum finanziert werden.

Möglicherweise war das Schulsystem der unteren Mittelschicht, das die Mehrheit für ihre Kinder wollte, auch nach deren eigenen Maßstäben nicht gut genug, besonders für die Vorbereitung auf eine berufliche Karriere. Es erschien aber gut genug für den Augenblick, denn die Absolventen gingen meistens in Colleges, deren Studenten vornehmlich aus der unteren Mittelschicht stammen, um dort für jene Arbeitsplätze in Technik oder Verwaltung ausgebildet zu werden, die sie anstrebten, um ein Leben der unteren Mittelschicht führen zu können, für das sie erzogen waren. Ob ihre Ausbildung gut genug war, um sie auf eine weitgehend automatisierte Wirtschaft vorzubereiten, die völlig neue Berufsmöglichkeiten bietet, ist schwer zu sagen. Keiner weiß heute, welche Stellen in Zukunft angeboten werden und ob die Kinder, die heute in Levittowns Klassenzimmer sitzen, genug lernen, um sich für solche Stellen zu qualifizieren. Da niemand beweisen konnte, daß das Schulsystem nach diesem Kriterium unzureichend war, braucht man nicht überrascht zu sein, daß weder die Politiker noch die Eltern willens waren, dieses System zu ändern.

Das »Jugendproblem« wurde mit ganz besonders unzureichenden Mitteln angegangen. Die endgültige Entscheidung – nämlich nichts zu tun – war natürlich populär; nur wenige Wähler wollten bessere Einrichtungen für die Heranwachsenden, das Interesse der Bürger war minimal. Fachleute, die die berechtigten Bedürfnisse der Jugendlichen nachgewiesen hätten, wurden nicht bemüht, und die Entscheidungen der Verantwortlichen waren dementsprechend. Dessenungeachtet waren auch die vorgeschlagenen Mittel zur Realisierung des allgemein erstrebten Ziels, die Jugendkriminalität zu verringern, irrational. Niemand unterschied zwischen echter Kriminalität und bloßem Vandalismus, und niemand versuchte herauszufinden, wie man den Vandalismus beseitigen könne. Weder die Diskussionsgruppe für Jugendfragen, die Organisationen und Vereine um finanzielle Förderung der Freizeiteinrichtungen bat, noch der Jugendausschuß, der eine Art Teenager-Schiedsgericht zur Bestrafung der gefaßten Jugendlichen einrichtete, berücksichtigten jemals ernsthaft die Bedürfnisse der Heranwachsenden. Sie bemühten sich auch nicht, ihnen eine bestimmte gesellschaftliche Funktion in der Gemeinde zu geben. Die Lösung, zu der man schließlich gelangte, ein Flickwerk aus freiwilligen und von Erwachsenen geleiteten Freizeitbeschäftigungen und einer verstärkten Polizeiaufsicht, rückte den zugrundeliegenden Ursachen des Problems überhaupt nicht zu Leibe. Dabei hätte man etwas tun können, mit dem man sowohl den Erwachsenen als auch den Jugendlichen entgegengekommen wäre. Man hätte den Jugendlichen Treffpunkte abseits der Wohn- und Einkaufsgebiete geben können, die sie sich selbst als Zentrum hätten ausgestalten können, ganz so, wie sich die Erwachsenen aus der Arbeiterschicht mit Hilfe privater Spenden und eigener Arbeit ein Feuerwehrhaus erbauten. Das größte Hindernis waren nicht die Kosten, sondern die Furcht der Erwachsenen, die man aber sehr gut hätte verringern können, wenn sich Erwachsene und Jugendliche zusammengesetzt hätten. Der Entscheidungsprozeß war unkorrekt und undemokratisch, denn die Heranwachsenden waren nicht vertreten und konnten nicht einmal intervenieren, um ihre Forderungen vorzubringen und die Erwachsenen über ihre Vorstellungen zu unterrichten.

Ein Vergleich der fünf Streitpunkte zeigt, daß die auf der politischen Ebene getroffenen Entscheidungen sowohl gut als auch schlecht sein können. Meine flüchtige Auswertung deutet einige Kriterien zu ihrer Beurteilung an. Die Entscheidungen müssen vor allem die Forderungen der Mehrheit berücksichtigen. Wenn sie gleichzeitig auch die Vorstellungen der Minderheit berücksichtigen, sind sie um so besser. Sie können oft durchaus vernünftig sein, ohne zugleich negative politische Auswirkungen nach sich zu ziehen. Sie sollten sich auf die Ursachen der Probleme beziehen, und solange die öffentliche Forderung nach irrationalen Entscheidungen politisch nicht zwingend ist, können Experten hinzugezogen werden, um eine möglichst rationale Lösung zu erreichen[1]. Minderheiten sind auf die Intervention angewiesen. Um aber die Macht der Minorität optimal zur Geltung zu bringen, muß die Intervention wirksam sein. Auch Proteste können mit Hilfe von Experten rational begründet werden. Dabei sollte die Irrationalität der Mehrheitsentscheidung bloßgelegt und ein Kompromiß vorgeschlagen werden, der für beide Seiten den größten Vorteil gewährt. Vor allem muß der Entscheidungsvorgang repräsentativ sein; die von einer Entscheidung betroffenen Leute müssen die Gelegenheit haben, ihre Forderungen darzulegen und politischen Druck auszuüben. Sie werden vielleicht keinen Erfolg haben, aber wenn sie schon von Anfang an ausgeschlossen sind, wie es bei den Jugendlichen der Fall war, ist der Entscheidungsprozeß im demokratischen Sinn nicht ordnungsgemäß.

Nichtpolitische Entscheidungsprozesse beruhen im wesentlichen auf Fachwissen und systematischer Planung, die zu Entscheidungen führen können, die der Mehrheit nicht sonderlich gefallen oder für sie uninteressant sind. Um zu überlegen, wie sie sich in einem politischen System auswirken, das die Mehrheit berücksichtigt, möchte ich noch einmal zu Einzelfalluntersuchungen zurückkehren und zwei solcher Vorgänge im Detail analysieren.

Die Rassenintegration in Levittown*

In seiner Rolle als Privatmann stand Levitt der Rassenintegration nicht feindlich gegenüber. Als Generalunternehmer war er jedoch der Auffassung, daß die oberste Priorität dem Nutzen seiner Firma gelten müsse und daß deshalb eine sofortige Rassenintegration im neuen Levittown den Hauskauf an weiße Bewohner erschweren würde. Deshalb erklärte Levitt öffentlich, daß er keine Häuser an Neger verkaufen werde. Daraufhin erhoben zwei Neger Anklage gegen Levitt: er habe gegen das Rassendiskriminierungsgesetz verstoßen, das die Rassentrennung bei mit Bundessubventionen errichteten Bauvorhaben verbietet. Als Levitt sah, daß das Urteil zu seinen Ungunsten ausfallen und damit dem Ruf seiner Firma noch mehr geschadet würde, änderte er seine Taktik. Nach einem vorausgegangenen Treffen mit führenden Gemeindebeamten und mit den Geistlichen der Gemeinde, ließ er durch die Geistlichen von der Kanzel verkünden, daß er sich dem Gericht freiwillig beugen werde und er die Gemeinde bitte, die Neger freundlich zu empfangen. Diese Entscheidung wurde ruhig aufgenommen; den Levittownern war an Ruhe und Ordnung mehr gelegen als an strenger Rassentrennung.

* Originalausgabe S. 371–375

---

[1] Ich definiere Rationalität hier als die Bestimmung der wirksamsten Mittel, um die festgesetzten Ziele zu erreichen; sie bezieht sich eher auf die Methode zur Erreichung eines Ziels als auf die Wahl von Zielen oder auf den Entscheidungsvorgang bei dieser Wahl.

Planung für die Rassenintegration

Der erste Schritt Levitts, eine Planung zu beginnen, die den Prozeß einer Aufhebung der Rassentrennung einleiten sollte, bestand darin, einen Experten als Berater zu engagieren. Da diesem Mann von der Firma freie Hand gelassen wurde, entwickelte er ein Fünf-Punkte-Programm: die Bekanntmachung der Entscheidung Levitts durch die führenden Gemeindepolitiker; ein gründliches Instruktionsprogramm für die Levitt-Verkaufsabteilung, die Verwaltungsbeamten, die Polizei und die Presse, ein Versuch, gegen die Rassenintegration gerichtete Aktionen zu unterbinden; die Bildung eines örtlichen »Rates für zwischenmenschliche Beziehungen«; und eine sorgfältige Überprüfung der ersten farbigen Bewerber, um sicherzugehen, daß es Leute aus der Mittelschicht waren[2].

Die politischen Vertreter von Levittown wurden anfänglich gebeten, die Entscheidung Levitts zu verkünden, aber sie waren daran nicht besonders interessiert. Einige waren persönlich Gegner der Integration, aber alle meinten, daß es ihnen politisch schaden könne, wenn sie mit der Entscheidung in Verbindung gebracht würden, zumal keine der beiden Parteien eindeutig Stellung beziehen wollte[3]. Schließlich erklärten sich die Geistlichen zur Bekanntgabe bereit. Die meisten waren für eine Integration, und einige wußten, daß gleichgesinnte Kollegen in Levittown, Pennsylvania, über diese Streitfrage zum Rücktritt gezwungen worden waren. Wenn sie aber alle gemeinsam die Entscheidung verkündeten, würde keine der Gemeinden in der Lage sein, ihren Pfarrer zu entlassen. Auch würde damit verhindert, daß ein einzelner Pfarrer Gegner der Integration in seine Kirche einlud, um die Situation zur Werbung von Gemeindemitgliedern auszunutzen[4]. Die besonders heftigen Verfechter der Rassenintegration unter den Pfarrern ergriffen führende Stellungen im »Rat für zwischenmenschliche Beziehungen«, der zur gleichen Zeit organisiert wurde, und brachten auch einige ihrer Glaubensbrüder in die Vereinigung mit[5].

---

[2] Zu einem anderen Bericht über Levittowns Integration, der von dem Berater vorbereitet wurde, vgl. die Veröffentlichung der »U.S. Housing and Home Finance Agency«.
[3] Die Politiker hatten sich im vorhergehenden Jahr durch die Zusammenarbeit mit Levitt in der Alkoholfrage und bei der Namensänderung die Finger verbrannt und waren nicht bereit, wieder auszuhelfen, vor allem bei dieser anscheinend noch explosiveren Streitfrage.
[4] Eine gewisse Abneigung gegenüber der Integration war bei den Pfarrern festzustellen, deren Gemeindemitglieder einen niedrigeren sozioökonomischen Status hatten, vor allem bei den orthodoxen Denominationen. Es ist interessant, daß die Entscheidung, die Integration an einem Sonntag zu verkünden, die zwei Rabbiner nicht berücksichtigte, die erst am nächsten Freitag mit ihrer Gemeinde zusammenkamen. Aber offensichtlich fürchtete niemand eine Opposition von seiten der jüdischen Gemeinde.
[5] Auf der anderen Seite war den Amtsträgern daran gelegen, daß auch Leute, die gegen die Integration waren oder die sich noch keine Meinung darüber gebildet hatten, im Rat

Die Instruktion der Polizei zielte besonders darauf ab, den friedlichen Einzug der ersten farbigen Familien zu sichern, Demonstrationen gegen eine Integration zu verhindern und die aus dem älteren Levittown bekannte Gleichgültigkeit der Polizei zu beseitigen. Obwohl die Polizeitruppe über die Aufhebung der Rassentrennung nicht sonderlich begeistert war, war der Polizeichef sehr daran interessiert, seine Abteilung zur besten im Bezirk Burlington zu machen. Da ein Rassenkrawall seinen Ambitionen dauernd geschadet hätte, arbeitete er mit ganzer Kraft mit. Die Aufklärung der Presse wurde ebenfalls durch Ereignisse im älteren Levittown beeinflußt. Mehrere Zeitungen im Gebiet von Levittown, Pennsylvania, hatten die Integrationsfrage damals hochgespielt, über Adresse und Ankunftszeit des ersten farbigen Käufers berichtet und damit Störhandlungen den Weg geebnet. In Levittown, New Jersey, wollten Zeitungsleute ihre Berichterstattung einschränken und nur über die Unterzeichnung der Vertragsurkunde durch die erste Negerfamilie in der Zeitung berichten. Die Presse konnte rasch zur Mitarbeit gewonnen werden, denn dem Verleger der örtlichen Tageszeitung gehörte auch das Blatt in Pennsylvania, das damals so ungeschickt agiert hatte. Er brannte darauf, diese Scharte nun auszuwetzen. Auch der Herausgeber der Wochenzeitung des Bezirks Burlington, der den Aufruhr im älteren Levittown aus erster Hand gesehen hatte, half bei der Aufklärung seiner Kollegen und unterstützte den Planungsberater noch auf andere Weise.

Die »Operation Hitzkopf« genannte Aktion zur Unterbindung von Demonstrationen wurde von dem Berater organisiert. Unterstützt von den Geistlichen, der Presse und anderen, die die Gemeinde gut kannten, fertigte er eine Liste bekannter militanter Verfechter der Rassentrennung an. Diese erhielten dann von ihren jeweiligen Pfarrern eine strenge Ermahnung, keine Protestaktionen gegen die Integration zu organisieren. Die genaue Überprüfung der farbigen Bewerber zielte darauf ab, Leute der Mittelschicht zu finden, die einer möglichen Feindschaft und Isolierung in der ersten Zeit würden widerstehen können. Obwohl diese Aufnahmeprüfung die Gewähr dafür war, daß keine armen Neger in Levittown eindringen würden, wurde die Gemeinde nie davon unterrichtet. Man schaffte die Prüfung ohnehin ab, nachdem die ersten Neger eingezogen waren. Die später einziehenden farbigen Familien unterschieden sich aber auch kaum von denen, die vorher durch die Aufnahmeprüfung gegangen waren.

Der Integrationsprozeß wurde auch durch den Plan, nach welchem die Neger ihre Häuser auswählten, gefördert. Levitt und sein Berater waren sich darüber einig, daß die farbigen Familien in der ganzen Gemeinde verstreut wohnen sollten, wenn möglich, nur eine in einem Häuserblock, und daß es ihnen unter keinen Umstän-

_{vertreten waren, denn sie fürchteten, daß man sonst sie und den Rat als Werkzeug der Integrationisten ansehen würde. Die Gegner der Integration waren jedoch im Rat in der Minderheit.}

den erlaubt sein sollte, einander angrenzende Häuser zu kaufen. Dadurch sollte der Eindruck vermieden werden, daß die Gemeinde von Farbigengruppen übernommen oder daß sich ein Negerviertel entwickeln würde. Weiße Käufer hinwiederum konnten jetzt kaum verlangen, in einem ausschließlich weißen Stadtviertel wohnen zu wollen.
Es braucht nicht betont zu werden, daß die Leute der Verkaufsabteilung genau instruiert worden waren. Jeder Verkäufer war angewiesen, »daß er niemals, weder direkt noch indirekt, auf die Rassenfrage zu sprechen kommen sollte; daß er auf diesbezügliche Fragen seitens der Käufer ohne Ausweichen, ohne verteidigende oder entschuldigende Worte antworten sollte; daß er seiner Haltung Ausdruck verleihen sollte, die Rassenfrage bringe für ihn oder seine Firma keine besonderen Probleme mit sich«[6]. Es wurde bewußt darauf verzichtet, die Verkäufer persönlich von der Rassenintegration zu überzeugen. Außerdem trug ein über zwei Wochen dauerndes Untersuchungsprogramm, das das geringe Interesse der zum Kauf entschlossenen Weißen an der Rassenfrage zeigte, dazu bei, die Einstellung der Verkäufer rasch und reibungslos zu ändern[7].
Obwohl viele Weiße willens waren, mit den Negern zusammenzuleben, zögerten jedoch einige, sich neben einer farbigen Familie anzusiedeln. Um mit diesem Problem fertig zu werden, entwickelte Levitt ein besonderes System der Grundstückswahl. Den Negern wurde in jedem Nachbarschaftsbereich die erste Wahl eingeräumt. Wie andere Käufer, bevorzugten sie natürlich einen abgeschirmten Bauplatz, der an ein Wäldchen grenzte, an einen Bach oder ein freies Feld und nicht an andere Häuser angrenzte. Die Neger siedelten sich so selbst am Rande der Nachbarschaft an, wo sie weniger Kontakt mit weißen Nachbarn hatten und wo sie auch weniger sichtbar waren für feindlich gesinnte Weiße. Dadurch waren auch die Weißen, die ihre Bauplätze nachher auswählten, zu der Entscheidung gezwungen, ob sie einen abgeschirmten Bauplatz direkt neben einer Negerfamilie oder lieber ein weniger begehrenswertes Grundstück in ausschließlich weißer Gesellschaft haben wollten[8]. Wenn ein weißer Käufer einen der Bauplätze direkt

[6] U.S. Housing and Home Finance Agency, S. 23.
[7] Die Umfrage ergab, daß nur 11 % von all denen, die einen Hauskauf in Aussicht genommen hatten, irgendein Interesse an der Rassenzugehörigkeit ihrer zukünftigen Nachbarn angedeutet hatten. Bei 4 % war eine schwache Ablehnung spürbar, 2,4 % lehnten es ab, ein Haus direkt neben einer Negerfamilie zu kaufen, und 1,7 % erklärten, daß sie »kompromißlos gegen die Zulassung anderer Rassen in ihrer Wohngegend waren und daher nicht als Teilnehmer betrachtet werden können«. U.S. Housing and Home Finance Agency, S. 23.
[8] Da die abgeschirmten Bauplätze in begehrenswerter Lage und etwas teurer waren, hatten sie auch einen höheren Wiederverkaufswert. Das erleichterte nicht nur den Weiterverkauf, sondern entkräftete auch die Behauptung, daß die Neger die Grundstückswerte und die Wiederverkaufspreise drückten.

neben einer Negerfamilie haben wollte, sagte man ihm das und gab ihm Gelegenheit, einen anderen Bauplatz auszuwählen. Die meisten weißen Käufer zogen Abgeschirmtheit mit farbigen Nachbarn den in der Mitte gelegenen Bauplätzen vor, und selbst nachdem die wenigen abgeschirmten Bauplätze verkauft waren, suchten sich nur 20 % von denen, die einen Bauplatz neben einer Negerfamilie ausgewählt hatten, einen anderen Bauplatz aus[9]. Damit ergab sich, daß nur wenige der Häuser, die an die von Farbigen besetzten Grundstücke angrenzten, unverkauft blieben[10].
Die große Mehrheit der Bewohner von Levittown wurde von diesen Aspekten der Rassenintegration kaum betroffen. Für sie war der »Rat für zwischenmenschliche Beziehungen« eingerichtet worden, der Flugblätter veröffentlichte, betroffene Weiße und farbige Bewohner besuchen und Schulprogramme und Arbeitsgemeinschaften über die Integration abhalten wollte. Davon wurde nur die Arbeitsgemeinschaft verwirklicht, denn als der Rat regelmäßig zu tagen begann, waren die ersten vier Negerfamilien bereits ohne Aufsehen eingezogen, und Levitt glaubte, daß eine weitere Tätigkeit des Rats nur überflüssige Aufmerksamkeit auf die Anwesenheit von Negern in Levittown lenken würde. Die Arbeitsgemeinschaft sollte von Vertretern aller privaten Vereinigungen in Levittown besucht werden. Aber es kamen darüber hinaus noch andere, die die Integration befürworteten. Das Programm der Arbeitsgemeinschaft bestand aus Vorträgen namhafter Experten von außerhalb. Die Veranstaltungen hatten jedoch wenig Erfolg, weil die meisten Redner davon ausgingen, daß die Levittowner Vorurteile gegenüber den Negern hätten, und sie deshalb zu einer Sinnesänderung aufforderten. Die Diskussionsgruppen nach den Vorträgen waren dagegen sehr erfolgreich, weil die Leute merkten, daß ihre Nachbarn ähnliche Zweifel über die Integration hegten. Man konnte deshalb frei über die Probleme reden, die ihnen wirklich zu schaffen machten, nämlich über die Grundstückswerte und über die Gefahr von Mischehen. Die Diskussion bekehrte kaum jemanden zur Integration, aber der Rahmen war richtig, und die angebotenen Informationen beseitigten einige Befürchtungen[11].

---

[9] Diese Zahl wurde von einem Verkaufsmanager mitgeteilt. Sie enthält aber auch einige Fälle, wo die Hautfarbe der Nachbarn keine Rolle gespielt hatte.
[10] Eine Umfrage im Mai 1963 zeigte, daß nur drei Häuser, die direkt an die 32 Negerfamilien angrenzten, frei waren. U.S. Housing and Home Finance Agency, S. 19.
[11] Die Experten hatten auch deshalb keinen Erfolg, weil man glaubte, sie seien von Levitt angestellt worden, um die Opposition durch eine Gehirnwäsche zu dieser Entscheidung zu drängen. Außerdem waren sie als Außenstehende mit den lokalen Verhältnissen nicht vertraut – viele bezeichneten Levittown als kulturell und sozial homogen –, und ihre

Die Ankunft der ersten Negerfamilie im Juni, gerade nach der ersten Sitzung der Arbeitsgemeinschaft, ging ruhig, fast unbemerkt vonstatten. Die Familie wurde persönlich von einem der Vizepräsidenten des Unternehmens Levitt und sogar vom Bürgermeister willkommen geheißen, aber ohne Anwesenheit der Presse. Eine kurze Nervosität entstand, als ein Milchverkäufer einen Boykott gegen den Lebensmittelhändler organisieren wollte, der die Negerfamilie bediente. Aber ein Anruf des »Rates für zwischenmenschliche Beziehungen« bei dem Arbeitgeber des Milchverkäufers machte der Sache ein Ende.

Einige Levittowner glaubten, daß in den anderen Levittowns kein Neger jemals gewagt hätte, das Schwimmbad zu betreten. Sie entwickelten eine Woche nach dem vereitelten Boykottaufruf des Milchmanns einen aufwendigen Plan, die Negerfamilie zum Schwimmen mitzunehmen. Der Aufwand erwies sich aber als überflüssig, denn schon tags zuvor hatten die Nachbarkinder ohne viel Aufhebens ihre neuen Nachbarn mit zum Schwimmbad genommen.

Andere Familien zogen ebenso ruhig ein, und als die fünfte angekommen war, nahmen selbst die an Integrationsproblemen sehr interessierten Bürger keine Notiz mehr von den Neuankömmlingen. 1964 wurde die Anzahl der Negerfamilien auf rund 50 geschätzt, mehr als in den beiden anderen Levittowns zusammen, aber niemand kannte die genaue Zahl, und niemand schien sich darum zu kümmern.

Auch die Eingliederung der Farbigen in das Gemeindeleben gelang ohne Schwierigkeiten, wenn auch nur langsam. Sie wurden in ihren eigenen Glaubensgemeinschaften willkommen geheißen. Einzelne Neger wurden in einer Reihe von Organisationen aktiv, wie etwa in der Handelskammer oder in der Demokratischen Partei. Die Mitgliedschaft in Organisationen ausgesprochen gesellschaftlicher Natur war seltener. Das Nachbarschaftsverhältnis zwischen Weißen und Negern war herzlich, aber es gab nur wenig gesellschaftlichen Kontakt. Nur die gebildeteren und aufgeschlosseneren unter den Farbigen fanden zu der ungezwungenen und intensiven Geselligkeit, die Zeichen einer echten Integration ist, denn die kosmopolitischen Weißen, die selbst eine isolierte Minderheit in der Gemeinde waren, gliederten sie in ihr Vereins- und Gesellschaftsleben rasch ein.

Kurz nach Beendigung meiner Beobachtungsarbeit im Jahre 1961 kauften zwei farbige Familien Häuser in einem der ausschließlich weißen Stadtviertel, die vor der Rassenintegration besiedelt waren. Die Verkäufer wurden privat und ohne Mithilfe des »Rates für zwischenmenschliche Beziehungen« oder eines Grund-

Ansprachen hatten einen herablassenden Ton. Der einzige Vortragende, der einen günstigen Eindruck machte, war ein farbiger Sozialarbeiter, der, wie ein Teilnehmer sagte, »harte Tatsachen vorbrachte und keine Propaganda«; er war dunkelhäutig und verschaffte vielen Levittownern die erste Gelegenheit, einen wirklich »schwarzen Neger« zu treffen. Er sprach in einem sanften Ton und beharrte nicht darauf, die Einstellung der Zuhörer zum Rassenproblem zu ändern.

stücksmaklers abgeschlossen, und auch sie ereigneten sich ohne weitere Vorfälle, obwohl nicht ohne Spannungen. Die Immobilienagenturen waren wirklich die einzige Gruppe, die noch öffentlich Rassendiskriminierung praktizierte. Sie weigerten sich, Häuser an Neger weiterzuverkaufen. Der Wettbewerb zwischen den Maklern war sehr stark, und sie meinten, daß Makler, die früher an Neger verkauft hätten, von Weißen keine Aufträge mehr bekommen würden. Sie wußten, daß es auf lange Sicht mehr weiße als schwarze Kunden geben würde. Die meisten Weißen, die mit ihren Nachbarn gut ausgekommen waren, zögerten, an Neger zu verkaufen, wenn die Nachbarn dagegen waren. Auch wenn man sein Haus einer Immobilienagentur gab, die keine Rassenunterschiede machte, konnten die Nachbarn verärgert sein[12]. Viele Levittowner waren noch nicht bereit, einen Neger als Nachbarn zu akzeptieren, und andere befürchteten, sie würden beim Weiterverkauf ihres Hauses Schwierigkeiten bekommen, falls das angrenzende Haus von Negern bewohnt wäre. Die Immobilienhändler hielten es deshalb für gute Geschäftspraxis, nur mit Weißen Geschäfte zu machen[13].
Wenn man das alles in Betracht zieht, kann der Versuch einer Rassenintegration in Levittown als erfolgreich betrachtet werden. Zwar zogen nur wenige farbige Familien ein, denn die große Mehrheit von ihnen konnte sich nicht einmal das billigste Levitthaus leisten. Andere konnten sich gefühlsmäßig noch nicht entschließen, in eine zu 99 % weiße Gemeinde zu ziehen. Der »Rat für zwischenmenschliche Beziehungen« des Kreises hatte immer größere Schwierigkeiten, farbige Käufer zu finden als weiße Verkäufer. Nur für Levitt war die Integration kein klarer Erfolg. Schon vor der Integration waren die Verkäufe allmählich zurückgegangen, und dieser Schwund hielt nachher an. Inwieweit diese Verminderung eine Folge der Integration war, ist schwer festzustellen. Wenn man die Anzahl der Zuzüge unmittelbar vor der Integration mit der nachher vergleicht, gibt es keinen Anhalt für irgendeine direkte und unmittelbare Beziehung[14]. Die Verkäufe ver-

---

[12] Der Druck der Nachbarn, nicht an Neger zu verkaufen, war ziemlich stark. Als ich daranging, mein eigenes Haus zu verkaufen, wurde ich mir bewußt, daß die meisten meiner Nachbarn gegen die Integration waren. Da ich mit vielen Führern der Rassenintegration befreundet war, ging ein Gerücht durch den Block, daß ich mein Haus an eine Negerfamilie verkauft hätte. Obwohl ich das vorhatte, entschied ich mich doch anders, hauptsächlich weil ich plante, die Feldarbeit noch ein weiteres Jahr fortzusetzen, und sie nicht gefährden wollte.
[13] Einer der beiden Weiterverkäufer an Neger hatte vorher seinen Namen bei einem Makler eingetragen, der vergessen hatte, sein Schild herunterzunehmen. Als er hörte, daß das Haus an einen Neger verkauft worden war, entfernte er eiligst das Schild. Aber seine Konkurrenten verbreiteten eine Zeitlang das falsche Gerücht, daß er für diesen Verkauf verantwortlich sei.
[14] Ein Vergleich der Anzahl der Zuzüge während der gleichen Monate von 1959 und 1960 zeigt, daß von Januar bis März 1960 die Zuzüge nur halb so hoch waren wie die Zuzüge

ringerten sich in den darauffolgenden Jahren rasch, aber der Schwund ereignete
sich in einer Periode, in der der Wohnungsmarkt in dieser Gegend gesättigt und
der Arbeitsmarkt im Bezirk nicht mehr so angespannt war[15].
Obwohl die Firmenleitung des Unternehmens Levitt das Gefühl hatte, daß die
Integration Weiße aus Philadelphia, die wegen der Veränderung der Rassensituation aus der Stadt geflohen waren, davon abhielt, nach Levittown zu ziehen,
und 20 % des Verkaufsrückganges der Integration zuschrieben, habe ich den Verdacht, daß diese Schätzung zu hoch ist[16]. Levitts Werbepolitik half hier auch nicht,
denn in Philadelphia erfuhr man nie, daß die Integration friedlich vor sich gegangen war und nur wenige Neger aus den Mittelschichten nach Levittown gezogen
waren. Viele potentielle Käufer glaubten, Levittown sei von Negern der unteren
Bevölkerungsschichten überlaufen oder von Rassenkonflikten heimgesucht. Sie
zogen es nicht einmal in Erwägung dorthinzuziehen, und niemand belehrte sie
eines Besseren.
Jedenfalls wurde Levitt durch die Erfahrung mit dem »Gesetz über integriertes
Wohnen« von New Jersey nicht entmutigt, zwei weitere Siedlungen, die beide
integriert waren, in dem Staat zu bauen. Andererseits verkündete Levitt in seiner
Siedlung Bel Air in Maryland nahe bei Washington von Anfang an, daß er sich an
die örtlichen Gebräuche halten und nicht an Neger verkaufen werde. Das führte
zu erneutem gerichtlichem Einschreiten und zu Demonstrationen der Organisation für die Rassenintegration[17].

in den gleichen Monaten des Jahres 1959. Zwischen April und Juni, als die Integration
verkündet worden war, stiegen sie zu 106 % der Zuzüge von 1959 an, aber zwischen Juli
und September fielen sie auf 40 % und von Oktober bis Januar auf 45 % der Zuzüge des
vorherigen Jahres zurück. Das waren jedoch nur 5 % weniger als in den drei Monaten
vor der Verkündigung der Integration.

[15] In der letzten Hälfte von 1958 hatte Levitt 487 Häuser verkauft, 1959 waren es 2174,
aber 1960 sanken die Verkäufe auf 848, 1961 auf 729, 1962 auf 575 und 1963 auf 416,
1964 auf den niedrigen Stand von 336. In den Jahren 1965 und 1966 begannen die
Verkäufe wieder auf ungefähr 800 pro Jahr anzusteigen.

[16] Die Untersuchung des Bundes über die Integration Levittowns kam zu keinem bestimmten Schluß über ihren Einfluß auf die Verkäufe. U.S. Housing and Home Finance
Agency, S. 17–19.

[17] 1966 sprach sich William Levitt vor dem Kongreß persönlich und mit Begeisterung für
eine Klausel über freie Zuzugsmöglichkeiten in dem Bürgerrechtsgesetz von 1966 aus.
Er verwies aber wiederholt darauf, daß die Firmen die Rassentrennung in ihren Siedlungen erst dann abschaffen würden, wenn sie alle dazu gezwungen wären.

Die Gründe für den Erfolg der Rassenintegration

Hätte es nicht ein Staatsgesetz gegeben, das die Diskriminierung in allen von der Regierung unterstützten Wohnungsbauprogrammen verbot, und hätte nicht die gerichtliche Interpretation des Bundeserlasses über den Wohnungsbau die Hypothekenbürgschaft als eine Form von Regierungsunterstützung betrachtet, so wäre Levittown vielleicht heute noch eine rein weiße Gemeinde. Nachdem Levitt sich jedoch entschlossen hatte, einem gerichtlichen Einspruch zuvorzukommen, wurde rasch ein wirksamer Apparat zur Verwirklichung der Rassenintegration aufgebaut. Levitt wandte zwei Methoden an, für die er bis dahin nur wenig Begeisterung gezeigt hatte: die Beschäftigung von Fachleuten von außerhalb und eine bewußte Planung. Er wollte vor allem eine Wiederholung der Ereignisse in Levittown, Pennsylvania, vermeiden. So war die erfolgreiche Integration in Levittown, New Jersey, eine direkte Folge des Rassenkonflikts in dem alten Levittown und der Beachtung, die dieser in der Öffentlichkeit gefunden hatte.
Größte Anerkennung verdient die Tätigkeit des Beraters und besonders die von ihm angewandte Methode. Er versuchte nicht, die Einstellung der Bewohner zur Rassenfrage zu ändern. Die an den Vorgängen hauptsächlich beteiligten Personen, die ebensogut die möglichen Konfliktursachen darstellen konnten, wurden vielmehr systematisch zusammengebracht und davon überzeugt, ihr Verhalten so weit anzupassen, daß das Unternehmen gelingen würde, ohne jedoch von ihnen zu verlangen, ihre eigenen Ziele aufzugeben. In einer Schrift über eine Orientierungssitzung mit dem Verkaufspersonal von Levitt beschreibt er sein Vorgehen folgendermaßen: »(Die Sitzung) war darauf angelegt, zwei Hauptziele zu erreichen: erstens durch Diskussion bei dieser äußerst einflußreichen und meinungsbildenden Gruppe ein gewisses Maß an Verständnis für die neue Politik zu wecken und zweitens die Berater in die Lage zu versetzen, die gegebene Ausgangssituation und die durch das Gesetz geschaffenen Bedingungen darzulegen. Es gab wenig Hoffnung, die Opponenten einer Integration zu bekehren. Die Sitzung war anberaumt worden, um die offizielle Position der Firma mit Tatsachen und Untersuchungsergebnissen zu untermauern und Auskunft zu geben über die rechtlichen Aspekte der Tätigkeit eines Verkaufsagenten.«[18]
In der Erkenntnis, daß die Aufrechterhaltung der Ordnung größten Vorrang hatte, brachte der Berater eine Übereinstimmung der zuständigen Gemeindebeamten und politischen Führer zustande. Als Mittel diente eine neue, nur auf kurze Zeit geschaffene Institution, die allein der Verwirklichung der Rassenintegration gewidmet war und die aus verschiedenen Gemeindeinstitutionen bestand, die wiederum in Kontakt mit vielen Bürgern standen. Diese neue Institution bestand

---

[18] U.S. Housing and Home Finance Agency, S. 21–22.

sowohl aus einer verwaltenden Abteilung, die Instruktionen ausgab und auf die Teilnehmer Druck ausübte, damit sie dem Integrationsplan zustimmten, als auch aus einer Abteilung für Aufklärung, dem »Rat für zwischenmenschliche Beziehungen«, der sich darum bemühte zu demonstrieren, daß die meisten Levittowner nichts gegen die Integration einzuwenden hatten. Bei der personellen Besetzung dieser Institution stellte der Berater den interessierten Bürgern ein Betätigungsfeld zur Verfügung und gab den weniger Aktiven die Möglichkeit, am Rande dabeizusein. Die Pfarrer bildeten eine einheitliche Gruppe der Kirchengemeinden, der Polizeichef erhielt Gelegenheit, die Fähigkeiten seiner Abteilung zu demonstrieren, und die Politiker durften sich abseits halten, damit ihnen die Streitfrage keinen politischen Schaden zufügen konnte. Der Berater konnte schließlich eine Gemeinde, die vorher überwiegend gegen die Integration eingestellt war, ohne sichtbare Reaktionen umstimmen. Die Geistlichen stützten das rechtliche mit einem moralischen Gebot und machten es dadurch jedem schwer, öffentlich gegen die Integration aufzutreten. Der Opposition blieb nichts anderes übrig als insgeheim zu grollen, und sie hatte sich bereits aufgelöst, als die erste Negerfamilie eintraf.

Dennoch wäre die Aufhebung der Rassentrennung nicht so glatt vonstatten gegangen, wenn die Levittowner nicht bereit gewesen wären mitzuarbeiten. Fünf Faktoren waren dafür maßgebend: der gesetzliche Zwang, die Tatsache, daß kein Prestigeverlust damit verbunden war, die gleiche Schichtenzugehörigkeit sowohl der Weißen als auch der Neger, die städtebauliche Anlage und schließlich die Neugründung der Gemeinde. Zweifellos bereitete die Gerichtsentscheidung den Boden für eine günstige Aufnahme, und das gilt auch für Levitts Entschluß, nach vorausgegangener heftiger Opposition »freiwillig« zu integrieren. Die Levittowner, so meine ich, wurden sich klar, daß Levitt dadurch viele Verkäufe an Weiße verlieren würde, und meinten, daß sie ihrerseits eigentlich auch keinen Grund zur Ablehnung hätten, wenn er trotzdem freiwillig die für ihn geschäftlich vielleicht nachteilige Integration verfolgte.

Ein Prestigeverlust der Gemeinde hätte wahrscheinlich trotzdem Widerstand hervorgerufen. Zwar waren nur die neuen Viertel betroffen, aber schließlich wußte jeder, daß von nun an Levittown von der Außenwelt als integriert betrachtet würde. Die Ankunft der Neger wurde indessen nicht als eine Bedrohung des Status angesehen, vor allem wohl, weil Levittown vorwiegend ein Wohnort der Mittelschichten war – und es bleiben würde. Angehörige der oberen Schichten waren noch nicht fortgezogen, und noch gab es nicht die Ängste um den Schwund der Grundstückswerte und den Prestigeverlust wie bei den Arbeitern von Levittown, Pennsylvania, die schließlich zu den Rassenunruhen dort beitrugen[19].

---

[19] Bressler, S. 33.

Obwohl die Grundstücks- und sonstigen Steuerprobleme ernst genug waren, um sowohl Arbeiter als auch Angehörige der unteren Mittelschicht in Angst zu versetzen, entstand keine Panikstimmung. Viele wußten, daß ein Rassenkonflikt sehr wohl Levittowns Ansehen schmälern könnte. Ja, selbst die Gegner der Integration sagten oft, daß eine Aufhebung der Rassentrennung einem Aufruhr vorzuziehen sei. Wenn sie sich jedoch wirklich bedroht gefühlt hätten, wären diese Erregungen in der Hitze des Gefechts nicht beachtet worden.

Ein Grund dafür, daß die Leute nicht unruhig wurden, lag an ihrer eigenen wirtschaftlichen und sozialen Position und in der Erwartung, daß die neuangekommenen Neger ein ähnliches Niveau hätten. Vorurteile und Rassenkonflikte sind, wie Untersuchungen zeigen, bei höherem sozio-ökonomischem Status weniger stark ausgeprägt, und die Weißen von Levittown in New Jersey waren wohlhabender als die von Levittown in Pennsylvania. Die Neger, die neu hinzukamen, waren eindeutig Leute der Mittelschicht. Sie hatten mehr Schulbildung, bessere Berufe und höheres Familieneinkommen als die meisten Weißen, aber die weißen Levittowner wußten das nicht im voraus. Trotzdem waren die meisten überzeugt, daß sich arme Neger in der Gemeinde nicht ansiedeln könnten und daß Levitt keine Slumbewohner zulassen würde. Obwohl die Überzeugung, daß sich nur wenige atypische Neger ein Haus in Levittown leisten könnten, ein Mittel war, sich selbst von dem hohen Status der Gemeinde zu überzeugen, deutet doch die Bereitwilligkeit der Bewohner, ihre Gefühle zurückzustellen, einmal mehr darauf hin, daß keine echte Furcht vor Prestigeverlusten bestand.

Die Gliederung Levittowns in separate Nachbarschaftsbereiche verschaffte den Anhängern der Rassentrennung in den bestehenden Vierteln das sichere Gefühl, daß ihre Gegend noch weiß war und daß die Neger räumlich und gesellschaftlich weit von ihnen entfernt waren[20]. Die Mischung verschiedener Haustypen in einem Häuserblock verstreute Einwohner mit kleinen Einkommen über die ganze Gemeinde. Die Anhänger der Rassentrennung unter ihnen, die zusammen mit solchen lebten, die die Integration und damit die Ordnung über alles schätzten, wußten wahrscheinlich nicht, wie viele Gesinnungsgenossen sie hatten. In dem früher erbauten Levittown gab es Viertel mit einheitlichen Preisen, die solche Leute an einem Punkt konzentrierte und es ihnen leicht machte, mit gleichgesinnten Nachbarn zusammenzukommen. Eine Frau, die in Levittown, Pennsylvania, während der Rassenkrawalle gewohnt hatte, beschrieb ihren Wohnblock dort als »sehr negativ«. »Selbst nette Nachbarn wurden gemein, nahmen abends ihre Kinder bei der Hand und gingen hinüber zu dem von Negern bewohnten Haus, um Steine zu werfen.«

---

[20] Ich bezweifle, ob mehr als 1 oder 2 % der Erwachsenen jemals irgendeinen der farbigen Levittowner getroffen haben.

Schließlich kann der Erfolg der Integration auch auf das Alter der Gemeinde zurückgeführt werden. Levittown, Pennsylvania, bestand bereits sechs Jahre, als die ersten Neger ankamen, aber die Gemeinde in New Jersey war erst zwei Jahre alt – ein weiterer Grund, warum noch kein Prestigeverlust eingesetzt hatte. Das Streben nach Einhaltung der Gesetze, nach Ordnung und nach Idealen war typisch für eine neue Gemeinde; das gleiche gilt für das Streben der Polizei, die beste im ganzen Kreis zu sein. Das Widerstreben der Politiker, an dem Integrationsprozeß teilzunehmen, kann ebenfalls dem geringen Alter der Gemeinde zugeschrieben werden, denn die Regierenden kannten ihre Wählerschaft noch nicht genug, um den richtigen Standpunkt einzunehmen. Bei einer starken Opposition gegen die Integration wäre vielleicht der eine oder andere von ihnen in die Versuchung geraten, politischen Nutzen daraus zu ziehen. Und die Tatsache, daß die Stadtviertel neu waren, in die die Neger einzogen, machte es den Anhängern der Rassentrennung schwerer, ihre Nachbarn zu wirksamen Gegenaktionen zu sammeln. In einer bereits länger bestehenden Gemeinde hätten sie gleichgesinnte Einwohner gekannt.

Angesichts des günstigen Einflusses der Neugründung der Gemeinde auf die Entwicklung Levittowns ist die Frage berechtigt, ob es nicht besser gewesen wäre, die Integration gleich am Anfang einzuführen. Integrationsfreundliche Gruppen in Philadelphia hatten Levitt diesen Schritt nahegelegt, und wenn man ihn gemacht hätte, wäre keine Vorausplanung notwendig gewesen, um Unruhen zu vermeiden. Außerdem war damals der Wohnungsmarkt günstiger, und das Levitthaus von 1958 war preiswerter als das von 1960. Obwohl die Firma unter den militanten Anhängern der Rassentrennung Kunden verloren hätte, hätten doch die meisten nirgends ein besseres neues Haus finden können. Eine freiwillige Integration hätte überdies den Rechtsstreit und die Gerichtskosten erspart und eine Anzahl symbolischer Anerkennungen, vor allem Publizität im ganzen Lande – für ein fortschrittliches und wagemutiges Unternehmen eingebracht.

Es gibt allerdings auch Argumente gegen die Rassenintegration unmittelbar zu Beginn. Als die ersten Einwohner kamen, war das Staatsgesetz noch nicht Gegenstand der Rechtsprechung gewesen, und es fehlte ihm daher noch der legale Imperativ. Folglich hätten diejenigen, die sich gegen die Rassenintegration erklärt hatten, sich später aber nach den Gesetzesnormen verhalten wollten, wahrscheinlich zu Anfang weniger zögernd ihre Rassenvorurteile in die Praxis umgesetzt. Vereinigungen, die dringend Mitglieder brauchten, hätten vielleicht aus Furcht, weiße Mitglieder zu verlieren, keine Neger zugelassen, und Politiker, denen es damals an Streitfragen fehlte, hätten vielleicht die Integration in die politische Diskussion gebracht. Weder Levitt noch die Gemeindeoberhäupter, die die Bevölkerung noch nicht ausreichend kannten, hätten gegen derartige Vorkommnisse etwas unternehmen können, und ohne ein gutes Klima in der Gemeinde wären interessierte farbige Familien, die nicht wußten, was sie in Levittown erwarten würde, nicht so leicht gekommen[21]. Es ist schwierig, die Vor- und Nachteile einer sofortigen und einer späteren Integration abzuwägen. Aber ich vermute, daß es im Jahre 1958 wegen des Fehlens einer erst durch die Rechtsprechung garantierten juristischen Eindeutigkeit problematischer gewesen wäre, die Gemeinde von Anfang an den Negern zu öffnen. Diese Folgerung trifft nur für Levittown zu; andere Gemeinden könnten dagegen sehr wohl aus einer sofortigen Integration Nutzen ziehen. Trotz alledem ist die Wahl zwischen den beiden Alternativen weniger wichtig als die Tatsache, daß sogar nach der Eröffnung Levittowns für die Neger nur wenige tatsächlich kamen. Ergebnisse von erfolgreichen Integrationsversuchen sollten in stärkerem Maße veröffentlicht werden, damit andere Gemeinden davon bei ihrer Planung lernen können und damit Neger, die sich zu Recht Sorgen machen wegen der Schwierigkeiten eines Umzugs in eine überwiegend weiße Gemeinde, erfahren können, daß die Schwierigkeiten geringer sind, als sie glauben. Das Hauptproblem liegt aber darin, die wirtschaftlichen Ungerechtigkeiten zu beseitigen, die so viele Neger heute noch daran hindern, sich ein Haus im Vorort oder irgendeine andere angemessene Wohnung zu leisten.

Die Qualität der Planung in Levittown

Die Tätigkeit des Planungsausschusses der Gemeinde und seines Fachberaters gehört zu den weniger glücklichen Beispielen nichtpolitischer Entscheidungsprozesse. Wie ich im ersten Kapitel erwähnte, wurde der Planungsausschuß eingerichtet, bevor Levitt den Boden erworben hatte. Ausschuß und Berater unterstützten Levitts Bemühungen voll und ganz. Nachdem die Gemeinde einmal bezogen war, wurden die ursprünglichen Einwohner, die zu diesem Ausschuß gehörten, durch Neuankömmlinge ersetzt. Es waren meist Parteimitarbeiter, die man für ihren Beitrag zum Wahlkampf belohnte, sowie Ingenieure und Grundstücks-

---

[21] Natürlich könnte man behaupten, daß eine von Anfang an eingeführte Integration viele militante Verfechter der Rassentrennung als Käufer abgeschreckt hätte, was aber vielleicht wiederum mehr Neger angezogen hätte. Diesen konnte das jedoch nicht bekannt sein. Die spürbare Feindseligkeit wäre auch nicht so sehr von den militanten Integrationsgegnern ausgegangen als vielmehr von der Atmosphäre in der Gemeinde, die den Militanten die Möglichkeit gegeben hätte, ihre Opposition zum Ausdruck zu bringen. Die Atmosphäre hätte sich vielleicht verschlechtert, wenn mehr Neger gekauft hätten, aber ihre Zahl hätte um das Zehnfache anwachsen müssen, um kritisch zu werden. In Wirklichkeit können es sich so wenig Neger leisten, in Levittown ein Haus zu kaufen, daß ich bezweifle, ob eine von Anfang an vorgenommene Integration ihre Zahl wesentlich gesteigert hätte.

makler, die einige Erfahrung in Planungsangelegenheiten hatten oder bei denen man solche Erfahrung vermutete. Wie die meisten Gemeindeausschüsse unternahm auch der Planungsausschuß von sich aus wenig, sondern ging auf die Wünsche ein, die man ihm vorlegte. Dabei handelte es sich meistens um die Genehmigung von kleinen Einkaufszentren, die außerhalb des Levittschen Bodenbesitzes gebaut werden sollten. Zum Beispiel fielen von Januar 1960 bis Mai 1961 46 % der Tagesordnungspunkte in diese Kategorie, weitere 15 % befaßten sich mit der richtigen Größe der Reklameschilder für Geschäfte und Tankstellen. Nur bei 11 % der Tagesordnungspunkte ging es um allgemeinere Planungsfragen, wobei die wichtigste die Anzahl der in Levittown zuzulassenden Tankstellen betraf.
Da die Mitglieder des Planungsausschusses wenig von Planung verstanden, gaben sie dem Fachberater völlig freie Hand für Vorschläge, die er für richtig hielt. Wenn seine Empfehlungen Gegenstand von Kontroversen wurden, machten sie sich diese zu eigen. Die wesentliche Aufgabe des Beraters war es, die Pläne für Einkaufszentren daraufhin zu prüfen, ob sie mit den Bauverordnungen der Gemeinde übereinstimmten, ob genügend Parkplatz vorhanden war und ob der Verkehrsfluß funktionierte. Er befürwortete auch Änderungen der Bauordnung der Gemeinde; so sollten Geschäfte und Tankstellen im Kolonialstil erbaut werden, damit sie mit dem Stil der Wohnhäuser übereinstimmten[22]. Ferner sollten Reklameschilder in der Größe beschränkt werden. Beide Vorschriften wurden von den Grundstücksanwärtern heftig bekämpft, vor allem von den größeren Konzernen, die hier die gleichen Fassaden und Schilder errichten wollten wie überall im Land. Aber schließlich gaben sie nach, weil sie keine andere Wahl hatten.
Levitt und der Planungsausschuß unterstützten den Berater, weil sie meinten, die Gemeinde müsse ästhetisch gut gestaltet werden und das könne nur durch eine architektonische Harmonie der von ihm vorgeschlagenen Art erreicht werden. Die Einwohner waren in erster Linie um das Prestige besorgt und wollten verhindern, daß Handel und Gewerbe sich in die Wohngegenden hineindrängten. Ihre Besorgnisse, die auch von den meisten Ausschußmitgliedern geteilt wurden, waren oft so stark, daß der Planungsausschuß weit über die Vorschläge des Planers hinausging. Als sich zum Beispiel einige Einwohner über die große Anzahl von Tankstellen beschwerten, wurde der Planer beauftragt, eine Verordnung zur Beschränkung der Tankstellen auszuarbeiten. Der Planungsausschuß konnte Levitt überreden, an jeder Kreuzung, die ihm gehörte, nur eine Tankstelle zuzulassen. Der Planer wurde nur dann überstimmt, wenn seine Vorschläge eine politische Opposition hervorriefen. Ein Beispiel dafür war seine Empfehlung, allen

---

[22] Das Hauptzentrum, das Levitt gehörte, wurde in modernem Stil erbaut, da der Vorschlag, die Gebäude im Kolonialstil zu entwerfen, erst nach dem Baubeginn des Zentrums gemacht wurde.

nicht ortsansässigen Ärzten die Niederlassung in den Wohngebieten zu erlauben. Auch mit seiner Ablehnung der von dem einflußreichen Veteranenverein verlangten Nutzungsänderung, die ein Klubhaus in der Nähe eines Wohngebiets vorsah, kam er nicht durch.

Eine der wichtigsten Pflichten des Planers war es, einen Plan für die zukünftige Entwicklung der Gemeinde aufzustellen. Da wenig Interesse an diesem Plan bestand und auch kaum jemand wußte, welche Aspekte dieser Plan zu berücksichtigen hatte, blieb dem Berater beträchtlicher Spielraum, Entscheidungen über die Zukunft der Gemeinde zu treffen — oder zumindest vorzuschlagen. Natürlich war er durch die geringen finanziellen Mittel, die für die Planung bereitgestellt waren, durch den Einfluß der Baufirma und durch seine eigene Absicht, die Planung mit den Vorstellungen Levitts abzustimmen, stark eingeengt. Wie ich im ersten Kapitel andeutete, richtete sich der Planer mehr nach Levitt als nach den Bewohnern der Siedlung. Er glaubte fest an das, was er als »gute Planung« bezeichnete, und sah seine Aufgabe darin, dem Planungsausschuß und Levitts Gesellschaft zu zeigen, was »gute Planung« sei. Seiner Ansicht nach war sie dann gut, »wenn sie auch in geschäftlicher Hinsicht vernünftig war«. Seine Planungsphilosophie und seine Beurteilung der Machtstruktur legten es ihm nahe, bei der Planung eng mit Levitt zusammenzuarbeiten und seine Empfehlungen den Vorstellungen der Firma anzupassen. Daraus ergab sich, daß der vorläufige Plan, der 1959 vollendet wurde, weitgehend mit Levitts eigenen Vorstellungen übereinstimmte. Sowohl dieser als auch der endgültige Plan, der 1964 veröffentlicht wurde, wiesen zukünftige Gemeindeeinrichtungen von Schulen bis zu Einkaufsgebieten und öffentlichen Versorgungsbetrieben aus, empfahlen einige Veränderungen in der Gestaltung der Wohngebiete und befürworteten Verbesserungen bei einigen öffentlichen Dienstleistungen.

Der endgültige Plan, ein Musterbeispiel schlecht fundierter Entscheidungen im Bereich nichtpolitischer Planung, verdient eine genauere Untersuchung. Er umfaßte zwei Bände. Der erste Band enthielt »grundlegende Untersuchungen« über die Gemeinde, sagte aber den Levittownern wenig, was sie nicht schon vorher gewußt hätten[23]. Der zweite Band war einem »Vorschlag zum Entwicklungsplan« gewidmet und enthielt in Übereinstimmung mit der derzeitigen Lehre eine Reihe von »Planungszielen für die Gemeinde« und Vorschläge für Maßnahmen, um diese Ziele zu erreichen. Die Planungsziele sind für eine Gemeinde von großer Bedeutung, und man müßte eigentlich wissen, in welcher Form sie festgelegt worden sind.

[23] Vgl. Township of Willingboro. Aus unbegreiflichen Gründen beginnen die meisten Leitpläne mit einer Beschreibung der Gemeinde, die nicht für die Einwohner formuliert ist, die der Plan angeht, sondern für irgendwelche Leute, die nie in der Gemeinde gewesen sind.

Wenn sie wirklich die Absichten der Gemeinde widerspiegeln sollten, hätte der Planer einen repräsentativen Querschnitt von Bürgern oder bei fehlenden Geldmitteln zumindest ihre politischen Führer befragen müssen. Dieses Planwerk für Levittown gibt jedoch keine Auskunft darüber, wie der Planer die Planziele festgelegt hat. Es wird nur festgestellt: »Der Entwicklungsplan formuliert Ziele, um deren Verwirklichung sich alle Bürger und die Verwaltung bemühen sollten[24].« Da der Planer seine Informationen zumeist aus der Statistik des Bundes bezogen hatte, konnte er die Zielsetzungen kaum von der Gemeinde erfahren haben. Wenn man sie nach ihrem Inhalt analysiert, kommt man zu dem Schluß, daß einige von den Gemeindepolitikern, einige von Levitt, aber die Mehrzahl von dem beratenden Planer selbst stammen[25]. In der Tat waren die meisten so unbestimmt und allgemein gefaßt, daß man den Verdacht hat, daß vor ihrer Formulierung keinerlei Analyse stattgefunden hat. Das führt dazu, daß die Ziele nicht in einer Rangfolge nach Prioritäten aufgeführt sind, um darzulegen, welche die wichtigsten sind. Auch fehlt jede Berücksichtigung der sozialen Vielgestaltigkeit in der Gemeinde. Folglich ist den Einwohnern keine Gelegenheit gegeben worden, Alternativen zu diskutieren. Da sich die Planungsziele wegen ihrer allgemeinen Unverbindlichkeit für Planungszwecke kaum eigneten, fiel das Hauptgewicht des Plans auf die vorgeschlagenen Maßnahmen; aber auch diese schienen ohne vorhergehende Analyse gemacht zu sein und hatten keine logische oder empirische Beziehung zu den Zielen, die durch sie erreicht werden sollten. Wenn sie als Mittel zur Erreichung der Planungsziele gedacht waren, dann enthielt der Plan wenig Beweise dafür, daß die Ziele durch diese Maßnahmen verwirklicht werden könnten.
Diese offensichtlichen Mängel des Planwerks können durch eine Analyse einiger ausgewählter Planziele und der dazu empfohlenen Maßnahmen illustriert werden[26]:
Planungsziel 1: Für die Einwohner von Willingboro soll eine Umwelt geschaffen werden, in der für die menschlichen Tätigkeiten Arbeit, Freizeit, Spiel, Erholung, Ausbildung, Religion und für ästhetische Befriedigung gesorgt wird.
Solche Forderungen finden sich in zeitgenössischen Planungsberichten, aber die Formulierung ist so allgemein, daß sie bedeutungslos wird. Der Begriff »Umwelt« ist nicht definiert, und es gibt keine Andeutung darüber, welche Arten von Arbeit, Freizeitgestaltung, Spiel etc. von den verschiedenen Teilen der Bevölkerung gewünscht werden bzw. welche nach anderen Kriterien erstrebenswert wären.

[24] Willingboro Township Planning Board, S. 1.
[25] Zum Beispiel befassen sich zwei von den zehn Planungszielen mit Einkaufszentren, über die der Planungsberater eine festumrissene eigene Meinung hat.
[26] Die Planungsziele sind in der gleichen Reihenfolge angeführt wie im Willingboro Township Planning Board auf Seite 12 und 13. Die hier fortgelassenen sind entweder einleuchtend oder behandeln Themen von geringerer oder örtlich begrenzter Bedeutung.

Der Maßnahmekatalog befaßt sich nur mit einigen wenigen »menschlichen Betätigungen«. Freizeitbedürfnisse sollen durch Parks im Gemeindegebiet, Spiel- und Sportplätze, Kinderspielplätze, Fußgängerzonen, einen See und einen Golfplatz befriedigt werden. Dies alles mag wünschenswert sein, aber es wird hier nur an eine sportliche Erholung im Freien gedacht, hauptsächlich für Kinder (insbesondere Jungen), für Männer und für Familien, die sich ein Boot leisten können. Es fehlen Gelegenheiten nichtsportlicher Freizeitbeschäftigung, wie zum Beispiel kommerzielle Unterhaltungsstätten. Nichts ist darüber gesagt, wie man Geselligkeit erleichtern oder gesellschaftliche Isolierung, von der ich in früheren Kapiteln berichtet habe, vermindern könnte. Es gibt auch keine Einrichtungen für die Jugendlichen, außer daß ein Jugendzentrum als ein Teil der Stadtbücherei vorgeschlagen wird, das in der Nähe der Oberschule liegen soll. Es liegt auf der Hand, daß die Heranwachsenden mit Skepsis auf ein Zentrum reagieren werden, das sich in der Bücherei befindet, also in einer Einrichtung, die von ihren Benutzern Ruhe verlangt, oder das nahe bei der Oberschule gelegen ist, das heißt bei einer Institution, die genau die Art von Freizeitbeschäftigung mißbilligt, die die Jugendlichen suchen. Der Plan schweigt sich auch darüber aus, was in dem Zentrum stattfinden könnte, ob es sich nach den Regeln der Jugendlichen oder der Erwachsenen richten soll, oder was man damit tun müßte, um den Jugendlichen eine Funktion innerhalb des Gemeindelebens zu geben.

Ästhetische Befriedigung soll durch die Einrichtung von Parks und durch die Erhaltung des »natürlichen Landschaftsbildes« erreicht werden. Der Plan enthält keinen Beweis für oder gegen die Annahme, daß viele Menschen ästhetisches Vergnügen bei der Betrachtung eines Parks oder beim Aufenthalt in einem Park empfinden. Andere Möglichkeiten ästhetischer Befriedigung wie Museen oder Kinos sind nicht vorgesehen. Weiterhin wird ausgeführt, der Park solle so entworfen werden, daß den Einwohnern die Möglichkeit gegeben würde, dem Verkehrsgewühl zu entrinnen und sich wieder einmal an dem Kontakt mit der Natur zu erfreuen[27]. Man vergißt Zahlen und Beweise dafür, ob die Levittowner dem örtlichen Lärm und Verkehr, die im übrigen beide minimal waren, entrinnen wollen, ob sie sich an der freien Natur erfreuen wollen oder ob sie dies lieber in einem Park als in ihrem eigenen Garten oder an einem Strand tun.

Die Schulplanung beschränkt sich darauf, eine Anzahl notwendiger Schulen anzuführen, ihren Flächenbedarf anzugeben und ihren Standort in dem Kartenwerk des Entwicklungsplans zu lokalisieren. Es gibt keinerlei Diskussion über die Art der Schulbildung, die die Einwohner oder selbst der Planer anstreben, oder darüber, warum der Flächenbedarf der Grundschulen 6 bis 8 ha und der der Oberschulen 16 bis 20 ha beträgt. Solche Flächen mögen wünschenswert und notwendig sein,

---

[27] Willingboro Township Planning Board, S. 25.

aber vielleicht braucht die Gemeinde auch noch Geld für andere Ausbildungsprojekte.

Die Arbeitsstättenplanung wird nur mit einer kurzen Feststellung berührt: »Die gegenwärtige Struktur des Gemeindegebiets erfordert, daß die Arbeitsstätten in Willingboro nicht störend sein dürfen... In Frage kommen Forschungs- und Entwicklungslabors, Verwaltungsgebäude, Leichtindustrie, Lagerhäuser und Großhandel[28].« Der Plan sagt nichts darüber, ob die Levittowner in ihrer eigenen Gemeinde arbeiten wollen oder nicht, und wenn ja, welche Arbeitsmöglichkeiten sie haben wollen, für welche sie die Qualifikationen haben, und ob Levittown sie zur Verfügung stellen kann.

Planungsziel 2: Es sind Grundstücke für lokale Einkaufszentren im Gemeindegebiet vorzusehen. Gleichzeitig muß versucht werden, die kommerzielle Entwicklung entlang der Bundesstraße 130 zu unterbinden.

Dieses Planungsziel ist eine politische Feststellung, die sich nicht auf irgendein übergeordnetes Ziel bezieht, sondern lediglich die starke Abneigung des Beraters gegen Geschäfte entlang der Autostraßen reflektiert. Es ist offensichtlich sein eigenes Planungsziel, und obwohl ein Einkaufszentrum sicher Vorteile hat, gibt es keine Beweise in seinem Bericht oder in meinen Beobachtungen dafür, daß die Levittowner viel über die Art der Geschäfte, in denen sie kauften, nachgedacht hätten[29]. Wenn sie in diesem Zusammenhang irgendwelche Wünsche hatten, bezogen sich diese wahrscheinlich auf niedrige Preise, auf gute Zugänglichkeit und auf die Mannigfaltigkeit der Läden.

Planungsziel 4: Die Grundlage für ein gesundes und zweckmäßiges System öffentlicher Dienstleistungen ist zu schaffen.

Dieses Ziel ist bedeutungslos, wenn nicht die Begriffe »gesund« und »zweckmäßig« definiert werden. Die vorgeschlagenen Maßnahmen beschränken sich auf den Hinweis, Wasserversorgung und Kanalisation in Ordnung zu halten, mehr Polizisten einzustellen, eine zweite Feuerwache zu errichten, den Stadtwerken mehr Lagerraum zur Verfügung zu stellen und dem bestehenden Krankenhaus ein gemeindliches Gesundheitszentrum anzugliedern, dessen Funktionen nicht näher dargelegt sind. Nichts ist darüber ausgesagt, welche neuen Dienstleistungen die Gemeinde wünscht oder haben sollte, oder wie die bestehenden Einrichtungen verbessert werden könnten. Zum Beispiel wird die Erweiterung der Polizeitruppe vorgeschlagen, ohne vorher zu prüfen, ob sie durch die Zahl der Verbrechen oder das Verkehrsproblem gerechtfertigt ist. Ebenso fehlen Hinweise darüber, welche ärztlichen Dienste die Einwohner wünschen und brauchen, ob ein Beratungsdienst

---

[28] Willingboro Township Planning Board, S. 21.
[29] Gerade als der Plan herauskam, waren fast die ganze Bundesstraße 130 entlang Läden gebaut worden. Der Vorschlag des Beraters hätte also nur ausgeführt werden können, indem man all diese Läden wieder abriß. Das hat er aber wohl selbst nicht gemeint.

und Einrichtungen für Geisteskranke geschaffen werden wollten oder wie das zu bezahlen wäre.

Planungsziel 8: Es ist ein Programm zu entwickeln, das die bestehende und die zukünftige Wohnungsbauentwicklung und die entsprechenden Steuerpflichten untereinander ins Gleichgewicht bringt. Dazu sollen der Boden für zukünftige industrielle und kommerzielle Entwicklung bereitgestellt, Empfehlungen für die zukünftige Kontrolle der baulichen Entwicklung entlang der Bundesstraße 130 ausgearbeitet und Flächen für die geplanten örtlichen Einkaufszentren und an bestimmten Stellen für Wohnen mit geringerer Dichte zur Auswahl ausgewiesen werden.

Diese Zielsetzung ist aus mehreren Gründen mangelhaft. Sie ist unklar, weil sie nicht definiert, ob das vorrangige Ziel darin besteht, die gegenwärtige und die zukünftige Wohnungsentwicklung ins Gleichgewicht zu bringen oder die Steuerprobleme der Gemeinde zu lösen. Überdies ist kein Beweis angeführt, daß »Gleichgewicht« oder »entsprechende« Steuergrundlagen geschaffen werden, wenn Werbegebiete ausgewiesen und die gewerbliche Entwicklung entlang der Fernstraße unterbunden werden. Nichts wird über den Widerstand der Gemeinde gegen höhere Grundsteuern oder über mögliche alternative Steuerquellen ausgesagt, die notwendig werden, wenn Industrie nicht in ausreichendem Maß nach Levittown gezogen werden kann. Der Plan befaßt sich überhaupt nicht mit dem Steuerproblem. Er gibt lediglich eine ins einzelne gehende Analyse der derzeitigen Steuerquellen und Haushaltsausgaben und wiederholt nur immer wieder, »das einzig mögliche Mittel, die Last des einzelnen Steuerzahlers zu mindern, ist eine Hinzuziehung neuer Steuerquellen[30].« Der empfohlene Entwicklungsplan schneidet die Frage der Steuergrundlage nicht einmal an und macht keinen Vorschlag, auf welche Weise Levittown aus seiner finanziellen Zwangslage herauskommen könnte.

Zugegeben, man kann vom Planer nicht erwarten, daß er das Unlösbare löst, aber dann sollte er doch zumindest darauf hinweisen, daß es keine Lösung gibt; daß es für Levittown nur die Möglichkeit gäbe, entweder den Steuersatz weiter anzuheben oder ihn bei seinem gegenwärtigen Stand zu belassen und zukünftige Ausgaben entsprechend einzuschränken, oder aber sich um Staats- oder Bundeszuschüsse zu bemühen. Der Planer sollte auch die Kosten seiner verschiedenen Vorschläge abgeschätzt, und da die Bewohner höhere Steuern ablehnen, angedeutet haben, welche Prioritäten für den Fall, daß nicht alle finanziert werden können, besonders zu beachten sind. Statt dessen schließt der Bericht hoffnungsvoll: »Kurzum, der Planungsausschuß weiß, daß er keine magische Formel besitzt, um neue Industrien nach Willingboro zu ziehen. Die ehrliche und gründliche Zusam-

---

[30] Township of Willingboro, S. 74.

menarbeit des Planungsausschusses, des Komitees für industrielle Entwicklung, des Stadtrats und der Öffentlichkeit wird aber in dieser Hinsicht zu wesentlichen Gewinnen für die Gemeinde führen[31].«
Trotz der großen Steuerprobleme geht der Plan vor allem auf die Maßnahmen zur zukünftigen Wohnungsbauentwicklung ein. Bei der Beschreibung dieser Vorhaben fügt der Planer ein neues Planungsziel hinzu, denn er schlägt vor: »Ein wesentliches Ziel des Entwicklungsplans ist nicht nur die fortdauernde Entwicklung der Einfamilienhäuser, sondern auch eine abwechslungsreichere Gestaltung der zukünftigen Wohnparzellen und Haustypen, in denen möglicherweise bis zu 50 000 Menschen leben sollen[32]. Es wird kein Grund angegeben, warum eine solche Typenvielfalt erwünscht ist oder warum die Stadt schließlich eine Bevölkerung von 50 000 haben soll[33]. Die Richtlinien selbst fordern, daß Häuser auf größeren Parzellen errichtet werden sollen, und das bedeutet vermutlich, obwohl das nicht ausdrücklich gesagt wird, auch teurere Häuser. Auch fehlen Hinweise, ob Levittown Einwohner mit höheren Einkommen anziehen könnte. Damit ist ein wichtiges Thema nicht angesprochen, denn die Baufirma hatte bisher damit keinen Erfolg. Es fehlen aber auch Angaben darüber, welchen Vorteil ein solcher Versuch haben könnte oder ob er dazu beitragen würde, zusätzliche Steuereinkünfte auszulösen.

Anstatt sich mit solchen Fragen zu befassen, schlägt der Planer vor, einen Großteil der Häuser in Zukunft zu kleinen, um eine Sackgasse angeordneten Wohnhausgruppen zusammenzufassen, die von einem öffentlichen Freiraum umgeben sein sollen. Die »Wohntrauben« sollen die herkömmliche Siedlungsform von Häusern, die Seite an Seite an gewundenen Straßen liegen, ablösen. Die Argumente des Planers für die städtebaulichen Neuerungen, eine Modeerscheinung in der gegenwärtigen Planung, grenzen manchmal ans Lächerliche. Die herkömmlichen Siedlungen fördern seiner Ansicht nach die Zersiedlung: »Reihenweise gleichförmige Haustypen, von denen viele häßliche und ungepflegte Gärten haben ... und Telefon- und Strommasten, die ein wirres Netz von Drähten weben[34].« Die Gruppenform dagegen »hilft, die gefährlichen Kreuzungen und Straßen zu vermindern, sie ist frei von Telefon- und Stromleitungen, bietet eine größere Vielfalt von Haustypen, Baustilen und offenen Grünflächen und hindert die Kinder daran, auf der Straße zu spielen[35].«

[31] Willingboro Township Planning Board, S. 21.
[32] Willingboro Township Planning Board, S. 14.
[33] Levitts ursprünglicher Plan war, im ganzen 12 000 Häuser für etwa 50 000 Einwohner zu bauen und weitere 4000, wenn der Markt stabil bliebe. Offenbar hat der Planer den Minimalplan von Levitt übernommen.
[34] Willingboro Township Planning Board, S. 16.
[35] Willingboro Township Planning Board, S. 17.

Der Plan selbst gibt wenige Anhaltspunkte für eine Überprüfung dieser Feststellungen. Die Zersiedlung wird eigentlich in der Regel durch spekulativen Landerwerb verursacht, der oft leere und unbebaubare Räume zwischen den Siedlungsflächen läßt, aber sie hat nichts mit der baulichen Gestaltung einer Wohnsiedlung zu tun. Es besteht auch kein Grund, warum ausgerechnet die Häuser in einer herkömmlichen Wohnanlage stereotyp sein müssen, während sie in einer Wohntraube mannigfaltiger sein sollen. Das hängt eher von dem üblichen Geschäftsgebaren der Baufirma und deren Entscheidung über den Preis der Häuser ab. Unansehnliche Gärten gibt es in jeder Siedlungsform. Ob die Telefon- und Stromleitungen über oder unter der Erde liegen, hängt von den Kosten und dem Hauspreis und nicht von einem Lageplan ab. Auch bleibt unbewiesen, daß es bauliche Lösungen gibt, die die Kinder davon abhalten, auf den Straßen zu spielen – sie spielen tatsächlich am liebsten auf den Gehwegen und weniger auf dem Gras –, oder daß in herkömmlichen Siedlungen mehr Verkehrsunfälle und mehr Gefahren für Kinder auftreten, zumindest wohl kaum in Levittown. Schließlich bleibt offen, ob die Käufer wirklich mehr öffentliche Freiräume wollen und willens sind, höhere Steuern zu zahlen, um sie zu pflegen.

Es geht hier nicht darum, ob der »Trauben«-Plan dem herkömmlichen überlegen ist; entscheidend ist, daß der Planer hier ein Schema vorschlägt, das auch teurere Häuser verlangt, ohne zu untersuchen, ob das durchführbar oder wünschenswert ist. Wenn Industrie herangezogen werden soll, könnte man eher argumentieren, daß Levittown billigere Häuser bereitstellen sollte, damit die Arbeiter dieser Industrie hier leben können. Die Entscheidung einer Firma über ihren Standort ist heute von der Beschaffung von Häusern und anderen Einrichtungen für ihre Arbeiter abhängig.

Planungsziel 10: Es ist ein Plan für Gesundheit, Sicherheit und das allgemeine Wohl aufzustellen, der einen guten Städtebau fördert, für eine sinnvolle Ausgabe der öffentlichen Mittel sorgt und eine Bereitstellung der notwendigen öffentlichen Dienstleistungen und Einrichtungen für die Zukunft empfiehlt.

Dieses letzte Planungsziel illustriert die Mängel des Plans in seiner Gesamtheit. Trotz seiner hohen Ansprüche hat sich der Planer nicht mit der Gesundheit und Sicherheit aller Bewohner befaßt, noch hat er versucht, ihr »Wohl«, ihre Ziele und ihre Probleme näher zu definieren; statt dessen wiederholt er einige Forderungen der Baufirma und der städtischen Behörden und verbindet sie mit den üblichen Planungsvorschlägen, zum Beispiel große Flächen für Schulen und modische Bebauungsvorschläge, die mit »gutem« Städtebau gleichgesetzt werden. Der Plan fordert öffentliche Dienstleistungen und die dazugehörigen Einrichtungen, aber die Definition der »notwendigen Leistungen« ist eher von den Wachstumswünschen verschiedener gemeindlicher Behörden abgeleitet als von dem, was die Levittowner brauchen, wünschen oder zu zahlen bereit sind. Auch wird nicht nachgewiesen, wie der Plan das Ziel rationeller Verwendung öffentlicher Mittel erreichen will. Er definiert nicht, was unter »rationell« zu verstehen ist, und verschweigt die Ziele, nach denen die Rationalität zu bestimmen ist. Er unterläßt es, alternative Lösungen anzubieten, die vielleicht zur Erreichung der von ihm aufgestellten Zielsetzungen noch wirksamer sein könnten. Wenn der Planer zum Beispiel das maximale Wohl und die maximale Sicherheit der Gemeinde im Auge hat, wäre es vielleicht wirksamer gewesen, wenn man für die Bedürfnisse der Jugendlichen über ein offensichtlich unzulängliches Jugendzentrum hinaus gesorgt hätte, anstatt die Größe der Polizeitruppe zu erweitern.

Das mangelhafte Eingehen des Planers auf die Wünsche der Bürger ist nur natürlich, da der Planer von den Ansichten der Bürger kaum Notiz nahm. Er verbrachte wenig Zeit in der Gemeinde, und wenn man nach seinen gelegentlichen Auftritten bei den öffentlichen Sitzungen urteilt, machte er sich wenig Mühe, die Bürger zu verstehen. Er verärgerte die Leute zum ersten Mal, als er es versäumte, die Errichtung einer Tankstelle unmittelbar neben einer Kirche in Frage zu stellen. Dann schuf er sich neue Feinde, indem er es auf einer Sitzung ablehnte, die Grundsätze seiner Planungsempfehlungen zu diskutieren. Anstatt sich in einer besonders umstrittenen Frage zu rechtfertigen, forderte er die Leute auf, »dreizehn Jahre Erfahrung und lange Diskussionen mit dem Planungsamt« dafür zu akzeptieren. Unmittelbar nach einer öffentlichen Sitzung über den endgültigen Plan warf ihm eine örtliche Journalistin vor, er sei munter zu Schlußfolgerungen über Fragen gelangt, die innerhalb der Gemeinde noch heftig umkämpft seien, wie zum Beispiel die Verordnung über Reihenhäuser mit Gärten. In einem beißenden Zeitungsartikel, der auch die Darstellung simpler Tatsachen in der Verkleidung eines technischen Jargons und die Verwendung längst veralteten Datenmaterials kritisiert, berichtet sie folgendes: »Er sagte, eine Gemeinde mit kleinen Kindern verlange größere Schulen, verstärkte Polizei, Feuerschutz, Erholungseinrichtungen, Müllabfuhr (in dieser Reihenfolge?). Das, fügte er hinzu, erfordere höhere Steuersätze (es waren nur sieben Zuhörer da, und keiner applaudierte), gleich darauf hörte ich einen bedeutungsschwangeren Begriff: ... ›Intensivere Wohnnutzung‹. Ist das etwa ein verfeinerter Ausdruck für Mietshäuser[36]?«

Der Planer forderte oft eine Unterstützung der Planung durch die »Beteiligung der Bürger«, aber er gab den Leuten keine Gelegenheit, sich zu beteiligen, und es wurde deutlich, daß er nur Zustimmung zu seinen Vorschlägen wünschte. Levittowner, die mit ihm reden wollten, mußten lange warten, und wenn sie vorgelassen wurden, ging er auf ihre Sorgen nicht ein. Seine engen Arbeitsbeziehungen zur Baufirma fanden nie eine Erklärung, und er hatte kein Interesse an Standortfragen. Die Sorgen der Leute um Status und Prestige konnte er nie nachfühlen,

---

[36] Rondum.

er verstand auch nicht, warum einige etwas gegen nicht ortsansässige Ärzte, Klubhäuser oder Tankstellen in Wohngebieten hatten, aber seine Abneigung gegen Geschäfte an den Autostraßen und gegen Würstchenbuden nicht teilten. Er war sich überhaupt der besonderen Lebensformen der Einwohner, der Probleme gesellschaftlicher und räumlicher Isolierung und der anderen örtlichen Probleme, die ich in früheren Kapiteln beschrieben habe, kaum bewußt. Seine Unfähigkeit, die Berufs- und Schichtenstruktur der Levittowner einzuschätzen, wird durch einen Satz in seinem Bericht unterstrichen. Es heißt da, »daß neue Industrien auch dadurch angezogen werden, daß die Einwohner der Gemeinde in ihrer täglichen Berührung mit Geschäftsleuten, Industriellen und Finanziers die Interessen der Gemeinde deutlich werden lassen[37].« Ich bezweifle, ob selbst William Levitt solche täglichen Kontakte hatte, aber der Planer war ja auch nur an der Nutzung des Bodens interessiert und nicht an den Leuten, an Rationalität und Gleichgewicht, nicht aber an den Forderungen und Bedürfnissen der Menschen, an Lageplänen und Gemeindeeinrichtungen und nicht daran, was die Leute darin taten.
Das Ergebnis war, daß ihm die Gemeinde wenig Unterstützung gab. Natürlich hätten die Leute, die nichts von Planung verstanden, kaum zwischen guten und schlechten Entwicklungsplänen unterscheiden können. Bei der Planung, die sie erhielten, handelte es sich entweder um später zu planende Gemeindeeinrichtungen, die nur für zukünftige Bewohner von Interesse waren, oder um vage Aussagen zu den örtlichen Problemen, über die der Planer nicht offen diskutieren wollte. Zugegeben, Planung auf lange Sicht ist vielen Leuten zu abstrakt, aber wenn der Planer ihre gegenwärtigen Probleme nicht beachtet, ist es nicht überraschend, daß sie sich für seine langfristigen Planungen auch nicht interessieren. Der Planer, der einmal das Vertrauen der Gemeinde verliert, wird auch auf die Kosmopoliten, die gewöhnlich begeisterte Befürworter der Planung sind, nicht mehr zählen können. Forschungsmethoden und Konzeption des Planers von Levittown sind durchaus nicht einmalig. Der vorgeschlagene Entwicklungsplan ist ganz typisch für viele Pläne, die überall im Land für kleine und sogar größere Gemeinden aufgestellt werden. Das Fehlen eines Kontaktes mit den Bürgern und die Betonung der zukünftigen baulichen Entwicklung sind ebenfalls allgemein und üblich; das gleiche gilt für die Benutzung überholter statistischer Daten, von Programmen und Maßnahmenkatalogen, die allenfalls unter Städtebauern als modern gelten, aber keine logische oder empirische Beziehung zu den Zielen haben, die sie erreichen sollen. Dazu gehören auch die mangelnden Beweise für entscheidende Diskussionspunkte und die schlampigen Methoden von Analyse und Synthese, die Grundlage der Vorschläge sind.[38] Es ist dann kein Wunder, daß die Arbeit der

[37] Willingboro Township Planning Board, S. 21.
[38] Für eine eingehendere Studie solcher Mängel vgl. Piven; auch Altshuler, Teil 1.

Planer als etwas angesehen wird, was wenig Bedeutung für die wirklichen Probleme der Gemeinde hat, und daß die Aufwendungen dafür eine entsprechend untergeordnete Stellung im Haushalt der Gemeinde einnehmen.

Örtliche Demokratie und zentrale Planung

Der Erfolg der Rassenintegration und sogar der Mißerfolg der Entwicklungsplanung zeigen, daß nichtpolitische Entscheidungsprozesse oder – um es beim richtigen Namen zu nennen – daß Planung in einer kleinen Gemeinde durchaus möglich ist, wenn sie nur richtig angefaßt wird. Natürlich ist es nicht ganz fair, die beiden Vorgänge miteinander zu vergleichen, denn der Planer hatte eine viel komplexere Aufgabe. Der Sachverständige für Integrationsfragen hatte sich nur mit einem einzigen Problem zu beschäftigen. Die Entscheidung, auf die der Plan zurückging, war bereits gefallen. Hinter ihr stand die Macht des Staates und der Baugesellschaft. Der Planer dagegen hatte die Ziele der gemeindlichen Entwicklung in einer großen Vielzahl von Problemen aufzuzeigen, darüber zu entscheiden und die geringe Macht auszunutzen, die das Planungsamt hatte oder geben konnte, um ihre Durchsetzung zu beantragen. Für all das stand wahrscheinlich weniger Geld zur Verfügung als für die Integration.

Trotzdem bleibt die Tatsache, daß der Sachverständige für Integrationsfragen gut plante und der Entwicklungsplaner nicht. Der erstere weckte den in der Gemeinde vorhandenen heimlichen Willen nach Ordnung. Er nutzte ihn, um bestmögliche Verständigung zwischen den Führern der Gemeinde und den Einwohnern herzustellen. Er hielt die Fragen geschickt aus der politischen Arena heraus, entwickelte vernünftige Verfahrensweisen, die den von ihm erstrebten Zielen vernünftigerweise entsprachen, und führte sie aus, indem er mehr Verhaltensänderungen als Einstellungsänderungen verlangte. Die Vorteile vergrößerte er soweit als möglich. Die Kosten hielt er für alle Teilnehmer so niedrig wie möglich. Der Bauleitplaner tat gerade das Gegenteil. Er machte nicht den Versuch, Übereinstimmung zu erreichen. Er hielt möglichst wenig Kontakt mit den Einwohnern. Obwohl er seine Rolle unpolitisch verstand, konnte er weder größere Fragen aus der politischen Arena heraushalten noch einem Urteil über strittige Fragen aus dem Weg gehen. Seine Verfahrensweisen waren irrational. Sie verlangten von den Leuten eine Änderung sowohl der Ansichten als auch des Verhaltens. Sie forderten ihre Bekehrung zu seinen Vorstellungen von der Gemeinde, ohne ihre Anliegen und Bedürfnisse zu beachten. Wenn man Vorteile und Kosten zusammengestellt hätte, würden die ersteren klar dem Planer zufallen, insoweit, als der Plan die Art von Gemeinde verwirklicht, die ihm vorschwebte. Letztere würden von den Einwohnern getragen, die sowohl für die von ihm vorgeschlagenen Änderungen bezahlen

müßten als auch ihren Lebensstil zu ändern hätten, um sich dem Plan anzupassen. Zu einer erfolgreichen Planung gehören zumindest sechs Dinge:
1. ausreichende örtliche Übereinstimmung oder mächtiger Druck von außen, um den Prozeß in Gang zu setzen;
2. ein Fachmann, der die Mittel, das Geschick und die Informationen hat, um die Ziele der Gemeinde zu bestimmen und die richtige Verfahrensweise zu ihrer Durchsetzung herauszufinden;
3. eine Reihe von Maßnahmen, die die Vorteile für jene Teile der Gemeinde, deren Mitarbeit gebraucht wird, so groß wie möglich und die Kosten so gering wie möglich halten;
4. eine allgemeine organisatorische Handhabung, die den Vorgang von der alltäglichen Politik absondert;
5. ein Kommunikationssystem, das für ein Höchstmaß von Wirkung und Rückwirkung zwischen den Beteiligten am Planungsprozeß sorgt;
6. genügend Übereinstimmung am Ort, um das endgültige Ergebnis durchzuführen, oder Macht von außen, wenn kein Konsensus zu erreichen ist. Am wichtigsten – und vielleicht ist das sogar alles, was man braucht – ist dabei Macht von außen, denn sie kann auf allen möglichen örtlichen Aktionen bestehen, unabhängig von größeren Verhaltens- oder Einstellungsänderungen bei der Bevölkerung.

Wann von solcher Macht Gebrauch gemacht werden soll und wann nichtpolitische Entscheidungen den Vorrang vor dem lokalen politischen Ablauf haben, ist eine andere Frage. Es ist dies ein uraltes Problem mit weitreichenden Folgen. Es geht dabei um die Gegensätze zwischen Politik und Planung, zwischen demokratischen und elitären Entscheidungen, zwischen Mehrheitsherrschaft und öffentlichem Interesse, Politikern und Staatsmännern und auch zwischen lokaler Selbstverwaltung und regionaler und staatlicher Politik. Die Frage rührt sogar an den Kern der Kritik über die Vorstadt: der Zufriedenheit der Vorortbewohner mit ihrer Gemeinde steht die Beurteilung der Kritiker gegenüber, die solche Zufriedenheit als unerheblich betrachten. Eine richtige Behandlung dieser Frage und ihrer verschiedenen Verästelungen verlangt eine gründliche philosophische Abhandlung, die den Rahmen einer Untersuchung über eine Gemeinde sprengen würde. Da aber meine Untersuchung in Levittown in engster Beziehung zu dieser Frage steht, will ich mit dem Versuch einer wenn auch kursorischen Beantwortung schließen. Offensichtlich ist es gefährlich, das Problem auf Dichotomien zu reduzieren. Es geht nicht um eine Wahl zwischen Politik und Planung, sondern darum, welche Verfahren in den verschiedenen Situationen den Vorrang haben sollen. Die wirkliche Frage lautet: Wann sollte zentrale Planung von außen die örtliche Demokratie ersetzen? Mit »örtlicher Demokratie« meine ich eine Regierung mit gleichem Mitspracherecht für alle, mit maximalem Eingehen der Entscheidungsbefugten auf die Bevölkerung, mit optimaler Rückbeeinflussung und mit Möglichkeiten zur

Intervention sowie mit einem Wahlsystem, das wohlorganisierte Minderheiten davon abhält, ihre Kandidaten und ihre Politik durchzusetzen. Levittown erreichte dieses Ideal infolge der Macht Levitts und der weitgehenden Beschränkung der Rückbeeinflussung durch die Gemeindeverwaltung nicht. Aber wenn die Gemeinde wirklich demokratisch ist, würde ich mit dem Werturteil beginnen, daß die örtliche Demokratie hohe Priorität genießt und daß man ihre Nachteile zusammen mit ihren Vorteilen akzeptiert. Wenn die Menschen berechtigt sind, ihr Schicksal selbst zu bestimmen, und dies durch Mehrheitsherrschaft tun, dann muß den Bürgern der unteren Mittelschicht das Recht, ihre Gemeinde nach ihren eigenen Vorstellungen zu leiten, gewährt werden, auch wenn das zu Entscheidungen führt, die aus einer anderen Sicht nicht wünschenswert sind. Wenn man Demokratie ernst nimmt, kann man nicht jedesmal, wenn die Entscheidung in die falsche Richtung geht, ein anderes nicht politisches Kriterium für den Entscheidungsprozeß heranholen. Die Kritiker der Vorstadt, die Stadtplaner und alle, deren Vorstellung einer guten, wohlgeplanten Gemeinde von dem Ideal – sagen wir: der Levittowner der unteren Mittelschicht – abweicht, sollten deshalb kritisch abwägen, ob ihre Vision so vollkommen und so allgemein verwendbar ist, daß sie eine Herabminderung der örtlichen Demokratie rechtfertigt.
Ich glaube, daß es bis jetzt keine solche Konzeption gegeben hat. Analysiert man die städtebaulichen Utopien und selbst die bescheideneren Pläne für die Entwicklung von Gemeinden, so zeigt sich, daß sie fast alle die Philosophien und Lebensanschauungen der einen oder der anderen Gruppe aus der kosmopolitischen oberen Mittelschicht widerspiegeln. Was auch ihre Vorteile sein mögen – und sie haben sicher sehr viele Vorteile –, sie setzen entweder eine kosmopolitische Bevölkerung oder aber eine totale und magische Bekehrung der breiten Masse zur Kultur der kosmopolitischen Gruppen voraus. Da aber mehr als 95 % der Levittowner wie der übrigen Welt nun einmal einen anderen Lebensstil haben, stellen diese Pläne keine echten Alternativen dar.
Die Richtlinien, die ich im elften Kapitel vorgeschlagen habe, gelten infolgedessen auch hier. Leute jeder Kulturstufe haben das Recht, das zu wählen, was sie wollen. Solange nicht bewiesen werden kann, daß sie damit andere wichtige Werte beeinträchtigen oder selbstzerstörerische und unsoziale Folgen heraufbeschwören, haben sie auch das Recht auf Erfüllung ihrer Wünsche im Rahmen der lokalen Demokratie. Das Schlüsselwort ist *unsozial*, denn es kann eine mögliche Einschränkung der Mehrheitsherrschaft beinhalten. Ich würde summarisch sagen, daß Entscheidungen dann unsozial sind, wenn keine Rücksicht auf das öffentliche Interesse genommen wird, die Rechte der Minderheiten verletzt und ihre Forderungen nicht erfüllt werden.
Natur und Grenzen des öffentlichen Interesses sind erörtert worden, solange die Menschheit in Gemeinden zusammen lebt. Ich würde sagen, daß es entweder vom

Konsensus aller oder fast aller, die in einer Gemeinde zusammen leben, getragen ist oder daß es *unabdingbar* ist, das heißt so wichtig für die Gemeinde als Ganzes, daß es sich über die miteinander im Widerstreit liegenden persönlichen oder kommunalen Interessen der einzelnen Gemeindemitglieder hinwegsetzt[39]. Überdies muß hier in zwei Ebenen gedacht werden, in der *absoluten*, wo alle anderen Interessen überstimmt werden, und in der *relativen* Ebene, wo entschieden werden muß, ob das öffentliche Interesse wirklich wichtiger ist als die divergierenden persönlichen oder kommunalen Interessen der Bürger. Eine Angelegenheit von absolutem öffentlichem Interesse würde sich über die einzelnen Interessen der Einwohner hinwegsetzen, eine relative vielleicht nicht.
Der Konsensus über das öffentliche Interesse auf beiden Ebenen kann durch den politischen Prozeß erzielt werden. Wenn die Leute ihre Stimme abgeben, werden sie vermutlich entscheiden, ob eine Frage wichtig genug ist, um sich über den Interessenpartikularismus hinwegzusetzen. Beispiele eines von allen getragenen öffentlichen Interesses gibt es nur vereinzelt, denn selten haben die Leute so viel gemeinsam, daß sie sich zu einem einzigen Ziel vereinen. Vielleicht kamen die Levittowner einer Übereinstimmung nahe, als sie einen Rassenkonflikt vermeiden wollten, und weil nur wenige persönliche Interessen im Wege standen, konnten sie die Sache als eine Angelegenheit von absolutem öffentlichem Interesse betrachten. Sie stimmten wahrscheinlich auch darin überein, daß die Gemeinde Industrie erhalten sollte, um die Steuern zu senken; aber diese Frage ist schon von relativem öffentlichem Interesse, denn wenn einmal die Mittel und Wege der Industrieansiedlung betrachtet werden, können Meinungsverschiedenheiten auftauchen. Zum Beispiel ist es fraglich, ob die Levittowner bereit wären, solche Kosten wie einen Vorzugssteuersatz für die Industrie, mit öffentlichen Geldern finanzierte Industriebauten und die Bereitstellung billiger Wohnungen für die Arbeiter auf sich zu nehmen. Diese Kosten würden nicht nur die erstrebten Steuervorteile, sondern auch das Prestige der Gemeinde vermindern. Nur eine ins einzelne gehende Kosten-Nutzen-Analyse könnte den Wählern zeigen, ob die Ansiedlung von Industrie dem allgemeinen öffentlichen Interesse näher kommt als eine Verringerung der öffentlichen Dienstleistungen.
Angelegenheiten von unabdingbarem öffentlichem Interesse sind ebenfalls selten.

---

[39] Eine detaillierte Erörterung der verschiedenen Arten des öffentlichen Interesses findet sich bei Banfield (1955), S. 322–330. Banfield unterscheidet zwischen dem kommunalen öffentlichen Interesse, das Ziele umfaßt, die die Bürger als Gemeindemitglieder haben, und dem individualistischen öffentlichen Interesse, das Ziele betrifft, die die Gemeindemitglieder als Einzelpersönlichkeiten haben (S. 323–324). Da beide Konzeptionen einen Konsensus verlangen, habe ich sie hier zusammengenommen, obwohl die Interessen der Leute als Gemeindemitglieder mit den Interessen, die sie als Individuen haben, im Widerstreit stehen können.

Obwohl Interventen oft behaupten, daß eine Forderung so wichtig sei, daß die Interessen der Bürger zurückstehen müßten, kann ich mich keines Beispiels dieser Art in Levittowns kurzer Geschichte erinnern. Absolut und unabdingbar wird das öffentliche Interesse erst dann, wenn es um das Überleben der Gemeinde und ihrer Einwohner im Ausnahmefall und in Naturkatastrophen geht; dann wird das Kriegsrecht bereitwillig angenommen. Aber andere Beispiele sind schwer zu finden. Wenn die Gemeinde als öffentlich-rechtliche Körperschaft in Konkurs ginge und staatliche oder Bundesgelder nicht erhältlich wären, könnte man vielleicht eine drastische Steuererhöhung fordern. Aber selbst dann gäbe es vielleicht die Alternative, die Gemeinde völlig aufzulösen. Umgekehrt rechtfertigt das unabdingbare Interesse nicht die Unterdrückung von Aufständen. Es erlaubt zwar, wie das vom Konsensus getragene Interesse, Maßnahmen, um ein Blutvergießen zu vermeiden, aber der Aufstand selbst ist eindeutig ein berechtigtes Mittel der Intervention der Minderheit, wenn die Gemeinde unzureichend auf Forderungen der Gemeinde reagiert hat. Er muß als ein politisches Problem behandelt werden, das durch die Beseitigung von kommunalen Mißständen gelöst werden kann[40]. Am schwierigsten zu bestimmen ist das relative öffentliche Interesse, denn es erfordert einen Vergleich der Vor- und Nachteile für die Gemeinde im ganzen mit denen für den Bürger als Gemeindemitglied und Einzelpersönlichkeit. Die wichtigsten Vor- und Nachteile sind aber meistens kaum meßbar.

Das öffentliche Interesse läßt sich so leicht beschwören und so schwer bestimmen, daß man, wenn man einmal den Konsensus und das Überleben der Gemeinde außer acht läßt, rasch feststellt, daß der Pluralismus der amerikanischen Gesellschaft die den beiden Arten des öffentlichen Interesses innewohnende Annahme gleicher Wertvorstellungen und gleicher Rangfolge dieser Werte nicht zuläßt. Die Gemeinden könnten natürlich mit Hilfe einer komplizierten Untersuchung festzustellen versuchen, welche Wertvorstellungen ihre Mitglieder teilen und welche gemeinschaftlichen Wertvorstellungen so wichtig sind, daß sie alle anderen überwiegen. Aber weder die Bevölkerung noch die Wertvorstellungen sind auf die Dauer stabil. Vielleicht besteht die einzige Lösung darin, auf die lokalen politischen Vorgänge zu vertrauen und anzunehmen, daß sie demokratisch im eigentlichen Sinn sind, und darauf zu hoffen, daß die Wähler die von den Politikern im Wahlkampf propagierten Vorstellungen vom öffentlichen Interesse kritisch durchleuchten.

Ein besonderer Fall des öffentlichen Interesses ist die langfristige Entwicklung der Gemeinde, die eine Entscheidung darüber verlangt, ob zukünftige, vom Konsensus

---

[40] Selbst Plünderungen kann man als eine Methode wirtschaftlicher Intervention betrachten, die die mangelhafte Einkommensverteilung ausgleicht und das Versagen des wirtschaftlichen Systems korrigiert, den Bedürfnissen der einzelnen entgegenzukommen.

getragene oder unabdingbare Interessen wichtig genug sind, um kurzfristige Opfer zu rechtfertigen. Ich würde behaupten, daß langfristige Bedürfnisse eine Erfüllung verdienen, wenn nachgewiesen wird, daß sie mit dem gegenwärtigen öffentlichen Interesse oder den Wertvorstellungen der Mehrheit im Einklang stehen. Aber es ist unklug, wichtige gegenwärtige Aufgaben für Ziele in einer unsicheren Zukunft einzutauschen. Einige Bedürfnisse sind unbestritten. Die Daten über die Bevölkerungsentwicklung geben zum Beispiel Hinweise für den zukünftigen Bedarf an Klassenzimmern, aber ein langfristiges Grunderwerbsprogramm zur Anlage von lokalen Erholungsparks würde erst gerechtfertigt sein, wenn sicher ist, daß die Parks später auch entsprechend benutzt werden; sonst könnte man das Geld besser für andere Bedürfnisse ausgeben. Natürlich kann jederzeit von der Regierung Land erworben und später anderen Zwecken zugeführt oder sogar privaten Wohnungsbaugesellschaften verkauft werden. Da aber die Siedlungsdichte in den Vororten sehr gering ist, würde ich bezweifeln, daß das zukünftige Bedürfnis nach Parks stark genug ist, um das Geld jetzt von dem Bau weiterer Klassenräume und der Schaffung kleinerer Klassen abzuziehen. Langfristige *Planung*, die im Augenblick keine wesentlichen Opfer erfordert, ist immer wünschenswert, vorausgesetzt, daß sie den angedeuteten Zwecken dient und nicht der Verwirklichung von Wünschen einer Minderheit, die in der Verkleidung vorausschauenden Denkens vorgebracht werden.

Bei den Interessen der Minderheiten muß man *Forderungen* und *Rechte* unterscheiden. In einer echten demokratischen Gemeinde haben die *Forderungen* der Mehrheit Vorrang vor denen der Minderheit. Das Ideal ist natürlich ein Kompromiß, der beide möglichst weitgehend befriedigt. Wenn es sich aber um die *Rechte* der Minderheit handelt, muß eine scharfe Trennlinie gezogen werden und ihr Vorrang gegenüber den Werten der Mehrheit gewahrt bleiben. Solche Rechte sind durch die Verfassung garantiert, und ob es sich nun um die freie Wahl des Wohnortes bei den Farbigen handelt oder um die freie Meinungsäußerung – diese Rechte können nicht von der Gemeinde aufgehoben werden.

Bis zu diesem Punkt ist die Erörterung von einer lokalen Autonomie ausgegangen: daß nämlich das öffentliche Interesse und die Definition von Mehrheit und Minderheit innerhalb der Grenzen der örtlichen Gemeinde bestimmt werden. Diese Annahme ist gerechtfertigt bei Fragen, die nur die Leute betreffen, die innerhalb dieser Grenzen wohnen. Aber solche Fragen werden immer seltener. Wenn ein so großer Teil des gemeindlichen Lebens von außen beeinflußt wird, kann man eine Gemeinde nicht mehr als Insel betrachten. Das gilt vor allem für die Vororte, deren politische Grenzen in der Epoche der Agrargesellschaft entstanden und ständig von sozialen und wirtschaftlichen Kräften überschritten werden, die sie mit der Großstadt in ein gegenseitiges Abhängigkeitsverhältnis bringen. Das Prinzip der Mehrheitsherrschaft allein würde es rechtfertigen, daß die Forderungen der Mehrheit oder des öffentlichen Interesses des größeren Gebiets sicher den Vorrang vor denen der Gemeinde hätten. Aber was vielleicht theoretisch zutrifft, gilt nicht für die Praxis. Es gibt kaum politische Einheiten oder Körperschaften mit ausreichender Autorität oder Macht, die das Interesse städtischer oder sozio-ökonomischer Regionen wahrnehmen könnten, zu der die Kernstädte und die Vororte gehören. Die Beschränkungen der örtlichen Selbstverwaltung und die Künstlichkeit ihrer Grenzen sind offensichtlich genug, aber deshalb entsteht noch nicht die politische Macht, die nötig wäre, um neue Gebietskörperschaften zu errichten. Solange die Hauptfunktion der örtlichen Verwaltung darin besteht, Eigentum und Prestige zu schützen, werden die Wähler an großstädtischen oder regionalen Verwaltungen kein Interesse haben. Daher sind die Bundesregierung und die Regierungen der Einzelstaaten zur Zeit der Hauptausgangspunkt extremer Interventionen.

Gründe für Verwaltungseingriffe von außen

Ich habe schon darauf hingewiesen, daß von außen einwirkende Macht bei den nichtpolitischen Entscheidungsvorgängen der wichtigste Faktor war und daß sich Levittowns Politiker im allgemeinen trotz starker örtlicher Opposition danach richteten. Staats- und Bundesmaßnahmen sind deshalb äußerst wirksam, um Entscheidungen voranzutreiben, die nach örtlichem Maßstab nichtpolitischer Art sind. Zugegeben, auch solches Handeln ist politisch und hängt letztlich von der Billigung des Wählers ab, aber es läßt sich leichter auf Staats- und Bundesebene als auf lokaler Ebene verwirklichen. Die Frage ist letztlich, wieviel äußere Beeinflussung und welche Art von Einmischung in einer Gemeinde wünschenswert ist. Ganz allgemein sollten externe Verwaltungsorgane dann lokale und außerlokale Interessen durchsetzen, wenn die örtliche Verwaltung das nicht tun will. Ebenso müssen sie dafür sorgen, daß die von der Verfassung und den Bundes- und Staatsgesetzen garantierten Rechte der Minderheiten nicht angetastet werden. Eine weitere Funktion besteht darin, den örtlichen Minderheiten zu helfen, ihre Forderungen durchzubringen. Wenn eine Minderheit von Levittownern eine anspruchsvollere Schule wünschen würde, dann wäre Hilfe von außen zu bejahen, um es dem Schulausschuß zu ermöglichen, eine solche Schule als Teil des Schulsystems oder als separate Schule zu schaffen. Natürlich hat eine solche Forderung nur dann Erfolg, wenn sie nicht mit den Wünschen der Mehrheit in Konflikt gerät: es bestünde zum Beispiel wenig Hoffnung, wenn eine Minderheit auf der linken Straßenseite fahren wollte. Da nicht alle Forderungen der Minderheit von außen her durchgesetzt werden können, ist es sehr wichtig, daß Kriterien gefunden werden, um die Ziele auszuwählen, die am ehesten finanzielle Hilfe oder politische Unterstützung von außen verdienen. Drei solcher Kriterien, von denen zwei gemeindebezogen sind, sollten hier erwähnt werden.

Das erste ist der Ausgleich der Ungleichheiten, die sich aus der örtlichen Autonomie und der Mehrheitsherrschaft ergeben. Der äußere Einfluß sollte dort eingesetzt werden, wo die Forderungen und Wünsche durch Maßnahmen der Verwaltung befriedigt werden können, vorausgesetzt, daß sie von diesen Minderheiten nicht auf privatem Wege erfüllt werden können und daß die Minderheit einen ausreichend großen Anteil der Gemeinde repräsentiert. So verdient zum Beispiel eine Minderheit, die es sich nicht leisten kann, ihre Bedürfnisse auf privatwirtschaftlichem Wege zu befriedigen, vor einer wohlhabenden Minderheit die Hilfe der Regierung, denn diese sollte soweit als möglich die Ungleichheiten der Privatwirtschaft korrigieren. Aber da sie nicht allen Wünschen entsprechen kann, sollte denen der größeren Minderheit vor denen der kleineren der Vorrang gegeben werden. Ein zweites Kriterium ist die von außen vorzunehmende Korrektur der lokalen Irrationalität. Kurzfristige politische Entscheidungen verleiten die lokalen Verwaltungen oft zu Behelfslösungen. Eine außenstehende Regierungsstelle kann hier vernünftige Lösungen als Vorbedingung für finanzielle Hilfe verlangen. So könnte die Unterstützung zur Beseitigung der Jugendkriminalität daran gebunden sein, daß statt irrationaler Druckmaßnahmen seitens der Erwachsenen Freizeitprogramme für die Jugend ausgearbeitet werden.

Angesichts der Unzulänglichkeiten der lokalen Demokratie und der beschränkten Rolle der örtlichen Gemeinde im Leben ihrer Einwohner muß das wichtigste Kriterium außerhalb der Gemeinde liegen. Es sind die Ziele des externen Regierungsorgans selbst. Eine Staatsbehörde muß ihre Geldmittel und Autorität einsetzen, um die Ziele des Staates durchzusetzen, eine Bundesbehörde, um Ziele des Bundes zu erreichen. Die Bundesregierung hat gewöhnlich einen weiteren Horizont als die Gemeinde und auch mehr Macht, ihre Unzulänglichkeiten zu korrigieren. Und die meisten Länderregierungen werden nach der geplanten Neuverteilung der Aufgaben in einer ähnlichen Lage sein. Sie können zum Beispiel erkennen, daß aus regionaler Sicht in den Vororten mit Einfamilienhäusern Mietwohnungen notwendig werden oder daß die automatisierte Wirtschaft Veränderungen in den örtlichen Schulen erfordert. Natürlich sehen auch außenstehende Behörden zuerst ihre eigenen politischen und Verwaltungsprobleme, ehe sie sich um die allgemeineren staatlichen oder nationalen Ziele kümmern. Das Ideal wäre ein Plan auf staatlicher Bundesebene, der ausweist, welche lokalen Infrastruktur-Einrichtungen durch die Staats- bzw. die Bundesregierung bevorzugt subventioniert werden sollen. Aufgrund eines solchen Plans könnte zum Beispiel die Bundesregierung beschließen, daß in Anbetracht der voraussichtlichen Änderungen der Wirtschaft und der Berufsstruktur Beihilfen für ein vorstädtisches Schulsystem wichtiger sind als solche für Erholungseinrichtungen, daß aber, wenn eine Generation später die Arbeitszeit noch weiter verkürzt ist, Subventionen auf dem Freizeitsektor vielleicht wieder wichtiger werden; oder daß Subventionen für die Vor-

orte weniger wichtig sind als für die Stadtkerne mit ihrer einkommensschwachen Bevölkerung.
Wie alle Untersuchungen über die Planung verlangt auch die meine letztlich eine Art zentralen Bundesplan, der bestimmt, welche Ziele und welche Maßnahmen den höchsten Vorrang haben. Voraussetzung für eine zentrale Planung ist aber ein Konsensus über die nationalen Ziele und Bedürfnisse und Einigkeit über die Gestaltung der Zukunft. Aber diese Übereinstimmung ist schwer zu erreichen. Die wachsende Bedeutung der Bundesregierung in den Angelegenheiten der Gemeinden weist darauf hin, daß ein solcher Plan im Laufe der Zeit entwickelt werden wird, und sei es auch nur, um den Haushaltsausschuß in seinen Entscheidungen über die Mittelverteilung zu unterstützen. Ein solcher Plan ist nicht so unmöglich, wie es den Anschein hat, denn bei den Streitfragen, bei denen keine Übereinstimmung erzielt werden kann, werden die Forderungen der verschiedenen Gruppen entsprechend dem System der pluralistischen Gesellschaft so gut wie möglich gegeneinander abgewogen. Wenn die Gruppen wissen, was sie wollen, sind diese Wünsche zumindest einmal formuliert. Und wenn Einstimmigkeit nicht erreichbar ist, dann sollte immerhin die Mannigfaltigkeit gefördert werden.
Ich habe versucht zu zeigen, daß äußere Einflüsse zur Erreichung nichtpolitischer Entscheidungen notwendig sind, solange die lokalen Verwaltungen vornehmlich politische Entscheidungen treffen. Gerade dann sind die Möglichkeiten einer örtlichen Planung beschränkt, während nationale Planung für die örtlichen Gemeinden durchführbar erscheint. Bei der wachsenden Abhängigkeit der Gemeinden und der gesamten Gesellschaft voneinander und der relativen Bedeutungslosigkeit der Gemeinden im Leben ihrer Einwohner sind die zentralen Verwaltungsorgane berechtigt, die öffentlichen Interessen und die Rechte der Minderheiten zu schützen und die Verwirklichung der regionalen, staatlichen oder Bundesprioritäten zu gewährleisten.
In Erkenntnis dieser Zusammenhänge habe ich eine Anzahl von absoluten Werten herausgestellt, die den Vorrang haben vor dem Funktionieren der politischen Prozesse und die die Mehrheitsherrschaft einschränken. Das grundlegende philosophische Problem bleibt: sobald politisches Denken, Demokratie und Regierung der Mehrheit akzeptiert sind, ist es schwierig, Ausnahmen zu fordern, denn wer soll entscheiden – und nach welchem Kriterium –, welche absoluten Werte den Vorrang beanspruchen? In einer demokratischen Gesellschaft, die auch pluralistisch ist, muß jede Handlung und jeder Wert eine politische Bedeutung bekommen. Die anscheinend nichtpolitischen absoluten Werte spiegeln manchmal nur die Interessen des einen oder anderen Teils der Bevölkerung wider. Wenn die Wahl der absoluten Werte selbst schon politisch ist und außerdem abhängig von den Werten der wirtschaftlichen, kulturellen oder philosophischen Interessengruppen, zu denen man gehört, dann ist es wahrscheinlich, daß Sozialwissenschaftler oder

Kosmopoliten auf anderen absoluten Werten bestehen als zum Beispiel die einkommensschwachen Neger in den Städten. Die Suche nach wirklich nichtpolitischen, absoluten Werten muß weitergehen. Es kann gut sein, daß es außer dem Leben des einzelnen, der Gemeinde oder der Nationen gar keine gibt. In diesem Fall kann man nur auf einem einzigen absoluten Wert bestehen, einer echten demokratischen Gesellschaft. Der Vorteil einer solchen Gesellschaft besteht darin, daß sie das Recht gibt, auf politischem Wege für andere selbstgewählte absolute Werte zu kämpfen, der Nachteil ist, daß diese absoluten Werte dann wahrscheinlich nicht von der Mehrheit akzeptiert werden, wenn man weiß, daß man selbst zu einer Minderheit gehört.

15 Levittown und die amerikanische Gesellschaft

Ich begann diese Untersuchung mit vier Fragen. Die Antworten darauf können für neue Städte und Vororte in ganz Amerika allgemein gelten. *Erstens* wird eine neue Gemeinde weder durch den Bauunternehmer geprägt noch durch den Planer, den Vereinsgründer oder durch die Erwartungen, die die Einwohner bei ihrem Umzug haben. Der Unternehmer schafft die äußere, bauliche Hülle der Gemeinde, der Vereinsgründer die gesellschaftliche. Aber selbst wenn Organisationen und Institutionen durch überregionale Organe außerhalb der Gemeinde ins Leben gerufen werden, können sie nur überleben, indem sie die Leute anziehen und auf ihre Wünsche eingehen. Wenn die Einwohner unter den Kirchengemeinden und Klubs nicht auswählen können, so haben die einzelnen Gründer die Möglichkeit, den Einwohnern ihren Willen oder ihre Vorstellung von der Gemeinde aufzudrängen. Aber es ist selten, daß eine solche Wahl nicht möglich ist. Die Wünsche der Einwohner beschränken sich gewöhnlich auf das Haus, das Familienleben, die nachbarschaftlichen Beziehungen und auf Freundschaften. Die Leute haben nur wenige Wünsche, die die Gemeinde im ganzen betreffen. Was sie von ihr fordern, bildet sich erst heraus, wenn sie sich eingelebt haben. Erst wenn sie längere Zeit in ihrem Block gewohnt haben, können sie entscheiden, welche Aufgaben von der Gemeinde als Ganzes wahrgenommen werden müssen, und auch erst wenn sie ihre Mitbürger kennengelernt haben, können sie genau sagen, wo verträgliche Leute zu finden sind und mit wem sie sich zusammentun wollen. Kurzum, die Wahl, die sie unter den öffentlichen Einrichtungen treffen, ist letzten Endes eine Funktion der Bevölkerungszusammensetzung, die sie vorfinden.
Diese Auswahl wird nicht im luftleeren Raum getroffen, sondern schließt Wertvorstellungen und Bevorzugungen ein, die die Leute mitbringen. Das vielleicht Wichtigste an der Entstehung einer neuen Gemeinde ist die Tatsache, daß sie selbst überhaupt nicht neu ist, sondern vielmehr ein neues Stück Bauland, auf dem die Leute herkömmliche Einrichtungen mit traditionellen Programmen erstellen. Neue Städte sind letztlich alte Gemeinden auf neuem Boden, in kultureller Hinsicht nicht wesentlich anders als die Villenviertel der Vororte und die städtischen Nachbarschaften, die von der gleichen Art Menschen bewohnt werden, und in politischer Hinsicht sind sie anderen amerikanischen Kleinstädten sehr ähnlich.
Zweitens sind die meisten Vorstadtbewohner zufrieden mit der Gemeinde, wie sie sich gerade entwickelt. Sie freuen sich über ihr Haus und das Leben im Garten, finden Vergnügen an den vielen verträglichen Leuten, ohne Langeweile und das Unbehagen zu empfinden, das der Homogenität der Vorstädte zugeschrieben wird. Einige Leute sind überrascht, sich gesellschaftlich isoliert zu sehen, besonders die-

jenigen, die anders als die Mehrheit ihrer Nachbarn sind. Wer gesellschaftlich isoliert sein wird, hängt ab vom Charakter der Gemeinde. In Levittown waren es ältere Ehepaare, Leute mit guter und schlechter Ausbildung und Frauen, die aus einer in sich geschlossenen Gruppe von Arbeitern oder einer ethnischen Subkultur kamen oder in einem großen Familienverband zu leben gewohnt waren. Solche Leute leiden aber wahrscheinlich in jeder Vorstadt. Selbst wenn sie dem engen Leben des »städtischen Dorfes« entrinnen wollen, vermissen sie ihre alten Schlupfwinkel, können keine Leute finden, die zu ihnen passen, und verstehen es nicht, Freundschaften zu schließen. Aber die unglücklichsten Leute sind immer die mit dem niedrigsten Einkommen und der geringsten Schulbildung. Sie haben nicht nur die größten Schwierigkeiten, gesellschaftlichen Kontakt zu finden und sich Gruppen anzuschließen, sondern sind auch von finanziellen Problemen bedrängt, die sowohl das Klima in der ganzen Familie als auch die Haushaltssituation strapazieren. Und da die Vorstadt für die jüngeren Erwachsenen und für Kinder entworfen ist, leiden die Jugendlichen unter der Tatsache, daß »nichts los ist«, und unter der Feindseligkeit der Erwachsenen gegenüber ihrer spezifischen Lebensweise und ihrer Neigung zur Gruppenbildung.

Das Leben der Leute ändert sich zwar etwas beim Umzug in den Vorort, aber der Lebensstil bleibt im Grunde der gleiche. Sie entwickeln keine neue Lebensart oder neuen Ehrgeiz für sich und ihre Kinder. Überdies hatten die Bewohner viele der Veränderungen, die sich einstellten, bereits vor dem Umzug gewünscht. Weil sie in den Vorstädten möglich wurden, wird die Einstellung zum Leben positiver, und Langeweile und Einsamkeit werden seltener. Das Familienleben wird zeitweilig besser, und gesellschaftliche Kontakte und Aktivitäten nehmen zu. Die Freizeitbeschäftigung konzentriert sich auf das Haus und den Garten. Einige Veränderungen ergeben sich aus dem Umzug: Bedürfnisse der Organisationen innerhalb der Gemeinde veranlassen einige Leute, sich zum erstenmal einer Gruppe anzuschließen. Ethnische und religiöse Unterschiede erfordern häufigeren Besuch der Gotteshäuser, und die gesellschaftliche Isolierung bringt den wenigen, die ausgeschlossen sind, Depressionen, Langeweile und Einsamkeit. Aber die Veränderung geht nicht nur in eine Richtung. Verschiedene Leute reagieren unterschiedlich auf die neue Umgebung. Die am wenigsten erwünschten Veränderungen ergeben sich gewöhnlich aus familiären und beruflichen Umständen.

Drittens sind die Quellen oder Ursachen der Veränderung nicht in der Vorstadt als solcher zu finden. Vielmehr liegen sie in dem neuen Haus, in der Chance, Hauseigentümer zu sein, und vor allem in der Mischung der Bevölkerung, derjenigen Leute also, mit denen man zusammen lebt. Sie bringen die beabsichtigte Intensivierung des gesellschaftlichen Lebens mit sich, ebenso wie das unbeabsichtigte Anwachsen von Vereinsunternehmungen und natürlich die ebenfalls unbeabsichtigte gesellschaftliche Isolierung. Einige Veränderungen können auf die offene

Gesellschaftsstruktur in einer neuen Gemeinde und auf die Bereitschaft der Leute zurückgeführt werden, einander zu vertrauen. Sie hängen auch mit dem Zufallsprinzip zusammen, nach dem sich die Leute ansiedeln und das von ihnen verlangt, Freundschaften zu schließen mit Fremden, die nebenan wohnen, oder sich über den Block hinaus in der weiteren Gemeinde nach passenden Leuten umzusehen. Aber die meisten Veränderungen ergeben sich aus der Homogenität von Alter und sozialer Schicht jener Bevölkerung, die sich in einem neuen Vorort ansiedelt. Die grundlegenden Ursachen für die Veränderung ergeben sich aus den Zielen, ein eigenes Heim zu besitzen, ein freistehendes Haus mit Garten zu haben und mit Leuten gleichen Alters und gleicher Schicht zusammen zu sein – lauter Ziele, die die amerikanische Arbeiter- und Mittelschicht seit langem charakterisieren[1]. Selbst unbeabsichtigte Veränderungen können letzten Endes auf bestimmte wirtschaftliche Entwicklungen im ganzen Staat und auf Verhaltensmuster zurückgeführt werden, die die Leute aus dem Großstadtkern vertreiben. Zugleich können sie einen Anreiz für Bauunternehmer schaffen, Gemeinden wie Levittown zu errichten. Letztlich sind dann die Veränderungen, mit denen sich die Leute bei ihrem Umzug in die Vororte abfinden müssen, nur ein Ausdruck allgemeineren sozialen Wandels und weiterer kultureller Ziele in der amerikanischen Gesellschaft.

Viertens ist das politische Leben in einer Vorstadt nicht viel anders als das sonstige Leben. In jeder heterogenen Gemeinde zwingen konkurrierende Forderungen der Wähler die Verantwortlichen, hinter einer demokratischen Fassade, die den Anschein erweckt, die politischen Spielregeln zu befolgen, in echter Verwaltungstätigkeit die vorhandenen Gegensätze miteinander in Einklang zu bringen. Ihre Entscheidungen nehmen gewöhnlich auf die Mehrheit der Wähler Rücksicht, wenn diese Mehrheit Forderungen stellt. Aber sie gehen nicht auf machtlose Minderheiten ein, die deshalb zur Intervention gezwungen werden, um zur Verwirklichung ihrer Ziele den normalen Entscheidungsprozeß zu stören. Da sie meistens keinen Erfolg haben, beachtet die örtliche Verwaltung im allgemeinen die Forderungen und Rechte der Minderheiten nicht, und die Öffentlichkeit ebensowenig. Fachleute, die hinreichend übereinstimmen und über Geschicklichkeit und Macht verfügen, können unpopuläre Entscheidungen durchsetzen. Aber im großen und ganzen müssen solche Entscheidungen durch überörtliche Organe erzwungen werden. Natürlich haben Vororte wie Levittown kaum solche Probleme, wie sie sich den amerikanischen Großstädten, den sterbenden Kleinstädten oder den stagnierenden ländlichen Gemeinden stellen. So können die lokalen Verwal-

---

[1] Es gibt einige deutliche Beweise dafür, daß der Wunsch nach einem Einfamilienhaus international ist. Er ist sogar in den Ländern lebendig, die sich die Erfüllung solcher Wünsche eigentlich nicht leisten können. Ich fand ihn bei den Schweden, die in Etagenwohnungen, wenn auch gut geplanten, leben müssen. In England berichtet darüber **Orlans**, S. 106–107, in Ghana Tetteh, S. 25.

tungen den begrenzten Wünschen zumindest ihrer wichtigsten Wähler entgegenkommen. Daneben müssen überörtliche Verwaltungen aufgebaut werden, die sich mit den Problemen befassen, die durch die große Anzahl unabhängiger Vorstadtgemeinden und deren künstliche Gemeindegrenzen entstehen.

Die verfügbaren Kräfte für Erneuerung und Veränderung

Meine vier anfänglichen Fragen bezogen sich alle auf ein Grundthema: bis zu welchem Ausmaß wird eine Gemeinde von den Einwohnern geschaffen und in welchem Maß von ihren Führern, Planern oder anderen Fachleuten, die Erneuerung oder Veränderung anregen wollen? Die gefundenen Ergebnisse beleuchten meines Erachtens wiederum eine wichtige soziologische Einsicht, wenn man so will, eine Binsenwahrheit: was in einer Gemeinde geschieht, ist fast immer ein Spiegelbild der Leute, die hier wohnen, insbesondere der zahlenmäßigen und kulturellen Majorität. Diese Mehrheit unterstützt die Vereinigungen und Institutionen, die den Charakter der Gemeinde bestimmen. Sie legt fest, wer am Leben Freude haben und wer gesellschaftlich isoliert sein wird. Sie bildet die Wählerschaft, nach der sich die Politiker richten. Letzten Endes sind dann die Gemeinde sowie ihre Entstehung, ihr Einfluß und ihre Politik ein Ergebnis der Bevölkerungszusammensetzung, insbesondere der vorherrschenden Elemente und ihrer Sozialstruktur und Lebensart.

Die Vorgänge, die im Ergebnis solche Formen der Gemeinde hervorbringen, sind oft mit Konflikten beladen. Eine moderne Gemeinde hat nicht mehr die einheitliche Lebensweise, in welcher die Übereinstimmung zwischen der Gemeinde und ihren Einwohnern durch einen weitverbreiteten Konsensus über das Verhalten und über Wertsetzungen erreicht wird. In Levittown ist diese Übereinstimmung viel geringer. Sie entsteht in Machtkämpfen, die ständig durch Kompromisse gelöst werden, so daß die Institutionen und Vereinigungen ordnungsgemäß arbeiten können. Diese Kämpfe hören nie auf, denn jeder Kompromiß löst nur den augenblicklichen Konflikt, und andauernd entstehen neue Streitfragen. Ob es sich bei denen, die den Kompromiß herbeiführen, um Eltern, Vereinsvorsitzende oder gewählte Amtsträger handelt, sie bringen alle viel Zeit und Energie auf, um das abzuwenden, was sie Krise nennen, und das labile Gleichgewicht zu erhalten, mit dem die Übereinstimmung zwischen Gemeinde und Gesellschaft aufgebaut wird. Daraus ergibt sich, daß alle anderen Fragen in den Hintergrund gedrängt werden, einschließlich der Innovationen und Veränderungen. Und wenn die Verantwortlichen nicht jedermann zufriedenstellen können, so bleibt fast nur für die zahlenmäßig stärksten, für die mächtigsten oder die lautesten Wähler Zeit und Kraft. Unter diesen Umständen können die Initiatoren, Innovatoren und einzelnen

»Veranlasser einer Veränderung«, ob sie nun Fachleute sind oder nicht, wenig tun. Sie können vielleicht neue Ideen vorschlagen; aber bevor sie in die Tat umgesetzt werden, müssen sie geändert werden, damit sie den Forderungen der wichtigsten Wählerblocks entsprechen. Ohne Initiatoren kann man nichts anfangen. Aber die einmal ergriffene Initiative wird vom gesellschaftlichen Prozeß verändert. Leute, von denen erfolgreiche Initiativen ausgehen und die die notwendigen Veränderungen vorwegnehmen, werden an die Spitze gerufen. Man hält ihnen oft den reibungslosen Ablauf des gesellschaftlichen Prozesses zugute. Diejenigen, die an der Spitze stehen wollen, lernen schnell, was zum Erfolg führt. Nur selten wird den Innovatoren eine solche Rolle zugestanden.

Diese Ergebnisse ließen sich leicht zur Rechtfertigung des Status quo verwenden. Aber das ist weder meine Schlußfolgerung noch meine Absicht. Die Untersuchung will besagen, daß Veränderungen und Erneuerungen immer möglich, aber nur schwer erreichbar sind. Keine Gruppe oder Gemeinde verschließt sich gegen Veränderungen. Aber es handelt sich auch nicht um eine Anhäufung aufgeschlossener Leute, die nicht wissen, was sie wollen, und die man dazu überreden kann, mit ihrer Vergangenheit zu brechen. Folglich können die Befürworter von Erneuerungen und Veränderungen nicht, wie es so oft der Fall ist, damit zufrieden sein, daß sie für etwas Neues eintreten, noch können sie, was sie so oft tun, für ihre Ideen schon deshalb Zustimmung fordern, weil sie von der Überlegenheit ihrer Vorschläge überzeugt sind. Gruppen und Gemeinden sind fließende Gebilde mit Führern, die sehr wenig, aber kostbaren Spielraum in ihren Entscheidungen haben. Die Initiatoren des Wandels sind zumeist nicht mit den Machtmitteln ausgestattet, um ihn durchzusetzen, und verfügen auch nicht über die Möglichkeit, diejenigen zu belohnen, die die Veränderungen hervorrufen. Sofern der Spielraum für Innovationen benutzt werden soll, müssen die Initiatoren daher deutlich überlegene Alternativen anbieten.

Keine Gemeinde und keine soziale Einrichtung befriedigt jeden, und wie die Daten über Levittown überzeugend darlegen, sind selbst dann, wenn die meisten Leute in der Gemeinde glücklich sind, einige unglücklich. Der beste Ansatz für Veränderungen besteht deshalb darin, die einzelne Entscheidung, die einen Kompromiß zwischen den Wählern der verschiedenen Gruppen darstellt, aufzugeben und mit neuen Lösungen für die unzufriedenen Gruppen und deren Lebensanschauungen zu experimentieren. Das bedeutet Vielfalt beim Wohnungsbau, in den Lebensbedingungen und Institutionen, entweder innerhalb derselben Gemeinde oder in anderen. Diese Vielfalt muß abgestimmt werden auf die Vielfalt der sozialen Herkunft, des Lebensstils und der Erwartungen, die an das Leben in der Gemeinde gerichtet werden.

Konflikt, Pluralismus und Gemeinde

Obwohl sich ein Teil meiner Untersuchung mit der Möglichkeit von Veränderungen und Neuerungen befaßte, will ich damit nicht andeuten, daß Levittown dringend eine von beiden brauchte. Die Gemeinde mag vielleicht dem berufsmäßigen Stadtplaner und dem intellektuellen Vertreter einer kosmopolitischen Lebensweise mißfallen. Aber vielleicht erlaubt Levittown mehr als jeder andere Gemeindetyp den meisten Einwohnern, das zu sein, was sie sein wollen, ihr Leben auf Haus und Familien auszurichten, unter Nachbarn zu sein, denen man vertrauen kann, Freunde zu finden, mit denen man die Mußestunden verbringen kann, und in den Vereinigungen tätig zu sein, die Geselligkeit und Gelegenheit zum Dienst am Nächsten bieten.

Daß Levittown seine Fehler und Probleme hat, läßt sich nicht leugnen. Ich habe sie in den vorangegangenen Kapiteln beschrieben: physische und gesellschaftliche Isolierung, familiäre und kommunale Finanzprobleme, unzureichende öffentliche Verkehrsmittel, ein ungenügendes Angebot an öffentlichen Dienstleistungen, unzulängliche Entscheidungs- und Rückwirkungsprozesse, eine schlechte Vertretung der Minderheiten, ungerechtfertigte Vertretung der Interessen des Bauunternehmers sowie das ganze Angebot von familiären und individuellen Problemen, die in jeder Bevölkerung auftauchen. Viele von ihnen können auf drei grundlegende Unzulänglichkeiten zurückgeführt werden, von denen keine für Levittown oder die Levittowner typisch ist.

Eine davon ist die Schwierigkeit, mit Konflikten fertig zu werden. Wie das übrige Land ist Levittown von Konflikten bedrängt: Konflikte zwischen der unteren Mittelschicht und den kleinen Gruppen der Arbeiterschicht sowie der oberen Mittelschicht, Generationskonflikte unter Erwachsenen, Kindern, Jugendlichen und älteren Leuten. Der Konflikt an sich ist nicht nachteilig. Aber die Art und Weise, in der ein Konflikt behandelt wird, läßt viel zu wünschen übrig. Levittowner akzeptieren wie andere Amerikaner nicht wirklich die Unvermeidbarkeit eines Konflikts. Indem sie auf der Möglichkeit eines Konsensus bestehen, verschärfen sie nur den Streit. Denn jede Gruppe verlangt, daß die andere sich nach ihren Werten richtet und ihre Prioritäten anerkennt. Wenn die Macht ein wertvoller Preis ist und die Mittel knapp sind, ist eine solche Sicht verständlich. Aber in Levittown ist die Machtausübung für die meisten Leute kein Selbstzweck. Sie wollen sie nur, um die Verteilung der Mittel zu kontrollieren. Da die Mittel hier nicht sehr knapp sind, könnten die Schichten und Altersgruppen ihre Konflikte konstruktiver lösen, als dies geschieht. Sie könnten jeder Gruppe zumindest etwas von dem Gewünschten geben. Wenn man sich mit der Unvermeidbarkeit der einander widerstreitenden Interessen abfände, wären die Unterschiede vielleicht weniger bedrohlich, und dies würde die nötigen Kompromisse erleichtern. Ich glaube kaum, daß dies geschehen wird, denn wenn die Leute glauben, die Mittel seien knapp, dann handeln sie so, als ob sie knapp wären, und wollen keine zusätzlichen 20 Dollar im Jahr an Steuern bezahlen, um damit die Forderungen der Minderheit zu erfüllen. Trotzdem sind die Bedingungen für lebensfähige Kompromisse in Levittown günstiger als in größeren und ärmeren Gemeinden.

Die zweite Unzulänglichkeit, die eng mit der ersten verknüpft ist, liegt in der Unfähigkeit, mit dem Pluralismus fertig zu werden. Die Leute haben die Vielschichtigkeit der amerikanischen Gesellschaft nicht erkannt und können andere Lebensstile nicht akzeptieren. Sie können keinen Konflikt lösen, da sie nicht imstande sind, den Pluralismus zu akzeptieren. Die Erwachsenen sind nicht bereit, den Stil der Heranwachsenden zu tolerieren, und umgekehrt.

Leute der unteren Mittelschicht haben etwas gegen die Gewohnheiten der Arbeiterschicht und der oberen Mittelschicht. Und jede dieser Schichten lehnt die andere ab. Vielleicht ist die Unfähigkeit, mit dem Pluralismus fertig zu werden, in Levittown größer als anderswo. Denn Levittown ist eine Gemeinde mit jungen Familien, die Kinder aufziehen. Kinder sind im wesentlichen gesellschaftlich noch nicht eingegliedert und können leicht von neuen Ideen beeinflußt werden. Daraus folgt, daß ihre Eltern eifersüchtig die familiären Werte verteidigen. Sie wollen sicher sein, daß ihre Kinder nach den elterlichen Normen aufwachsen und nicht nach den Wertvorstellungen der Eltern ihrer Spielgefährten aus einer anderen Schicht. Das Bedürfnis, die Kinder von dem, was als schädlicher Einfluß angesehen wird, abzuschirmen, zeigt sich zuerst im Block, wird aber auf die Auseinandersetzungen über die Schule, auf die Streitigkeiten über die Zweckbestimmung der privaten Verbände, deren Programme die gesellschaftliche Eingliederung der Kinder bewirken, und letztlich auf die Politik übertragen. Jede Gruppe möchte den Organisationen und Vereinigungen, die die Gemeinde ausmachen, den Stempel ihrer Lebensart aufdrücken. Denn anders sind die Familien und ihr Lebensstil nicht gesichert. In einer Gesellschaft, in der Großfamilien keine Rolle spielen und die Kernfamilie nicht den gesamten Bereich an Personal und Diensten zur Verfügung hat, um die Kinder in der Familie festzuhalten, müssen die Eltern die Einrichtungen der Gemeinde zu diesem Zweck benutzen, und jeder Teil der Gemeinde wird deshalb ein Schlachtfeld für die Verteidigung der Familienwerte.

Diese These darf nicht überbewertet werden, denn ein großer Teil der Konflikte besteht, wie es immer der Fall war, zwischen den Besitzenden und den Besitzlosen. Obwohl Levittowns mittleres Einkommen selbst für weiße Familien beträchtlich über dem nationalen Durchschnitt liegt, fühlt sich niemand reich genug, um andere Leute darüber entscheiden zu lassen, wie er sein Geld auszugeben hat. Meistens drehen sich politische Konflikte in der Gemeinde um die Frage, welcher Teil des Familieneinkommens der Gemeinde zugeführt und wie er verwendet werden soll. In der Tat gibt es Einmütigkeit in der Politik und bei der

Streuung der Ausgaben der Gemeinde nur in bezug auf die Häuser. Weil viele Levittowner zum erstenmal Hauseigentümer sind, wachen sie besonders eifersüchtig darüber, daß dieses Haus gegen Wertverlust geschützt wird, sowohl als Grundeigentum wie auch als Statussymbol. Aber jede Schicht hat ihre eigenen Statussymbole und Statusängste. Die Leute der Arbeiterschicht wollen nicht, daß sich in der Nachbarschaft Leute einer niederen Schicht ansiedeln. Sie wollen auch nicht gezwungen werden, den Lebensstil der Mittelschicht zu übernehmen. Leute der unteren Mittelschicht wollen nicht mehr Nachbarn aus der Arbeiterschicht haben. Ebensowenig wollen sie den aufgeschlosseneren Lebensstil der oberen Mittelschicht übernehmen müssen, und Leute der oberen Mittelschicht wollen sich nicht von einer der beiden anderen Gruppen beherrschen lassen. Diese Ängste sind nicht, wie gemeinhin angenommen wird, dem Streben nach höherem Status zuzuschreiben, denn nur wenige Leute in Levittown suchen einen höheren Status zu erreichen. Die Ängste sind vielmehr persönliche Identitätsängste. Wenn die Leute den Pluralismus ablehnen, dann deshalb, weil das Anerkennen der Lebensfähigkeit anderer Lebensstile es nahelegt, daß die eigene Lebensweise nicht die allein gültige ist, wie man gern glauben möchte. Die Folge ist die ständige Suche nach Leuten, die ähnlich sind, und die Ablehnung derer, die anders sind. Wenn die drei Schichten, nicht eingerechnet ihre Untergruppen, und noch andere Gruppen mit unterschiedlichen Wertvorstellungen zusammen unter derselben Verwaltung leben müssen, versucht jede Gruppe sicherzustellen, daß die Institutionen und Einrichtungen, die der ganzen Gemeinde dienen, ihren eigenen Status und ihre Lebensart unterstützen. Niemand freut sich darüber, wenn die andere Gruppe dabei gewinnt. Wenn die Gruppe der Arbeiterschicht den Gemeinderat überreden kann, die Mittel dem Feuerwehrgebäude zuzuteilen, bilden die Gruppen der Mittelschichten vorübergehend eine Koalition, um dafür zu sorgen, daß auch eine Bücherei eingerichtet wird. Wenn die Gruppe der oberen Mittelschicht versucht, die Schulpolitik zu beeinflussen und die Schulbildung nach ihren Maßstäben zu gestalten, malen die Einwohner der unteren Mittelschicht sofort das Gespenst an die Wand, Levittown wolle Brookline oder Scarsdale nacheifern, während die Leute der Arbeiterschicht Angst bekommen, daß die Schulen die Disziplin vernachlässigen oder daß die Steuern noch weiter steigen könnten. Folglich sucht jede Gruppe nach Macht, um die andere daran zu hindern, den Charakter der gemeinsamen Einrichtung zu bestimmen. Sie erstreben die Macht nicht als Selbstzweck, sondern nur um sicher zu sein, daß die Gemeinde ihren Wertungen entspricht. Ähnlich verlangen sie – mit Ausnahme der wirklich Notleidenden – nicht niedrigere Steuern allein aus Sparsamkeitsgründen, sondern um sicherzugehen, daß die gemeindlichen Einrichtungen auf die Werte ihres Vermögens und die Bedürfnisse ihrer Schicht zugeschnitten sind. Offenbar läßt sich die Macht, die man braucht, um diese Ziele zu erreichen, schwer teilen. In Entscheidungen über die

Erhebung und Zuteilung öffentlicher Gelder lassen sich nur selten Kompromisse schließen.

Die dritte Unzulänglichkeit der Gemeinde ist das Versagen, eine sinnvolle Beziehung zwischen ihr und der Familie herzustellen und die Unterschiede in Schichtenzugehörigkeit und Lebensart mit der Verwaltung und dem Angebot an öffentlichen Dienstleistungen in Einklang zu bringen. Die Bewohner von Levittown sehen wie auch die anderen Amerikaner in der Verwaltung nicht nur einen Parasiten und in den öffentlichen Leistungen nicht nur eine Vergeudung von Geldern, die man besser privat ausgeben würde. Aber sie erlauben der Verwaltung nicht, diese Leistungen der verschiedenartigen Zusammensetzung der Einwohnerschaft anzupassen. Die Verwaltung ist damit beauftragt, eine bestimmte (und begrenzte) Gruppe von öffentlichen Dienstleistungen zu etablieren. Ihre Freiheit, etwas anderes zu tun, ist durch die Gesetzgebung und natürlich auch durch die amerikanische Tradition begrenzt. Die Regierung galt einerseits immer als ein unbedeutender Lieferant der für das tägliche Leben unentbehrlichen Dienstleistungen und andererseits als ein Feind, vor dessen Übergriffen auf das private Leben man sich wehren müsse. Die wichtigste Quelle dieser Vorstellung ist das historische Vorurteil der Amerikaner gegen öffentliche Dienstleistungen, das zum Teil aus der bäuerlichen Tradition des einzelnen und seiner Familie als einer Selbstversorgungseinheit herrührt. Die Wertbegriffe der modernen Gesellschaft haben dieses Vorurteil verewigt. Der Reichtum erlaubt, daß es weiterbesteht, zumindest bei den Familien der Mittelschichten, die ein Leben mit einer minimalen Abhängigkeit von der örtlichen Verwaltung führen können. Das Vorurteil gegen die öffentlichen Leistungen betrifft jedoch nicht deren Inanspruchnahme, sondern nur ihre Finanzierung, ihren Umfang und ihr starkes Anwachsen. Auch führt es die Levittowner nicht zu einer völligen Ablehnung der Verwaltung, sondern nur dazu, diese im Rahmen einiger weniger, begrenzter Funktionen zu halten. Unter diesen steht an erster Stelle der Schutz der Familie gegenüber fremden Einflüssen. Die Verwaltung wird damit ein Instrument der Verteidigung, das von einer Gruppe benutzt wird, um sich selbst gegen andere Gruppen innerhalb und außerhalb der Gemeinde zu schützen. Der Gedanke, daß sie auch positive Funktionen haben könnte, wie etwa die Schaffung von Einrichtungen, die das Leben bereichern und verschönern sollen, wird abgelehnt. Denn jede neue Funktion der Verwaltung wird zuerst als ein Versuch einer Gruppe in der Gemeinde betrachtet, ihre Herrschaft über die anderen auszudehnen. Natürlich sind diese Versuche selten offenkundig. Denn das politische Gespräch dreht sich hauptsächlich um sachliche Angelegenheiten. Aber wenn die Levittowner sich gegen einen Vorschlag aussprachen, dann lehnten sie sich im Grunde eher gegen die auf, die den Vorschlag gemacht hatten, als gegen den Inhalt des Vorschlags.

Solange die Verwaltung ihre Maßnahmen nicht auf die Verschiedenartigkeit der

Bürger zuschneiden kann und solange die Leute nicht imstande sind, die Unvermeidbarkeit von Konflikt und Divergenz anzuerkennen mit dem Ziel, der Verwaltung jene Verantwortung zu übertragen, werden sie ihr Geld lieber für private und kommerziell angebotene Leistungen ausgeben. Anders als das Rathaus reagiert der Markt auf die Unterschiede unter den Bürgern und verlangt nicht, daß sie sich in einen politischen Streit verwickeln, um das Gewünschte zu erhalten. Natürlich können nicht alle Menschen den Marktplatz dem Rathaus vorziehen, aber die Bewohner von Levittown haben genug Geld dafür. Überdies wählen sich die Eltern wahrscheinlich so lange, bis sie ihre Kinder sicher in die eigene Gesellschaftsklasse und Lebensart hineingesteuert oder das wenigstens versucht haben, verhältnismäßig homogene und kleine Gemeinden aus, damit sie eine gewisse Kontrolle über die Übergriffe der Verwaltung auf die Autonomie des einzelnen und der Familie haben. Das ist nicht nur geeignet, die Unabhängigkeit Hunderter kleiner örtlicher Verwaltungen aufrechtzuerhalten, sondern trägt auch zu dem Wunsch bei, ein eigenes, freistehendes Haus zu besitzen.

Levittown als Spiegel Amerikas*

Es ist auffallend, wie wenig sich die amerikanische Kultur, die sich in Levittown darstellt, von jener vor hundert Jahren unterscheidet. Die Gleichberechtigung von Mann und Frau, die Macht des Kindes über seine Eltern, die Bedeutung des freiwilligen Vereins, die sozialen Funktionen der Kirche und die Ablehnung gehobener Kultur scheinen ebenso wie die Beibehaltung traditioneller Werte zu den Überresten jener Zeit zu gehören. Klassenkampf und Arbeiterklassenkultur existieren immer noch, wenn auch in abgeschwächter Form. Wohlstand und bessere Bildung haben zwar eine Veränderung herbeigeführt, doch keinen Fabrikarbeiter zu einem Angehörigen des Mittelstandes werden lassen. Verbesserungen und Neuerungen scheinen alte »Kulturmuster« überlagert zu haben; sie lassen den Wohlstandsamerikaner in verschiedenen Welten Fuß fassen.

* Originalausgabe S. 417–420

Levittown und die Zukunft der Vorstädte*

Wenn die gegenwärtig stattfindende Dezentralisierung der Industriebetriebe von einer Auswanderung der Dienstleistungsbetriebe begleitet wird, dürfte der Entstehung einer weiteren »Schlafstadtgeneration« in ganz Amerika nichts mehr im Wege stehen.
Diese Wahrscheinlichkeit wird von vielen mit wachsender Sorge aufgenommen. Verfechter der Stadt befürchten, daß ein weiteres verstärktes Wachstum der Vorstädte nur in einem vermehrten physischen, finanziellen, kulturellen und politischen Zerfall der Städte enden kann. Sie werden von den Gegnern der Verstädterung unterstützt, die den Verlust wertvoller Erholungs- und Landwirtschaftsgebiete befürchten und die noch vorhandenen Landreserven dahinschwinden sehen. Alle diese Probleme werden durch den Rassenunterschied zwischen Stadt- und Vorstadtbewohnern, durch das ständige Anwachsen des schwarzen Bevölkerungsanteils in den Städten und durch die in den Vorstädten praktizierte Rassendiskriminierung noch wesentlich verschärft.

* Originalausgabe S. 420–429

Die Vorstadtgemeinde der Zukunft

Obwohl eine Anzahl von Änderungen in der nächsten Phase der Ausdehnung der Vororte gemacht werden sollte, kann ich keinen Grund dafür sehen, diese Ausdehnung abzulehnen oder von der Errichtung weiterer Levittowns abzuraten. Es geht hier nicht darum, ob das Unternehmen Levitt weitere Levittowns bauen wird, bauen sollte oder nicht. Ich sollte besser sagen, daß mehr Gemeinden wie Levittown dann wünschenswert sind, wenn die Leute sie haben wollen. Sie sind nicht nur leistungsfähiger als eine große Zahl von kleineren Siedlungen. Darüber hinaus erlauben sie es dem Unternehmer, auch wegen der niedrigen Kosten, die durch die Größe des Bauvorhabens bedingt sind, gemeindliche Einrichtungen zu erstellen.

Natürlich sollten zukünftige Gemeinden von Levittown lernen und besser als Levittown werden. Zum Beispiel sollte es dort eine früher beginnende Planung geben, besonders um die Steuerprobleme vorwegzunehmen, und mehr Gemeinschaftseinrichtungen sollten fertig sein, ehe die Gemeinde bezogen wird. Nicht nur sollte man von dem Unternehmer erwarten, daß er einen Teil des Kapitals und der Betriebskosten dieser Einrichtungen in den Hauspreis mitverrechnet, sondern die Wohnungsämter des Bundes, der Länder und der einzelnen Gemeinden sollten diejenigen öffentlichen Einrichtungen mit finanziellen Mitteln unterstützen, die der Erbauer nicht ohne drastische Erhöhung des Hauspreises liefern kann. Planungsstäbe und Beihilfen des Bundes und der einzelnen Staaten sollten auch die Zuordnung von Wohn- und Gewerbebezirken fördern, um Fabriken und Büros an der Steuerlast zu beteiligen. Trotzdem werden die meisten neuen Vororte keine Industrie haben, so daß wahrscheinlich die Hilfe des Bundes für die Schulen und die anderen gemeindlichen Dienstleistungen nötig sein wird, um für die Leistungen zu sorgen, die die Wähler selbst nicht übernehmen wollen. Auch hier würde es helfen, wenn man zur Finanzierung örtlicher Leistungen etwas vom Steuereinkommen des Bundes abzweigte.

Die Einrichtungen in einem Ort, die an erster Stelle unterstützt werden sollten, sind diejenigen, die von Minderheiten gebraucht und gefördert werden, für die aber Unternehmer oder Wähler wohl kaum sorgen werden, sobald die Gemeinde einmal bezogen ist. Dazu gehören bessere Schulen, sinnvolle Beschäftigungen für die Jugendlichen und ein umfassenderes Programm der öffentlichen Gesundheitsfürsorge. Gemeindliche Krankenversicherungsprogramme anstelle oder zusätzlich zu den Krankenversorgungsplänen des Bundes wären wünschenswert, um die hohen Krankenkosten für Familien mit kleinen Kindern zu vermindern[2]. Ge-

---

[a] James Rouse, der Mann, der Columbia, Maryland, aufbaute, hat die Einrichtung einer gemeindlichen Krankenversicherung vorgeschlagen, die automatisch jeden Käufer und dessen Familie erfassen soll.

meindliche Sanatorien für Geisteskranke und Ämter für persönliche und Familienberatung werden gebraucht, ebenso wie gemeindliche Kreditanstalten, die Darlehen zu niedrigen Zinsen geben können, wenn jemand in eine finanzielle Notlage gerät; dazu lokale Zeitungen und andere Medien, um die gesellschaftliche und auch die politische Meinungsbildung innerhalb der Gemeinde zu fördern. Es braucht kaum besonders erwähnt zu werden, daß bessere Beförderungsmittel (sowohl innerhalb der Gemeinde als auch nach auswärts) notwendig sind, als sie in Levittown zur Zeit meiner Untersuchung zur Verfügung standen. Da sich die Grenzen des Großstadtgebiets ausdehnen, sollten andere Vorstadtgemeinden und städtische Nachbarschaften untereinander zugänglich sein, ebenso wie sie zu den in der City und den Vororten gelegenen Arbeits-, Unterhaltungs- und Einkaufszentren Zugang haben sollten. Schließlich sollten lokale und regionale Planungsämter eingerichtet werden, die Cost-Benefit-Analysen zur Lösung der sich innerhalb der Gemeinde und zwischen den einzelnen Gemeinden ergebenden Probleme erstellen können.

Wenn die Verwaltung eine größere Rolle in der vorangehenden Planung der Gemeindeeinrichtungen spielte, würde dies die Macht eines einzelnen Unternehmers über die Gemeinde schmälern. Das Problem besteht darin, seine Handlungsfreiheit bei der Einrichtung und Erneuerung eines groß angelegten, gewagten Bauvorhabens so groß wie möglich zu halten. Zugleich muß der Unternehmer ausreichend dahingehend kontrolliert werden, daß er sich nach jenen Bedürfnissen in der Gemeinde richtet, die die Käufer vor dem Einzug nicht kundtun können. Zum Beispiel hatten die Levittowner keine Gelegenheit, die Größe der Schulen zu bestimmen, und während die meisten mit den von Levitt gebotenen zufrieden waren, hätten sie doch auch hier eine Auswahl haben sollen. Im Idealfall hätte Levitt aufgefordert werden müssen, von Anfang an größere Schulen zu bauen oder einen größeren Teil an gemeindlichen Einrichtungen in den Hauspreis mit einzubeziehen. Dabei hätten alle etwa nötigen Erhöhungen der Hauspreise durch Bundessubventionen für die gemeindlichen Einrichtungen ausgeglichen werden müssen. Oder die Levittowner hätten, nachdem sie eingezogen waren, die Entscheidungsfreiheit haben müssen, ob sie kleinere Klassenzimmer wollten. Dann hätten sie zu öffentlichen Auflagen für den Unternehmer und zu Bundessubventionen Zuflucht nehmen können, um diese Klassenräume zu schaffen.

Aber vielleicht ist noch die beste Kontrolle über den Unternehmer die Freiheit der Wahl. Wenn die Leute erfahren, was die Gemeinde plant und welche Leistungen sie beim Hauserwerb kaufen, und wenn sie darüber hinaus eine Wahl in verschiedenen Gemeinden haben, dann bedeutet ihre Entscheidung für den Kauf die Zustimmung zu den vorgeschlagenen Leistungen. Die Planung für die nächste Phase des Baus von Vorstadtgemeinden sollte die wachsende Vielzahl der Lebensweisen widerspiegeln. Sie sollte auch sicherstellen, daß viele verschiedene Arten von

Gemeinden erbaut werden. Einige mögen so sein wie das heutige Levittown, andere könnten vielleicht mit mehr gesellschaftlichen und Erholungseinrichtungen ausgestattet sein, wie etwa Reston, Virginia, und Columbia, Maryland. Einige hätten vielleicht nur die allernötigsten Einrichtungen für diejenigen Käufer, die ohnehin die weit besseren Einrichtungen der Stadt benutzen wollen. Ebenso sollte es neue Städte geben, die den Leuten auch Arbeitsplätze bieten, so daß das berufliche Pendeln möglichst niedrig gehalten wird. Auch sollten Abwechslungen in der Bebauungsdichte und dem Stil der Häuser gefördert werden. Gemeinden mit Reihenhäusern und Terrassenwohnungen sollten für die Leute errichtet werden, die sich nicht so gern mit der Pflege von Haus und Garten beschäftigen.

Halb ländliche Gemeinden könnten errichtet werden, um den Leuten in einer im Grunde vorstädtischen Umgebung etwas Landwirtschaft zu erlauben. Es könnten kleine Gemeinden, wie sie von Paul Goodman vorgeschlagen wurden, für solche Leute gegründet werden, die direkt an der Verwaltung teilnehmen und ihr Schulsystem und ihre gemeindlichen Leistungen selbst in die Hand nehmen wollen. Viele von diesen Alternativen werden politisch oder wirtschaftlich nicht durchführbar sein. Aber sie sollten im kleinen Rahmen ausprobiert werden, vielleicht in einem Teil eines im übrigen typischen Vororts. Öffentliche Gelder sollten für solche Experimente zur Verfügung gestellt werden, um die Entscheidung zu ermöglichen, welcher Gemeindetyp in einem größeren Rahmen gebaut werden kann.

Aber am wichtigsten und vordringlichsten für die zukünftige Planung der Vorstädte ist die Bevölkerungsverteilung; denn sie bestimmt letztlich die Art des Lebens in der Vorstadt. In einem Vorort eigener Art muß die Bevölkerungsverteilung breiter angelegt werden, um jedermann, der kommen kann und will, die Möglichkeit zum Leben dort zu verschaffen. Die ganz spezifischen Vororte müssen nicht genau an die Bevölkerungszusammensetzung der Großstadtgebiete angeglichen werden. Aber solange die meisten gemeindlichen Leistungen aus den Gemeindesteuern finanziert werden, müssen die Gemeinden wirtschaftlich differenziert genug sein, um die Entstehung von finanzschwachen Gemeinden zu verhindern, die nicht die große Zahl von öffentlichen Leistungen anbieten können, die gerade ihre Einwohner dringender brauchen als begüterte Leute. Die Gemeinden müssen auch so geplant werden, daß für die Homogenität des Blocks und die Heterogenität der Gemeinde gesorgt ist, die ich im achten Kapitel beschrieben habe. Denn dies hat zur Folge, daß die Nachbarn zueinander passen und daß doch im Gemeindeganzen Raum für alle möglichen Leute bleibt. So können die verschiedenen Gruppen friedlich zusammen leben und trotzdem den gesellschaftlichen Kontakt und die Einrichtungen haben, die jeder zur Persönlichkeitsentfaltung braucht. Solche Gemeinden aufzubauen, ist die wichtigste Forderung der Zukunft an die berufsmäßigen Planer. Sie müssen von einer sterilen, technischen Planung wegkommen und übergehen zu einer Planung, die sich mit sozialen Problemen befaßt:

wie kann man die Vielschichtigkeit in einem Plan so einfangen, daß sowohl das gesellschaftliche Einvernehmen als auch die individuelle Freiheit in möglichst hohem Maß gesichert sind? Sie müssen sich mit wirtschaftlichen Fragen befassen: wie können die Einwohner und die Verwaltung die privaten und öffentlichen Erfordernisse des Vorstadtlebens bezahlen? Schließlich müssen sie politische Fragen beantworten: welche Wege gibt es, die Vorstädte allen, die kommen, zu öffnen? Es ist einfach, Verbesserungen der Gemeinde und sogar utopische Gemeindeformen, die Levittown als überholt erscheinen lassen, vorzuschlagen. Und doch würde ich gern noch einmal betonen, daß Levittown trotz aller Unvollkommenheit ein Ort ist, wo es sich gut wohnen läßt. Folglich ist es nicht so wichtig, neue und verbesserte Vorstadtgemeinden zu planen. Vielmehr muß man dafür sorgen, daß mehr Leute in Vorstädten wohnen können, wie sie jetzt gebaut werden. Im besonderen ist es vorrangig, die Vorteile des Lebens in einer Vorstadt auch den armen und nichtweißen Familien zugängig zu machen, die jetzt zu einem Ghettoleben in Elendsvierteln verurteilt sind und ihren Kindern und sich selbst außerhalb der Großstadtgrenzen ein besseres Leben ermöglichen wollen. Der Bau von weiteren Levittowns, die solchen Familien offenstehen, hat den Vorrang vor Plänen für die Errichtung abwechslungsreicherer Vorstädte. Denn der Abwechslungsreichtum erfordert höhere Hauspreise, die das Leben in der Vorstadt für eine weitere Generation auf die weiße Mittelschicht beschränken würden. Die ideale Lösung besteht in mehr, besseren und abwechslungsreicheren neuen Städten und Vorstädten. Aber in den kommenden Jahren haben Gemeinden für die weniger Begüterten den unbedingten Vorrang.

Anhang: Untersuchungen*

Schriftliche Befragung:

Um die Gewohnheiten und Attitüden der Leute vor ihrem Umzug nach Levittown kennenzulernen, bediente sich H. J. Gans einer schriftlichen Befragung. Der Fragebogen wurde von Levitts Firma mit einer Kodenummer verschickt und damit die Anonymität der Befragten gewährleistet. 60 % der Fragebogen wurden von Frauen, 40 % von Männern beantwortet. Da die Befragung jedoch in erster Linie auf den Erhalt von Informationen ausgerichtet war und bei wichtigen Fragen die Meinung beider Eheleute erhoben wurde, dürfte das Resultat der Befragung davon nicht besonders beeinflußt worden sein.
Da es ihm unmöglich war, 2100 ausgefüllte Fragebogen auszuwerten, entschloß sich der Autor zu einer Quotenauswahl, die auf den demographischen Merkmalen der Gesamtbevölkerung Levittowns basierte. Gans schichtete die Auswahl aufgrund der Erziehung der Frauen und aufgrund einer Variablen, die mit Alter und Einkommen in Beziehung stand, und schließlich nach dem in Levittown gekauften Haustyp. Dies ergab eine Häufigkeitsverteilung nach Anzahl der Schuljahre und des Haustyps in jeder Nachbarschaft. Auf dieser Verteilung basierte eine Stichprobe, die 30 % aller Haushalte der ersten drei Nachbarschaften repräsentierte.

Das persönliche Interview:

Aus Rücksicht auf seine Rolle als teilnehmender Beobachter konnte H. J. Gans keine formellen Interviews durchführen. Er verfügte jedoch über genügend finanzielle Mittel, um eine nach der Prozentverteilung der Haustypen strukturierte und zehn Prozent aller Häuser der ersten Nachbarschaft erfassende Auswahl zu interviewen. Daneben wurden ebenso viele ehemalige Einwohner Philadelphias interviewt. Die Resultate des Interviews konnten wegen der zahlenmäßigen Begrenzung der Stichprobe nicht auf ihre statistische Signifikanz geprüft werden. Die Gleichartigkeit der Antworten läßt jedoch vermuten, daß die Resultate nicht auf Zufall beruhen und daß brauchbare quantitative Analysen mit kleinen Stichproben erarbeitet werden können. Trotzdem stellen die Resultate eher eine illustrative Untermauerung als einen wissenschaftlichen Beweis dar.

Die teilnehmende Beobachtung

Während seiner Arbeit betätigte sich H. J. Gans in seiner Rolle als teilnehmender Beobachter folgendermaßen:

1. *Als Hausbesitzer und Ortsansässiger lebte er in der Gemeinde und benutzte alle sozialen und baulichen Einrichtungen.*
2. *Als Bewohner eines bestimmten Viertels konnte er sich selbst in seiner Rolle als Nachbar sowie die Beziehungen seiner Nachbarn zu ihm und anderen Nachbarn beobachten.*
3. *Er nahm an Treffen aller für ihn zugänglichen Organisationen teil.*
4. *Er benutzte zwei verschiedene Arten informeller Interviews, indem er neben seiner Befragung über spezifische Ereignisse eine Vielzahl von Informanten aller nennenswerten Gemeindeinstitutionen interviewte.*
5. *Weiteres Datenmaterial erhielt er durch viele Gespräche, die er bei Einladungen führte.*

Entscheidend für seine Rolle eines teilnehmenden Beobachters war sein Image in den Augen der Leute. Als Einheimischer, Hausbesitzer, Nachbar, Bürger und Freund unterschied er sich in nichts von den anderen Levittownern. Seine Betätigung als Forscher resultierte sowohl für ihn selbst als auch für seine Gesprächspartner aus einigen Rollenkonflikten.

Analyse der Daten

H. J. Gans betrachtet seine Arbeit nicht als wissenschaftliche Studie, da für eine Reihe von Hypothesen kein zwingender Beweis vorliegt. Er sieht in seinem Vorgehen eher den Versuch eines ausgebildeten Soziologen, das Verhalten einer großen Anzahl von Leuten zu beschreiben und zu erklären, indem er sich seiner methodologischen und theoretischen Ausbildung zur Sichtung seiner Beobachtungen bedient. Er erlaubt sich deshalb auch nur dort Verallgemeinerungen, wo es die Daten rechtfertigen. Die Gültigkeit seiner Resultate hängt letztlich von seiner Beurteilung der Daten sowie von seiner persönlich getroffenen Auswahl der Studienobjekte ab. Gans zweifelt aber nicht an den von ihm gemachten Folgerungen und angewandten Methoden. Teilnehmende Beobachtung stellt in den Augen des Verfassers die einzige Möglichkeit dar, die Distanz zwischen Forscher und seinem Studienobjekt zu überbrücken, auch wenn die Erhebung quantitativer Daten darunter leidet.

* Originalausgabe S. 435–450

Literaturnachweis

Abu-Lughod, Janet. »A Survey of Center-City Residents«, in N. Foote, J. Abu-Lughod, M. Foley und L. Winnick, *Housing Choices and Constraints*. New York: McGraw-Hill, 1960, S. 387–447.

Allen, Frederick L. »The Big Change in Suburbia«, *Harper's Magazine*, Band 208, Juni 1954, S. 21–28 und Band 209, Juli 1954, S. 47–53.

Altshuler, Alan. *The City Planning Process*. Ithaca: Cornell University Press, 1965.

Anderson, Judith und Settani, Nicholas. »Resales in Levittown, Pennsylvania, 1952–1960.« Unveröffentlichter Bericht, Department of City Planning, University of Pennsylvania, 1961.

Banfield, Edward C. »Note on Conceptual Scheme«, in Martin Meyerson und Edward C. Banfield, *Politics, Planning and the Public Interest*. New York: Free Press of Glencoe, 1955, S. 303–330.

Banfield, Edward C. *The Moral Basis of a Backward Society*. New York: Free Press of Glencoe, 1958.

Banfield, Edward C. *Political Influence*. New York: Free Press of Glencoe, 1961.

Banfield, Edward C. und Grodzins, Morton. *Government and Housing in Metropolitan Areas*. New York: McGraw-Hill, 1958.

Banfield, Edward C. und Wilson, James Q. *City Politics*. Cambridge: Harvard University Press und M.I.T. Press, 1963.

Berger, Bennett M. *Working Class Suburb*. Berkeley und Los Angeles: University of California Press, 1960.

Berger, Bennett M. »Suburbia and the American Dream«, *The Public Interest*, No. 2, Winter 1966, S. 80–92.

Blake, Peter. *God's Own Junkyard*. New York: Holt, Rinehart und Winston, 1963.

Blake, R., Read, C., Wedge, B. und Mouton, J. »Housing Architecture and Social Interaction«, *Sociometry*, Band 19, Juni 1956, S. 133–139.

Blood, Robert O., Jr. und Wolfe, Donald M. *Husbands and Wives*. New York: Free Press of Glencoe, 1960.

Bressler, Marvin, »The Myers Case: An Instance of Successful Racial Invasion«, *Social Problems*, Band 8, Herbst 1960, S. 126–142.

Burton, Hal. »Trouble in the Suburbs«, *Saturday Evening Post*, Band 228, 17. September 1955, S. 19–21, 113–118.

Caplow, T. und Foreman, R. »Neighborhood Interaction in a Homogeneous Community«, *American Sociological Review*, Band 15, Juni 1950, S. 357–366.

Citizens Committee for a Better Levittown, *A Preliminary Report of Your Self Survey*. Levittown, N. Y.: The Committee, Februar 1956, vervielfältigt.

Clark, S. D. *The Suburban Society*. Toronto: University of Toronto Press, 1966.

Crozier, Michael. *The Bureaucratic Phenomenon*. Chicago: University of Chicago Press, 1964.

Dahl, Robert A. *Who Governs?* New Haven: Yale University Press, 1961.

Danhof, R. H. »The Accommodation and Integration of Conflicting Cultures in a Newly Established Community«, *American Journal of Sociology*, Band 9, Juli 1943, S. 14–23.

Dean, John P. »Housing Design and Family Values«, *Land Economics*, Band 29, Mai 1953, S. 128–141.

Dean, John P. »The Neighborhood and Social Relations«, *Forum on Neighborhoods, Today and Tomorrow*. (Philadelphia Housing Association) No. 3, April 1958.

Dobriner, William M. »Local and Cosmopolitan as Contemporary Suburban Character Types«, in William M. Dobriner, ed., *The Suburban Community*. New York: Putnam, 1958, S. 132–143.
Dobriner, William M. *Class in Suburbia*. Englewood Cliffs: Prentice-Hall, 1963.
Downs, Anthony. *An Economic Theory of Democracy*. New York: Harper, 1957.
Duhl, Leonard J. »Mental Health and Community Planning«, in *Planning 1955*. Chicago: American Society of Planning Officials, 1956, S. 31–39.
Duncan, Otis D. und Schnore, Leo F. »Cultural Behavioral and Ecological Perspectives in the Study of Social Organization«, *American Journal of Sociology*, Band 65, September 1959, S. 132–155.
Dux, Henry E. »Levittown New Jersey: A Statistical Report« November 1964, vervielfältigt.
Dye, Thomas R. »Popular Images of Decision-Making in Suburban Communities«, *Sociology and Social Research*, Band 47, Oktober 1962, S. 75–83.
Dye, Thomas R. »The Local-Cosmopolitan Dimension and the Study of Urban Politics«, *Social Forces*, Band 41, März 1963 (a), S. 240–246.
Dye, Thomas R. »Leadership and Constituency in Fifteen Suburban Communities.« Bericht, der vorgetragen wurde anläßlich des Treffens der American Political Science Association im Jahre 1963. 1963 (b)
Eichler, Edward P. (mit Marshall Kaplan). *The Community Builders*. Berkeley und Los Angeles: University of California Press, 1967.
Ellul, Jacques, *The Technological Society*. New York: Knopf, 1964.
Erikson, Kai T. »A Comment on Disguised Observation in Sociology«, Bericht, der 1965 beim Treffen der Society for the Study of Social Problems vorgetragen wurde. 1965, vervielfältigt.
Fava, Sylvia F. »Suburbanism as a Way of Life«, *American Sociological Review*, Band 21, Februar 1956, S. 34–38.
Fenmore, Donald M. »Comments on Hoffman's 'Outlook for Downtown Housing'«, *Journal of the American Institute of Planners*, Band 27, November 1961, S. 334.
Festinger, Leon. »Architecture and Group Membership«, *Journal of Social Issues*, Band 7 (Nr. 1 und 2), 1951, S. 152–163.
Festinger, L., Schachter, S. und Back, K. *Social Pressures in Informal Groups*. New York: Harper 1950.
Field, Dorita E. und Neill, Desmond G. *A Survey of New Housing Estates in Belfast*. Belfast (Northern Ireland): University of Belfast, 1957.
Fiske, Marjorie. *Book Selection and Censorship*. Berkeley und Los Angeles: University of California Press, 1959.
Form, William H. *Sociology of a White Collar Suburb*. Unveröffentlichte Dissertation, Department of Sociology, University of Maryland, 1944.
Form, William H. »Status Stratification in a Planned Community«, *American Sociological Review*, Band 10, Oktober 1945, S. 605–613. Nachgedruckt in William M. Dobriner, ed., *The Suburban Community*. New York: Putnam, 1958, S. 209–224.
Form, William H. »Stratification in Low and Middle Income Housing Areas«, *Journal of Social Issues*, Band 7 (Nr. 1 und 2), 1951, S. 109–131.
Fried, Marc. »Grieving for a Lost Home«, in Leonard J. Duhl, ed. *The Urban Condition*. New York: Basic Books, 1963, S. 151–171.
Friedenberg, Edgar. *Coming of Age in America*. New York: Random House, 1965.
Fromm, Erich. *The Sane Society*. New York: Holt, Rinehart und Winston, 1955.
Gabower, Genevieve. *Behavior Problems of Children in Navy Officers' Families as Related to Social Conditions of Navy Life*. Washington: Catholic University of America Press, 1959.

Gans, Herbert J. »Park Forest: Birth of a Jewish Community«, *Commentary*, Band 11, April 1951, S. 330–339.
Gans, Herbert J.: »Planning and Political Participation: A Study of Political Participation in a Planned New Town«, *Journal of the Amer. Institute of Planners*, Bd. 19, Winter 1953, S. 3–9.
Gans, Herbert J. »Progress of a Suburban Jewish Community«, *Commentary*, Band 22, Februar 1957, S. 113–122.
Gans, Herbert J. »The Origin and Growth of a Jewish Community in the Suburbs«, in Marshall Sklare, ed., *The Jews: Social Patterns of an American Group*. New York: Free Press of Glencoe, 1958, S. 205–248.
Gans, Herbert J. »Planning and Social Life: Friendship and Neighbor Relations in Suburban Communities«, *Journal of the American Institute of Planners*, Band 27, Mai 1961 (a), S. 134–140.
Gans, Herbert J. »The Balanced Community: Homogeneity or Heterogeneity in Residential Areas? *Journal of the American Institute of Planners*, Band 27, August 1961 (b), S. 176–184.
Gans, Herbert J. *The Urban Villagers: Group and Class in the Life of Italian-Americans*. New York Free Press of Glencoe, 1962(a).
Gans, Herbert J. »Urbanism and Suburbanism as Ways of Life: A Re-Evaluation of Some Definitions«, in Arnold M. Rose, ed., *Human Behavior and Social Processes*. Boston: Houghton Mifflin, 1962(b), S. 625–648.
Gans, Herbert J. »The Split-Level Trap« (Review), *Journal of the American Institute of Planners*, Band 28, Februar 1962(c), S. 47–49.
Gans, Herbert J. »The Failure of Urban Renewal«, *Commentary*, Band 39, April 1965, S. 29–37 und »Controversy: Urban Renewal«, *Commentary*, Band 39, Juli 1965, S. 77–80.
Gieber, Walter und Johnson, Walter. »The City Hall 'Beat': A Study of Reporter and Source Roles«, *Journalism Quarterly*, Band 38, Sommer 1961, S. 289–297.
Goffman, Erving, *The Presentation of Self in Everyday Life*. Garden City, N. Y.: Doubleday Anchor, 1959.
Gold, Raymond L. »Roles in Sociological Field Observations«, *Social Forces*, Band 36, März 1958, S. 217–223.
Goodman, Paul. »Utopian Thinking«, *Commentary*, Band 32, Juli 1961, S. 19–26.
Goodman, Paul. *Compulsory Miseducation*. New York: Horizon Press, 1964.
Goodman, Paul. *People or Personnel*. New York: Random House, 1965.
Gordon, Richard E. und Gordon, Katherine N. »Psychiatric Problems of a Rapidly Growing Suburb«, *A. M. A. Archives of Neurology and Psychiatry*, Band 79, Mai 1958, S. 543–548.
Gordon, R., Gordon, K. und Gunther, M. *The Split-Level Trap*. New York: Geis, 1961.
Gouldner, Alvin W. *Enter Plato*. New York: Basic Books, 1966.
Greer, Scott. »Socio-Political Structure of Suburbia«, *American Sociological Review*, Band 25, August 1960, S. 514–526.
Greer, Scott. *Governing the Metropolis*. New York: Wiley, 1962.
Greer, Scott (mit Norton Long). *Metropolitics*. New York: Wiley, 1963.
Gruen, Victor. *The Heart of our Cities*. New York: Simon und Schuster, 1964.
Gruenberg, Sidonie M. »Challenge of the New Suburbs«, *Marriage and Family Living*, Band 17, Mai 1955, S. 133–137.
Gutkind, Erwin A. *The Twilight of Cities*. New York: Free Press of Glencoe, 1962.
Gutman, Robert. »Population Mobility in the American Middle Class«, in Leonard J. Duhl, ed., *The Urban Condition*. New York: Basic Books, 1963, S. 172–183.
Haeberle, Ann. *Friendship as an Aspect of Interpersonal Relations: A Study of Friendship among Women Residents of a Small Community*. Unveröffentlichte Dissertation. New York University, April 1956.

Henderson, Harry. »The Mass Produced Suburbs«, *Harper's Magazine*, Band 207, November 1953, S. 25–32 und Dezember 1953, S. 80–86.
Hole, Vere. »Social Effects of Planned Rehousing«, *Town Planning Review* (London) Band 30, Juli 1959, S. 161–173.
Honigmann, John J. »Patterns of Eskimo Deviance in a New Eastern Arctic Town«, *Research Previews* (Institute for Research in Social Science, University of North Carolina), Band 12, Januar 1965, S. 5–15.
Hoshino, Ikumi, »Apartment Life in Japan«, *Journal of Marriage and the Family* (Tokyo), Band 26, August 1964, S. 312–317.
Hunter, Floyd A. *Community Power Structure*. Chapel Hill: University of North Carolina Press, 1953.
Infield, Henrik F. »A Veterans' Cooperative Land Settlement and Its Sociometric Structure«, *Sociometry*, Band 10, Februar 1947, S. 50–70.
Institute of Urban Studies. *Accelerated Urban Growth in a Metropolitan Fringe Area*. Philadelphia: The Institute, 1954, vervielfältigt.
Jahoda, M., Walkley, A., Walkley, R., Hopson, A. und Haeberle, A. *Community Influences on Psychological Health*. New York: New York University Research Center for Human Relations, 1954, vervielfältigt.
James, T. F. »Crackups in the Suburbs«, *Cosmopolitan*, Band 149, Oktober 1960, S. 60–65.
Junker, Buford H. *Field Work*. Chicago: University of Chicago Press, 1960.
Keats, John. *The Crack in the Picture Window*. Boston: Houghton Mifflin, 1956 (Ballantine Books paperback 1957).
Kiser, Clyde V. »Residence and Migration«, in C. Westoff, R. Potter und P. Sagi, *The Third Child: A Study in the Prediction of Fertility*. Princeton: Princeton University Press, 1963, Kap. 10.
Kornhauser, William. *Politics of Mass Society*. New York: Free Press of Glencoe, 1959.
Ktsanes, Thomas und Reissman, Leonard. »Suburbia: New Homes for Old Values«, *Social Problems*, Band 7, Winter 1959, S. 187–194.
Kuper, Leo. »Blueprint for Living Together«, in Leo Kuper, ed., *Living in Towns*. London: Cresset Press, 1953, S. 1–202.
Larrabee, Eric. »The Six Thousand Houses that Levitt Built«, *Harper's Magazine*, Band 197, September 1948, S. 79–88.
Lazerwitz, Bernard. »Suburban Voting Trends, 1948–1956«, *Social Forces*, Band 39, Oktober 1960, S. 29–36.
League of Women Voters, Willingboro, New Jersey. *Know Your Town*. Willingboro: The League, zweite Ausgabe, 1965.
Lessinger, Jack. »The Case for Scatteration«, *Journal of the American Institute of Planners*, Band 28, August 1962, S. 159–169.
Levine, Gene N. und Modell, John. *Community Leaders' Reactions to the Fallout Shelter Issue*. New York: Bureau of Applied Social Research, Columbia University, September 1964, vervielfältigt.
Levitt, Alfred S. »A Community Builder Looks at Community Planning«, *Journal of the American Institute of Planners*, Band 17, Frühjahr 1951, S. 80–88.
Levitt, William J. »What! Live in a Levittown?« *Good Housekeeping*, Band 147, Juli 1958, S. 47, 175–176.
Levitt und Söhne. »Levitt's Progress« und »Most House for the Money«, *Fortune*, Band 46, Oktober 1952, S. 151–169.
Liell, John T. *Levittown: A Study in Community Development and Planning*. Unveröffentlichte Dissertation, Department of Sociology, Yale University, 1952.

Liell, John T. »Social Relationships in a Changing Suburb: A Restudy of Levittown.« Bericht, der 1963 anläßlich des Treffens der American Sociological Association vorgetragen wurde.
Lipset, S. M. *Political Man*. Garden City: Doubleday, 1960.
Martin, F., Brotherston, J. und Chave, S. »Incidence of Neurosis in a New Housing Estate«, *British Journal of Preventive and Social Medicine*, Band 11, Oktober 1957, S. 196–202.
Merton, Robert K. »The Social Psychology of Housing«, in Wayne Dennis, ed., *Current Trends in Social Psychology*. Pittsburgh: University of Pittsburgh Press, 1947(a), S. 163–217.
Merton, Robert K. »Selected Problems of Field Work in the Planned Community«, *American Sociological Review*, Band 12, Juni 1947(b), S. 304–312.
Merton, Robert K. »Patterns of Influence: Local and Cosmopolitan Influentials«, *Social Theory and Social Structure*. New York: Free Press of Glencoe, 1957, S. 387–420.
Meyersohn, Rolf und Jackson, Robin. »Gardening in Suburbia«, in William M. Dobriner, ed., *The Suburban Community*. New York: Putnam, 1958, S. 271–286.
Meyerson, Martin und Banfield, Edward C. *Politics, Planning and the Public Interest*. New York: Free Press of Glencoe, 1955.
Michelson, William M. *Adult Voluntary Associations in Levittown*. Unpublished senior thesis, Department of Sociology, Princeton University, April 1961.
Milbrath, Lester W. *Political Participation*. Chicago: Rand McNally, 1965.
Mills, C. Wright. *The Power Elite*. New York: Oxford University Press, 1957.
Mogey, John M. »Changes in Family Life Experienced by English Workers Moving from Slums to Housing Estates«, *Marriage and Family Living*, Band 17, Mai 1955, S. 123–128.
Mogey, John M. *Family and Neighborhood*. London: Oxford University Press, 1956.
Mogey, J. und Morris, R. »Causes of Change in Family Role Patterns«, *Bulletin of the Research Center on Family Development*, Band 1, Winter 1960, S. 1–9.
Mumford, Lewis, *The City in History*. New York: Harcourt, Brace and World, 1961.
Olsen, William. »The Location of Children's Birthday Party Attenders in Levittown, New Jersey.« Unveröffentlichter Bericht, Department of City Planning, University of Pennsylvania, 1960.
Orlans, Harold. *Utopia Limited: The Story of the English Town of Stevenage*. New Haven: Yale University Press, 1953.
Orzack, Louis H. und Sanders, Irwin T. *A Social Profile of Levittown, New York*. Ann Arbor: University Microfilms, O. P. 13438, 1961.
Pearl, Arthur und Riessman, Frank. *New Careers for the Poor*. New York: Free Press of Glencoe, 1965.
Pederson, Frank A. und Sullivan, Eugene. »Effects of Geographical Mobility and Parent Personality Factors on Emotional Disorders in Children.« Washington: Walter Reed General Hospital, 1963, vervielfältigt.
Pierson, Alice D. *Survey of Levittown, Pennsylvania, 1960*. Unpublished bachelor's thesis, Department of Sociology, University of Pennsylvania, Mai 1960.
Piven, Frances F. *The Function of Research in the Formation of City Planning Policy*. Unveröffentlichte Dissertation, Department of City Planning, University of Chicago, 1962.
Practical Builder. »P. B. Reveals Levitt's Building Methods«, Band 23, August 1959, S. 80–91.
Rainwater, Lee. »Fear and the House-as-Haven in the Lower Class«, *Journal of the American Institute of Planners*, Band 32, Januar 1966, S. 23–31.
Rainwater, L., Coleman, R. und Handel, G. *Workingman's Wife*. New York: Oceana Publications, 1959.
Recreation. »Competitive Athletics for Boys Under Twelve«, Band 45, Februar 1951, S. 489–491.

Recreation. »Are Highly Competitive Sports Desirable for Juniors?« Band 46, Dezember 1952, S. 422–425.
Reiff, Robert und Riessman, Frank. *The Indigenous Non-Professional: A Strategy of Change in Community Action and Community Mental Health Programs.* New York: National Institute of Labor Education, November 1964, vervielfältigt.
Riesman, David (mit N. Glazer und R. Denney). *The Lonely Crowd.* New Haven: Yale University Press, 1950.
Riesman, David. »The Suburban Dislocation«, *The Annals,* Band 314, Herbst 1957, S. 123–146. Nachgedruckt in David Riesman, *Abundance for What?* Garden City: Doubleday, 1964, S. 226–257.
Riesman, David. »Flight and Search in the New Suburbs«, in David Riesman, *Abundance for What?* Garden City: Doubleday, 1964, S. 258–269.
Rondum, Rita. »Rondum at Random«, *Levittown Life,* 27. Juni 1963.
Rosenfeld, Eva. »Social Stratification in a Classless Society«, *American Sociological Review,* Band 16, Dezember 1951, S. 766–774.
Rosow, Irving. »The Social Effects of the Physical Environment«, *Journal of the American Institute of Planners,* Band 27, Mai 1961, S. 127–133.
Rossi, Peter H. *Why Families Move.* New York: Free Press of Glencoe, 1955.
Rosten, Leo. *The Washington Correspondents.* New York: Harcourt Brace, 1937.
Schorr, Alvin L. *Slums and Social Insecurity.* Washington: Social Security Administration, 1963.
Schwartz, Morris S. und Schwartz, Charlotte G. »Problems in Participant-Observation«, *American Journal of Sociology,* Band 60, Januar 1955, S. 343–353.
Seeley, J., Sim, R. und Loosley, E. *Crestwood Heights.* New York: Basic Books, 1956.
Sewell, William H. und Armer, J. Michael. »Neighborhood Context and College Plans«, *American Sociological Review,* Band 31, April 1966, S. 159–168.
Sigel, Roberta S. und Friesema, H. Paul. »Urban Community Leaders' Knowledge of Public Opinion«, *Western Political Science Quarterly,* Band 18, Dezember 1965, S. 881–895.
Sills, David. *The Volunteers.* New York: Free Press of Glencoe, 1957.
Sklare, Marshall, *Conservative Judaism.* New York: Free Press of Glencoe, 1955.
Sorenson, Theodore C. *Decision-Making in the White House.* New York: Columbia University Press, 1963.
Southworth, Robert E. »Adult Social Activities in Levittown, New Jersey.« Unveröffentlichter Bericht, Department of City Planning, University of Pennsylvania, 1961.
Spectorsky, A. C. *The Exurbanites,* Philadelphia: Lippincott, 1955.
Srole, L., Langner, T., Michael, S., Opler, M. und Rennie, T. *Mental Health in the Metropolis.* New York: McGraw-Hill, 1960.
Stein, Maurice. *The Eclipse of Community.* Princeton: Princeton University Press, 1960.
Strauss, Anselm L. *Images of the American City.* New York: Free Press of Glencoe, 1961.
Taylor, Lord und Chave, Sidney. *Mental Health and Environment.* Boston: Little, Brown, 1964.
Tetteh, Austin. »Social Background of the Kumasi Plan«, *Ekistics,* Band 14, Juli 1962, S. 22–25.
Thernstrom, Stephan. *Poverty and Progress.* Cambridge: Harvard University Press, 1964.
Thoma, Lucy und Lindemann, Erich. »Newcomers' Problems in a Suburban Community«, *Journal of the American Institute of Planners,* Band 27, August 1961, S. 185–193.
Thomas, Wyndham. »New Town Blues«, in *Planning 1964.* Chicago: American Society of Planning Officials, 1964, S. 184–189.

Township of Willingboro. *Willingboro Development Plan: Phase One, Basic Studies*. Willingboro, New Jersey, ohne Datum.
Ubell, Earl. »Marriage in the Suburbs«, *New York Herald Tribune*, 4.–8. Januar 1959.
U.S. Housing and Home Finance Agency. »Changing a Racial Policy, Levittown, N. J.«, in *Equal Opportunity in Housing*. Washington: H.H.F.A., Juni 1964, S. 17–27.
Urban Studies Center. *Problems of Migration Among the American Middle Class*. New Brunswick: The Center, Januar 1962, vervielfältigt.
Vallier, Ivan. »Structural Differentiation, Production Imperatives and Communal Norms: The Kibbutz in Crisis.« *Social Forces*, Band 40, März 1962, S. 233–242.
Vidich, Arthur J. und Bensman, Joseph, *Small Town in Mass Society*. Princeton: Princeton University Press, 1958.
Wallace, David. *The Second Tuesday*. Garden City: Doubleday, 1964.
Wattel, Harold. »Levittown: A Suburban Community«, in William M. Dobriner, ed., *The Suburban Community*. New York: Putnam, 1958, S. 287–313.
Webber, Melvin M. »Order in Diversity: Community Without Propinquity«, in Lowdon Wingo, Jr., ed., *Cities and Space: The Future Use of Urban Land*. Baltimore: John Hopkins University Press, 1963, S. 23–54.
Wechsler, Henry. »Community Growth, Depressive Disorders and Suicide«, *American Journal of Sociology*, Band 67, Juli 1961, S. 9–16.
Whyte, William H., jr. *The Organization Man*. New York: Simon und Schuster, 1956.
Whyte, William H., jr. *Cluster Development*. New York: American Conservation Association, 1964.
Wilensky, Harold L. »Life Cycle, Work Situation and Participation in Formal Associations«, in Robert W. Kleemeier, ed., *Aging and Leisure*. New York: Oxford University Press, 1961, S. 213–242.
Williams, Robin M., jr. »Racial and Cultural Relations«, in Joseph P. Gittler, ed., *Review of Sociology: Analysis of a Decade*. New York: Wiley, 1957, S. 423–464.
Willingboro Township Planning Board. *Suggested Development Plan: Willingboro Township, New Jersey*. Willingboro, New Jersey, Mai 1964.
Willmott, Peter. »Housing Density and Town Design in a New Town«, *Town Planning Review* (London), Band 34, Juli 1962, S. 115–127.
Willmott, Peter. *The Evolution of a Community*. London: Routledge und Kegan Paul, 1963.
Wilner, D., Walkley, R., Pinkerton, T. und Tayback, M. *Housing Environment and Family Life*. Baltimore: John Hopkins University Press, 1962.
Wilson, Alan B. »Class Segregation and Aspirations of Youth«, *American Sociological Review*, Band 24, Dezember 1959, S. 836–845.
Wolf, Eleanor und Ravitz, Mel. »Lafayette Park: New Residents in the Core City«, *Journal of the American Institute of Planners*, Band 30, August 1964, S. 234–239.
Wood, Robert C. *Suburbia*. Boston: Houghton Mifflin, 1959.
Wood, Robert C. *1400 Governments*. Cambridge: Harvard University Press, 1961.
Wyden, Peter. *Suburbia's Coddled Kids*. Garden City: Doubleday, 1960.
Young, Michael und Willmott, Peter. *Family and Kinship in East London*. London: Routledge und Kegan Paul, 1957.
Zelan, Joseph. »Intellectual Attitudes and Suburban Residence.« Bericht, der 1963 anläßlich des Treffens der American Sociological Association, Chicago: National Opinion Research Center vorgetragen wurde, August 1963, vervielfältigt.

Bauwelt Fundamente

1 Ulrich Conrads, Programme und Manifeste zur Architektur des 20. Jahrhunderts
180 Seiten, 27 Bilder, DM 10,80

2 Le Corbusier, Ausblick auf eine Architektur
216 Seiten, 231 Bilder, DM 12,80

3 Werner Hegemann, Das steinerne Berlin
Geschichte der größten Mietskasernenstadt der Welt
344 Seiten, 100 Bilder, DM 12,80

4 Jane Jacobs, Tod und Leben großer amerikanischer Städte
221 Seiten, 4 Bilder, DM 10,80

5 Sherman Paul, Louis H. Sullivan
Ein amerikanischer Architekt und Denker
164 Seiten, 26 Bilder, DM 9,80

6 L. Hilberseimer, Entfaltung einer Planungsidee
140 Seiten, 121 Bilder, DM 10,80

7 H. L. C. Jaffé, De Stijl 1917–1931
Der niederländische Beitrag zur modernen Kunst
272 Seiten, 54 Bilder, DM 14,80

8 Bruno Taut, Frühlicht – Eine Folge für die Verwirklichung des neuen Baugedankens
224 Seiten, 240 Bilder, DM 9,80

9 Jürgen Pahl, Die Stadt im Aufbruch der perspektivischen Welt
176 Seiten, 86 Bilder, DM 10,80

10 Adolf Behne, Der moderne Zweckbau
132 Seiten, 95 Bilder, DM 10,80

11 Julius Posener, Anfänge des Funktionalismus
Von Arts and Crafts zum Deutschen Werkbund
232 Seiten, 52 Bilder, DM 11,80

12 Le Corbusier, Feststellungen zu Architektur und Städtebau
248 Seiten, 230, teils farbige Bilder, DM 14,80

13 Hermann Mattern, Gras darf nicht mehr wachsen
    12 Kapitel über den Verbrauch der Landschaft
    184 Seiten, 40 Bilder, DM 12,80

14 El Lissitzky, Rußland: Architektur für eine Weltrevolution
    208 Seiten, 116 Bilder, DM 11,80

15 Christian Norberg-Schulz, Logik der Baukunst
    308 Seiten, 118 Bilder, DM 15,80

16 Kevin Lynch, Das Bild der Stadt
    216 Seiten, 140 Bilder, DM 12,80

17 Günter Günschel, Große Konstrukteure 1
    Freyssinet – Maillart – Dischinger – Finsterwalder
    276 Seiten, 172 Bilder, DM 15,80

19 Anna Teut, Architektur im Dritten Reich 1933–1945
    392 Seiten, 56 Bilder, DM 17,80

20 Erich Schild, Zwischen Glaspalast und Palais des Illusions
    Form und Konstruktion im 19. Jahrhundert
    224 Seiten, 157 Bilder, DM 14,80

21 Ebenezer Howard, Gartenstädte von morgen
    Ein Buch und seine Geschichte
    198 Seiten, 35 Bilder, DM 14,80

22 Cornelius Gurlitt, Zur Befreiung der Baukunst
    Ziele und Taten deutscher Architekten im 19. Jahrhundert
    166 Seiten, 19 Bilder, DM 8,80

23 James M. Fitch, Vier Jahrhunderte Bauen in USA
    330 Seiten, 247 Bilder, DM 22,80

24 »Die Form« – Stimme des Deutschen Werkbundes 1925–1934
    360 Seiten, 34 Bilder, DM 21,80

25 Frank Lloyd Wright, Humane Architektur
    274 Seiten, 54 Bilder, DM 19,80

26 Herbert J. Gans, Die Levittowner, Soziographie einer ›Schlafstadt‹
    368 Seiten, DM 21,80

Bertelsmann Fachverlag

Bei Fragen zur Produktsicherheit wenden Sie sich bitte an:
If you have any questions regarding product safety,
please contact:

Birkhäuser Verlag GmbH
Im Westfeld 8
4055 Basel, Schweiz
productsafety@degruyterbrill.com